# Volvo 240-serien
## Gör-det-själv-handbok

Rob Maddox och Steve Churchill

**Modeller som behandlas**

Alla modeller i Volvo 240-serien
1986cc, 2127cc och 2316cc bensinmotorer

*Behandlar inte diesel- eller ohv-modeller*

(3034-304/270-4Y1)

T0385759

ABCDE
FGHIJ
KLMN
2

ISBN **978 1 78521 279 6**

Tryckt i India

**Haynes Group Limited**
Sparkford, Yeovil, Somerset BA22 7JJ, England

**Haynes North America, Inc**
2801 Townsgate Road, Suite 340, Thousand Oaks, CA 91361, USA

## Ansvarsfriskrivning

Det finns risker i samband med fordonsreparationer. Förmågan att utföra reparationer beror på individuell skicklighet, erfarenhet och lämpliga verktyg. Enskilda personer bör handla med vederbörlig omsorg samt inse och ta på sig risken som utförandet av bilreparationer medför.

Syftet med den här handboken är att tillhandahålla omfattande, användbar och lättillgänglig information om fordonsreparationer för att hjälpa dig få ut mesta möjliga av ditt fordon. Den här handboken kan dock inte ersätta en professionell certifierad tekniker eller mekaniker. Det finns risker i samband med fordonsreparationer.

Den här reparationshandboken är framtagen av en tredje part och är inte kopplad till någon enskild fordonstillverkare. Om det finns några tveksamheter eller avvikelser mellan den här handboken och ägarhandboken eller fabriksservicehandboken, se fabriksservicehandboken eller ta hjälp av en professionell certifierad tekniker eller mekaniker.

Även om vi har utarbetat denna handbok med stor omsorg och alla ansträngningar har gjorts för att se till att informationen i denna handbok är korrekt, kan varken utgivaren eller författaren ta ansvar för förlust, materiella skador eller personskador som orsakats av eventuell felaktig eller utelämnad information.

# Innehåll

## ATT LEVA MED DIN VOLVO

### Reparationer vid vägkanten

## RUTINUNDERHÅLL

### Service och rutinunderhåll

# Innehåll

## REPARATION OCH RENOVERING

### Motor och tillhörande system

### Transmission

### Bromsar och fjädring

### Kaross och utrustning

### Kopplingsscheman

## REFERENS

### Register

# Presentation av Volvo 240

Volvo modell 240 representerar allt som blivit synonymt med ordet Volvo - säkerhet, tillförlitlighet och lång livslängd. Volvo ändrar inte saker i onödan, utan för att förbättra den redan tidigare höga standarden. Trots att bilarna är väl utrustade med modern fordonsteknik behåller Volvo en viss enkelhet som underlättar reparationsarbeten och som amatörmekanikern kommer att uppskatta.

Alla motorvarianter utgår från den ursprungliga B21 motorn med enkel överliggande kamaxel och förekommer både med förgasare och bränsleinsprutning. Transmissionsalternativen omfattar en fyrväxlad manuell växellåda med överväxel, femväxlad manuell, treväxlad automat med eller utan överväxel och "lock-up" momentomvandlare. Växellådan sitter samman med motorn och driver den stela bakaxeln via en tvådelad kardanstång.

Framfjädringen är av typ Mc-Pherson med fjäderben och spiralfjädrar där fjäderbenet ersätter den övre länkarmen. Bakaxeln har spiralfjädrar med konventionella stötdämpare och lokaliseras av längsgående stag och tvärlänk. Alla hjulen har skivbromsar. ABS-system (låsningsfria bromsar) förekommer på vissa modeller.

Med motorn fram och bakhjulsdrift, gedigen säkerhetskaross, beprövad fjädring och skivbromsar, är Volvo 240 en av de säkraste och driftsäkraste bilarna som finns idag.

## Tack till

Vi riktar ett tack till Champion som bidragit med de illustrationer som visar tändstiftens kondition, och till Volvo North America Corporation för hjälp med teknisk information och vissa illustrationer. Vi tackar också alla i Sparkford och Newbury Park som hjälpt till vid produktionen av denna handbok. Tekniska författare som bidragit till detta projekt har varit bl a Larry Warren och Mike Stubblefield

**Vår ambition har varit att i denna handbok ge så korrekt information som möjligt. Alla biltillverkare inför dock ändringar och modifieringar under produktionens gång som vi inte får information om. Författarna och utgivarna kan inte åtaga sig något ansvar för förlust, person- eller materialskada som har orsakats av felaktig eller utebliven information.**

1981 års modell Volvo 245 GL herrgårdsvagn

1988 års modell Volvo 240 GL sedan

# Dimensioner och vikter

**Notera:** *Alla uppgifter är ungefärliga och kan variera beroende på modell. Se bilens handlingar för ytterligare information.*

## Dimensioner

Längd:
| | |
|---|---|
| 1975 till 1980 | 490 cm |
| 1981 och framåt | 480 cm |
| Bredd | 170 cm |

Höjd (olastad):
| | |
|---|---|
| Sedan | 142 cm |
| Herrgårdsvagn | 145 cm |
| Hjulbas | 264 cm |
| Spårvidd fram | 143 cm |
| Spårvidd bak | 136 cm |

## Vikter

| | |
|---|---|
| Körklar | 1285 till 1350 kg |
| Max vikt | 780 till 1950 kg |
| Max taklast | 100 kg |
| Max släpvagnsvikt | 1500 kg |

Att arbeta på din bil kan vara farligt. Den här sidan visar bara några potentiella risker och faror och har som mål att göra dig uppmärksam på och medveten om vikten av säkerhet i ditt arbete.

# Allmänna faror

### Skållning

• Ta aldrig av locket till kylare eller expansionskärl när motorn är varm.
• Motorolja, automatväxelolja och styrservovätska kan också vara farligt varma om motorn just har varit igång.

### Brännskador

• Var försiktig så att du inte bränner dig på avgassystem och motor. Bromsskivor och trummor kan också vara extremt varma precis efter användning.

### Lyftning av fordon

• Vid arbete nära eller under ett lyft fordon, använd alltid extra stöd i form av pallbockar, eller använd ramper.
**Arbeta aldrig under en bil som endast stöds av domkraft.**
• Var försiktig vid lossande och åtdragning av skruvar/muttrar med högt åtdragningsmoment om bilen är stödd på domkraft. Inledande lossning och slutgiltig åtdragning skall alltid utföras med fordonet på marken.

### Eld

• Bränsle är ytterst eldfarligt; bränsleångor är explosiva.
• Spill inte bränsle på en het motor.
• Rök inte och använd aldrig öppen låga i närheten när du utför arbete på bilen. Undvik också att orsaka gnistor (elektriskt eller via verktyg).
• Bränsleångor är tyngre än luft, så arbeta inte på bränslesystemet med bilen över in inspektionsgrop.
• Eld kan också orsakas av elektrisk överbelastning eller kortslutning. Var försiktig vid reparation eller ändring av bilens ledningar.
• Ha alltid en brandsläckare till hands, av den typ som är lämplig för bränder i bränsle- och elsystem.

### Elektrisk stöt

• Tändningens högspänning kan vara farlig, speciellt för personer med hjärtproblem eller pacemaker. Arbeta inte nära tändsystemet med motorn igång eller tändningen på.

• Nätspänning är också farlig. Se till att all nätansluten utrustning är ordentligt jordad.

### Giftiga gaser och ångor

• Avgasångor är giftiga; de innehåller koloxid vilket kan vara ytterst farligt vid inandning. Låt aldrig motorn vara igång i ett trångt utrymme (t ex garage) med dörren stängd.
• Bränsleångor är också giftiga, liksom ångor från vissa typer av rengöringsmedel och färgförtunning.

### Giftiga och irriterande ämnen

• Undvik hudkontakt med batterisyra, bränsle, smörjmedel och vätskor, speciellt frostskyddsvätska och bromsvätska. Sug aldrig upp dem med munnen. Om någon av dessa ämnen sväljs eller kommer in i ögonen, kontakta läkare.
• Långvarig kontakt med använd motorolja kan orsaka hudcancer. Bär alltid handskar eller använd en skyddande kräm. Byt oljeindränkta kläder och förvara inte oljiga trasor i fickorna.
• Luftkonditioneringens kylmedel omvandlas till giftig gas om den exponeras för öppen låga (inklusive cigaretter). Det kan också orsaka brännskador vid hudkontakt.

### Asbest

• Asbestdamm kan orsaka cancer om det inandas eller sväljs. Asbest kan finnas i packningar och i kopplings- och bromsbelägg. Vid hantering av sådana detaljer är det säkrast att alltid behandla dem som om de innehöll asbest.

# Speciella faror

### Fluorvätesyra

• Denna extremt frätande syra uppstår när vissa typer av gummi, som kan finnas i O-ringar, oljetätningar, bränsleslangar etc, utsätts för temperaturer över 400°C. Gummit förvandlas till en förkolnad eller kletig massa som innehåller den farliga syran. *När fluorvätesyra en gång uppstått, är den farlig i flera år. Om den kommer i kontakt med huden kan det innebära att man måste amputera den utsatta kroppsdelen.*
• Vid arbete med ett fordon, eller delar från ett fordon, som varit utsatt för brand, bär alltid skyddshandskar och kassera dem på ett säkert sätt efteråt.

### Batteriet

• Batteriet innehåller svavelsyra, vilken angriper kläder, ögon och hud. Var försiktig vid påfyllning av batteriet och när du bär det.
• Den vätgas som batteriet avger är ytterst explosiv. Orsaka aldrig gnistor och använd aldrig öppen låga i närheten av batteriet. Var försiktig när batteriet kopplas till/från batteriladdare eller startkablar.

### Airbag

• Airbags kan orsaka skada om de utlöses av misstag. Var försiktig vid demontering av ratt och/eller instrumentbräda. Speciell förvaring kan vara aktuell.

### Diesel insprutning

• Diesel insprutningspumpar matar bränsle vid mycket högt tryck. Var försiktig vid arbete med bränsleinsprutare och bränslerör.

⚠️ *Varning: Exponera aldrig händer eller annan del av kroppen för insprutarstråle; bränslet kan tränga igenom huden med ödesdigra följder*

# Kom ihåg...

## Vad man bör göra

• Använd skyddsglasögon vid arbete med borrmaskiner, slipmaskiner etc, samt vid arbete under bilen.
• Använd handskar eller en skyddskräm när så behövs.
• Se till att någon regelbundet kontrollerar att allt står väl till när du arbetar ensam på ett fordon.
• Se till att inte löst sittande kläder eller långt hår kommer i vägen för rörliga delar.
• Ta alltid av ringar, klocka etc innan du börjar arbeta på ett fordon - speciellt med elsystemet.
• Försäkra dig om att lyftanordningar och domkraft klarar av den tyngd de utsätts för.

## Vad man inte bör göra

• Försök inte lyfta delar som är tyngre än du orkar - skaffa hjälp.
• Jäkta inte för att slutföra ett arbete, ta inga genvägar.
• Använd inte verktyg som passar dåligt, då de kan slinta och orsaka skada.
• Lämna inte verktyg eller delar utspridda, det är lätt att snubbla över dem. Torka alltid upp olja eller andra smörjmedel från golvet.
• Låt inte barn eller djur vistas i eller runt ett fordon utan tillsyn.

## Allmänt

Boken är ursprungligen skriven för USA-modeller. Texten har dock där så varit möjligt anpassats till svenska förhållanden.

Följande information kan dock underlätta för läsaren.

## Modeller

B200 (1986cc) motorn levererades inte i USA på 240-modellen. Nödvändig information om denna motortyp har dock inkluderats i boken.

En svenskregistrerad bil är inte alltid liktydigt med en bil tillverkad för den svenska markanaden. Exportmodeller kan ibland komma tillbaka "hem" för att registreras i Sverige. Förefaller informationen inte att stämma måste man beakta denna möjlighet. Viss utrustning kan dessutom vara utbytt mot liknande; original eller icke original. Ett exempel är den s.k. "Amerikafronten" med fyra rektangulära strålkastare som marknadsfördes av Volvo som tillbehör.

Volvo är en vanlig bil i Sverige och nästan all personal som säljer reservdelar och tillbehör för dessa modeller har tillgång till uppgifter om specifikationer och ändringar under produktionen.

För att underlätta användningen av boken följer här en lista över motor- och bränslealternativ som förekommit för Sverigemodeller av 240-serien.

### Volvo 240 motortyper

| Årsmodell | Motorbeteckning | Förgasare/ Insprutning | Typ |
|---|---|---|---|
| 1975 | B21A | Förgasare | Zenith 175CD2-SE |
| | B21E | Insprutning | Bosch CI |
| 1976 | B21A | Förgasare | Zenith 175CD2-SE |
| | B21E | Insprutning | Bosch CI |
| 1977 | B21A | Förgasare | Zenith 175CD2-SE |
| | B21E | Insprutning | Bosch CI |
| 1978 | B21A | Förgasare | SU-HIF6 / Zenith 175CD2-SE |
| | B21E | Insprutning | Bosch CI |
| 1979 | B21A | Förgasare | SU-HIF6 / Zenith 175CD2-SE |
| | B21E | Insprutning | Bosch CI |
| 1980 | B21A | Förgasare | SU-HIF6 / Zenith 175CD2-SE |
| | B21E | Insprutning | Bosch CI |
| | B23E | Insprutning | Bosch CI |
| 1981 | B21A | Förgasare | Zenith 175CD2-SE |
| | B23A | Förgasare | SU-HIF6 / Zenith 175CD2-SE |
| | B23E | Insprutning | BOSCH CI |
| | B21ET (TURBO) | Insprutning | BOSCH CI |
| 1982 | B21A | Förgasare | Zenith 175CD2-SE |
| | B23A | Förgasare | SU-HIF6 / Zenith 175CD2-SE |
| | B23E | Insprutning | BOSCH CI |
| | B21ET (TURBO) | Insprutning | BOSCH CI |
| 1983 | B21A | Förgasare | SU-HIF6 / Zenith 175CD2-SE / Pierburg 175 CDUS |
| | B23A | Förgasare | SU-HIF6 / Zenith 175CD2-SE |
| | B21ET (TURBO) | Insprutning | BOSCH CI |
| | B23E | Insprutning | BOSCH CI |
| 1984 | B21A | Förgasare | SU-HIF6 / Zenith 175CD2-SE / Pierburg 175 CDUS |
| | B23A | Förgasare | SU-HIF6 / Zenith 175CD2-SE |
| | B21ET (TURBO) | Insprutning | Bosch CI |
| | B23E | Insprutning | Bosch CI |
| 1985 | B200K | Förgasare | Solex-Cisac |
| | B230A | Förgasare | Pierburg 175 CDUS |
| | B21ET (TURBO) | Insprutning | Bosch CI |
| | B230E | Insprutning | Bosch CI |
| 1986 | B230A | Förgasare | Pierburg 175 CDUS |
| | B230E | Insprutning | Bosch CI |
| 1987 | B230K | Förgasare | Solex-Cisac |
| | B230F (katalysator) | Insprutning | Bosch LH-Jetronic |
| | B230E | Insprutning | Bosch CI |
| 1988 | B230F (katalysator) | Insprutning | Bosch LH-Jetronic |
| 1989 | B230F (katalysator) | Insprutning | Bosch LH-Jetronic |
| 1990 | B230F (katalysator) | Insprutning | Bosch LH-Jetronic 2.4 |
| 1991 | B230F (katalysator) | Insprutning | Bosch LH-Jetronic 2.4 |
| 1992 | B230F (katalysator) | Insprutning | Bosch LH-Jetronic 2.4 |
| 1992 | B230F (katalysator) | Insprutning | Bosch LH-Jetronic 2.4 |

## Specifikationer

Mått och vikter har angivits i metriska mått-enheter. På grund av skillnader i modeller och definitioner måste dock dimensioner och i synnerhet vikter, kontrolleras i bilens ur-sprungliga handlingar.

## Underhållsschema

Underhållsschemat är avpassat för USA-modeller. Eftersom det dock är allmängiltigt och utgör grunden för ett fullgott underhåll för den som själv vill utföra "service", har det behållits beträffande innehåll; körsträckorna har omvandlats till närliggande tal i km. Volvo har i Sverige tillämpat ett mycket flexibelt underhållsprogram, information om detta finns i bilens handlingar.

## Luftkonditionering

På grund av nu gällande bestämmelser som kräver speciellt ackrediterad personal för ingrepp i luftkonditioneringssystemet har ingen information lämnats för reparation.

Systemet får av miljöskäl inte öppnas och försiktighet måste iakttagas så att det inte öppnas av misstag. Eventuell felsökning och åtgärd måste överlåtas till en specialist.

## Avgasrening

Alla Volvo 240 modeller tillverkade för Sverige under den period boken avser har någon form av avgasrening. En skylt eller etikett i motor-rummet ger information om viktiga motordata och inställningsvärden. Arbeten som kan påverka avgasreningens effektivitet får endast utföras av den som har tillräckliga kunskaper och rätt utrustning för ändamålet. Avgas-reningssystemet för USA-marknaden (och där så anges för Kanada) påminner om de system som återfinns i bilar för Sverige, de är dock inte nödvändigtvis identiska. Observera att avgasreningsreglementet i Sverige ändrats under perioden och omfattar fr o m 1987 avgasrening med katalysator. Katalysator-systemet är väldigt lika det som finns i USA-modellerna. Eftersom möjligheterna till in-grepp i systemen är begränsade lämnas endast information om funktion hos system

och komponenter till den intresserade; arbets-beskrivningarna får ses som en fördjupning av dessa förklaringar.

## Bränsleinsprutning och felkoder

Beskrivningen av varningslampor för service-indikatorer gäller USA-modeller och har lämnats som information om bilar med denna specifikation letat sig tillbaka till Sverige eller annan plats där läsaren av boken befinner sig. Informationen gäller därför inte nödvändigtvis alla modeller.

## Noteringar och varningar

En notering ger nödvändig information för att arbetet ska kunna utföras, eller information som underlättar förståelsen.

En varning ger speciella anvisningar rörande det moment som beskrivs i avsnittet. Skulle inte en varningstexten beaktas kan detta resultera i skada på person eller egendom.

# Lyftpunkter, bogsering och hjulbyte

## Lyftpunkter och hjulbyte

Använd den medföljande domkraften bara då hjulbyte vid vägkanten erfordras. Sätt stoppklossar på det hjul som är diagonalt motsatt det som skall bytas.

 **Varning: Kryp aldrig under eller starta motorn på en bil som stöds enbart av domkraft.**

Då ett hjul måste bytas, parkera om möjligt på fast, jämn mark. Dra åt handbromsen, blockera hjulen och lägg i backväxeln (eller P-läge för automatlåda). Demontera navkapsel, i förekommande fall, så att hjulmuttrarna blir åtkomliga. Lossa navkapslar med skruvmejsel vid behov. Lossa hjulmuttrarna ett halvt varv med hjälp av medföljande verktyg.

Placera domkraftens arm under sidan på bilen, försäkra dig om att kroken hakar i pinnen avsedd för detta ändamål (precis bakom framhjulet eller framför bakhjulet). Vrid domkraften medurs tills dess att hjulet går fritt från marken. Ta bort hjulmuttrarna och sedan hjulet. Sätt på det nya hjulet och säkra det med hjulmuttrar. Dra åt muttrarna helt men inte slutgiltigt. Sänk ned bilen genom att vrida handtaget moturs och ta sedan bort domkraften. Dra åt hjulmuttrarna ordentligt och växelvis. Användning av momentnyckel rekommenderas, speciellt då lättmetallfälgar förekommer. Se kapitel 1 för åtdragningsmoment. Låt annars kontrollera hjulens åtdragning snarast. Sätt tillbaka navkapseln.

## Bogsering

Modeller med manuell växellåda kan bogseras med alla fyra hjulen rullande på marken. Modeller med automatväxellåda får inte bogseras längre än 30 km eller fortare än 15 km/tim. Om detta inte kan göras, eller om växellådan redan är skadad, måste kardanaxeln demonteras eller bilen bogseras med bakhjulen lyfta.

Bogseröglor är svetsade till främre och bakre delen av fordonet. Den bakre öglan skall bara användas för tillfällig bogsering av ett annat fordon. För släpvagn skall alltid ett speciellt drag monteras.

Lås upp rattlåset vid bogsering, växellådan skall vara i neutralläge. Ställ rattlåset i sådant läge att ljus och varningssystem fungerar. Kontrollera vad lagen säger om bogsering, högsta tillåtna hastighet är för närvarande 30 km/tim. Notera att styrningen blir tyngre då motorn inte arbetar.

**När bilen lyfts med domkraften, se till att kroken i änden på armen hakar i fästpinnen**

## Starthjälp

*Start med startkablar löser ditt problem för stunden, men det är väsentligt att ta reda på vad som orsakade batteriets urladdning. Det finns tre möjligheter:*

**1** *Batteriet har laddats ur efter ett flertal startförsök, eller för att lysen har lämnats på.*

**2** *Laddningssystemet fungerar inte tillfredsställande (generatorns drivrem slak eller av, generatorns länkage eller generatorn själv defekt).*

**3** *Batteriet defekt (utslitet eller låg elektrolytnivå.*

När en bil startas med hjälp av ett laddningsbatteri, observera följande:

✔ Innan det fulladdade batteriet ansluts, stäng av tändningen.

✔ Se till att all elektrisk utrustning (lysen, värme, vindrutetorkare etc) är avslagen.

✔ Kontrollera att laddningsbatteriet har samma spänning som det urladdade batteriet i bilen.

✔ Om batteriet startas med startkablar från batteriet i en annan bil, får bilarna INTE VIDRÖRA varandra.

✔ Växellådan skall vara i neutralt läge (PARK för automatväxellåda).

**1** Koppla den ena änden på den röda startkabeln till den positiva (+) anslutningen på det urladdade batteriet.

**2** Koppla den andra änden på den röda kabeln till den positiva (+) anslutningen på det fulladdade batteriet.

**3** Koppla den ena änden på den svarta startkabeln till den negativa (–) anslutningen på det fulladdade batteriet.

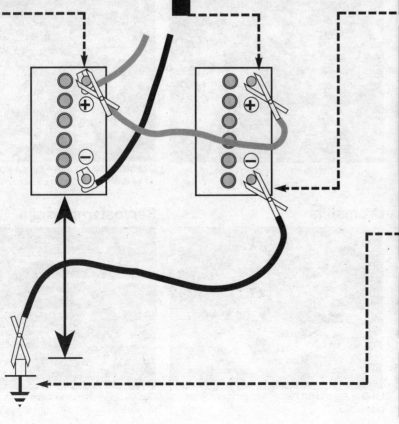

**4** Koppla den andra änden på den svarta kabeln till en skruv eller ett fäste på motorblocket, på gott avstånd från batteriet, på bilen som ska startas.

**5** Se till att startkablarna inte kommer i kontakt med fläkten, drivremmarna eller andra rörliga delar i motorn.

**6** Starta motorn med laddningsbatteriet, sen med motorn på tomgång, koppla bort startkablarna i omvänd ordning mot anslutning.

## Att upptäcka läckor

Pölar på garagegolvet eller uppfarten, eller märkbar fukt under huven eller bilen antyder att det finns en läcka som behöver åtgärdas. Det kan ibland vara svårt att avgöra var läckan finns, speciellt om motorrummet redan är mycket smutsigt. Läckande olja eller annan vätska kan blåsas bakåt av luft som passerar under bilen, vilket ger en felaktig antydan om var läckan finns.

⚠ **Varning: De flesta oljor och vätskor som förekommer i en bil är giftiga. Byt nedsmutsad klädsel och tvätta av huden utan dröjsmål.**

**Tips HAYNES** *Lukten av en läckande vätska kan ge en ledtråd till vad som läcker. Vissa vätskor har en distinkt färg. Det kan vara till hjälp att tvätta bilen ordentligt och parkera den på rent papper över natten. Kom ihåg att vissa läckor kanske endast förekommer när motorn går.*

### Oljesumpen

Motorolja kan läcka från avtappningspluggen...

### Oljefiltret

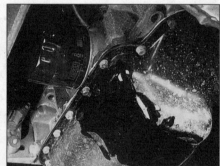

...eller från oljefiltrets infästning i motorn.

### Växellådsolja

Olja kan läcka vid tätningarna i vardera änden på växellådan.

### Frostskydd

Läckande frostskyddsvätska lämnar ofta kristalliserade avlagringar liknande dessa.

### Bromsolja

Ett läckage vid ett hjul är nästan helt säkert bromsolja

### Servostyrningsolja

Olja till servostyrningen kan läcka från röranslutningarna till kuggstången.

# Kapitel 1
## Service och rutinunderhåll

## Innehåll

## Svårighetsgrad

| Enkelt, passar novisen med lite erfarenhet  | Ganska enkelt, passar nybörjaren med viss erfarenhet  | Ganska svårt, passar kompetent hemma-mekaniker  | Svårt, passar hemmamekaniker med erfarenhet  | Mycket svårt, för professionell mekaniker  |
|---|---|---|---|---|

## Specifikationer

### Rekommenderade vätskor och smörjmedel

Motorolja
| | |
|---|---|
| Typ ................................................. | 10W-30 API SG eller SF/CD |
| Viskositet ........................................... | Se tabell |
| Servostyrning ....................................... | DEXRONII automatväxelolja |
| Bromsvätska ........................................ | DOT 4 |
| Automatväxellåda* ................................... | DEXRON II D eller E automatväxelolja |

Manuell växellåda
| | |
|---|---|
| M40 och M41 ....................................... | SAE 80W/90 eller 80/90 hypoidolja |
| M45, M46 och M47 .................................. | Typ F automatväxelolja |
| Slutväxel ............................................ | API GL-5 SAE 90** hypoidolja |
| Kylvätska ........................................... | 50/50 blandning av etylenglykol och vatten |

\* 1982 och 1983 Aisin Warner 70/Aisin Warner 71 växellådor fylldes från fabriken med typ F automatväxelolja. Fyll inte på Dexron II i dessa lådor om du inte är säker på att lådan är ny eller har renoverats och då fyllts med Dexron II från början.

\*\* Under -10ºC använd SAE 80: Har bilen diffbroms, använd tillsats.

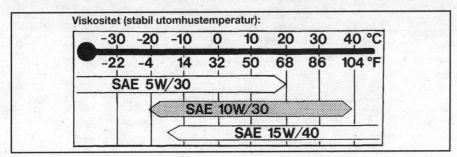

**Viskositetstabell**

## Volymer*

| | |
|---|---|
| Motorolja inkl. filter | 3,8 l |
| **Differential** | |
| Modell 1030 | 1,3 l |
| Modell 1031, 1031F och 1041 | 1,6 l |
| **Manuell växellåda** | |
| M41 | 1,3 l |
| M40, M45 | 0,75 l |
| M46 | 2,3 l |
| M47 | 1,5 l |
| **Automatväxellåda (avtappning och påfyllning)*** | |
| 1982 och tidigare | 6,9 l |
| 1983 och senare | 1,9 l |
| **Kylsystem** | |
| Manuell växellåda | 9,4 l |
| Automatväxellåda | 9,2 l |
| **Bränsletank, volym** | |
| Totalt | 60 l |
| Expansionskammare | 5 l |
| Reserv (röd markering på mätaren) | 8 l |

*\* Alla volymer är ungefärliga. Fyll på tills nivån är riktig.*
*\*\* Gäller för avtappad växellåda, inte momentomvandlaren.*

## Bromsar

| | |
|---|---|
| Klossarnas tjocklek (minimum) | 3 mm |
| Beläggtjocklek, bromsbackar (minimum) | 1,5 mm |

## Tändstift och elektrodavstånd

**B21F, B21F Turbo och B230 motorer**

| | Typ | Elektrodavstånd |
|---|---|---|
| 1976 t.o.m. 1984 | Bosch W7DC eller motsvarande | 0,7 - 0,8 mm |
| 1985 och senare | Bosch WR7DC eller motsvarande | 0,7 - 0,8 mm |

**B23F motorer**

| | Typ | Elektrodavstånd |
|---|---|---|
| 1983 t.o.m. 1985 | Bosch W7DC eller motsvarande | 0,7 - 0,8 mm |

## Tomgångsvarv och CO-halt, justering

*Notera: Pulsair system lossat och pluggat (i förekommande fall).*

| B21A: | Tomgångsvarv (rpm) | CO-halt (%) Inställning | Kontroll |
|---|---|---|---|
| 1975 - 1977 | 850 | 2,5 | 1,5 - 4,0 |
| 1978 | 900 | 2,5 | 2,0 - 3,5 |
| 1979 - 1983 | 900 | 2,0 | 1,5 - 3,0 |
| 1984 | 900 | 1,5 | 1,0 - 2,5 |
| B23A 1981 - 1984 | 900 | 2,0 | 1,5 - 3,0 |
| B21E 1975 - 1980 | 900 | 2,0 | 1,0 - 3,0* |
| B21E 1981 - 1984 | 900 | 1,0 | 0,5 - 2,0 |
| B23E 1979 - 1980 | 950 | 2,0 | 1,5 - 2,5 |
| B23E 1981 - 1984 | 900 | 1,0 | 0,5 - 2,0 |
| B200K | 900 | 1,5 | 1,0 - 2,5 |
| B200E | 900 | 1,0 | 0,5 - 2,0 |
| B230A | 900 | 2,0 | 1,5 - 3,0 |
| B230K (manuell) | 800 | 1,0 | 0,5 - 1,5 |
| B230K (automat) | 900 | 1,0 | 0,5 - 1,5 |
| B230E | 900 | 1,0 | 0,5 - 2,0 |

*\* 4.0, 1975 - 1977*

## Tändföljd ......... 1-3-4-2

## Kamvinkel/brytaravstånd (brytartändsystem)

| | |
|---|---|
| Kamvinkel | 60° |
| Brytaravstånd | 0,4 mm |

## Ventilspel (insug och avgas)

| | |
|---|---|
| Kall | 0,3 - 0,4 mm |
| Varm | 0,35 - 0,45 mm |

## Åtdragningsmoment

| | Nm |
|---|---|
| **Oljetråg, automatlåda - skruvar** | |
| Treväxlad | 8 - 9,5 |
| Fyrväxlad | 5,4 - 6,8 |
| Tändstift | 13,6 - 19 |
| Syresensor | 55 - 60 |
| Oljetråg, överv007växel - skruvar | 9,5 |
| Hjulbultar | 110 |

# Volvo 240 Underhållsschema

Volvo har i Sverige infört ett system där underhållet anpassas till den individuella bilens ålder, skick och användningsområde. Speciella servicerådgivare lägger, tillsammans med kunden, upp ett lämpligt program. Detta bygger givetvis på stor erfarenhet om vilka system som måste underhållas under rådande omständigheter och hur ofta. Lika mycket försöker man också att se till att få det viktigaste gjort utan att servicekostnaden kunden får betala blir orimlig. Den som själv sköter bilens service kan på ett annat sätt "slösa" med underhållet. Bilen mår definitivt inte sämre av det (om man vet vad man gör och inte går till överdrift). Med bilen följer ett serviceprogram som gällde då bilen var ny. Det går naturligtvis bra att använda. Utför annars gärna underhållet enligt

det program som föreslås nedan; det är relativt intensivt men kan vara grunden till en försäkran om bästa trafik- och driftsäkerhet. Följande underhållsintervaller baserar sig på att bilägaren själv sköter underhållet. Även om tid/miltal löst baserar sig på fabrikens rekommendationer, har de flesta avkortats eftersom kontroll/byte av sådana detaljer som smörjmedel och vätskor gör att maximal livslängd på drivlinan kan förväntas. Beroende på intresset för att hålla bilen i gott skick samt att försäkra sig om ett gott andrahandsvärde kan många av arbetena utföras med ännu tätare intervaller.

Då bilen är ny bör service utföras av auktoriserad verkstad så att garantin inte äventyras.

## Veckokontroller

- ☐ Kontrollera oljenivå (avsnitt 2)
- ☐ Kontrollera kylvätskenivå (avsnitt 2)
- ☐ Kontrollera bromsvätskenivå (avsnitt 3)
- ☐ Kontrollera kopplingsvätskenivå (avsnitt 3)
- ☐ Kontrollera spolvätskenivå (avsnitt 4)
- ☐ Kontrollera däck och däcktryck (avsnitt 5)

## Var 5 000 km eller var 3:e månad, vilket som först inträffar

*Kontroller enligt ovan, plus:*
- ☐ Byt motorolja och oljefilter (avsnitt 6)
- ☐ Kontrollera styrservovätskenivå (avsnitt 7)
- ☐ Kontrollera vätskenivå i automatväxellåda (avsnitt 8)

## Var 10 000 km eller var 6:e månad, vilket som först inträffar

*Kontroller enligt ovan, plus:*
- ☐ Byt plats på hjulen (avsnitt 9)
- ☐ Kontrollera/byt slangar under huven (avsnitt 10)
- ☐ Kontrollera/justera drivremmar (avsnitt 11)

## Var 25 000 km eller var 12:e månad, vilket som först inträffar

*Kontroller enligt ovan, plus:*
- ☐ Kontrollera batteriet, åtgärda vid behov (avsnitt 12)
- ☐ Kontrollera/byt tändkablar, fördelarlock och rotor (avsnitt 13)
- ☐ Kontrollera/fyll på olja för manuell växellåda (avsnitt 14)
- ☐ Kontrollera oljenivå i slutväxel (avsnitt 15)
- ☐ Kontrollera och justera vid behov tändläget (i förekommande fall) (avsnitt 16)
- ☐ Tomgångsvarvtal (i förekommande fall) (avsnitt 17)

- ☐ Kontrollera och justera/byt brytarspetsar om sådana finns (avsnitt 18)
- ☐ Kontrollera och smörj gaslänkage (avsnitt 19)
- ☐ Kontrollera bränslesystem (avsnitt 20)
- ☐ Kontrollera kylsystem (avsnitt 21)
- ☐ Kontrollera avgassystem (avsnitt 22)
- ☐ Kontrollera detaljer för styrning och fjädring (avsnitt 23)
- ☐ Kontrollera bromsarna (avsnitt 24)
- ☐ Kontrollera/byt vindrutetorkarblad (avsnitt 25)
- ☐ Byt luftfilter (avsnitt 26)
- ☐ Kontrollera och justera elektrodavstånd för tändstift (alla modeller före 1980 och modeller för Kanada före 1984) (avsnitt 27)

## Var 50 000 km eller var 24:e månad, vilket som först inträffar

*Kontroller enligt ovan, plus:*
- ☐ Kontrollera och justera elektrodavstånd, eller byt tändstift (avsnitt 27)
- ☐ Kontrollera, justera vid behov, ventilspel (Avsnitt 28)
- ☐ Byt automatväxelolja och filter (avsnitt 29)
- ☐ Kontrollera kylsystemet (tappa av, spola och fyll på) (avsnitt 30)
- ☐ Byt olja i manuell växellåda (avsnitt 31)
- ☐ Byt slutväxelolja (avsnitt 32)
- ☐ Kontrollera bränsleångsystemet (avsnitt 33)
- ☐ Byt bränslefilter (avsnitt 35)
- ☐ Byt syresensor utan uppvärmning (endast en kabel) (avsnitt 34)

## Var 70 000 km

- ☐ Byt kamrem (se kapitel 2, del A)

## Var 80 000 km

- ☐ Byt förvärmd syresensor (flera kablar) (avsnitt 34)

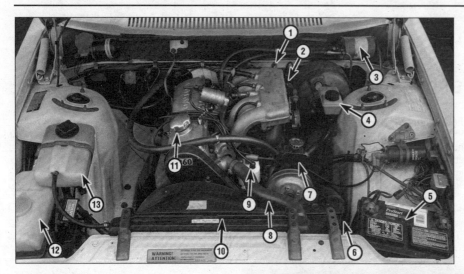

**Typiskt motorrum**

1 Oljesticka
2 Mätsticka för automatväxelolja
3 Bränslefilter (tidiga modeller)
4 Bromsvätskebehållare
5 Batteri
6 Luftrenare
7 Styrservovätskebehållare
8 Kylarslang (övre)
9 Tändfördelare
10 Kylare
11 Oljepåfyllningslock
12 Vindrutespolarbehållare
13 Expansionskärl

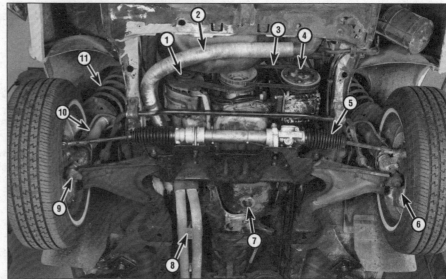

**Typiskt motorrum sett underifrån**

1 Generator
2 Luftförvärmningsslang
3 Drivrem
4 Kompressor, luftkonditionering
5 Styrväxeldamask
6 Skivbroms
7 Avtappningsplugg, motorolja
8 Avgassystem
9 Kulled
10 Fjäderben
11 Fjäder

**Typisk bakvagn sedd underifrån**

1 Bränsletank
2 Avgassystem
3 Fjäder
4 Skivbroms
5 Ljuddämpare
6 Plugg för nivå/kontroll, differential
7 Drivaxel
8 Stötdämpare

Detta kapitel är avsett att hjälpa hemmamekaniken med att hålla sin Volvo 240 i bästa skick vad beträffar prestanda, ekonomi, säkerhet och tillförlitlighet. Kapitlet innehåller ett underhållsschema, följt av procedurer som i detalj behandlar varje moment i schemat. Visuella kontroller, justeringar, utbyte av detaljer och annan information som kan underlätta ingår även. **Se åtföljande illustrationer** på motorrum och undersida av bilen beträffande placering av de olika komponenterna. Service av bilen enligt miltal/tid i underhållsschemat samt åtgärderna beskrivna steg för steg medför att bilen kan fungera klanderfritt under lång tid. Tänk på att schemat bör följjas i sin helhet; underhåll av vissa detaljer men inte andra vid angivet intervall ger inte samma resultat.

Vid servicearbete på din Volvo, upptäcker du att många procedurer kan - och bör - utföras i anslutning till varandra på grund av åtgärdens natur eller att detaljerna sitter i närheten av varandra. Till exempel, om man hissar upp bilen för att smörja chassit, bör man passa på att inspektera avgassystem, fjädring, styrning och bränslesystem då man ändå är under bilen. Då man växlar plats på hjulen, bör man samtidigt kontrollera bromsarna eftersom hjulen ändå är borttagna. Slutligen, låt oss anta att man måste låna eller hyra en momentnyckel. Även om man endast ska montera nya tändstift, kan man ändå passa på att momentdra så många kritiska infästningar som tiden tillåter.

Första steget i detta underhållsprogram är att förbereda sig innan arbetet påbörjas. Läs igenom alla procedurer som skall utföras, ta sedan fram alla delar och verktyg som behövs. Om det ser ut som om man skulle få problem med något speciellt arbete, fråga en mekaniker om råd eller någon mera erfaren person.

## 1 Allmänt underhåll

Med allmänt underhåll menar vi en kombination av flera arbeten och inte bara en åtgärd.

Om rutinunderhållet följjs noga från det att bilen är ny samt att kontroller för vätskenivåer och delar utsatta för stort slitage följjs enligt rekommendationerna, kommer motorn att hålla sig i relativt gott skick och ytterligare åtgärder kan hållas vid ett minimum.

Trots detta är det stor risk att motorn vid något tillfälle kommer att gå dåligt på grund av bristande underhåll. Detta är ännu troligare om man köper ett begagnat fordon som tidigare underhållits dåligt. Motorn kan då behöva en översyn utanför det vanliga schemat.

Första steget för underhåll eller diagnos för en motor som går illa är ett kompressionsprov. Ett kompressionsprov, (se kapitel 2, del B) hjälper till att bestämma motorns kondition och ska användas som hjälpmedel vid underhåll och reparationsarbeten. Om, till exempel, kompressionsprovet tyder på stort invändigt slitage, lönar det sig knappast med konventionellt översynsarbete, detta skulle också vara slöseri med tid och pengar. På grund av dess stora betydelse bör kompressionsprov utföras av någon som har rätt utrustning och kunskaper.

Följande procedurer är de som oftast krävs för att få en motor som allmänt går dåligt i gott skick igen.

### Liten översyn

*Kontrollera alla vätskor som har med motorn att göra (avsnitt 2)*
*Kontrollera alla slangar under huven (avsnitt 10)*
*Kontrollera och justera drivremmar (avsnitt 11)*
*Rengör, kontrollera och testa batteriet (avsnitt 12)*
*Kontrollera tändkablar, fördelarlock och rotor (avsnitt 13)*
*Kontrollera kylsystemet (avsnitt 21)*
*Kontrollera luftfiltret (avsnitt 26)*
*Byt tändstift (avsnitt 27)*

### Omfattande underhåll

*Alla detaljer som räknats upp ovan, plus . . .*
*Kontrollera tändsystemet (se kapitel 5)*
*Kontrollera laddningen (se kapitel 5)*
*Kontrollera bränslesystemet (se kapitel 4)*
*Byt tändkablar, fördelarlock och rotor (avsnitt 13)*

---

# Veckokontroller

## 2 Kontroll av motorns vätskenivåer

**Notera:** *Nedan upptas de vätskenivåer som ska kontrolleras var 400 km eller en gång i veckan. Andra vätskenivåer kontrolleras i samband med någon specifik underhållsåtgärd. Oavsett intervall, se upp med läckage under bilen som kan tyda på fel, åtgärda omedelbart.*

1 Vätskorna är en väsentlig del av smörjning, kylning, bromssystem och vindrute-/strålkastarspolare. Eftersom vätskorna gradvis försämras och/eller förorenas under normalt bruk av bilen måste de regelbundet fyllas på. Se *Rekommenderade smörjmedel och vätskor* i början av kapitlet innan någon påfyllning görs av följande detaljer. **Notera:** *Bilen måste stå plant då nivåkontrollen utförs.*

### Motorolja

2 Motoroljan kontrolleras med en mätsticka, placerad på sidan av motorn **(se bilden som visar motorrummet längst fram i kapitlet beträffande stickans placering).** Mätstickan går genom ett metallrör ned i oljetråget.

3 Motoroljan ska kontrolleras innan bilen har körts, eller ca 15 minuter sedan motorn stängts av.

 **Tips** **HAYNES** *Om man kontrollerar omedelbart efter körning, kommer en del av oljan inte att ha runnit tillbaka till oljetråget, vilket medför felaktig avläsning.*

4 Dra ut mätstickan ur röret och torka av all olja på den med en ren trasa eller pappershandduk. Sätt tillbaka mätstickan så långt det går i röret igen. Dra på nytt ut mätstickan och kontrollera oljan som avsatt sig i änden på den. Nivån måste befinna sig inom mätområdet **(se illustration).**

5 En liter olja höjer nivån från underkant till överkant på markeringen. Låt inte oljenivån sjunka under den lägre markeringen eftersom detta kan leda till skador. Fyller man för mycket olja kan det orsaka beläggningar på tändstift, oljeläckage eller skador på tätningar.

6 Vid påfyllning av olja, ta bort locket ovanpå

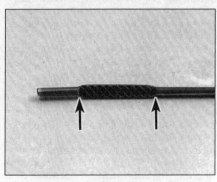

**2.4 Oljenivån ska ligga mellan de två pilarna, eller nära den övre om möjligt - fyll i annat fall på olja så att nivån når den övre pilen (det går åt 1 liter för att höja nivån från undre till övre markeringen)**

**2.6 Oljepåfyllningslocket är placerat i ventilkåpan - se alltid till att området runt locket är rent innan locket öppnas**

**2.9 Expansionskärl, kärlet är placerat på sidan i motorutrymmet - ta bort locket och fyll på kylvätska**

**3.3 Bromsvätskebehållaren ska hållas fylld till över MIN markeringen på den genomsiktliga behållaren - demontera locket och fyll på vätska**

ventilkåpan **(se illustration).** Efter påfyllning, vänta några minuter så att oljenivån stabiliseras, dra sedan ut stickan och kontrollera på nytt. Fyll vid behov på mera. Sätt tillbaka locket och dra åt det för hand.

7 Kontroll av oljenivån är en viktig åtgärd i förebyggande syfte. Om oljan ofta måste fyllas, tyder det på läckage genom tätningar, packningar eller förbi kolvringar och ventilstyrningar. Man bör även kontrollera oljans kondition. Är oljan mjölkig i färgen eller om det finns vattendroppar i den, kan detta tyda på brusten topplockspackning eller spricka i blocket. Motorn ska i sådana fall omedelbart repareras. Var gång oljan kontrolleras, för fingrarna utefter oljestickan innan oljan torkas bort. Om man kan känna smuts eller metallpartiklar på stickan, ska oljan bytas (se avsnitt 6).

## Kylvätska

⚠️ *Varning: Låt inte frostskyddsvätska komma i kontakt med hud eller målade detaljer på bilen. Skölj omedelbart bort eventuellt spill med rikliga mängder vatten. Frostskyddsvätska är giftigt om den sväljs. Låt inte frostskyddsvätska stå framme i en öppen behållare eller samlas i pölar på golvet; barn och husdjur attraheras av den sötaktiga lukten och kan därför försöka dricka den. Kontrollera vad myndigheterna säger om omhändertagning av frostskyddsvätska. Det finns miljöstationer som är speciellt ägnade att ta hand om denna typ av produkter.*

8 Alla bilar som boken behandlar har ett kylsystem som arbetar under tryck. På de flesta modeller finns ett vitt expansionskärl (eller vätskebehållare) placerat i motorrummet. Det är förbundet med kylaren via en slang. Då motorn värms upp kommer den expanderande kylvätskan att fylla kärlet. Då motorn svalnar dras automatiskt kylvätskan tillbaka i kylsystemet så att rätt nivå hålls.

9 Nivån i expansionskärlet **(se illustration)** ska regelbundet kontrolleras.

⚠️ *Varning: Ta inte bort locket på expansionskärlet eller kylarlocket (om sådant finns) för*

*att kontrollera vätskenivån då motorn är varm! Nivån i expansionskärlet varierar med motortemperaturen. Då motorn är kall bör kylvätskenivån vara över markeringen "LOW" på expansionskärlet. Då motorn är varm ska nivån nå upp till markeringen "FULL". I annat fall, låt motorn svalna, ta sedan bort locket på expansionskärlet och fyll på en blandning av 50/50% vatten och glykol. Använd inte rostskyddsmedel eller andra tillsatser.*

10 Kör bilen och kontrollera på nytt kylvätskenivån. Om endast en mindre mängd vätska krävs, kan man använda rent vatten. Använder man vanligt vatten och täta påfyllningar krävs, kommer frostskyddet att försämras. För att erhålla rätt frostskyddsnivå bör man alltid blanda vattnet som fylls på med glykol. En tom plastflaska eller liknande är utmärkt för att blanda vätskorna.

11 Om nivån regelbundet sjunker, kan det tyda på läckage i systemet. Kontrollera kylare, slangar, påfyllningslock, avtappningspluggar och vattenpump (se avsnitt 30). Om inget läckage noterats, låt någon trycktesta systemet.

12 Om locket måste tas bort, vänta tills motorn kallnat helt, linda sedan en trasa runt locket och vrid den till första stoppläget. Om kylvätska eller ånga kommer ut, låt motorn kallna ytterligare, ta sedan bort locket.

13 Kontrollera även vätskans kondition. Den ska vara relativt klar. Är den brun eller rostfärgad bör systemet tappas av, spolas och fyllas på nytt. Även om vätskan förefaller normal, minskar effekten av rostskyddet så småningom. Vätskan måste därför bytas vid angivet intervall.

## 3 Kontroll av broms- och kopplingsvätsknivå

⚠️ *Varning: Bromsvätska kan skada ögon och lackerade ytor. Var ytterligt försiktig vid hantering. Använd inte bromsvätska som*

*har stått i ett öppet kärl eller är mer än ett år gammal. Bromsvätska tar upp fukt ur luften, detta kan medföra förlust av bromskraft. Använd endast bromsvätska av angiven typ. Om man blandar de olika typerna (så som DOT 3 eller 4 med DOT 5) kan detta orsaka bortfall av bromskraft.*

1 Huvudcylindern är monterad på förarsidan i bakre delen av motorrummet. Kopplingsvätskebehållaren (på modeller med manuell växellåda) är monterad bredvid.

2 Kontrollera kopplingsvätskenivån genom den genomsiktliga behållaren. Nivån ska vara vid eller nära det inpressade steget i behållaren. Är nivån låg, ta bort locket och fyll på angiven vätska.

3 Bromsvätskenivån kontrolleras med kärlet monterat på huvudcylindern **(se illustration).** Nivån ska vara mellan MAX och MIN markeringarna på behållaren. Är nivån låg, torka ovansidan av behållare och lock med en ren trasa så att inte smuts kommer ner då locket tas bort. Fyll på med rekommenderad bromsvätska, fyll inte för mycket.

4 Då locket ändå är av, kontrollera vätskebehållaren beträffande föroreningar. Om rostavlagringar, rostpartiklar eller vattendroppar syns, ska systemet tappas av och fyllas på av en auktoriserad eller annan kompetent verkstad.

5 Då behållaren fyllts till rätt nivå, se till att locket sitter ordentligt för att förhindra läckage och/eller att föroreningar kommer in.

6 Bromsvätskenivån i behållaren på huvudcylindern kommer att sjunka något vartefter bromsbeläggen slits. Mycket låg nivå kan tyda på slitna belägg. Kontrollera beträffande slitage (se avsnitt 24).

7 Om bromsvätskenivån regelbundet sjunker, kontrollera omedelbart systemet beträffande läckage. Kontrollera alla bromsledningar, slangar och anslutningar, tillsammans med ok, hjulcylindrar och huvudcylinder (se avsnitt 24).

8 Om man vid kontroll av systemet upptäcker att en eller bägge behållarna är tomma eller nästan tomma, bör broms- eller kopplingssystem kontrolleras beträffande läckage och därefter luftas (se kapitlen 8 och 9).

**4.1 Vindrutespolarbehållaren är placerad på höger framkant i motorrummet på de flesta modeller**

**5.2 Använd en mönsterdjup indikator för att kontrollera däcken - sådana finns på de flesta tillbehörsaffärer och liknande**

**5.4 Om ett däck regelbundet förlorar lufttryck, kontrollera att ventilen är riktigt åtdragen (verktyg finns hos tillbehörsbutiker eller liknande)**

## 4 Kontroll av vindrutespolarvätskans nivå

1 Spolvätskan finns i en plastbehållare i motorrummet **(se illustration)**.
2 I mildare klimat kan man använda rent vatten i behållaren, men man bör inte fylla den mer än till 2/3 så att vattnet kan expandera om det fryser. I kallare klimat, bör man använda frostskyddsvätska så att fryspunkten sänks. Frostskyddsvätska finns att köpa antingen koncentrerad eller färdigblandad. Om man köper koncentrerad vätska, blanda med rent vatten i de proportioner som anges på förpackningen.

 **Varning: Använd inte frostskyddsvätska för kylsystemet - bilens lackering kommer då att skadas.**

## 5 Däck och däcktryck

1 Regelbundet underhåll av däck kan spara bekymret att plötsligt stå med en punktering. Det ger också värdefull information beträffande eventuella problem med styrning och fjädring innan större skador inträffar.
2 Däcken kan ha slitagevarnare som uppträder i plan med mönstret då däcken bör bytas. Däckslitaget kan kontrolleras med ett

enkelt verktyg vilket mäter mönsterdjupet **(se illustration)**.
3 Notera eventuellt onormalt däckslitage **(se illustration)**. Oregelbundenheter så som gropbildning, plana partier eller större slitage på en sida än den andra tyder på felaktig hjulinställning och/eller balansproblem. Om någon sådan orsak påträffas, ta bilen till lämplig serviceverkstad och be dem kontrollera problemet.
4 Kontrollera noggrant beträffande skärskador, punktering eller spikar och dylikt som fastnat i mönstret. Ibland håller däcket trycket en kort tid eller läcker bara mycket sakta även om en spik har tryckts in. Om däcket läcker sakta, kontrollera ventilen så att den är tät **(se illustration)**. Undersök sedan slipbanan

# Däckslitage

### Slitage på sidorna

**Lågt däcktryck (slitage på båda sidorna)**
Lågt däcktryck orsakar överhettning i däcket eftersom det ger efter för mycket, och slitbanan ligger inte rätt mot underlaget. Detta orsakar förlust av väggrepp och ökat slitage, för att inte nämna risken för plötsligt däckhaveri på grund av överhettning.
*Kontrollera och justera däcktrycket*
**Felaktig cambervinkel (slitage på en sida)**
*Reparera eller byt ut fjädringsdetaljer*
**Hård kurvtagning**
*Sänk hastigheten!*

### Slitage i mitten

**För högt däcktryck**
För högt däcktryck orsakar snabbt slitage i mitten av däckmönstret, samt minskat väggrepp, stötigare gång och fara för skador i korden.
*Kontrollera och justera däcktrycket*

*Om du ibland måste ändra däcktrycket till högre tryck specificerade för max lastvikt eller ihållande hög hastighet, glöm inte att minska trycket efteråt*

### Ojämnt slitage

Framdäcken kan slitas ojämnt som följd av felaktig hjulinställning. De flesta bilåterförsäljare och verkstäder kan kontrollera och justera hjulinställningen för en rimlig summa.
**Felaktig camber- eller castervinkel**
*Reparera eller byt ut fjädringsdetaljer*
**Defekt fjädring**
*Reparera eller byt ut fjädringsdetaljer*
**Obalanserade hjul**
*Balansera hjulen*
**Felaktig toe-inställning**
*Justera framhjulsinställningen*
**Notera:** Den fransiga ytan i mönstret, ett typiskt tecken på toe-förslitning, kontrolleras bäst genom att man känner med handen över däcket.

beträffande objekt som kan ha fastnat, eller för en tidigare lagning som börjat läcka (radialdäck lagas med pluggar som sätts in i stickhålet). Om inte punkteringen är ovanligt stor, kan däcket lagas på en gummiverkstad.

**5** Kontrollera inre däcksidan på varje däck

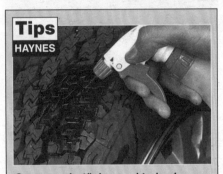

**Tips** HAYNES

*Om man misstänker punktering kan detta lätt konstateras om man sprayar lite såpvatten på det misstänkta stället. Såpvattnet kommer att bubbla om det finns en läcka.*

beträffande tecken på bromsvätskeläckage. Om sådant upptäcks, kontrollera bromsarna omedelbart.

**6** Rätt däcktryck höjer livslängden på däcket betydligt, det ger också komfort. Man kan inte rätt bedöma däcktrycket genom att titta på däcket, speciellt om det är ett radialdäck. Man måste använda en mätare. Förvara en rätt-visande mätare i handskfacket. De mätare som sitter på påfyllningsmunstyckena visar inte alltid rätt.

**7** Kontrollera alltid däcktrycket då däcken är kalla. Kalla betyder i detta fall att bilen inte har körts mer än en eller två kilometer under tre timmar innan kontrollen. Det är inte ovanligt att trycket ökar med 25 - 50 kPa då däcket blir varmt.

**8** Skruva bort ventilhatten på ventilen som sticker ut från hjulet eller genom navkapseln, tryck sedan mätverktyget ordentligt över ventilskaftet **(se illustration)**. Läs av värdet och jämför med det rekommenderade i instruktionsbok eller märklapp på dörr eller dörrstolpe. Sätt tillbaka ventilhatten så att smuts och fukt hålls borta från ventilmeka-

**5.8 För att förlänga däckens livslängd, kontrollera lufttrycket minst en gång i veckan med en noggrann mätare (glöm inte att kontrollera reservhjulet)**

nismen. Kontrollera alla fyra däcken på samma sätt, fyll sedan vid behov på ytter-ligare luft.

**9** Glöm inte att hålla reservdäcket vid rätt tryck (se instruktionsbok eller märklapp på dörrstolpe).

# Var 5 000 km eller var 3:e månad

**6 Byte av motorolja och filter**

**Tips** HAYNES

*Täta oljebyten är den viktigaste förebyggande åtgärden som man kan utföra. Då oljan åldras blir den utspädd och förorenad, vilket leder till ökat motorslitage.*

**1** Se till att alla nödvändiga verktyg finns på plats innan arbetet påbörjas **(se illustration)**. Man bör också ha gott om trasor och tid-ningar för att samla upp spill.

**2** Starta motorn och låt den gå tills den får normal arbetstemperatur - olja och slam flyter lättare vid högre temperatur. Om olja, filter eller verktyg krävs, kan man använda bilen för att skaffa dessa så att motorn samtidigt blir varm.

**3** Parkera sedan på plan mark och stäng av motorn. Ta bort oljepåfyllningslocket från ventilkåpan.

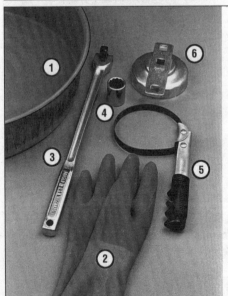

1 **Avtappningskärl** - Det ska vara ganska grunt, men tillräckligt stort för att hindra spill

2 **Gummihandskar** - Vid demontering av avtappningsplugg och filter, får man olja på händerna, handskarna förhindrar brännskador

3 **Dragskaft** - Avtappningspluggen sitter ibland hårt, ett långt dragskaft behövs för att lossa den

4 **Hylsa** - Använd tillsammans dragskaftet eller spärrskaft (hylsan måste passa avtappningspluggen, sexkanthylsa är att föredra)

5 **Filternyckel** - Visad är en typ med metallband, den kräver god åtkomlighet runt filtret

6 **Filternyckel** - Den här typen passar undertill på filtret och kan vridas med spärrskaft eller dragskaft (olika storlekar förekommer för att passa olika typer av filter

**6.1 Dessa verktyg krävs vid byte av motorolja och filter**

**4** Oljeplugg och filter blir bättre åtkomliga om bilen lyfts, körs upp på ramper eller ställs upp på pallbockar.

⚠️ *Varning: Arbeta INTE under en bil som enbart stöds av domkraft - använd alltid pallbockar!*

**5** Hissa upp bilen, stöd den på pallbockar. Se till att den står säkert.

**6** Om det är första gången man byter olja, kryp under och kontrollera placeringen av avtappningsplugg och oljefilter. Avgasröret kommer att vara varmt, så se efter var det befinner sig så att brännskador kan undvikas.

**7** Var försiktig så att inte avgassystemet berörs, placera ett lämpligt kärl under av-tappningspluggen under motorn. Rengör området kring pluggen, ta sedan bort pluggen **(se illustration)**. Det kan vara bra att använda gummihandskar då pluggen skruvas bort de sista varven så att man inte bränner sig på oljan. Man bör även trycka pluggen in mot gängan då man skruvar bort den och sedan ta

**6.7 Använd en lämplig ringnyckel för att lossa avtappningspluggen**

**6.16 Smörj den nya gummipackningen med ren motorolja innan montering**

**7.2 Styrservobehållaren (vid pilen) är placerad på vänster sida i motorutrymmet**

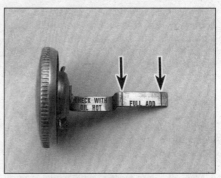

**7.5 Locket till styrservobehållaren har inbyggd mätsticka, nivån sak ligga mellan pilarna**

undan den snabbt. På detta sätt får man undan armen från den varma oljan och minskar riskerna att tappa pluggen i uppsamlingskärlet.

**8** Man kan behöva flytta kärlet något då flödet minskar. Kontrollera oljan beträffande förekomsten av metallpartiklar.

**9** Då oljan har runnit av, torka av pluggen med en ren trasa. Metallpartiklar som fastnat på pluggen kommer omedelbart att förorena den nya oljan.

**10** Sätt tillbaka pluggen och dra åt den ordentligt, men inte så att gängorna går sönder.

**11** Flytta uppsamlingskärlet till ett läge under oljefiltret.

**12** Lossa oljefiltret med lämpligt verktyg genom att vrida det moturs. Vilket oljefilterverktyg som helst fungerar.

**13** Ibland är denna typ av filter åtdraget så hårt att det kan vara svårt att ta bort. Är detta fallet, slå en metallstång eller lång skruvmejsel direkt genom filterburken, använd sedan stången för att vrida loss filtret. Var beredd på att olja kan spruta ut då burken punkteras.

**14** Då filtret lossat, använd händerna för att skruva bort det. Just då filtret släpper gängan, vänd det med öppningen uppåt så att inte oljan inuti filtret rinner ut.

**15** Använd en ren trasa torka ren tätningsytan på blocket. Se också till att inga rester av den gamla packningen har fastnat. Dessa måste i sådana fall skrapas bort.

**16** Jämför det nya filtret med det gamla så att de är av samma typ. Stryk sedan lite motorolja på gummipackningen på det nya filtret, skruva det sedan på plats **(se illustration)**. Drar man filtret för hårt kommer packningarna att skadas, använd inte filternyckel. De flesta tillverkare rekommenderar åtdragning endast för hand. Normalt ska filtret dras ytterligare 3/4 varv sedan packningen kommit i kontakt med blocket, följ dock eventuella anvisningar på filterbehållaren.

**17** Ta bort alla verktyg och allt material som ligger under bilen, se till att inte spilla ut oljan i uppsamlingskärlet, sänk sedan ner bilen.

**18** Fyll på ny motorolja genom påfyllningshålet i ventilkåpan. Använd en tratt för att hindra spill. Häll 4 liter olja i motorn. Vänta

några minuter så att oljan rinner ner i tråget, kontrollera sedan nivån med mätstickan (se avsnitt 2 vid behov). Om oljenivån är inom markeringarna, sätt tillbaka locket.

**19** Starta motorn och låt den gå i en minut. Då motorn är igång, kontrollera under bilen beträffande läckage vid avtappningsplugg och runt filtret. Om någon av dem läcker, stanna motorn och dra åt plugg eller filter något.

**20** Vänta några minuter, kontrollera sedan på nytt oljenivån med mätstickan. Fyll på olja så att nivån blir rätt.

**21** Under den första tiden efter ett oljebyte, kontrollera nivån lite oftare än vanligt.

**22** Den gamla motoroljan kan inte användas utan måste omhändertas på rätt sätt. Miljöstationer finns som tar hand om gammal olja. Då oljan har kallnat kan den fyllas i lämpliga behållare (plastflaskor eller liknande) för transport till sådan miljöstation.

## 7 Kontroll av styrservovätskenivå

**1** Kontrollera styrservonivån periodiskt för att undvika problem så som skador på pumpen.

⚠️ *Varning: Håll inte ratten mot respektive stoppläge (så långt åt höger eller vänster det går mer än 5 sek). Gör man det kan styrservopumpen skadas.*

**2** Behållaren för styrservovätskan är placerad till vänster i motorutrymmet, den har ett avtagbart lock med en inbygg mätsticka **(se illustration)**.

**3** Parkera bilen på plan mark och dra åt handbromsen.

**4** Låt motorn gå tills den har normal arbetstemperatur. Med motorn gående på tomgång, vrid ratten fram och tillbaka några gånger så att all luft försvinner ur systemet. Stäng av motorn, ta sedan bort locket genom att vrida moturs, torka av mätstickan och sätt tillbaka locket.

**5** Ta på nytt bort locket och läs av nivån. Den ska ligga mellan de två nivåstreckan **(se illustration)**.

**6** Fyll på små mängder vätska tills nivån är riktig.

⚠️ *Varning: Fyll inte för mycket. Om för mycket vätska fylls, sug ut överskottet med ett lämpligt verktyg. Sätt sedan tillbaka lock och sticka igen.*

**7** Kontrollera servostyrningens slangar och anslutningar beträffande läckage och skador (se avsnitt 10).

**8** Kontrollera kondition och spänning för drivrem (se avsnitt 11).

## 8 Kontroll av nivå för automatväxelolja

⚠️ *Varning: Användning av annan automatväxelolja än den rekommenderade kan medföra skador och dålig funktion hos växellådan.*

**1** Automatväxelolja ska underhållas omsorgsfullt. Låg vätskenivå kan leda till slirning, hög vätskenivå kan orsaka skumbildning och i sin tur vätskeförlust. Vilket av dessa förhållande som helst kan orsaka skador.

**2** Eftersom vätskan expanderar då den värms upp, bör nivån endast kontrolleras då växellådan är varm (vid normal arbetstemperatur). Om man kört bilen över 30 km, kan växellådan anses vara varm.

⚠️ *Varning: Om bilen just körts en längre strecka med hög belastning eller i statstrafik, eller då vädret är mycket varmt, eller då man dragit en släpvagn eller liknande, kan en riktig avläsning inte göras. Låt växellådan kallna ca 30 minuter. Man kan även kontrollera vätskenivån då växellådan är kall. Om bilen inte körts på mer än 5 timmar och vätskan håller ungefärlig rumstemperatur (20-35°C), kan man betrakta vätskan som kall. Man bör dock kontrollera vätskan varm som tidigare nämnts för bästa resultat.*

**3** Omedelbart efter körning, parkera på jämnt underlag, dra åt handbromsen och starta motorn. Med motorn gående på tomgång, tryck ner bromspedalen och för växelväljaren genom alla lägena, börja och sluta i läge "park".

**4** Leta upp oljestickan för automatlådan i vänster bakre hörnet på motorrummet.

**5** Med motorn fortfarande gående på tomgång, dra ut oljestickan ur röret (se illustration), torka av den med en ren trasa, sätt sedan tillbaka den. Dra ut den på nytt och notera vätskenivån.

**6** Nivån ska vara mellan de två markeringarna (se illustration). Om nivån är låg, fyll på vätska av rätt specifikation genom hålet för mätstickan - använd en ren tratt för att undvika spill.

**7** Fyll inte mer än vad som behövs för att få rätt nivå. Det går åt ca en halv liter för att höja nivån från undre till övre markeringen då

**8.5 Oljestickan för automatväxellåda (vid pilen) är placerad nära torpedväggen på vänster sida i motorrummet**

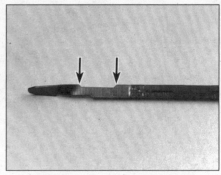

**8.6 Då vätskan är varm, ska nivån hållas mellan de två uttagen i stickan**

vätskan är varm. Fyll därför lite vätska i taget och kontrollera tills nivån är rätt.

**8** Vätskans kondition bör också kontrolleras. Om den är svart eller mörk rödbrun, eller om

den luktar bränt, bör den bytas (se avsnitt 29). Om tvivelsmål råder beträffande kondition, köp lite ny vätska och jämför beträffande färg och lukt.

# Var 10 000 km eller var 6:e månad

## 9 Rotation av hjul

**1** Man bör byta plats på däcken vid angivna intervall eller då man noterar ojämnt slitage. Eftersom fordonet kommer att hissas upp, kan man även passa på att kontrollera bromsarna (se avsnitt 24). **Notera:** *Även om man inte låter däcken byta plats, kontrollera åtminstone hjulmuttrarnas åtdragning.*

**2** Däcken bör få byta plats enligt ett speciellt mönster (se illustration).

**3** Se informationen i *"Lyftning, bogsering och hjulbyte"* i början av boken då bilen ska hissas upp för arbete. Om bromsarna kontrolleras, dra åt handbromsen.

**4** Bilen måste lyftas med en lyft eller stödjas av pallbockar så att alla fyra hjulen kan lyfta samtidigt. Se till att den står stadigt!

**5** Efter avslutat arbete, kontrollera och justera däcktrycken, se också till att hjulmuttrarna dras rätt.

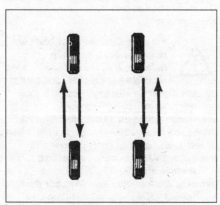

**9.2 Rotation av radialdäck**

## 10 Kontroll av slangar i motorrummet

> ⚠️ **Varning: Byte av slangar till luftkonditioneringen måste utföras av en auktoriserad verkstad med rätt utrustning för tömning av systemet. Lossa aldrig någon slang till luftkonditioneringen innan systemet tömts.**

### Allmänt

**1** Höga temperaturer i motorutrymmet kan orsaka nedbrytning på gummi - och plastslangar till motor, extrautrustning och avgasreningssystem. Regelbundna kontroller ska utföras beträffande sprickor, lösa klammor, slangar som blivit hårda samt läckage.

**2** Information rörande kylsystemet återfinns i avsnitt 21.

**3** De flesta (men inte alla) slangar är fästa med slangklammor. Där sådana används, kontrollera att de inte har tappat spänsten, så att läckage uppstår. Om klammor inte används, se till att slangen inte blivit för stor och/eller hårdnat vid anslutningen, så att läckage kan uppstå.

### Vakuumslangar

**4** Det är vanligt att vakuumslangar, speciellt för avgasreningssystem är färgmärkta. Olika system kräver slangar med olika tjocklek, tålighet och uppsugning och temperatur. Då slangarna byts ut, se till att de nya är gjorda av samma material.

**5** Oftast kan en slang kontrolleras tillfredsställande först sedan den tagits bort från bilen. Om man tar bort mer än en slang åt gången, se till att märka dem och anslutningarna så att de kan sättas tillbaka rätt.

**6** Vid kontroll av vakuumslangar, glöm inte eventuella t-stycken. Kontrollera anslutningarna beträffande sprickor och slangen där den passar över respektive anslutning beträffande formändring som kan orsaka läckage.

**7** Man kan använda en liten bit vakuumslang som stetoskop för att upptäcka vakuumläckor. Håll ena änden av slangen vid örat och för den andra runt till de olika anslutningarna. Lyssna för ett "väsande" som är karaktäristiskt för vakuumläckage.

> ⚠️ **Varning: Var försiktig under denna kontroll, så att inte handen kommer i beröring med roterande delar så som drivremmar, kylfläkt etc.**

### Bränsleslangar

> ⚠️ **Varning: Man måste vidta vissa säkerhetsmått då man arbetar med bränslesystemet. Arbeta i ett väl ventilerat utrymme, och se till att inte öppen eld (cigaretter, indikatorlampor etc) eller nakna glödlampor förekommer i närheten. Torka omedelbart bort eventuellt spill och förvara inte bränslefuktade trasor så att de kan antändas.**

**8** Bränsleledningarna står vanligtvis under tryck, så om någon ledning ska lossas, så var beredd på att fånga upp spill.

> ⚠️ **Varning: Om bilen har bränsleinsprutning, måste man först avlasta bränsletrycket innan någon ledning lossas. Se kapitel 4 för anvisning om hur bränsle trycket avlastas.**

**9** Kontrollera alla gummislangar i bränslesystemet beträffande åldring eller skavning. Kontrollera speciellt att inga sprickor finns i

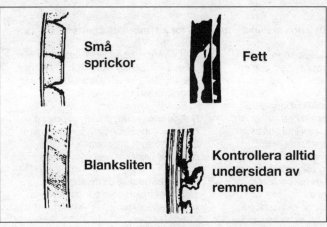

11.3 Här är några av de vanligaste problemen med drivremmar (kontrollera drivremmarna omsorgsfullt så de inte går av under körning

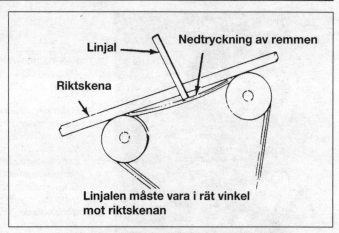

11.4 Hur man mäter intryckning av rem med linjal

böjar och strax innan anslutningar, t.ex. där slangen ansluter till bränslepump, bränslefilter och insprutningssystem.

10 Vid byte ska man endast använda slangar av god kvalité avsedda för det tryck bränslesystemet arbetar med. Använd under inga omständigheter vakuumslang, genomskinliga plastslangar eller vattenslang som bränsleledningar.

11 Bandklammor används ofta för bränsleledningar. Dessa klammor tappar med tiden kraften, de kan dessutom förstöras vid demontering. Byt alla sådana klammor mot vanliga slangklammor då en anslutning lossas.

## Rörledningar

12 Rör används för vissa delar av bränslesystemet, mellan bränslepump och insprutning. Kontrollera att rören inte har böjts, tryckts ihop eller spruckit.

13 Om ett rör måste bytas, använd endast sömlösa stålrör, eftersom koppar och aluminium inte har tillräcklig styrka att motstå vibrationerna i bilen.

14 Kontrollera bromsrör där de är anslutna till huvudcylinder och bromskraftregulator (i förekommande fall) beträffande sprickor och

11.6 Lossa muttern i andra änden på justerskruven, vrid skruven för att öka eller minska remspänningen

dåliga anslutningar. Varje tecken på läckage kräver omedelbar och grundlig kontroll av bromssystemet.

## Slangar för servostyrning

15 Kontrollera om slangarna läcker, har dålig anslutning eller slitna klammor. Dra åt dåliga anslutningar. Slitna klammor och läckande slangar ska bytas.

## 11 Drivremmar - kontroll, justering och byte

### Kontroll

1 Drivremmarna, ibland kallade kilremmar eller helt enkelt fläktremmar, är placerade framtill på motorn och har stor betydelse för den totala funktionen. På grund av funktion och det material de är gjorda av, slits remmarna ut efter någon tid. De ska därför kontrolleras och justeras regelbundet för att undvika andra skador.

2 Antalet remmar på respektive fordon beror på tillsatsaggregat. Drivremmar används för generator, servostyrpump, vattenpump och luftkonditioneringskompressor. Beroende på hur remskivorna är anordnade, kan en enda rem driva flera av dessa detaljer.

3 Med motorn avslagen, öppna huven och leta upp remmarna framtill på motorn. Använd fingrarna (och en ficklampa vid behov), känn längs remmen för att hitta sprickor eller separation hos remmen. Kontrollera också beträffande fransbildning och blankslitna partier (se illustration). Kontrollera båda sidor på remmen, detta betyder att man måste vrida remmen för att kunna kontrollera undersidan.

4 Spänningen kontrolleras genom att man trycker bestämt med tummen och ser hur mycket remmen kan böjas undan. Mät detta avstånd med en linjal (se illustration). En

tumregel är att remmen ska kunna börja böjas undan 6 mm om avståndet mellan remskivorna är 180-280 mm. Remmen ska kunna tryckas in 12 mm om avståndet mellan remskivorna är mellan 30-40 cm.

### Justering

5 Om justeringen måste korrigeras, antingen på grund av att remmen är för mycket eller för lite spänd, gör man detta genom att flytta den drivna detaljen i sitt fäste.

6 Varje detalj har då en justerskruv och en ledskruv. Bägge skruvarna måste lossas något så att detaljen kan flyttas. På vissa detaljer kan remspänningen justeras genom att man vrider en speciell justerskruv sedan en låsskruv lossats (se illustration).

7 Sedan de två skruvarna lossats, för detaljen så att remspänningen blir riktig. Håll fast detaljen under kontrollen. Är remspänningen riktig, dra åt de två skruvarna, kontrollera sedan på nytt. Om spänningen nu är riktig, dra åt för gott.

8 Ofta kan det behövas någon form av brytspak för att flytta detaljen då remmen justeras. Var försiktig om brytspak användes så att detaljen inte skadas.

### Byte

9 Vid byte av drivrem, följ instruktionerna ovan, men ta bort den gamla remmen från remskivorna.

10 Ibland kan man behöva ta bort mer än den rem som ska bytas på grund av hur de sitter på motorn. På grund av detta samt det faktum att remmarna ungefär slits likartat, är det klokt att byta samtliga remmar samtidigt. Märk respektive rem och i vilket spår den sitter på remskivorna så att remmarna sätts tillbaka rätt.

11 Det kan vara bra att ta med de gamla remmarna då man köper nya så att man får rätt längd, bredd och utförande.

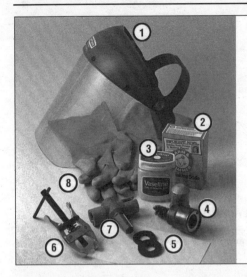

### 12.1 Verktyg och material som krävs för att underhålla batteri

1 **Ansiktsmask/skyddsglasögon** - Vid borttagande av korrosion med borste, kan de syrahaltiga partiklarna lätt komma in i ögonen
2 **Bakpulver (natriumbikarbonat)** - En blandning av bikarbonat och vatten kan användas för att neutralisera korrosion
3 **Vaselin** - Ett tunt lager vaselin på batteripolerna motverkar korrosion
4 **Rengöringsverktyg för poler/polskor** - Stålborsten ta bort korrosion från batteripoler och polskor
5 **Behandlade filtbrickor** - Placera en alldeles under polskon, detta motverkar korrosion

6 **Avdragare** - Ibland sitter polskorna hårt på polerna, sedan mutter/skruv helt har lossats. Detta verktyg drar polskon rakt av polen utan att skada
7 **Rengöringsverktyg för pol/polsko** - Här är ett annat rengöringsverktyg som fungerar något annorlunda än det beskrivet i nr 4
8 **Gummihandskar** - Ytterligare en säkerhetsåtgärd som bör beaktas vid batteriservice; kom ihåg att batteriet innehåller syra

## Var 25 000 km eller var 12:e månad

### 12 Batteri - kontroll, underhåll och laddning

#### Kontroll och underhåll

⚠️ Varning: Vissa försiktighetsmått måste iakttas vid kontroll och underhåll av batteri. Kvävgas, som är mycket eldfarlig, finns alltid i battericellerna, var därför försiktig med tobaksrök och alla annan öppen låga samt gnistor. Elektrolyten i batteriet består av utspädd svavelsyra, som åstadkommer skador om man får det på huden eller i ögonen. Den förstör också kläder och målade ytor. Då batterikablarna lossas, lossa alltid den negativa först, anslut den sist.

1 Använd ansiktsmask/skyddsglasögon vid borttagning av korrosion med borste, partiklar kan lätt fara upp i ögonen. Underhåll av batteri är en viktig procedur som gör att man slipper bli stående på grund av ett dött batteri. Olika verktyg krävs för detta **(se illustration)**.
2 Innan underhåll av batteriet påbörjas, stäng alltid av motorn och alla förbrukare, lossa den negativa kabeln från batteripolen.
3 Ett lågunderhållsbatteri är standardutrustning. Cellerna kan öppnas och destillerat vatten fyllas på vid behov.
4 Ta bort locken och kontrollera elektrolytnivån i varje cell. Nivån måste stå över plattorna. Det finns vanligtvis en delad ring i varje cell som visar rätt elektrolytnivå. Är nivån låg, fyll på enbart destillerat vatten, sätt sedan tillbaka locket.

⚠️ Varning: Fyller man för mycket kan det medföra spill av elektrolyten då batteriet laddas hårt, detta orsakar korrosion och kan skada närliggande detaljer.

5 Om den positiva polskon har en gummihuva som skydd, se till att den inte är skadad. Den ska täcka polen helt.
6 Kontrollera batteriet regelbundet utvändigt för att upptäcka exempelvis sprickor.
7 Kontrollera att batteriet sitter fast ordentligt, se även till att polskorna har god kontakt. Kontrollera även kablarna i hela sin längd, titta speciellt efter skadad isolering och lösa kardeller.

**12.8a Korrosion på batteripolerna visar sig vanligtvis som ett lätt pulver**

**12.8c Oavsett vilket verktyg som används vid rengöring av batteripolen, måste polen bli helt ren**

8 Om korrosion förekommer (förekommer som vitt pulver), ta bort kablarna från polerna, rengör dem med en batteriborste och sätt tillbak dem **(se illustrations)**. Korrosion kan hållas på ett minimum genom att man installerar speciellt behandlade brickor, till-

**12.8b Demontering av batterikabel med hjälp av en nyckel - ibland krävs speciella tänger om muttern skadats av korrosion (ta alltid bort jordkabeln först och sätt dit den sist!)**

**12.8d Vid rengöring av polskon måste all korrosion tas bort (insidan av polskon är konisk för att passa på polen, ta inte bort för mycket material)**

gängliga från reservdelsbutiker, eller genom att man stryker på lite vaselin eller fett på poler och polskor sedan de satts fast.

**9** Se till att batterihållaren är i god kondition samt att fästklammans skruv är åtdragen. Om batteriet tas bort (se kapitel 5 beträffande demontering och montering), se till att inga delar lämnas kvar på batteribrickan vid installation. Då klamman sätts dit, dra inte skruven allt för hårt.

**10** Korrosion på batteribricka, batterihölje och omgivande ytor kan tas bort med hjälp av en lösning av vatten och bakpulver. Stryk på lösningen med en liten borste, låt den verka en stund, skölj sedan av med rikliga mängder rent vatten.

**11** Alla metallytor som skadas av korrosion ska behandlas med en zinkbaserad primer, sedan lackas.

**12** Ytterligare information om batteri och användning av startkablar ges i kapitel 5 samt i början av boken.

### Laddning

**13** Ta bort alla locken till cellerna (om sådana finns), täck för hålen med en ren trasa så att inte elektrolyten kan stänka ut. Lossa negativa anslutningen. Koppla laddkablarna till respektive batteripol (positiv till positiv, negativ till negativ), anslut sedan laddaren. Se till att den är inställd på 12 volt om den har olika spänningar.

**14** Om laddningen sker med mer än 2 amper, kontrollera regelbundet tillståndet så att batteriet inte överhettas. Om laddaren begränsar strömmen kan den stå på över natten sedan man har kontrollerat att allt fungerar de första timmarna.

**15** Om batteriet har lock över cellen som kan tas bort, mät densiteten med en hydrometer varje timme de första timmarna. Hydrometer (syraprovare) kan fås från de flesta tillbehörsbutiker, de är dessutom billiga. Följ instruktionerna som följer med hydrometern. Batteriet kan anses vara fulladdat då ingen ändring av densiteten kan noteras under två timmar, och elektrolyten i cellerna ger ifrån sig rikligt med bubblor. Densiteten i varje cell ska vara nära nog lika. I annat fall har batteriet troligen en dålig cell.

**16** Vissa batterier är förseglade och har inbyggd hydrometer upptill i form av en indikator som med färgändring visar laddningen. Normalt betyder ljus färg att batteriet är fulladdat samt mörkare färg att batteriet fortfarande laddas. Kontrollera tillverkarens instruktioner så att funktionen av en sådan hydrometer är klar.

**17** Om batteriet är förseglat och saknar hydrometer, kan man koppla voltmeter över batterianslutningarna och kontrollera laddningstillståndet. Fulladdat batteri ska ha mer än 12,6 volt.

**18** Ytterligare information om batteri och startkablar återfinns i kapitel 5 samt i början av boken.

---

## 13 Tändkablar, fördelarlock och rotor - kontroll och byte

**1** Tändkablarna ska kontrolleras vid angivna intervall samt när tändstiften byts.

**2** Börja genom att visuellt kontrollera kablarna då motorn är igång. Starta motorn i ett mörkt utrymme (se till att ventilationen är tillräcklig), kontrollera sedan varje tändkabel, se till att inte komma i vägen för rörliga delar. Om det finns brott på någon kabel, kan man se en ljusbåge eller en liten gnista vid skadan. Om sådan upptäcks, se till att skaffa nya kablar, låt sedan motorn kallna.

**3** Lossa den negativa kabeln från batteriet.

**4** Kablarna ska kontrolleras en i taget så man inte förväxlar hur de ska sitta, annars orsakar man fel tändföljd.

**5** Lossa kabeln från tändstiftet. Ett speciellt verktyg som griper om anslutningen kan anskaffas, vrid sedan något och dra loss kabeln. Dra inte i själva kabeln, endast i anslutningen.

**6** Kontrollera insidan på anslutningen för korrosion, vilket visar sig som ett vitt puder. Sätt tillbaka anslutningen på tändstiftet. Den ska sitta ordentligt fast. Ta i annat fall bort anslutningen och använd en tång för att trycka ihop anslutningen så att den sitter säkert på tändstiftet.

**7** Använd en ren trasa, torka kabeln i hela dess längd och ta bort smuts och fett. Då kabeln är ren, kontrollera beträffande brännmärken, sprickor och andra skador. Böj inte kabeln för mycket, eftersom ledaren kan gå av.

**8** Lossa kabeln från strömfördelaren. Dra även här endast i anslutningen. Kontrollera beträffande korrosion och ordentlig passning på samma sätt som för tändstiftet. Sätt tillbaka kabeln i locket.

**9** Gör på samma sätt med återstående kablar, se till att de sitter ordentligt i strömfördelarlock och på tändstift.

**10** Om nya kablar krävs, köp dem som ett komplett sett för respektive modell. Dessa kablar fås i rätt längd och med anslutningarna installerade. Ta bort och byt kablarna en åt gången så att inte tändföljden blir felaktig.

**11** Kontrollera fördelarlock och rotor **(se illustration)**. Lossa klammorna och ta bort fördelarlocket. Ta bort rotorn från axeln. Kontrollera beträffande sprickor, överslag och slitna, brända eller lösa kontakter **(se illustrationer)**. Sätt tillbaka lock och rotor, byt vid behov. Det kan vara en god ide att byta lock och rotor då tändstiften byts.

---

**Tips HAYNES** *Vid installation av nytt fördelarlock, ta bort kablarna från det gamla och flytta över dem till det nya en i taget så att de sitter på samma sätt - ta inte bort alla kablarna på en gång eftersom tändföljden kan bli felaktig.*

---

**13.11a** Efter demontering av fördelarlock, kan rotorn dras rakt av axeln på de flesta modeller

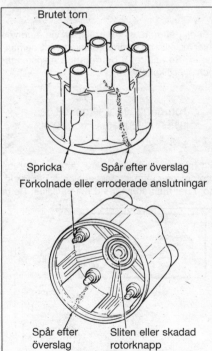

Brutet torn

Spricka    Spår efter överslag
Förkolnade eller erroderade anslutningar

Spår efter överslag    Sliten eller skadad rotorknapp

**13.11b** Några av de vanligaste skadorna man bör titta efter vid kontroll av fördelarlock (råder tveksamhet om konditionen, byt lock)

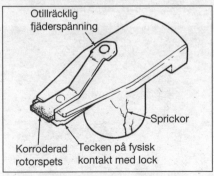

Otillräcklig fjäderspänning

Sprickor

Korroderad rotorspets    Tecken på fysisk kontakt med lock

**13.11c** Rotorn bör kontrolleras beträffande slitage och skador av gnistbildning enligt bilden (råder tveksamhet om konditionen, byt rotor)

## Var 40 000 km eller var 12:e månad

### 14 Manuell växellåda - kontroll av oljenivå

**1** Växellådan har en plugg för påfyllning/kontroll som måste demonteras vid kontroll av nivå. Om man har hissat upp bilen så att åtkomligheten blir bättre, se till att den står stadigt på pallbockar - ARBETA ALDRIG under en bil som stöds enbart av domkraft! Bilen får inte luta om avläsningen ska bli korrekt.

**2** Ta bort pluggen på sidan av växellådan och använd lillfingret genom hålet och känn efter

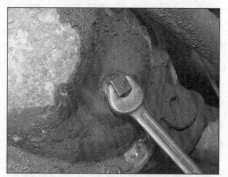

15.2 Demontera påfyllningspluggen på slutväxelhuset med en nyckel

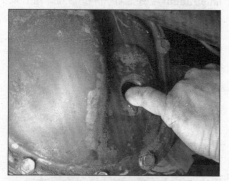

15.3a Använd fingret eller en mätsticka för att kontrollera att oljenivån går jäms med underkant på hålet

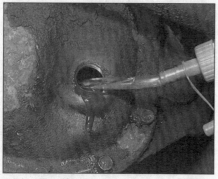

15.3b Fyll på olja i slutväxelhuset tills den just rinner ut genom hålet

oljenivån. Den ska vara vid eller nära underkant på hålet **(se illustration)**.

**3** I annat fall, fyll på genom hålet med en spruta eller en plastflaska.

**4** Sätt tillbaka pluggen ordentligt och kontrollera beträffande läckage sedan bilen körts några kilometer.

### 15 Slutväxel - kontroll av oljenivå

**1** Slutväxeln har en plugg för kontroll/påfyllning som måste tas bort vid nivåkontroll. Om bilen hissats upp så att åtkomligheten blir bättre, se till att den stöds ordentligt av pallbockar - ARBETA ALDRIG under en bil som stöds enbart av domkraft! Bilen får inte luta om avläsningen ska bli korrekt.

**2** Ta bort pluggen från slutväxeln **(se illustration)**.

**3** Använd lillfingret som mätsticka och kontrollera att oljenivån är i underkant på plugghålet. Fyll i annat fall på olja med hjälp av spruta eller plastflaska så att oljan just börjar rinna ut **(se illustrationer)**.

**4** Sätt tillbaka pluggen och dra åt den ordentligt.

### 16 Tändläge (1976 - 1988) - kontroll och justering

Tändläget måste kontrolleras vid angivna intervall eller då strömfördelaren varit demonterad. Se kapitel 5 beträffande anvisningar och specifikationer.

### 17 Tomgångsvarv - kontroll och justering (endast LH-Jetronic)

**1** Motorns tomgångsvarv är det varvtal motorn intar utan att gaspedalen är nedtryckt, som när man stannar vid ett trafikljus. Detta

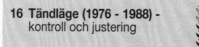

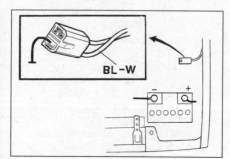

17.4 Använd en bit kabel och jorda det blå/vita testuttaget så att luftkontrollventilen stänger innan grundtomgång justeras

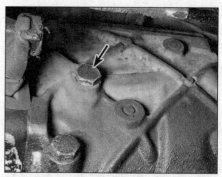

14.2 Använd en stor nyckel för att ta bort kontroll/påfyllningsplugg (vid pilen), (oljan ska gå jäms med underkant på hålet) - är nivån låg, fyll på olja

varvtal är viktigt för motorn och många av hjälpsystemen.

**2** En separat varvräknare bör användas vid inställning av tomgång. Anslutningen varierar med fabrikatet, följ tillverkarens anvisningar.

**3** Alla modeller som behandlas i boken bör ha en lapp med det vanligaste inställningsvärdena i motorrummet. Anvisningar för inställning av tomgångsvarv återfinns här, de bör följas eftersom de är olika för olika motorer.

**4** Låt motorn få normal arbetstemperatur, dra åt handbromsen ordentligt och lägg stoppklossar för hjulen så att bilen inte kan rulla. Jorda den blå/vita testkabeln **(se illustration)** bredvid batteriet. Detta stänger luftkontrollventilen, den kan därmed inte påverka inställningen. **Notera:** *Jorda inte kabeln för syresensorn (röd) av misstag, syresensorn skadas om detta görs.*

**5** Vrid tomgångsskruven så att rätt varvtal erhålls **(se illustration)**. Kontrollera varvtalet på lappen. Stäng av ljuset och andra förbrukare.

**6** Ta bort jordkabeln till ventilen och kontrollera att varvtalet höjs något. Om varvtalet inte ändras, undersök felet med ventil och /eller krets.

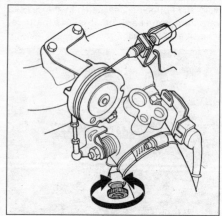

17.5 Justera grundtomgången genom att vrida skruven (vid pilen) medurs för att minska tomgångsvarvet och moturs för att höja det

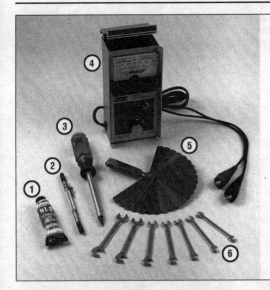

**18.1 Verktyg och material som krävs för byte av brytarspetsar och justering av kamvinkel**

1 **Fett för fördelarnock** - Ibland medföljer fettet de nya spetsarna; det kan däremot vara bra att ha en tub till hands

2 **Skruvhållare** - Håller fast skruven vid montering så att man inte tappar den då man försöker sätta dit den

3 **Magnetskruvmejsel** - Fyller samma funktion som verktyget i punkt 2. Saknar man något av dessa verktyg, finns stor risk att man tappar ner skruven i fördelaren

4 **Kamvinkelmätare** - En kamvinkelmätare är det enda sättet att korrekt mäta brytarspetsarnas inställning (gap). Anslut mätaren enligt tillverkarens instruktioner

5 **Bladmått** - Dessa används för att provisoriskt ställa in avståndet (avstånd mellan brytarens kontaktpunkter då brytaren är öppen)

6 **Nycklar** - Speciella nycklar tillverkas för att komma åt i trånga utrymmen. De kan vara nödvändiga för att kunna lossa muttrar/bultar där det är trångt inuti fördelaren

## 18 Brytarspetsar - kontroll och justering (ej elektronisk tändning)

1 Brytarspetsarna måste bytas regelbundet på bilar som inte har elektroniskt tändsystem. Tryckblocket på brytarspetsarna slits mot nockarna på axeln och spetsarna behöver därför justeras med jämna mellanrum. Flera olika verktyg behövs för detta arbete **(se illustration)**.
2 Demontera fördelarlock och rotor. Spetsar och kondensator är då lätt synliga. Brytarspetsarna kan kontrolleras genom att man försiktigt bryter isär dem så att man kan se kontaktytorna. Är de ojämna, har gropar eller är smutsiga bör de bytas.

⚠️ **Varning: Arbetet som beskrivs här nedan innebär demontering och montering av små skruvar som lätt kan falla ned i strömfördelaren. Fördelaren måste då demonteras för att man ska kunna få tag på dem igen. Använd en skruvmejsel med magnet eller annan skruvhållare.**

3 Vid byte av kondensator, som ska bytas samtidigt som brytarspetsarna, demontera skruven som håller kondensatorn till brytar-

plattan. Lossa muttern eller skruven som håller kondensatorns kabel samt primärledningen. Ta bort kondensator och fäste.
4 Ta bort fästskruven för brytarspetsarna **(se illustration)**.
5 Fäst de nya brytarspetsarna på brytarplattan med skruven.
6 Montera den nya kondensatorn och dra åt skruven.
7 Sätt tillbaka primärledningen samt ledningen från kondensatorn. Se till att ledningarnas kontaktstycken inte vidrör fördelarplatta eller någon annan jordad yta.
8 Det finns två metoder att justera brytarspetsar. Den första och mest effektiva innebär ett instrument som mäter kamvinkeln.
9 Anslut den ena mätkabeln på kamvinkelmätaren där primärkabeln är ansluten till brytarspetsarna eller till motsvarande uttag på tändspolen. Anslut den andra kabeln på kamvinkelmätaren till jord. Andra mätare ansluts på annat sätt, följ i sådana fall tillverkarens anvisningar.
10 Låt någon köra runt motorn med startmotorn.
11 Notera mätarens utslag och jämför med uppgifterna i specifikationerna i början i detta kapitel eller på dekalen i motorrummet. Om kamvinkeln behöver justeras, gör detta genom

att först lossa brytarnas fästskruv lite grann.
12 Flytta brytarspetsen något med en skruvmejsel i spåret bredvid brytarspetsen **(se illustration)**. Om man minskar avståndet ökar kamvinkeln, ökar man avståndet minskar kamvinkeln.
13 Dra åt skruven sedan rätt värde erhållits, kontrollera sedan på nytt.
14 Om man inte har tillgång till kamvinkelmätare, kan brytarnas avstånd mätas med bladmått.
15 Låt någon köra runt motorn korta sekvenser tills dess att klacken på brytarspetsen hamnar exakt mitt för högsta punkten på en nock. Det kan vara nödvändigt att vrida motorn med hjälp av en hylsa på skruven för vevaxelremskivan.
16 Mät avståndet mellan brytarspetsarnas kontakter med ett bladmått **(se illustration)**. Är avståndet fel, lossa fästskruven och flytta brytaren så att rätt avstånd erhålls.
17 Dra åt skruven och kontrollera på nytt avståndet.
18 Smörj lite specialfett (just för detta ändamål) på strömfördelaraxelns nockar. Dra åt skruven och kontrollera avståndet en sista gång.

**18.4 Lossa fästskruven för brytarspetsarna**

**18.12 Bryt med en skruvmejsel som bilden visar för att justera brytaravståndet**

**18.16 Använd ett bladmått för att provisoriskt ställa in avståndet**

**19.3 Smörj gaslänkaget där pilarna visar**

## 19 Gaslänkage - kontroll och smörjning

1 Gaslänkaget bör kontrolleras och smörjas regelbundet.
2 Kontrollera länkaget och se till att det inte kärvar.
3 Kontrollera att lederna inte är lösa samt att anslutningarna inte är korroderade eller skadade, byt vid behov **(se illustration)**.
4 Smörj anslutningarna med smörjmedel från en spraybruk eller med vitt litiumfett.

## 20 Bränslesystem - kontroll

 **Varning: Bensin är mycket eldfarligt, var extra försiktig vid arbete med bränslesystemet. Rök inte eller använd inte öppen låga eller oskyddade glödlampor i närheten. Arbeta inte heller i utrymmen där det finns gasolutrustning (så som varmvattenberedare, element eller dylikt). Låt inte bensin komma i kontakt med huden, bär latexhandskar då risken finns att bensin kommer på händerna. Skulle man ändå få bensin på huden skölj omedelbart med tvål och vatten. Torka upp spill omedelbart, förvara inte bränsleinfuktade trasor där de kan antändas. Använd även skyddsglasögon vid alla arbeten med bränslesystemet, se till att en lämplig brandsläckare finns till hands.**
1 Om man kan känna bensinlukt vid körning eller sedan bilen har stått i solen, kontrollera omedelbart bränslesystemet.
2 Demontera tanklocket och kontrollera beträffande skador och korrosion. Packningen måste vara oskadad. Byt i annat fall lock.
3 Kontrollera bränsle- och returledningar beträffande sprickor. Se till att anslutningar mellan ledningar och insprutningssystem samt mellan ledningar och bränslefilter är täta.

 **Varning: På bränsleinsprutade modeller måste bränsletrycket avlastas innan arbete med någon detalj i systemet. Se vidare beskrivning i kapitel 4.**
4 Eftersom delar av bränslesystemet, t.e.x bränsletank och en del av bränslematnings- och returledningar, är placerade under bilen, kan inspektion lättare ske om bilen hissas upp på en lyft. Om detta inte är möjligt, hissa upp bilen och stöd den ordentligt med pallbockar.
5 Då bilen står stadigt, kontrollera tank och påfyllningsrör beträffande hål, sprickor eller andra skador. Anslutningen mellan påfyllningsrör och tank är speciellt kritisk. Läckor kan ibland uppstå på grund av att klamman för påfyllningsröret är dåligt åtdragen eller att slangen är skadad. Kontrollera bränsletankens infästning och fästband så att den sitter säkert.

 **Varning: Försök under inga omständigheter att reparera tanken (förutom gummidetaljer). En öppen låga kan få bränsleångorna i tanken att explodera.**
6 Kontrollera noga alla slangar och rör som går från tanken. Kontrollera anslutningarna, åldrade slangar, veck på ledningar eller annat. Reparera eller byt vid behov (se kapitel 4).

## 21 Kylsystem - kontroll

1 Många större motorproblem kan hänföras till kylsystemet. Om bilen är utrustad med automatväxellåda, spelar också kylsystemet stor roll för att förlänga växellådans livslängd eftersom det även kyler automatlådans olja.
2 Motorn ska vara kall vid kontroll av systemet, utför därför följande arbeten innan bilen körs eller sedan den har stått stilla i minst tre timmar.
3 Ta bort locket till expansionskärlet, rengör det noggrant ut- och invändigt med rent vatten. Rengör även påfyllningsstosen på kärlet. Kan man se rost eller korrosion vid påfyllningsstosen betyder detta att kylvätskan behöver bytas (se avsnitt 30). Vätskan bör vara relativt ren och genomsiktlig. Är den rostfärgad, tappa av systemet och fyll på ny kylvätska.
4 Kontrollera noggrant kylarslangarna samt de mindre slangarna för värmeanläggningen. Kontrollera slangarna i hela dess längd, byt spruckna, ansvällda eller på annat sätt skadade slangar **(se illustration)**. Sprickor syns lättare om man trycker ihop slangen. Kontrollera noga slangklammorna som håller slangarna. Klammorna kan skada slangarna vilket resulterar i kylvätskeläckage.
5 Se till att alla anslutningar är åtdragna. Ett läckage på kylsystemet visar sig oftast som en vit eller rostfärgad avlagring på ytan bredvid luckan. Om slangklammor av trådtyp

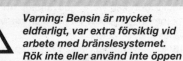

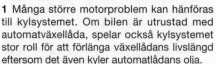

 **Kontrollera alltid** om slangarna är skavda eller brända, vilket kan orsaka besvärligt och kostsamt haveri

**Mjuk** slang tyder på invändig förslitning. Detta kan förorena kylsystemet och täppa till kylaren

**Hård** slang kan gå sönder när som helst. Att dra åt klammor kommer ej att täta anslutningen eller stoppa läckage

**Svullen** slang eller oljeindränkta ändar indikerar fara och möjligt haveri p.g.a föroreningar av olja eller fett. Kläm på slangen för att hitta sprickor och brott som orsakar läckor

**21.4 Slangar, liksom drivremmar, har en tendens att gå sönder vid sämsta möjliga tidpunkt - för att förhindra detta, kontrollera slangarna för kylare och värmeaggregat noggrant enligt denna beskrivning**

använts, kan det vara bra att byta dem mot vanliga slangklammor.
6 Rengör framsidan på kylaren och luftkonditioneringens kondensor med tryckluft eller om detta inte är tillgängligt med en mjuk borste. Ta bort alla insekter, blad etc som fastnat i kylaren. Var extra försiktig så att inte kylflänsarna skadas eller att de inte skär in i fingrarna.
7 Om kylsystemet regelbundet förlorar vätska och inga läckor kan återfinnas, låt trycktesta kylarlock och kylsystem.

## 22 Avgassystem - kontroll

1 Med kall motor (minst tre timmar sedan bilen senast kördes), kontrollera hela avgassystemet från motor till slutrör. Helst ska man utföra kontrollen med bilen upphissad. Om detta inte är möjligt, hissa upp bilen och stöd den ordentligt på pallbockar.
2 Kontrollera rör och anslutningar beträffande läckage, kraftig korrosion eller andra skador. Se till att alla fästen och upphängningar är i god kondition och sitter rätt **(se illustrationer)**.
3 Kontrollera samtidigt undersidan på bilen beträffande hål, korrosion, öppna skarvar, etc som kan göra att avgaserna kommer in i kupén. Täta alla öppningar med silikon eller spackel.
4 Skrammel och andra oljud kan ofta hänföras till avgassystemet, speciellt upphängningar och värmesköldar. Försök att röra på

**22.2a Kontrollera avgassystemets gummiupphängningar**

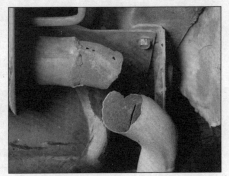

**22.2b Byt ut rostiga avgasdetaljer**

**23.10 Kontrollera kulledernas damasker beträffande skador (pilen)**

rör, ljuddämpare och katalysator. Om detaljerna kommer i kontakt med kaross eller fjädring, fäst avgassystemet med nya upphängningar.

5 Kontrollera även motorns kondition genom att titta i slutröret. Avlagringarna här antyder motorns kondition. Svarta avlagringar eller sot eller vita avlagringar kan tyda på att motorn behöver service, inklusive noggrann genomgång av bränslesystemet. Observera! Svarta avlagringar i samband med blyfri bensin är i de flesta fall helt normalt.

## 23 Styrning och fjädring - kontroll

**Notera:** *Styrning och fjädring ska kontrolleras regelbundet. Skadade eller slitna detaljer kan orsaka slitage på däck, dålig komfort och väghållning samt ökad bränsleförbrukning. Beträffande detaljerade illustrationer över styrning och fjädring se kapitel 10.*

### Fjäderben/stötdämpare - kontroll

1 Parkera bilen på plan mark. Stäng av motorn och dra åt handbromsen. Kontrollera däcktrycket.

2 Tryck ett hörn på bilen nedåt, släpp den sedan och notera hur karossen rör sig. Rörelsen ska upphöra och bilen ska återgå till normalt läge efter en till två gungningar.

3 Om bilen fortsätter att röra sig upp och ned eller om den inte går tillbaka till utgångsläget, tyder detta på vek fjäder eller skadade stötdämpare.

4 Gör på samma sätt med de övriga tre hörnen.

5 Hissa upp bilen och stöd den på pallbockar.

6 Kontrollera fjäderben/stötdämpare beträffande vätskeläckage. En tunn film av vätska utgör inget problem. Se till att vätskan i sådana fall kommer från fjäderben/stötdämpare och inte från annan källa. Om det förekommer läckage, byt fjäderben eller stötdämpare på bägge sidor.

7 Kontrollera fjäderben/stötdämpare så att de är säkert infästa och oskadade. Kontrollera

övre infästningen beträffande skador och slitage. Är de skadade eller slitna, byt fjäderben eller stötdämpare på bägge sidor.

8 Om fjäderben eller stötdämpare behöver bytas, se kapitel 10 för vidare beskrivning.

### Styrning och fjädring - kontroll

9 Kontrollera styrsystemets detaljer beträffande slitage och deformation. Titta efter läckage och skadade tätningar, damasker och fästen.

10 Rengör undre delen på styrspindeln. Låt någon ta tag i undre delen på däcket och ruska hjulet in och ut. Kontrollera samtidigt beträffande rörelse vid kulled mellan spindel och bärarm. Kontrollera kulledens damask beträffande sprickor **(se illustration)**. Om rörelse förekommer, eller damaskerna är slitna eller läcker, måste kullederna bytas.

11 Ta tag i däcket i fram och bakkant, tryck in framkanten och dra ut bakkanten och kontrollera spelet i styrningen. Förekommer spel, kontrollera styrväxelns infästning samt styrlederna. Är fästena lösa, dra åt dem. Om styrstagen är lösa kan styrlederna vara slitna. Kontrollera också att muttrarna är åtdragna. Ytterligare information beträffande styrning och fjädring ges i kapitel 10.

## 24 Bromssystem - kontroll

⚠️ **Varning: Damm från bromsbelägg kan innehålla asbest, som är skadligt för hälsan. Blås inte bort damm med tryckluft. INANDAS INTE SÅDANT DAMM! ANVÄND INTE bensin eller lösningsmedel vid borttagning av damm. Speciellt rengöringsmedel för bromsar bör användas för att spola bort dammet ner i ett uppsamlingskärl. Torka sedan efteråt bromsdetaljerna med en fuktig trasa. Kasta alla använda trasor och bromsrengöringsvätska i en märkt behållare. Använd asbestfria detaljer vid utbyte.**
**Notera:** *Förutom vid angivet intervall bör bromssystemet inspekteras varje gång hjulen*

tas bort eller något fel uppstår. På grund av det uppenbara sambandet med säkerhet, är följande kontroller några av de viktigaste underhållsåtgärderna man kan utföra på bilen.

### Symptom på bromsproblem

1 Bromsarna har inbyggda elektriska slitageindikatorer som tänder en röd varningslampa på instrumentbrädan då de nått undre slitagegränsen. Då lampan tänds, byt omedelbart belägg, annars kan kostsamma skador uppstå på bromsskivorna.

2 Om något av följande symptom uppenbaras, tyder detta på eventuellt fel i bromssystemet.
a) Bilen drar åt någon sida vid inbromsning.
b) Bromsarna gnäller eller raspar vid inbromsning.
c) Bromspedalen har för stort spel.
d) Bromspedalen pulserar vid nedtryckning.
e) Bromsvätskeläckage förekommer (vanligtvis på insidan av däck och hjul).
Om något av dessa symptom noteras, kontrollera bromssystemet omedelbart.

### Bromsledningar och slangar

**Notera:** *Stålrör används i bromssystemet, förutom de förstärkta slangar som finns vid framhjul och som förbindelse till bakaxeln. Regelbunden kontroll av dessa ledningar är mycket viktig.*

3 Parkera bilen på plan mark, stäng av motorn.

4 Ta bort navkapslarna. Lossa men ta inte bort skruvarna på alla fyra hjulen.

5 Hissa upp bilen och stöd den på pallbockar.

6 Ta bort hjulen (se information i början av boken, eller bilens instruktionsbok vid behov).

7 Kontrollera alla bromsledningar och slangar beträffande sprickor, skavning, läckage, blåsor eller deformation. Kontrollera att bromsslangarna framtill och baktill inte blivit mjuka, har sprickor, har bulor eller slitits mot omgivande detaljer. Kontrollera alla gängade anslutningar beträffande läckage, se till att bromsslangarnas fästskruvar och klammor sitter säkert.

8 Om läckor eller skador upptäcks, måste de omedelbart åtgärdas. Se kapitel 9 för ytterligare beskrivningar av bromssystemet.

**24.11a Titta genom oket för att kontrollera bromsbeläggen**

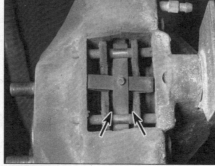

**24.11b Titta in i bakre oket för att kontrollera hur mycket belägg som finns kvar**

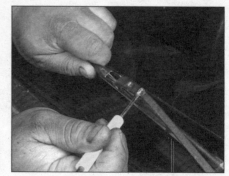

**25.5 Lyft upp spärren för att lossa bladet från armen**

## Skivbromsar

**9** Om bilen inte tidigare hissats upp, gör detta och stöd den ordentligt på pallbockar. Ta bort framhjulen.

**10** Bromsoken, i vilka bromsklossarna sitter, är nu synliga. Varje ok har en yttre och en inre kloss - alla klossar ska kontrolleras.

**11** Notera beläggens tjocklek genom att titta genom inspektionshålet på oket **(se illustrationer)**. Om beläggen är under 3 mm, eller om de är ojämnt slitna mellan ändarna, bör klossarna bytas (se kapitel 9). Ha i minnet att beläggen är nitade eller limmade mot en metallplatta eller en bromsback - denna metalldel ska inte räknas med i måttet.

**12** Kontrollera bromsskivorna. Titta efter skavda partier, djupa spår eller överhettade områden, de är blåa eller på annat sätt missfärgade. Om skador eller slitage förekommer, kan skivorna svarvas antingen på bilen eller demonterade hos en verkstad med sådana resurser. Se kapitel 9 beträffande ytterligare detaljer och reparationsanvisningar.

**13** Ta bort oken utan att lossa bromsslangarna (se kapitel 9).

## Parkeringsbroms

**14** Det lättaste och kanske mest självklara provet är att parkera bilen i en brant backe med parkeringsbromsen åtdragen och växellådan i neutralläge (stanna kvar i bilen då

provet utförs). Om parkeringsbromsen inte kan hålla bilen stilla, se kapitel 9 beträffande justering.

## 25 Torkarblad - kontroll och byte

**1** Så kallad vägfilm kan fastna på torkarbladen och påverka deras effektivitet, de bör rengöras regelbundet med ett milt rengöringsmedel.

### Kontroll

**2** Torkararmar och blad bör kontrolleras regelbundet. Även om torkarna inte används, kommer sol och väder att torka ut gummidetaljerna, vilket får dom att spricka eller lossa. Om kontrollen avslöjar hårda eller spräckta gummidetaljer, byt torkarbladen. Om inget ovanligt framkommer, blöt ned vindrutan, slå på torkarna och låt dem gå några gånger, stäng sedan av dem. Torkar de ojämnt och lämnar vattensträck över rutan bör bladen bytas.

**3** Fastsättningarna kan så småningom lossa vid användning av torkarna, kontrollera därför dessa samtidigt som bladen (se kapitel 12 för ytterligare information rörande torkarmekanism).

## Torkarblad - byte

**4** Lyft upp torkare /blad från rutan.

**5** Tryck in spärren och tryck bladet ned över torkararmen **(se illustration)**.

**6** Om bladet måste lossas från ramen, tryck änden från ramen, dra sedan bort bladet.

**7** Jämför de nya bladen med de gamla beträffande längd, utformning etc.

**8** Sätt det nya bladet på plats och för in ändarna i ramen för att låsa det.

**9** Sätt tillbaka bladet på armen, blöt rutan och kontrollera att de torkar ordentligt.

## 26 Luftfilter - byte

**1** Lossa klammorna på luftrenaren med en stor skruvmejsel **(se illustration)**.

**2** Lossa locket från huset genom att dra det bakåt flera centimeter.

**3** Ta bort luftfiltret från huset, notera hur det är vänt **(se illustration)**.

**4** Torka insidan på filterhuset med en ren trasa. Om filtret har en märkning "TOP", se till att denna vänds uppåt.

**5** Sätt tillbaka locket och klammorna.

**6** Anslut luftslangen och dra åt skruven.

**26.1 Lossa luftrenarens klammor med en skruvmejsel**

**26.3 Ta bort locket och sedan luftfiltret**

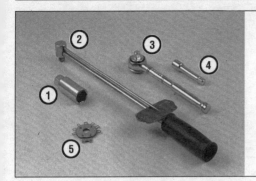

### 27.1 Verktyg som krävs för byte av tändstift

1 **Tändstiftshylsa** - Denna har en speciell ring som håller tändstiftets isolator

2 **Momentnyckel** - Även om den inte är absolut nödvändig, så är detta det bästa sättet att dra åt tändstiftet

3 **Spärrskaft** - Standardutrustning, ska passa tändstiftshylsan

4 **Förlängning** - Beroende på modell och tillbehör kan det krävas en förlängning eller en universalknut för komma åt tändstiften

5 **Mått för att kontrollera elektrodavstånd** - Detta verktyg finns i olika utföranden. Se till att avståndet för din motor finns med på skalan

# Var 50 000 km eller var 24:e månad

## 27 Tändstift -
### kontroll och byte

**1** Innan arbetet påbörjas, ta fram verktyg som behövs, inklusive tändstiftshylsa och mätverktyg för elektrodavstånd **(se illustration)**.
**2** Det är bäst att köpa nya tändstift i förväg, justera dem sedan till rätt avstånd. Byt sedan ett tändstift i taget. Vid inköp av nya tändstift är det viktigt att rätt typ används. Information finns på en skylt i motorrummet samt i speci-

**27.4a** Tändstiftstillverkarna rekommenderar mått av trådtyp - om måttet inte kan föras genom gapet med lätt kraft måste man justera

**27.4b** Vid justering av elektrodavstånd - böj endast sidoelektroden som bilden visar. Var mycket noga med att inte skada isolatorn runt mittelektroden

fikationerna i början av kapitlet eller i instruktionsboken. Om skillnader finns i uppgifterna, skaffa det tändstift som anges på skylten i motorrummet, eftersom denna har utformats för den specifika motorn.
**3** Med nya tändstift tillgängliga, låt motorn svalna helt innan stiften tas bort. Under tiden kan man kontrollera de nya stiften för eventuella defekter samt justera elektrodavståndet.
**4** Avståndet kontrolleras genom att man för in ett trådmått mellan sidoelektrod och mittelektrod **(se illustration)**. Avståndet ska vara det som anges i specifikationerna eller på skylten i motorrummet. Trådmåttet ska precis vidröra elektroderna. Om spelet är felaktigt, använd mätverktyget för att justera sidoelektroden till rätt avstånd **(se illustration)**. **Notera:** Vid justering av avstånd på nya tändstift, böj endast sidoelektroden vid anslutning till den gängade delen, rör inte spetsen. Om sidoelektroden inte sitter mitt över mittelektroden, använd även här spåret i verktyget för att justera till rätt läge. Kontrollera sprickor i isolatorn, vilket visar att stiftet inte kan användas.
**5** Då motorn svalnat, ta bort tändkabeln från ett tändstift. Dra i anslutningen och inte i själva kabeln. Det kan vara nödvändigt att vrida kabeln något så att den lossar **(se illustration)**.
**6** Om tryckluft finns tillgänglig, använd denna för att blåsa bort smuts runt tändstiftet. En vanlig cykelpump går också bra. Meningen är

att man ska undvika att främmande partiklar kommer in i cylindern då tändstiftet tas bort.
**7** Sätt hylsan över tändstiftet och lossa det genom att vrida moturs **(se illustration)**.
**8** Stryk lite medel mot kärvning på gängorna. Dra in det nya stiftet i topplocket, vrid det med fingrarna så långt det går, dra sedan åt med hylsan. Använd om möjligt momentnyckel vid åtdragning av tändstift. Rätt åtdragningsmoment återfinns i avsnittets specifikationer.

**Tips**
**HAYNES**

*Skulle det gå tungt att gänga i tändstiftet, använd en kort slang med 10 mm (3/8") innerdiameter som träs över tändstiftet. Slangen tjänstgör som universalknut och hjälper till att få gängan att gå rätt. Kommer gängan fel kommer slangen att halka på tändstiftet.*

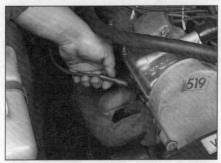

**27.5** Vid demontering av tändkablar, dra endast i anslutningen, vrid anslutningen fram och tillbaka

**27.7** Använd en tändstiftshylsa med förlängning för att lossa tändstiften

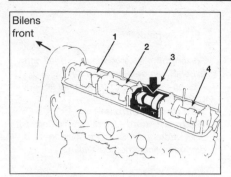

28.6a Vrid vevaxeln 180 grader och kontrollera ventilspelen på cylinder nr 3

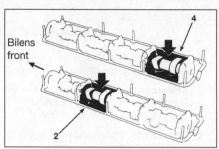

28.6b Vrid vevaxeln ytterligare 180 grader för att kontrollera ventilspelen på cylinder nr 4; vrid sedan ytterligare 180 grader och kontrollera ventilspelet på cylinder nr 2

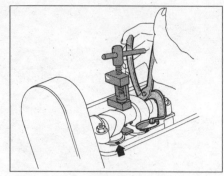

28.8 Använd specialverktyg för att trycka ner ventiltryckaren och ta bort justerbrickan

9 Innan tändkabeln sätts på plats på tändstiftet kontrollera den enligt beskrivning i avsnitt 13.

10 Sätt tändkabeln på det nya tändstiftet, vrid även här lätt anslutningen tills den är på plats.

11 Gör på samma sätt med återstående tändstift, byt ett i sänder så att inte tändkablarna förväxlas.

## 28 Ventilspel - kontroll och justering

**Notera:** *Arbetet kräver speciella verktyg för justering. Det kan inte utföras utan dessa.*

1 Lossa batteriets minuskabel.

⚠ **Varning: Se till att radion är avstängd innan batteriet lossas, annars kan eventuell mikroprocessor skadas.**

2 Blås rent runt ventilkåpan med tryckluft om sådan finns, så att inte smuts kan komma ned i cylindrarna, ta sedan bort tändstiften (se avsnitt 27).

3 Ta bort ventilkåpan (se kapitel 2).

4 Se kapitel 2, ställ sedan kolv nr 1 i ÖDP på kompressionslagret.

5 Mät avståndet för ventilerna i cylinder nr 1 med bladmått. Notera alla resultat som inte överensstämmer med specifikationen. Dessa ska senare användas för att bestämma lämpliga justerbrickor.

6 Vrid vevaxeln 180 grader (1/2 varv) och kontrollera sedan ventilerna på cylinder nr 3 **(se illustration)**. Vrid på nytt motorn 180 grader, kontrollera sedan ventilerna på cylinder nr 4, vrid på nytt 180 grader, kontrollera cylinder nr 2 **(se illustration)**. Skriv ned på ett papper det mått som avviker och vilken ventil som avses (nr 1 avgas, nr 3 insug etc).

7 Då alla ventilspel mätts, vrid vevaxeldrevet så att kamnocken på den första ventil som ska justeras pekar uppåt bort från justerbrickan.

8 Vrid ventiltryckaren så att spåret kommer mot tändstiftet. Sätt specialverktyget på plats och tryck ner ventiltryckaren **(se illustration)**. Placera specialtången som bilen visar, ta sedan bort justerbrickan.

9 Mät justerbrickans tjocklek med mikrometer. För att räkna ut rätt tjocklek så att spelet kommer inom angivna gränser, använd följande formel:

**Varm motor:** $N = T + (A - 0.4 \text{ mm})$
**Kall motor:** $N = T + (A - 0.45 \text{ mm})$
$A$ = uppmätt ventilspel
$N$ = den nya justerbrickans tjocklek
$T$ = den gamla brickans tjocklek

10 Välj en justerbricka med tjocklek så nära det beräknade värdet som möjligt. Justerbrickor finns från 3,300 mm till 4,500 mm med 0,050 mm intervall. **Notera:** *En justerbricka som byts ut på någon ventil, kan ibland ha rätt tjocklek för att passa vid någon annan ventil. Man kan på så sätt minska det antal juster-*

*brickor som måste anskaffas. Om alla brickor måste demonteras är det värt att notera deras tjocklek för att underlätta senare omplacering.*

11 Placera de nya brickorna med märkningen nedåt, ta bort tryckverktyget för ventiltryckaren och mät på nytt spelen med ett bladmått för att verifiera beräkningarna **(se illustration)**.

12 Gör på samma sätt med alla ventiler som har inkorrekt spel. Smörj de nya brickorna med ren motorolja, vrid sedan runt motorn flera varv och kontrollera på nytt ventilspelen.

13 Sätt tillbaka tändstift, ventilkåpa, tändkablar samt gasvajerfäste etc i omvänd ordning mot demontering.

## 29 Automatväxelolja och filter - byte

1 Vid angivna intervall ska växellådsoljan tappas av och bytas. Eftersom oljan är varm efter körning, vänta tills motorn har svalnat.

2 Innan arbetet påbörjas, anskaffa rätt kvalité på olja (se "Rekommenderade smörjmedel och vätskor") samt ett nytt filter.

3 Övriga verktyg som krävs för detta arbete är pallbockar för bilen, ett kärl för den avtappade oljan (det ska rymma minst 8 liter), tidningar och rena trasor.

4 Hissa upp bilen och stöd den säkert på pallbockar.

5 Lossa röret för mätstickan och låt vätskan rinna ut **(se illustrationer)**.

28.11 Mät ventilspelen med bladmått - om spelet är riktigt ska bladmåttet med visst motstånd kunna tryckas in och dras ut

29.5a Lossa röret för mätstickan

29.5b Ta ut röret och låt vätskan rinna ut

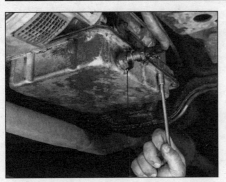

29.6 Använd en hylsa och förlängning för att lossa skruvar och fästen

29.7 Ta ner tråget från växellådan

29.10 Ta bort skruvarna för filtret och ta ner filtret från växellådan

6 Ta bort trågets fästskruvar och fästen (se illustration).
7 Ta bort tråget från växellådan och sänk ned det, se till att återstående vätska inte spills (se illustration).
8 Rengör packningens tätningsyta ordentligt på växellådan.
9 Tappa av vätskan från tråget, rengör det med lösningsmedel och torka det med tryckluft. Se till att ta bort eventuella metallspån från magneten om sådan finns.
10 Ta bort filtret från infästningen inuti växellådan (se illustration).
11 Montera O-ring och nytt filter, se till att dra åt skruvarna säkert.
12 Se till att tätningsytan på tråget är rent, lägg sedan dit packningen. Sätt tråget på plats mot växellådan och även fästen och skruvar. Arbeta sedan runt tråget, dra åt skruvarna lite åt gången till rätt moment enligt specifikationerna. Dra inte skruvarna för hårt! Anslut röret för mätstickan och dra åt infästningen.
13 Sänk ned bilen och fyll på rätt mängd vätska genom röret för mätstickan (se avsnitt 8).
14 Med växellådan i läge "park" och parkeringsbromsen åtdragen, låt motorn gå på snabb tomgång, men rusa den inte.
15 För växelväljaren genom alla lägen och tillbaka till "park". Kontrollera vätskenivån.
16 Kontrollera under bilen beträffande läckage efter de första körningarna.

## 30 Kylsystem - service (avtappning, spolning och påfyllning)

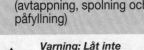

⚠️ **Varning: Låt inte frostskyddsvätska komma i kontakt med hud eller målade ytor på bilen. Skölj omedelbart bort eventuellt spill med rikliga mängder vatten. Frostskyddsvätska är mycket giftig. Låt aldrig frostskyddsvätska stå framme i en öppen behållare eller samlas i pölar på golvet; barn och husdjur attraheras av den sötaktiga lukten och de kan dricka vätskan. Kontrollera lokala bestämmelser rörande omhändertagande om använt frostskydd. Många kommuner har miljöstationer som kan ta hand om frostskyddsvätska på rätt sätt.**

1 Kylsystemet bör regelbundet tappas av, spolas och fyllas på med ny kylarvätska för att förhindra rost och korrosion, vilket kan äventyra kylsystemets effektivitet och orsaka skador på motorn. Vid service på kylsystemet, ska alla slangar samt kylarlocket kontrolleras och bytas vid behov.

### Avtappning

2 Dra åt handbromsen och lägg stoppklossar vid hjulen. Om fordonet nyss har körts, vänta flera timmar så att motorn får svalna innan arbetet påbörjas.
3 Då motorn är helt kall, ta bort locket på expansionskärl eller kylare.
4 Placera en stor behållare under kylarens avtappning för att fånga upp kylarvätskan, öppna sedan avtappningskranen om sådan finnes (en tång eller skruvmejsel kan behövas för att öppna den, beroende på modell). Om ingen avtappningskran finns, lossa slangklamman vid den undre kylarslangen och för in en skruvmejsel mellan slang och stos (se illustration). Öppna också avtappningskranen på motorblocket.
5 Under tiden kylvätskan rinner ut, passa på att kontrollera konditionen hos kylarslangar, värmeslangar och slangklammor (se avsnitt 21 vid behov).
6 Byt skadade klammor eller slangar (se kapitel 3 för ytterligare information).

### Spolning

7 Då systemet är tomt, skölj kylaren med rent vatten från en slang tills vattnet rinner klart ur avtappningen. Saknas avtappning, dra åt klamman för undre kylarslangen igen, fyll på systemet med rent vatten, tappa sedan av igen. Gör detta så många gånger som krävs tills vattnet som rinner ut är rent. Spolning tar bort avlagringar från kylaren men påverkar inte rost eller dylikt från motor och kylrum.
8 Dessa avlagringar kan tas bort med kemiska medel. Följ därför tillverkarens instruktioner. Om kylaren är kraftigt korroderad, skadad eller läcker, bör den tas bort (se kapitel 3) och åtgärdas av en specialist.
9 På modeller med sådan utrustning, ta bort överströmningsslangen från expansionskärlet. Tappa ur behållaren och skölj den med rent vatten, anslut sedan slangen.

### Påfyllning

10 Stäng och dra åt avtappningen eller sätt tillbaka slangen. Stäng avtappningen på motorblocket. Ställ värmereglaget i läge MAX värme.
11 Fyll sakta på ny kylvätska (en blandning av 50/50 vatten och frostskydd) i expansionskärlet tills det blir fullt. Nivån ska vara vid behållarens nedre märke.
12 Sätt inte tillbaka locket, starta motorn i ett väl ventilerat utrymme och kör den tills termostaten öppnar (kylvätskan kommer nu att passera kylaren och den övre kylarslangen blir varm).
13 Stäng av motorn och låt den svalna. Fyll på ytterligare kylvätska så att nivån blir rätt i expansionskärlet.
14 Tryck ihop övre kylarslangen för att släppa ut luft, fyll på ytterligare kylvätska vid behov. Sätt tillbaka locket på expansionskärlet.
15 Starta motorn, låt den få normal arbetstemperatur, kontrollera beträffande läckage.

## 31 Manuell växellåda - oljebyte

1 Olja bör bytas i växellådan vid angivna intervall för att garantera funktionen. På

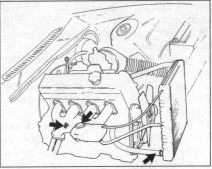

30.4 Avtappning av kylarvätska (vid pilarna)

**31.6 Använd en nyckel för att ta bort avtappningspluggen (vid pilen) undertill på växellådan**

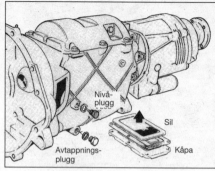

**31.9 Överväxelns sil och detaljer**

**33.2 Kontrollera slangarna (vid pilarna) som ansluter upptill på kolfilterbehållaren beträffande skador**

modeller med överväxel ska silen i överväxeln tas bort och rengöras som en del av arbetet. Innan arbetet påbörjas, skaffa rätt typ av smörjmedel.

**2** Nödvändiga verktyg för detta arbete inkluderar pallbockar för att stödja bilen, en nyckel för att ta bort avtappningspluggarna, ett uppsamlingskärl, tidningspapper och rena trasor.

**3** Oljan bör tappas av omedelbart sedan bilen har körts. På detta sätt får man ut föroreningar på ett bättre sätt än om oljan är kall. På grund av detta, bör man använda gummihandskar då man tar bort avtappningspluggen.

**4** Då bilen har körts så att växellådsoljan är varm, hissa upp den och ställ den säkert på pallbockar. Se till att den står säkert och så plant som möjligt.

**5** Ta bort nödvändiga detaljer under bilen, se till att inte vidröra avgasröret då det kan vara varmt.

**6** Placera uppsamlingskärlet under växellådan och ta bort kontroll/påfyllningspluggen på sidan av växellådan, lossa sedan avtappningspluggen **(se illustration)**.

**7** Skruva försiktigt ut pluggen. Var försiktig, oljan är varm.

**8** Låt oljan rinna ut helt.

### Modeller med överväxel

**9** Ta bort skruvarna, sedan kåpan för överväxeln och ta bort den. Spill inte kvarvarande olja i tråget, ta sedan bort filtret **(se illustration)**.

**10** Rengör omsorgsfullt tätningsytan på överväxelhuset.

**11** Rengör locket med rengöringsmedel och torka med tryckluft.

**12** Tvätta silen noggrant i rengöringsmedel. Ta bort eventuella metallspån från magneten om sådan finns.

**13** Se till att tätningsytan på locket är ren, sätt sedan packningen på plats. Sätt upp locket mot överväxelhuset och sätt i skruvarna. Dra sedan åt varje bult lite i taget till rätt moment angivet i specifikationerna. Dra inte skruvarna för hårt!

### Alla modeller

**14** Rengör avtappningspluggen, sätt tillbaka den och dra åt ordentligt.

**15** Se avsnitt 14, fyll på ny olja, sätt sedan tillbaka kontroll/påfyllningspluggen, dra åt ordentligt.

### 32 Slutväxel - oljebyte

**1** Kör bilen flera kilometer så att slutväxeloljan blir varm, hissa sedan upp bilen och stöd den säkert på pallbockar.

**2** Placera avtappningskärl, trasor, tidningspapper och en insexnyckel under bilen.

**3** Demontera kontroll/påfyllningsplugg. Det är den över av de två pluggarna.

**4** Placera avtappningskärlet under slutväxelhuset, använd sedan verktyget för att öppna avtappningspluggen. Det är den nedre pluggen.

**5** Då den lossat, skruva försiktigt ut den med fingrarna tills den kan tas bort. Då oljan är varm, använd gummihandskar för att inte bränna dig.

**6** Låt oljan rinna ut, sätt sedan tillbaka avtappningspluggen och dra åt den ordentligt.

**7** Se avsnitt 15, fyll sedan slutväxeln med smörjmedel.

**8** Sätt tillbaka pluggen och dra åt ordentligt.

**34.2 På de flesta modeller, är syresensorn (vid pilen) gängad i avgasröret**

**9** Sänk ned bilen. Kontrollera beträffande läckage vid avtappningspluggen sedan bilen körts.

### 33 Ventilation för bränsleångor (EVAP) - kontroll

**1** Ventilationssystemet för bränsleångor ska dra bränsleångorna från tank och bränslesystem och lagra dem i en kolbehållare och sedan förbränna dem då motorn går.

**2** Det vanligaste symptomet på fel i ventilationssystemet är stark bränslelukt i motorrummet. Upptäcker man sådan, kontrollera kolbehållare och slangar beträffande sprickor. Behållaren är placerad i främre hörnet på motorrummet på de flesta modeller **(se illustration)**.

**3** Se kapitel 6 beträffande ytterligare information.

### 34 Syresensor - byte

**1** Syresensorn är placerad i avgasröret. Leta upp den, följ ledningen tillbaka till anslutningen. Lossa sedan denna anslutning.

**2** Använd en nyckel för att lossa syresensorn från avgasröret **(se illustration)**.

**3** Montera ny syresensor och dra åt den säkert.

**4** Anslut sedan ledningen.

### 35 Bränslefilter - byte

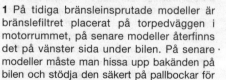

**1** På tidiga bränsleinsprutade modeller är bränslefiltret placerat på torpedväggen i motorrummet, på senare modeller återfinns det på vänster sida under bilen. På senare modeller måste man hissa upp bakänden på bilen och stödja den säkert på pallbockar för att komma åt filtret.

**2** Avlasta trycket i bränslesystemet (se kapitel 4).

**3** Lossa batteriets jordkabel.

*Varning: Se till att radion är avstängd innan batteriet lossas, mikroprocessorn i radion kan annars skadas.*

**4** Håll filtret stilla med lämplig nyckel, lossa sedan banjoanslutningarna i bägge ändar på filtret **(se illustrationer).**

**5** Ta bort skruvar/muttrar för fästet och ta bort filter och fäste tillsammans.

**6** Se till att det nya filtret monteras så att det är vänt åt rätt håll **(se illustrationerna 35.4a och 35.4b).**

**7** Använd nya tätningsbrickor som medföljer filtret, sätt tillbaka in och utloppsledningarna och dra åt dom ordentligt.

**8** Resten av arbetet sker i omvänd ordning.

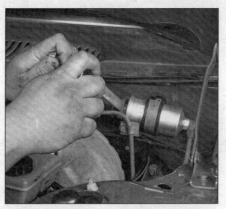

**35.4a Använd två nycklar för att lossa banjoanslutningarna, lossa sedan slangarna och ta bort filtret**

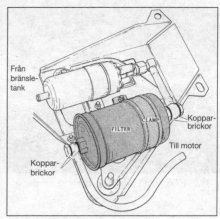

**35.4b Bränslefilter monterat under bilen**

# Var 100 000 km eller var 48:e månad

## 36 Vevhusventilation (PCV) - kontroll

**1** PCV-slangarna, munstycke i ventilkåpa och flamdämpare ska regelbundet kontrolleras beträffande åldring och igensättning; flamdämparen ska demonteras och rengöras **(se illustration).**

**2** Lossa slangen och använd ett uträtat gem för att rengöra munstycket i ventilkåpan **(se illustration).**

**3** Lossa slangen från oljefällan och ta bort flamdämparen från slangen **(se illustration).** Rengör flamdämparen i rent lösningsmedel, sätt sedan tillbaka den och anslut slangen.

**4** Byt igensatta och skadade slangar.

## 37 Framhjulslager - kontroll, infettning och justering

**1** I de flesta fall behöver framhjulslagren ingen tillsyn innan bromsklossarna byts. Man bör däremot kolla lagren när helst framhjulen tas

bort och framänden är upphissad av annan orsak. Flera detaljer, inklusive en momentnyckel och specialfett krävs för arbetet **(se illustration).**

**2** Hissa upp bilen och stöd den säkert på pallbockar, rotera varje hjul och kontrollera beträffande missljud, motstånd och spel.

**3** Ta tag i däcket upptill med ena handen och nedtill med den andra. Ruska hjulet in och ut på spindeln. Om det förekommer någon märkbar rörelse bör lagren kontrolleras och

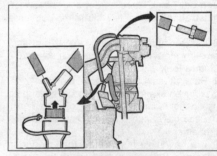

**36.1 PCV system**

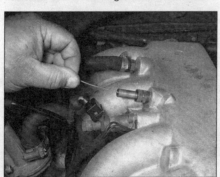

**36.2 Använd ett uträtat gem för att rengöra munstycket**

**36.3 Använd en liten skruvmejsel för att peta loss flamdämparen ur änden på slangen**

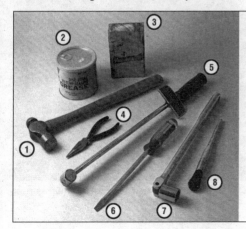

### 37.1 Verktyg och material som behövs för underhåll av framhjulslager

**1 Hammare** - *En vanligt hammare duger bra*

**2 Fett** - *Högtemperaturfett avpassat för framhjulslager*

**3 Träkloss** - *En bit 2´x4´ (eller liknande) kan användas för att knacka tätningen på plats i lagret*

**4 Spetstång** - *Används för att räta ut saxpinnen*

**5 Momentnyckel** - *Detta är ett mycket viktigt verktyg; om lagret dras åt för hårt kommer hjulet inte att snurra fritt - är*

*lagret för löst åtdraget, får det får stort spel. I båda fallen kommer lagret att skadas*

**6 Skruvmejsel** - *Används för att demontera tätningen från navet (en lång skruvmejsel är bäst)*

**7 Hylsa/dragskaft** - *Krävs för att lossa muttern på spindeln om den sitter hårt*

**8 Pensel** - *Tillsammans med rengöringsmedel, används denna för att tvätta rent lager och spindel*

**37.5 Häng upp oket i en bit tråd så det är ur vägen**

**37.6 Använd skruvmejsel eller en stor tång för att lossa dammkåpan**

**37.15 Lägg fett i ena handflatan och använd andra handen för att tvinga in fettet i lagret där det är som störst (man ska se fettet komma ut i andra änden) - arbeta runt hela lagret, så att fettet kommer på plats överallt**

sedan packas med nytt fett eller bytas vid behov.
**4** Demontera hjulen.
**5** Demontera bromsoket (se kapitel 9) häng upp det i en bit tråd så det är ur vägen **(se illustration)**. Demontera skruvarna och lossa bromsskivan.
**6** Lossa dammkåpan med hjälp av en tång, en skruvmejsel eller hammare och mejsel **(se illustration)**.
**7** Räta ut saxpinnen, ta sedan bort den. Saxpinnen ska inte återanvändas, använd en ny vid monteringen.
**8** Demontera mutter och bricka från spindeltappen.
**9** Dra nav/skiva något utåt, tryck sedan in dem igen. Detta bör flytta yttre lagerbanan så att den kan tas loss från spindeln.

**10** Ta nu bort nav/skiva.
**11** Använd en skruvmejsel för att bryta loss tätningen baktill. Notera samtidigt hur tätningen är monterad.
**12** Ta bort inre lagerbanan från navet.
**13** Använd lösningsmedel för att ta bort allt gammalt fett från lager, nav och spindel. En liten borste är till god hjälp; se däremot till att inte några hår från borsten blir kvar i lagret. Låt delarna torka.
**14** Undersök lagren noga, se om de har sprickor, missfärgning, slitna rullar etc. Kontrollera lagerbanorna i navet beträffande slitage och skador. Är banorna defekta, bör man ta med naven till en verkstad som kan demontera de gamla banorna och pressa nya på plats. Notera att lager och lagerbanor säljs tillsammans. Gamla lager ska aldrig användas

tillsammans med nya lagerbanor.
**15** Använd ett högtemperaturfett avsett för hjullager, packa sedan in de nya lagren. Arbeta in fettet helt i lagren, tryck in de mellan rullar, konor och rullhållare från baksidan **(se illustration)**.
**16** Stryk ett tunt lager fett på spindeltappen och på lagerbanorna, tätningsyta på spindeltapp och tätningsläge **(se illustration)**.
**17** Lägg lite fett på insidan av lagerbanorna inuti navet. Bygg upp en fördämning här så att det uttunnade fettet inte rinner ur lagret **(se illustration)**.
**18** Placera det infettade inre lagret i navet och stryk lite mer fett utanför lagret.
**19** Placera den nya tätningen utanför lagret och knacka den försiktigt på plats med en hammare tills det går jäms med navet **(se illustration)**.
**20** Sätt försiktigt navet på spindeltappen och tryck det infettade yttre lagret på plats **(se illustration)**.
**21** Montera ny bricka och spindelmutter. Dra åt muttern lätt (inte mer än 15 Nm).
**22** Snurra sedan navet framåt och dra muttern till ungefär 27 Nm så att lagren sätter sig och eventuellt fett och annat som kan påverka lagerspelet trycks undan **(se illustration)**.
**23** Lossa spindelmuttern 1/4 varv, använd

**37.16 Stryk lite fett på spindeltappen**

**37.17 Smörj yttre lagerbanan på det inre lagret**

**37.19 Använd en hammare för att knacka tätningen på plats - knacka försiktigt runt kanten så att tätningen går in jämt**

**37.20 Sätt navet på plats på spindeln och smörj den yttre lagerbanan**

**37.22 Dra åt muttern då navet snurras runt så att lagret sätter sig**

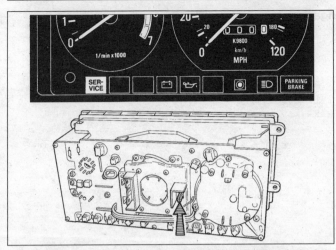

**38.1a** På modeller med en varningslampa för oljebyte tänds den efter 8 000 km. Leta upp återställningsknappen (spak) bakom instrumentpanelen. För upp handen under instrumentbrädan och tryck spaken uppåt

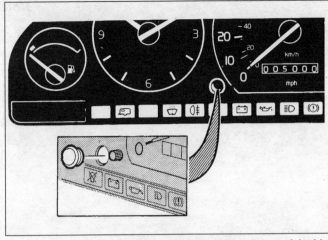

**38.1b** På modeller med knapp placerad bakom ett gummiskydd, ta bort skyddet och tryck in knappen med hjälp av en liten skruvmejsel

sedan fingrarna, inte någon nyckel, dra åt muttern tills den inte rör sig längre. Montera ny saxpinne genom hålet i spindeln och spåren i kronmuttern. Om spåren inte passar mot hålet, lossa muttern något tills saxpinnen kan sättas på plats.

**24** Böj ändarna på saxpinnen då dom ligger plant mot muttern. Klipp bort ändarna om de är så långa att de kan komma i vägen för dammkåpan.

**25** Installera dammkåpan, knacka den på plats med en hammare.

**26** Sätt tillbaka skivan och sedan oket (se kapitel 9).

**27** Sätt hjulet på navet och dra åt hjulmuttrarna.

**28** Ta tag upptill och nedtill på däcket och kontrollera lagret enligt beskrivning tidigare i avsnittet.

**29** Sänk ned bilen.

## 38 Återställning av serviceindikator

### Indikatorlampa för servicebehov

**1** Modeller för vissa marknader kan ha en lampa som tänds automatiskt vid behov av service efter 8 000 km (5 000 miles). Lampan är tänd två minuter varje gång motorn startas, tills service utförts och lampan återställs. Återställningsknappen är placerad i instrumentpanelen (se illustrationer).

### Servicelampa för syresensor

**2** De modeller som har varningslampa för syresensor kommer att tända lampan efter

50 000 km (30 000 miles) som en påminnelse om att byta syresensor.

**3** Den timer som kontrollerar lampan är placerad under instrumentbrädan över gaspedalen.

**4** För upp handen under instrumentbrädan, haka loss timern och ta bort locket (se illustration).

**5** Tryck in återställningsknappen, sätt sedan tillbaka locket och sätt tillbaka timern under instrumentbrädan (se illustration).

**38.4** Lossa timern från kablarna och ta bort locket

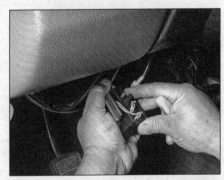

**38.5** Tryck in knappen för att återställa serveceindikatorn

**Noteringar**

# Kapitel 2 Del A
# Reparationer med motorn i bilen

## Innehåll

## Svårighetsgrad

| | | | | |
|---|---|---|---|---|
| **Enkelt,** passar novisen med lite erfarenhet  | **Ganska enkelt,** passar nybörjaren med viss erfarenhet  | **Ganska svårt,** passar kompetent hemma-mekaniker  | **Svårt,** passar hemmamekaniker med erfarenhet  | **Mycket svårt,** för professionell mekaniker  |

## Specifikationer

**Notera:** *B200-motorn är likadan som B21, om inte annat anges*

### Allmänt

| | |
|---|---|
| Tändföljd ............................................ | 1-3-4-2 |
| Cylindernumrering (framifrån) ........................ | 1-2-3-4 |
| Cylindervolym | |
| B200 ............................................... | 1,986 l |
| B21A, B21E, B21F och B21FT ......................... | 2,127 l |
| B23F och B230F ..................................... | 2,316 l |
| Insugnings- och avgasgrenrör max skevhet ............ | 0,15 mm |

### Topplock

| | |
|---|---|
| Max skevhet | |
| Längsled ........................................... | 1 mm |
| Diagonalt .......................................... | 0,50 mm |
| Tvärled ............................................ | 0,250 mm |

*Byt topplock om skevheten överstiger 1,0 mm i längsled eller 0,5 mm i tvärled*

| | |
|---|---|
| Topplockshöjd | |
| B21F, B21FT och B23F | |
| Nytt ............................................... | 146,3 mm |
| Min efter bearbetning .............................. | 145,8 mm |
| B230F | |
| Nytt ............................................... | 146,1 mm |
| Min efter bearbetning .............................. | 145,6 mm |

**Cylinderplacering och tändfördelarens rotationsriktning**

0760H

### Kamaxel

| | |
|---|---|
| Antal lager ......................................... | 5 |
| Ändspel | |
| Standard ........................................... | 0,1 - 0,4 mm |
| Maximum ........................................... | Ingen uppgift |
| Kast ............................................... | 0,015 mm (maximum) |
| Lagertappar diameter | |
| B21F och B21FT ..................................... | 30,02 - 30,04 mm |
| B21A, B21E, B23F och B230F ......................... | 29,95 - 29,97 mm |
| Lagerspel | |
| Standard ........................................... | 0,03 - 0,07 mm |
| Maximum ........................................... | 0,006 mm |

## Oljepump

Spel mellan pumpdrev

| | |
|---|---|
| Kuggspel | 0,15 - 0,35 mm |
| Axiellt | 0,02 - 0,12 mm |
| Radiellt | 0,02 - 0,09 mm |

## Åtdragningsmoment

| | Nm |
|---|---|
| Lageröverfall, kamaxel | 20 |
| Ventilkåpa | 12,2 |
| Skruv till drev, mellanaxel | 50 |
| Remsträckare, mutter | 50 |
| Kamdrev | 50 |
| Vevaxelns remskiva/drev, centrumskruv (**endast** B21/B23 motorer) | 165,4 |
| Remskiva, vevaxel | |
| 1:a steget | 60 |
| 2:a steget | Vrid ytterligare 60° |
| Topplock | |
| Tidigt utförande | |
| 1:a steget | 58 |
| 2:a steget | 108 |
| 3:e steget | Varmkör motorn till normal arbetstemperatur, stäng av motorn och låt den svalna helt |
| 4:e steget | Lossa skruv nr. 1 (moturs) 30° och dra sedan skruv nr 1 igen 108 Nm |
| 5:e steget | Dra övriga skruvar 108 Nm |
| Senare utförande | |
| 1:a steget | 20 |
| 2:a steget | 61 |
| 3:e steget | Dra ytterligare 1/4 varv 90° |
| Svänghjul till vevaxel | 70 |
| Drivplatta till vevaxel | 70 |
| Insugningsrör | 21 |
| Avgasgrenrör | 23 |
| Oljetråg till motor | 10,8 |
| Oljepumpens sugrör, skruvar | 10,8 |
| Oljepumphus | 10,8 |
| Bakre tätningshus | 13,6 |
| Kamremkåpa, skruvar | |
| M6 | 13,6 |
| M8 | 19 |
| Vattenpump | Se Kapitel 3 |

Åtdragningsföljd för topplock

Tidig typ

Senare typ

**Topplocksskruvar**

---

### 1 Allmän information

Den största skillnaden mellan svenska och amerikanska modeller är B200 motorn som aldrig marknadsförts i USA. Denna motor är, i likhet med alla andra fyrcylindriga motorer i 240 serien, utvecklade från B21 motorn. Vissa dimensioner skiljer sig naturligtvis åt, men i princip går arbetet till på samma sätt som för B230 motorn. Se specifikationerna i början av detta kapitel för faktauppgifter.

Den här delen av kapitel 2 behandlar reparationer som kan utföras med motorn på plats i bilen. All information rörande demontering och montering av motorblock och topplock återfinns i del B på detta kapitel.

Följande reparationsanvisningar baserar sig på det antagandet att motorn är på plats i bilen. Om motorn demonterats från bilen och

satts upp i en ställning, gäller inte en del av anvisningarna i denna del av kapitel 2. Specifikationerna i denna del av kapitel 2 gäller endast de arbeten som beskrivs.

Kapitel 2B har ytterligare specifikationer som krävs för demontering av topplock och motorblock. Beskrivningarna rör bränsleinsprutade modeller med motorerna B21F, B23F B230F. Modeller som är utrustade med förgasarversionen av denna motor, B21A **(se illustration)**, är uppbyggd på samma sätt vad gäller motorblocket. Här är några skillnader:

a) B230 vevaxeln har åtta motvikter, B21 och B23 motorer har fyra motvikter.

b) B230 vevaxeln har mindre lagerytor för att reducera friktionen.

c) B230 kolvarna är lättare och har smalare ringar. Kolvbultarna sitter också högre placerade i kolvarna så att man får plats med längre vevstakar.

d) B21 och B23 motorer är konstruerade så att ventilerna inte ska slå i kolvarna om

kamremmen går av, detta under förutsättning att den har installerats riktigt.

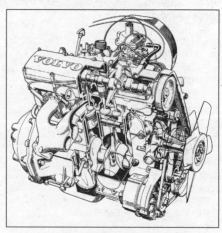

**1.4 Genomskärning av B21A förgasarmotor**

*Detta gäller dock inte B230F motorn. Var därför mycket noggrann vid arbete med kamremmen.*

e) *B21F-T och B230F motorer har stellitbelagda avgasventiler. Dessa ventiler har ytor som är mycket hårdare och långlivade. Däremot kan ventilerna inte slipas i maskin, de får endast slipas in mot sätet med fin slippasta. B21F-T motorer har också natriumfyllda avgasventiler för bättre kylning vid höga motortemperaturer. Dessa ventiler får inte kastas tillsammans med annan metall eftersom natriumet kan bli explosivt under vissa förhållanden.*

Dessa fyrcylindriga motorer är utrustade med enkel överliggande kamaxel som styr två ventiler per cylinder (totalt 8 ventiler). Motorn har topplock av aluminium. En mellanaxel roterar med halva vevaxelvarvet och styr tändfördelare och oljepump.

Kolvarna har två kompressionsringar och en oljering. Kolvbulten sitter med presspassning i vevstakens lilländar och rör sig i kolven. Vevstakens storände har utbytbara lagerinsatser. Motorn är vätskekyld, den har en remdriven centrifugalpump för att cirkulera kylvätskan runt cylindrar och förbränningsrum samt genom insugningsröret. Smörjning sker med hjälp av en oljepump av drevtyp placerad undertill i motorn. Den drivs av en axel från ett drev på mellanaxeln. Oljan passerar ett fullflödesfilter monterat på höger sida av motorn.

## 2 Reparationer som kan utföras med motorn på plats i bilen

Rengör motorutrymmet samt utsidan på motorn med någon typ av avfettningsmedel innan arbetet påbörjas. Det underlättar betydligt och hindrar smuts från att komma in i motorn.

Beroende på delar som berörs, kan det vara bra att demontera motorhuven för bättre åtkomlighet (se kapitel 11 vid behov). Täck flyglarna för att hindra skador på lacken. Det finns speciella flygelskydd, men ett gammalt överkast eller filt fungerar också.

Om vakuum-, avgas-, olje- eller kylvätskeläckage uppstår, tyder detta på att en packning eller tätning måste bytas. Dessa reparationer kan i regel utföras med motorn kvar i bilen. Grenrörspackningar för insug och avgas, oljetrågspackning, vevaxelns tätningar samt topplockspackningen kan alla bytas med motorn på plats.

Yttre detaljer på motorn, som insug- och avgasgrenrör, oljetråg, vattenpump, startmotor, generator, fördelare och bränslesystemets komponenter kan också demonteras med motorn på plats. Eftersom topplocket kan tas bort utan att motorn demonteras, kan också kamaxel och ventiler åtgärdas med motorn på plats i bilen.

Byte av kamrem och drev kan på samma sätt utföras med motorn på plats. I värsta fall kan man även byta kolvringar, kolvar, vevstakar och vevstakslager med motorn i bilen. Detta rekommenderas dock inte på grund av den rengöring och de förberedelser, som behövs för ett sådant arbete.

## 3 Övre dödpunkt (ÖDP) för cylinder nr ett - inställning

**Notera:** *Följande beskrivning baserar sig på det antagandet att tändkablar sitter rätt och fördelaren är riktigt monterad. Då ÖDP lokaliseras för riktig inställning av tändfördelaren, måste kolvens läge detekteras genom att man känner efter kompression-strycket genom hålet för tändstiftet på ettans cylinder och sedan ställer in inställnings-märkena enligt beskrivning i steg 8.*

1 Övre dödpunkten (ÖDP) är det ställe, där kolven når sitt översta läge. Varje kolv når ÖDP både på kompressionsslag och avgasslag. Vanligen menar man med ÖDP dock toppläge på kompressionsslaget.

2 Att ställa kolven (-arna) i ÖDP är en viktig del vid många arbeten så som demontering av kamaxel och kamrem/drev samt tändfördelare.

3 Innan arbetet påbörjas, se till att växeln står i neutralläge, dra åt handbromsen och lägg stoppklossar vid bakhjulen. Sätt också tändsystemet ur funktion genom att lossa primärledningarna (lågspänning) från tändspolen. Demontera tändstiften (se kapitel 1).

4 För att ställa kolven i läge ÖDP, måste vevaxeln vridas genom en av följande metoder. Då man tittar på motorn framifrån, roterar normalt vevaxeln medurs.

a) *En bra metod är att vrida vevaxeln med hjälp av en hylsa och ett spärrskaft på skruven som sitter mitt i vevaxeln framtill.*

b) *Om någon medhjälpare kan köra runt*

*motorn med startmotorn i korta moment, kan man också snabbt komma nära ÖDP utan att använda lös startkontakt. Se till att medhjälparen går ut ur bilen och bort från tändningslåset, använd sedan hylsa och spärrskaft den sista biten.*

5 Notera hur uttaget i strömfördelarlocket där kabeln går till cylinder nr 1 sitter. Om uttaget inte är märkt, följ tändkabeln från tändstift nr 1 till locket.

6 Lossa locket från tändfördelaren och lägg det åt sidan (se kapitel 1 vid behov).

7 Märk fördelarhuset direkt under rotorn **(se illustration)** för ettans cylinder.

8 Ställ in inställningsmärkena vid kamremskåpan. Märkena är gjutna i kåpan nära vevaxelns remskiva. Vrid vevaxeln (se punkt 3 ovan) till ÖDP märket (0) på kåpan står mitt för spåret i remskivan **(se illustration)**.

9 Titta på rotorn, den ska peka direkt mot märket som tidigare gjordes på strömfördelarhuset. Om rotorn pekar på märket, gå vidare till steg 12, börja i annat fall med steg 10.

10 Om rotorn pekar 180 grader i motsatt riktning är kolv nr 1 vid ÖDP på utblåsningsslaget.

11 För att få kolven i ÖDP på kompressionsslaget, vrid vevaxeln ett helt varv (360 grader) medurs. Rotorn ska nu peka mot märket på tändfördelaren. Då rotorn pekar mot uttaget för tändkabeln till ettans cylinder och inställningsmärkena står rätt, står kolven i ÖDP på kompressionsslaget.

12 Då kolven ställs i läge ÖDP på kompressionsslaget, kan man hitta ÖDP för återstående cylindrar genom att vrida vevaxeln och följa tändföljden. Märk rotorns läge för de återstående cylindrarna på fördelarhuset på samma sätt som tidigare. Numrera dem sedan i tändföljd. Om man vrider vevaxeln kommer rotorn också att snurra. Då den står direkt mot ett av märkena på fördelarhuset kommer kolven för respektive cylinder att befinna sig i ÖDP på kompressionsslaget.

**3.7 Märk fördelarhuset direkt under anslutningen för tändkabeln till cylinder nr 1 (kontrollera mot fördelarlocket så att motorn pekar mot tändkabel nr 1)**

**3.8 Ställ spåret i remskivan mot märkena på remkåpan för att se om rotorn pekar mot cylinder nr 1 (i annat fall måste vevaxeln vridas 360°)**

## 4 Ventilkåpa - demontering och montering

### Demontering

**1** Lossa minuskabeln från batteriet.

⚠️ *Varning: Se till att radion är avstängd innan kabeln lossas. Mikroprocessorn i radion kan annars skadas.*

**2** Demontera fördelarlock och kablar från fästena på topplock och ventilkåpa (se kapitel 1). Märk också kablarna så att de kan sättas tillbaka på samma plats.

**3** Märk och ta bort slangar och jordledningar från gasspjällhus och ventilkåpa som kan störa demonteringen av ventilkåpan **(se illustration)**.

**4** Lossa vakuumslangen från PCV ventilen.

**5** Torka av ventilkåpan noga så att inte smuts faller ned i topplocket då kåpan tas bort.

**6** Demontera kåpans muttrar.

**7** Lyft försiktigt bort kåpans packning. Bryt inte mellan lock och topplock eftersom tätningsytorna kan skadas. Om packningen sitter fast på toppen, skrapa bort den med en skrapa. Se till att inte avverka metall från lättmetalltoppen då packningsmaterialet tas bort.

### Montering

**8** Använd en packningsskrapa för att ta bort rester av gammalt silikon eller gammal packning från tätningsytorna på topplock och ventilkåpa. Rengör ytorna med en trasa indränkt i thinner eller aceton.

**9** Lägg en sträng av silikontätningsmedel i hörnen där topplocket passar mot kamlagret. Vänta fem minuter så att silikongummit får lite fastare form.

**10** Placera ny packning på topplocket **(se illustration)**. Montera den nya gummi-tätningen **(se illustration)**. Lägg ventilkåpan på plats, sätt i muttrarna och dra dem till angivet moment enligt avsnittets speci-fikationer. **Notera:** *Se till att silikongummit*

härdat något innan ventilkåpan sätts på plats. Om det är fuktigt eller kallt krävs lite extra tid för att detta ska inträffa.

**11** Resten av arbetet sker i omvänd ordning.

## 5 Insugningsrör - demontering och montering

⚠️ *Varning: Bensin är mycket eldfarligt, var extra försiktig vid arbete på någon del av bränslesystemet. Rök inte eller använd öppen låga eller nakna glödlampor i arbetsutrymmet. Arbeta inte heller där det finns gasolvärme. Eftersom bensin innehåller cancerogena beståndsdelar, använd gummihandskar då det finns möjlighet att bensin kommer på huden. Torka bort eventuellt spill från huden, skölj omedelbart med rikliga mängder tvål och vatten. Torka upp spill omedelbart. Förvara inte heller bränsleindränkta trasor där de kan antändas. Bränslesystemet står under konstant tryck. Om någon ledning måste lossas, måste bränsletrycket först avlastas (se kapitel 4 för ytterligare information). När arbete genomförs på någon del av systemet, använd skyddsglasögon och ha en brandsläckare av rätt typ till hands.*

### Demontering

**1** Lossa batteriets jordkabel.

⚠️ *Varning: Se till att radion är avstängd innan kabeln lossas. Mikroprocessorn i radion kan annars skadas.*

**2** Tappa av kylsystemet (se kapitel 1).

**3** Demontera luftintagen för luftrenaren (se kapitel 4).

**4** Märk och lossa vakuumledningar samt elanslutningar som är i vägen vid demontering av grenröret.

**5** Lossa gasvajern från spjällarmen (se kapitel 4).

**6** Demontera kylvätskeslangarna från insug-ningsröret.

**7** Lossa matar- och returledningar för bränsle vid fördelningsrör eller förgasare (se kapitel 4).

**8** Lossa sedan stödet för insugningsröret.

**9** Demontera insugningsrörets skruvar och sedan insugningsröret från motorn.

### Montering

**10** Rengör grenrörets muttrar i lösningsmedel och torka dom med tryckluft om möjligt.

⚠️ *Varning: Använd skyddsglasögon!*

**11** Kontrollera tätningsytorna på grenröret så att de är plana. Använd linjal och bladmått. Se avsnittets specifikationer i detta kapitel för gränsvärden.

**12** Undersök att grenröret inte har sprickor eller är skevt. Byt i sådana fall ut det eller kontrollera om någon kan plana det.

**13** Kontrollera noggrant så att det inte finns några skruvar med skadade gängor eller som har brutits av. Byt vid behov.

**14** Använd en skrapa, ta bort alla rester av gammal packning från topplock och grenrör. Rengör ytorna med thinner eller aceton.

**15** Montera röret med ny packning, dra skruvarna enbart med fingrarna. Börja sedan från mitten och dra skruvarna växelvis utåt, till det moment som anges i avsnittets speci-fikationer.

**16** Resten av arbetet sker i omvänd ordning. Se kapitel 1 för påfyllning av kylsystem.

## 6 Avgasgrenrör - demontering och montering

### Demontering

**1** Lossa batteriets jordkabel.

⚠️ *Varning: Se till att radion är avstängd innan kabeln lossas. Mikroprocessorn i radion kan annars skadas.*

**2** Hissa upp framänden på bilen, stöd den ordentligt på pallbockar. Lossa främre avgas-röret från avgasgrenröret (se kapitel 4).

**4.3 Lossa jordkabeln från ventilkåpan (vid pilen)**

**4.10a Montera packningen för ventilkåpan på topplocket, stryk lite silikontätningsmedel i hörnen där lageröverfallet för kamaxeln går mot topplocket**

**4.10b Montera ny gummitätning i uttaget baktill på topplocket**

**6.3a  Demontera avgasgrenrörets skruvar (notera var motorns lyftögla sitter) . . .**

**6.3b  . . . och lyft bort avgasgrenröret från motorn**

**7.3  Ta bort den stora skruven och sedan remskivan från vevaxeln**

Använd rostlösande olja på gängorna om de sitter hårt.

**3** Demontera grenrörets muttrar **(se illustrationer)** och ta bort grenröret från topplocket. **Notera:** *Se till att skruvarna från det undre stödet i bakkant på flänsen också lossas.*

## Montering

**4** Använd inte de gamla packningarna, skrapa vid behov bort rester av gammalt packningsmaterial från grenrör och topplock. Rengör ytorna med thinner eller aceton.

 *Varning: Se till att inte skada aluminiumytorna.*

**5** Montera nya packningar över pinnbultarna. Sätt grenröret på plats och sätt dit muttrarna. Börja från mitten och dra sedan växelvis utåt till det moment som anges i avsnittets specifikationer.
**6** Resten av arbetet sker i omvänd ordning.
**7** Starta motorn och kontrollera att inte några läckor förekommer mellan grenrör och topplock samt mellan grenrör och främre avgasrör.

## 7  Vevaxelremskiva - demontering och montering

**1** Demontera drivremmarna (se kapitel 1).
**2** Demontera fläkt och fläktkåpa från motorutrymmet (se kapitel 3).
**3** Demontera centrumskruven framtill i vevaxeln **(se illustration)**. Man måste förmodligen hålla fast vevaxeln så att den inte vrider sig då skruven lossas. Lossa därför luckan på svänghjulskåpan och för in en stor skruvmejsel mellan kuggarna i startkransen och växellådshuset.
**4** Ta bort remskivan från vevaxeln. Använd vid behov en avdragare.

 *Varning: Använd endast en avdragare som kan gängas in i remskivans nav - en avdragare som ansluter mot skivans ytterkant kan orsaka skada.*

**5** Montering sker i omvänd ordning. Se till att styrstiftet är på plats **(se illustration)**.

## 8  Kamremskåpa - demontering och montering

**1** Demontera drivremmarna (se kapitel 1).
**2** Demontera fläkt och fläktkåpa från motorrummet (se kapitel 3).
**3** Demontera vattenpumpens remskiva.
**4** Demontera remkåpans skruvar, ta sedan bort kåpan. **Notera:** *Vissa modeller har delad kåpa.*
**5** Montera i omvänd ordning.

## 9  Kamrem och kamdrev - demontering, kontroll och montering

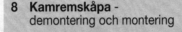 *Varning: B21 och B23 motorer är konstruerade så att ventilerna inte kommer att slå i kolvtopparna om kamremmen går av eller monteras fel. Detta gäller dock inte B230 motorn med mindre utrymme mellan ventiler/kolvar. MOTORN KOMMER DÄRFÖR att skadas om kamremmen kommer fel.*

### Demontering

**1** Demontera kamremskåpan (kåporna) så att kamremmen blir åtkomlig (se avsnitt 8).

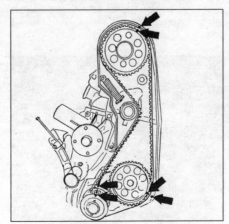

**9.4a  Inställningsmärken för kamaxel, mellanaxel och vevaxeldrev**

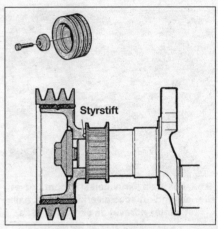

**7.5  Se till att styrstiftet är på plats och inte böjt eller skadat**

**2** Ställ cylinder nr 1 vid ÖDP (se avsnitt 3). Lossa batteriets jordkabel.

 *Varning: Se till att radion är avstängd innan kabeln lossas. Mikroprocessorn i radion kan annars skadas.*

**3** Demontera vevaxelremskivan (se avsnitt 7).
**4** Innan kamremmen demonteras, kontrollera att märkena på kamaxeldrevet, mellanaxelns drev samt vevaxeldrevet står mitt för motsvarande märken i bakre remkåpan **(se illustration)**. **Notera:** *Märkena är spår (se*

**9.4b  Ställ märket på kamaxeldrevet mot märket i ventilkåpan.**

**Notera:** *På originalkamrem finns ett tydligt märke på remmen för inställning vid ÖDP*

9.4c Inställningsmärken för mellanaxel och vevaxeldrev (vid pilarna)

9.5a Lossa muttern för spännaren

9.5b Sätt in ett stift i spännaren för att hålla den avlastad

9.6a För in en skruvmejsel genom drevet eller använd ett specialverktyg för att hålla fast kamaxeldrevet då skruven lossas

9.6b Om kamdrevet har yttre styrplåt ta bort den . . .

9.6c . . . och sedan drevet från kamaxeln

illustrationer), *en cirkel eller ett ingjutet märke i kåpan.*

5 Lossa remspännarens mutter **(se illustration)** så att remmens spänning avlastas. Sätt in ett stift i spännarens hål så att den inte går tillbaka i spänt läge då remmen tagits bort **(se illustration)**. Då spänningen en gång avlastats, kan remmen tas av dreven.

**Notera:** *Om samma rem ska monteras igen, märk vilken rotationsriktning den har haft så att den kan sättas tillbaka på samma sätt.*

 **Varning: På B230 motorer, får man inte vrida vevaxeln då kamremmen är demonterad eftersom ventilerna kan slå i kolvtopparna.**

6 Kamaxeldrevet och drevet på mellanaxeln kan tas bort om man placerar en skruvmejsel eller stor dorn mellan topplock och ett gjutet hål i drevet och sedan lossar skruven med en hylsa **(se illustrationer)**.
7 Demontera vevaxeldrevet från vevaxeln **(se illustration)**.

## Kontroll

8 Kontrollera remdrevets kuggar beträffande slitage och skador. Kontrollera kamremmen beträffande sprickor eller förorening av olja. Kontrollera också att kamaxeln inte har för stort axialspel (se kapitel 2B). Kontrollera att remspännaren fungerar riktigt. Byt ut slitna delar.

## Montering

9 Om kamdrevet demonterats, sätt tillbaka det och dra det till angivet moment i avsnittets specifikationer.
10 Kontrollera att kolv nr 1 fortfarande står vid ÖDP (se avsnitt 3).
11 Ställ inställningsmärkena på motorblocket mot märkena på vevaxeln och kamaxeldrevet **(se illustration 9.4a)**. Sätt tillbaka remmen på drevet.
12 Ta bort stiftet från spännaren så att kamremmen spänns. Dra muttern på spännaren till angivet moment.
13 Då kamremmen har spänts bör man vrida vevaxeln 90 grader åt båda håll och sedan tillbaka till ÖDP för att vara säker på att inställningsmärkena fortfarande stämmer (vrid med hjälp av skruven i vevaxeln).
14 Resten av arbetet sker i omvänd ordning.

**10 Kamaxel och ventiltryckare -** demontering, kontroll och montering

## Demontering

1 Demontera ventilkåpan (se avsnitt 4).
2 Ställ motorn i ÖDP för cylinder nr 1 (se avsnitt 3). Demontera kamremmen (se avsnitt 9).

9.6d Drevet på mellanaxeln

9.7 Demontering av vevaxeldrev och styrplåt

**10.4 Kamlageröverfall och deras numrering**

**10.5 Lyft bort lageröverfallen från topplocket**

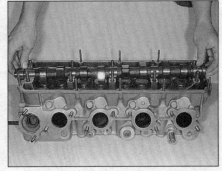

**10.6 Ta bort kamaxeln från topplocket**

**3** Om drevet måste tas bort från kamaxeln, demontera skruven (se avsnitt 9).

**4** Om kamaxelns lageröverfall inte är numrerade, märk dem innan demontering **(se illustration)**. Märk överfallen åt samma håll så att de kan sättas tillbaka rätt.

**5** Lossa muttrarna för lageröverfallen, låt de två mittre överfallen vara kvar men sitta något löst **(se illustration)**. Lossa sedan de fyra skruvarna jämnt så att inte kamaxeln skadas.

 **Varning: Kamaxeln kan annars snedställas så att den böjs.**

**6** Lyft bort kamaxeln **(se illustration)**, torka den ren med en handduk och lägg den åt sidan.

**7** Torka rent alla justerbrickor i ventiltryckarna, numrera dem sedan med en märkpenna. Ta sedan bort alla ventiltryckare och justerbrickor **(se illustrationer)** ställ dem åt sidan i en ren märkt plastpåse eller äggkartong så att de inte blandas ihop. **Notera:** Ventiltryckarna måste monteras tillbaka på ursprunglig plats.

## Kontroll

**8** Kontroll av kamaxelns axialspel:
a) Montera kamaxeln och sätt tillbaka lageröverfallen.
b) Montera en indikatorklocka på topplocket.

Om en indikatorklocka inte är tillgänglig, använd bladmått av rätt storlek mellan det bakre lageröverfallet och lutningen på kamaxeln **(se illustration)**.
c) Använd en stor skruvmejsel som brytspak i varje ände, flytta sedan kamaxeln fram och tillbaka och notera indikatorklockans utslag.
d) Jämför med det mått som ges i avsnittets specifikationer.
e) Om spelet är för stort är antingen kamaxel eller topplock slitet. Byt vid behov.

**9** För att kontrollera kamaxelns kast:
a) Lägg kamaxeln på ett par V-block och ställ in indikatorklockan så att mätkolven vilar mot mittre lagret på kamaxeln.
b) Vrid kamaxeln och notera klockans utslag.
c) Jämför med uppgifterna i avsnittets specifikationer.
d) Om kamaxeln kastar mer än tillåtet, byt ut den.

**10** Kontrollera kamaxellager och överfall beträffande repor och tecken på slitage. Är de slitna, byt topplocket mot ett nytt eller renovera det. Mät lagren på kamaxeln med en mikrometer **(se illustration)**, jämför med uppgifterna i avsnittets specifikationer. Om något lager ligger utanför specifikationen, byt kamaxel.

**11** Kontrollera nockarnas slitage:
a) Kontrollera ramp och början av lyftkurvan

på varje kamnock beträffande repor eller ojämnt slitage. Se till att inte bitar lossar eller att det finns gropar.
b) Om det finns något slitage här, byt kamaxel, men försök först hitta orsaken till slitaget. Titta efter något som kan verka som slitmedel i oljan, kontrollera också oljepump och kanaler så att de inte är igensatta. Slitage orsakas oftast av dålig smörjning eller smutsig olja.
c) Använd en mikrometer, mät sedan höjden på varje nock **(se illustration)**. Om höjden varierar mer än 0,25 mm mellan två insugsnockar eller avgasnockar, byt ut kamaxeln.

**12** Kontrollera justerbrickorna. De är oftast

**10.7a Demontera justerbrickorna från ventiltryckarna**

**10.7b Lyft ut ventiltryckarna från topplocket**

**10.8 Använd ett bladmått för att kontrollera kamaxelns axialspel**

**10.10 Mät diametern på varje kamaxellager så att slitage och eventuell orundhet kan konstateras**

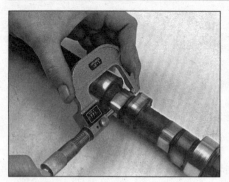

**10.11 Mät kamnockarnas höjd med mikrometer**

**10.17 Se till att stryka monteringspasta för kamaxel eller motor på lagerytor och kamnockar innan montering**

**11.5 Montera kamaxeltätningen i topplocket**

slitna om kamnockarna är slitna. Är brickorna slitna, byt ut dem.

**13** Kontrollera ventiltryckarna. De ska inte vara slitna eller uppvisa tecken på skärning. Kan man se aluminium från topplocket som fastnat på tryckaren, byt ut tryckarna. Är några av borrningarna för tryckarna, ojämna, repiga eller slitna, byt topplock.

**14** Om några skador enligt ovan hittats, får topplocket förmodligen dåligt med smörjning eller smutsig olja. Se till att orsaken till dessa problem hittas (låg oljenivå, dålig oljepump, igensatta kanaler etc) innan montering av nytt topplock, ny kamaxel eller nya tryckare.

### Montering

**15** Rengör noggrant kamaxeln, lagerytorna i topplock och överfall, tryckarna och juster-brickorna. Ta bort alla rester av olja och smuts. Torka detaljerna med en ren, luddfri trasa.

**16** Smörj försiktigt borrningarna för tryckarna med monteringspasta eller molybdendisulfid-fett. Montera ventiltryckarna så som tidigare gjord märkning visar. Smörj överdelen på justerbrickorna med monteringspasta eller molybdendisulfidfett.

**17** Smörj kamaxelns lagringsytor i topplock samt kamaxelns lagerbanor med monterings-pasta eller molybdendislufidfett **(se illustra-tion)**. För den nya oljetätningen på kamaxeln framifrån, lägg sedan försiktigt kamaxeln på plats med nockarna för cylinder nr 1 pekande bort från tryckarna.

> **Varning: Om inte kamaxel och motsvarande detaljer blir riktigt smorda kan detta orsaka stora skador under de första sekunderna då motorn startas och oljetrycket är lågt eller obefintligt.**

**18** Styrk ett tunt lager monteringspasta på kamaxellager, nockar och lager och överfall i topplocket. Sätt sedan kamaxeln på plats.

**19** Börja från det mittre kamaxellagret och arbeta utåt i en cirkel då muttrarna dras åt. **Notera:** *Om inställningen ändrats, ställ in dreven och montera remmen enligt beskriv-ning i avsnitt 9.*

**20** Demontera tändstiften och vrid vevaxeln för hand för att kontrollera att ventilerna är riktiga. Efter två varv, ska inställningsmärkena

på dreven stämma igen. I annat fall, montera remmen och ställ in märkena igen (se avsnitt 9). **Notera:** *Om det känns ett motstånd då vevaxeln vrids runt, stanna omedelbart och kontrollera inställningen enligt avsnitt 9.*

**21** Justera ventilspelen (se kapitel 1).

**22** Resten av arbetet sker i omvänd ordning.

### 11 Kamaxelns oljetätningar - byte

**1** Demontera kamrem och kamdrev från kam-axeln (se avsnitt 9).

**2** Använd ett speciellt verktyg för att demon-tera packningen eller en trubbig skruvmejsel för att bryta loss den ur topplocket. Se till att kamaxeln inte skadas, den nya tätningen kommer då inte att fungera.

**3** Kontrollera noggrant sätet för tätningen och slitytan mot kamaxeln. Bägge måste vara rena och släta. Använd 400 korns slippapper för att ta bort mindre märken.

**4** Om ett spår slitits i kamaxeln, på grund av kontakt med tätningsläppen, kommer en ny tätning förmodligen inte att stoppa läckage. Sådant slitage tyder normalt på att kamaxelns lagerytor eller lageröverfallen är slitna. Det är dags att renovera topplocket, se kapitel 2 del B, eller att byta topplock och kamaxel.

**5** Smörj tätningsläppen på den nya tätningen med ren motorolja eller fett, knacka försiktigt tätningen på plats med en stor hylsa och en rörbit eller hammare **(se illustration)**. Om man inte har en stor hylsa som passar tätningen, knacka försiktigt runt yttre kanten med en stor dorn.

**6** Montera kamaxeldrev och kamrem (se avsnitt 9).

**7** Starta motorn och kontrollera att inga läckage förekommer.

### 12 Mellanaxelns oljetätningar - byte

**1** Demontera kamrem och drevet på mellan-axeln (se avsnitt 9).

**2** Använd ett speciellt verktyg eller demontera

tätningen med en trubbig skruvmejsel. Skada inte tätningsytorna.

**3** Rengör noggrant och kontrollera läget för tätningen. Det måste vara rent och slätt. Använd 400 korns slippapper för att ta bort små ojämnheter.

**4** Om ett spår har slitits i mellanaxeln (på grund av kontakt med tätningsläppen), kommer en ny tätning förmodligen inte att stoppa oljeläckage. Sådana slitage tyder vanligtvis på att mellanaxeln eller bakre rem-kåpan är sliten. Det är dags att byta bakre remkåpan, se kapitel 2 del B, och/eller mellan-axeln.

**5** Smörj läppen på den nya tätningen med ren motorolja eller fett, knacka den sedan försiktigt på plats med en stor hylsa och en rörbit och eller hammare.

> **Tips HAYNES** *Har man inte en stor hylsa som passar tätningen, knacka försiktigt runt kanten med en stor dorn.*

**6** Montera drevet på mellanaxeln och kam-remmen (se avsnitt 9).

**7** Starta motorn och kontrollera att inget läckage förekommer.

### 13 Topplock - demontering och montering

> **Varning: Låt motorn svalna helt innan arbetet påbörjas.**

### Demontering

**1** Ställ cylinder nr 1 i ÖDP (avsnitt 3).

**2** Lossa batteriets jordkabel.

> **Varning: Se till att radion är avstängd innan kabeln lossas. Mikroprocessorn i radion kan annars skadas.**

**3** Tappa av kylsystemet och ta bort tänd-stiften (se kapitel 1).

**4** Demontera staget för insugningsröret och främre avgasrörets infästning vid grenröret (se avsnitts 5 och 6).

**13.15a  Montera ny topplockspackning (titta efter ordet TOP på packningen)**

**13.15b  Montera en ny O-ring i spåret på vattenpumpen**

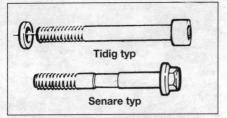

Tidig typ

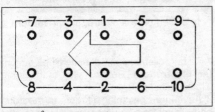

Senare typ

**13.16a  Om skruvarna för topplocket måste bytas, se till att rätt typ används**

**13.16b  Åtdragningsföljd för topplock (pilen pekar framåt)**

5  Demontera ventilkåpan (se avsnitt 4).
6  Demontera tändfördelaren (se kapitel 5) inklusive lock och kablar.
7  Demontera kamremmen (se avsnitt 9) och kamaxeln (se avsnitt 10).
8  Lossa topplocksskruvarna 1/4 dels varv åt gången tills de kan tas bort för hand. Arbeta i omvänd ordning gentemot åtdragning **(se illustration 13.16b)** så att topplocket inte slår sig. Notera var varje bult sitter så att de kan sättas tillbaka på samma plats.
9  Lyft bort topplocket. Om det tar emot, bryt inte mellan topplock och block - tätningsytorna kan skadas. Bryt istället mellan servostyrpumpens infästning och motorblocket. Ställ topplocket på träklossar så att inte tätningsytan skadas.
10  Isärtagning och kontroll beskrivs i kapitel 2, del B. Man bör kontrollera att topplocket inte är skevt, även om man bara byter packning.

## Montering

**Notera:** *Byt topplocksskruvar om de använts mer än 5 gånger eller om mittsektionen tyder på att de sträckt sig.*

11  Tätningsytorna på topplock och block måste vara helt rena då toppen sätts tillbaka.
12  Använd en packningsskrapa för att ta bort alla rester av koks och gammal packning, rengör sedan ytorna med thinner eller aceton. Om det finns olja på tätningsytorna då toppen monteras, kan det hända att packningen inte tätar ordentligt utan att läckage uppstår. Då man arbetar på blocket, stoppa rena trasor i cylindrarna för att hindra smuts att ramla ned. Eftersom topplocket och blocket är gjorda av lättmetall kan kraftig skrapning orsaka skador. Se till att skrapan inte skadar ytorna.

**Tips HAYNES**  *Använd en dammsugare för att ta bort material som fallit ned i cylindrarna.*

13  Kontrollera att tätningsytorna på block och topplock inte har några grader, djupa spår eller andra skador. Är skadorna små kan de tas bort med en fil. Är de stora måste ytorna bearbetas.

14  Använd en gängtapp av rätt storlek för att rensa gängorna i hålen för topplocksskruvarna. Montera alla skruvarna i tur och ordning i ett skruvstycke och rensa gängorna med ett gängsnitt. Smuts, korrosion, tätningsmedel och skadade gängor påverkar alla momentdragningen.
15  Placera ny packning på blocket och en ny O-ring i spåret upptill på vattenpumpen **(se illustrationer)**. Kontrollera om packningen har några märkningar (så som TOP) som visar hur den ska vändas. Dessa märken måste då vändas uppåt. Stryk också tätningsmedel på kanten av remkåpan där den ansluter mot motorblocket. Lägg topplocket på plats.
16  Smörj gängorna i block och på skruvarna, sätt dem sedan på plats. Skruvarna måste dras åt i speciell ordning **(se illustrationer)**, i tre steg till det moment som anges i avsnittets specifikationer.
17  Montera kamaxeln (se avsnitt 10), kamdrev och kamrem (se avsnitt 9).
18  Demontera återstående detaljer i omvänd ordning.
19  Kom ihåg att fylla på kylsystemet och kontrollera alla vätskenivåer.
20  Vrid vevaxeln sakta medurs två hela varv.

**Varning: Om man känner ett motstånd då motorn vrids runt, stanna omedelbart och kontrollera kamaxelns inställning. Ventilerna kan slå i kolvarna.**

21  Starta motorn och kontrollera tändläget (se kapitel 1).

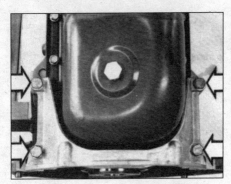

**14.4a  Demontera skruvarna för motor/svänghjulskåpans stöd . . .**

22  Kör motorn tills den får normal arbetstemperatur. Kontrollera att det inte finns något läckage och att allt är rätt monterat.

## 14 Oljetråg - demontering och montering

1  Varmkör motorn, tappa sedan av oljan och byt oljefiltret (se kapitel 1).
2  Lossa batteriets jordkabel.

**Varning: Se till att radion är avstängd innan kabeln lossas. Mikroprocessorn i radion kan annars skadas.**

3  Hissa upp bilen och stöd den säkert på pallbockar.
4  Demontera stödet vid motor/svänghjulskåpa **(se illustrationer)**.
5  Lossa skruvarna som håller oljetråget mot motorblocket.
6  Knacka på tråget med en mjuk hammare så att packningen lossar, ta sedan bort tråget **(se illustration)**. Bryt inte med något verktyg i tätningsytan mellan tråg och lock.

**14.4b  . . . ta sedan bort det från motorn**

14.6 Demontera oljetråget från motorn

14.7 Demontera silen från oljepumpen (oljepumpen demonterad för ökad tydlighet)

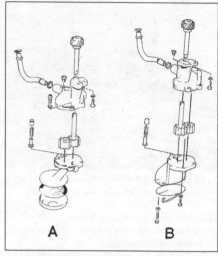

15.2 Sprängskiss över oljepump

A Senare utförande
B Tidigt utförande

7 Ta bort oljepumpens sil undertill på motorn **(se illustration)**. Rengör silen, sätt sedan tillbaka den.

8 Använd en packningsskrapa, ta med den bort alla rester av gammal packning och/eller tätningsmedel från motorblock och oljetråg. Ta bort tätningarna i varje ände på motorblock eller oljetråg. Rengör tätningsytorna med thinner eller aceton. Se till att bulthålen i motorblocket är rena.

9 Rengör oljetråget med lösningsmedel och torka det noggrant. Kontrollera att inte packningsflänsarna är skeva, särskilt kring hålen för skruvarna. Vid behov, placera tråget

15.3 Demontera oljepumpen från motorn

på en träbit och platta med en hammare ut ytorna så tätningen kan bli fullgod.

10 Stryk en 3 mm bred sträng av silikongummi på trågets tätningsytor. Se till att strängen ligger på insidan av hålen för skruvarna.

11 Sätt försiktigt tråget på plats.

12 Sätt i skruvarna och dra dem försiktigt och växelvis, lite åt gången till det moment som anges i avsnittets specifikationer. Börja med skruvarna närmast mitten på tråget och arbeta utåt i ett spiralformat mönster. Dra inte för hårt eftersom detta kan orsaka läckage.

13 Fyll på olja av rätt typ och rätt mängd (se kapitel 1), kör sedan igång motorn och kontrollera att inget läckage förekommer.

## 15 Oljepump - demontering, kontroll och montering

### Demontering

1 Demontera oljetråget (se avsnitt 14).

2 Demontera silen för oljepumpen från pumphuset och bryggan på ramlagret **(se illustration)**.

3 Demontera skruvarna från oljepumphuset och lyft bort oljepumpen från motorn **(se illustration)**.

4 Demontera skruvarna och ta isär oljepumpen **(se illustrationer)**. Man kan behöva

en slagskruvmejsel för att lossa pumpskruvarna utan att skruvskallarna skadas.

### Kontroll

5 Kontrollera oljepumpens spel mellan både yttre och inre rotor samt mellan rotorer och pumphus **(se illustrationer)**. Jämför måtten med uppgifterna i avsnittets specifikationer. Byt pump om måtten är större än tillåtet.

6 Skruva loss pumpen och ta bort fjäder och ventilkägla för tryckregulatorventilen **(se illustration)** från pumphuset. Kontrollera att fjädern inte ändrat form samt att ventilkäglan inte är repig.

7 Sätt tillbaka pumpdreven **(se illustrationer)**. Packa utrymmet mellan dreven med vaselin (detta säkerställer att pumpen börjar pumpa).

8 Sätt tillbaka skruvarna för pumplocket och dra åt dem ordentligt **(se illustration)**. Montera fjäder och ventilkägla för tryckregulatorventil. Använd ny tätningsbricka på pluggen och dra åt den ordentligt.

### Montering

9 Montera pumpen med nya o-ringar. Dra

15.4a Dela oljepumpen så att dreven blir åtkomliga

15.4b Demontera sugröret från pumpen

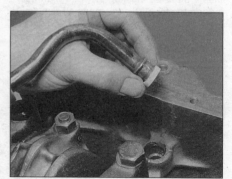

15.4c Montera ny tätning i änden på sugröret

**15.5a Kontroll av spel mellan drev och pumphus (radiellt)**

**15.5b Kontroll av spel mellan drev och pumplock (axiellt)**

**15.6 Demontera ventilkäglan till tryckregulatorventilen**

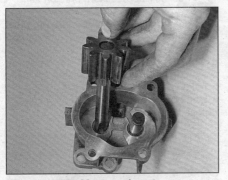

**15.7a Montera drevet . . .**

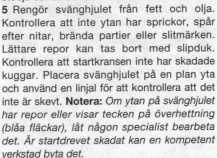

**15.7b . . . följt av mothjulet**

**15.8 Sätt ihop oljepumpen**

skruvarna till angivet moment, se specifikationer.
**11** Montera silen.
**12** Montera tråget (se avsnitt 14).
**13** Resten av arbetet sker i omvänd ordning. Byt oljefilter, fyll på rätt mängd motorolja av rekommenderad typ (se kapitel 1), kör igång motorn och kontrollera att inget läckage förekommer.

## 16 Svänghjul/drivplatta - demontering och montering

### Demontering

**1** Hissa upp bilen och stöd den ordentligt på pallbockar, se sedan kapitel 7 och demontera växellådan.
**2** Demontera koppling och lamellcentrum (se kapitel 8) (modeller med manuell växellåda). Det är nu lämpligt att kontrollera/byta koppling och styrlager i vevaxeln.
**3** Märk ut hur kopplingen är monterad mot svänghjulet så att den kan sättas tillbaka på samma sätt. Demontera skruvarna som håller svänghjul/drivplatta till vevaxeln. Om vevaxeln vill vrida sig, för in en skruvmejsel i startkransen (modeller med manuell växellåda), eller för in en lång dorn genom ett av hålen i drivplattan och låt den vila mot någon kant på motorblocket (bilar med automatväxellåda).
**4** Ta bort svänghjul/drivplatta från drivaxeln.

Då svänghjulet är ganska tungt, se till att stödja det då sista skruven tas bort.
**5** Rengör svänghjulet från fett och olja. Kontrollera att inte ytan har sprickor, spår efter nitar, brända partier eller slitmärken. Lättare repor kan tas bort med slipduk. Kontrollera att startkransen inte har skadade kuggar. Placera svänghjulet på en plan yta och använd en linjal för att kontrollera att det inte är skevt. **Notera:** *Om ytan på svänghjulet har repor eller visar tecken på överhettning (blåa fläckar), låt någon specialist bearbeta det. Är startdrevet skadat kan en kompetent verkstad byta det.*
**6** Rengör och kontrollera monteringsytan mellan svänghjul/drivplatta och vevaxel. Om bakre vevaxeltätningen läcker, byt den innan svänghjul/drivplatta sätts tillbaka (se avsnitt 17).

### Montering

**7** Placera svänghjul/drivplatta mot vevaxeln. Notera att vissa motorer har ett styrstift eller ett bultförband som gör att svänghjulet bara kan monteras i ett läge **(se illustration)**. Innan skruvarna sätts på plats, lägg låsvätska på gängorna.
**8** Hindra svänghjul/drivplatta från att vrida sig enligt tidigare beskrivning i punkt 3. Dra korsvis skruvarna till angivet moment, se specifikationer.
**9** Resten av arbetet sker i omvänd ordning. Man bör nu passa på att byta styrlager i vevaxeländen (se kapitel 8).

## 17 Vevaxelns oljetätningar - byte

**1** Demontera drivremmarna (se kapitel 1).
**2** Demontera vevaxelns remskiva.
**3** Demontera växellåda och koppling/svänghjul (manuell växellåda) eller momentomvandlare/drivplatta (bilar med automatväxellåda) för att kunna byta bakre oljetätningen (se kapitel 7B).
**4** För att kunna demontera främre oljetätningen, demontera drevet för kamremmen från vevaxeln (se avsnitt 9). Bryt ut tätningen med ett specialverktyg eller en skruvmejsel, se till att inte tätningsytan skadas.

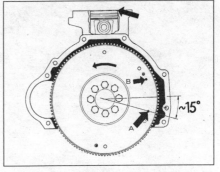

**16.7 Kontrollera passning mellan svänghjul och motor innan skruvarna dras åt**

**5** Vid demontering av bakre oljetätning, bryt försiktigt ut tätningen ut ur huset med ett specialverktyg eller en skruvmejsel. Vid behov kan hela huset lossas och tas bort **(se illustrationer)**. Repa inte sätet för tätningen eller tätningsytan på vevaxeln (om vevaxeln är skadad kommer även den nya tätningen att börja läcka).

**6** Rengör läget i huset och smörj utsidan på den nya tätningen med motorolja eller fett. Använd en hylsa med en ytterdiameter som är något mindre än tätningen, knacka sedan försiktigt tätningen på plats med en hammare. Om lämplig hylsa inte är tillgänglig, kan man använda en kort bit rör av lämplig storlek. Kontrollera tätningen efter montering så att inte fjädern hoppat loss.

**7** Montera bakre tätningshuset eller drevet för kamaxeln.

**8** Smörj insidan på vevaxelns remskiva med motorolja eller fett, montera den sedan på vevaxeln. Resten av arbetet sker i omvänd ordning.

**9** Kör igång motorn och kontrollera att inget läckage förekommer.

## 18 Motorfästen - kontroll och byte

**1** Motorfästena kräver sällan tillsyn, men trasiga eller åldrade fästen ska omedelbart bytas, så att inte den ökade belastning detta medför skadar drivlinan.

### Kontroll

**2** Vid kontroll måste man lyfta motorn något så att fästena avlastas.

**3** Hissa upp bilen och stöd den säkert på pallbockar, ställ sedan en domkraft under oljetråget. Placera en stor träbit mellan domkraft och oljetråg, lyft sedan försiktigt motorn precis så mycket att motorfästena avlastas.

> ⚠ **Varning: SE TILL ATT inte placera någon del av kroppen under motorn då den stöds enbart av domkraft!**

**4** Kontrollera gummiupphängningarna och se till att gummit inte är skadat, har hårdnat, eller

har separerat från metallplattorna. Det kan hända att gummifästet spricker vid mitten.

**5** Kontrollera om någon rörelse förekommer mellan fästplåtar och motor eller ram (använd en stor skruvmejsel som brytspak, för med den flytta motorfästena. Om de kan röra sig, sänk ned motorn och dra åt skruvarna.

### Byte

**6** Lossa jordkabeln från batteriet, hissa sedan upp bilen och stöd den på pallbockar (om detta inte redan gjorts). Stöd motorn enligt beskrivning i punkt 3.

> ⚠ **Varning: Se till att radion är avstängd innan kabeln lossas. Mikroprocessorn i radion kan annars skadas.**

**7** Demontera fästena **(se illustration)**, hissa upp motorn med domkraften och ta bort fästena från ramfäste och motor.

**8** Montera nya fästen, se till att de är rätt placerade mot infästningen. Sätt i skruvarna och dra åt dem ordentligt.

**9** Man bör stryka skyddsmedel för gummi på fästena för att öka livslängden.

17.5a  Bryt försiktigt ut tätningen ur huset

17.5b  Om tätningen är svår att få ut, kan man ta bort hela huset och sedan byta tätning och packning

18.7  Demontera skruvarna för främre motorfästet (vid pilarna)

# Kapitel 2 Del B
## Renovering av motor - allmänna anvisningar

## Innehåll

## Svårighetsgrad

| Enkelt, passar novisen med lite erfarenhet  | Ganska enkelt, passar nybörjaren med viss erfarenhet  | Ganska svårt, passar kompetent hemma-mekaniker  | Svårt, passar hemmamekaniker med erfarenhet  | Mycket svårt, för professionell mekaniker  |
|---|---|---|---|---|

## Specifikationer

**Notera:** *B200 motorn är likadan som B21 motorn, om inte annat anges*

### Allmänt

Borrning (stansat på blockets översida) (mm)

B200 motorer
C ............................................ 88,90 - 88,91
D ............................................ 88,91 - 88,92
E ............................................ 8,92 - 88,93
G ............................................ 88,94 - 88,95

B21A och B21E motorer
C ............................................ 92,00 - 92,01
D ............................................ 92,01 - 92,02
E ............................................ 92,02 - 92,03
G ............................................ 92,04 - 92,05
ÖD 1 ........................................ 92,5
ÖD 2 ........................................ 93,0

B21F motorer
C ............................................ 92,07 - 92,08
D ............................................ 92,08 - 92,09
E ............................................ 92,09 - 92,10
G ............................................ 92,11 - 92,12
ÖD 1 ........................................ 92,57
ÖD 2 ........................................ 93,07

B23A och B23E motorer
C ............................................ 95,999 - 96,009
D ............................................ 96,009 - 96,019
E ............................................ 96,019 - 96,029
G ............................................ 96,04 - 96,05
ÖD 1 ........................................ 96,299
ÖD 2 ........................................ 96,599

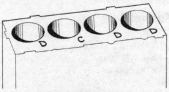

**Klassningsbeteckningar för blockets borrning**

B23F motorer

| | |
|---|---|
| C | 96,07 - 96,08 |
| D | 96,08 - 96,09 |
| E | 96,09 - 96,10 |
| G | 96,11 - 96,12 |
| ÖD 1 | 96,37 |
| ÖD 2 | 96,67 |

B230 motorer

| | |
|---|---|
| C | 95,999 - 96,009 |
| D | 96,009 - 96,019 |
| E | 96,019 - 96,029 |
| G | 96,04 - 96,05 |
| ÖD 1 | 96,299 |
| ÖD 2 | 96,599 |

Kompressionsförhållande

| | |
|---|---|
| B200 | 10,0:1 |
| B21A t.o.m. 1978 | 8,5:1 |
| B21A 1979 - 1983 | 9,3:1 |
| B21A 1984 | 10,0:1 |
| B21E | 9,3:1 |
| B21F och B21FT | 7,5:1 |
| B23A 1981 - 1984 | 10,3:1 |
| B23E 1980 - 1984 | 10,0:1 |
| B23F | |
|   Manuell växellåda (1984) | 9,5:1 |
|   Alla övriga | 10,3:1 |
| B230A och B230E | 10,3:1 |
| B230F | 9,8:1 |
| B230K | 10,5:1 |

Cylindervolym

| | |
|---|---|
| B21F och B21FT | 2,127l |
| B23F och B230F | 2,316l |

Tryck vid kompressionsprov

| | |
|---|---|
| Standard | 11,7 bar |
| Minimum | 8,8 bar |

Oljetryck

| | |
|---|---|
| Vid tomgång | 0,7 bar |
| Vid 2,000 rpm | |
|   Minimum | 2,5 bar |
|   Maximum | 6 bar |

## Motorblock

| | |
|---|---|
| Cylinder, konicitet | 0,05 mm |
| Cylinder, orundhet | 0,05 mm |

## Kamaxel

B200K:

| | |
|---|---|
| Märkning | L |
| Max. lyfthöjd | 9,8 mm |
| Insug öppnar | 5° FÖDP |

B200E:

| | |
|---|---|
| Märkning | A |
| Max. lyfthöjd | 10,5 mm |
| Insug öppnar | 13° FÖDP |
| Axialspel | 0,2 - 0,5 mm |

B21

| | |
|---|---|
| Lagertapp, diameter | 29,950 - 29,970 mm |

Insug öppnar (kall) vid 0,7 mm ventilspel:

| | |
|---|---|
| B21A 1975 | 5° FÖDP |
| B21A 1976 - 1983 | 13° FÖDP |
| B21A 1984 | 10° FÖDP |
| B21E | 15° FÖDP |
| Kamlagertappar, diameter | 30,000 - 30,021 mm |

B23

Insug öppnar (kall) vid 0.028 in (0,7 mm) lyfthöjd:

| | |
|---|---|
| B23A 1975 | 5° FÖDP |
| B23A 1976 och framåt | 13° FÖDP |
| B23E 1979 - 1980 | 21° FÖDP |
| B23E 1981 - 1983 | 15° FÖDP |
| B23E 1984 | 13° FÖDP |

## Kamaxel (forts)

**B230A:**
| | |
|---|---|
| Märkning | A |
| Max. lyfthöjd | 10.5 mm |
| Insug öppnar | 13° FÖDP |

**B230K:**
| | |
|---|---|
| Märkning | T |
| Max. lyfthöjd | 9.9 mm |
| Insug öppnar | 7° FÖDP |

**B230E:**
| | |
|---|---|
| Märkning | V |
| Max. lyfthöjd | 11.37 mm |
| Insug öppnar | 11° FÖDP |

## Kolvar och kolvringar

**Kolvringar, sidospel:**

B200
| | |
|---|---|
| Övre kompression | 0,060 - 0,092 mm |
| Andra kompression | 0,030 - 0,062 mm |
| Oljering | 0,020 - 0,055 mm |

B21F, B21FT och B23F
| | |
|---|---|
| Övre kompressionsring | 0,04 - 0,07 mm |
| Andra kompressionsring | 0,04 - 0,07 mm |
| Oljering | 0,03 - 0,06 mm |

B230
| | |
|---|---|
| Övre kompressionsring | 0,06 - 0,07 mm |
| Andra kompressionsring | 0,04 - 0,07 mm |
| Oljering | 0,03 - 0,06 mm |

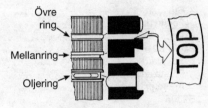

Kolvringar och placering

**Ringarnas ändgap**

B200
| | |
|---|---|
| Övre kompression | 0,30 - 0,50 mm |
| Andra kompression | 0,30 - 0,55 mm |
| Oljering | 0,25 - 0,50 mm |

B21F, B21FT och B23F
| | |
|---|---|
| Övre kompressionsring | 0,35 - 0,65 mm |
| Andra kompressionsring | 0,35 - 0,55 mm |
| Oljering | 0,25 - 0,6 mm |

B230
| | |
|---|---|
| Övre kompressionsring | 0,3 - 0,55 mm |
| Andra kompressionsring | 0,03 - 055 mm |
| Oljering | 0,4 - 0,55 mm |

**Kolvspel i lopp**

B200
| | |
|---|---|
| 1985 | 0,003 - 0,027 mm |
| 1986 och framåt | 0,010 - 0,030 mm |
| B21F | 0,01 - 0,04 mm |
| B21FT | 0,02 - 0,04 mm |
| B23F | 0,01 - 0,04 mnm |
| B230 | 0,01 - 0,03 mm |

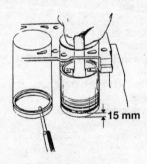

Kolvringgap

## Vevaxel och vevstakar

**Axialspel**
| | |
|---|---|
| B200 | 0,080 - 0,270 mm |
| B21F, B21FT och B23 | 0,25 mm |
| B230F | 0,08 - 0,27 mm |

**Vevaxel, kast**
| | |
|---|---|
| B21F, B21FT och B23 | 0,05 mm |
| B230F | 0,025 mm |

**Ramlagertappar**

Diameter (standard)

B21F, B21FT och B23F
| | |
|---|---|
| Standard | 63,452 - 630464 mm |
| Första underdimension | 63,198 - 63,210 mm |
| Andra underdimension | 62,954 - 62,956 mm |

B230F (1985 t.o.m. 1988)
| | |
|---|---|
| Standard | 54,986 - 54,999 mm |
| Första underdimension | 54,737 - 54,750 mm |
| Andra underdimension | 54,486 - 54,501 mm |

## Vevaxel och vevstakar (forts)

B230F (från mitten av 1988 t.o.m. 1993)
| | |
|---|---|
| Standard | 62,987 - 63,000 mm |
| Första underdimension | 62,738 - 62,751 mm |
| Andra underdimension | 62,487 - 62,499 mm |

Konicitet (maximum)
| | |
|---|---|
| B21F, B21FT och B23F | 0,05 mm |
| B230F | 0,04 mm |

Orundhet
| | |
|---|---|
| B21F, B21FT och B23F | 0,07 mm |
| B230F | 0,04 mm |

Ramlagerspel (standard)
| | |
|---|---|
| B200 | 0,023 - 0,072 mm |
| B21F, B21FT och B23F | 0,028 - 0,072 mm |
| B230F (1985 t.o.m. 1988) | 0,024 - 0,070 mm |
| B230F (1988 t.o.m. 1993) | 0,024 - 0,060 mm |

Vevlagertappar:
Diameter:
B200
| | |
|---|---|
| Standard | 49,0 mm nominellt |
| Första underdimension | 48,75 mm nominellt |
| Andra underdimension | 48,50 mm nominellt |

B21F, B21FT och B23F
| | |
|---|---|
| Standard | 53,988 - 54,000 mm |
| Första underdimension | 53,730 - 53,746 mm |
| Andra underdimension | 53,480 - 53,492 mm |

B230F
| | |
|---|---|
| Standard | 48,984 - 49,004 mm |
| Första underdimension | 48,735 - 48,753 mm |
| Andra underdimension | 48,484 - 48,501 mm |

Konicitet
| | |
|---|---|
| B200 | 0,005 mm |
| B21F, B21FT och B23F | 0,05 mm |
| B230F | 0,04 mm |

Orundhet
| | |
|---|---|
| B200 | 0,003 mm |
| B21F, B21FT och B23F | 0,05 mm |
| B230F | 0,04 mm |

Vevlagerspel
| | |
|---|---|
| B200 | 0,023 - 0,067 mm |
| B21F, B21FT och B23F | 0,02 - 0,07 mm |
| B230F | 0,02 - 0,065 mm |

Vevlager, axialspel (sidospel)
| | |
|---|---|
| Standard | 0,15 - 0,30 mm |
| Gränsvärde | 0,4 mm |

## Mellanaxel

B21A, B21E
Mellanaxel, diameter:
| | |
|---|---|
| Främre | 46,975 - 47,000 mm |
| Mittre | 43,025 - 43,050 mm |
| Bakre | 42,925 - 42,950 mm |

Lagerläge:
| | |
|---|---|
| Främre | 47,020 - 47,050 mm |
| Mittre | 43,070 - 43,100 mm |
| Bakre | 42,970 - 43,000 mm |

B21F, B21FT och B23F
Mellanaxel, diameter
| | |
|---|---|
| Främre lager | 47,01 - 47,04 mm |
| Mittre lager | 43,05 - 43,08 mm |
| Bakre lager | 42,95 - 42,98 mm |

Lagerläge:
| | |
|---|---|
| Främre lager | 47,06 - 47,09 mm |
| Mittre lager | 43,10 - 43,13 mm |
| Bakre lager | 43,00 - 43,03 mm |
| Spel | 0,02 - 0,08 mm |
| Mellanaxel, axialspel | 0,2 - 0,5 mm |

## Mellanaxel (forts)

B230F
Mellanaxel diameter
    Främre lager ........................................ 46,97 - 47,00 mm
    Mittre lager ......................................... 43,02 - 43,05 mm
    Bakre lager ......................................... 42,92 - 42,95 mm
Lagerläge:
    Främre lager ........................................ 47,02 - 47,05 mm
    Mittre lager ......................................... 43,07 - 43,10 mm
    Bakre lager ......................................... 42,97 - 43,00 mm
    Spel ................................................ 0,02 - 0,08 mm
Mellanaxel, axialspel ................................. 0,2 - 0,5 mm

## Topplock och ventiler

Skevhet, gräns ......................................... Se kapitel 2A
Skevhet, mot grenrör ................................... 0,15 mm
Topplockshöjd
  B21F, B21FT och B23F
    Nytt ............................................... 146,3 mm
    Minimum efter bearbetning ........................... 145,8 mm
  B230F
    Nytt ............................................... 146,1 mm
    Minimum efter bearbetning ........................... 145,6 mm
Ventilsätesvinkel ...................................... 45°
Sätesvinkel, ventil .................................... 44,5°
Spel i styrning
  Ny ventil i ny styrning
    Insug .............................................. 0,03 - 0,053 mm
    Avgas .............................................. 0,06 - 0,09 mm
  Gränsvärde (alla)
    Insug .............................................. 0,15 mm
    Avgas .............................................. 0,15 mm
Styrning, längd
  B21F, B21FT och B23F
    Insug .............................................. 52,04 mm
    Avgas .............................................. 52,04 mm
  B230F
    Insug .............................................. 52 mm
    Avgas .............................................. 52,04 mm
Ventilspindel, diameter
  Ej turbomotorer
    Insug .............................................. 7,96 - 7,97 mm
    Avgas .............................................. 7,95 - 7,96 mm
  Turbomotorer
    Insug .............................................. 7,96 - 7,97 mm
    Avgas* ............................................. 7,95 - 7,96 mm
    Avgas** ............................................ 7,97 - 7,98 mm
* *Mätt 32 mm från spindelände*
** *Mätt 16 mm från spindelände*
Ventilfjädrar
  Fri längd - minimum ................................. 44,86 mm
Ventilspindel, utstick efter montering **(höjd över topplockets översida - dimension L i illustration 12.8)**
  B21F, B21FT och B23F
    Insug .............................................. 15,41 - 15,61mm
    Avgas .............................................. 17,91 - 18,11mm
  B230F
    Insug .............................................. 15,4 - 15,6 mm
    Avgas .............................................. 17,9 - 18,1mm
Ventilstyrningar, innerdiameter (insug och avgas)
  B21F, B21FT och B23F ............................... 8 - 8,02 mm
  B230F .............................................. 8 - 8,02 mm
Ventiltryckare
  Diameter
    B21F, B21FT och B23F ............................... 37 - 37,02 mm
    B230F .............................................. 36,97 - 37 mm
  Höjd ............................................... 30,02 - 31,01 mm
  Spel (justerbricka till tryckare)
    Standard ........................................... 0,01 - 0,06 mm
    Gränsvärde ......................................... 0,1 mm

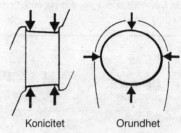

Konicitet       Orundhet

**Uppmätning av vevaxel**

## Åtdragningsmoment *

| | Nm |
|---|---|
| Vevstaksöverfall,skruvar | |
| B21F, B21FT och B23F | |
| Nya skruvar | 68 |
| Gamla skruvar | 61 |
| B230F | |
| Första steget | 20 |
| andra steget | vrid ytterligare 1/4 varv (90°) |
| Ramlageröverfall, muttrar | |
| B21F, B21FT och B23F | 108 |
| B230F | 108 |
| Mellanaxelns axialplatta, skruvar | 16 |

*\* Se Del A för ytterligare åtdragningsmoment.*

---

## 1  Allmänt

Den största skillnaden mellan svenska och amerikanska modeller är B200 motorn som aldrig marknadsförts i USA. Denna motor är, i likhet med alla andra fyrcylindriga motorer i 240 serien, utvecklade ur B21 motorn. Vissa dimensioner skiljer sig naturligtvis åt, men i princip går arbetet till på samma sätt även för B230 motorn. Se specifikationerna i början av detta kapitel för faktauppgifter.

I detta avsnitt av kapitel 2 finns allmänna anvisningar för renovering av topplock och motorns invändiga delar. Informationen spänner från råd rörande förberedelser för renovering och inköp av reservdelar till detaljerade anvisningar steg för steg som behandlar demontering och montering av motorns delar samt kontroll av dem.

Följande avsnitt förutsätter att motorn har demonterats från bilen. För information om arbeten med motorn på plats, inklusive demontering och montering av yttre komponenter, se del A i detta kapitel.

Specifikationerna i denna del av kapitlet gäller endast de arbeten som beskrivs här. Se del A för ytterligare information. Volvo 240 modeller som behandlas är utrustade med antingen B21F, B23F eller B230F motorer (bränsleinsprutade). Det förekommer även förgasarmotorer, B21A **(se kapitel 2A, illustration 1.4)**. Motorblocket är i stort sätt lika på dessa modeller. Här följer kort beskrivning på skillnader:

**Notera:** *Motorblocken kan inte bytas mellan modellerna.*

a)  Vevaxeln i B230 motorer har 8 motvikter, på B21 och B23 har de 4 motvikter.

b)  B230 vevaxeln har mindre lagerytor för att reducera friktionen.

c)  B230 kolvarna är lättare och har smalare ringar. Kolvbultarna är också placerade högre i kolvarna för att få plats med längre vevstakar.

d)  B21 och B23 är gjorda så att ventilerna inte ska slå i kolvtopparna om kamremmen går

av eller monteras fel. Detta gäller dock inte B230 motorer. Var därför speciellt försiktig med denna typ av arbete.

e)  B21F-T och B230F har stelitbelagda avgasventiler. Denna yta är mycket hård och långlivad. Maskinslipa inte dessa ventiler, använd endast fin inslipningspasta. B21F-T motorer har också natriumfyllda avgasventiler för bättre värmeavledning. Dessa ventiler får inte kastas tillsammans med andra metalldelar på grund av att natrium kan vara explosivt.

**Notera:** *Specifikationerna för B21F är de samma som för B21A.*

Dessa fyrcylindriga motorer är försedda med enkel överliggande kamaxel som styr på ventiler per cylinder (totalt 8 ventiler). Motorn har topplock i aluminium. En mellanaxel roterar med halva vevaxelvarvet och styr tändfördelare och oljepump.

Kolvarna har två kompressionsringar och en oljering. Kolvbulten sitter med press-passning i vevstaken. Vevstakarnas störende har utbytbara lagerskålar.

Motorn är vätskekyld, den har en remdriven centrifugalpump för cirkulation av kylvätskan till motorblock förbränningsrum och insugningsrör.

Smörjning sker med hjälp av en oljepump av drevtyp monterad undertill på motorn. Den drivs av en axel från ett drev på mellanaxeln. Oljefiltret är av fullflödestyp monterat på höger sida om motorblocket.

### Motorer för olika marknader

| | | |
|---|---|---|
| B21A | 1975 t.o.m. 1984 | Sverige & Canada (fr.o.m. 1976) |
| B21E | 1975 t.o.m. 1980 | Sverige |
| B21F | 1976 t.o.m. 1982 | USA |
| B21F-T | 1978 t.o.m. 1985 | USA |
| B23E | 1980 t.o.m. 1984 | Sverige |
| B23A | 1981 t.o.m. 1984 | Sverige |
| B21ET | 1981 t.o.m. 1985 | Sverige |
| B23F | 1983 och 1984 | USA |
| B200K | 1985 | Sverige |
| B230A | 1985 t.o.m. 1986 | Sverige |
| B230E | 1885 t.o.m. 1987 | Sverige |
| B230K | 1987 | Sverige |
| B230F | 1985 t.o.m. 1993 | USA och Canada; 1987 t.o.m. 1993 Sverige |

## 2  Motorrenovering - allmänt

Det är inte alltid lätta att bestämma när, eller, om motorn bör helrenoveras, eftersom många faktorer spelar in.

Lång körsträcka är inte nödvändigtvis ett tecken på att renovering krävs, kortare körsträckor garanterar dock inte att renovering kan uteslutas. Regelbunden service är förmodligen den mest betydelsefulla faktor.

**Tips HAYNES**  *En motor på vilken man regelbundet och med täta intervall byter olja och filter samt sköter övrigt underhåll kommer troligen att ge åtskilliga tusentals pålitliga mil.*

Hög oljeförbrukning är ett tecken på att kolvringar, ventiltätningar och/eller ventil-styrningar behöver ses över. Kontrollera dock att det inte förekommer läckage innan bestämmer att ringar och/eller styrningar är dåliga. Ta ett kompressionsprov för att bedöma vidden av det arbete som krävs (se avsnitt 3).

Demontera oljetryckskontakten och kontrollera oljetrycket med en mätare ansluten istället för givaren **(se illustrationer)**. Jämför resultatet med uppgifterna i avsnittets specifikationer. Generellt gäller att motorn bör ha ca 0,7 bar oljetryck för varje 1 000 rpm. Om trycket är extremt lågt är lager och/eller oljepump förmodligen slitna.

Effektförlust, ojämn gång, knackningar eller metalliska ljud från motorn, högt ljud från ventilmekanismen och hög bränsleförbrukning kan också tyda på behov av renovering, speciellt om alla förekommer samtidigt. Om en komplett service inte avhjälper problemet, finns bara renoveringsarbete att tillgå.

Renovering av motorn innebär återställande av motorns interna delar till ursprungliga specifikationer. Under renoveringen byter man kolvringar och återställer cylinder-

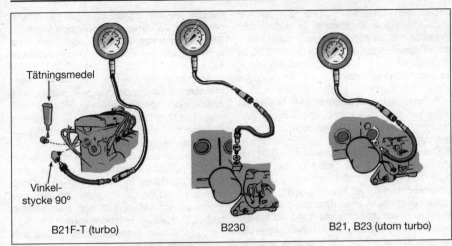

Tätningsmedel

Vinkel-
stycke 90°

B21F-T (turbo)          B230          B21, B23 (utom turbo)

2.4a Anslutning av oljetryckmätare

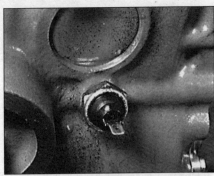

2.4b Oljetryckgivaren är placerad bredvid
oljefiltret på B21 och B23 motorer

väggarna (genom borrning och/eller honing). Om motorn borras av en motorrenoveringsverkstad, monterar man också nya överdimensionskolvar. Ramlager, vevlager och kamaxellager byts vanligen och, vid behov slipas också vevaxeln. Vanligen får också ventilerna en översyn eftersom de förmodligen inte är i perfekt skick vid denna tidpunkt. Då motorn renoveras, kan man passa på att se över andra detaljer så som startmotor och generator samtidigt. Slutresultatet bör bli en motor i nyskick med lång förväntad livslängd. **Notera:** *Kritiska detaljer i kylsystemet så som slangar, drivremmar, termostat och vattenpump MÅSTE bytas mot nya då motorn renoveras. Kylaren bör kontrolleras omsorgsfullt så att den inte är igensatt eller läcker (se kapitel 3).*

Innan renoveringsarbetet påbörjas, läs igenom hela kapitlet för att bekanta dig med arbetet och hur det går till. Det är inte särskilt svårt att renovera en motor om alla instruktioner följs noggrant, man har nödvändiga verktyg och utrustning och iakttar alla specifikationer; däremot kan det ta tid. Planera för att bilen blir stående minst två veckor, speciellt om delar måste tas till någon renoveringsverkstad för åtgärd. Kontrollera att reservdelar är tillgängliga samt att nödvändiga verktyg och specialutrustning kan anskaffas i förväg. Det mesta av arbetet kan utföras med vanliga handverktyg, det krävs dock några precisionsmätinstrument vid kontroll av vissa delar. Man kan ofta få någon renoveringsverkstad att kontrollera detaljerna och ge råd rörande återställning och byte. **Notera:** *Vänta alltid tills motorn är helt isärtagen och alla detaljer, speciellt motorblocket, har kontrollerats innan avgörandet tas huruvida arbetet måste utföras av en renoveringsverkstad. Eftersom blockets skick i stora delar avgör om man ska renovera motorn eller skaffa en bytesenhet, köp därför aldrig delar eller låt bearbeta någon enhet innan blocket grundligt undersökts. Som regel är arbetet den största*

kostnaden vid en renovering, så det lönar sig inte att installera slitna eller defekta undermåliga detaljer.

Slutligen, för att man ska få max livslängd och minimala problem med en renoverad motor, måste allting sättas samman med omsorg och i en fullständigt ren omgivning.

## 3   Kompressionsprov

**1** Ett kompressionsprov ger en bild av i vilket skick motorns övre del håller (kolvar, ringar, ventiler, topplockspackning). Det kan utvisa om kompressionen är dålig beroende på läckage förbi kolvringar, defekta ventiler och säten eller en trasig topplockspackning. **Notera:** *Motorn måste har normal arbetstemperatur och batteriet måste vara fulladdat vid kontrollen.*
**2** Börja med att göra rent området kring tändstiften innan de tas bort. Använd tryckluft om möjligt, annars kan liten bortse eller till och med en cykelpump duga. Meningen är att undvika att smuts kommer ner i cylindrarna under provet.
**3** Demontera alla tändstiften (se kapitel 1).
**4** Spärra gasen i helt öppet läge.
**5** Sätt bränslesystemet ur funktion genom att ta bort säkringen för bränslepumpen (se kapitel 4). Sätt även tändsystemet i funktion genom att koppla loss primärledningarna (lågspänning) från tändspolen (se kapitel 5).
**6** Montera kompressionsprovaren i tändstiftshålet för cylinder nr 1 (**se illustration**).
**7** Kör runt motorn minst 7 kompressionsslag och titta på mätaren. Kompressionen ska stiga igen på en korrekt motor. Låg kompression på första slaget, följt av gradvis ökande tryck för varje slag, tyder på slitna kolvringar. Låg kompression på första slaget, som sedan inte ökar tyder på läckande ventiler eller en trasig topplockspackning (ett

spräckt topplock kan också orsaka detta). Avlagringar på undersidan av ventilskallarna kan också orsaka låg kompression. Notera det högsta tryck som avläses.
**8** Gör på samma sätt för övriga cylindrar och jämför resultaten med övriga cylindrar och jämför resultaten med uppgifterna i specifikationerna.
**9** Om kompressionen är låg, fyll lite motorolja (ungefär 3 sprut från en oljepanna) i varje cylinder, genom tändstiftshålet, gör sedan om provet.
**10** Om kompressionen ökar markant, sedan olja tillsats, är kolvringarna definitivt slitna. Om inte kompressionen påverkas, inträffar läckaget via ventiler eller topplockspackning. Läckage förbi ventilerna kan orsakas av brända ventilsäten och/eller ventiler eller skeva, spräckta eller böjda ventiler.
**11** Om två cylindrar bredvid varandra har lika lågt tryck, tyder det starkt på att topplockspackningen mellan dem är trasig. Finns det kylvätska i förbränningsrummen eller vevhuset förstärker detta antagandet.
**12** Om en cylinder har ca 290% lägre kompression än övriga och motorn går något ojämnt på tomgång kan det tyda på en sliten kamnock.
**13** Om kompressionen är ovanligt hög är förbränningsrummet förmodligen belagt med koks. Är detta fallet, ska topplocket tas bort och sotas.
**14** Om kompressionen är mycket låg och

3.6 En kompressionsmätare med gängad anslutning för tändstiftshålet är att föredra i förhållande till de mätare som trycks mot tändsiftshålet

varierar mellan cylindrarna, kan man utföra ett läckagetest hos någon med rätt utrustning. Detta prov visar exakt var läckaget finns och hur allvarligt det är.

## 4  Vakuummätare vid felsökning

En vakuummätare ger värdefull information om vad som händer inne i motorn och till rimlig kostnad. Man kan kontrollera slitna ringar eller cylinderlopp, läckande packning eller insugningsrörspackning, felaktig förgasarinställnig, igensatt avgasrör, kärvande eller brända ventiler, dåliga ventilfjädrar, fel tändläge eller ventilspel samt tändningsproblem.

Olyckligtvis är dessa vakuumavläsningar lätta att feltolka, de bör därför användas i samband med andra prov som bekräftelse på diagnosen.

Både storleken på utslaget och frekvensen som nålen visar är viktiga vid bedömning av resultatet. De flesta vakuummätare är graderade i millimeter kvicksilver (mmHg), tum kvicksilver (inHg) eller bar. Då undertrycket ökar (eller atmosfärtrycket minskar), minskar utslaget. För varje 300 m över en utgångspunkt på ca 600 m kommer utslaget också att minska ca 0,03 bar.

Anslut vakuummätaren direkt till insugningsröret, inte via en styrd vakuumport på förgasaren. Se till att inga slangar är borttagna under provet eftersom detta ger felaktigt utslag.

Innan provet påbörjas, låt motorn gå tills den får normal arbetstemperatur. Blockera hjulen och dra åt parkeringsbromsen. Ställ växellådan i neutralläge (eller park på automatlådor), starta motorn och låt den gå på normalt tomgångsvarv.

 **Varning: Kontrollera noggrant att fläktvingarna inte är spräckta eller skadade innan motorn startas. Håll händer och vakuummätare borta från fläkten och stå inte heller framför bilen eller i linje med fläktvingarna då motorn är igång.**

Avläs vakuummätaren; en normal, korrekt motor bör ge ett utslag på ca 0,5 till 0,8 bar och nålen ska stå relativt stilla. Se vidare nedanstående beskrivning på avläsningsvarianter och vad dom betyder för motorns kondition:

**1** Ett stabilt lågt värde tyder vanligtvis på läckande packning mellan insugningsrör och förgasare eller gasspjällhus, en läckande vakuumledning, sent tändläge eller fel kamtider. Kontrollera tändläge med inställningslampa och eliminera alla övriga möjliga orsaker, genom att utnyttja proven som finns i detta kapitel innan man kontrollera kamtiderna.

**2** Om avläsningen är 0,1 bar till 0,3 bar under normal och nålen rör sig fram och tillbaka vid detta värde, kan man misstänka att grenrörs-

packningen läcker i någon insugningskanal eller att någon insprutare är defekt (för modeller med en insprutare per cylinder.

**3** Om värdet regelbundet sjunker med 0,06 till 0,12 bar så läcker förmodligen någon ventil. Ta ett kompressionsprov för att bekräfta detta.

**4** Oregelbundna vakuumfall eller utslag på nålen kan tyda på kärvande ventil eller misständning. Ta kompressionsprov eller läcktest och kontrollera tändstiften.

**5** Om nålen snabbt ändrar utslag ca 0,14 bar vid tomgång, kombinerat med rök från avgasröret tyder detta på slitna ventilstyrningar. Gör ett läckagetest för att bekräfta detta. Inträffar detta tillsammans med ökat tomgångsvarv, kontrollera att inte läckage finns vid insugningsrörets packning eller topplockspackningen, svaga ventilfjädrar, brända ventiler eller att motorn inte misständer.

**6** En mindre ändring, låt säga 0,03 bar upp eller ned, kan tyda på tändningsproblem. Kontrollera berörda detaljer och använd vid behov ett motortestinstrument.

**7** Om avläsningen ändrar sig över ett stort område, gör ett kompressionsprov eller ett läckageprov så man kan upptäcka en död cylinder eller en trasig topplockspackning.

**8** Om nålen sakta rör sig över ett stort område, kontrollera för igensatt vevhusventilationssystem (PCV), felaktig blandningsförhållande på tomgång, läckage vid förgasare/gasspjällhus eller läckande packning vid insugningsröret.

**9** Kontrollera hur motorns vakuum återställs efter gaspådrag, öppna snabbt gasspjället så att motorn varvar upptill ungefär 2 500 rpm och släpp sedan gasspjället. Normalt ska avläsningen sjunka till nära 0, stiga till över normalt värde (ca 0,2 bar) och sedan återvända till föregående värde. Om trycket däremot ändras sakta och går tillbaka utan ökning då gasen släpps, kan kolvringarna vara slitna. Om fördröjningen är stor, kan man titta efter restriktioner i avgassystemet (ofta ljuddämpare eller katalysator). Ett enkelt sätt att konstatera detta är att tillfälligt öppna avgassystemet framför den misstänkta detaljen och göra om provet.

## 5  Demontering av motor - metod och föreskrifter

Om man beslutat att motorn ska demonteras för renovering eller större arbete, bör flera förberedande steg vidtas.

Att hitta en lämplig arbetsplats är mycket viktigt. Tillräckligt utrymme och tillräcklig plats för bilen krävs. Om en verkstad eller garage inte är tillgängligt krävs en plan yta av betong eller asfalt.

Rengöring av motor och motorrum innan arbetet påbörjas hjälper till att hålla verktygen rena och i ordning.

En motorlyft eller en bock är också nöd-

vändig. Se till att utrustningen tål större belastning än vikten av motor och tillbehör. Säkerheten är naturligtvis av största vikt, med tanke på vad det innebär att lyfta motorn ur bilen.

Är man nybörjare bör man ha en medhjälpare till hands. Råd och assistans från någon mera erfaren person är också till god hjälp. Det finns flera tillfällen då inte en person ensam kan utföra alla arbeten som krävs då motorn ska lyftas ut ur bilen.

Planera arbetet i förväg. Se till att skaffa alla verktyg och all utrustning som behövs innan arbetet påbörjas. En del av den utrustning som krävs vid demontering och montering av motor på ett säkert sätt och med relativt lätthet är (förutom lyftanordningen) en stabil garagedomkraft, komplett satts nycklar och hylsor enligt tidigare information i boken, träklossar och gott om trasor och rengöringsmedel för att torka av spilld olja, kylvätska och bränsle. Om man måste hyra lyftanordning, se till att utföra alla moment som är möjliga innan den anskaffas. Detta sparar tid och pengar.

Räkna med att bilen blir stående ett tag. En motorrenoveringsverkstad kan krävas för att utföra en del av arbetet där man själv saknar utrustning. Här kan det bli fråga om väntetider så det kan löna sig att höra med dem innan motorn tas bort så att man kan planera tiden som krävs att renovera och reparera detaljer som kan kräva tillsyn. Var alltid väldigt försiktig vid demontering och montering av motorn. Allvarliga skador kan inträffa om man är oförsiktig. Planera framåt, ta tid på dig så kan ett arbete som detta, även om det är stort, genomföras framgångsrikt.

## 6  Motor - demontering och montering

 **Varning: Bensin är mycket eldfarligt, var mycket försiktig vid arbete med bränslesystemet. Rök inte eller använd öppen låga eller oskyddade glödlampor i närheten. Arbeta inte heller i utrymmen där det finns gasolutrustning (så som varmvattenberedare, element eller dylikt). Låt inte bensin komma i kontakt med huden, bär latexhandskar då risken finns att bensin kommer på händerna. Skulle man ändå få bensin på huden, skölj omedelbart med tvål och vatten. Torka upp spill omedelbart, förvara inte bränslefuktade trasor där de kan antändas. Bränslesystemet står under konstant tryck, vid alla arbeten som innebär att en bränsleledning lossas måste bränsletrycket därför avlastas (se kapitel 4 för mer information). Använd även skyddsglasögon vid alla arbeten med bränslesystemet, se till att en lämplig brandsläckare finns till hands.**

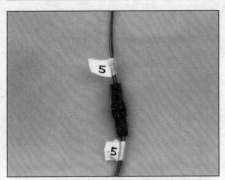

**6.6 Märk alla kabelanslutningar innan de lossas**

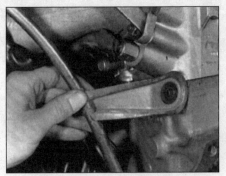

**6.21 Ta bort skruven för fästet till mätstickans rör, dra sedan försiktigt ut röret**

**6.24a Ta bort skruvarna för motorfästena (vid pilarna) från tvärbalken**

**Notera:** *Läs igenom följande avsnitt noga så att du vet vad arbetet innebär innan det påbörjas. Nu är det också dags att spruta rostlösande olja på muttrar och skruvar som kan vara svåra att få bort, så som avgasgrenrör, kopplingskåpa, motorfästen, etc.*

## Demontering

**1** Lossa batteriets jordkabel.

 *Varning: Se till att radion är avstängd innan kabeln lossas. Mikroprocessorn i radion kan annars skadas.*

**2** Om motorn är bränsleinsprutad, se kapitel 4A och sänk bränsletrycket.
**3** Täck över flyglar och utrymmet framför vindrutan, demontera sedan huven (se kapitel 11). Det finns speciella skydd för flyglarna, med ett gammalt överkast eller en filt duger också bra.
**4** Demontera luftrenaren (se kapitel 4A och 4B), samt luftkanalerna för insuget.
**5** Lossa slangen från gasspjällhuset till kolfilterbehållaren (se kapitel 6).
**6** Märk alla vakuumledningar, slangar i avgasreningssystemet, elektriska anslutningar, jordledningar och bränsleledningar så att de kan sättas tillbaka på rätt ställe, lossa dem sedan. Man kan använda maskeringstejp med siffror och bokstäver **(se illustration)**. Om det finns möjlighet till förväxling, gör en skiss av motor-

utrymmet och märk ut ledningar, slangar och kablar.
**7** Märk och ta bort alla kylvätskeslangar från motorn.
**8** Ta bort expansionskärlet, kylfläkten, fläktkåpan och kylaren (se kapitel 3).
**9** Demontera drivremmar och brytskivor om sådana förekommer (se kapitel 1).
**10** Lossa bränsleledningarna som går från motorn över till chassit (se kapitel 4A och 4B). Plugga alla öppna anslutningar och ledningar.
**11** Lossa gaslänkage eller vajer, vajer för konstantfarthållare (i förekommande fall) samt kickdown vajer (modeller med automatlåda) från motorn (se kapitlen 4 och 7).
**12** Ta bort styrservopumpen och för den ur vägen (se kapitel 10). Låt ledningar/slangar sitta kvar, se till att pumpen står upprätt i motorrummet.
**13** Lossa kompressorn för luftkonditioneringen (se kapitel 3) och för den ur vägen.

 *Varning: Lossa inte slangarna.*

**14** Lossa generatorn och fästet, för det ur vägen (se kapitel 5).
**15** Hissa upp bilen och stöd den säkert på pallbockar. Tappa av kylsystemet (se kapitel 1).
**16** Tappa av motoroljan och ta bort filtret (se kapitel 1).
**17** Demontera startmotorn (se kapitel 5).

**18** Demontera stänkplåtarna från hjulhusen och från motorns undersida.
**19** Om bilen har automatväxellåda, ta bort inspektionslocket från svänghjulskåpan, detta gör att momentomvandlaren blir åtkomlig (se kapitel 7).
**20** Bilar med automatväxellåda, ta också bort vevaxelns remskiva och sätt tillbaka skruven. Använd en hylsa eller ett långt dragskaft för att snurra motorn så att skruvarna för momentomvandlaren blir åtkomliga. Ta bort skruvarna för momentomvandlaren.
**21** Demontera röret för mätstickan **(se illustration)**.
**22** Fäst en lyftstropp eller en bit kedja mellan lyftöglorna på motorn.
**23** Rulla lyften på plats och anslut lyftstroppen till den. Lyft så att stropp eller kedja spänns, men lyft inte motorn ännu.

 *Varning: PLACERA INTE någon del av kroppen under motorn då den stöds av lyft eller annan lyftanordning.*

**24** Demontera skruvarna för motorfästena vid tvärbalken **(se illustration)**. Ta sedan bort tvärbalken **(se illustration)**.
**25** Demontera fästet för kylaren **(se illustration)** samt stöd balken **(se illustration)**.
**26** Lossa avgassystemet från motorn (se kapitel 4).
**27** Stöd växellådan med en domkraft (helst en växellådsdomkraft). Placera i annat fall en

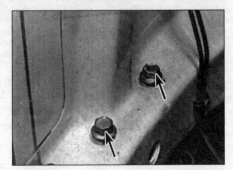

**6.24b Skruvarna för infästning av tvärbalk till längsgående balk är åtkomliga inifrån motorrummet**

**6.25a Ta bort skruvarna (vid pilarna) från kylarens infästning**

**6.25b Ta också bort stödbalken**

träbit på domkraften så att inte växellådan skadas.

**28** Demontera kardanaxeln (se kapitel 8).

**29** Kontrollera så att ingenting lämnats kvar. Lossa allt som hindrar demonteringen.

**30** Höj försiktigt motorn ut ur motorrummet, luta motorn så att framdelen kommer över stötfångaren vid behov. Höj också domkraften vid växellådan något om motorn höjs. Kontrollera att ingenting hakar upp sig då motorn hissas **(se illustration)**.

**31** Sänk ner motorn på marken och stöd den med träklossar. Demontera koppling och svänghjul eller drivplatta, montera sedan motorn i en arbetsbock.

### Montering

**32** Kontrollera motor och växellådsfästen. Är de slitna eller skadade, byt dem.

**33** Arbetar man på en bil med manuell växellåda, sätt lamellcentrum och koppling på plats (se kapitel 8). Nu kan man passa på att montera en ny koppling. Stryk ett tunt lager högtemperaturfett på växellådans ingående axel.

**34** Fäst lyftanordningen i motorn och sänk ned den i motorrummet.

**35** Resten av arbetet sker i omvänd ordning.

**36** Fyll på kylvätska, olja, servostyrolja och växellådsolja vid behov (se kapitel 1).

**37** Kör motorn och kontrollera att inga läckage förekommer samt att allt blivit rätt monterat. Sätt sedan tillbaka huven och provkör bilen.

**38** Om luftkonditioneringen av någon anledning tömts, ta den till ackrediterad verkstad för fyllning.

### 7  Motorrenovering - alternativ

Hemmamekanikern står inför ett antal alternativ vid en motorrenovering. Beslutet att byta motorblock, kolvar/vevstakar och vevaxel beror på ett antal faktorer. Den viktigaste är dock motorblockets kondition. Övriga hänsynstagande gäller kostnad, möjlighet att få arbetet utfört, tillgång till reservdelar, tiden som åtgår och hur pass erfaren man är.

En del av alternativen är:

**Lösa detaljer** - Om man vid kontrollen finner att motorblocket och de flesta övriga detaljerna kan återanvändas, kan det vara billigast att köpa lösa detaljer som krävs. Block, vevaxel och kolvar/vevstakar ska alltid undersökas noggrant. Även om blocket bara är lite slitet, bör cylinderloppen honas.

**Short block (halvmotor)** - Denna enhet består av ett motorblock med vevaxel och kolvar/vevstakar monterade. Alla lager är bytta och alla spel riktiga. Kamaxel, ventildetaljer, topplock och övriga detaljer kan skruvas till enheten utan att mycket maskinarbete krävs.

**Long block (helmotor)** - Enheten består av

**6.30 Hissa motorn och styr den försiktigt ut ur motorrummet**

motorblock som tidigare, oljepump, oljetråg, topplock, ventilkåpa, kamaxel och ventildetaljer, kamdrev och rem. Alla detaljer är monterade med nya lager, tätningar och packningar. Allt som krävs är att man skruvar fast grenrör och övriga detaljer. Fundera noga över vad som är det bästa alternativet och diskutera situationen med någon motorrenoveringsverkstad, reservdelsleverantör eller erfarna personer innan detaljer köps eller beställs.

### 8  Motorrenovering - ordningsföljd för isärtagning

**1** Det är mycket lättare och arbeta på motorn om den sitter i en rörlig bock. Dessa kan man ibland hyra. Innan motorn sätts upp i bocken bör man demontera svänghjul/drivplatta.

**2** Om en bock inte är tillgänglig kan man ta isär motorn om den stöds på golvet. Var extra försiktig så att inte motorn välter om man arbetar utan bock.

**3** Om man ska skaffa en renoverad motor, måste alla yttre detaljer först tas bort, så att de kan flyttas över till den nya motorn, på samma sätt som om man själv hade renoverat motorn. Dessa detaljer består av:

*Generator och fästen*
*Styrservopump och fästen*
*Avgasreningsdetaljer*
*Tändfördelare, tändkablar och (nya) tändstift*
*Termostat och termostathuslock*
*Vattenpump och överströmningsledning*
*Bränsleinsprutningens detaljer*
*Förgasare och detaljer för denna*
*Insugnings-/avgasgrenrör*
*Oljefilter*
*Motorfästen*
*Koppling och svänghjul eller drivplatta*

**Notera:** *Då yttre utrustning demonteras från motorn, notera alla detaljer som kan vara till hjälp vid montering. Notera hur packningar, tätningar, distanser, stift, fästen, brickor, skruvar, kablar och andra detaljer är monterade.*

**4** Har man skaffat ett short block, som består av motorblock, vevaxel, kolvar och vevstakar hopsatta, måste topplock, oljetråg och oljepump också demonteras. Se föregående

avsnitt för ytterligare information. Rörande de olika alternativen.

**5** Om man planerar en total renovering, måste motorn tas isär, demontera därför de inre delarna generellt enligt följande:

*Insugnings- och avgasgrenrör*
*Ventilkåpa*
*Topplock med kamaxel*
*Oljetråg*
*Oljepumpens sugrör*
*Kamremkåpa och skruvar*
*Mellanaxel*
*Lageröverfall*
*Kolvar/vevstakar*
*Bakre vevaxeltätning och hållare*
*Vevaxel och ramlager*

**6** Innan man går vidare, se till att följande finns tillgängligt. Se också *Motorrenovering - ordningsföljd och hopsättning* där det finns en lista på verktyg och material som krävs vid hopsättningen.

*Vanliga handverktyg*
*Små kartonger eller plastpåsar för att förvara detaljerna*
*Packningsskrapa*
*Vändkantborttagare*
*Avdragare för remskiva/svängningsdämpare*
*Mikrometer (flera mätområden)*
*Stickmått*
*Indikatorklocka*
*Ventilfjädertång*
*Cylinderhoningsverktyg*
*Verktyg för rengöring av verktygsspår*
*Elborrmaskin*
*En sats gängtappar och gängsnitt*
*Stålborstar*
*Borstar för oljekanaler*
*Rengöringsmedel*

### 9  Topplock - isärtagning

**Notera 1:** *Nya eller renoverade topplock är vanligtvis tillgängliga från reservdelsavdelningen eller tillbehörsfirmor. På grund av att en del specialverktyg krävs för att ta isär och kontrollera detaljerna, samt att utbytesdetaljer är tillgängliga, kan det vara enklare och mer ekonomiskt att köpa en utbytesenhet hellre än att ta isär, kontrollera och renovera på den befintliga enheten.*

**Notera 2:** *B21F-T och B230F motorer har stellitbelagda avgasventiler. Ytan på dessa ventiler är mycket hårdare och slits mindre. Maskinslipa inte dessa ventiler, använd endast fin inslipningspasta. B21F-T motorer har också natriumkylda avgasventiler för bättre värmeavledning. Dessa ventiler får inte kastas tillsammans med annat metallskrot eftersom natriumet kan bli explosivt.*

**1** Isärtagning av topplocket innebär demontering av insugnings- och avgasventiler samt tillhörande detaljer. Kamaxel och kamtryckare måste först demonteras (se del A i detta kapitel). Märk alla detaljer och förvara dem så

9.2 En liten plastpåse med etikett kan användas för att förvara ventildetaljerna så att de hålls samman och kan monteras på ursprunglig plats

9.3a Använd en fjäderkompressor för att trycka ihop fjädrarna, ta bort knastren från ventilspindeln med en magnet eller en liten spetstång. . .

9.3b . . . lyft sedan tryckbricka och fjäder (tillsammans med eventuella justerbrickor som kan finnas i andra änden) från topplocket

att de kan sättas tillbaka på ursprunglig plats.
**2** Innan ventilerna tas bort, förbered uppmärkning och förvaring av dem tillsammans med sammanhörande detaljer, så att de kan förvaras var för sig och sättas tillbaka på samma plats **(se illustration)**.
**3** Tryck ihop fjädrarna på den första ventilen med en ventilfjäderkompressor och ta bort knastren **(se illustration)**. Släpp försiktigt på fjäderkompressorn och ta bort tryckbricka, fjäder **(se illustration)** och fjädersäte (om sådant används).
**4** Dra ut ventilen ur toppen, ta sedan bort oljetätningen från styrningen **(se illustration)**. Om ventilen kärvar i styrningen (går inte att dra ut), tryck tillbaka den igen och grada området runt spindeln och spåren för knastren med en fin fil eller ett bryne.
**5** Gör på samma sätt med övriga ventiler.

**Tips**
**HAYNES**
*Kom ihåg att hålla ihop alla detaljer för ventilerna så att de kan sättas tillbak på samma plats.*

**6** Då ventiler och tillhörande detaljer demonterats och organiserats, bör man noggrant rengöra topplocket. Om hela motorn ska renoveras, bör man ta isär resten av motorn innan rengöring och kontroll påbörjas.

## 10 Topplock - 
rengöring och kontroll

**Notera:** *B21F-T och B230F motorer har stellitbelagda avgasventiler. Ytan på dessa ventiler är mycket hårdare och slits mindre. Maskinslipa inte dessa ventiler, använd endast fin inslipningspasta. B21-T motorer har också natriumkylda avgasventiler för bättre värmeavledning. Dessa ventiler får inte kastas tillsammans med annat metallskrot eftersom natriumet kan bli explosivt.*
**1** Noggrann rengöring av topplock och till-

hörande ventildetaljer, följt av noggrann inspektion, ger möjlighet att bedöma hur mycket arbete som måste utföras.
**Notera:** *Om motorn har överhettats är topplocket förmodligen skevt.*

### Rengöring

**2** Skrapa bort alla rester av gammalt packningsmaterial och tätningsmedel både från motorblocket och grenrören. Se till att inte repa ytorna. Det finns speciella produkter som mjukar upp packningarna och underlättar demonteringen avsevärt.
**3** Ta bort löst skal från kylvätskekanalerna.
**4** För en styv borste genom de olika hålen så att man får bort avlagringar.
**5** För ned en gängtapp av rätt dimension i alla gängade hål för att ta bort korrosion och gammalt låsvätska. Har man tryckluft tillgängligt, använd denna för att blåsa rent från spån som bildas.

> ⚠ *Varning: Använd ögonskydd vid arbete med tryckluft!*

**6** Rengör skruvarna för kamlagren med en stålborste.
**7** Rengör topplocket med avfettningsmedel och torka det omsorgsfullt. Tryckluft underlättar arbetet och säkerställer att alla hål och försänkningar är rena. **Notera:** *Det finns kemiska medel som tar bort koksrester och de kan visa sig användbara vid arbete med topplock och ventildetaljer. Det är dock frätande och ska användas med försiktighet. Följ noga instruktionerna på förpackningen.*
**8** Rengör ventiltryckare och lageröverfall med avfettningsmedel och torka dem omsorgsfullt (blanda inte ihop dem under rengöringen). Tryckluft underlättar även här och kan användas för att rensa oljekanaler.
**9** Rengör alla ventilfjädrar, ventilsäten, tryckbrickor och knaster med rengöringsmedel, torka dem omsorgsfullt. Ta detaljerna för en ventil åt gången så att de inte blandas ihop.
**10** Skrapa bort avlagringarna som kan ha bildats på ventilerna, använd sedan en stålborste i borrmaskin och ta bort avlagringar

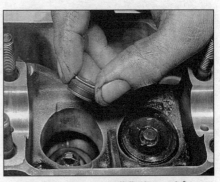

9.4 Demontera ventiltätningen från styrningen

från ventiltallrikar och spindlar. Se även här till att ventilerna inte blandas ihop.

### Kontroll

**Notera:** *Se till att utföra följande kontroller innan man bestämmer om maskinarbete krävs. Gör en lista för vad som behöver åtgärdas.*

**Topplock**

**11** Undersök mycket noggrant om topplocket har sprickor, visar spår på kylvätskeläckage eller annan skada. Hittar man sprickor, kontrollera med en renoveringsverkstad huruvida den går att reparera. Om reparation är utesluten måste man skaffa ett nytt topplock.
**12** Använd en linjal och ett bladmått, kolla om tätningsytan för topplockspackningen har slagit sig **(se illustration)**. Om skevheten överstiger gränsvärdet i specifikationerna, kan dom bearbetas av en motorrenoveringsverkstad.
**13** Undersök ventilsätena i varje förbränningsrum. Har de gropar, är spräckta eller brända, måste de bearbetas av någon med kunskap och utrustning.
**14** Kontrollera spelet mellan ventilspindel och styrning genom att vicka ventilen fram och tillbaka och avläsa rörelsen med en indikatorklocka som fästs ordentligt på topplocket **(se illustration)**. Ventilen måste sitta i styrningen och vara ca 1 1/2 cm ifrån ventilsätet. Indikatorklockans utslag måste

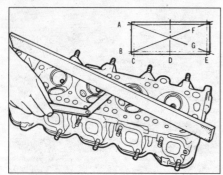

**10.12 Kontrollera att inte topplocket är skevt genom att föra ett bladmått mellan linjal och topplock (se uppgifter i specifikationerna för detta kapitel för uppgifter om tillåten skevhet)**

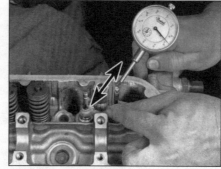

**10.14 En indikatorklocka kan användas för att avgöra spelet mellan ventilspindel och styrning (för ventilspindeln som pilarna i bilen visar)**

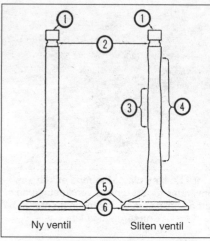

Ny ventil          Sliten ventil

**10.15 Kontrollera enligt bilden att ventilen inte är sliten**

1  Änden på spindel
2  Spår för knaster
3  Spindel (minst slitna område)
4  Spindel (mest slitna område)
5  Tätningsyta
6  Överskott

divideras med 2 för att få rätt spel. När detta har gjorts, och man fortfarande är tveksam beträffande styrningarnas kondition, bör man låta en renoveringsverkstad kontrollera dem.

## Ventiler

**15** Kontrollera noggrant tätningsytorna för tecken på ojämnt slitage, deformation, sprickor, gropar eller brända områden. Kontrollera ventilspindeln för slitage, skärskador och tallriken för sprickor. Snurra ventilen och kontrollera om den är krokig. Titta efter gropar och stort slitage i änden på spindeln **(se illustration)**. Finns sådana här defekter tyder detta på att ventilerna måste åtgärdas av en renoveringsverkstad.

**16** Mät överskottet på varje ventil **(se illustration)**. Är det mindre än 0,8 mm måste ventilen bytas.

## Övriga ventildetaljer

**17** Kontrollera slitaget för varje ventilfjäder (i ändarna) och om de fått gropar. Mät den fria längden och jämför med värdet i specifikationerna **(se illustration)**. Fjädrar som är kortare än angivet eller har blivit krokiga ska inte användas. Fjäderkraften bör kontrolleras för alla fjädrarna innan man bestämmer om de går att använda, ta med fjädrarna till en renoveringsverkstad för denna kontroll.

**18** Placera fjädrarna på en plan yta och

kontrollera att de inte är krokiga **(se illustration)**. Missformade fjädrar ska bytas.

**19** Kontrollera tryckbrickor och knaster så att de inte har skador eller sprickor. Byt alla misstänkta detaljer eftersom omfattande skador kan inträffa om de går sönder under drift.

**20** Om kontrollen visar att ventildetaljerna är i dåligt skick eller slitna bortom räddning, vilket vanligtvis är fallet då motorn renoveras, sätt tillbaka ventilerna och se avsnitt 11 för ytterligare rekommendationer.

## 11 Ventiler - renovering

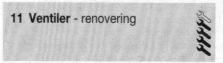

**1** På grund av att arbetet är ganska avancerat och kräver specialverktyg, bör återställande av ventiler, ventilsäten och styrningar överlåtas åt en specialist.

**2** Hemma mekanikern kan ta isär och sätta ihop topplocket, utföra förberedande rengöring och kontroll, sedan sätta ihop och lämna topplocket till någon som kan åtgärda det. Utför man kontrollen kan man se vilket skick detaljerna är i så att man är säker på att renoveringsarbete är värt pengarna.

**3** Specialisten kommer att demontera ventiler och fjädrar, slipa eller byta ventiler och ventilsäten, åtgärda ventilstyrningarna, kontrollera och byta ventilfjädrar, tryckbrickor och

knaster vid behov. Ventiltätningarna byts också vid hopsättningen. Kontroll sker också så att ventilen får rätt höjd monterad. Tätningsytan mot motorblocket planas också om den är skev.

**4** Då ventilarbetet utförts är topplocket i nyskick. Då topplocket kommer tillbaka, rengör det på nytt innan montering på motorn från eventuella metallpartiklar och slipmedel som kan vara kvar. Använd tryckluft om möjligt för att blåsa igenom oljekanalerna.

## 12 Topplock - ihopsättning

**1** Oavsett om topplocket renoverats av en specialist, se till att den är riktigt ren innan hopsättningen påbörjas.

**2** Lämnade man bort topplocket för åtgärd, sitter ventiler och övriga detaljer redan på plats. Börja då hopsättningen med punkt 8.

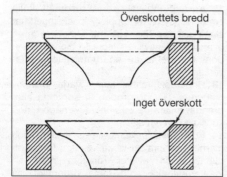

Överskottets bredd

Inget överskott

**10.16 Överskottets bredd på ventilen måste vara som angivet (om inget överskott finns kan inte ventilen återanvändas)**

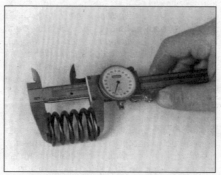

**10.17 Mät fjädrarnas fria längd med skjutmått eller indikatorklocka**

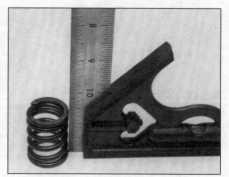

**10.18 Kontrollera att fjädrarna inte är skeva**

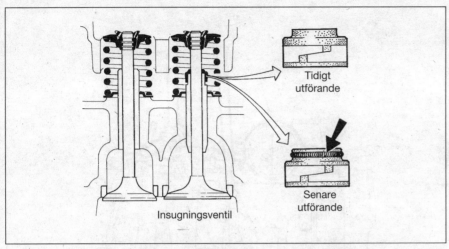

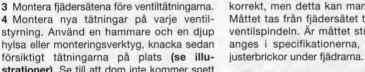

**12.4 Se till att byta ventiltätningar och att använda rätt typ**

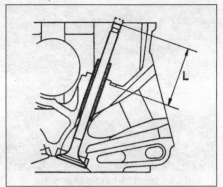

**12.8 Se till att kontrollera hur långt ventilspindeln sticker ut från topplocket (avstånd mellan fjädersäte och spindelände)**

**3** Montera fjädersätena före ventiltätningarna.
**4** Montera nya tätningar på varje ventilstyrning. Använd en hammare och en djup hylsa eller monteringsverktyg, knacka sedan försiktigt tätningarna på plats **(se illustrationer)**. Se till att dom inte kommer snett eftersom de då inte kan täta ordentligt mot ventilspindeln. **Notera:** Se till att rätt typ av tätningar används. Tidigare typer har en gummiläpp medan senare modeller har en fjäder runt läppen.
**5** Börja i ena änden på toppen, smörj ventilspindeln och sätt i den första ventilen. Använd molydendislufidfett eller ren motorolja.
**6** Sätt ventilfjädrarna på plats, och brickor om sådana används. Tryck ihop fjädrarna med ventilfjäderkompressorn och montera försiktigt knastren i spåret, avlasta sedan kompressorn och se till att knastren kommer riktigt på plats.

**Stryk en liten klick fett vid behov på varje knaster så att det håller sig på plats.**

**7** Gör på samma sätt med återstående ventiler. Se till att alla detaljer kommer på ursprunglig plats - blanda inte hop dem!
**8** Kontrollera spindelhöjden då ventilen monterats (dimension L) med skjutmått eller mätklocka **(se illustration)**. Lämnade man bort toppen för arbete, är detta mått redan

korrekt, men detta kan man inte förutsätta. Måttet tas från fjädersätet till ovansidan på ventilspindeln. Är måttet större än det som anges i specifikationerna, kan man lägga justerbrickor under fjädrarna.

 **Varning: Använd aldrig justerbrickor så att måttet blir mindre än angivet.**

**9** Stryk monteringspasta för kamaxel eller molydendisulfidfett på ventiltryckare och kamaxel, montera sedan kamaxel (se kapitel 2A).

## 13 Kolvar och vevstakar - demontering

**Notera:** Innan kolvar/vevstakar tas bort demontera topplock, oljetråg och oljepump, se berörda avsnitt i kapitel 2A.
**1** Känn efter med fingernageln om det finns en kant upptill i cylinderloppen (ca 6 mm från överkant). Om koks eller slitage orsakat en kant här, måste den tas bort helt med specialverktyg **(se illustration)**. Följ tillverkarens instruktioner som medföljer verktyget. Tar

**13.1 En vändkantsborttagare krävs för att ta bort vändkanten upptill i varje cylinder- gör detta innan kolvarna demonteras**

man inte bort vändkanten innan kolvar/ vevstakar tas bort kan kolvarna skadas.
**2** Då vändkanterna tagits bort, vänd motorn upp och ner så att vevaxeln kommer överst.
**3** Innan vevstaken tas bort, kontrollera axialspelet (sidospel) med bladmått. För dem längs lagertappen så att spelet elimineras på en sida **(se illustration)**. Axialspelet är lika med bladmåttets tjocklek. Om axialspelet överskrider gränsvärdet, krävs nya vevstakar. Om nya vevstakar (eller ny vevaxel) monteras, kan axialspelet bli för litet (se specifikationer)

**13.3 Kontrollera vevstakarnas axialspel (sidospel) med ett bladmått**

**13.4 Gör körnslag för att märka samhörande vevstakar och överfall (vid pilarna)**

**13.6 För att förhindra skador på vevtapparna och cylinderväggarna, sätt korta slangstumpar över pinnbultarna innan kolvar/vevstakar tas ur cylindern**

(vevstakarna måste då bearbetas - rådgör med en motorrenoveringsverkstad). Gör på samma sätt med övriga vevstakar.

**4** Titta efter märkning på vevstakar och överfall. Är de inte tydligt märkta, använd en liten körnare för att märka varje vevstake och överfall för att märka varje vevstake och överfall med 1,2,3 etc körnslag **(se illustration)**.

**5** Lossa muttrarna för överfallen ett halvt varv åt gången tills de kan tas bort för hand. Ta bort överfallet för den första vevstaken tillsammans med lagerskålen. Se till att inte lagerskålen faller ur överfallet.

**6** Trä en liten bit plast eller gummislang över pinnbultarna på vevstaken som skydd för lagertappar och cylinderväggar då kolven tas bort **(se illustration)**.

**7** Demontera lagerskålen och tryck vevstake/kolv upp och genom cylindern ut ur motorn. Använd skaftet på en trä- eller plastklubba för att trycka på övre lagerläget i vevstaken. Om det tar emot, kontrollera att hela vändkanten tagits bort upptill i cylindern.

**8** Gör på samma sätt för återstående cylindrar.

**9** Efter demontering, sätt tillbaka överfall och lagerskålar på deras respektive vevstakar, dra åt muttrarna med fingrarna. Lämnar man de gamla lagerskålarna på plats till det är dags för hopsättning hindrar man skador på lagerlägena.

**10** Ta inte bort kolvarna från vevstakarna (se avsnitt 18 för ytterligare information).

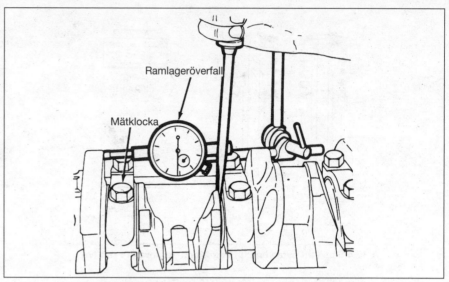

**14.1 Kontrollera vevaxelns axialspel med indikatorklocka**

## 14 Vevaxel och mellanaxel - demontering

**Notera:** *Beskrivningen förutsätter att svänghjul eller drivplatta, vevaxelremskiva, kamrem, oljetråg, oljepump och kolvar/vevstakar redan demonterats. Hållaren för bakre vevaxeltätningen måste lossas och tas bort från blocket innan vevaxeln kan tas bort.*

### Vevaxel

**1** Innan vevaxeln demonteras, kontrollera axialspelet. Montera en indikatorklocka med tryckstången i linje med vevaxeln så att den vidrör en av vevslängarna **(se illustration)**.

**2** Tryck vevaxeln så långt det går bakåt och nollställ indikatorklockan. Bryt sedan vevaxeln så långt framåt det går och notera klockans utslag. Det avstånd axeln flyttar sig är axialspelet. Om det är större än det som anges i specifikationerna, kontrollerar vevaxelns tryckytor mot axiallagret. Om dessa inte är slitna, kommer förmodligen nya lager att korrigera axialspelet.

**3** Om en indikatorklocka inte är tillgänglig kan man även använda bladmått. Bryt vevaxeln så långt det går framåt. För in bladmåttet mellan vevaxeln mellan främre tryckytan och axiallagret för att kontrollera spelet.

**4** Lossa skruvarna för ramlageröverfallen ett 1/4 varv åt gången tills de kan tas bort för hand.

**5** Knacka försiktigt på varje överfall med en klubba, ta sedan bort dem från motorblocket. Använd vid behov en stor skruvmejsel som brytspak vid demontering av överfallen. Försök att inte tappa lagerskålarna om de lossnar från överfallen.

**6** Lyft försiktigt ut vevaxeln från motorn **(se illustration)**. Det kan vara en god ide att ha någon till hjälp, eftersom vevaxeln är ganska tung. Sätt tillbaka lageröverfallen på blocket med lagerskålarna på plats både i block och överfall, dra åt skruvarna för hand.

### Mellanaxel

**7** Demontera drevet från mellanaxeln (se kapitel 2A). Demontera skruvarna från mellanaxelns axialplatta.

**8** Demontera tändfördelaren om detta inte redan gjorts (se kapitel 5).

**9** Demontera drevet för oljepumpen **(se illustrationer)**.

**14.6 Lyft bort vevaxeln från motorblocket**

**14.9a Demontera oljefällan från motorblocket**

**14.9b Demontera drevet för oljepumpen från motorblocket**

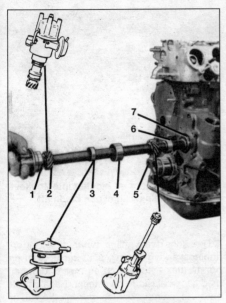

**14.10 Demontering av mellanaxel**

1  Främre lager
2  Tändfördelardrev
3  Bränslepumpkam
4  Mittre lager
5  Drev för oljepump
6  Stöd vid tillverkning
7  Bakre lager

**10**  Demontera mellanaxeln, **(se illustration).**

 *Varning: Dra axeln rakt ut, se till att inte skada bussningarna.*

## 15 Motorblock - rengöring

**1**  Demontera ramlageröverfallen och ta bort ramlagerskålarna från överfall och motorblock. Märk lagerskålarna så att man vet om de kom från block, överfall och vilket ramlager de tillhör, lägg dem sedan åt sidan.
**2**  Använd en packningsskrapa, ta bort alla rester av gammal packning från motorblocket. Var mycket försiktig så att inte tätningsytorna skadas.
**3**  Demontera alla brickor och gängade pluggar från blocket. Pluggarna sitter normalt mycket hårt - man kan behöva borra ut dem och gänga om hålen. Använd nya pluggar vid hopsättningen.
**4**  Demontera frysbrickorna från motorn. För att göra detta knackar man ena sidan på brickan in i blocket med en hammare och dorn, grip sedan om dem med en stor tång och dra ut dem **(se illustrationer).**
**5**  Om motorn är extremt smutsig bör man ta med den någonstans och få den rengjord i en maskin.
**6**  Rengör efteråt alla oljehål och kanaler, en åt gången. Det finns borstar som är speciellt gjorda för detta ändamål och som kan anskaffas från reservdelsbutiker. Skölj alla

**15.4a En hammare och en stor dorn kan användas för att knacka loss frysbrickorna sidledes i infästningarna**

kanaler med varmt vatten tills vattnet flyter klart, torka sedan blocket noggrant och stryk rostskyddsolja på alla bearbetade ytor. Har man tillgång till tryckluft använder man denna för att skynda på torkningsprocessen och blåsa rent alla oljehål och kanaler.

 *Varning: Använd ögonskydd vid arbete med tryckluft!*

**7**  Om blocket inte är extremt smutsigt eller fullt av slam, kan man rengöra det tillfredsställande med vatten, tvättmedel och en styv borste. Ta gott om tid på dig och gör ett grundligt jobb. Oavsett vilken metod som används, var noga med att rengöra alla oljehål och kanaler mycket omsorgsfullt, torka blocket och stryk tunn olja på alla bearbetade ytor.
**8**  De gängade hålen i blocket måste rengöras så att åtdragningsmomenten blir riktiga. Dra en gängtapp av rätt storlek ned i varje hål för att ta bort rost, korrosion, skruvlåsvätska eller föroreningar och för att återställa gängorna **(se illustration).** Använd om möjligt tryckluft för att rengöra hålen från spån och andra rester efter operationen. Nu kan man passa på att rengöra alla gängor på skruvarna och pinnbultarna för ramlagren också.
**9**  Sätt tillbaka överfallen och dra åt skruvarna med fingrarna.

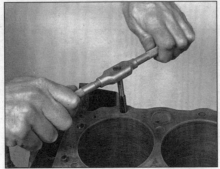

**15.8 Alla skruvhål i blocket - speciellt de för ramlageröverfall och topplock bör rengöras och justeras med en gängtapp (se till att spån och andra rester tas bort ur hålen efteråt)**

**15.4b Dra loss pluggarna med en tång**

**10**  Stryk Permatex nr 2 tätningsmedel (eller motsvarande) på tätningsytorna för frysbrickorna, montera dom sedan i motorblocket **(se illustration).** Se till att det slås in rakt och sätter sig ordentligt, annars kan de läcka. Speciella verktyg finns för detta ändamål, men en stor hylsa vars ytterdiameter precis passar inuti brickan och en 1/2" förlängning kan användas tillsammans med hammare.
**11**  Stryk icke hårdnande tätningsmedel (så som Permatex nr 2 eller använd teflontejp) på de nya pluggarna för oljekanalerna, dra sedan in dem i hålen. Se till att de dras åt ordentligt.
**12**  Om motorn inte omedelbart ska sättas ihop, täck den med en stor sopsäck så att den håller sig ren.

## 16 Motorblock - kontroll

**1**  Innan blocket kontrolleras bör det rengöras enligt beskrivning i avsnitt 15.
**2**  Kontrollera visuellt att inte motorblocket har sprickor, rost eller korrosion. Undersök om gängorna i de gängade hålen är skadade. Det kan också vara bra att låta en specialist undersöka om det finns dolda sprickor, detta kräver nämligen specialutrustning. Om sådana defekter finns, låt någon reparera blocket om möjligt eller byt ut det.

**15.10 En stor hylsa kan användas vid montering av nya frysbrickor**

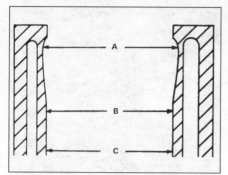

**16.4a Mät cylinderdiametern för varje cylinder just under vändkanten (a), på mitten (b) och i underkant (c)**

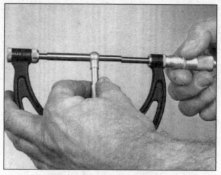

**16.4b Stickmåttet mäts sedan med en mikrometer för att fastställa måttet**

**16.12a Kontrollera att blocket inte är skevt med hjälp av linjal och bladmått**

**3** Kontrollera om cylinderloppen är slitna eller repiga.
**4** Mät diametern för varje cylinderlopp upptill (alldeles under vändkanten), på mitten och undertill, parallellt med vevaxeln **(se illustrationer)**. **Notera:** *Mätningarna ska inte utföras då blocket hänger i en motorbock - cylindrarna kan då ändra form något och måtten blir felaktiga.*
**5** Mät sedan cylinderdiametern på samma höjder men vinkelrätt mot vevaxeln. Jämför resultatet med uppgifterna i specifikationerna.
**6** Om man inte har tillgång till precisions-mätverktyg, kan man mäta kolvspelen till-fredsställande, men inte lika noggrant, med hjälp av bladmått. Bladmått kan erhållas i olika utföranden från tillbehörsbutiker.
**7** Vid kontroll av kolvspel, välj ett bladmått och för in det mellan kolven och cylinder-väggen. Kolven måste vara i det läge den normalt har. Bladmåttet måste föras in mellan kolv och cylinder på en punkt förskjuten 90° från hålet för kolvbulten.
**8** Kolven ska kunna föras genom cylindern med bladmåttet på plats utan användande av större kraft.
**9** Om den faller igenom eller rör sig mycket lätt, är spelet för stor och ny kolv krävs. Kärvar kolven i underdelen av cylindern och går lätt upptill, är cylindern konisk. Hittar man enstaka ställen som kärvar då kolv/bladmått vrids runt i cylindern, är cylindern orund.

**10** Gör på samma sätt för övriga cylindrar.
**11** Om cylinderloppen är mycket slitna eller repade, eller om de är orunda eller koniska över det gränsvärde som anges i speci-fikationerna, måste blocket borras och honas av en specialist. Borrar man om, krävs över-dimensionskolvar och ringar.
**12** Använd en precisionslinjal och bladmått, kontrollera att blockets tätningsyta mot topplocket inte är skev **(se illustrationer)**.
**13** Om cylindrarna är i någorlunda god kondition och inte slitna mer än tillåtet och kolvspelen håller sig inom toleranserna, behöver man inte borra om motorn. Det räcker att hona cylindrarna (se avsnitt 17).

## 17 Honing av cylindrar

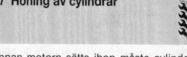

**1** Innan motorn sätts ihop måste cylinder-loppen honas så att de nya kolvringarna kan slitas in ordentligt för att ge bästa tätning. **Notera:** *Om du inte har rätt verktyg eller inte vill utföra detta arbete, kan man få det gjort hos en specialist.*
**2** Innan cylindrarna honas, montera ramlager-överfallen och dra skruvarna till angivet moment.

**3** Det finns två vanliga typer av cylinder-honingsverktyg- en typ som ser ut som en borste (flex - hone) och en mer traditionell med fjäderbelastade brynstenar. Båda går att använda, men för den som är mindre van är typen som ser ut som en borste förmodligen lättast att använda. Man behöver också lite olja för ändamålet (fotogen eller lacknafta kan i annat fall användas), trasor och borrmaskin. Gör på följande sätt:

a) *Montera honingsverktyget på borrmaskinen, tryck ihop stenarna och för ner verktyget i cylindern **(se illustration)**. Se till att använda skyddsglasögon eller ansiktsmask!*

b) *Smörj cylindern med rikliga mängder olja, starta borren och för den upp och ner i cylindern i sådan takt att ett fint korslagt mönster bildas i cylindern. Helst ska slipränderna korsa varandra med en vinkel på ungefär 60° **(se illustration)**. Se till att använda rikligt med smörjmedel, ta heller inte bort mer material än vad som är absolut nödvändigt för att åstadkomma rätt finish.* **Notera:** *Tillverkaren av*

**16.12b Lägg linjalen längs med locket, diagonalt och tvärs över vid kontrollen**

**17.3a Ett honingsverktyg av borst typ ger bättre ytor om man inte har gjort detta arbete förut**

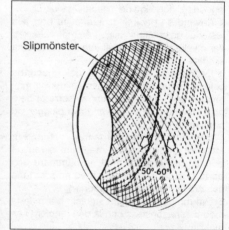

Slipmönster

50°-60°

**17.3b Honingsverktyget ska lämna ett jämnt korsformat mönster med linjerna i ca 60° vinkel**

*kolvringarna kan specificera mindre vinkel på slipmönstret - läs därför och följ instruktionerna som följer med ringarna.*

c) *Dra inte ut honingsverktyget ur cylindern då de roterar. Stäng istället av borren och fortsätt rörelsen tills verktyget stannar, tryck sedan ihop stenarna och för ihop verktyget. Använder man ett verktyg av borsttyp stanna motorn, vrid sedan chucken i normal rotationsriktning under det att man drar ut verktyget ur cylindern.*

d) *Torka bort oljan från cylindern och gör på samma sätt med övriga cylindrar.*

**4** Då arbetet är färdigt, grada överkanten på cylinderloppen med en liten fil så att ringarna inte hakar upp sig då de monteras. Se däremot till att inte skada cylinderväggarna med änden på filen.

**5** Hela blocket måste nu tvättas igen mycket omsorgsfullt med varmt vatten och tvättmedel så att alla spår av slipmedel som blivit kvar efter honingen kommer bort. **Notera:** *Man kan betrakta cylinderloppen som rena om man kan använda en lumpfri trasa - fuktad med ren motorolja, och torka cylinderloppen utan att honingsrester avsätter sig på trasan. Se till att köra en borste i alla oljehål och kanaler, skölj dem med rinnande vatten.*

**6** Efter tvättningen, torka locket och stryk ett tunt lager rostskyddsolja på alla bearbetade ytor. Linda in blocket i en sopsäck så att det håller sig rent tills dess det är dags att sätta ihop det.

## 18 Kolvar och vevstakar - kontroll

**1** Innan kontrollen utförs måste kolvar/vevstakar rengöras och de gamla kolvringarna tas bort från kolven. **Notera:** *Använd alltid nya kolvringar då motorn sätts ihop.*

**2** Använd ett demonteringsverktyg, för med detta isär ringarna och ta bort dem från kolven. Se till att kolven inte skadas under arbetet.

**3** Skrapa bort koks upptill på kolven. En stålborste eller en bit fint slippapper kan användas sedan man skrapat bort huvuddelen av beläggningarna. Använd under inga omständigheter en stålborste monterad i en borrmaskin för att ta bort koksrester från kolven. Materialet i kolven är mjukt och kan bearbetas av stålborsten.

**4** Använd ett verktyg för rengöring av kolvringsspår för att ta bort koksrester. Om ett sådant verktyg inte är tillgängligt, kan man använda en bit avbruten gammal kolvring. Se dock till att endast koksresterna tas bort - ta inte bort något material från kolvringsspåret, repa inte heller sidorna på ringspåret **(se illustrationer)**.

**5** Då alla koksrester tagits bort, rengör kolv/vevstake med rengöringsmedel och torka dem med tryckluft (om möjligt).

**18.4a Kolvringsspåren kan rengöras med ett specialverktyg som bilden visar . . .**

**18.4b . . . eller en bit avbruten ring**

> ⚠ **Varning: Använd skydd för ögonen! Se till att oljereturhålen på baksidan på ringspåren är rena.**

**6** Om kolvar och cylinderlopp inte är skadade eller för mycket slitna, samt om motorn inte borrats om, krävs inte nya kolvar. Normalt kolvslitage syns som vertikala linjer på kolvens trycksida och en något lös övre kolvring i spåret. Man bör däremot alltid använda nya kolvringar då motorn sätts ihop.

**7** Undersök noggrant om varje kolv så att det inte finns sprickor runt skörtet, kolvtappsinfästningen eller mellan ringspåren.

**8** Kontrollera om kolvens tryckytor vid skörtet är slitna eller repiga, om det finns hål i kolvtoppen eller brända partier i kanten upptill på kolven. Om skörtet är slitet eller repigt, kan motorn ha överhettats och/eller ha onormal förbränning vilket orsakat höga temperaturer. Smörj- och kylsystem bör kontrolleras noggrant. Ett hål i kolvtoppen är ett tecken på att onormal förbränning har inträffat. Brända partier i kanten på kolvtoppen tyder vanligtvis på detonation. Om några av ovanstående problem påträffas, måste orsakerna korrigeras annars kommer nya skador att inträffa. Orsaken kan vara luftläckage på insugningssidan, felaktig bränsle/luftblandning, bränsle med för lågt oktantal, fel tändläge samt fel på EGR systemet.

**9** Korrosion på kolven i form av små gropar, tyder på kylvätskeläckage inne i förbrännings-

rummet och/eller vevhus. Även här måste anledningen korrigeras för att inte problemen ska kvarstå på den nyrenoverade motorn.

**10** Mät kolvringarnas sidospel genom att placera en ny ring i respektive kolvringspår och föra in ett bladmått bredvid dem **(se illustration)**. Kontrollera spelet på tre eller fyra ställen runt varje spår. Se till att rätt ring används - de är olika. Om sidospelet är större än det som anges i specifikationerna, måste man använda nya kolvar.

**11** Kontrollera kolvspelet genom att mäta cylinderloppet (se avsnitt 16) och kolvdiametern. Se till att kolvarna och loppen passar ihop. Mät kolven tvärs över skörtet 90° i förhållande till kolvbulten **(se illustration)** och under centrum på kolvringen.

**12** Subtrahera kolvdiametern från cylinderloppets diameter så erhålls spelet. Är det större än vad som anges i specifikationerna, måste blocket borras och nya kolvar och ringar monteras.

**13** Kontrollera spelet för kolvbulten genom att vrida kolv och vevstake i motsatt riktning. Märkbart spel tyder på för stort slitage, vilket måste korrigeras. Kolv/vevstake bör tas till en specialist som kan bearbeta kolvar och vevstakar, och montera nya kolvbultar.

**14** Om kolvarna måste demonteras från vevstakarna av någon anledning, bör man ta dem till en specialist. När de ändå är där kan man be dom kontrollera att vevstaken inte är böjd eller vriden, eftersom de har speciell

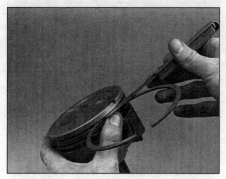
**18.10 Kontrollera kolvringarnas sidospel med ett bladmått på flera punkter runt kolven**

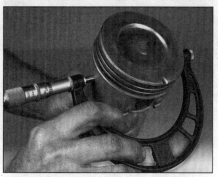
**18.11 Mät kolvdiametern 90° i förhållande till kolvbulten men i samma höjd**

mätutrustning för detta. **Notera:** *Om inte nya kolvar och/eller vevstakar måste monteras, ta inte bort kolvarna från vevstakarna.*

**15** Kontrollera att vevstakarna inte har sprickor eller andra skador. Ta tillfälligt bort överfallen, ta bort de gamla lagerskålarna, torka ren lagerlägena i vevstake och överfall, kontrollera sedan att de inte har skador eller repor. Sedan vevstakarna kontrollerats, byt till nya lager, för in dem i lagerläget, sätt på överfallet och dra muttrarna för hand. **Notera:** *Om motorn renoveras på grund av vevlagerskrammel, montera nya vevstakar.*

## 19 Vevaxel och mellanaxel - kontroll

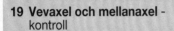

### Vevaxel

**1** Ta bort alla grader från vevaxelns oljehål med en brynsten, fil eller skarpa **(se illustration)**.

**2** Rengör vevaxeln med avfettningsmedel och torka dom med tryckluft (om möjligt).

 *Varning: Använd skydd för ögonen vid arbete med tryckluft. Se till att rengöra alla oljehål med en styv borste (se illustration) och skölj dem sedan med avfettningsmedel.*

**3** Kontrollera lagertapparna för ram- och vevlager, se till att de inte är ojämnt slitna, repiga, har gropar eller sprickor.

**4** Stryk en kopparslant utmed lagerbanan några gånger **(se illustration)**. Om koppar avsätter sig på lagerbanan är den för grov och måste slipas om.

**5** Kontrollera att resten av vevaxeln inte har sprickor eller andra skador. Den bör undersökas magnetiskt (sk magnaflux) så att man kan hitta dolda sprickor - anlita en specialist.

**6** Använd en mikrometer, mät med den diametern på ram- och vevlagertappar, jämför resultaten med uppgifterna i specifikationerna **(se illustration)**. Genom att mäta diametern på ett flertal punkter runt varje lagertapp, kan man bestämma om tappen är orund. Ta också

**19.1 Grada oljehålen så att inte skarpa kanter skadar eller repar lagren**

måtten i varje ände på tappen, nära vevslängarna för att bestämma om lagertappen är konisk.

**7** Är lagertapparna skadade, koniska, orunda eller slitna utöver gränserna angivna i specifikationerna, låt en specialist slipa om vevaxeln. Var sedan noga med att använda rätt lagerdimensioner för den slipade axeln.

**8** Kontrollera tätningsytorna för oljetätningarna i var ände för vevaxeln så att de inte är slitna eller skadade. Om spåret har nött en ring i axeln, eller om ytan har grader eller repor **(se illustration)**, kommer den nya tätningen att läcka då motorn sätts ihop. I vissa fall kan en specialist reparera lagerytan genom att pressa på en tunn hylsa. Om reparation inte är möjlig, måste man byta vevaxel.

**9** Se avsnitt 20 för kontroll av ram- och vevstakslager.

### Mellanaxel

**10** Kontrollera mellanaxelns lagerbanor, titta efter tecken på slitage, repor eller överhettning (blåa fläckar). Kontrollera bussningarna i blocket på samma sätt. Om några defekter förekommer, måste man byta mellanaxel och bussningar. På grund av det specialverktyg som krävs vid byte av mellanaxelbussningar, måste arbetet utföras av en specialist.

**11** Använd en mikrometer, mät med den diametern på mellanaxelns lagerbanor och

**19.2 Använd en styv plastborste för att borsta rent oljekanalerna i vevaxeln**

skriv upp resultatet. Mät sedan insidan på lagren för respektive bussning med ett stickmått och mikrometer (liknande det som visas i avsnitt 16, punkt 4). Subtrahera diametern på lagerbanorna från innermåttet på motsvarande bussning för att få spelet. Jämför resultaten med uppgifterna i specifikationerna. Om något spel är för stort, jämför måtten på lagerlägena med värdena i specifikationerna. Om lagertappen är rätt, låt montera nya bussningar.

## 20 Ram- och vevstakslager - kontroll

**1** Även om ram- och vevstakslager ska bytas vid renovering, bör man spara de gamla lagren för en noggrann kontroll, eftersom det kan ge värdefull information om motorns kondition **(se illustration)**.

**2** Lagerskador orsakas av oljebrist, smuts- eller andra partiklar, överbelastning av motorn samt korrosion. Oavsett orsaken måste den korrigeras innan motorn sätts ihop så att liknande skador förhindras.

**3** Vid kontroll av lagren, ta bort dom från motorblocket och ramlageröverfallen samt vevstakarna och vevstaksöverfallen. Lägg dem på en ren yta i den ordning de suttit i

**19.4 Dra en kopparslant längs med lagertappen - om koppar fastnar på lagertappen, bör den slipas om**

**19.6 Mät lagertapparna på flera ställen så att man kan se om de är koniska eller orunda**

**19.8 Om tätningarna slitit spår i vevaxeln, eller om kontaktytan är skadad, kommer även nya tätningar att läcka**

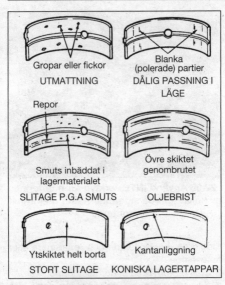

Gropar eller fickor
**UTMATTNING**

Blanka (polerade) partier
**DÅLIG PASSNING I LÄGE**

Repor

Smuts inbäddat i lagermaterialet
**SLITAGE P.G.A SMUTS**

Övre skiktet genombrutet
**OLJEBRIST**

Ytskiktet helt borta
**STORT SLITAGE**

Kantanliggning
**KONISKA LAGERTAPPAR**

**20.1 Typiska lagerskador**

motorn. På detta sätt kan man hänföra lagerproblem till rätt lager.

**4** Smuts och andra främmande partiklar kan komma in i motorn på flera sätt. Det kan finnas kvar efter sammansättningen, eller passera genom filter eller PCV-system. Det kan komma in i oljan och därifrån in i lagren. Metallspån från bearbetningen och normalt motorslitage förekommer ofta. Slipmedel kan bli kvar i motorn efter bearbetning, speciellt om delarna inte rengörs grundligt och på rätt sätt. Oavsett anledning hamnar dessa främmande partiklar ofta i det mjuka lagermaterialet och kan lätt återfinnas. Stora partiklar fastnar inte i lagren och kommer att repa lager och lagertappar. Bästa botemedlet är att grundligt rengöra alla delar och hålla allting absolut rent under hopsättningen. Regelbundna och täta byten av olja och oljefilter hjälper också till.

**5** Brist på smörjmedel (eller nedbrytningen av smörjmedlet) har ett antal sammanhängande orsaker. För hög värme (vilket tunnar ut oljan), överbelastning (vilket trycket bort oljan från lagerytorna) samt oljeläckage och avkastning (på grund av för stora spel, sliten oljepump

eller höga varvtal) bidrar alla till nedbrytning av smörjmedlet. Igensatta oljekanaler, vilket ofta är resultatet av att oljehålen i lagerskålarna kommer fel, kan också orsaka smörjmedelsbrist i lagret och förstöra det. Då smörjmedelsbrist är orsaken till lagerskador, smetas lagermaterialet ut och bort från baksidan av stål. Temperaturerna kan stiga så att stålet färgas blått av för hög värme.

**6** Körvanor kan ha en stor inverkan på lagerlivslängden. Låter man motorn arbeta på full gas vid lågt varvtal belastas lagren hårt, vilket tenderar att tunna ut oljefilmen. Detta kan få lagren att svikta, vilket ger fina sprickor i lagrets yta (utmattningsskador). Till slut lossnar lagermaterialet i stycken och slits bort från baksidan av stål. Körning enbart korta sträckor leder till lagerkorrosion på grund av att motorn aldrig når tillräckligt hög temperatur för att driva ut kondensvatten och korrosiva gaser. Dessa produkter samlas då i motoroljan, vilket bildar syror och slam. Då oljan förs till lagren angriper syran och korroderar lagermaterialet.

**7** Fel metod vid montering av lager leder även detta till lagerskador. Lager med för små spel får otillräckligt med smörjning. Smuts eller främmande partiklar som hamnar bakom lagerskålarna ger höga punkter på lagret som i sin tur leder till skador.

## 21 Motorrenovering - ordningsföljd vid hopsättning

**1** Innan hopsättningen påbörjas, se till att alla nödvändiga nya delar, packningar och tätningar finns till hands och även följande:

*Vanliga handverktyg*
*Momentnyckel (1/2 ")*
*Verktyg för montering av kolvringar*
*Kolvringkompressor*
*Korta bitar gummi- eller plastslang som kan träs över pinnbultarna i vevstaken*
*Plastigage*
*Bladmått*
*Fin fil*
*Ny motorolja*

*Monteringspasta eller molydendisulfidfett*
*Tätningsmedel*
*Gänglåsning*

**2** För att undvika problem och spara tid bör hopsättningen ske i följande ordning:

*Vevaxel och ramlager*
*Bakre oljetätning och hållare*
*Kolvar/vevstakar*
*Mellanaxel*
*Topplock, kamtryckare och kamaxel*
*Kamrem och drev*
*Vattenpump*
*Oljepump*
*Oljepumpens sugrör*
*Oljetråg*
*Insugnings- och avgasgrenrör*
*Kamremkåpor*
*Ventilkåpa*
*Svänghjul/drivplatta*

## 22 Kolvringar - montering

**1** Innan nya kolvringar monteras måste ringgapen kontrolleras. Vi förutsätter att ringarnas sidospel har kontrollerats (se avsnitt 18).

**2** Lägg ut kolvar/vevstakar och de nya ringarna så att ringarna kan mätas i den cylinder de ska sitta. Sätt i översta ringen i cylindern, se till att den inte kommer snett, tryck ned den med toppen på kolven **(se illustration)**. Kolven ska befinna sig nära underkant på cylindern i det läge den har då kolven når sin undre vändpunkt. För in ett bladmått mellan kolvringens ändar, tills man hittar rätt mått **(se illustration)**. Bladmåttet ska föras genom ringändarna med ett litet motstånd. Jämför med uppgifterna i specifikationerna. Är gapet för stort eller litet, kontrollera på nytt att man använder rätt ring innan man fortsätter.

**3** För in övre komoressionsringen i cylinder nr 1, se till att den står vinkelrätt mot cylinderloppet genom att trycka den nedåt med toppen på en kolv **(se illustration)**. Ringen ska befinna sig i cylinderns nedre del, nära undre vändpunkten.

**4** Vid mätning av ringgapet för man in ett bladmått mellan ringens ändar tills man hittar ett blad vars tjocklek är lika stort som gapet **(se illustration)**. Bladmåttet ska kunna röras med ett visst motstånd. Jämför måttet med uppgifterna i specifikationerna i kapitlets början. Är gapet större eller mindre än angivet, kontrollera än en gång att de rätta ringarna mäts. **Notera:** *Ringgapet måste mätas 15 mm från underkant på cylinderloppet.*

**5** Är ringgapet för litet måste det göras större så att inte ringändarna slår ihop, vilket kan orsaka svåra motorskador. Ringgapen kan förstoras med hjälp av en fil. Montera filen i ett skruvstycke med mjuka backar, för ringändarna över filen med ändarna mot tänderna på bägge sidor. För sedan ringen sakta mot tänderna så att bägge sidor bearbetas lika.

**22.3 Vid kontroll av ringgap, måste ringen tryckas bak ner i cylindern (detta görs bäst genom att trycka ner ringen med kolvtoppen som ringen visar)**

**22.4 Med ringen på plats i cylindern, mät ändgapet med bladmått**

22.5 Om gapet är för litet, sätt upp en fil i ett skruvstycke och för ringändarna mot filens sidor, fila endast utifrån och in så att gapet blir rätt

22.9a Montering av distans/expander i spåret för oljering

22.9b Använd INTE verktyg för montering av kolvringar då sidoringarna för oljeringen monteras

Fila endast i den riktning som man normalt sätt för filen **(se illustration)**.

6 För stort ringgap är inte kritiskt så länge det inte överstiget 1 mm, kontrollera på nytt att ringarna är avsedda för motorn.

7 Gör på samma sätt med övriga ringar på samma kolv och sedan för övriga ringar för respektive cylinder. Kom ihåg att hålla ordning på ringar, kolvar och i vilka cylindrar de ska sitta.

8 Då ringgapen kontrollerats/korrigerats, kan ringarna monteras på kolvarna.

9 Oljeringen (den understa på kolven) monteras vanligen först. Den består av tre individuella delar. För in distans/expander i spåret **(se illustration)**. Om det finns någon anordning som hindrar kolvringen att rotera, se till att den sitter på plats i hålet i ringspåret. Sätt därefter dit undre sidoringen. Använd inte verktyg för kolvringar vid montering av sidoringarna eftersom de kan skadas. Placera istället ena änden på sidoringen i spåret mellan distans/expander och kanten på ringspåret, håll den på plats och för ett finger runt kolven samtidigt som man trycker ringen in i spåret **(se illustration)**. Gör sedan på samma sätt med den övre sidoringen.

10 Då oljeringen har monterats komplett,

kontrollera att både övre och undre sidoring kan vridas lätt i spåret.

11 Kompressionsring nr 2 (den mellersta) monteras därefter. Den har vanligtvis ett märke, vilket måste vändas uppåt mot toppen av kolven **(se illustration)**. **Notera:** *Följ alltid de instruktioner som medföljer ringarna - olika tillverkare föreskriver olika metoder. Blanda inte ihop de övre och mellersta ringarna eftersom de har olika höjd.*

12 Använd ett verktyg för kolvringsmontering, se till att märket på ringen är vänt mot kolvtoppen, för sedan ringen i de mittre spåret på kolven. Tryck inte isär ringen mer än vad som är nödvändigt för att få den på plats.

13 Sätt sedan i den översta ringen på samma sätt. Se till att märkningen vänds uppåt. Blanda inte ihop översta och mellersta ringen.

14 Gör på samma sätt med de övriga kolvarna och ringarna.

---

**23  Vevaxel och mellanaxel -** montering och kontroll av ramlagerspel

1 Vi förutsätter att motorblock och vevaxel är

rengjorda, kontrollerade och reparerade eller renoverade.

2 Ställ motorn med underdelen uppåt.

3 Ta bort ramlageröverfallen (om detta inte redan gjorts). Se till att de ursprungliga lagren inte sitter kvar i block eller överfall.

4 Sitter de kvar, ta bort dem från block och överfall. Torka lagerlägena på block och överfall med en ren luddfri trasa. De måste hållas absolut rena.

### Kontroll av ramlagerspel

**Notera:** *Vidrör inte lagerytorna på de nya lagren med fingrarna. Olja och syra från huden kan etsa lagerytorna.*

5 Rengör baksidan på de nya lagerskålarna och lägg dem på plats i blocket. Om den ena lagerskålen för ett lager har ett stort spår, se till att lagret med spår monteras i blocket. Lägg den andra lagerskålen för respektive lager i överfallet **(se illustration)**. Se till att styrstiftet på lagret passar i uttaget på block eller överfall. **Notera:** *Om vevaxeln slipats, använd lager av underdimension. Om vevaxeln inte bearbetats vid hopsättningen, rådgör med någon kvalificerad person om rätt lagerstorlek.*

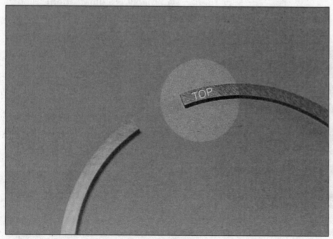

22.11 Vid montering av kompressionsringar måste märkningen vändas uppåt

23.5 Det sista ramlagret (nr 5) har tryckbrickor på B21 och B23 motorer

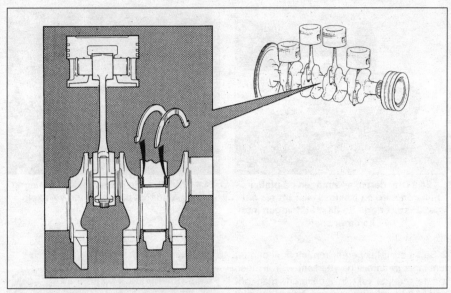

23.6 Placering av tryckbrickor på ramlager nr 3 (vid pilarna) på B230 motorer. Spåren i tryckbrickorna ska vändas utåt

 **Varning: Om man inte kan se några koder på vevaxeln, borsta dom inte med stålborste eller skrapa, använd endast tvätt- eller lösningsmedel.**

**6** Det lager som har sidotryckbrickor ska monteras i lager nr 3 på B230 motorer **(se illustration)**.

**7** Rengör lagerytorna i block och överfall med en ren luddfri trasa.

**8** Rengör oljehålen i vevaxeln, finns det smuts här kan den bara gå åt ett håll - rätt in i de nya lagren.

**9** När du är säker på att vevaxeln är ren, lägg den försiktigt på plats i ramlagren.

**10** Innan vevaxeln kan installeras för gott måste ramlagerspelen kontrolleras.

**11** Skär av små bitar Plastigage - de bör vara något kortare än bredden på ramlagren och placera en bit på varje ramlagertapp, parallellt med vevaxeln **(se illustration)**.

**12** Rengör lagerytorna i ramlageröverfallen, sätt överfallen på plats. Se till att Plastigage-remsorna inte flyttar sig.

**13** Dra åt skruvarna för ramlagren, börja med det mittre och arbeta utåt i tre steg till angivet åtdragningsmoment. Vrid inte vevaxeln under detta arbete.

**14** Ta sedan bort skruvarna och lyft försiktigt bort överfallen. Håll ordning på dem. Se till att Plastigageremsan inte rubbas, vrid inte heller vevaxeln. Om något överfall är besvärligt att ta bort, knacka den försiktigt i sidled med en mjuk klubba.

**15** Jämför bredden på den stukade Plastigageremsan för varje lagertapp mot skalan som finns på förpackningen. Detta ger lagerspelet **(se illustration)**. Jämför med uppgifterna i specifikationerna i början på kapitlet.

**16** Om spelen avviker från det tillåtna kan lagren vara av fel dimension (vilket betyder att man måste skaffa rätt lager). Innan man bestämmer att nya lager krävs, se till att inte smuts eller olja har kommit mellan lager och lagerläge i block eller överfall under mät-

23.11 Lägg en sträng Plastigage på lagertappen, parallellt med vevaxeln

ningen. Om remsan är bredare i ena änden än den andra kan lagertappen vara konisk (se avsnitt 19).

**17** Skrapa försiktigt bort alla rester av Plastigage från lagertapp och/eller lager. Använd naglarna eller kanten på ett kreditkort- skada inte lagerytorna.

### Montering av vevaxel

**18** Lyft försiktigt bort vevaxeln från motorn.

**19** Rengör lagerytorna i blocket, stryk sedan på ett tunt, jämnt lager av molydendisulfidfett eller monteringspasta på varje lager. Se till att även axiallagren smörjs in.

**20** Se till att lagertapparna är rena, lägg sedan vevaxeln på plats i blocket.

**21** Rengör lagren i överfallen, stryk sedan på smörjmedel.

**22** Montera lageröverfallen.

**23** Sätt i skruvarna.

**24** Dra alla ramlageröverfallen till angivet moment, se specifikationer. Börja med det mittre lagret och arbeta ut mot ändarna.

**25** Vrid runt vevaxeln några varv för hand och kontrollera om den kärvar.

**26** Sista steget är att kontrollera vevaxelns axialspel med bladmått eller indikatorklocka enligt beskrivning i avsnitt 14. Axialspelet bör vara korrekt om inte axelns tryckytor har slitits eller skadats och om nya lager använts.

**27** Montera distansringen över Woodruffkilen framtill på vevaxeln **(se illustration)** och sedan tätningshuset **(se illustration)**. Se avsnitt 24, montera sedan bakre axeltätning.

23.15 Jämför bredden på den stukade remsan med skalan på förpackningen för att fastställa spelet (mät alltid den del på strängen som blivit bredast): se till att använda rätt skala - den finns både i tum och mm

23.27a Montera distansen över Woodruffkilen framtill på vevaxeln

23.27b Montera sedan främre tätningshuset

**24.1 Stöd tätningshuset på träklossar och knacka ut den gamla tätningen med hammare och dorn**

**24.2 Driv den nya tätningen på plats i hållaren med en träkloss eller ett rör om det är stort nog - se till att tätningen inte kommer snett**

**24.4 Stryk lite olja på den bakre tätningen innan den förs på plats över vevaxeln**

## *Montering av mellanaxel*

**28** Se till att axel och bussningar i blocket är rena, smörj bussningarna och lagerytorna med monteringspasta.
**29** Styr försiktigt axeln in i lagren. **Se illustrationerna för avsnitt 14.**
**30** Sätt i skruvarna för axialplattan framtill och dra dem till angivet moment, se specifikationer **(illustration 14.10)**. Snurra mellanaxeln för hand för att konstatera att den löper riktigt.
**31** Montera kamremmen enligt beskrivning i kapitel 2A.

## 24 Vevaxeltätning, bakre - montering

**Notera:** *Vevaxeln måste sitta på plats och överfallen vara dragna innan den nya tätningen kan monteras mot blocket.*
**1** Demontera den gamla tätningen från huset med hammare och dorn genom att driva ut den bakifrån **(se illustration)**. Se efter hur långt den är inslagen i huset innan den tas bort; den nya packningen ska monteras till samma djup. Var mycket försiktigt att inte repa eller på annat sätt skada läget i tätningshållaren eftersom detta kan orsaka läckage.

**2** Se till att tätningen är ren, stryk sedan ett tunt lager motorolja på ytterkanten. Tätningen måste tryckas rakt in i hållaren, man bör därför inte knacka med en hammare runt kanten. Har man inget lämpligt pressverktyg, lägg hållare och tätning mellan två trästycken och pressa tätningen på plats med ett stort skruvstycke. Har man inget tillräckligt stort skruvstycke, lägg hållaren på en arbetsbänk och knacka tätningen på plats med en träkloss och en hammare **(se illustration)**. Träklossen måste vara tjock nog att fördela kraften jämnt över i stort sett hela tätningen. Arbeta sakta och se till att tätningen går rakt in i huset. **Notera:** *Använd ett bladmått, konstatera att tätningen är monterad till samma djup runt om.*
**3** Stryk silikontätningsmedel runt kanten på hållaren.
**4** Smörj tätningens läppar med fett eller motorolja innan den sätts på plats över vevaxeln, skruva sedan fast hållaren. Använd ny packning. **Notera:** *Stryk lite silikontätningsmedel på ömse sidor om packningen innan monteringen* **(se illustration)**.
**5** Dra åt skruvarna för hållaren lite i taget, till angivet moment, se specifikationerna i kapitel 2A. Skär av packningen så att den går jäms med tätningsytan för oljetråget, se till att ytan inte skadas **(se illustration)**.

## 25 Kolvar och vevstakar - montering och kontroll av vevlagerspel

**1** Innan kolvar/vevstakar monteras måste cylinderloppen vara helt rena, övre kanten på cylinderloppen måste vara gradade och vevaxeln måste sitta på plats.
**2** Demontera överfallen i änden på en vevstake (kontrollera att märkningen stäm-mer). Ta bort de gamla lagerskålarna och torka rent lagerlägena på vevstake och överfall med en ren, luddfri trasa. De måste vara fullständigt rena.

## *Kontroll av vevlagerspel*

**Notera:** *Vidrör inte lagerytorna med fingrarna. Olja och syra från huden kan etsa lagren.*
**3** Rengör baksidan på de nya övre lager-skålarna, lägg de sedan på plats i vevstaken. Se till att styrstiften passar i uttaget. Knacka inte lagren på plats, var också mycket nog-grann med att inte skada lagerytan. Smörj inte lagren nu. **Notera:** *Om vevaxeln slipats, använd lager av underdimension. Om vevaxeln inte bearbetats, fråga någon kunnig person för val av rätt lager.*
**4** Rengör baksidan på den andra lagerskålen och montera den i överfallet. Se även här till att styrningen går in i uttaget **(se illustration)**,

**24.5 Använd en packningsskrapa eller en kniv för att ta bort överflödigt packningsmaterial för tätningshållaren**

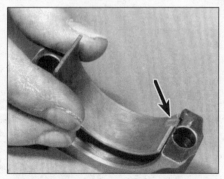

**25.4 Styrningen på lagerskålen (vid pilen) måste passa i uttaget för att lagret ska komma rätt**

**25.5 Förskjut kolvringgapen som bilden visar innan kolv/vevstake sätts på plats**

**25.7 Den här typen av kolvringkompressor kräver ett spärrskaft och förlängning för att dra åt (vid pilen)**

**25.9 Se till att märkningen på kolven är vänd framåt**

**25.11 Knacka försiktigt ner kolven i cylindern med ett trä- eller plastskaft**

smörj inte lagret. Det är absolut nödvändigt att passningsytor mellan lager och lagerskålar är helt rena och fria från olja vid monteringen.

**5** Fördela kolvringapen runt kolven **(se illustration)**.

**6** Trä en liten bit plast- eller gummislang över pinnbultarna på vevstakarna.

**7** Smörj kolv och ringar med ren motorolja och montera en kolvringskompressor på kolven. Låt skörtet sticka ut ca 6 mm så att kolven kan styra in i loppet. Ringarna måste tryckas samman så att de går jäms med kolven **(se illustration)**.

**8** Vrid vevaxeln tills vevslängen på den cylinder som monteras är i sin undre dödpunkt (UDP). Stryk motorolja på cylinderväggarna.

**9** Se till att märket eller spåret på kolven pekar framåt **(se illustration)**, för sedan försiktigt in kolv/vevstake i cylindern och låt undre delen på kolvringskompressorn vila mot motorblocket. **Notera:** Se till att märket på vevstaken också är vänt framåt.

**10** Knacka överdelen på ringkompressorn så att den vilar mot blocket.

**11** Knacka försiktigt på kolvtoppen med träskaftet på den hammare **(se illustration)** styr samtidigt vevstaken över vevtappen. Det kan hända att kolvringarna försöker hoppa ur kompressorn just innan de går in i cylinderloppet så tryck hela tiden ringkompressorn något nedåt. Arbeta långsamt, om något motstånd känns då kolven går ner i cylindern

stanna omedelbart. Ta reda på vad det är som hänger upp sig och åtgärda innan du fortsätter. Tvinga aldrig kolven ner i cylindern - kolvarna eller ringarna kan gå sönder.

**12** Då kolv/vevstake är på plats, måste vevlagerspelet kontrolleras innan överfallet sätts dit för gott.

**13** Skär av en bit Plastigage, något kortare än bredden på vevtappen, placera remsan på tappen, parallellt med vevaxeln **(se illustration)**.

**14** Rengör lagret i vevstaken, ta bort slangarna från pinnskruvarna och sätt på överfallet. Se till att passmärkena på stakar och överfall är vända åt samma håll.

**15** Sätt dit muttrarna och dra dem till det moment som anges i specifikationerna **(se illustrationer)**. Dra åt i tre steg. **Notera:** Använd en hylsa med tunna väggar så att åtdragningmomentet inte påverkas av att hylsan kärvar mellan överfall och mutter. Om hylsan tenderar att fastna mellan mutter och överfall, lyft upp hylsan något så att den inte vidrör överfallet. Vrid inte vevaxeln någon gång under arbetet.

**16** Ta bort muttrarna och sedan överfallet, se till att inte rubba Plastigageremsan.

**17** Jämför bredden på den tillplattade Plastigageremsan med skalan på förpackningen för att erhålla spelet **(se illustration)**. Jämför med specifikationerna i detta kapitel för att se om det är rätt. Om spelet avviker från det angivna kan lagren ha fel storlek (vilket betyder att de måste bytas mot de rätta). Innan man bestämmer att andra lager behövs, se till att

**25.13 Lägg lite Plastigage på varje vevlagertapp- parallellt med vevaxeln**

inte smuts eller olja har kommit mellan lagerskålarna och läge i vevstake eller överfall under mätningen. Kontrollera också på nytt lagertappens diameter. Om Plastigageremsan är bredare i ena änden en den andra kan vevtappen vara konisk.

**18** Om spelet inte är enligt specifikationen, kan lagren vara av fel storlek (vilket betyder att andra lager krävs). Innan man bestämmer att andra lager krävs, se till att inte smuts eller olja kommit mellan lager och vevstake eller överfall då mätningen gjordes. Kontrollera också lagertappens diameter. Om Plastigageremsan var bredare i ena änden än i den andra, kan lagertappen vara konisk.

**25.15a Montera vevlageröverfallen på vevstakarna**

**25.15b Dra åt muttrarna till det moment som anges i specifikationerna**

**25.17 Mät bredden på den tillplattade Plastigageremsan för att bestämma vevlagerspelet (använd rätt skala - den finns både i tum och mm)**

## Montering av vevstakar

**19** Skrapa försiktigt bort alla rester av Plastigage från lagertapp och/eller lager. Se till att inte lagerytorna skadas - använd en nagel eller kanten på ett kreditkort.

**20** Se till att lagerytorna är helt rena, stryk sedan ett jämnt lager molydendislufidfett eller monteringspasta på bägge ytorna. Man måste trycka kolven något upp i cylindern så att lagerytan i vevstaken blir åtkomlig - se till att sätta tillbaka slangarna över pinnbultarna först.

**21** Sätt vevstaken på plats i vevslängen igen, ta bort slangarna från pinbultarna, sätt tillbaka överfallet och dra åt skruvarna till det moment som anges i specifikationerna. Dra på nytt i tre steg. **Notera:** *Kontrollera även denna gång att passmärkena på vevstake och överfall är vända åt samma håll.*

**22** Gör på samma sätt med återstående kolvar/vevstakar.

**23** Det är viktigt att komma ihåg följande:

a) *Håll baksidan på lagerskålarna och lagerlägena i vevstake och överfall helt rena vid hopsättningen.*

b) *Se till att kolv/vevstake är avsedd för cylindern i fråga.*

c) *Pilen eller märket på kolven måste peka framåt på motorn.*

d) *Smörj cylinderväggarna med ren olja.*

e) *Smörj alla lagerytor då överfallen sätts på plats sedan vevlagerspelet kontrollerats.*

**24** Sedan alla kolvar/vevstakar monterats ordentligt, vrid runt vevaxeln några gånger för hand för att kontrollera att den inte kärvar.

**25** Slutligen måste vevstakarnas axialspel kontrolleras. Se avsnitt 13 för beskrivning.

**26** Jämför det uppmätta spelet med det som anges i specifikationerna. Om det var riktigt innan isärtagningen och orginalvevaxel och vevstakar monterats, bör det fortfarande vara rätt. Om nya stakar och/eller ny vevaxel monterats, kan axialspelet vara för litet. I detta fall måste vevstakarna demonteras och bearbetas av en specialist.

## 26 Första start och inkörning efter renovering

> ⚠️ *Varning: Se till att ha en brandsläckare till hands vid första start.*

**1** Då motorn satts på plats i bilen, kontrollera alltid nivåer för motorolja och kylvätska.

**2** Ta bort tändstift och sätt tändsystemet ur funktion (se avsnitt 3), kör runt motorn tills oljetryck kan registreras på mätaren eller varningslampan slocknar.

**3** Sätt tillbaka tändstiften, sätt tändkablarna på plats och anslut tändsystemet.

**4** Starta motorn. Det kan ta en stund för bränslesystemet att bygga upp tryck, men motorn ska starta utan särskilt mycket besvär.

**Notera:** *Om motorn baktänder genom gasspjällhus eller förgasare, kontrollera ventilspel och tändläge.*

**5** Då motorn startar bör den få gå tills den har normal arbetstemperatur. Då motorn värms upp, kontrollera grundligt att inte läckage av bränsle, olja eller kylvätska förekommer.

**6** Stäng av motorn och kontrollera nivå för motorolja och kylvätska.

**7** Kör bilen till ett område med minimal trafik, accelerera från 50 till 80 km/tim, låt sedan farten sjunka till 50 km/tim utan gas. Gör om detta 10 till 12 gånger. Detta får kolvringarna att sätta sig ordentligt och tryckas ut mot cylinderväggarna. Kontrollera på nytt att inte läckage av olja eller kylvätska förekommer.

**8** Kör in bilen försiktigt de första 80 milen (inte hög fart under längre perioder), håll också ett öga på oljenivån. Det är inte ovanligt att en renoverad motor drar lite olja under inkörningen.

**9** Efter 80 till 100 mil, byt motorolja och filter.

**10** De nästa 10-tal milen bör bilen köras normalt. Var inte överdrivet försiktig men misshandla den inte heller.

**11** Efter 300 mil, byt på nytt motorolja och filter, motorn kan sedan betraktas som inkörd.

# Kapitel 3
# Kyl-, värme- och luftkonditioneringssystem

## Innehåll

## Svårighetsgrad

| Enkelt, passar novisen med lite erfarenhet  | Ganska enkelt, passar nybörjaren med viss erfarenhet  | Ganska svårt, passar kompetent hemma-mekaniker  | Svårt, passar hemmamekaniker med erfarenhet  | Mycket svårt, för professionell mekaniker  |
|---|---|---|---|---|

## Specifikationer

### Allmänt

Kylvätskevolym
| | |
|---|---|
| Automatväxellåda ............................... | 9,3 l |
| Manuell växellåda ............................... | 9,5 l |

Termostat
| | |
|---|---|
| Börjar öppna vid ............................... | 88°C |
| Helt öppen vid ............................... | 100°C |

Kylmedium, volym
| | |
|---|---|
| 1990 och tidigare ............................... | 1300 g |
| 1991 och senare ............................... | 1100 g |
| Smörjmedel, volym ............................... | 360 g |

Smörjmedel, mängd som skall fyllas vid byte av komponent
| | |
|---|---|
| Torkenhet ............................... | 10 g |
| Evaporator (förångare) ............................... | 40 g |
| Kondensor ............................... | 20 g |
| Slangar ............................... | 10 g |

### Åtdragningsmoment

| | Nm |
|---|---|
| Kylfläkt, skruvar | |
| Centrumskruv (i förekommande fall) ............... | 82 |
| Fläktkoppling till nav ............................... | 20 |
| Fast fläkt, skruvar ............................... | 9,5 |
| Vattenpump, skruvar ............................... | 22 |
| A/C kompressor, centrumskruv för koppling ............... | 27 |
| A/C kompressor, skruvar för bakre hus ............... | 20 |
| A/C kompressor, undre lock ............................... | 26 |
| A/C kompressor, avtappningsplugg ............... | 5 |
| Termostathus, skruvar ............................... | 9 |
| Vattenpump, remskivans skruvar ............... | 17,5 |
| A/C system, slanganslutningar | |
| Kondensor ............................... | 16 |
| Kompressor ............................... | 35 |
| Torkenhet ............................... | 24 |
| Expansionsventil ............................... | 30 |

## 1 Allmänt

### Motorns kylsystem

Alla bilar som behandlas i boken har ett kylsystem med övertryck, en termostat reglerar cirkulationen.

En vattenpump monterad framtill på motorblocket cirkulerar kylvätskan genom motorn **(se illustration)**. Kylvätskan flyter runt cylindrarna framifrån och bakåt. Ingjutna kylvätskekanaler styr kylvätskan runt insug- och avgasportarna, i närheten av tändstiften, samt tätt intill styrningarna för avgasventilen.

En vaxtermostat är placerad i ett hus framtill på motorn. Under uppvärmningsperioden hindrar den stängda termostaten kylvätska från att cirkulera in genom kylaren.

Då motorn närmar sig arbetstemperatur öppnar termostaten och tillåter den heta kylvätskan att passera kylaren, där den kyls av innan den går tillbaka till motorn.

Kylsystemet är slutet och har ett övertryckslock, som höjer kokpunkten på kylvätskan och ökar kylarens kyleffekt. Om trycket i systemet överskrids, öppnar en övertrycksventil i locket, trycket manövrerar en fjäderbelastad ventil i locket så att kylvätska kan passera ut i ett överströmningsrör.

Trycklocket är placerat på ett genomsiktligt expansionskärl. Öppningstrycket är inpräglat på locket. Trycket är mellan 0,6 och 0.8 bar.

**Varning: Ta inte bort trycklocket från kylare eller expansionskärl innan motorn har svalnat helt och inget övertryck återstår i systemet.**

### Värmesystem

Värmesystemet består av en värmefläkt samt ett värmepaket placerat i ett hölje, slangarna som förbinder värmepaketet med motorns kylsystem samt reglagepanel för värme/luftkonditionering på instrumentbrädan. Motorns kylvätska får cirkulera genom värmepaketet. Då värme önskas i bilen, öppnas ett spjäll så att luften passerar värmepaketet på väg in i kupén. En fläktkontakt på reglagepanelen styr en fläktmotorn, som hjälper luften att passera genom värmepaketet.

### Luftkonditioneringssystem

Luftkonditioneringssystemet består av en kondensor monterad framför kylaren, en förångare monterad bredvid värmepaketet, en kompressor monterad på motorn, en filter/torkenhet som innehåller en högtrycksavlastningsventil samt rörledningar som förbinder de olika komponenterna.

En fläktmotor förmedlar den varmare luften i passagerarutrymmet genom förångaren (det är en sorts omvänd kylare), och som överför värmen från luften till kylmediet. Det flytande kylmediet kokar till ånga under lågt tryck, värme förs på det sättet vidare från förångaren.

## 2 Frostskyddsmedel/kylvätska
- allmänt

**Varning: Låt aldrig frostskyddsmedel (glykol) komma i kontakt med huden eller målade ytor på bilen. Skölj omedelbart bort eventuellt spill med rikliga mängder vatten. Vid sväljning, kan frostskyddsvätska vara dödligt giftig; barn och husdjur kan attraheras av den söta lukten, torka därför omedelbart upp spill från golvet. Förvara frostskyddsvätska i slutna behållare och reparera läckor i kylsystemet så snart de upptäcks.**

Kylsystemet ska fyllas med en blandning av vatten och etylenglykol, som beroende på blandningsförhållande skyddar systemet mot frysning. Frostskyddsvätskan skyddar också mot korrosion och höjer kokpunkten - kylsystemet ska tappas av, spolas och fyllas på nytt vid angivna intervall (se kapitel 1). Gammal eller förorenad kylvätska kommer förmodligen att orsaka skador och öka risken för rostbildning i systemet. Använd helst destillerat vatten för blandning med frostskyddsvätskan.

Innan frostskyddsvätska tillsätts, kontrollera alla slanganslutningar, eftersom vätskan tenderar att söka upp och läcka genom varje liten öppning. Motorn förbrukar normalt sett inte kylvätska, så om nivån sjunker, lokalisera orsaken och åtgärda den.

Det exakta blandningsförhållandet mellan frostskyddsvätska och vatten bestäms av förväntade yttertemperaturer. Vätskan bör innehålla minst 50% frostskyddsvätska, men aldrig mer än 70%. Följ instruktionerna på förpackningen vid blandning av frostskyddsvätska. En hydrometer, som visar frostskyddsnivån, kan erhållas från de flesta affärer som säljer bildelar. Använd frostskyddsvätska som uppfyller tillverkarens specifikationer.

## 3 Termostat - kontroll och byte

**Notera:** *En termostat som fastnat i öppet läge kommer att medföra förlängd uppvärmningstid för motorn samt förmodligen lägre driftstemperatur totalt. En termostat som fastnat i stängt läge orsakar överhettning.*

**Varning: Tag inte bort kylarlocket, tappa inte heller av systemet eller byt termostat innan motorn har svalnat helt.**

### Kontroll

**1** Innan man förutsätter att termostaten är orsaken till problem med kylsystetmet, kontrollera kylvätskenivå, drivremmens spänning (kapitel 1) och temperaturmätaren (eller varningslampan).

Termostat

Till värme-
anläggning

Överströmningskanal

Från värme-
anläggning

Expansions-
kärl

**1.2 Kylsystemet i genomskärning**

3.8  Lossa klamman (vid pilen) från övre kylarslangen

3.10  Demontera skruvarna (vid pilarna) från termostathuset

3.11  Notera hur termostaten är vänd i huset

**2** Om det tar lång tid för motorn att bli varm baserat på att värmen stiger långsamt i bilen eller att temperaturmätaren stiger långsamt, har förmodligen termostaten fastnat i öppet läge. Byt termostat mot en ny.

**3** Om motorn blir för varm, kontrollera med handen temperaturen i övre kylarslangen. Om slangen inte är varm, men motorn är det, har förmodligen termostaten fastnat i stängt läge vilket hindrar kylvätskan i motorn att passera kylaren. Byt i sådana fall termostaten.

 *Varning: Kör inte bilen utan termostat. Motorns styrsystem kan då ligga kvar i sk "open loop", samt avgasreningssystemet försämras och bränsleförbrukningen blir högre.*

**4** Om den övre kylarslangen är varm, betyder det att kylvätska cirkulerar och termostaten är öppen. Se därför avsnittet felsökning i slutet av boken för vidare diagnos.

## Byte

**5** Lossa jordkabeln från batteriet.

 *Varning: Se till att radion är avstängd innan någon batterikabel lossas, eventuell mikroprocessor för radion kan annars skadas.*

**6** Tappa av kylvätskan (se Kapitel 1). Om vätskan är relativt ny eller i gott skick, spar den för återanvändning.

**7** Följ kylarslangen till motorn så att du hittar termostathuset.

**8** Lossa slangklamman, lossa sedan slangen

från anslutningen **(se illustration)**. Om slangklammorna är av den typ som krymps på plats, ta tag i klamman nära änden med en tång och vrid så att förseglingen släpper, ta sedan bort den. Är klammorna av den typ som skruvas, ta bort dem genom att använda en hylsa eller en skruvmejsel. Om den gamla slangen är åldrad, skär av den och montera en ny.

**9** Om stosen där slangen sitter är skadad, korroderad, har gropar etc. kan den skadas ytterligare då slangen tas bort. Om så är fallet måste man byta termostathuslock.

**10** Ta bort skruvarna och sedan locket **(se illustration)**. Sitter det fast, knacka på det med en mjuk klubba så att det lossnar. Var beredd på att en del kylvätska kan rinna ut då packningen släpper.

**11** Notera hur den är monterad (vilken ände som pekar utåt), ta sedan bort termostaten **(se illustration)**.

**12** Sätt igen hålet med en trasa, ta sedan bort alla rester av gammal packning, (om packningen är av papper) eller ta bort O-ringen **(se illustration)**. Ta bort tätningsmedel från hus och lock med en packningsskrapa. Ta bort trasan och rengör tätningsytorna med thinner eller aceton.

**13** Montera ny termostat och packning i huset. Se till att rätt ände pekar utåt - änden med fjäder sitter normalt inne i motorn **(se illustration 3.11)**.

**14** Sätt tillbaka locket och skruvarna. Dra skruvarna till det moment som anges i specifikationerna.

**15** Sätt tillbaka slangen och dra åt slangklamman (-klammorna) ordentligt.

**16** Fyll på kylsystemet (se kapitel 1).

**17** Starta motorn och låt den gå tills den har normal arbetstemperatur, kontrollera sedan att inget läckage förekommer samt att termostaten fungerar tillfredsställande (enligt beskrivning i punkterna 2-4).

## 4  Kylare - demontering och montering

### Demontering

 *Varning: Vänta tills motorn svalnat helt innan arbetet påbörjas.*

**1** Lossa jordkabeln från batteriet.

 *Varning: Se till att radion är avstängd innan någon batterikabel lossas, eventuell mikroprocessor för radion kan annars skadas.*

**2** Tappa av kylvätskan (se Kapitel 1). Om vätskan är relativt ny eller i gott skick, spar den för återanvändning.

**3** Lossa slangklammorna, lossa sedan kylarslangarna från anslutningarna **(se illustrationer)**. Sitter de fast, grip om slangen nära ändarna med en polygriptång och vrid slangen så att den släpper, dra sedan loss den - se till att inte slangstoserna skadas! Om

3.12  Byt gummitätningen mot en ny

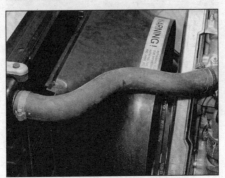

4.3a  Demontera övre kylarslangen

4.3b  Demontera den undre slangen till expansionskärlet från kylaren

4.3c  Demontera även övre slangen från expansionskärlet från kylaren

4.5  Demontera skruvarna för fläktkåpan (vid pilarna)

slangarna är gamla eller har skadats, skär av dom och montera nya.

4  Lossa slangen från expansionskärlet vid kylaren.

5  Demontera skruvarna som håller fläktkåpan vid kylaren och för kåpan mot motorn **(se illustration)**.

6  Om bilen är utrustad med automatväxellåda, lossa kylledningarna från kylaren. Ställ ett kärl under för att fånga upp spill.

7  Plugga alla ledningar och anslutningar.

8  Demontera fästena som håller kylaren **(se illustration)**.

9  Lyft försiktigt bort kylaren **(se illustration)**. Spill inte kylvätska på bilen, repa inte heller lacken.

10  Då kylaren demonterats kan den inspekteras beträffande läckage och skador. Behöver den repareras, låt en specialist utföra arbetet eftersom det krävs stor kunskap.

11  Insekter och smuts kan tas bort från kylaren med tryckluft eller en mjuk bortse. Se till att inte kylflänsarna böjs.

12  Kontrollera kylarens infästningar, se till att de inte är skadade eller att det inte sitter något i dem då kylaren ska monteras.

## Montering

13  Montera i omvänd ordning.

14  Efter monteringen, fyll på kylsystemet med rätt blandad frostskyddsvätska. Se kapitel 1 för vidare information.

15  Starta motorn och kontrollera att inget läckage förekommer. Låt motorn gå tills den har normal arbetstemperatur, vilket visar sig genom att övre kylarslangen blir varm. Kontrollera kylvätskenivån och fyll på mer vid behov.

16  Om bilen har automatväxellåda, kontrollera och fyll på olja vid behov.

### 5  Kylfläktar, motor - kontroll och byte

⚠ *Varning: För att undvika skador på person eller egendom, KÖR ALDRIG motorn då fläkten skadats. Försök inte reparera fläktbladen - byt skadad fläkt mot en ny.*

### Remdriven fläkt med koppling

**Kontroll**

1  Lossa jordkabeln från batteriet och vrid fläkten fram och tillbaka för att se om lagerspelet är för stort.

⚠ *Varning: Se till att radion är avstängd innan någon batterikabel lossas, eventuell mikroprocessor för radion kan annars skadas.*

2  Då motorn har svalnat, vrid runt fläkten. Fläkten ska röra sig på navet med ett lätt motstånd.

3  Kontrollera att inget större vätskeläckage förekommer från navet. Finns sådant, byt kopplingsenheten.

4  Låt motorn gå tills den har normal arbetstemperatur, stäng av tändningen och lossa jordkabeln från batteriet. Vrid runt fläkten för hand. Man ska nu känna ett större motstånd. Om fläkten fortfarande rör sig lätt, byt kopplingsenheten.

### Byte

5  Demontera skruvarna för fläktkåpan och lossa sedan kåpan (se avsnitt 4).

6  Använd en ringnyckel, ta bort skruvar/muttrar som håller fläkt/koppling vid navet **(se illustration)**.

7  Lyft bort fläkt/koppling (och kåpa vid behov).

8  Kontrollera noga att inte bladen är skadade. Byt vid behov.

9  Vid behov kan nu fläkten lossas från navet

4.8  Demontera skruvarna som håller kylarfästet från balken i motorumet (vid pilarna)

4.9  Lyft bort kylaren

5.6  Ta bort de fyra skruvarna som håller fläkten vid navet på vattenpumpen

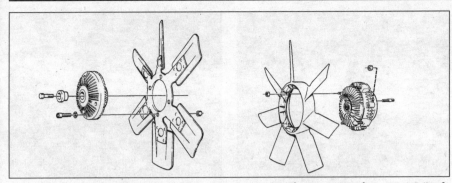

5.9a Tre olika typer av koppling har använts, beroende på tillverkningsår och modell; på dessa två typer kan själva fläkthjulet lossas från kopplingen . . .

5.9b . . . medan denna typ har fläkt och koppling sammanbyggda

**(se illustrationer).** Förvara fläktkopplingen liggande med sidan som är vänd mot kylaren nedåt.
10 Montera i omvänd ordning.

### Remdriven fläkt utan koppling

11 Lossa jordkabeln från batteriet. Demontera fläktkåpans skruvar och lossa sedan kåpan (se avsnitt 4).
12 Använd en ringnyckel, ta bort fläkten **(se illustration).**
13 Lyft bort fläkten **(se illustrationer)** (och kåpan vid behov).
14 Kontrollera noga att inte bladen är skadade. Byt vid behov.
15 Montera i omvänd ordning.

### Elektrisk kylfläkt

**Notera:** *En extra kylfläkt finns på turbomodeller med intercooler, vissa tidiga modeller med luftkonditionering och alla modeller med luftkonditionering efter 1991.*

### Kontroll

16 Ställ växelväljaren i läge Park (automatlåda) eller Neutral (manuell låda), dra åt parkeringsbromsen och lägg stoppklossar vid hjulen. Starta motorn och slå på luftkonditioneringen, låt motorn gå på tomgång. Extrafläkten ska starta då kylvätsketemperaturen är mellan 97° och 102°C, på turboladdade modeller och tidiga modeller med luftkonditionering, eller då kylmedietrycket når ett bestämt värde på 1991 års och senare modeller med luftkonditionering.

17 Om fläkten inte startar, stanna motorn och leta upp kontaktstycket till termokontakten **(se illustration). Notera:** *Se illustration 12.1b för placering av kontakten på 1991 års och senare modeller.* Lossa kontaktstycket från kontakten och kortslut mellan anslutningarna i kontaktstycket.
18 Slå på tändningen. Om fläkten startar är kontakten defekt. Kontakten kan provas med hjälp av en ohmmeter.
19 Om fläkten inte startar, lossa kontaktstycket vid fläktmotorn och koppla en testlampa till anslutningarna i kontaktstycket. Tänds lampan, vilket betyder att ström finns, är förmodligen motorn trasig. Tänds inte lampan, kan relä eller kablage vara defekt.

### Byte

20 Demontera grillen (se kapitel 11).

5.12 Ta bort skruvarna för fläkten

21 Lossa kontaktstycket från fläktmotorn.
22 Ta bort skruvarna för fläktmotorfästet, sedan hela enheten.
23 Montera i omvänd ordning.

### 6 Vattenpump - kontroll

1 Fel på vattenpumpen kan orsaka omfattande motorskador på grund av överhettning.
2 Det finns två sätt att kontrollera vattenpumpen då den fortfarande är monterad på motorn. En defekt pump ska bytas mot ny eller renoverad.
3 Vattenpumpar har ventilationshål. Om

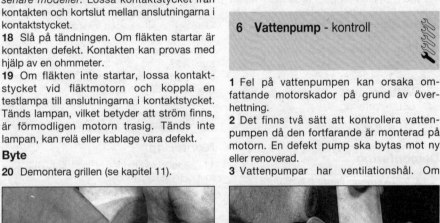

5.13a Lyft bort fläkten från vattenpumpen

5.13b Demontera distansen från vattenpumpens axel

5.13c Demontera remskivan från navet på vattenpumpen

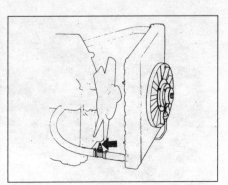

5.17 Placering av termokontakt för elkylfläkt på tidiga modeller (vid pilen)

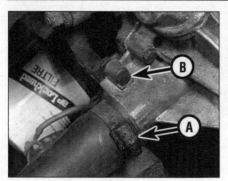

7.8a Lossa skruvarna för vattenpumpen vid utloppet

7.8b Demontera vattenpumpens skruvar och muttrar (vid pilarna) (den undre skruven syns inte på bilden)

7.9 Demontera kylvätskeröret från baksidan på vattenpumpen

pumptätningen skadas läcker kylvätska ur hålet. Man behöver i regel en ficklampa för att hitta hålet på undersidan av pumpen.

4 Vattenpumplagren ger i regel ifrån sig ett tjutande ljud om de är defekta. Slitage kan upptäckas om man vickar remskivan upp och ned. Förväxla inte gnäll från fläktremmen med ljudet från defekta vattenpumplager.

## 7 Vattenpump - demontering och montering

### Demontering

**Varning: Vänta tills motorn svalnat helt innan arbetet påbörjas.**

1 Lossa jordkabeln från batteriet.

**Varning: Se till att radion är avstängd innan någon batterikabel lossas, eventuell mikroprocessor för radion kan annars skadas.**

2 Tappa av kylvätskan (se kapitel 1). Om vätskan är relativt ny eller i gott skick, spar den för återanvändning.

3 Ta bort fläkt och fläktkåpa (se avsnitt 5).

4 Demontera drivremmarna (se kapitel 1).

5 Ta bort remskivan på vattenpumpaxeln (se avsnitt 5).

6 Lossa slangklammorna och slangarna från vattenpumpen. Sitter de hårt, grip tag om slangen nära änden med en polygriptång, vrid försiktigt så att slangen lossnar. Är slangarna skadade, skär av dem och byt till nya.

7 Demontera kamremkåporna från motorn (se Kapitel 2A).

8 Ta bort skruvarna som håller pumpen mot blocket **(se illustrationer).**

9 Demontera kylvätskeröret baktill på pumpen **(se illustration).**

10 Demontera vattenpumpen.

### Montering

11 Rengör skruvgängor och skruvhål från rost och tätningsmedel.

12 Jämför den nya och den gamla pumpen så att de är lika.

13 Ta bort alla gamla packningsrester med en packningsskrapa.

14 Rengör tätningsytorna på pump och vattenpump med thinner eller aceton.

15 Stryk ett tunt lager tätningsmedel på den sida av den nya packningen som är vänd mot motorn.

16 Stryk ett tunt lager tätningsmedel på den nya pumpens tätningsyta, passa sedan omsorgsfullt in packningen mot pumpen.

17 Montera tätningen mellan pump och topplock **(se illustration),** sammanför sedan försiktigt pump/packning/tätning med motorn.

Fäst pumpen med två muttrar, dra åt med fingrarna.

18 Bryt vattenpumpupen mot topplocket **(se illustration),** sätt samtidigt i återstående skruvar (se till att få med eventuella fästen som skruvarna håller). Dra inte skruvarna för hårt, pumphuset kan bli skevt.

19 Sätt tillbaka de detaljer som togs bort för att pumpen skulle bli åtkomlig.

20 Fyll på kylsystemet, kontrollera remspänningen (se kapitel 1). Kör igång motorn och kontrollera att inget läckage förekommer.

## 8 Tempgivare, kylvätska - kontroll och byte

**Varning: Vänta tills motorn svalnat helt innan arbetet påbörjas.**

1 Kylvätsketemperaturen visas av en mätare på instrumentpanelen som får information från en givare, vanligtvis monterad i topplocket **(se illustration).**

2 Överhettar motorn, kontrollera kylvätskenivån, se till att kabeln mellan instrument och givare är felfri samt att alla säkringar är hela.

3 Kontrollera genom att jorda kabeln till givaren med tändningen påslagen (för säkerhets skull, kör inte igång motorn).

7.17 Montera ny tätning på vattenpumpen

7.18 Tryck vattenpumpen uppåt mot topplocket samtidigt skruvarna dras åt

8.1 Placering av kylvätsketempgivare

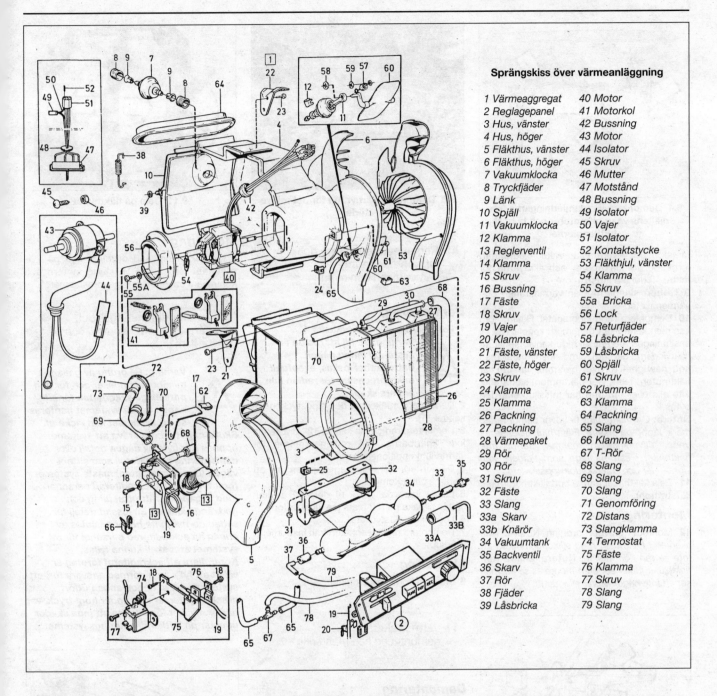

**Sprängskiss över värmeanläggning**

| | |
|---|---|
| 1 Värmeaggregat | 40 Motor |
| 2 Reglagepanel | 41 Motorkol |
| 3 Hus, vänster | 42 Bussning |
| 4 Hus, höger | 43 Motor |
| 5 Fläkthus, vänster | 44 Isolator |
| 6 Fläkthus, höger | 45 Skruv |
| 7 Vakuumklocka | 46 Mutter |
| 8 Tryckfjäder | 47 Motstånd |
| 9 Länk | 48 Bussning |
| 10 Spjäll | 49 Isolator |
| 11 Vakuumklocka | 50 Vajer |
| 12 Klamma | 51 Isolator |
| 13 Reglerventil | 52 Kontaktstycke |
| 14 Klamma | 53 Fläkthjul, vänster |
| 15 Skruv | 54 Klamma |
| 16 Bussning | 55 Skruv |
| 17 Fäste | 55a Bricka |
| 18 Skruv | 56 Lock |
| 19 Vajer | 57 Returfjäder |
| 20 Klamma | 58 Låsbricka |
| 21 Fäste, vänster | 59 Låsbricka |
| 22 Fäste, höger | 60 Spjäll |
| 23 Skruv | 61 Skruv |
| 24 Klamma | 62 Klamma |
| 25 Klamma | 63 Klamma |
| 26 Packning | 64 Packning |
| 27 Packning | 65 Slang |
| 28 Värmepaket | 66 Klamma |
| 29 Rör | 67 T-Rör |
| 30 Rör | 68 Slang |
| 31 Skruv | 69 Slang |
| 32 Fäste | 70 Slang |
| 33 Slang | 71 Genomföring |
| 33a Skarv | 72 Distans |
| 33b Knärör | 73 Slangklamma |
| 34 Vakuumtank | 74 Termostat |
| 35 Backventil | 75 Fäste |
| 36 Skarv | 76 Klamma |
| 37 Rör | 77 Skruv |
| 38 Fjäder | 78 Slang |
| 39 Låsbricka | 79 Slang |

**Varning: Jorda inte kabeln längre än två sekunder, annars kan mätaren skadas. Ger mätaren fullt utslag, byt givare. Om mätaren inte ger något utslag alls, eller inte visar överhettning, kan givare eller kabel vara defekt.**

**4** Givaren är skruvad in i motorn och kan lätt bytas. Använd tätningsmedel på gängorna. Se till att motorn är kall innan givaren demonteras. Litet kylvätska kommer att läcka ut då givaren tas bort, var beredd att fånga upp det. Kontrollera att inget läckage förekommer efter byte.

**9  Kupéfläkt -**
demontering och montering

### Demontering

**1** Lossa jordkabeln från batteriet.

**Varning: Se till att radion är avstängd innan någon batterikabel lossas, eventuell mikroprocessor för radion kan annars skadas.**
**2** Fläktmotorn sitter i värmeaggregatet under instrumentbrädan. Värmeaggregatet inne-

håller värmepaket och fläktmotor för värme/luftkonditionering. Ta bort skruvarna som håller reglagepanel och mittkonsol (se kapitel 11), ta sedan bort dem.
**3** Lossa vajrarna från värmeaggregatet (se avsnitt 10).
**4** Lossa vakuumledningarna från spjällens vakuummotorer, ta bort luftkanalerna **(se illustration)**.
**5** Demontera radion (se kapitel 12).
**6** Demontera handskfacket (se kapitel 11).
**7** Demontera rattstångkåporna (se kapitel 11).
**8** Lossa skruvarna för luftkanalerna till baksätet. Lossa värmeaggregatets nedre

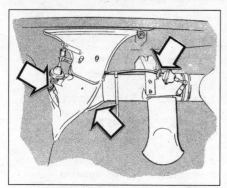

**9.4 Demontera vakuumledningarna från spjällens vakuummotorer och ta bort luftkanalerna**

fästskruvar, eventuella vakuumledningar, jordkabel för fläktmotor och skruvarna för mittre stödet **(se illustration)**.
9 Ta bort slangarna från värmekranen och värmepaketet.
10 Demontera värmeaggregatet. Fläktmotorn kan man kontrollera genom att koppla 12V till anslutningen med avsäkrade kablar (se till att fläktvingarna går fritt). Om fläkten roterar med hög hastighet (provet ger max varvtal), är fläktmotorn felfri. Går fläktmotorn sakta eller inte alls eller om den har missljud ska den bytas.
**Notera:** *Om fläkthjulet behöver demonteras, märk läget på axeln. Fläkt/hjul balanseras under tillverkningen, hamnar därför inte fläkthjulet i samma läge som tidigare kan vibrationer och lagerskador uppstå.*
11 Dela fläkthuset och ta bort fläktmotorn **(se illustration)**.

## Montering

12 Montera i omvänd ordning. **Notera:** *Täta skarven i fläkthuset med silikongummi så att inte vatten kommer in.* **Notera:** *Snurra runt fläkthjulet innan enheten monteras så att man ser att inte något kärvar eller tar i.*

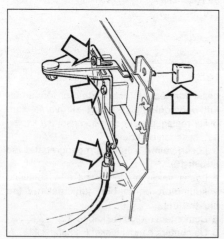

**10.5 Lossa knapparna och värmereglage-varjarna (vid pilarna) från reglagenheten**

**9.8 Demontera skruvarna för det mittre stödet**

## 10 Reglageenhet, värme och luftkonditionering - demontering och montering

### Demontering

1 Lossa jordkabeln från batteriet.

> ⚠ **Varning: Se till att radion är avstängd innan någon batterikabel lossas, eventuell mikroprocessor för radion kan annars skadas.**

2 Demontera mittkonsol och sidostycken (se kapitel 11).
3 Demontera radion (se kapitel 12), dra sedan loss knapparna från reglagearmarna för värme/luftkonditionering.
4 Demontera värmereglagepanelen så att vajrarna blir åtkomliga.
5 Lossa vajrarna, märk ut dem så de kan sättas tillbaka på rätt plats **(se illustration)**.
6 Lossa kontaktstycket.
7 Demontera reglageenheten från instrumentbrädan.

### Montering

8 Montera i omvänd ordning.

## 11 Värmepaket - demontering och montering

### Demontering

1 Lossa jordkabeln från batteriet.

> ⚠ **Varning: Se till att radion är avstängd innan någon batterikabel lossas, eventuell mikroprocessor för radion kan annars skadas.**

2 Tappa av kylsystemet (se kapitel 1).
3 Demontera mittkonsolen (se kapitel 11). Täck mattan på mitten och framför passagerarstolen med plast, detta förhindrar fläckar på mattan från kylvätskespill.
4 Demontera värmeaggregatet (se avsnitt 9).
5 Dela huset och ta bort värmepaketet.

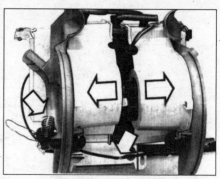

**9.11 Dela på fläkthuset**

## Montering

6 Montera i omvänd ordning. Fyll på kylsystemet (se kapitel 1), starta motorn och kontrollera att inget läckage förekommer.

## 12 Luftkonditionerings- och värmesystem - kontroll och underhåll

> ⚠ **Varning: På grund av gällande miljöbestämmelser och för den personliga säkerheten får inte någon del av systemet hanteras så att kylmediet kan läcka ut.**

*Skulle något arbete kräva att systemet öppnas (för byte av någon detalj eller demontering av en detalj som sitter i vägen för andra arbeten) måste systemet först tömmas av ackrediterad personal med tillgång till rätt utrustning och godkända lokaler. En lossad detalj får sedan normalt inte heller anslutas av annan än ackrediterad personal för att systemet åter skall kunna fyllas.*
*Kontrollera att ackrediterat företag är villigt att fylla (och därmed ansvara för) ett system på vilket någon annan utfört arbete. Systemet står under högt tryck, var därför mycket försiktig så att inga skador uppstår på luftkonditioneringssystemet.*

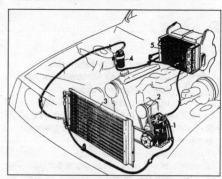

**12.1a Luftkonditionering för tidiga modeller**

1 Kompressor   4 Torkenhet
2 Styrservopump   5 Evaporator
3 Kondensor

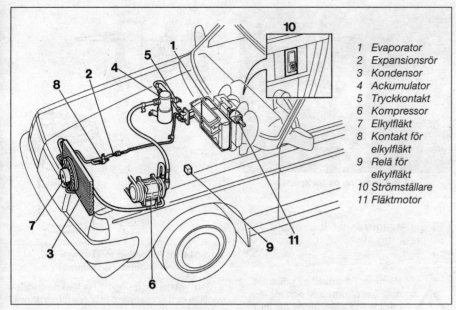

1 Evaporator
2 Expansionsrör
3 Kondensor
4 Ackumulator
5 Tryckkontakt
6 Kompressor
7 Elkylfläkt
8 Kontakt för elkylfläkt
9 Relä för elkylfläkt
10 Strömställare
11 Fläktmotor

12.1b Luftkonditionering på modeller från och med 1991

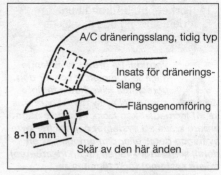

A/C dräneringsslang, tidig typ

Insats för dränerings-slang

Flänsgenomföring

8-10 mm

Skär av den här änden

12.1c Montera en speciell insats i dräneringen undertill i dräneringsröret, skär bort en liten del på gummit så att inte slangen trycks samman

## Kontroll

1 Följande underhåll bör regelbundet utföras för att luftkonditioneringen ska fungera effektivt (se illustrationer).
a) Kontrollera drivremmarna, byt vid behov (se kapitel 1).
b) Kontrollera systemets slangar. Titta efter sprickor, bulor, hårda partier eller andra skador. Kontrollera att det inte finns olje-bubblor på slangar och vid anslutningar. Finns tecken på slitage, skador eller läckage måste detta åtgärdas.
c) Kontrollera kondensorns flänsar, ta bort löv, insekter och annat skräp. Använd en "kam" eller tryckluft.
d) Se till att luftkonditioneringen har rätt mängd kylmedium.
e) Kontrollera luftkonditioneringens dränering. Små mängder vatten kan ibland märkas inne i kupén då luftkondi-tioneringen är igång, på grund av igensatt dränering för evaporatorn. Omvänt flöde kan också inträffa genom dräneringen vid höga fläkthastigheter. Detta kan förhindras om man monterar en insats i slangen så att den inte kollapsar (se illustration). Demontera höger sidopanel så blir dräneringen åtkomlig.
2 Man bör köra systemet ca 10 minuter minst en gång i månaden, särskilt vintertid. Får systemet vara oanvänt under längre tid kommer tätningarna att hårdna och så småningom börja läcka.
3 Eftersom luftkonditioneringen är tämligen komplicerad och omgärdad av rigorösa bestämmelser lämnas här ingen detaljerad information eller felsökning. Information om enklare felsökning och byte av detaljer har dock tagits med (se dock varningstexten i början av respektive avsnitt).

4 Den vanligaste felorsaken är förlust av kylmedium. Är kyleffekten dålig kan man utföra följande enkla kontroller för att konsta-tera om det finns för lite kylmedium.
5 Låt motorn gå tills den har normal arbets-temperatur.
6 Ställ värmereglaget i läge max kyla och fläkten på högsta hastighet. Öppna dörrarna (så att systemet inte stänger av så snart temperaturen sjunkit).
7 Med kompressorn inkopplad - det hörs ett ljudligt klickande från kompressorkopplingen och mittdelen på kopplingen snurrar - känn på torkenhetens in- och utloppsledningar.
8 Är temperaturskillnaden påtaglig är för-modligen kylmedienivån riktig. Ytterligare kontroller måste överlåtas åt en fackman.
9 Om frost bildas på inloppsledningen eller den är kallare än torkenhetens hus, råder brist på kylmedium. Låt fylla systemet.

## Påfyllning av kylmedium

Notera: På grund av gällande bestämmelser måste systemet fyllas av speciellt ackrediterad personal vid godkänd anläggning.

## 13 Kompressor, luftkondi-tionering - demontering och montering

Varning: På grund av gällande miljöbestämmelser och för den personliga säkerheten får inte någon del av systemet hanteras så att kylmediet kan läcka ut. Skulle något arbete kräva att systemet öppnas (för byte av någon detalj eller demontering av en detalj som sitter i vägen för andra arbeten)

måste systemet först tömmas av ackrediterad personal med tillgång till rätt utrustning och godkända lokaler. En lossad detalj får sedan normalt inte heller anslutas av annan än ackrediterad personal för att systemet åter skall kunna fyllas. Kontrollera att ackrediterat företag är villigt att fylla (och därmed ansvara för) ett system på vilket någon annan utfört arbete. Systemet står under högt tryck, var därför mycket försiktig så att inga skador uppstår på luftkonditioneringssystemet.

Notera: Torkenheten bör alltid bytas samtidigt som kompressorn.

## Demontering

1 Låt ackrediterad personal tömma systemet (se varningstexten ovan).
2 Lossa jordkabeln från batteriet.

Varning: Se till att radion är avstängd innan någon batterikabel lossas, eventuell mikroprocessor för radion kan annars skadas.

3 Lossa kontakt stycket för kompressorkopp-lingen.
4 Demontera drivremmen (se kapitel 1).
5 Lossa kylmedieledningarna baktill på kompressorn. Plugga öppningarna så att inte smuts och fukt kommer in.
6 Lossa kompressorn från fästet och lyft bort den.
7 Om ny koppling monteras, följ instruktionen om avtappning av överflödig oljemängd innan montering.
8 Kopplingen kanske måste flyttas över till den nya kompressorn.

## Montering

9 Montera i omvänd ordning. Byt alla O-ringar mot nya, beständiga mot smörjmedel och kylmedium.
10 Låt ackrediterad personal tömma, fylla på och trycktesta systemet (se varningstexten ovan).

## 14 Torkenhet, luftkonditionering - demontering och montering

⚠ *Varning: På grund av gällande miljöbestämmelser och för den personliga säkerheten får inte någon del av systemet hanteras så att kylmediet kan läcka ut. Skulle något arbete kräva att systemet öppnas (för byte av någon detalj eller demontering av en detalj som sitter i vägen för andra arbeten) måste systemet först tömmas av ackrediterad personal med tillgång till rätt utrustning och godkända lokaler. En lossad detalj får sedan normalt inte heller anslutas av annan än ackrediterad personal för att systemet åter skall kunna fyllas. Kontrollera att ackrediterat företag är villigt att fylla (och därmed ansvara för) ett system på vilket någon annan utfört arbete. Systemet står under högt tryck, var därför mycket försiktig så att inga skador uppstår på luftkonditioneringssystemet. Använd alltid ögonskydd då någon anslutning lossas.*

### Demontering

1 Låt ackrediterad personal tömma systemet (se varningstexten ovan).
2 Lossa jordkabeln från batteriet.

⚠ *Varning: Se till att radion är avstängd innan någon batterikabel lossas, eventuell mikroprocessor för radion kan annars skadas.*

3 Demontera vindrutespolartanken.
4 Lossa kontaktstycket från tryckkontakten.
5 Lossa kylledningarna från torkenheten.
6 Plugga öppningarna så att inte smuts och fukt kommer in.
7 Ta bort fästskruvarna och sedan torkenheten (se illustration).
8 Om ny torkenhet monteras, fyll på rätt mängd smörjmedel enligt specifikationerna i början av kapitlet.
9 Byt de gamla O-ringarna på kylledningarnas anslutningar mot nya. Detta skall göras vare sig torkenheten byts eller inte.
10 Om ny torkenhet monteras, flytta över tryckkontakterna till den nya torkenheten.
11 Smörj O-ringarna med olja för luftkonditioneringen innan montering (se illustration).

### Montering

12 Montera i omvänd ordning, men smörj O-ringarna med olja för luftkonditioneringen innan anslutningarna kopplas.
13 Låt ackrediterad personal tömma, fylla på och trycktesta systemet (se varningstexten ovan). **Notera:** *Tillverkaren rekommenderar att tätningsmedel används vid alla skruvanslutningar. Kontakta ackrediterat företag för information om lämpliga produkter för hög- respektive lågtryckstätningar.*

14.7 Placering av torkenhet

## 15 Expansionsventil, luftkonditionering - byte

⚠ *Varning: På grund av gällande miljöbestämmelser och för den personliga säkerheten får inte någon del av systemet hanteras så att kylmediet kan läcka ut. Skulle något arbete kräva att systemet öppnas (för byte av någon detalj eller demontering av en detalj som sitter i vägen för andra arbeten) måste systemet först tömmas av ackrediterad personal med tillgång till rätt utrustning och godkända lokaler. En lossad detalj får sedan normalt inte heller anslutas av annan än ackrediterad personal för att systemet åter skall kunna fyllas. Kontrollera att ackrediterat företag är villigt att fylla (och därmed ansvara för) ett system på vilket någon annan utfört arbete. Systemet står under högt tryck, var därför mycket försiktig så att inga skador uppstår på luftkonditioneringssystemet.*

1 Låt ackrediterad personal tömma systemet (se varningstexten ovan).
2 Lossa jordkabeln från batteriet.

⚠ *Varning: Se till att radion är avstängd innan någon batterikabel lossas, eventuell mikroprocessor för radion kan annars skadas.*

3 Demontera sidopanelerna från mittkonsolen under instrumentbrädan (se kapitel 11).

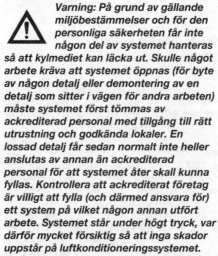
15.4 Placering av expansionsventilen

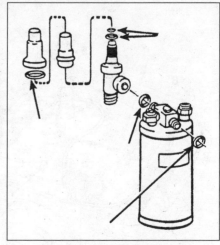
14.11 Placering av O-ringar vid torkenheten (vid pilarna)

4 Demontera isoleringen runt expansionsventilen och angränsande rör (se illustration).
5 Lossa expansionsventilen från termostaten.
6 Montera i omvänd ordning. Använd nya tätningar insmorda med kompressorolja (se illustration).
7 Låt ackrediterad personal tömma, fylla på och trycktesta systemet (se varningstexten ovan).

## 16 Kondensor luftkonditionering - demontering och montering

⚠ *Varning: På grund av gällande miljöbestämmelser och för den personliga säkerheten får inte någon del av systemet hanteras så att kylmediet kan läcka ut. Skulle något arbete kräva att systemet öppnas (för byte av någon detalj eller demontering av en detalj som sitter i vägen för andra arbeten) måste systemet först tömmas av*

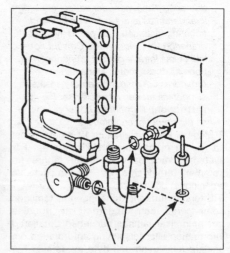
15.6 Placering av O-ringar vid expansionsventil och evaporator (vid pilarna)

*ackrediterad personal med tillgång till rätt utrustning och godkända lokaler. En lossad detalj får sedan normalt inte heller anslutas av annan än ackrediterad personal för att systemet åter skall kunna fyllas. Kontrollera att ackrediterat företag är villigt att fylla (och därmed ansvara för) ett system på vilket någon annan utfört arbete. Systemet står under högt tryck, var därför mycket försiktig så att inga skador uppstår på luftkonditioneringssystemet.*
**Notera:** *Torkenhet eller ackumulator ska bytas samtidigt som kompressorn.*

## Demontering

**1** Låt ackrediterad personal tömma systemet (se varningstexten ovan).
**2** Demontera kylaren (se avsnitt 4).
**3** Demontera grillen (se kapitel 11).
**4** I förekommande fall, demontera den extra kylfläkten från kondensorfästena.
**5** Lossa kylledningarna från kondensorn.
**6** Demontera fästskruvarna för kondensorfästet.
**7** Ta bort kondensorn, plugga öppningarna så att inte smuts och fukt kommer in.

## Montering

**8** Om samma kondensor används, förvara den med anslutningarna vända uppåt så att inte oljan rinner ut.
**9** Om samma kondensor används, fyll ny olja enligt specifikationerna i början av kapitlet.
**10** Montera i omvänd ordning. Se till att gummikuddarna är på plats under kondensorn.
**11** Låt ackrediterad personal tömma, fylla på och trycktesta systemet (se varningstexten ovan).

## 17 Evaporator, luftkonditionering - demontering och montering

**Varning:** *På grund av gällande miljöbestämmelser och för den personliga säkerheten får inte någon del av systemet hanteras så att kylmediet kan läcka ut. Skulle något arbete kräva att systemet öppnas (för byte av någon detalj eller demontering av en detalj som sitter i vägen för andra arbeten) måste systemet först tömmas av ackrediterad personal med tillgång till rätt utrustning och godkända lokaler. En lossad detalj får sedan normalt inte heller anslutas av annan än ackrediterad personal för att systemet åter skall kunna fyllas. Kontrollera att ackrediterat företag är villigt att fylla (och därmed ansvara för) ett system på vilket någon annan utfört arbete. Systemet står under högt tryck, var därför mycket försiktig så att inga skador uppstår på luftkonditioneringssystemet.*

### Demontering

**1** Låt ackrediterad personal tömma systemet (se varningstexten ovan).
**2** Demontera handskfacket (se kapitel 11)
**3** Demontera panelen under handskfacket, nära mittkonsollen (se kapitel 11).
**4** Demontera sidopanelen bredvid värmeaggregatet.
**5** Demontera höger defrostermunstycke och kanal.
**6** Demontera expansionsventilen (se avsnitt 15).

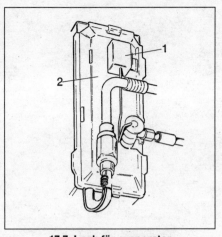

**17.7 Lock för evaporator**
*1 Termostat    2 Evaporatorlock*

**7** Demontera termostaten och evaporatorns lock **(se illustration). Notera:** *Termostaten kan vara monterad på olika ställen beroende på modell. På tidiga modeller (1976 t.o.m. 1978) sitter den på evaporatorlocket. På senare modeller (fr.o.m. 1979) sitter termostaten på reglagepanelen medan kapillärröret leder in i evaporatorn. Om termostaten måste bytas, använd det senare utförandet. Kontrollera med reservdelsavdelningen.*
**8** Dra ut evaporatorn från huset.

### Montering

**9** Montera i omvänd ordning.
**10** Låt ackrediterad personal tömma, fylla på och trycktesta systemet (se varningstexten ovan).

# Noteringar

# Kapitel 4 Del A Bränsle- och avgassystem - bränsleinsprutade motorer

## Innehåll

## Svårighetsgrad

| Enkelt, passar novisen med lite erfarenhet  | Ganska enkelt, passar nybörjaren med viss erfarenhet | Ganska svårt, passar kompetent hemma-mekaniker | Svårt, passar hemmamekaniker med erfarenhet | Mycket svårt, för professionell mekaniker |

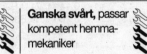

## Specifikationer

### Bränsleinsprutning,typ

Modeller tillverkade för Sverige
| | |
|---|---|
| B21E motor 1975 - 1980 ............................ | Bosch CI |
| B21ET motor (turbo) 1981 - 1985 ...................... | Bosch CI |
| B23E motor 1980 - 1984 ............................ | Bosch CI |
| B230E motor 1985 - 1987 ........................... | Bosch CI |
| B230F motor 1988 - 1989 ........................... | Bosch LH-Jetronic |
| B230F motor 1990 - 1992 ........................... | Bosch LH-Jetronic 2.4 |

### Gasvajer, spel

Gasvajer, spel ..................................... 1,2 - 2,4 mm

### Insprutare

Öppningstryck:
| | |
|---|---|
| t.o.m. August 1982 .............................. | 280 - 380 kPa |
| September 1982 och framåt .......................... | 350 - 410 kPa |

### Tillsatsluftslid

| | |
|---|---|
| Resistans ...................................... | 40 - 60 ohm |
| Helt öppen vid .................................. | -30ºC |
| Helt stängd vid .................................. | 70ºC |

### Styrtryckregulator

| | |
|---|---|
| Resistans ...................................... | 20 - 30 ohm |
| Måtskivan i viloläge (max. styrtryck, varm motor och bränslepumpen igång) ............................. | - 0,3 mm under "midjan" |

### Huvudbränslepump

Kapacitet (vid 72 lbf/in$^2$) (500 kPa), 12 volt matning och vid 20ºC (68ºF):
| | |
|---|---|
| T.o.m. 1979 .................................... | 0,8 l per 30 sekunder |
| 1980 och framåt ................................. | 1,0 l per 30 sekunder |

## Tankpump

Strömförbrukning (12 V matning):

| | |
|---|---|
| B21B, B23B och tidiga B200B/B230B | 1 - 2 A |
| Senare modeller | 3 - 4 A |

## Bränsletryck, kontroll

Mekanisk insprutning

| | |
|---|---|
| Matningstryck | 4,5 - 6,2 Bar |
| Systemtryck | |
| Turbomotorer | 5,2 - 5,8 Bar |
| Motorer utan turbo | 4,5 - 5,3 Bar |
| Styrtryck | |
| Typiskt kall | 1,4 - 2,1 Bar |
| Typiskt varm | 2,8 - 4,0 Bar |

Elektroninsk bränsleinsprutning

| | |
|---|---|
| Systemtryck (nyckel i läge ON, motorn ej igång, bränslesystem aktiverat) | |
| LH 2.0 och 2.2 | 1,86 - 2,2 Bar |
| LH 2.4 och 3.1 | 2,2 - 2,6 Bar |
| Tryckregulator, kontroll (vid tomgång) | |
| Vakuumslangen ansluten | |
| LH 2.0 och 2.2 | 1,9 - 2,1 Bar |
| LH 2.4 och 3.1 | 2,2 - 2,5 Bar |
| Vakuumslangen lossad | |
| LH 2.0 och 2.2 | 2,4 - 2,6 Bar |
| LH 2.4 och 3.1 | 2,8 - 3,0 Bar |
| Resttryck (minimum efter 20 minuter) | 1 Bar |
| Bränslepumptryck (maximum) (statiskt tryck) | 4,8 - 6,3 Bar |
| Bränslepumpens hålltryck | 5,5 Bar |
| Tankmonterad pump | |
| 1976 t.o.m. 1982 CIS system | 0,14 - 0,28 Bar |
| 1982 t.o.m. 1985 LH-Jetronic system | 0,14 - 0,21 3 Bar |
| 1986 och framåt | 0,28 - 0,34 Bar |
| Kallstartinjektor, resistans | 10 ohm |
| Insprutare, resistans | 16 ohm |

## Åtdragningsmoment

| | |
|---|---|
| Gasspjällhus, muttrar/skruvar | 19 - 26 Nm |
| Bränslerör, skruvar | 9 - 11 Nm |
| Turboaggregat, skruvar | |
| Steg 1 | 1,4 Nm |
| Steg 2 | 45 NM |
| Steg 3 | Vrid ytterligare 45° |

## 1 Allmänt

Från det att Volvo 240 introducerades och fram t.o.m. 1987 har både förgasarmotorer och bränsleinsprutade motorer varit tillgängliga. I Sverige har samtliga motorer bränsleinsprutning från och med 1988, då katalytisk avgasrening infördes. Fram t.o.m. 1987 används BOSCH CI bränsleinsprutning (från engelskans Continuous injection), från och med 1988 är insprutningssystemet av typ BOSCH LH - Jetronic. Insprutningssystemet består av tre huvudsakliga delar - insugningssystemet, bränslefördelningssystemet samt det elektroniska styrsystemet. Förgasarmotorer behandlas i del B i detta kapitel.

### Insugningssystemet

Beroende på vilken typ av insprutning som används, består insugningssystemet av ett luftfilterhus, luftmängdmätare (LH - Jetronic), gasspjällhus och insugningsrör. Alla detaljer utom insugningsröret behandlas i detta kapitel: för information om demontering och montering av insugningsrör, se kapitel 2A. Gaspjällhuset påverkas av gasvajern. Då gaspedalen trycks ned, öppnar gasspjället och därmed luftflödet. En gasspjälläges-kontakt (eller en gasspjällägesgivare på vissa modeller), ansluten till gasspjällaxeln på spjällhuset (LH - Jetronic) känner av spjällets läge (hur mycket det är öppet) och omvandlar detta till en elektrisk signal som sänds till styrenheten.

### Bränslesystem

En elektrisk bränslepump matar bränsle under konstant tryck till fördelningsröret, där bränslet fördelas till varje insprutare (LH-Jetronic) eller bränslefördelaren (CI). Den elektriska bränslepumpen är placerad inuti bränsletanken på nyare modeller eller bredvid bränsletanken på tidiga modeller. De tidiga modellerna har också en primärpump placerad i bränsletanken. Primärpumpen hjälper den större huvudpumpen att leverera bränsle av rätt tryck. Bränsletryckregulatorn styr bränsletrycket i systemet. Bränsle-systemet har också en tryckutjämnare som ska minska skillnaderna i bränsletryck, den är placerad nära bränslefiltret. Utjämnaren dämpar variationerna i trycket som orsakas av bränslepump samt öppning och stängning av insprutarna. Mängden bränsle som sprutas in regleras exakt av en elektronisk styrenhet (ECU). Modeller med turbomotorer har också en bränsleackumulator. Ackumulatorn jämnar ut tryckfall och hjälper till att hålla kvar bränsletrycket då motorn stängts av.

### Elektroniskt styrsystem

Förutom att ändra tiden för insprutnings-pulsen, utför den elektroniska styrenheten ett antal andra uppgifter för bränsle- och avgasreningssystem. Den åstadkommer detta genom att ta emot data från ett stort antal

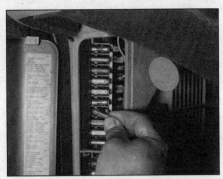

**2.1 För att avlasta bränsletrycket, ta bort bränslepumpens säkring, starta motorn och låt den gå tills den stannar av sig själv**

givare placerade i motorrummet, jämföra informationen med den som finns lagrad i minnet och ändra motorns driftförhållanden genom att styra ett antal manöverenheter. Eftersom specialutrustning krävs, är större delen av felsökning och reparation av den elektroniska styrenheten inte möjlig för hemmamekanikern. Ytterligare information samt testförfarande för avgasreningssystemet (syresensor, kylvätsketempgivare, EVAP system, etc ) finns i kapitel 6.

## Garantiinformation

I och med införandet av katalytisk avgas-rening, infördes också "tillverkarens särskilda åtagande för fel i bilens avgasreningssystem". Denna garanti är giltig under fem år eller 80 000 km, vilket som först inträffar, från och med första registreringsdag. Denna garanti gäller för detaljer som tillkommit för att styra motorns emmisionsnivåer.

## 2  Bränsletryck - avlastning

**Varning: Bensin är mycket brandfarligt, var mycket försiktig vid arbete med någon del av bränslesystemet. Rök inte, använd inte öppen eld eller oskyddade glödlampor i närheten av arbetsplatsen. Arbeta inte heller i utrymmen som har gasoluppvärmning eller annan gasolutrustning (torkskåp, varmvattenberedare etc.). Bensin är mycket brandfarligt men bensinångor är explosiva. Eftersom bensin kan innehålla cancerogena ämnen bör man använda gummihandskar då risk finns att man kommer i kontakt med bensin. Spiller man bensin på huden, skölj omedelbart med rikliga mängder tvål och vatten. Torka omedelbart upp eventuellt spill och förvara inte bensinfuktade trasor så att de kan antändas. Bränslesystemet står under konstant tryck, så om bränslesystemet måste öppnas, ska först trycket avlastas (sänkas) (se avsnitt 2 för ytterligare information). Bär skyddsglasögon vid alla**

typer av arbeten på bränslesystemet, se också till att ha en brandsläckare avsedd för bensinbränder tillgänglig.

**1** Demontera säkringen för bränslepumpen i säkringsdosan **(se illustration)**. **Notera:** Se efter i instruktionsboken var säkringen är placerad om informationen inte finns på säkringsdosans lock.
**2** Starta motorn och vänta tills den stannar av sig själv, slå sedan av tändningen.
**3** Ta bort bränslepåfyllningslocket för att avlasta trycket i tanken.
**4** Bränslesystemet är nu avlastat (trycket är sänkt).**Notera:** Linda en trasa runt bränsle-ledningen innan slangklammorna lossas för att minska spill på motorn.
**5** Lossa jordkabeln från batteriet innan arbete på någon del av bränslesystemet påbörjas.

> **Varning:** Se till att radion är avstängd innan någon batterikabel lossas. Eventuell mikroprocessor i radion kan annars skadas.

## 3  Bränslepump/bränsletryck - kontroll

> **Varning: Bensin är mycket brandfarligt, var mycket försiktig vid arbete med någon del av bränslesystemet. Rök inte, använd inte öppen eld eller oskyddade glödlampor i närheten av arbetsplatsen. Arbeta inte heller i utrymmen som har gasoluppvärmning eller annan gasolutrustning (torkskåp, varmvattenberedare etc.). Bensin är mycket brandfarligt men bensinångor är**

explosiva. Eftersom bensin kan innehålla cancerogena ämnen bör man använda gummihandskar då risk finns att man kommer i kontakt med bensin. Spiller man bensin på huden, skölj omedelbart med rikliga mängder tvål och vatten. Torka omedelbart upp eventuellt spill och förvara inte bensinfuktade trasor så att de kan antändas. Bränslesystemet står under konstant tryck, så om bränslesystemet måste öppnas, ska först trycket avlastas (sänkas) (se avsnitt 2 för ytterligare information). Bär skyddsglasögon vid alla typer av arbeten på bränslesystemet, se också till att ha en brandsläckare avsedd för bensinbränder tillgänglig.

**Notera 1:** Bränslepumpen är placerad utanför bränsletanken med en extra pump i tanken som matar huvudpumpen. Primärpumpen i tanken förser huvudpumpen med bränsle men kan inte åstadkomma det höga tryck som krävs. Det finns några modeller som inte har pumpen inbyggd i tanken, beroende på tillverkningsår och marknad.
**Notera 2:** Det finns ett bränslepumpsrelä som ger spänning till bränslepumparna (primär-pump i tanken och huvudpump) samt till insprutarna. Systemreläet ger ström till ECU (styrenheten) för styrning av övriga detaljer i systemet.
**Notera 3:** Vissa modeller kan ha ett vibrator-relä som matar bränslepumpen. Detta är inte utmärkt på de flesta kopplingssheman från Volvo.
**Notera 4:** Följande kontroller förutsätter att bränslefiltret är i god kondition. Är man tveksam beträffande bränslefiltret, byt ut det enligt kapitel 1.
**Notera 5:** Om motorn har turbo och tryckangivelserna inte är riktiga, se till att

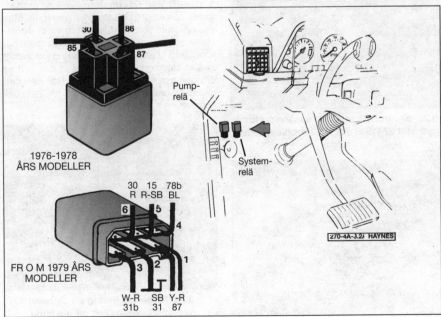

**3.2a  På CI system är bränslepumpreläet placerat under sidopanelen på förarsidan. Ta bort relä och koppla ihop stiften som motsvarar nr 30 och 87 för att aktivera bränslepumpen**

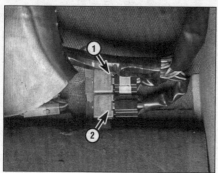

**3.2b På LH Jetronic modeller före 1985, sitter bränslepumpreläet (1) bredvid systemreläet (2) under sidopanelen på passagerarsidan**

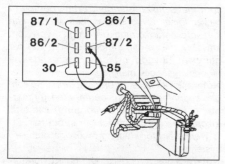

**3.2c På LH 2.2, 2.4 och 3.1 system, sitter bränslereläet bredvid styrenheten under sidopanelen på passagerarsidan. Koppla ihop stiften 30 och 87/2 för att aktivera pumpen**

**3.2e Kontrollera att batterispänning finns på stift 87 (1983 års LH-Jetronicsystem visat)**

**3.2f Om batterispänning finns, brygga över kontakterna för att aktivera pumpen (1983 LH-Jetronicsystem visat)**

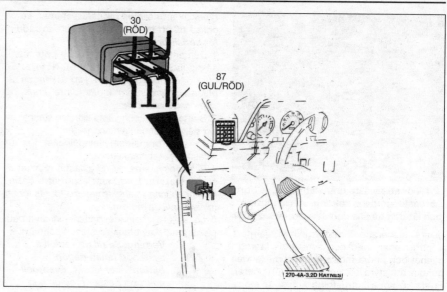

**3.2d Koppla ihop stiften 30 och 87 på turbomodeller**

kontrollera solenoidventilen i tryck över-vakningssystemet. Denna ventil kan ändra bränsletrycket om laddningstrycket blir för högt. Se avsnitt 16.

## Tankmonterad bränslepump, funktionskontroll

**Notera**: På modeller med CI insprutning, kontrollera först bränslepumpens funktion (följ punkterna 1 och 2). Vid kontroll av arbetstryck för modeller med CI insprutning gå vidare till avsnitt 12.

**1** För det första, skulle bränslesystemet inte leverera bränslet (motorn startar inte) eller rätt mängd bränsle, kontrollera följande. Demontera bränsletanklocket. Låt någon vrida tändningen till läge ON (motorn ska inte startas) lyssna samtidigt i bränslepåfyllningsröret. Man ska höra ett surrande ljud som varar åtminstone några sekunder. Hör man ingenting, kontrollera bränslepumpens säkring (se avsnitt 2). Om säkringen är trasig, byt ut den och se om den nya också går sönder. Gör den det, undersök bränslepumpens krets för eventuell kortslutning.

**3.2g En annan metod att aktivera bränslepumpen utan att använda reläsockeln är att koppla ihop stiften 5 och 7 på 1983 och 1984 års LH-Jetronicsystem direkt i säkringsdosan**

**2** Är säkringen hel, leta upp bränslepump-reläet på den specifika bilen och det insprutningssystem som används**(se illustrationer)**. Kortslut mellan de rätta kontaktstiften **(se illustration)** med en lämplig kabelstump. Låt någon ställa tändningen i läge ON, lyssna under tiden vid bränsletanken (huvudpumpen sitter utanför och framför tanken). Man ska höra ett surrande ljud från pumpen.

**Notera**: Detta är en snabb metod för att få bränsle-pumpen att arbeta utan att använda bränsle-pumpreläet på LH-Jetronic system. Koppla en kabel mellan stiften 5 och 7 **(se illustration)** på modeller före 1985 och mellan 4 och 6 på modeller från och med 1985. Bränslepumpen ska nu starta. Se illustrationerna 13.1a t.o.m. 13.1e som har fullständigt kopplingsschema för de olika LH-Jetronic systemen.

## Bränsletryck, kontroll

**Notera**: Beskrivningen gäller endast LH-Jetronic system. För kontroll av arbetstrycket på CI system, se avsnitt 12.

**3** Avlasta bränsletrycket (se avsnitt 2).
**4** Lossa jordkabeln från batteriet.

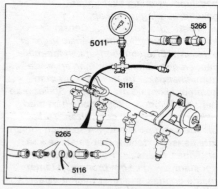

**3.5 Anslutning av tryckmätare**

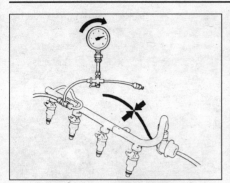

3.19 Tryck ihop returledningen och bekräfta att bränsletrycket ökar. Öka motorvarvtalet och kontrollera att trycket inte minskar under belastning

3.26 Vid förberedelse för tryckkontroll av primärpump, lossa bränsleledningen från inloppssidan på huvudpumpen (vid pilen), använd ett T-rör och montera mätaren

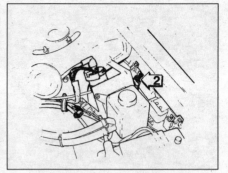

3.33 Var noga med att kontrollera säkringen (2) som skyddar bränslepumpreläet (LH-Jetronic visat)

 **Varning: Se till att radion är avstängd innan någon batterikabel lossas. Eventuell mikroprocessor i radion kan annars skadas.**

**5** Lossa bränslematarledningen från fördelningsröret **(se illustration)**.
**6** Tryckprovet kräver ett specialverktyg (se illustration 3.5) som ansluter mätaren till den gängdimension som finns på bränsleröret. Anskaffa ett sådant mellanstycke hos en verktygsfirma, anslut sedan tryckmätaren till bränsleledningen.
**7** Sätt tillbaka jordkabeln på batteriet.
**8** Kortslut kontakterna vid pumpreläet (se illustration 3.1a t.o.m. 3.1d).
**9** Ställ tändningsläget i läge ON.
**10** Notera bränsletrycket och jämför med uppgifterna i specifikationerna.
**11** Om trycket är lägre än angivet:
a) *Kontrollera att det inte finns något bränsleläckage. Reparera läckorna och gör om provet.*
b) *Finns inga läckor, montera nytt bränslefilter och prova på nytt.*
c) *Är trycket fortfarande lågt, kontrollera bränslepumpens tryck (se avsnitt 13 för LH-Jetronic system).*
**12** Om trycket är högre än angivet, kontrollera att inte bränslereturledningen är igensatt. Om ledningen är fri, byt bränsletryckregulator.
**13** Ställ tändningen i läge OFF, vänta 5 minuter och titta på mätaren. Jämför detta värde med värdet för hålltryck i specifikationerna. Om hålltrycket är mindre än angivet:
a) *Kontrollera att inte läckage förekommer i bränslesystemet. Reparera eventuella läckor och kontrollera trycket på nytt.*
b) *Kontrollera pumptrycket (se nedan).*
c) *Kontrollera bränsletryckregulatorn (se avsnitt 13 för LH-Jetronic).*
d) *Kontrollera insprutarna (se avsnitt 13 för LH-Jetronic).*

## Pumptryck, kontroll

**14** Avlasta bränsletrycket (se avsnitt 2).
**15** Lossa jordkabeln från batteriet.

**16** Lossa bränsleledningen från fördelningsröret på LH- Jetronic system, anslut en bränsletryckmätare med hjälp av det speciella mellanstycket (se punkt 5).
**17** Sätt tillbaka jordkabeln på batteriet.
**18** Starta motorn och kontrollera bränsletrycket. Trycket är något lägre när motorn är igång (se punkt 8 t.o.m. 10). Jämför med specifikationerna.
**19** För att kontrollera funktionen hos bränslepumpen, måste man stänga ventilen på bränsletryckmätaren, eller om sådan ventil saknas, trycka ihop returledningen **(se illustration)**. Detta gör att bränslet kan komma fram till mätaren men inte gå tillbaka till tanken. Detta är det oreglerade trycket. Varva upp motorn, stäng hastigt gasspjället och observera hur trycket varierar. Trycket ska inte sjunka. **Notera:** *Mätningen visar om pumpen kan leverera bränsle under belastning.*
**20** Notera trycket som mätaren visar, jämför med bränslepumptrycket i specifikationerna.
**21** Om trycket är lägre än angivet, kontrollera att inga läckage förekommer mellan pump och mätare. Finns inga läckage, byt bränslepumpen.
**22** Ställ tändningen i läge OFF och vänta i 5 minuter. Notera vad mätaren visar, jämför sedan med hålltrycket i specifikationerna. Om hålltrycket är mindre än angivet, kontrollera att ledningen mellan pump och mätare inte läcker. Finns inget läckage, byt bränslepumpen.
**23** Avlasta bränsletrycket (se avsnitt 2). Om mätaren har en avlastningsventil, släpp ut bränslet i en lämplig behållare. Ta bort mätaren och anslut bränsleledningarna.

## Primärpump, kontroll av tryck

**24** Avlasta bränsletrycket (se avsnitt 2).
**25** Lossa jordkabeln från batteriet.
 **Varning: Se till att radion är avstängd innan någon batterikabel lossas. Eventuell mikroprocessor i radion kan annars skadas.**

**26** Lossa utloppsslangen från tanken i pumpen, anslut sedan mätaren till utloppsröret mellan huvudpumpen och tankpumpen **(se illustration)**. Använd ett T-rör för mätaren.
**27** Sätt tillbaka jordkabeln på batteriet.
**28** Starta motorn och kontrollera att inget läckage finns runt anslutningarna för bränslemätaren.
**29** Om tankpumpen inte vill starta, kontrollera bränslepumprelä och matning till pumpen (se avsnitt 4).
**30** Notera vad mätaren visar, jämför sedan med värdet i specifikationerna.
**31** Om trycket är lägre än angivet, byt pumpen (se avsnitt 4).

## Bränslepumprelä, kontroll

**32** Ställ tändningen i läge ON.
**33** Kontrollera först bränslepumpreläet **(se illustration)**. Då reläet fortfarande är anslutet, för in mätspetsarna från en voltmeter i kontaktstycket (se illustration 3.2a t.o.m. 3.2d).
**34** Ställ tändningen i läge OFF och ta bort relät från kontaktstycket. Mät i kontaktstycket den anslutning som motsvarar stift nummer 87 på relät **(se illustration 3.2d)**. Låt någon köra runt motorn med startmotorn, notera voltmätarens utslag. Det ska finnas batterispänning.
**35** Om ingen spänning finns, kontrollera säkring (-ar) samt kabelhärvan till bränslepumpreläet. Om spänning finns, men bränslepumpen endast fungerar då man kortsluter stiften med en kabel (se punkt 1), byt relä.
**36** Om bränslepumpen fortfarande inte startar, kontrollera att spänning finns vid pumpanslutningen (se avsnitt 4). Byt vid behov bränslepump.

**4 Bränslepump, tankmonterad pump och nivågivare -** demontering och montering

 *Varning: Bensin är mycket brandfarligt, var mycket försiktig vid arbete med någon del av*

**4.4a  Ta bort de tre skruvarna från bränslepumpen (1982 LH-Jetronicsystem visat)**

*bränslesystemet. Rök inte, använd inte öppen eld eller oskyddade glödlampor i närheten av arbetsplatsen. Arbeta inte heller i utrymmen som har gasoluppvärmning eller annan gasolutrustning (torkskåp, varmvattenberedare etc.). Bensin är mycket brandfarligt men bensinångor är explosiva. Eftersom bensin kan innehålla cancerogena ämnen bör man använda gummihandskar då risk finns att man kommer i kontakt med bensin. Spiller man bensin på huden, skölj omedelbart med rikliga mängder tvål och vatten. Torka omedelbart upp eventuellt spill och förvara inte bensinfuktade trasor så att de kan antändas. Bränslesystemet står under konstant tryck, så om bränslesystemet måste öppnas, ska först trycket avlastas (sänkas) (se avsnitt 2 för ytterligare information). Bär skyddsglasögon vid alla typer av arbeten på bränslesystemet, se också till att ha en brandsläckare avsedd för bensinbränder tillgänglig.*

**1** Avlasta bränsletrycket (se avsnitt 2) och tag av tanklocket för att avlasta trycket i tanken.
**2** Lossa jordkabeln från batteriet.

*Varning: Se till att radion är avstängd innan någon batterikabel lossas. Eventuell mikroprocessor i radion kan annars skadas.*

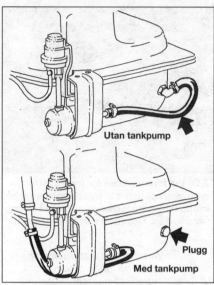

Utan tankpump

Plugg

Med tankpump

**4.4b  Placering av bränslepump på 1976 och 1977 års modeller. Vissa har pump monterad i tanken (undertill) andra är utan (överst)**

## Bränslepump (yttre monterad huvudpump)

**Notera:** *Se avsnitt 3 för felsökning på pumpen.*
**3** Hissa upp bilen och stöd den säkert på pallbockar.
**4** Ta bort skruvarna som håller bränslepumplocket, sänk ner enheten och lossa kablarna från pumpen **(se illustrationer)**.
**5** Använd slangtänger, kläm ihop slangarna på ömse sidor om bränslepumpen. Om slangtänger saknas, vira trasor runt slangarna och kläm ihop dem med en självlåsande tång, just så hårt att inget bränsle rinner ut ur dem.
**6** Lossa slangklämmorna och sedan slangarna från pumpen **(se illustration)**.
**7** Demontera pumpens fästskruvar och klammor, ta sedan bort pumpen från chassit.
**8** Montera i omvänd ordning.

## Tankmonterad pump

**Notera:** *De vanligaste symptomen på defekt tankpump är varmstartproblem, lägre topphastighet, ånglås och tvekan från motorn samt*

**4.6  Fästet har lutats nedåt för att visa ackumulatorn (1), bränslepumpen (2) och backventilen (3)**

*oljud från huvudbränslepumpen (överlastad). Om primärpumpen inte fungerar startar vanligen bilen och går med hjälp av huvudpumpen.*
**9** På sedanmodeller är pumpen åtkomlig under mattan i bagageutrymmet, på herrgårdsvagnar måste man ta bort locket i bagagerummet för att komma åt pumpen. **Notera:** *För att felsöka den tankmonterade pumpen, följ anvisningarna i avsnitt 3. Ett annat snabbt test är att undersöka om det finns batterispänning då tändningen står i läge ON ( motorn ska inte startas) direkt vid kontaktstycket för bränsletanken* **(se illustration)**. *Detta begränsar problemen till pumpen och inte till kablaget.*
**10** Demontera skruvarna som håller locket ovanför pumpen **(se illustration)**.
**11** Demontera locket.
**12** Leta upp kontaktsyckena för bränslepump och nivågivare och lossa dem. Lossa också inlopps- och utloppsledningar.
**13** Enheten måste vridas moturs för att lossa från hakarna som håller den till bränsletanken **(se illustrationer)**. Specialverktyg finns för detta ändamål, men man kan använda en mässingsdorn och hammare.

*Varning: Använd inte en dorn av stål eller skruvmejsel, detta kan orsaka gnistor. Lyft försiktigt bort enheten från bränsletanken (se illustrationer). Man kan behöva vrida något på den så att flottören kan passera öppningen.*

**4.9  Kontrollera att batterispänning finns vid anslutningen för pumpen i tanken**

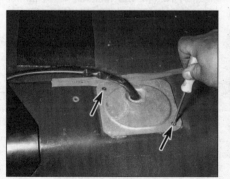

**4.10  Demontera skruvarna till locket ovanför pumpen**

**4.13a  Använd en mässingsdorn för att vrida infattningen**

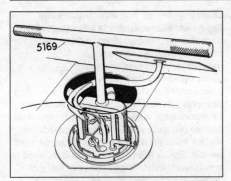

**4.13b Ett specialverktyg finns för demontering av tankmonterad pump**

14 Lossa fästskruvarna för den tank-monterade pumpen samt klammorna, ta sedan bort pumpen från enheten.
15 Montera i omvänd ordning. Om packningen mellan bränslepump och tank har torkat, är sprucken eller skadad ska man byta ut den.

### Nivågivare - kontroll och byte
16 Demontera den tankmonterade pumpen (se föregående punkt) tillsammans med nivågivaren.
17 Använd en ohmmeter mellan angivna kontaktstift och kontrollera att motståndet är rätt (se kopplingssheman i kapitel 12). Resistansen ska minska då flottören stiger.
18 Om resistansen är fel, byt nivågivare.
19 Montera i omvänd ordning.

### 5  Bränsleledningar och anslutningar - reparation och byte

⚠️ *Varning: Bensin är mycket brandfarligt, var mycket försiktig vid arbete med någon del av bränslesystemet. Rök inte, använd inte öppen eld eller oskyddade glödlampor i närheten av arbetsplatsen. Arbeta inte heller i utrymmen som har gasoluppvärmning eller annan gasolutrustning (torkskåp, varmvattenberedare etc.). Bensin är mycket brandfarligt men bensinångor är explosiva. Eftersom bensin kan innehålla cancerogena ämnen bör man använda gummihandskar då risk finns att man kommer i kontakt med bensin. Spiller man bensin på huden, skölj omedelbart med rikliga mängder tvål och vatten. Torka omedelbart upp eventuellt spill och förvara inte bensinfuktade trasor så att de kan antändas. Bränslesystemet står under konstant tryck, så om bränslesystemet måste öppnas, ska först trycket avlastas (sänkas) (se avsnitt 2 för ytterligare information). Bär skyddsglasögon vid alla typer av arbeten på bränslesystemet, se också till att ha en brandsläckare avsedd för bensinbränder tillgänglig.*

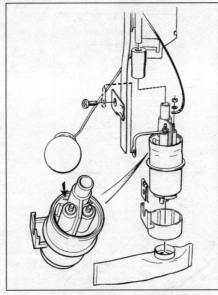

**4.13c  Sprängskiss över tankmonterad pump på senare CI system**

1 Avlasta alltid bränsletrycket och lossa jord-kabeln från batteriet innan arbete med bränsleledningar och anslutningar påbörjas (se avsnitt 2).
2 Bränslematarledningen, returledningen och ångledningarna går från bränsletanken till motorrummet. Ledningarna hålls mot chassit med klammor och skruvar. Ledningarna måste emellanåt kontrolleras så att de inte läcker, har veck eller intryckningar.
3 Hittar man smuts i bränslefiltret bör ledningen lossas och blåsas ren. Kontrollera silen på pumpen i tanken så den inte är skadad eller har åldrats.

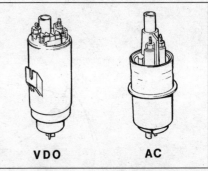

**4.13d  1978 till och med 1981 förekom både AC- och VDO-pumpar. VDO enheten har utgått och måste bytas mot AC pump om den går sönder. De två pumparna är utbytbara, men man måste använda ett separat störskydd för att minska radiostörningarna**

4 Eftersom bränsleledningarna på insprutade motorer står under högt tryck, kräver de speciell tillsyn. Om man måste byta ett rör för bränsle eller emissionskontroll, använd endast originaldelar för säker funktion. Använd inte koppar eller aluminiumrör som ersättning för stålrör. Dessa material tål inte vibrationerna.
5 Vid byte av bränsleslangar, använd endast bränsleslangar avsedda för trycket.

### 6  Bränsletank - demontering och montering

⚠️ *Varning: Bensin är mycket brandfarligt, var mycket försiktig vid arbete med någon del av*

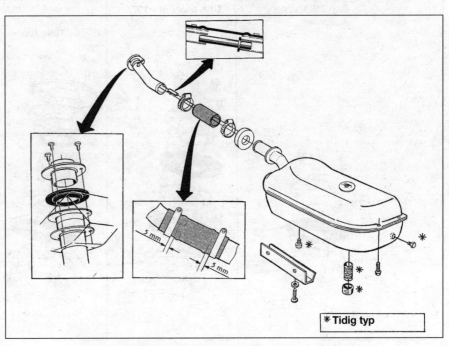

*Tidig typ

**6.4a  Sprängskiss visande tidigt utförande av bränsletank**

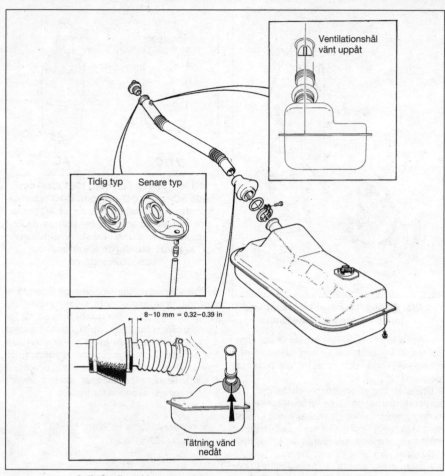

Ventilationshål vänt uppåt

Tidig typ    Senare typ

8–10 mm = 0.32–0.39 in

Tätning vänd nedåt

**6.4b Sprängskiss som visar senare utförande av bränsletank**

bränslesystemet. Rök inte, använd inte öppen eld eller oskyddade glödlampor i närheten av arbetsplatsen. Arbeta inte heller i utrymmen som har gasoluppvärmning eller annan gasolutrustning (torkskåp, varmvattenberedare etc.). Bensin är mycket brandfarligt men bensinångor är explosiva. Eftersom bensin kan innehålla cancerogena ämnen bör man använda gummihandskar då risk finns att man kommer i kontakt med bensin. Spiller man bensin på huden, skölj omedelbart med rikliga mängder tvål och vatten. Torka omedelbart upp eventuellt spill och förvara inte bensinfuktade trasor så att de kan antändas. Bränslesystemet står under konstant tryck, så om bränslesystemet måste öppnas, ska först trycket avlastas (sänkas) (se avsnitt 2 för ytterligare information). Bär skyddsglasögon vid alla typer av arbeten på bränslesystemet, se också till att ha en brandsläckare avsedd för bensinbränder tillgänglig.

1 Ta bort tanklocket för att sänka trycket i tanken.

2 Avlasta bränsletrycket (se avsnitt 2).

3 Lossa jordkabeln från batteriet.

⚠ **Varning: Se till att radion är avstängd innan någon batterikabel lossas. Eventuell mikroprocessor i radion kan annars skadas.**

4 Ta bort avtappningspluggen **(se illustrationer)** och tappa ur bränslet i en godkänd behållare. Om tanken saknar avtappning, "slanga" ut bränslet i en godkänd behållare.

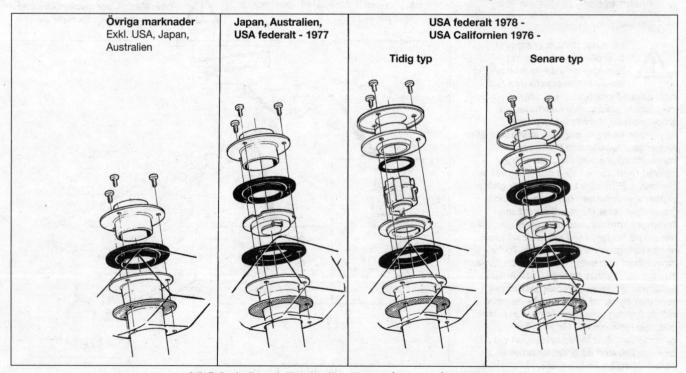

| Övriga marknader<br>Exkl. USA, Japan, Australien | Japan, Australien,<br>USA federalt - 1977 | USA federalt 1978 -<br>USA Californien 1976 - | |
|---|---|---|---|
| | | Tidig typ | Senare typ |

**6.7 Bränslerörets infästning för olika områden och årsmodeller**

**Varning: Sug aldrig med munnen i ledningen - använd en pump avsedd för ändamålet (kan köpas från vissa affärer).**

5 Lossa kontaktstycket i bränslepumpen samt bränslematar-, retur- och vakuum-slangar (se avsnitt 4).

6 Demontera skyddet för tanken.

7 Demontera påfyllningsrör och avluftnings-slangar **(se illustration)**.

8 Hissa upp bilen och ställ den säkert på pallbockar.

9 Stöd tanken med en garagedomkraft. Lägg en träkloss mellan domkraft och bränsletank som skydd för tanken.

10 Ta bort fästskruvarna i hörnen på bränsletanken och lossa fästbanden.

11 Sänk ner tanken så mycket att översidan blir synlig och se till att allting är lossat. Sänk sedan ner tanken helt och ta fram den.

12 Montera i omvänd ordning.

## 7 Bränsletank, rengöring och reparation - allmänt

1 Alla reparationer på en bränsletank eller påfyllningsrör måste utföras av en fackman som har erfarenhet av detta känsliga och potentiellt farliga arbete. Även sedan bränsle-systemet rengjorts och spolats, kan det finnas explosiva gaser kvar som kan antändas under reparationen.

**8.6a Ta bort skruven (vid pilen) från luftrenarens fäste och lyft bort fästet från bilen**

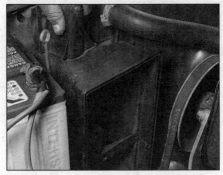

**8.6b Vrid luftrenarhuset framåt så att nabbarna går ur spåren undertill**

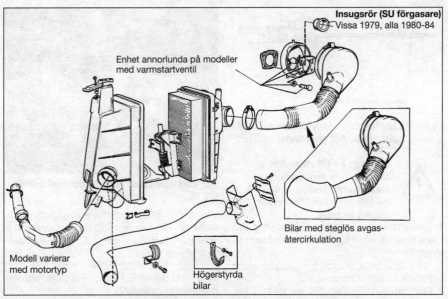

**8.2 Sprängskiss över luftrenare**

Insugsrör (SU förgasare)
Vissa 1979, alla 1980-84

Enhet annorlunda på modeller med varmstartventil

Modell varierar med motortyp

Högerstyrda bilar

Bilar med steglös avgas-återcirkulation

2 Om bränsletanken demonteras från bilen bör den förvaras i ett utrymme där inga gnistor bildas eller öppen låga förekommer. Var speciellt försiktig inuti garage som värms med gasol.

## 8 Luftrenare - demontering och montering

1 Lossa jordkabeln från batteriet.

**Varning: Se till att radion är avstängd innan någon batterikabel lossas. Eventuell mikroprocessor i radion kan annars skadas.**

2 Ta bort luftkanalen från framsidan på luftrenaren **(se illustration)**.

3 Lossa kanalen mellan luftrenare och gasspjällhus.

4 Demontera luftfiltret (se kapitel 1).

5 Lossa elanslutningen från luftmätaren på LH-Jetronic system. Ta sedan bort luft-mängdmätaren från motorrummet (se kapitel 6).

6 Demontera fästskruvarna för luftrenaren **(se illustrationer)** och lyft bort den från motor-rummet.

7 Montera i omvänd ordning.

## 9 Gasvajer - kontroll, justering och byte

### Kontroll

1 Låt en medhjälpare trycka ner gaspedalen helt mot golvet, titta samtidigt på gasspjället. Det ska röra sig till helt öppet (horisontellt) läge.

2 Släpp upp gaspedalen och se till att gas-

spjället mjukt rör sig till stängt läge. Spjället ska inte vidröra huset (insugningsröret) någon gång under rörelsen, i annat fall måste enheten bytas.

### Justering

3 Varmkör motorn till normal arbetstempera-tur, stäng sedan av den. Tryck ner gaspedalen helt mot golvet, kontrollera sedan kabelns frigång vid spjällhuset. Jämför med värdet i specifikationerna.

4 Om måttet avviker från specifikationerna, justera genom att vrida mutter A **(se illustra-tioner)**.

5 Låt någon se till att spjället är helt öppet då pedalen är tryckt mot golvet.

### Byte

**Notera:** *En ficklampa krävs för arbetet under instrumentbrädan.*

6 Lossa jordkabeln från batteriet.

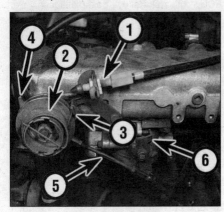

**9.4a Gaslänkage**

1 Gasvajerns justerskruv
2 Linskiva
3 Stoppklack, stängt läge
4 Stoppklack, öppet läge
5 Länkstång
6 Stoppklack och justerskruv

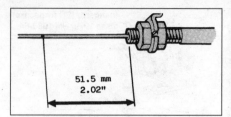

**9.4b På kablar med skruvjustering, se till att tillräckligt spel finns**

*Varning: Se till att radion är avstängd innan någon batterikabel lossas. Eventuell mikroprocessor i radion kan annars skadas.*

**7** Lossa låsmuttrarna för varje justering och haka loss vajern från stödfästet på insugningsröret.

**8** Kläm ihop plasthållaren med en spetstång och tryck ut den ur hållaren.

**9** Dra kabeländen ner genom hålet i lintrumman (spjällarmen) **(se illustration)**.

**10** Arbeta sedan under instrumentbrädan på förarsidan, sträck upp handen och lossa gasvajern från ovansidan på gaspedalen.

**11** Dra kabeln genom torpedväggen från motorrummet.

**12** Montera i omvänd ordning. Justera efteråt vajern enligt beskrivning i punkterna 3 t.o.m. 5.

## 10 Bränsleinsprutning - allmänt

240 modeller tillverkade för Sverige är fram t.o.m. 1987 utrustade med BOSCH K-Jetronic system även kallat CI, från engelskans "Continuous Injection" **(se illustrationer)**. Systemet arbetar med konstant bränsleflöde under tryck som samtidigt sprutas in i alla cylindrarna. Tomgångsvarvtalet styrs av en regulator (även benämnd CIS) vilken består av ECU, tillsatsluftslid, gasspjällägesgivare, vätsketempgivare och bränslefördelare. Systemet känner läget på gasspjällägesgivaren och justerar tomgångsvarvet efter detta. **Notera:** *Alla turbomodeller har CI insprutning.*

Senare modeller (från och med 1988) är utrustade med LH-Jetronic system **(se illustrationer)**. Systemet använder en luftmängdmätare av varmtrådstyp. Tidiga LH-Jetronic system för vissa marknader använder en vakuumkontakt som signal från insugningsluftens tryck i stället för gasspjällägesgivare. **Notera:** *Systemet har en tomgångsstabilisatorventil (LH-Jetronic) i stället för tillsatsluftslid (CI system).* Från och med 1989 används LH-Jetronic 2.4 system. Systemen skiljer sig beträffande givare och manöverenheter. Versionen 2.4 använder tändsystemets givare för att styra bränsle och tändgnista.

För vissa marknader används från och med 1991 ett LH-Jetronic system av version 3.1

**9.9 Vrid gasspjället och ta bort vajeränden från spåret**

som har en luftmängdmätare av varmfilmstyp. **Notera:** *1991 och 1992 års modeller har antingen LH-2.4 eller LH-3.1 bränsleinsprutning.*

Inbyggt felsökningssystem kom 1989 i och med LH-Jetronic 2.4. Förgasarmotorer behandlas i kapitel 4b.

### Kontinuerlig insprutning (CI) eller K-Jetronic

Systemet förekommer på alla modeller från 1975 t.o.m. 1987. Det är ett välbeprövat system, där få saker brukar bli fel och utan datorenhet att bekymra sig om. Som namnet antyder, sker bränsleinsprutningen kontinuerligt då motorn är i gång. Mängden insprutat bränsle varierar för att passa rådande körförhållanden. Bränslet förs från tanken av en elektrisk pump. Pumpen trycksätter systemet med cirka 5 bar. En ackumulator bredvid pumpen tjänstgör som reservoar för att bevara trycket för under-

lättande av varmstart och dämpa pulserna från pumpen. Från ackumulatorn passerar bränslet genom ett filter och sedan till bränslefördelaren under insugningsröret. På turbomotorer sitter bränslefördelaren nära innerflygeln. Bränslefördelaren påminner lite grand om en tändfördelare, men den har bränsleledningar istället för tändkablar. Det finns en bränsleledning per insprutare, samt ytterligare ledningar för kallstartinjektor samt styrtryckregulator. Bränslefördelarens huvudsakliga funktion är att reglera bränslemängden till insprutarna i förhållande till luftflödet. Luftströmmen böjer undan mätskivan, som flyttar regulatorkolven i bränslefördelaren som på detta sätt varierar bränslemängden till insprutarna. Luftflödesmätaren och bränslefördelaren kallas tillsammans ibland bränslestyrenheten.

Styrtrycksregulatorn reducerar styrtrycket under varmkörning och då vakuumet i insugninsröret är lågt, på detta sätt görs blandningen fetare. Ett lägre styrtryck betyder att mätskivan kan böjas undan längre, så att bränslemängden ökas. En elektriskt styrd kallstartinjektor ger extra bränsle under kallstart. En termisk tidkontakt reglerar den tid kallstartinjektorn är i funktion då motorn är kall; då motorn är varm gör ett impulsrelä att mindre mängder bränsle kan sprutas in. En tillsatsluftslid ger den extra luft som krävs för att behålla tomgångsvarvet då motorn är kall.

### Elektronisk bränsleinsprutning (EFI) eller LH-Jetronic

Bosch LH-Jetronic insprutningssystem används på modeller för Sverige från 1988.

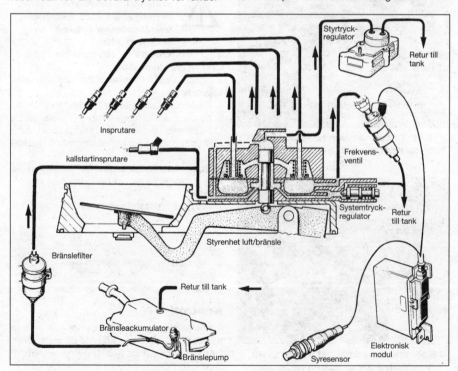

**10.1a Typiskt CI system med syresensor (även kallad Lambdasond) (gäller ej Sverige)**

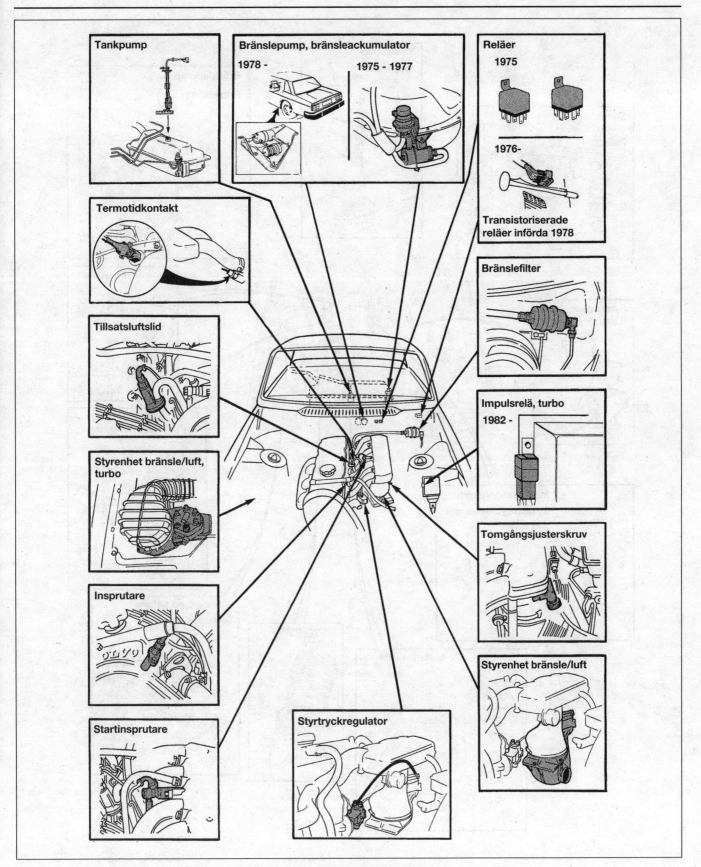

**10.1b  Schematisk bild över CI system på turbomotor**

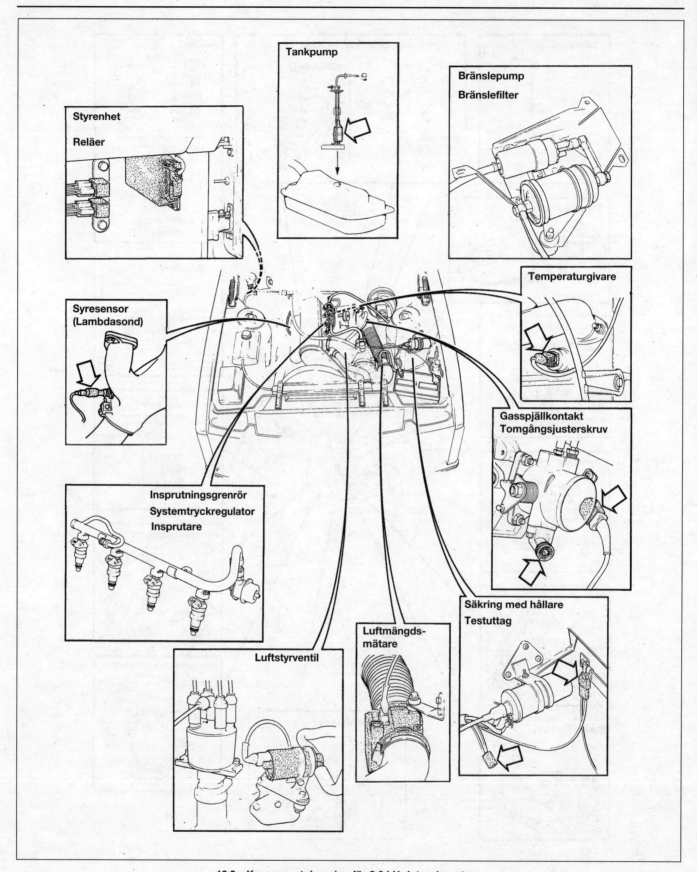

**Tankpump**

**Bränslepump**
**Bränslefilter**

**Styrenhet**
**Reläer**

**Syresensor**
**(Lambdasond)**

**Temperaturgivare**

**Gasspjällkontakt**
**Tomgångsjusterskruv**

**Insprutningsgrenrör**
**Systemtryckregulator**
**Insprutare**

**Luftstyrventil**

**Luftmängds-**
**mätare**

**Säkring med hållare**
**Testuttag**

10.2a  Komponentplacering för 2.0 LH-Jetronicsystem

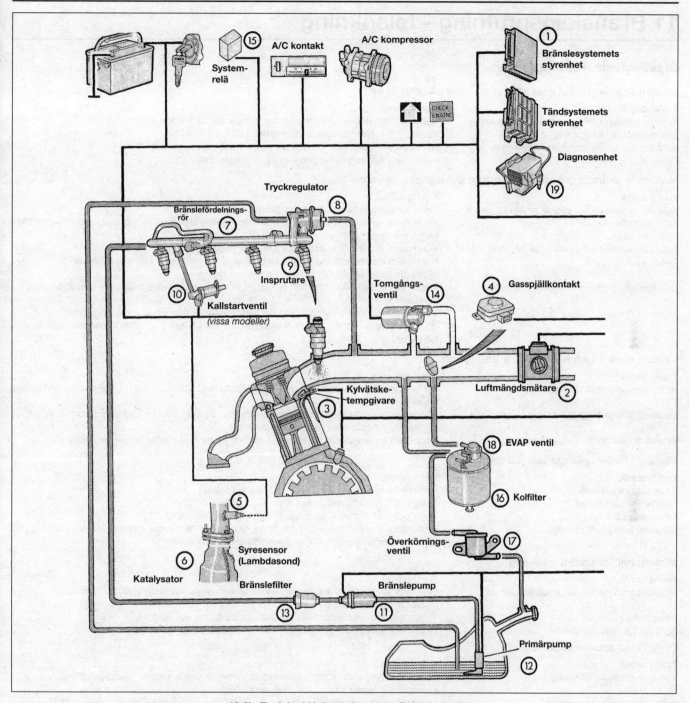

**10.2b  Typiskt LH-Jetronicsystem (LH 2.4 visat)**

Det är en elektronisk styrd bränsleinsprutning som har en solenoidmanövrerad insprutare per cylinder. Systemet regleras av en elektronisk styrenhet (ECU) som behandlar information från diverse givare. Den beräknar också exakt den mängd bränsle cylindrarna ska ha och reglerar den genom att variera den tid insprutarna är öppna. En elektrisk bränslepump matar bränsle under högt tryck till insprutarna genom bränsleledningarna och ett filter. Ett tryckregulator håller trycket vid

optimalt värde, och tillåter trycket att stiga eller falla beroende på motorvarvtal och belastning. Den överskottsmängd insprutarna inte behöver förs tillbaka till tanken i en separat ledning.

En givare i insugningsluften mäter hela tiden den mängd luft som motorn suger in, och styrenheten beräknar den mängd bränsle som krävs för bästa luft/bränsleblandning.

En annan enhet, kallad syresensor, monterad i avgasröret, mäter kontinuerligt syre-

halten i avgaserna. Informationen används också av styrenheten för att justera insprutningstiden, vilket gör det möjligt att mycket exakt anpassa bränslemängden för att kunna möta avgasreningskraven.

Andra detaljer i systemet är gasspjäll (som reglerar luftflödet i motorn), en kylvätsketempgivare, gasspjällägesgivaren, tomgångsstabilisatorventilen (som för luft förbi gasspjället för att reglera tomgången) samt tillhörande relä och säkringar.

# 11 Bränsleinsprutning - felsökning

## CI bränsleinsprutningssystem

### Motorn är svårstartad eller startar inte alls när den är kall

| Trolig orsak | Korrigering |
| --- | --- |
| Kallstartventilen eller termotidkontakten felaktig | Testa kallstartventilen och termotidkontakten. Byt ut defekta delar (se avsnitt 12) |
| Bränslepumpen fungerar ej | Kontrollera bränslepumpens säkring och relä (se avsnitt 3) |
| Luftflödessensorns mätskiva har inkorrekt läge | Kontrollera skivans läge och justera om det behövs (se avsnitt 12) |
| Felaktigt bränsletryck | Kontrollera systemtrycket och kallt styrtryck (se avsnitt 12) |

### Motorn är svårstartad eller startar inte alls när den är varm

| Trolig orsak | Korrigering |
| --- | --- |
| Kallstartventilen läcker eller är aktiverad hela tiden | Testa kallstartventilen och termotidkontakten (se avsnitt 12) |
| Felaktigt bränsletryck | Kontrollera varmt styrtryck. Byt ut bränslepumpens styrventil eller bränsleackumulator, efter behov (se avsnitt 12) |
| Luftflödessensorns mätskiva har inkorrekt läge | Kontrollera skivans läge och justera om det behövs (se avsnitt 12) |
| Otillräckligt resttryck | Kontrollera resttrycket. Byt ut bränslepumpens styrventil eller bränsleackumulator, efter behov (se avsnitt 12) |
| Bränsleläcka (-or) | Inspektera bränsleledningar och anslutningar. Laga läckor efter behov (se avsnitt 5 och kapitel 1) |
| Klämd PCV-slang (Turbomodeller) | Vevhusventilationens slang är vikt vid den lägre anslutningen till insugningsröret, vilket orsakar övertryck i vevhuset och störningar i lyftning av luftflödessensorns mätskiva (se kapitel 6) |

### Motorn missar och tvekar under belastning

| Trolig orsak | Korrigering |
| --- | --- |
| Bränsleinsprutare blockerad | Testa bränsleinsprutarna. Leta efter igentäppta insprutarledningar. Byt ut defekta insprutare (se avsnitt 12) |
| Inkorrekt bränsletryck | Kontrollera systemtryck och varmt styrtryck. Justera systemtryckregulatorn eller byt ut styrtryckregulatorn efter behov (se avsnitt 12) |
| Bränsleläcka (-or) | Inspektera bränsleledningar och anslutningar. Laga läckor efter behov (se kapitel 1) |

### Motorn startar men stannar vid tomgång

| Trolig orsak | Korrigering |
| --- | --- |
| Inkorrekt bränsletryck | Kontrollera systemtryck och styrtryck (se avsnitt 12) |
| Kallstartventilen läcker | Testa och, om det behövs, byt ut ventilen (se avsnitt 12) |
| Tillsatsluftslid defekt | Testa och, om det behövs, byt ut tillsatsluftsliden (se avsnitt 12) |
| Vakuum- (intagsluft) läckage | Inspektera intagsluftskomponenterna, leta efter läckande slangar, slanganslutningar, sprickor eller andra läckor. Reparera efter behov (se kapitel 1) |

### Motorn har för snabb tomgång

| Trolig orsak | Korrigering |
| --- | --- |
| Gaspedalen, vajern eller gasspjället kärvar | Leta efter slitna eller trasiga delar, veckad vajer eller annan skada. Byt ut defekta insprutare (se avsnitt 12) |
| Tillsatsluftslid defekt | Testa och, om det behövs, byt ut tillsatsluftsliden (se avsnitt 12) |
| Luftläckage förbi gasspjället | Inspektera gasspjället och justera eller byt ut efter behov (se avsnitt 12) |

### Tvekan vid accelaration

| Trolig orsak | Korrigering |
| --- | --- |
| Vakuum- (intagsluft) läckage | Inspektera intagsluftskomponenterna, leta efter läckande slangar, slanganslutningar och sprickor eller andra läckor. Reparera efter behov |
| Bränsleinsprutare blockerad | Testa insprutarnas sprutmönster och kvantitet. Byt ut defekt insprutare (se avsnitt 12) |
| Kallstartventilen läcker | Testa och, om det behövs, byt ut kallstartventilen (se avsnitt 12) |
| Mätkolv i bränslefördelare kärvar eller fördelaren defekt | Kontrollera mätskivans rörelse och, om det behövs, byt ut bränslefördelaren (se avsnitt 12) |
| Luftflödesmätarens mätskiva i felaktigt läge | Kontrollera mätskivans läge och justera efter behov (se avsnitt 12) |
| Inkorrekt bränsletryck | Testa systemtryck och varmt styrtryck. Om det behövs, byt ut styrtryckregulatorn (se avsnitt 12) |

### Hög bränsleförbrukning

| Trolig orsak | Korrigering |
| --- | --- |
| Tomgångshastighet, tändinställning och tomgångsblandning | Kontrollera och justera (kapitel 1) (blandningsjustering måste utföras av auktoriserad verkstad eller likvärdig) |
| Kallstartventilen läcker | Testa och, om det behövs, byt ut kallstartventilen |
| Inkorrekt bränsletryck | Testa systemtryck och varmt styrtryck. Om det behövs, byt ut tryckregulator (se avsnitt 12) |

## Motorn fortsätter att gå (diesel) när tändningen slagits av

| Trolig orsak | Korrigering |
| --- | --- |
| Felaktig tändinställning eller defekt tändsystem | Kontrollera tändinställning (se kapitel 1) |
| Motorn överhettar | Inspektera kylsystemet (se kapitel 1 och 3) |

## *LH-Jetronic bränsleinsprutningssystem*

**Notera:** *Börja felsökningen med att kontrollera eventuellt lagrade felkoder (se kapitel 6)*

### Motorn svårstartad eller startar inte alls när den är kall

| Trolig orsak | Korrigering |
| --- | --- |
| Kylvätsketempgivaren defekt | Testa kylvätsketempgivaren och byt ut den om det behövs (se kapitel 6) |
| Bränslepumpen fungerar ej | Kontrollera bränslepumpens säkring och relä (se avsnitt 3) |
| Bränslefilter igensatt | Kontrollera bränslefiltret (se kapitel 1) |
| Vakuum- (intagsluft) läckage | Kontrollera luftintagskomponenter, leta efter läckande slangar, slanganslutningar och sprickor eller andra läckage. Reparera efter behov. Kontrollera om påfyllningslock eller mätsticka sitter löst |

### Motorn svåtstartad eller startar inte alls när den är varm

| Trolig orsak | Korrigering |
| --- | --- |
| Lågt bränsletryck | Testa bränsletrycket (se avsnitt 3) |
| Elektronisk styrenhet defekt | Låt auktoriserad verkstad testa systemet |

### Motorn startar när den är kall men stannar vid tomgång

| Trolig orsak | Korrigering |
| --- | --- |
| Kylvätsketempgivaren defekt | Testa kylvätsketempgivaren och byt ut den om det behövs (se kapitel 6) |
| Elektronisk styrenhet defekt | Låt auktoriserad verkstad testa systemet |

### Motorn går ojämnt på tomgång eller stannar (kall eller varm)

| Trolig orsak | Korrigering |
| --- | --- |
| Vakuum- (intagsluft) läckage | Kontrollera luftintagskomponenter, leta efter läckande slangar, slanganslutningar och sprickor eller andra läckage. Reparera efter behov. Kontrollera om påfyllningslock eller mätsticka sitter löst |
| Luftflödessensorns spjäll kärvar eller är defekt | Kontrollera om spjället kärvar. Låt auktoriserad verkstad testa systemet |
| Felaktig mängd bränsle matas till motorn | Testa bränslepumpen (se avsnitt 3) |
| Bränslefilter igensatt | Byt bränslefilter (se kapitel 1) |
| Tomgångsluftens styrventil defekt | Testa tomgångskontakten. Testa styrventilen (se kapitel 6) |
| Lågt bränsletryck | Kontrollera bränsletrycket (se avsnitt 3) |
| Elektronisk styrenhet defekt | Låt auktoriserad verkstad testa systemet |

### Motorn missar, tvekar eller stannar under belastning

| Trolig orsak | Korrigering |
| --- | --- |
| Luftflödessensorns spjäll kärvar eller är defekt | Kontrollera om spjället kärvar. Låt auktoriserad verkstad testa systemet |
| Intagsluftens förvärmning defekt | Testa intagsluftens förvärmningssystem och byt ut defekta komponenter efter behov |
| Vakuum- (intagsluft) läckage | Kontrollera luftintagskomponenter, leta efter läckande slangar, slanganslutningar och sprickor eller andra läckage. Reparera efter behov. Kontrollera om påfyllningslock eller mätsticka sitter löst |
| Lågt bränsletryck | Kontrollera bränsletrycket (se avsnitt 3) |

### Motorn har för snabb tomgång

| Trolig orsak | Korrigering |
| --- | --- |
| Gaspedalen, vajern eller gasspjället kärvar | Leta efter slitna eller trasiga delar, veckad vajer eller annan skada. Byt ut defekta delar (se avsnitt 9) |
| Kylvätsketempgivarens vajer lös eller trasig | Kontrollera vajern mellan styrenhet och och sensor (se kapitel 12) |
| Tomgångsstabilisatorns ventil defekt | Testa tomgångskontakten. Testa tomgångsstabilisatorns ventil (se kapitel 6) |

### Motorn svag

| Trolig orsak | Korrigering |
| --- | --- |
| Luftintag tilltäppt | Kontrollera luftfilter, luftfilterhus och förvärmningssytem (kapitel 1) |
| Luftflödessensorns spjäll öppnar inte helt | Kontrollera mätskivans rörelse. Byt ut luftflödessensorn om det behövs (se kapitel 6) |
| Gasspjällplattan öppnar inte helt | Kontrollera gasvajerns justering, gasspjället måste öppna helt. Justera vajern om det behövs (se avsnitt 9) |
| Fullgaskontakt defekt eller felaktigt justerad | Kontrollera gasspjällkontakten och justera vid behov. Byt ut defekt kontakt (se avsnitt 13) |
| Elektronisk styrenhet defekt | Låt auktoriserad verkstad testa systemet |

### Motorn fortsätter att gå (diesel) när tändningen slagits av

| Trolig orsak | Korrigering |
| --- | --- |
| Felaktig tändinställning eller defekt tändsystem | Kontrollera tändinställning (se kapitel 1) |
| Motorn överhettar | Se kapitel 3 |

## 12 Kontinuerlig insprutning (CI) - kontroll

⚠ **Varning: Bensin är mycket brandfarligt, var mycket försiktig vid arbete med någon del av bränslesystemet. Rök inte, använd inte öppen eld eller oskyddade glödlampor i närheten av arbetsplatsen. Arbeta inte heller i utrymmen som har gasoluppvärmning eller annan gasolutrustning (torkskåp, varmvattenberedare etc.). Bensin är mycket brandfarligt men bensinångor är explosiva. Eftersom bensin kan innehålla cancerogena ämnen bör man använda gummihandskar då risk finns att man kommer i kontakt med bensin. Spiller man bensin på huden, skölj omedelbart med rikliga mängder tvål och vatten. Torka omedelbart upp eventuellt spill och förvara inte bensinfuktade trasor så att de kan antändas. Bränslesystemet står under konstant tryck, så om bränslesystemet måste öppnas, ska först trycket avlastas (sänkas) (se avsnitt 2 för ytterligare information). Bär skyddsglasögon vid alla typer av arbeten på bränslesystemet, se också till att ha en brandsläckare avsedd för bensinbränder tillgänglig.**

### Preliminära kontroller

1 Kontrollera att jordkablarna på insugningsgrenröret har ordentlig kontakt. Kontrollera alla kontaktstycken som har med systemet att göra. Lösa anslutningar och dålig jord kan orsaka många problem som påminner om allvarliga felfunktioner.

2 Kontrollera att batteriet är fulladdat, eftersom styrenhet och givare är beroende av en tillförlitlig spänningsmatning för att rätt kunna mäta bränslemängden.

3 Kontrollera luftfiltret - ett smutsigt eller delvis blockerat filter kan allvarligt påverka prestanda och ekonomi.

4 Öppna bränsletanklocket och lyssna att

pumpen går medan någon kör runt motorn med startmotorn. Hör man inget surrande, kontrollera bränslepumpen (se avsnitt 3).

5 Kontrollera säkringarna. Hittar man en trasig säkring, byt ut den och se om den går sönder igen. Gör den det, kontrollera att det inte finns kortslutning till jord i kablaget till bränslepumpen.

6 Kontrollera att inga läckor finns i luftkanalen från luftflödesmätaren till grenröret, detta resulterar i för mager blandning. Kontrollera också konditionen hos alla vakuumslangar som är anslutna till insugningsröret.

7 Demontera luftkanalen från gasspjällhuset och kontrollera att det inte finns smuts, sot eller andra beläggningar. Är den smutsig, rengör med förgasarrengöring och en tandborste.

### Gasspjällkontakt

8 Ställ tändningslåset i läge ON, öppna sedan gasspjället för hand och lyssna efter ett klickande så fort gasspjället går från stoppklacken. Detta tyder på att kontakten fungerar. Hör man inget klick, fortsätt enligt avsnitt 14 för justering (eller vid behov byte).

### Bränsletryck - kontroller

*Notera: På CI bränsleinsprutningssystem, måste pumptrycket först mätas innan systemtrycket för kontrolleras. Systemtrycket avslöjar endast funktionen hos bränslefördelare, tryckregulator, insprutare, styrtryckregulator och ledningarna mellan bränslefördelare och insprutare. Med andra ord, man måste först försäkra sig om att bränslepumpen ger rätt mängd bränsle till bränslefördelaren från tanken och vid rätt tryck. För styrsystem brukar detta kallas matningstryck. Det är mycket viktigt att skilja på pumpens funktion och matningen i förhållande till bränslefördelare och det mekaniskt styrda systemet. Följ anvisningarna för kontroll av pumprelä (avsnitt 3) samt bränsletryck för insprutningssystemet för att trycket ska bli riktig. Detta benämns då matningstryck. Då man en gång konstaterat att bränslepumpen arbetar ordentligt, gå vidare med kontrollen av CI systemet.*

*Notera: Följande kontroller kräver en typ av bränsletryckmätare speciellt gjord för kontroll av CI system.*

9 Avlasta bränsletrycket (se avsnitt 2).

10 Anslut tryckmätaren mellan styrtrycksregulatorn och bränslefördelaren med ventilsidan på instrumentet mot styrtrycksregulatorn **(se illustration)**.

11 Starta motorn och avläs instrumentet. **Notera:** *Lossa kontaktstyckena till styrtrycksregulator och tillsatsluftslid* **(se illustrationer)** *för att hindra ändringar i bränsletrycket innan man kontrollerat styrtrycket med kall motor.* Det finns tre olika tryck att utvärdera:

**Systemtryck** - Det grundläggande trycket producerat av bränslepumpen och reglerat av tryckregulatorn i bränslefördelaren.

**Styrtryck** - Skillnaden mellan systemtryck och trycket i den undre kammaren i bränslefördelaren så som det bestäms av strytrycksregulatorn. Det används för att motverka systemtrycket och reglera mätkolvens rörelse.

**Resttryck** - Det tryck som återstår i systemet sedan motor och bränslepump stängts av.

### Systemtryck - kontroll

12 Kontrollera först systemtrycket. Stäng ventilen på tryckmätaren (detta hindrar att bränsle når styrtrycksregulatorn) läs av instrumentet. Systemtrycket ska överensstämma med uppgifterna i specifikationerna. Är systemtrycket för lågt, kontrollera att inga läckor finns, att bränslefiltret inte är igensatt eller att en bränsleledning skadats så att bränsleflödet hindras. Kan man inte hitta någon orsak, kan trycket justeras genom att man placerar ytterligare systembrickor i tryckregulator ventilen (se punkt 34).

13 Om man inte kan justera bränsletrycket riktigt, är bränslefördelaren defekt och måste bytas.

### Styrtryck - kontroll

14 Kontrollera sedan styrtrycket. Vrid ventilen på tryckmätaren till öppet läge **(se illustration)**. Se till att motorn är kall (20°C) så att avläsningen blir riktig. Anslut kontaktstyckena till styrtryckregulator och tillsatsluftslid.

**Notera:** *Styrtrycket för kall respektive varm motor kommer att variera något med olika modeller av tryckregulator från BOSCH. Se uppgifterna i specifikationerna i början av kapitlet.*

**12.10 Vid kontroll av systemtryck, anslut bränslemätaren till bränslefördelaren mellan bränslefördelare och styrtryckregulator, se till att ventilen (vid pilen) är stängd (inget bränsle passerar till styrtryckregulatorn)**

**12.11a Lossa först kontaktstycket för tillsatsluftsliden . . .**

**12.11b . . .sedan anslutningen för styrtryckregulatorn**

**12.14 Vid avläsning av styrtrycket (kall), se till att ventilen (vid pilen) nu är öppen så att bränsle kan passera**

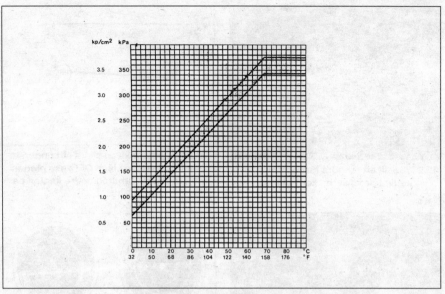

**12.15 Styrtryck, kall, för CI system**

**15** Starta motorn och avläs instrumentet. Bränsletrycket kommer att öka då motorn värms upp **(se illustration)**. Värdet i början kallas styrtryck, kall. Detta tryck skall vara avpassat för klimat och höjd över havet.

**16** Om styrtrycket kall är för högt, kontrollera att bränsleledningen inte är blockerad eller har förträngninar. Kontrollera också anslutningen vid styrtrycksregulatorn inte har en igensatt sil. Hittar man inga problem, byt styrtryckregulator.

 **Varning: Se till att avlasta bränsletrycket innan någon ledning lossas (se avsnitt 2).**

**17** Vid kontroll av styrtryck, varm, låt motorn gå tills styrtrycket inte längre stiger (cirka 2 minuter), läs sedan av mätaren. Detta tryck ska överensstämma med specifikationerna. Vissa modeller har en tryckregulator som kompenserar för höjdskillnader. Använd diagrammet för att konvertera styrtryck, varm i förhållande till höjden över havet **(se illustration)**.

**18** Om styrtrycket, varm är för högt, kontrollera att inte ledningarna är igensatta eller har förträngninar. Kontrollera också att bränsleanslutningen vid styrtrycksregulatorn inte har en igensatt sil. Hittar man inga problem, byt styrtryckregulator.

**19** Om styrtrycket, varm är för lågt eller om det tar mer än 2 minuter att nå högsta värde, kontrollera resistansen hos termoelementet samt att ström kommer fram till kontaktstycket för styrtrycksregulatorn.

### Resttryck - kontroll

**20** Kontrollera slutligen resttrycket. Kontrollera trycket med mätaren ansluten enligt beskrivning i föregående bränsletryck-prov.

**21** Då motorn är varm (styrtryck 3,3 till 3,8 bar) stäng av motorn och låt mätaren vara ansluten. Vänta 10 minuter och läs sedan av mätaren. Bränsletrycket ska inte ha sjunkit under 1,5 bar.

**22** Om trycket sjunker för mycket, kontrollera att inga läckor finns i bränsleledningarna, bränslefördelaren, insprutarna, kallstartventilen samt frekvensventilen för syresensorn

(endast modeller med katalysator, således ej Sverige). Kontrollera också resttrycket i ledningen från pumpen. Lossa mätaren från bränslefördelare och styrtryckregulator, anslut sedan dessa ledningar. Anslut därefter mätaren till matarledningen från bränslepumpen, se till att stänga ventilen. Kör igång bränslepumpen med hjälp av en överkoppling enligt beskrivning i avsnitt 2. Trycksätt systemet tills mätaren visar 3,3 till 3,8 bar. Inte heller här ska trycket sjunka till under 1,5 bar inom 10 minuter.

**23** Om trycket sjunker för mycket och man inte kan hitta några uppenbara läckor mellan pump och mätare, tryck ihop slangen mellan tank och bränslepump och avläs sedan mätaren.

**24** Om resttrycket nu håller sig konstant, kontrollera backventilen i bränslepumpen.

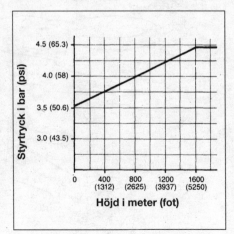

**12.17 Diagram för styrtryck, varm, i förhållande till höjden, för US bilar utom Californien- exempel: vid 800 meter över havsytan ska styrtrycket, varm, vara ungefär 4 bar**

**25** Om trycket fortfarande sjunker är det fel på ackumulatorn.

## Luftflödesmätare - beskrivning, kontroll och justering

### Beskrivning

**26** Luftflödesmätaren mäter den mängd luft som sugs in i motorn. Då luften passerar förbi mätskivan, lyfts skivan, vilket i sin tur lyfter reglerkolven i bränslefördelaren så att bränslemängden regleras **(se illustration)**. Mätskivan och det koniska huset har noggrant bearbetats för att ge optimal bränsle/luftblandning från tomgång till fullgas. Om mätskivan kärvar, inte är centrerad, eller om armen går för tungt, svarar inte bränslefördelaren rätt i förhållande till mätskivan.

### Kontroll

**27** För att kontrollera mätskivans läge är det nödvändigt att ta bort insugningshuset, men innan detta görs, låt motorn gå några minuter så att trycket byggs upp i bränsleledningarna. Lossa klamman och ta bort insugnings-

**12.26 Mätskivan placerad i botten av huset (vid pilen)**

12.27 Se till att rengöra hus och mätskiva innan toleranserna kontrolleras

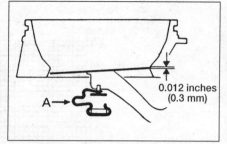

0.012 inches (0.3 mm)

A→

12.28a Då mätskivan vilar i sitt understa läge (tändningen i läge OFF) ska plattan vara inom 0,3 mm från nedre kanten på huset

12.28b Justering för mätskivan (klamma vid pilen)

12.28c Lyft upp mätskivan och justera försiktigt på klamman

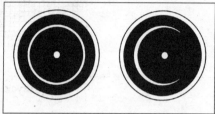

12.29a Mätskivan måste vara centrerad i huset

12.29b För att centrera skivan, använd tre pappersremsor (skrivmaskinspapper) och placera dem mellan mätskiva och kanterna vid huset, se till att ingen kärvning förekommer

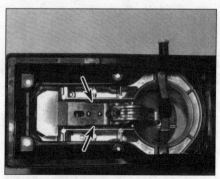

12.30a Luftflödesmätaren sedd underifrån - spelet på ömse sidor om armen (vid pilarna) ska vara lika

kanalen. Mätskivan är nu synlig (se illustration). Kontrollera mätskivans läge i förhållande till huset. Det måste finnas ett gap på 0,1 mm hela vägen runt, mellan skiva och hus. Skivan måste också gå jäms med underdelen på konan i huset då resttrycket har avlastats.

28 Om nivån inte är riktig ska skivan lyftas med en magnet eller tång, se då till att inte repa loppet. Klamman på undersidan kan böjas för att justera nivån, använd en liten tång (se illustrationer). Dra upp skivan så

långt det går så kan arbetet utföras utan att man behöver ta isär enheten ytterligare. Toleransen är 0,3 mm.

29 Centrering av skivan kan vara lätt eller svårt. Försök först på det lätta sättet. Demontera centrumskruven - den sitter ganska hårt eftersom den har låsvätska på gängorna. Ta ut skruven och rengör gängorna. Försök nu centrera plattan med skruven löst åtdragen (se illustrationer). Om detta låter sig göras, ta bort skruven, lägg lite låsvätska (som inte hårdnar) på gängorna och sätt tillbaka den under tiden som plattan hålls centrerad. Dra åt skruven ordentligt.

30 Om plattan inte går att centrera måste man ta bort enheten från bilen. Det är förmodligen lättare att ta bort blandningsenheten först än att ta bort bränsleledningarna, men se till att inte mätkolven ramlar ut när man delar enheten. Lossa givaren från överdelen av luftrenaren. Ta bort givaren och vänd den upp och ned. Kontrollera nu att armen för mätskivan sitter rätt i lagringarna (se illustrationer). Lossa i annat fall skruven på motvikten så kan det vara möjligt att placera

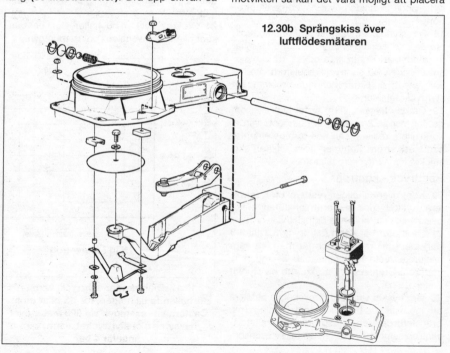

12.30b Sprängskiss över luftflödesmätaren

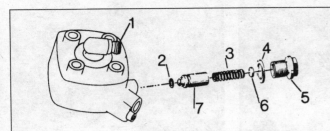

1  Bränslefördelarhus
2  Gummiring
3  Fjäder
4  Kopparbricka
5  Plugg
6  Justerbricka för tryck
7  Reglerkolv

**12.33 Sprängskiss över tryckregulatorventil på fördelarhuset**

armen rätt i lagringarna samtidigt som mätskivan centreras i konan. Är detta möjligt, ta bort skruven, rengör gängorna, lägg en droppe ny låsvätska på skruven och sätt tillbaka den med arm och skiva i rätt läge. Fungerar inte detta måste man skaffa en ny mätenhet på grund av att man får kraftiga körbarhetsproblem om skivan inte kan centreras.

**31** Då skivan centrerats och sitter i rätt höjd, kan enheten sättas samman, blandningsenheten monteras och systemet fyllas med bensin genom att man slår på tändningen några sekunder. Man kan nu kontrollera flödesmätarens funktion. Slå ifrån tändningen, använd sedan en liten magnet, lyft plattan till sitt översta läge. Det ska kännas ett lätt och jämnt motstånd, men ingen kärvning. Tryck nu ned skivan snabbt. Det ska nu inte finnas något motstånd mot rörelsen.

**32** Om skivan inte vill röra sig, eller kärvar i bägge riktningarna, måste skivan centreras, så kontrollera på nytt. Om motstånd eller kärvning inträffar bara då skivan lyfts, ligger problemet hos mätkolv i blandningsenheten. Demontera enheten från mätarhuset och ta bort mätkolven försiktigt. Rengör den med förgasarrengöringsmedel för att ta bort beläggningar, sätt sedan tillbaka den och försök igen. Om detta inte avhjälper problemen måste man förmodligen skaffa ny blandningsenhet. FÖRSÖK INTE ta bort kärvning med slipmedel; detta kommer endast att förvärra problemen. Det kan behövas ett besök hos en fackman. Det kanske kan avhjälpa problemen men var beredd på att inhandla ny blandningsenhet.

## Bränslefördelare - kontroll och justering

**33** Tryckregulatorventilen för systemtrycket ingår i bränslefördelarhuset **(se illustration).** En sexkantplugg i hörnet på fördelarhuset kan skruvas loss och inuti hittar man en kopparring, brickor för justering av tryckfjädern, en kolv och en gummiring. Se till att inte repa lopp eller kolv eftersom dessa noga inpassats vid tillverkningen och att en ny kolv kräver ett nytt hus. Sitter kolven kvar, blås antingen ut den med tryckluft eller arbeta ut den med en mjuk träbit. Använd alltid nya tätningar då pluggen sätts tillbaka.

**34** Trycket kan justeras genom att man lägger fler justerbrickor vid reglerventilen. Ytterligare en 0,5 mm bricka höjer trycket

cirka 0,3 bar. Reducerar man justerbrickornas tjocklek med 1 mm, minskar trycket med 0,5 bar.

**35** Om systemtrycket är för högt, kontrollera att inte bränslereturledningen är blockerad. Är returledningen fri, kan trycket sänkas genom att man minskar justerbrickornas tjocklek i regulatorventilen. En minskning med 0,5 mm sänker systemtrycket med ca. 0,3 bar. En minskning med 1 mm sänker trycket 0,5 bar.

**36** Under proven med mätskivan, har man redan kontrollerat kolvens rörelser. Om man misstänker att det inte fungerar som det ska, måste fördelarhuset lossas från luftmängdsmätarens skiva och lyftas bort. Se till att inte mätkolven ramlar ut eller skadas. Dra försiktigt ut mätkolven och rengör den med förgasarrengöringsmedel. Vid montering, ska den lilla ansatsen in först. Försök inte åtgärda eventuell kärvning med slipmedel. Om det inte räcker med att tvätta med förgasarrengöringsmedel, måste man skaffa en ny enhet.

## Styrtryckregulator - kontroll och byte

### Kontroll

**Notera 1:** *Bosch har tillverkat olika styrtryckregulatorer för att fungera under olika förhållanden; hög höjd, kall väderlek, lägre emmisionsnivåer etc. Se tabellerna i specifikationerna i början av kapitlet.*

**Notera 2:** *Regulatorerna 0 438 140 079 och 0 438 140 123 har ett vakuummembran och en termostat ventil som reglerar bränsleanrikning under acceleration då motorn är kall. Om bränsletrycket ökar vid acceleration (se punkterna 1 t.o.m. 15) ger systemet inte rikare blandning vid acceleration och kall motor. Låt då en fackman undersöka systemet.*

**Notera 3:** *Tryckregulatorn 0 438 140 128 har ett membran som höjer styrtrycket för att magra ut bränsleblandningen vid hög höjd. Systemet kan inte kontrolleras direkt. Om styrtrycket ligger inom specifikationerna, fungerar strytrycksregulatorn. Om den elektriska kontrollen utfaller tillfredsställande men styrtrycket är för lågt, byt ut regulatorn.*

**37** Lossa kontaktstycket från styrtryckregulator (varmkörningsregulator) och tillsatsluftslid.

**38** Anslut en voltmeter över kontaktstycket och kör runt startmotorn helt kort - det ska finnas minst 11,5 volt.

**39** Anslut en ohmmeter över anslutningarna

för regulatorns värmekropp - resistansen ska vara mellan 10 och 30 ohm. Se specifikationerna i detta kapitel för exakt resistans, i förhållande till regulator typ.

**40** Byt regulator vid behov och anslut kontaktstycket.

### Byte

**41** Avlasta bränsletrycket (se avsnitt 2).

**42** Lossa kontaktstycket från regulatorn.

**43** Använd en hylsa eller ringnyckel och lossa bränsleledningarna från regulatorn.

**44** Använd en 6 mm insexnyckel för att ta bort de två skruvarna som håller regulatorn vid blocket.

**45** Montera i omvänd ordning.

## Termotidkontakt - kontroll och byte

### Kontroll

**Notera:** *Termotidkontakten bestämmer den tid bränsle sprutas in av kallstart ventilen. Tiden beror på kylvätsketemperaturen (från kylvätsketempgivaren). Bosch har tillverkat olika termotidkontakter som uppför sig olika beroende på årstid och område (kall väderlek, hög höjd etc). Se till att rätt termotidkontakt erhålls vid byte.*

**46** Leta upp termotidkontakten **(se illustrationer).** Vid kontroll av kontakten, lossa kontaktstycket från ventilen och koppla provlampa eller voltmeter över stiften i kontaktstyckena. Provet måste utföras med kall motor (under 35°C).

**47** Ta bort tändkabeln från mitten på fördelarlocket. Låt sedan någon köra igång startmotorn i 10 sekunder. Lampan ska lysa eller voltmetern ge utslag mellan 3 och 10 sekunder och sedan upphöra. Om kretsen inte bryts inom 10 sekunder måste termotidkontakten bytas. Om kretsen inte sluts överhuvudtaget och motorn verkligen är kall, kontrollera att det finns spänning till kontakten. Finns ingen spänning måste bränslepumpreläet kontrolleras.

### Byte

> **Varning: Motorn måste vara helt kall innan termotidkontakten bytes.**

**12.46a  Termotidkontakten är placerad nära torpedväggen, bredvid insugningsröret**

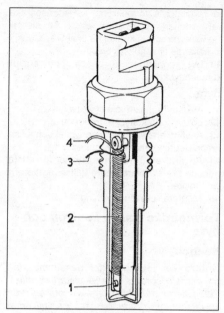

**12.46b Genomskärning av termo-
tidkontakt**

1 Kontakter
2 Bimetallfjäder
3 Kabel till startmotor
4 Kabel till kallstartventil

**48** Förbered den nya kontakten genom att linda gängorna med Teflontejp.
**49** Lossa kontaktstycket från termotidkontakten.
**50** Skruva loss termotidkontakten. Var beredd på kylvätskespill.
**51** Montera den nya kontakten så snart som möjligt så att inte för mycket kylvätska går förlorad. Dra åt kontakten ordentligt. Kontrollera kylvätskenivån, fyll på vid behov (se kapitel 1).

## Kallstartventil - kontroll och byte

### Kontroll

**52** Se till att kylvätsketemperaturen är under 30°C. Helst ska motorn vara avstängd flera timmar. Lossa kontaktstycket från kallstart-ventilen **(se illustrationer)** och för det åt sidan, bort från arbetsutrymmet - det kommer att bildas bränsleångor. Ta bort de två skruv-arna som håller ventilen vid insugnings-kammaren **(se illustration)** och ta bort ventilen. Bränsleledningen måste vara ansluten till ventilen. Torka munstycket på ventilen. Ta bort tändkabeln mitt i fördelar-locket och anslut den till en god jordpunkt. Ställ tändningen i läge ON och låt bränsle-pumpen gå i 1 minut. Inget bränsle får droppa från munstycket. Annars är ventilen defekt och måste bytas. Slå av tändningen.
**53** Rikta nu skaftet på ventilen ned i ett metallkärl. Anslut kontaktstycket till ventilen. Lossa kontaktstycket från termotidkontakten och kortslut mellan stiften med en kabel. Låt någon ställa tändningen i läge ON och köra på

**12.52a Kallstartventilen är placerad i insugningsröret (vid pilen)**

startmotorn. Ventilen ska nu spruta en kon-formad stråle ned i burken. Är sprutbilden rätt, fungerar ventilen som den ska. Om sprut-mönstret är oregelbundet är ventilen skadad och bör bytas.

### Byte

**54** Sänk bränsletrycket (se avsnitt 2).
**55** Använd en ringnyckel eller en hylsa och lossa bränsleledningen som är ansluten till kallstart ventilen.
**56** Ta bort de två insexskruvarna som håller kallstartventilen till fördelningskammaren och ta bort ventilen.
**57** Montera i omvänd ordning, se till att rengöra tätningsytorna och använda ny packning.

## Tillsatsluftslid - kontroll och byte

### Kontroll

**58** Tillsatsluftsliden tillåter luft att passera förbi gasspjället då motorn är kall. Med tändningen i läge ON gör resistansen hos värmekroppen att en bimetallfjäder i sliden ändrar form. En ventil vrids då sakta så att luftkanalen stängs. Den står kvar i detta läge under normal drift.
**59** För att kontrollera slidens funktion, ta bort den från motorn (se punkt 4). Lossa slangarna och lys med en ficklampa in i hålet. Om enheten är kall måste det finnas en öppning. Anslut ett 12 volts batteri i 5 minuter och kontrollera funktionen genom inloppet. Då 5

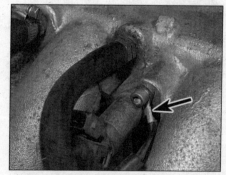

**12.52c Se till att inte skada jordledningen vid demontering av grenrörets skruvar**

**12.52b Lossa elanslutnigen från kallstartventilen**

minuter gått ska ventilen vara stängd. Om den inte fungerar korrekt, kontrollera värme-kroppens resistans. Den skall vara 30 ohm.
**60** Om motståndet hos tillsatsluftsliden är rätt, lossa kontaktstycket från styrtryck-regulatorn. Använd en provlampa för att se om batterispänningen når värmekroppen då motorn är i gång. Om så inte är fallet, kon-trollera bränslepumpreläet.

### Byte

**61** Lossa båda luftslangarna från tillsats-luftsliden till insugningskammaren **(se illustration).**
**62** Lossa kontaktstycket från tillsatsluft-sliden.
**63** Ta bort fästskruvarna som håller tillsats-luftsliden till insugningskammaren.
**64** Montera i omvänd ordning.

## Bränsleinsprutare - kontroll och byte

### Kontroll

**65** Varje cylinder har en egen insprutare. De trycks in i borrningar i topplocket och fästs med en skruv. Sedan skruven tagits bort kan de lätt tas loss. Kontrollera O-ringen som tätar varje insprutare. Har den hårdnat eller spräckts, ta bort den och montera en ny. Fukta den nya tätningen med bränsle innan montering. Dra åt skruven ordentligt.
**66** Insprutaren kan orsaka problem av fyra olika orsaker. Sprutbilden kan vara ojämn;

**12.61 Infästning för tillsatsluftslid**

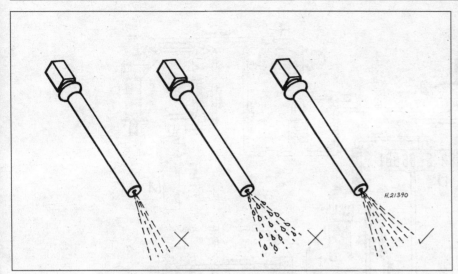

12.67 Mekaniska insprutare och möjliga sprutbilder

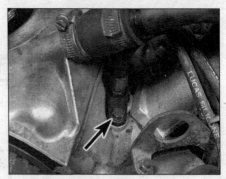

12.69 Fästskruv för insprutare

insprutarventilen stänger inte då motorn stängs av, vilket orsakar flödning vid omstart; insprutarens filter kan vara igensatt, vilket medför minskad bränslemängd, tätningen kan också vara skadad så att luft läcker in.

67 Om motorn går ojämnt och missar på en cylinder, låt den gå på tomgång och lossa tändkablarna från ett tändstift i taget (använd en isolerad tång) (utför inte denna kontroll på modeller med elektronisk tändning). Om motorn går på den cylinder där tändkabeln tillfälligt tas bort kommer den att gå ojämnare, men åter jämnt när kabeln sätts tillbaka. Blir det ingen större skillnad då kabeln tas bort, har man hittat en cylinder som går dåligt. Stanna motorn, kontrollera och åtgärda tändstiftet. Titta sedan på insprutaren. Dra ut den ur tätningen och håll den över en metallbehållare. Starta motorn och titta på sprutbilden. Den ska vara symmetriskt konformad (se illustration). I annat fall, måste insprutaren bytas därför att vibratorstiftet är skadat eller också har fjädern gått av. Stäng av motorn och vänta i 15 sekunder. Inget läckage får förekomma från insprutaren. I annat fall måste insprutaren bytas, eftersom läckage orsakar flödning och startsvårigheter. Om sprutmönstret är konformat och inget läckage

förekommer bör levererad bränslemängd undersökas.
68 Insprutaren kan inte tas isär för rengöring. Om en insprutare tas bort från bränsleledningen, bör man installera en ny och anslutningen dras till det moment som anges i specifikationerna.

### Demontering

69 Demontera skruven som håller insprutaren till topplocket (se illustration).
70 Lyft bort insprutaren från topplocket (se illustration) och ta bort insprutaren från bränsleledningen med hjälp av två öppna nycklar.
71 Ta bort insprutaren från hållaren (se illustration). Se till att byta tätningarna mot nya.
72 Montera i omvänd ordning.

### Bränsleackumulator

73 Ackumulatorn på turboladdade modeller är placerad bredvid huvudbränslepumpen. Pumpen motverkar fall i bränsletrycket och hjälper till att hålla resttrycket då motorn stängs av. Under drift trycker bränsletrycket kolven i ackumulatorn mot fjädertrycket; när motorn sedan stängs av, stänger fjädern bränsleledningen så att resttrycket bevaras.

74 Problem med bränsleackumulatorn visar sig vanligen som förlust av resttryck vilket i sin tur orsakar startsvårigheter med varm motor.

### Demontering

75 Demontera ackumulatorn samtidigt som pumpen (se avsnitt 4).
76 Montera i omvänd ordning.

### 13 LH-Jetronic bränsleinsprutning - kontroll

⚠ *Varning: Bensin är mycket brandfarligt, var mycket försiktig vid arbete med någon del av bränslesystemet. Rök inte, använd inte öppen eld eller oskyddade glödlampor i närheten av arbetsplatsen. Arbeta inte heller i utrymmen som har gasoluppvärmning eller annan gasolutrustning (torkskåp, varmvattenberedare etc.). Bensin är mycket brandfarligt men bensinångor är explosiva. Eftersom bensin kan innehålla cancerogena ämnen bör man använda gummihandskar då risk finns att man kommer i kontakt med bensin. Spiller man bensin på huden, skölj omedelbart med rikliga mängder tvål och vatten. Torka omedelbart upp eventuellt spill och förvara inte bensinfuktade trasor så att de kan antändas. Bränslesystemet står under konstant tryck, så om bränslesystemet måste öppnas, ska först trycket avlastas (sänkas) (se avsnitt 2 för ytterligare information). Bär skyddsglasögon vid alla typer av arbeten på bränslesystemet, se också till att ha en brandsläckare avsedd för bensinbränder tillgänglig.*
**Notera:** *Se kapitel 6 för ytterligare information och kontroll förfarande med information om givare på LH-Jetronic systemet.*

### Förberedande kontroller

1 Kontrollera alla kontaktstycken (se illustrationer) som hör till systemet. Kontrollera alla jordanslutningar (se illustration). Lösa anslutningar och dålig jord kan orsaka problem som påminner om allvarligare felaktigheter.

12.70 Demontera insprutaren från topplocket utan att ta isär den

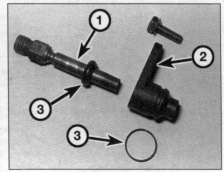

12.71 Mekaniska insprutare
1 Insprutare   2 Hållare   3 Tätningar

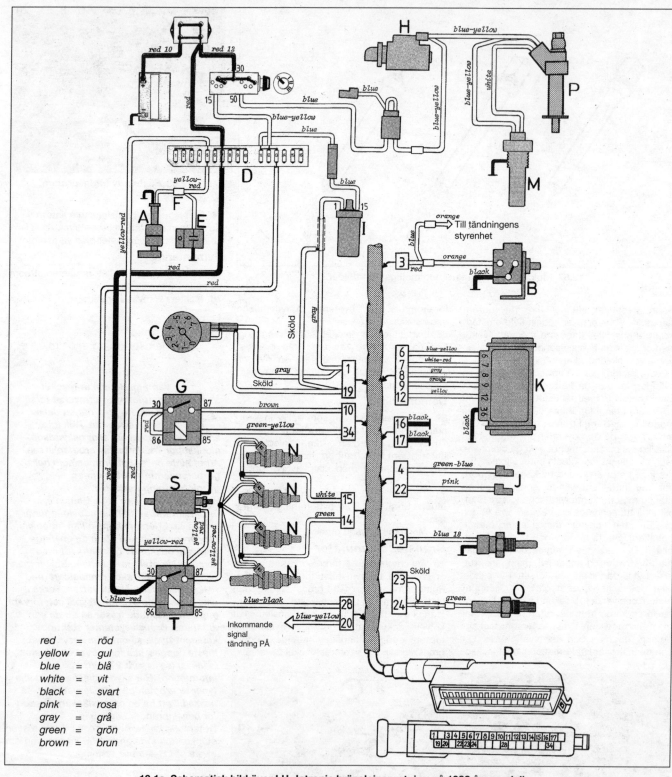

**13.1a  Schematisk bild över LH-Jetronic bränsleinsprutning på 1982 års modeller**

red = röd
yellow = gul
blue = blå
white = vit
black = svart
pink = rosa
gray = grå
green = grön
brown = brun

A  Tankmonterad pump
B  Vakuumkontakt
C  Varvräknare
D  Säkringsdosa
E  Kondensator, tankpump

F  Kontaktstycke,
   tankpump
G  Systemrelä
H  Startmotor
I  Tändspole

J  Analysuttag
K  Luftmängdmätare
L  Tempgivare
M  Termotidkontakt
N  Insprutare (4)

O  Syresensor
P  Kallstartventil
R  Kontaktstycke,
   styrenhet (ECU)
S  Bränslepump
   (huvudpump)

T  Bränslepumprelä
   Säkring nr 5 (för tankpump)
   Säkring nr 7 (för
   huvudpump)
   Säkring nr 13 (systemrelä)

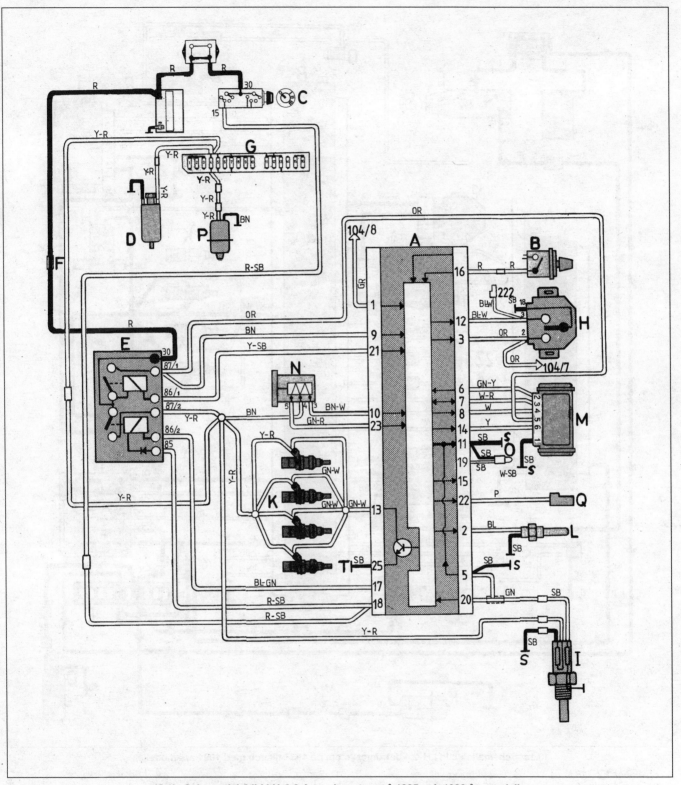

**13.1b  Schematisk bild LH-2.2 Jetronicsystem på 1985 och 1986 års modeller**

| | | | |
|---|---|---|---|
| A | Styrenhet | F | Sladdsäkring | L | Kylvätsketempgivare | Q | Analysuttag, syresensor |
| B | Mikrobrytare, luftkonditionering | G | Säkringsdosa | M | Luftmängdmätare | S | Jordanslutning, insugningsrör |
| C | Tändningslås | H | Strömställare tomgång/fullast | N | Tomgångsregulatorventil | T | Jordanslutning, insugningsrör |
| D | Bränslepump | I | Syresensor (Lambdasond) | O | Överbryggning | 104 | Styrenhet, tändsystem |
| E | Huvudrelä | K | Insprutare | P | Tank pump | 222 | Kontaktstycke, tomgång |

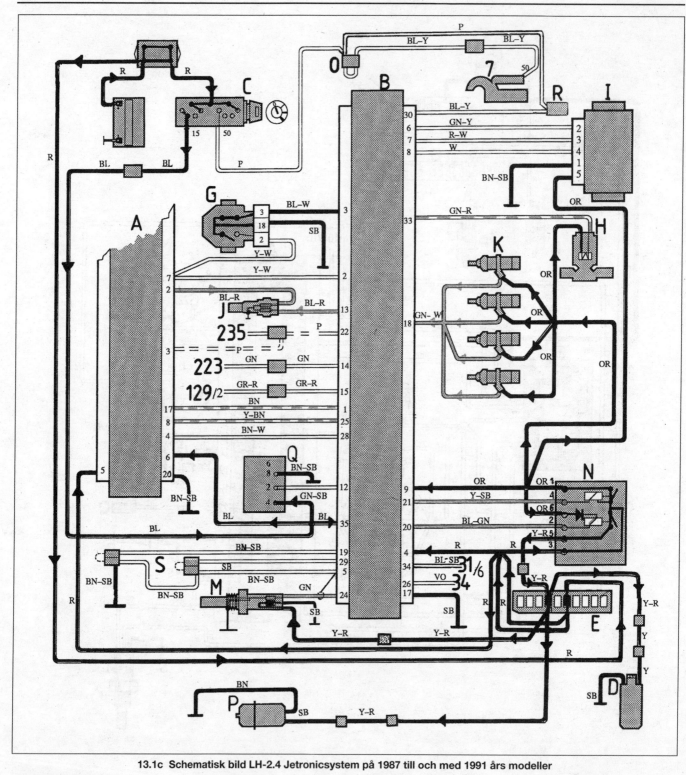

**13.1c  Schematisk bild LH-2.4 Jetronicsystem på 1987 till och med 1991 års modeller**

A  Styrenhet, EZ-116 K
B  Styrenhet, LH-2.4 Jetronic
C  Tändningslås
D  Bränslepump
E  Säkringsdosa
G  Gasspjällkontakt
H  Luftregulatorventil

I  Luftmängdmätare
J  Kylvätsketempgivare
K  Insprutare
L  Startventil
M  Uppvärmd syresensor
N  Huvudrelä
O  Anslutning

P  Tankpump
Q  Anslutning, datalänk
R  Analysuttag
S  Överbryggning
7  Startmotor
31  Kontaktstycke, instrumentpanel
    (Signal från hastighetsmätaren)

34  Kontaktstycke,
    instrumentpanel
    (Växlingsindikatorlampa)
129  A/C relä
223  Tryckgivare, A/C torkenhet
235  Kontaktstycke, instrumentpanel
    (Felindikatorlampa)

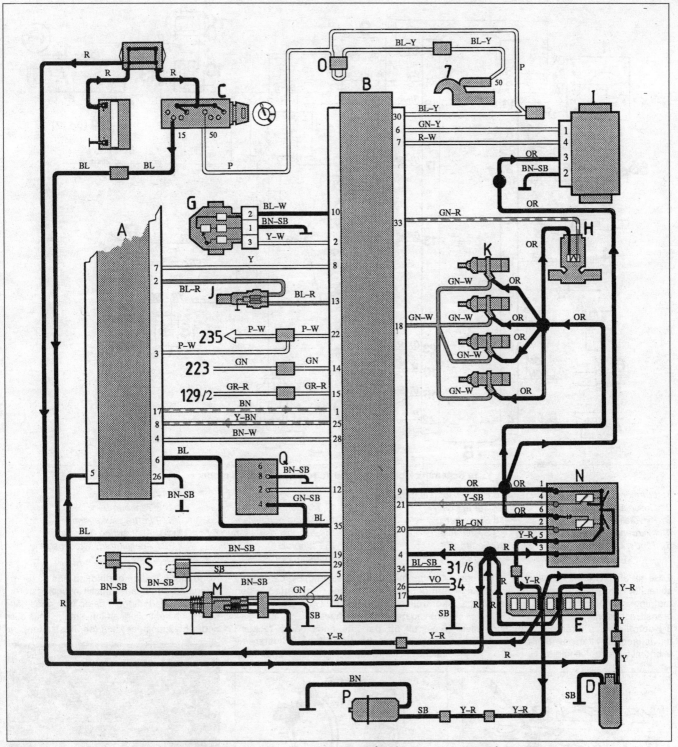

**13.1d  Schematisk bild av LH-3.1 Jetronicsystem på 1989 till och med 1993 års modeller**

A  Styrenhet, EZ-116 K
   tändsystem
B  Styrenhet, LH-3.1 Jetronic
C  Tändningslås
D  Bränslepump
E  Säkringsdosa
G  Gasspjällägesgivare
H  Luftregulatorventil

I  Luftmängdmätare
J  Kylvätsketempgivare
K  Insprutare
L  Startventil
M  Uppvärmd syresensor
N  Huvudrelä
O  Anslutning
P  Tank pump

Q  Anslutning, datalänk
R  Analysuttag
S  Överbryggning
7  Startmotor
31 Kontaktstycke, instrumentpanel
   (Signal från hastighetsmätaren)
34 Kontaktstycke, instrumentpanel
   (Växlingsindikatorlampa)

129 A/C relä
223 Tryckgivare, torkenhet för A/C
235 Kontaktstycke,
   instrumentpanel (Fel-
   indikatorlampa)

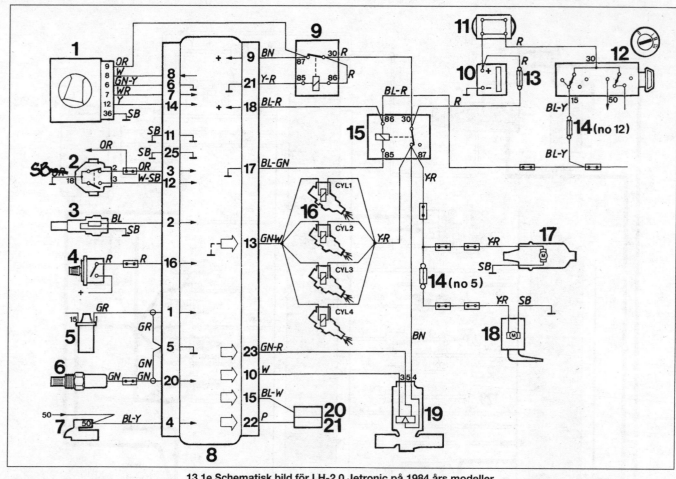

**13.1e Schematisk bild för LH-2.0 Jetronic på 1984 års modeller**

| | | | |
|---|---|---|---|
| 1 Luftmängdmätare | 6 Syresensor (Lambdasond) | 11 Kopplingsdosa | 17 Bränslepump |
| 2 Gasspjällkontakt | 7 Startmotor | 12 Tändningslås | 18 Tankpump |
| 3 Kylvätsketempgivare | 8 Styrenhet | 13 Säkring och hållare | 19 Luftregulatorventil |
| 4 Mikrobrytare, luftkonditionering | 9 Systemrelä | 14 Säkringsdosa, säkring 5 och 12 | 20 Analysuttag, tomgång |
| 5 Tändspole | 10 Batteri | 15 Pumprelä | 21 Analysuttag, syresensor |
| | | 16 Insprutare | |

**2** Se till att batteriet är fulladdat, eftersom styrenhet och givare är beroende av en riktig matningsspänning för att rätt kunna avväga bränslemängden.

**3** Kontrollera luftfiltret - ett smutsigt eller delvis igensatt filter påverkar prestanda och ekonomi avsevärt (se kapitel 1).

**4** Hittar man en trasig säkring, byt den och se om den går sönder igen. Om detta händer, kontrollera att det inte finns någon kortslutning mot jord i kablaget.

**5** Se till att det inte finns några läckor i insugningskanalen från luftmängdmätare till insugningsrör, detta ger för mager blandning.

Kontrollera också konditionen hos vakuumslangarna som är anslutna till insugningsröret.

**6** Ta bort insugningskanalen från gasspjällhuset och kontrollera att inte smuts, koks eller andra beläggningar finns **(se illustration)**. Är

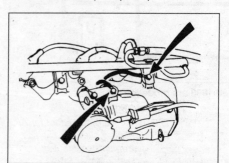

**13.1f Se till att jordkablarna på insugningsröret (vid pilarna) är rena och sitter säkert**

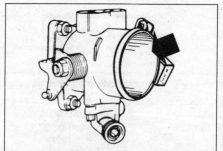

**13.6 Kontrollera så att inte smuts och avlagringar samlats runt gasspjället inuti gasspjällhuset**

**13.7 Använd ett stetoskop för att kontrollera att insprutarna arbetar - de ska ge ifrån sig ett regelbundet tickande vars frekvens tilltar och avtar med motorvarvet**

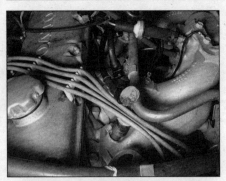

**13.8 Anslut en speciell mätlampa för insprutare vid kontaktstycket och kontrollera att den blinkar när motorn går**

den smutsig, rengör med förgasarrengöringsmedel och tandborste.

**7** Kör igång motorn, lyssna på varje insprutare med ett stetoskop för bilbruk. Lyssna på en insprutare i taget efter ett klickande ljud som visar att den fungerar **(se illustration)**. *Notera: Har man inget stetoskop, kan man placera klingan på en lång skruvmejsel mot insprutaren och lyssna genom handtaget.*

**8** Anslut en testlampa för insprutare i kontaktstycket **(se illustration)**, se till att den blinkar då motorn är igång.

**9** Kontrollera bränsletrycket (se avsnitt 3). Kontrollera att felkoder finns lagrade i styrenheten (se kapitel 6).

## Gasspjällhus - kontroll, demontering och montering

### Kontroll

**10** Lossa insugningskanalen från gasspjällhuset (se avsnitt 8), för kanalen åt sidan.
**11** Låt någon trycka ner gaspedalen, titta samtidigt på gasspjället. Kontrollera att spjället rör sig mjukt då pedalen rörs från stängt (tomgångsläge) till fullt öppet läge (fullgas).
**12** Om spjället inte fungerar riktigt, byt gasspjällhus.

### Demontering och montering

 *Varning: Vänta tills motorn är helt kall innan kontrollen påbörjas.*

**13** Lossa jordkabeln från batteriet.

 *Varning: Se till att radion är avstängd innan någon batterikabel lossas. Eventuell mikroprocessor i radion kan annars skadas.*

**14** Lossa luftkanalen från gasspjällhuset och för den åt sidan.
**15** Lossa gasvajern från gasspjällhuset (se avsnitt 9).
**16** Lossa vajern från kostantfarthållaren, om sådan finns.
**17** Märk tydligt alla kontaktstycken (gasspjällägesgivare, kallstart ventil, tomgångsstabilisator, etc), lossa dem sedan.
**18** Märk tydligt alla vakuumslangar, lossa dem sedan.

**19** Lossa locket på kylaren eller expansionskärlet för att avlasta trycket i kylsystemet, sätt sedan tillbaka locket. Kläm ihop kylvätskeslangarna, lossa sedan klammorna och därefter slangarna från gasspjällhuset. Var beredd på kylvätskespill.
**20** Demontera gasspjällhusets muttrar (upptill) och skruvar (nedtill), lossa sedan gasspjällhuset från blandnings kammaren.
**21** Täck över öppningen i insugningsröret med ren trasa så att inte smuts eller damm kommer in då gasspjällhuset tas bort. Ta bort alla rester av gamla packningsmaterial från tätningsytorna på gasspjällhus och insugningsrör.
**22** Montera i omvänd ordning. Se till att använda ny packning och dra skruvar och muttrar till angivet moment. Justera gasvajer (se avsnitt 9) efteråt.

## Bränsletryckregulator - kontroll och byte

### Kontroll

**23** Avlasta bränsletrycket (se avsnitt 2).
**24** Lossa jordkabeln från batteriet.

 *Varning: Se till att radion är avstängd innan någon batterikabel lossas. Eventuell mikroprocessor i radion kan annars skadas.*

**25** Lossa bränsleledningen och installera tryckmätaren (se avsnitt 3). Anslut jordkabeln på batteriet.
**26** Trycksätt systemet genom att vrida nyckeln till läge ON, kontrollera att inget läckage förekommer vid mätarens anslutningar. Starta motorn.
**27** Anslut en vakuumpump till bränsletryckregulatorn **(se illustration)**.
**28** Avläs trycket då vakuum tillförs tryckregulatorn och även utan vakuum. Trycket ska MINSKA då vakuumet ÖKAR. Jämför avläsningarna med de värden som finns i specifikationerna.
**29** Anslut vakuumslangen till regulatorn, kontrollera sedan bränsletrycket vid tomgång, jämför värdena med de som finns i specifikationerna. Lossa vakuumslangen och notera mätarens utslag - trycket ska öka till max så snart slangen lossas.

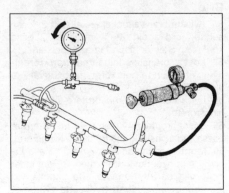

**13.27 Anslut vakuum till regulatorn - bränsletrycket ska minska**

**30** Om bränsletrycket är lågt, tryck ihop returledningen så den blir tät, titta sedan på mätaren. Om trycket inte ökar, är bränslepumpen defekt eller också finns det en förträngning i bränsleledningen. Om trycket ökar tvärt, byt tryckregulator.
**31** Om trycket är för lågt, stäng av motorn och avlasta bränsletrycket. Lossa bränslereturledningen och blås genom den för att kontrollera om den är blockerad. Är den fri, byt tryckregulator.
**32** Om trycket inte ändras enligt beskrivning i punkt 29, anslut en vakuummätare till tryckregulatorns vakuumslang och kontrollera detta vakuum.
**33** Om det finns vakuum, byt tryckregulator.
**34** Om mätaren inte gör något utslag, kontrollera att slang och anslutning inte läckor eller har förträngningar.

### Byte

**35** Avlasta bränsletrycket (se avsnitt 2).
**36** Lossa jordkabeln från batteriet.

 *Varning: Se till att radion är avstängd innan någon batterikabel lossas. Eventuell mikroprocessor i radion kan annars skadas.*

**37** Lossa vakuumslangen och bränslereturledningen från tryckregulatorn, lossa sedan fästskruvarna (se illustration 13.57).
**38** Demontera tryckregulatorn.
**39** Montera i omvänd ordning. Använd ny O-ring. Smörj O-ringen med tunt lager motorolja innan den monteras.
**40** Kontrollera att inga bränsleläckage förekommer sedan regulatorn monterats.

## Kallstartventil (LH 2.4 och 3.1) - kontroll och byte

*Notera: Kallstartventil ger extra bränsle i insugningsröret vid start då temperaturen understiger 20°C. Kallstartventilen är monterad i undersidan av insugningsröret mellan insugningsventilerna för cylinder 2 och 3. Ventilen ger bränsle i insugningsröret tills dess startvarvet överstiger 900 rpm.*

### Kontroll

**41** Se till att kylvätsketemperaturen är under 20°C. Helst ska motorn vara avstängd åtskilliga timmar före kontrollen. Lossa kontaktstycket från kallstartventilen och för det åt sidan **(se illustration)**. Bort från

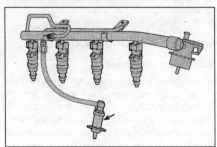

**13.41 Demontera kallstartventilen (vid pilen) från insugningsröret men lossa inte bränsleledningen**

**13.54 Använd en ohmmeter för att kolla varje insprutares resistans**

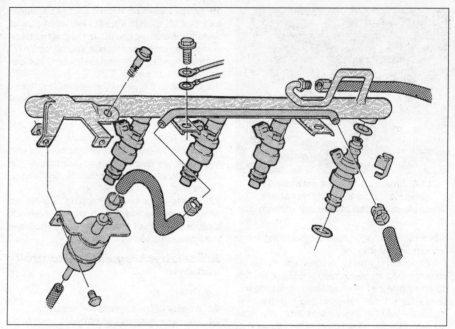

**13.57 Sprängskiss över fördelningsrör och insprutare**

arbetsutrymmet - det kommer att bildas bränsleångor. Demontera de två skruvarna som håller ventilen till insugningsröret, ta sedan bort den. Bränsleledningen måste sitta kvar. Torka ren ventilens munstycke. Sätt tändsystemet ur funktion (se kapitel 2 del B). Ställ tändningen i läge ON, låt bränslepumpen gå i 1 minut (se avsnitt 3). Inget bränsle får droppa från munstycket på ventilen. Skulle det göra så är ventilen defekt och måste bytas. Stäng av tändningen.

**42** Rikta nu munstycket på ventilen ner i en burk. Anslut kontaktstycket till ventilen. Låt någon slå på tändningen och köra runt startmotorn. Ventilen ska spruta en konformad stråle i burken. Om sprutbilden är bra, fungerar ventilen tillfredsställande. Om sprutbilden är oregelbunden, är ventilen skadad och bör bytas.

**43** Om det inte kommer något bränsle alls, kontrollera att spänning kommer fram till kallstartventilen. Saknas spänning, kontrollera kylvätsketemperaturgivaren och kablaget.

### Byte

**44** Sänk bränsletrycket (se avsnitt 2).
**45** Lossa kontaktstycket från kallstartventilen.
**46** Lossa bränsleslangen från ventilen. Vissa modeller har en anslutning som lossas med ringnyckel eller en hylsa, på andra lossas slangen sedan man lossat slangklamman.
**47** Ta bort skruvarna som håller kallstartventilen till insugningsröret, ta sedan bort ventilen.
**48** Rengör tätningsytorna och använd ny packning.
**49** Montera sedan i omvänd ordning.

## Insprutare - kontroll och byte

### Kontroll, monterade

**50** Använd ett stetoskop (tillgängligt från de flesta verktygsaffärer), kontrollera att ett klickande ljud hörs för varje insprutare då motorn går på tomgång **(se illustration 13.7)**. Insprutarna klickar regelbundet om de arbetar korrekt.
**51** Öka varvtalet till över 3500 rpm. Frekvensen på klickandet ska öka i takt med motorvarvet.

**52** Saknas stetoskop kan man använda en skruvmejsel. Placera spetsen på klingan mot insprutaren och tryck handtaget mot örat.
**53** Om någon insprutare inte fungerar (inget klickande), skaffa en speciell testlampa för insprutare, koppla in den i insprutarens kontaktstycke **(se illustration 13.8)**. Starta motorn och kontrollera att lampan blinkar. Gör den det, får insprutaren rätt spänning, därför måste insprutaren vara defekt.
**54** Lossa kontaktstycket från varje insprutare, kontrollera att insprutarens resistans är riktig **(se illustration)**. Kontrollera uppmätt värde mot det som angivs i specifikationerna. Byt insprutare som inte visar rätt resistans.

### Insprutningsvolym, kontroll

**55** Eftersom man behöver ett speciellt instrument för att kontrollera detta, ligger arbetet bortom möjlighetens gräns för hemmamekanikern. Låt en fackman med rätt utrustning utföra provet.

### Byte

**56** Avlasta bränsletrycket (se avsnitt 2) lossa sedan jordkabeln från batteriet. Lossa kontaktstycket för insprutarnas kabelstam.
**57** Lossa bränsleledningarna från fördelningsröret och ta bort rörets fästskruvar **(se illustration)**.
**58** Lyft fördelningsrör/insprutare från insugningsröret.
**59** Lossa kontaktstyckena vid insprutarna. Lossa sedan insprutarna från fördelningsröret.
**60** Montera i omvänd ordning. Byt alla O-ringar mot nya. Smörj dem med ett tunt lager motorolja så att ringarna inte skadas vid monteringen. Se till att trycksätta systemet och kontrollera att inga läckor förekommer innan motorn startas.

## Tomgångskompensatorventil - kontroll och byte

**61** Tomgångskompensatorventilen håller tomgångsvarvet inom 200 rpm oavsett motorns belastning vid tomgång. En elektriskt styrd ventil tillåter en mindre mängd luft att gå förbi gasspjället så att varvtalet kan höjas närhelst det sjunker under 750 rpm **(se illustration)**.
**62** Tomgångskompensator ventilen på LH 2.0 och 2.2 system är placerad under insug-

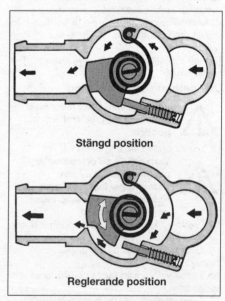

**Stängd position**

**Reglerande position**

**13.61 Då gasspjället stänger under tomgångsförhållanden, får styrenheten en signal som styr luftregulatorventilens elektriska motor så att varvtalet behålls konstant**

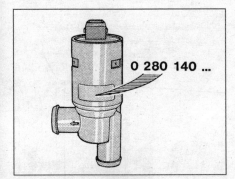

**13.62 Luftregulatorventilen kan inte bytas mellan olika LH-Jetronicsystem - se till att den nya detaljen har samma detaljnummer som den gamla**

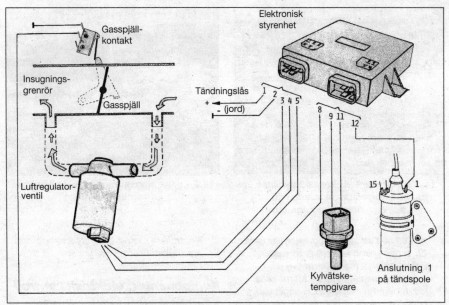

**14.1 Schematisk bild över tomgångsregulator**

ningsröret nära fördelaren, på LH 2.4 och 3.1 sitter kompensatorventilen under gasspjällhuset. Olika typer av kompensator förekommer på olika system, de kan inte bytas mot varandra **(se illustration)**. Regulatorerna på LH 2.4 och 3.1 system har en skruv för reglering av förhöjt tomgångsvarv, den är inställd vid tillverkning och kan inte påverkas.

## Preliminär kontroll

**63** Innan några kontroller utförs på tomgångskompensator, se till att dessa förutsättningar uppfylls:
a) *Motortemperaturen skall vara minst 60°C.*
b) *Stäng av all elektrisk belastning såsom luftkonditionering, värmefläkt, strålkastare, extra kylfläkt, etc.*
c) *Gasspjällgivaren måste fungera korrekt (se kapitel 6).*
d) *Det får inte finnas några läckor i avgassystemet.*
e) *Det får inte finnas något vakuumläckage.*
f) *Syresensorn måste arbeta korrekt (se kapitel 6).*

**64** Tomgångskompensatorn arbetar kontinuerligt då tändningen är tillslagen. Starta motorn och se till att kompensatorn vibrerar och surrar något.

## Kontroll

**65** Ställ tändningslåset i läge OFF, lossa kontaktstycket från kompensatorn. Använd en ohmmeter för att kontrollera kompensatorns resistans.

**Anslutning med tre kablar**
| | |
|---|---|
| Mät mellan de yttre stiften | 40 ohm |
| Mät mellan mittstift till yttre stift | 20 ohm |
| **Anslutning med två kablar** | 8 ohm |

**66** För kompensator med tre kablar, demontera kompensatorn och kontrollera att kolven rör sig fritt genom att flytta och vrida kompensatorn fram och tillbaka.
**67** På modeller med två kablar, ta bort kompensatorn och anslut batterispänning till kontaktstycket. Kolven ska stänga då det finns spänning och öppna då spänningen försvinner. Om kolven inuti kompensatorn inte rör sig, byt mot en ny detalj.

## Byte

**68** Stäng av tändningen och lossa kontaktstycket.
**69** Dra bort överströmningsslangen från kompensatorn, lossa fästet och ta bort kompensatorn.
**70** Montera i omvänd ordning. Se till att byta spräckta eller skadade slangar.

---

## 14 Tomgångsregulator - kontroll, justering och byte av detaljer

### Allmänt

**1** Tomgångsregulatorn håller tomgångsvarvet inom 40 rpm genom att reglera luftmängden som förs förbi det stängda gasspjället **(se illustration)**. **Notera:** *Systemet finns endast på modeller med CI insprutning.*
**2** Tomgångsregulatorn styrs elektroniskt av styrenheten, som i sin tur får signaler från gasspjällkontakt, kylvätsketempgivare och varvräknare, den tar också med i beräkningen kylvätsketemperatur, gaspådrag och motorns varvtal. Regulatorn fungerar på tre olika sätt:
**Reglerat flöde** - Vid tomgång är gasspjäll och spjällkontakt stängda. I detta läge varierar regulatorn luftflödet genom att flera gånger i sekunden ändra läge på regulatorventilen. I detta läge är frekvensen (den takt ventilen öppnar och stänger) stor. Även under uppvärmning då motorn går på tomgång, ökas varvtalet för att kompensera för kylvätsketemperaturen och tillåta snabbare uppvärmning samt bättre körbarhet.
**Lågt flöde** - Under deceleration, lämnar tändspolen uppgifter om motorns varvtal och visar på nödvändigheten att sänka motor-

varvtalet. Styrenheten känner också av gasspjälläget och minskar flödet genom regulatorn.
**Högt flöde** - Under acceleration upptäcker systemet behovet av att öka varvtalet för att kompensera för ökad belastning.
**Notera**: *På 1982 års modell kan styrenheten ha två extra anslutningar (nummer 7 och 10) som styr ökningen av tomgångsluft då luftkonditioneringen är tillslagen.*

### Förberedande kontroller

**3** Kontrollera först motorn så att grundläggande system arbetar korrekt.
a) *Kontrollera att inte insugningssystemet läcker, slangar är trasiga, grenrörspackningar defekta, luftfilter skadade eller andra problem som kan orsaka att motorns normala vakuum till förbränningsrummen ändras. Kontrollera också att inte slam och avlagringar byggts upp kring gasspjället, inuti PCV slangarna eller i vakuumledningarna nära vevhuset.*
b) *Kontrollera att bränslesystemet har rätt tryck och ger rätt mängd (se avsnitt 3).*
c) *Kontrollera att tändläget är riktigt, gnistan kraftig, åtgärda fel tändläge eller andra fel i tändsystemet som kan orsaka misständning eller att motorn går ojämnt etc.*
d) *Kontrollera batteriet och alla kontaktstycken som har att göra med tomgångsregulatorsystemet (se illustration).*
e) *Kontrollera säkringen för tomgångsregulatorn (nummer 13) i säkringsdosan. Byt ut den vid behov.*

**4** Kontrollera sedan att inga elektriska problem existerar.
a) *Lyssna noga efter ett surrande ljud från regulatorn då motorn är igång. Detta är ett*

**14.3  Kontrollera att kontaktstyckena är fria från korrosion, skadade stift och socklar, defekt kablage etc**

**14.4  Lossa elanslutningen (vid pilen) från luftregulatorventilen**

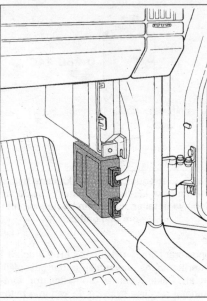

**14.5  Tomgångsregulatorn är placerad under styrenheten för insprutningen**

*snabbt sätt att se om regulatorn fungerar. En annan snabb kontroll är att lossa kontaktstycket (se illustration) från regulatorn och konstatera att motorns varvtal sjunker markant. Om inget ljud hörs eller varvtalet inte ändras, börja kontrollen av tomgångsregulator-systemet.*

*b) Kontrollera justeringen för gasspjäll, gaslänkage och gasspjällkontakt så att värdena är inom specifikationen. Många problem med tomgångsregulator-systemet har som orsak feljustering av dessa komponenter.*

*c) Kontrollera motorns kylvätsketempgivare (se kapitel 6) så att styrenheten får signal om motortemperaturen.*

### Komponenter, elektrisk kontroll

**5** Ta bort panelen framför dörrstolpen på passagerarsidan, tomgångsregulatorns styrenhet blir då åtkomlig (se illustration).

**6** Kontrollera först att enheten har rätt spänningsmatning. Ställ tändningen i läge ON (motorn ska inte vara igång), anslut en testlampa eller voltmeter över de nedre stiften (nummer 1 och 2) i det svarta kopplingsstycket, kontrollera att batterispänning finns (se illustration). Finns där ingen spänning, kontrollera säkringen (nummer 13) som betjänar tomgångsregulatorn.

**7** Kontrollera härnäst att gasspjällkontakten fungerar riktigt. Anslut den positiva mätspetsen på en ohmmeter till stift 8 i det blåa kontaktstycket, jorda den andra mätspetsen (se illustration). Jorda testlampan i stift 1 på det svarta kontaktstycket. Med tändningen i läge ON (motorn ska inte vara igång), sätt testlampan mot stift nummer 8 (blått kontaktstycke).

a) Med gasspjället stängt ska inte någon förbindelse finnas och testlampan skall inte lysa.

b) Med gasspjället öppet (gaspedalen nedtryckt), ska det inte finnas något motstånd och lampan skall lysa.

**Notera**: *Låt någon trycka ned gaspedalen, titta samtidigt på ohmmetern. Kontrollerna undersöker både gasspjällkontakt och kablage.*

**8** Om värdena blir felaktiga, kontrollera gasspjällkontaktens funktion. Ställ helt enkelt tändningen i läge ON (motorn ska inte vara igång) använd sedan en testlampa för kontroll av kontakten. Då gasspjället är stängt ska testlampan inte lysa (se illustration). Tryck nu ned gaspedalen och testlampan ska tändas. Justera vid behov gasspjällkontakten (se punkt 12 t.o.m. 26).

**9** Kontrollera därefter kylvätsketempgivarens resistans direkt i kontaktstycket vid tomgångsregulatorn. Använd en ohmmeter och kontrollera resistansen mellan stiften 9 och 11 i det blåa kontaktstycket (se illustration). Resistansen ska vara exakt lika som resistansen mätt direkt på givaren (se illustration).

**10** Kontrollera därefter varvtalssignalen direkt i kontaktstycket vid tomgångsregulatorn (se

**14.6  Kontrollera att batterispänning finns mellan stiften 1 (jord) och 2 (matning)**

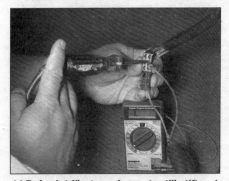

**14.7  Anslut först en ohmmeter till stift nr 1 i det svarta kontaktstycket och nr 8 i det blåa kontaktstycket, kontrollera sedan att det finns ström på stift 8, använd en testlampa**

**14.8  Anslut en testlampa för att kontrollera att ström finns vid gasspjällkontakten**

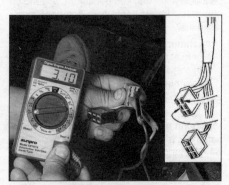

**14.9a  Kontrollera först resistansen hos kylvätsketempgivaren vid kontaktstycket för tomgångsregulatorn . . .**

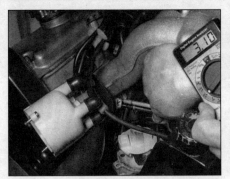

**14.9b . . . kontrollera sedan resistansen direkt vid kylvätsketempgivaren**

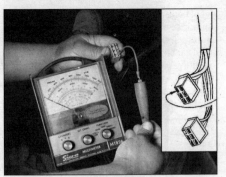

**14.10 Använd uttaget nr 12 i det blå kontaktstycket för att kontrollera motorns varvtal**

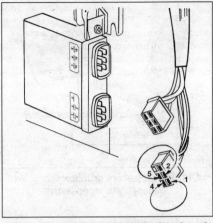

**14.11a För att simulera kallkörning, koppla ihop stiften 1 och 4 och sedan stiften 5 och 2. Motorn ska nu gå med varvtal mellan 1600 och 2400 rpm**

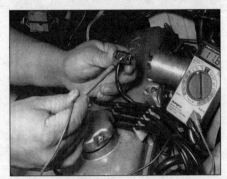

**14.11b Kontrollera alltid att luftregulatorventilen får batterispänning vid kontaktstycket**

illustration). Då motorn är igång ska mätaren visa att en spänningspuls finns. Se kapitel 1 för uppgifter om tomgångsvarv.

**11** Simulera därefter låg motortemperatur för att kontrollera att regulatorn fungerar riktigt. Kortslut stiften 1 och 4 i det svarta kontaktstycket **(se illustration)** och anslut en annan kabel mellan stiften 5 och 2. Starta motorn och kontrollera att varvtalet ökar till mellan 1600 och 2400 rpm. Om alla tidigare prov utfaller till belåtenhet och motorns varvtal ändå inte ökar med varvtalsregulatorn bortkopplad, byt regulatorventilen **(se illustration)**. Om alla tidigare prov utfaller till belåtenhet och motorns varvtal inte ökar då regulatorn är ansluten, byt styrenheten.

## Grundtomgångsvarv

### CI motorer

**12** Se till att motorn har normal arbetstemperatur, lossa spjällänken från spjällarmen **(se illustrationer)**.
**13** Kontrollera att gasvajern rör sig jämnt utan att kärva. Kontrollera även spjällaxel och spjäll så att de rör sig fritt och inte kärvar i något läge.
**14** Låt någon trycka ned gaspedalen, kontrollera att spjället går mot ett stopp i tomgångsläge och ett annat stopp vid full gas.

Vrid den sexkantiga infästningen på gasvajerhöljet för att justera vajern.
**15** Sätt tomgångsregulatorn ur funktion genom att jorda testanslutningen (blå/vit kabel) placerad på förarsidans innerflygel nära batteriet (se kapitel 1, tändläge).

⚠️ *Varning: Eftersom det sitter flera testuttag tillsammans, blanda inte ihop kabeln till syresensorn och den kabel som avses, syresensorn kan då skadas. Notera: Om bilen inte har någon anslutning med blå/vit kabel, plugga slangarna från regulatorventilen så att luft inte kan komma in. Detta eliminerar också tomgångsregulatorn så att grundtomgångsvarv kan ställas in.*

**16** Anslut en varvräknare enligt tillverkarens instruktioner. Den varvräknare som finns i bilen är inte tillräckligt noggrann.
**17** Anslut en testlampa mellan pluspolen på batteriet och gasspjällkontaktens gula ledning (modeller utan turbo) eller orange ledning (turbomotorer) **(se illustration)**. Starta motorn och låt den gå på tomgång. Testlampan ska inte tändas. Om lampan lyser, lossa skruvarna som håller gasspjällkontakten, flytta sedan kontakten så att lampan slocknar. Dra åt skruvarna. Detta är en tillfällig justering.
**18** Kontrollera grundtomgångsvarvet. Det

ska vara mellan 850 och 900 rpm.
**Notera:** *Grundtomgångsvarvet mäts med testanslutningen jordad.*
**19** Vid behov, lossa låsmuttern och vrid spjällstoppskruven så att rätt tomgångsvarv erhålls **(se illustration)**. Dra åt låsmuttern.
**Notera:** *Testlampan får inte tändas under denna del av kontrollen. Justera på nytt gasspjällkontakten vid behov.*

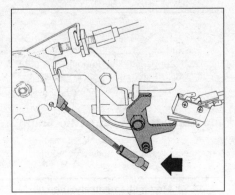

**14.12a Lossa gaslänkaget från spjällarmen (modeller utan turbo)**

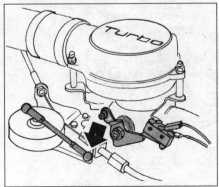

**14.12b Lossa gaslänkaget från gasspjället (turbomotorer)**

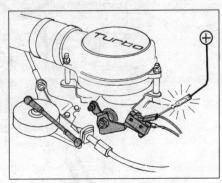

**14.17 Anslut en testlampa mellan batteriets pluspol och orange ledning på turbomotorer (på motor utan turbo är ledningen gul)**

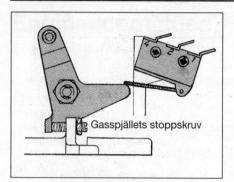

14.19 För att justera grundtomgång, vrid gasspjällets stoppskruv

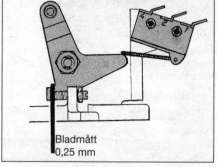

14.23 Placera ett bladmått mellan skruv och gasspjällarm, justera sedan gasspjällkontakten

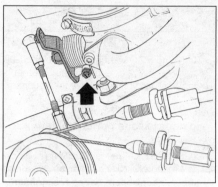

14.27 Placering av justerskruv på LH-Jetronic system

**20** Ställ tändningen i läge OFF och sätt tomgångsregulatorsystemet ur funktion genom att lossa enhetens kontaktstycke.
**21** Starta motorn och kontrollera att tomgångsvarvet är något högre än grundtomgångsvarv - cirka 880 till 920 rpm.
**22** Ställ tändningen i läge OFF och anslut spjällänken. Justera länken så att varvtalet är inom gränserna (880 till 920 rpm ).
**23** För in ett bladmått (0,25 mm) mellan gasspjällarm och stoppskruven **(se illustration)**.
**24** Ställ tändningen i läge ON (motorn ska inte vara igång), lossa sedan gasspjällkontaktens skruvar och rör kontakten uppåt så att testlampan tänds, sedan neråt igen just tills lampan slocknar. Dra åt fästskruvarna och ta bort bladmåttet.
**25** Starta motorn och kontrollera att motorns

tomgångsvarv är riktigt. Lossa sedan testlampa och varvräknare.
**26** I förekommande fall, justera automatväxellådans kickdownvajer (se kapitel 7B).

## LH-Jetronic (endast 1982 års modeller, således ej Sverige)

**27** Lossa stoppmuttern på justerskruven och skruva ut justerskruven två varv **(se illustration)**.
**28** Skruva in justerskruven tills den nätt och jämt går mot gasspjällarmen, skruva sedan ytterligare ett kvarts varv.
**29** Lossa elanslutningen från vakuumkontakten **(se illustration)**.
**30** Anslut en testlampa från batteriets pluspol till orange kabel i kontaktstycket **(se illustration)**. Då motorn går på tomgång ska lampan tändas.

**31** Öppna gasspjället något, lampan ska nu slockna.
**32** Om lampan inte slocknar, byt vakuumkontakt.

## 15 Turboaggregat - allmänt

Turboaggregatet ökar motorns effektivitet genom att höja trycket i insugningsröret till över atmosfärtryck. I stället för att bränsle/luftblandningen sugs in i cylindrarna, trycks den nu in.
Drivkraften för turbokompressorn kommer från avgaserna. Gaserna passerar ett speciellt utformat hus (turbinhuset) och får på så sätt ett turbinhjul att snurra. Turbinhjulet sitter på en axel i vars andra ände kompressorhjulet är monterat. Kompressorhjulet roterar i ett eget hus och komprimerar insugningsluften på väg till insugningsröret.
Då den komprimerade luften lämnar turboaggregatet, passerar den igenom en intercooler (på vissa modeller), som är en luft/luft värmeväxlare monterad framför kylaren. Här tas värme bort som tillfördes då luften komprimerades. Temperaturminskningen komprimerar ytterligare luften, vilket höjer effektivi-

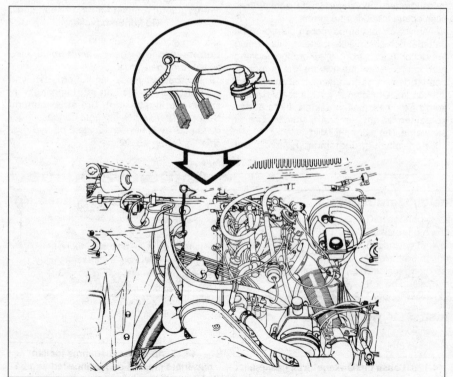

14.29 Placering av kontaktstycket för vakuumkontakt på LH-Jetronic system

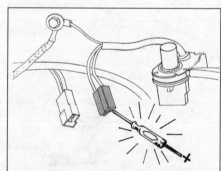

14.30 Med testlampan ansluten till batteriets pluspol, kontrollera att den tänds vid tomgång och släcks vid gaspådrag

teten och minskar risken för detonation. Laddningstrycket (trycket i insugningsröret) begränsas av en wastegate ventil, den leder avgaserna bort från turbinhjulet under inverkan av en tryckkänslig aktivator. Som ytterligare skydd, finns en tryckkänslig kontakt som stänger av bränslepumpen om trycket blir för högt. Laddningstrycket visas på ett instrument vid instrumentpanelen.

Turbinaxeln trycksmörjs genom en matarledning från motorns huvudoljekanal. "Axeln flyter" på en kudde av olja. En returledning för oljan tillbaka till tråget.

## 16  Turboaggregat - kontroll

### Allmänna kontroller

**1** Även om det är en ganska enkel anordning, är turboaggregatet byggt med mycket hög precision och kan allvarligt skadas om tillförsel av olja eller kylvätska hindras, eller att partiklar kommer in i aggregatet.
**2** På grund av den speciella teknik och utrustning som behövs, bör man överlåta kontroller av turboaggregatet till en fackman. Hemmamekanikern kan däremot kontrollera anslutningar och länkage så att de sitter säkert och inte är skadade eller om andra tydliga problem existerar. Man kan också själv undersöka de detaljer som styr turboaggregatet, t.ex. solenoid för wastegate ventil, överströmningsventil och manöverenhet för wastegate. Se beskrivningen av kontroller senare i avsnittet.
**3** Eftersom varje turboaggregat har ett eget ljud, kan en ändring av ljudnivån också vara tecken på potentiella problem.
**4** En hög eller visslande ton tyder på läckage av insugningsluft eller avgaser.
**5** Om det finns ovanliga ljud i närheten av turbinen, kan man ta bort aggregatet och kontrollera turbinhjulet.

**16.9  Installera mätaren i ett T-stycke i tryckledningen mellan vakuumuttaget på insugningsröret och manöverenheten för wastegate ventilen - slangen måste räcka in i passagerarutrymmet**

> **Varning: Alla kontroller måste utföras med motorn avstängd och så sval att den kan vidröras, turbinhjulet måste också ha stannat, annars kan personskada uppstå. Att köra motorn utan kanaler och filter anslutna till turboaggregatet är också farligt och kan resultera i skada på turbinhjulets blad.**

**6** Stäng av motorn, för in handen i huset och vrid turbinhjulet så att man kan konstatera att det roterar fritt. Gör det inte detta, kan det tänkas att kyloljan har varit smutsig eller att koks bildats av överhettning. Tryck in hjulet och kontrollera om det tar emot. Turbinhjulet ska rotera fritt utan att kärva och utan att ta i huset. Skulle detta inträffa, är lagren utslitna.
**7** Kontrollera att avgasgrenröret inte är spräckt eller har lösa anslutningar.
**8** Eftersom trubinhjulet roterar med hastigheter upp till 140 000 rpm kan svåra skador inträffa om kylning eller förorenad olja når turbinlagren. Kontrollera att inga läckage förekommer i kylvätske- eller oljeinloppsledningen samt att returledningarna är fria eftersom detta kan orsaka smörjmedelsförlust genom turboaggregatets tätningar. Bränd olja på turbinhuset är ett tecken på detta.

> **Varning: När man byter ram-, vevlager eller kamlager i motorn, ska turboaggregatet sköljas med ren olja.**

### Detaljer, kontroll

#### Laddningstryck

**9** Använd ett T-rör, anslut med hjälp av detta en tryckmätare (mätområde ungefär 0-1 bar) i tryckslangen nära tryckregulatorn (manöverenhet för wastegate). Placera mätaren så att den kan avläsas inifrån bilen **(se illustration)**. Om slangen på mätaren inte är tillräckligt lång, låt någon annan läsa av den. **Notera:** *På motorer med intercooler, lossa kontaktstycket från laddluftsolenoiden* **(se illustration 16.32)**.
**Manuell växellåda**
**10** Med motorn vid normal arbetstemperatur, avläs mätaren. Accelerera på full gas från 1500 rpm på treans växel (bromsa några sekunder för att få rätt varvtal) till 3000 rpm

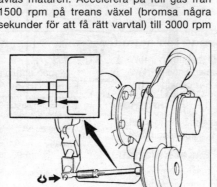

**16.12a  Reglerenheten för wastegate ventilens  manöverenhet och draglängden mäts direkt bakom enheten (vid pilarna)**

(modeller med intercooler) eller 4000 rpm (modeller utan). Håll angivet varvtal medan instrumentet läses av. Notera det högsta trycket.
Utan intercooler  0,4 till 0,6 bar
Med intercooler  0,5 till 0,56 bar
**Automatväxellåda**
**11** Avläs mätaren då motorn blivit varm. Accelerera på full gas från 1 500 rpm på 2:ans växel, (bromsa några sekunder, vid behov, för att hålla rätt varvtal) till 3 000 rpm (med intercooler) eller 3 500 rpm (utan intercooler). Håll varvtalet och avläs laddtrycket. Notera det högsta tryck som uppnås.
Utan intercooler  0,4 till 0,47 bar
Med intercooler  4,9 till 5,6 bar
**Justering**

> **Varning: Oskicklig eller felaktig justering kan vålla allvarliga motorskador.**

**12** Om trycket inte överensstämmer med det angivna, låt motorn svalna, ta sedan bort tråg och justersäkring från reglerstången för wastegateventilen **(se illustrationer)**. Haka loss stången från wastegatearmen och skruva den gängade hylsan inåt eller utåt sedan låsmuttern lossats. Förlänger man stången minskar trycket och tvärt om; ett helt varv på hylsan höjer eller sänker trycket 0,03 bar.
**Notera:** *Reglerenheten på tidigare modeller kan inte justeras. Hylsan är krympt på stången. Om reglerenheten måste bytas kan man bryta förseglingen, vrida stången och sedan försegla på nytt.*
**13** Lås reglerstången med ett nytt låsbleck och kontrollera på nytt.
**14** Då justeringen är riktig, montera ny tråd och försegling vid behov. Dra åt låsmuttern.

### Reglerenhet för wastegate - kontroll och byte

**15** Om laddtrycket är felaktigt och inte kan justeras, är reglerenheten defekt, kontrollera som följer.
**16** Bryt förseglingen och haka loss reglerstången från wastegatearmen. Stången ska nu dras in i reglerenheten lite grand. Märk läget på stången där den går in i reglerenheten, anslut sedan stången på nytt till

**16.12b  Reglerstång och försegling**

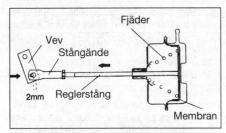

16.16 Då stången är fri, ska den dras in endast 2,0 mm

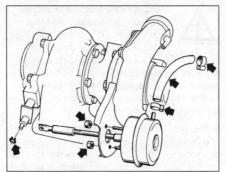

16.17 Demontera muttrarna från reglerenheten och ta bort den från fästet

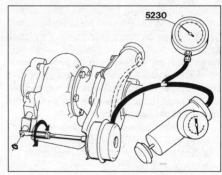

16.19 Anslut 0,48 bar till manöverenheten och justera stången så att den passar utan att spänna då ventilen är stängd

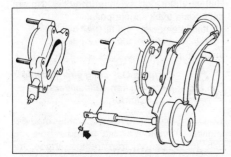

16.26 Ta bort låsringen (vid pilen) och lossa wastegaten från turboaggregatet

wastegatearmen och mät det avstånd märket har flyttats **(se illustration)**. Det ska vara 2.0 mm; byt i annat fall reglerenhet.

**17** Vid demontering av enheten, haka loss reglerstången, ta bort slangen och skruva bort de två muttrarna **(se illustration)**.

**18** Börja monteringen genom att fästa reglerenheten i fästet med två nya muttrar, gör sedan en preliminär justering enligt följande.

**19** Anslut en pump och tryckmätare till reglerenheten **(se illustration)**. Pumpa upp 0.48 bar.

**20** Med detta tryck, justera reglerstången så att den passar på wastegatearmen (i stängt läge) utan att spänna åt något håll. Dra åt justeringens låsmutter.

**21** Säkra reglerstången till wastegatearmen med ett nytt låsbleck.

**22** Ta bort pump och mätare. Anslut slangen till kompressorhuset.

**23** Kontrollera laddtrycket.

## Wastegate - kontroll och byte

**24** Kontrollera att wastegateventilen inte kärvar, är korroderad eller att avgaser läcker förbi flänsen. Finns sådana problem, byt ut den.

**25** Demontera muttrarna som håller ventilens fläns.

**26** Ta bort låsringen från änden på reglerstången **(se illustration)**.

**27** Ta bort muttrarna från wastegaten och separera wastegate ventilen från turboaggregatet.

**28** Montera i omvänd ordning. Se till att använda nya packningar mellan turbo och wastegate.

**29** Justera reglerstången (se punkt 19-23).

## Kontroll av laddningstryckssystem

**Notera:** *På modeller med intercooler, tillåts ett högre laddtryck (i insugningsröret) vid varvtal över 3700 rpm. Systemet innehåller solenoidventil, varvtalsfördröjning samt laddtryckontakt.*

**30** Laddningstryckssystemet består av laddtryckontakt, solenoidventil samt de reläer som

styr motorns kylfläkt, motorvarvtal och urkoppling av luftkonditionering **(se illustration)**.

### Solenoidventil

**Notera:** *Solenoidventilen (övertryckskontakt) fungerar som en back-up för wastegateventilen. Om laddtrycket överstiger det angivna, sätter ventilen bränslepumpen ur funktion och därmed bränslet till insprutarna.*

**31** Kontrollera solenoidventilen genom att blåsa luft genom den utan batterispänning. Ventilen ska då vara stängd.

**32** Anslut en kabel från batteriets pluspol (ca 12 volt) och kontrollera att ventilen nu är öppen **(se illustration)**.

**33** Om ventilen inte svarar riktigt, byt ut den.

### Laddtryckontakt

**Notera:** *Kontakten ger signal till styrenheten att öka bränslemängden (se kapitel 6). På modeller med intercooler, ger enheten också signal till motorns varvtalsrelä då laddtryck finns.*

**34** Anslut en handvakuum/tryckpump till kontakten **(se illustration)** anslut sedan en testlampa mellan batteriets pluspol och kontaktstycket för kontakten.

**35** Pumpa upp ett tryck på 0,14 bar och kontrollera att testlampan tänds. Om kontakten inte sluter (lampan lyser) byt ut kontakten.

### Reläer

**36** Anslut en testlampa mellan solenoidens kontaktstycke och jord samt en annan

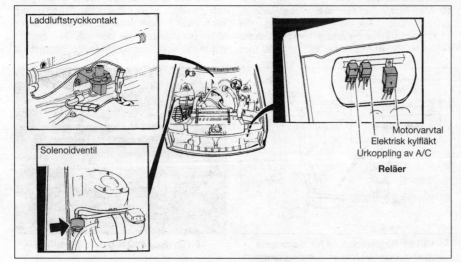

Motorvarvtal
Elektrisk kylfläkt
Urkoppling av A/C
**Reläer**

16.30 Styrsystem för laddtryck

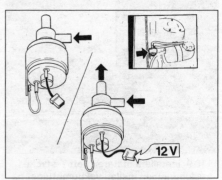

16.32 Kontrollera först solenoidventilen utan batterispänning och sedan med batterispänning (ventilen ska öppna och släppa fram luft då spänning finns)

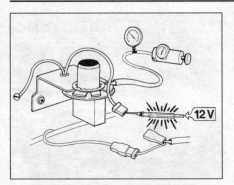

**16.34  Med 0,14 bar tryck vid tryck-kontakten ska lampan tändas då kontakterna stänger**

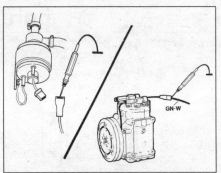

**16.36  Anslut först två testlampor; en vid solenoidventilen och den andra vid luftkonditioneringskompressorn**

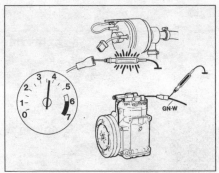

**16.38  Kontrollera sedan, då motorn är igång med högt varvtal (3700 rpm), att solenoidventilen öppnar (lampan tänds) och att luftkonditioneringskompressorn stänger av (lampan slocknar)**

testlampa mellan kabeln till luftkonditioneringskompressor och jord **(se illustration)**.
**37** Starta motorn och ställ luftkonditioneringen i läge MAX KYLA.
**38** Höj motorns varvtal till 3700 rpm och kontrollera att varvtalsreläet slår till då testlampan på solenoidventilen tänds. Samtidigt ska också luftkonditioneringens kompressorrelä lossa kompressorkopplingen (lampan ska slockna) **(se illustration)**.
**39** Får man inte rätt resultat av provet, kontrollera kablage och relän så att inga problem finns där.

### 17 Turboaggregat - demontering och montering

**1** Turboaggregrat och avgasgrenrör demonteras tillsammans. Börja genom att ta bort slangarna mellan turbo och intercooler samt mellan luftflödesmätare och turbo. Luftflödesmätarslangen är också ansluten till överströmningsventilen **(se illustration)**.
**2** Demontera varmluftkanalen till luftrenaren.
**3** Lossa främre avgasröret från turboaggregatet **(se illustration)**. Demontera värmeskölden.
**4** Lossa oljedräneringsröret från turboaggre-

gatet. Var beredd på spill **(se illustration)**.
**5** Lossa och ta bort förstyvningsplattan under grenröret **(se illustration)**.
**6** Lossa oljematarledningen från locket **(se illustration)**. Ta inte vara på brickorna, (nya måste användas vid monteringen).
**7** Ta bort de åtta muttrarna som håller avgasgrenröret till topplocket. Notera att en av muttrarna också håller en lyftögla **(se illustration)**.
**8** Lyft bort turboaggregat och avgasgrenrör. Demontera packningarna för avgaskanalerna.
**9** Demontera oljematarröret och ta bort packningen.

**10** Ta bort låsblecken från de fyra skruvarna som håller turboaggregatet vid grenröret. Böj upp flikarna med en mejsel och bryt eller knacka loss dem från skruvarna. Nya låsbleck måste användas vid hopsättningen.
**11** Sätt upp grenröret i ett skruvstycke och ta bort de fyra skruvarna. Lyft bort turboaggregatet. Ta sedan bort de andra halvorna av låsblecken.
**12** Notera turboaggregatet på grenröret och fäst med de fyra skruvarna. Stryk medel mot kärvning på gängorna. Kom ihåg att montera nya låsbläck.
**13** Dra skruvarna till angivet moment, och i

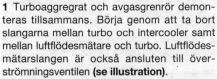

**17.1  Slangar för turboaggregatet**

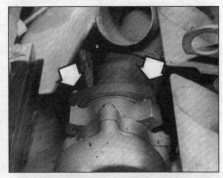

**17.3  Skruvar mellan turboaggregat och främre avgasrör (tredje skruven syns inte)**

**17.4  Oljedräneringsrör för turboaggregat**

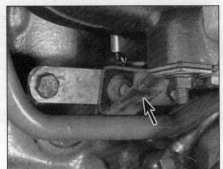

**17.5  Förstyvningsplatta för avgasgrenrör (vid pilen)**

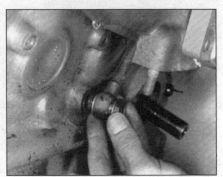

**17.6  Oljematarledning - notera tätbrickorna**

17.7 Demontera muttrarna för avgasgrenröret

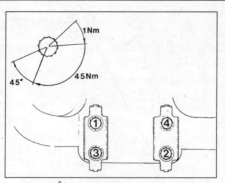

17.13a Åtdragningsföljd och kraft för turboaggregatets skruvar

17.13b En enkel vinkeldragningsmätare kan göras av en bit kartong med hjälp av en gradskiva

rätt ordning **(se illustrationer)**. Gör en mall för den slutliga vinkeldragningen.

**14** Montera låsbleckens yttre halvor. Driv de övre skruvskallarna med en hammare eller ett rör, krymp blecken med en tång och slå slutligen ned dem med en hammare **(se illustrationer)**.

**15** Resten av arbetet sker i omvänd ordning. Använd nya packningar, tätningar, etc.

**16** Innan motorn startas, sätt tändsystemet ur funktion genom att lossa primärkabeln från tändspolen, kör runt motorn med startmotorn i 6 10-sekunders perioder. Detta fyller turbo-aggregatet med olja.

**17** Anslut tändspolen, kör igång motorn och kontrollera att inget läckage förekommer.

## 18 Intercooler - demontering och montering

**1** Demontera kylarens övre fästen och för försiktigt kylaren ur vägen.

**2** Lossa slangklammorna, sedan slangarna från intercoolerenheten och lyft sedan bort den **(se illustration)**.

**3** Om turboaggregatet har havererat, kan det finnas en hel del olja i intercoolerpaketet. Paketet har en avtappningsplugg.

**4** Montera i omvänd ordning.

## 19 Avgassystem, åtgärder - allmänt

⚠️ **Varning: Kontrollera och reparera avgassystemet endast sedan så lång tid gått sedan bilen sist kördes att detaljerna helt har svalnat. Se också till, vid arbete under bilen, att den står stadigt på pallbockar.**

### Ljuddämpare och avgasrör

**1** Avgassystemet består av ett avgasgrenrör, katalysator (i förekommande fall), ljuddämpare och rör emellan enheterna, fästen, upphäng-ningar **(se illustrationer)** och klammor. Avgassystemet är fäst vid karossen via fästen och gummiupphängningar. Om någon del monterats på felaktigt sätt, uppstår missljud och vibrationer som kan fortplanta sig till karossen.

**2** Kontrollera regelbundet avgassystemet så att det håller sig i säkert skick och är tyst. Titta

17.14a Montera yttre delen av låsblecken . . .

17.14b . . . driv ner de övre skruvskallarna . . .

17.14c . . . böj över flikarna . . .

17.14d . . . och stuka till slut flikarna nedåt

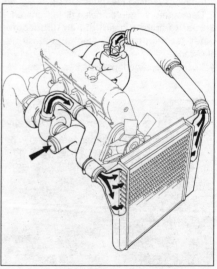

18.2 Intercooler

**19.1a  Ljuddämpare och upphängningar på 240 sedan**

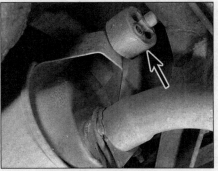

**19.1b  Gummiupphängningen kan vanligtvis demonteras med en brytspak eller en stor skruvmejsel**

**19.1c  Demontera de två skruvarna som håller klamman**

efter böjda eller skadade detaljer, öppna fogar, hål, lösa anslutningar, stor korrosion eller andra defekter som kan göra att avgaserna går in i bilen. Skadade avgasdetaljer bör inte repareras; de ska bytas mot nya.

**3** Om avgassystemet är extremt korroderat eller genomrostat, kan det krävas en svets för att få bort det. Det då vara bra att anlita någon avgasrörsfirma som får demontera systemet med en skärbrännare. Vill man däremot spara pengar genom att göra det själv (och saknar svetsutrustning med skärbrännare), får man skära av detaljerna med en bågfil. Har man tillgång till tryckluft, finns speciella lufthammare och mejslar som också kan användas. Bestämmer man sig för att göra jobbet hemma, bör man se till att ha skyddsglasögon som skydd mot kringflygande metallspån samt att bära handskar som skydd för händerna.

**4** Här är några enkla riktlinjer att följa vid reparation av avgassystemet:

a) *Arbeta bakifrån bilen och framåt, vid demontering av detaljerna.*

b) *Använd rostlösande olja på fästanordningarna så de blir lättare att ta bort.*

c) *Använd nya packningar, upphängningar och klammor vid montering av nya detaljer.*

d) *Stryk medel mot kärvning på gängorna för alla avgassystemtets gängade detaljer.*

e) *Se till att det finns tillräcklig frigång mellan avgassystemet på alla punkter under bilen så att överhettning av durken undviks vilket annars kan skada mattor och isolering. Var speciellt noga med katalysator och värmeskoldar.*

## Katalysator

**5** Även om katalysatorn hör till avgasreningen, behandlas den här eftersom den är en del av avgassystemet. Kontrollera alltid

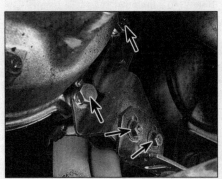

**19.1d  Demontera skruvarna (vid pilarna) och lossa sedan avgasupphängningen från svänghjulskåpan**

katalysatorn närhelst bilen hissas upp för översyn av avgassystemet.

**6** Hissa upp bilen och ställ den säkert på pallbockar.

**7** Kontrollera alla katalysatorer på bilen så att de inte har sprickor eller skador.

**8** Kontrollera att alla katalysatorer sitter ordentligt fast.

**9** Kontrollera värmeskoldarna som är svetsade på katalysatorn så att de inte är skadade eller sitter löst.

**10** Starta motorn och låt den gå på tomgång, kontrollera alla skarvar så att de inte läcker.

**19.1e  Kontrollera att värmeskölden inte har sprickor eller andra skador**

**Noteringar**

# Kapitel 4 Del B Bränsle- och avgassystem - förgasarmotorer

## Innehåll

## Svårighetsgrad

| Enkelt, passar novisen med lite erfarenhet  | Ganska enkelt, passar nybörjaren med viss erfarenhet  | Ganska svårt, passar kompetent hemma-mekaniker 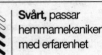 | Svårt, passar hemmamekaniker med erfarenhet  | Mycket svårt, för professionell mekaniker  |
|---|---|---|---|---|

## Specifikationer

### Allmänt

| | |
|---|---|
| Pumptryck | 15,0 - 27,0 kPa vid 1000 rpm |
| Snabbtomgång (alla) | 1250 till 1350 rpm |
| Dämpolja | Automatväxelolja |

### SU HIF 6

| | |
|---|---|
| Monterad i | B21A motor |
| Nål | BDJ |
| Dämpkolv, axialspel | 1,1 - 1,7 mm |
| Flottörhusventil, diameter | 1,75 mm |

### Solex (Zenith) 175 CD

| | |
|---|---|
| Monterad i | B21A motor |
| Nål: | |
|   1975 | B2BB (tidig) B1ED (sen) |
|   1976 och framåt | B1EE |
| Dämpkolv, axialspel | 1,0 - 1,8 mm |
| Flottörhusventil, diameter | 2,0 mm |
| Temperaturkompensator | 60L |
| Temperaturkompensator börjar öppna | 20°C |

### Pierburg (DVG) 175 CDUS

| | |
|---|---|
| Monterad i | B21A, och B230A motorer |
| Nål: | |
|   B21A | PN |
|   B230A | DC |
| Dämpkolv, axialspel | 0,5 - 1,5 mm |
| Flottörhusventil, diameter | 2,5 mm |
| Flottörhusnivå | 7,0 - 9,0 mm |

### Solex Cisac (B200K)

| | |
|---|---|
| Huvudmunstycke (primär) | 145 |
| Huvudmunstycke (sekundär) | 140 |
| Luftkorrektionsmunstycke (primär) | 160 |
| Luftkorrektionsmunstycke (sekundär) | 135 |
| Tomgångsbränslemunstycke | 35 |
| Munstycke, dellastanrikning | 60 |
| Elektriskt tomgångsmunstycke | 43 |
| Flottörhusnivå | 33,8 mm |
| Chokespjällöppning | 3,1 mm |
| Snabbtomgångskam, öppning | 1,90 mm |

## Solex Cisac (B230K) - där den skiljer sig från B200K

### 1  Allmänt

**Notera:** *Förutom förgasarversionerna av B200 och B230K motorerna, stämmer Sverige- utförandet i stora stycken med versionerna för Kanada. Anvisningarna för dessa motorer kan därför i stort användas. Kontrollera dock alltid skylten i motorrummet rörande värden för motorjusteringar. Tänk alltid på att avgas- systemet omfattas av lagkrav; det får inte sättas ur funktion ens av misstag.*

### Allmänt

**1** Sedan 240 modellen introducerades har flera olika förgasartyper förekommit på tidiga modeller och fram till och med 1984 sitter Zenith 175CD2-SE eller SU-HIF6 förgasare på B21A, och B23 motorer. Från och med 1985 förekommer Pierburg 175 CDUS eller Solex- Cisac förgasare på B230A respektive B200K motorer. 1986 sitter Pierburg 175 CDUS på 230A motorer och 1987 finns Solex-Cisac på B230K motorn. Zenith, SU, och Pierburg förgasare kan variera något när det gäller inställningsförfarande.

**2** Alla förgasarmotorer har mekanisk bränsle- pump monterad undertill på motorblocket.

**3** Alla förgasarmotorer har manuell choke manövrerad med vajer.

### Solex (Zenith) 175 CD

**4** Ursprungligen känd som Stromberg- förgasare, påminner den här konstruktionen om SU-HIF6 förgasaren, genom att bägge är konstantvakuum, horisontalförgasare **(se illustration)**.

**5** Största skillnaden ligger i vakuumkammar- en, där kolven är fäst vid ett gummimembran och därför inte tätar direkt mot vakuum- kammarens sidor.

**6** När vakuumet i övre kammaren ändras beroende på motorvarvtalets belastning, rör sig kolven upp eller ned i motsvarande grad. Bränslenålen rör sig då samtidigt ut eller in ur munstycket.

**7** Förgasaren har en temperaturkompensator, som ger mer luft i tomgångskresten i för- hållande till temperaturen. Då kompensatorn värms upp, släpps mer luft in. Detta reducerar ändringar i tomgångsvarvtalet beroende på temperatur.

**8** Det finns också en varmstartventil, som kompenserar för effekten av bränsleångor som uppstår i flottörhuset då temperaturen under motorhuven är hög och som annars kan leda till startsvårigheter.

### Pierburg (DVG) 175 CDUS

**9** Pierburg (DVG) förgasaren fungerar i stort sett på samma sätt som Solex (Zenith) 175 CD förgasare.

**10** Största skillnaden ligger i temperatur- kompenseringen i huvudmunstycket, vilket här sker genom att använda ett rörligt munstycke som är fjäderbelastat mot ett bimetallbricka. Då temperaturen ökar, expan- derar brickan och för munstycket upp mot fjädertrycket och magrar på så sätt av blandningen.

**11** Manuell choke (kallstartanordning) finns och från och med 1980 års modeller finns även en vakuumventil som ger ökad kontroll av bränsleblandningen då choken är i funktion.

**12** På B23 modeller från och med 1981 finns en modifierad dämpare och kolv som automatiskt håller vätskenivån på rätt nivå, under förutsättning att behållaren fylls.

### SU-HIF6

**13** SU förgasaren med en variabel venturi- sektion är ett ganska enkelt instrument. Det skiljer sig från andra förgasare genom att istället för ett antal fasta munstycken för olika förhållanden, bara har ett munstycke vars genomströmning anpassas till rådande för- hållanden.

**14** Luft som hastigt passerar igenom för- gasaren åstadkommer ett undertryck så att bränsle går från flottören och blandas med insugningsluften. Mängden bränsle som kommer från munstycket är beroende av läget på nålen vilken rör sig upp och ned i mun- stycket beroende på motorns belastning och gasspjällets läge. Detta styr munstycks- öppningen så att rätt mängd bränsle alltid tillförs i insugningsluften.

**15** Nålens läge bestäms i sin tur av insugningsrörets vakuum. Nålens övre ände är fäst i en kolv som rör sig upp och ner i en vakuumklocka i förhållande till insugnings- rörets vakuum.

**16** Då gasspjället är helt öppet, får vakuum- klockan full vakuumsignal från insugningsröret som är förbundet med förgasarhalsen via ett

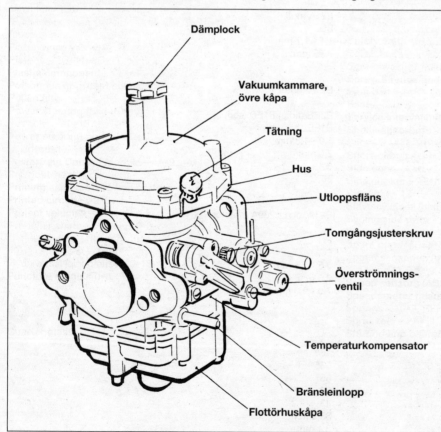

Dämplock

Vakuumkammare, övre kåpa

Tätning

Hus

Utloppsfläns

Tomgångsjusterskruv

Överströmnings- ventil

Temperaturkompensator

Bränsleinlopp

Flottörhuskåpa

**1.4  Solex (Zenith) 175 CD förgasare**

rör. Detta för kolven till sitt översta läge och därmed också nålen. Om spjället är delvis öppet, reduceras vakuumsignalen till vakuumklockan (vakuumet i insugningsröret är naturligtvis i detta fall större). Kolven rör sig därmed endast lite uppåt, nålen reducerar då munstycksöppningen.

**17** För att förhindra hastiga rörelser i hos kolven, vilket skulle ge en för fet bränsleblandning när gaspedalen snabbt trycks ner finns en oljedämpare och en mjuk fjäder i vakuumklockan.

**18** Den enda del av kolven som kommer i kontakt med hus och vakuumklocka är kragen i övre änden. Övriga delar har tillräckligt spel för att inte vidröra någon del av huset, vilket också är nödvändigt för att förgasaren ska fungera riktigt.

**19** Från och med 1978, används ett överströmningssystem för tomgång.

### Solex Cisac (B200K)

**20** B200K-motorer är utrustade med Solex Cisac förgasare, som är en tvåports fallförgasare med fasta munstycken.

**21** Ett elektriskt tomgångsmunstycke på förgasaren stänger av bränsletillförseln då tändningen slås av, vilket förhindrar glödtändning.

**22** Gasspjällen i primär- och sekundärportar är förinställda vid fabriken och bör inte justeras vidare.

**23** Förgasaren innehåller också ett dellastanrikningssystem, en accelerationpump samt en vakuumstyrd chokeventil (även om chokemanövreringen fortfarande är manuell).

**24** Tomgångskanalerna i förgasaren förvärms av en elektrisk termistorplatta i förgasarfoten,

### Solex Cisac (B230K)

**25** Solex Cisac förgasare, monterad på B230K-motorer, är en något modifierad version av den tidigare.

**26** Den vakuumstyrda chokeavlastaren arbetar i två steg i förhållande till insugningsrörets vakuum.

**27** Gaslänkaget är modifierat för att reducera returfjäderkraften. Tomgångsjusterskruven verkar direkt på gasspjällänkaget.

**28** En elektromagnetisk varmstartventil kopplad till tändningslåset arbetar på följande sätt:

a) Då tändningen är avslagen, öppnar ventilen en ventilationslending till ytterluften.
b) Då tändningen är påslagen stänger ventilen ventilationsledningen till flottörhuset.
c) När startmotorn arbetar, öppnar ventilen flottörhusventilationen.

**29** En bränsleavstängningsventil reducerar förbrukningen genom att stänga av bränsletillförseln till tomgångskretsen då man motorbromsar vid varvtal över 1350 rpm. En mikrobrytare, monterad på gaslänkagets linskiva, manövrerar solenoidventilen, så att bränsletillförseln stängs av under dessa förhållanden. Solenoiden öppnas igen då varvtalet understiger 1350 rpm, eller när gaspedalen

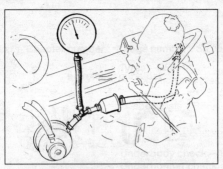

**2.1 Tryckmätare monterad mellan bränslepump och förgasare med hjälp av ett T-stycke**

trycks ned. Solenoiden fungerar också som elektriskt tomgångsmunstycke då tändningen slås av, vilket förhindrar glödtängning.

**30** Accelerationsmunstycket är endast monterat i primärsteget, eftersom andra steget inte arbetar under måttlig acceleration.

**31** Sekundärstegets gasspjäll är vakuumstyrt, motorns varvtal och belasting bestämmer öppningen.

## 2  Bränslepump/bränsletryck - kontroll

⚠️ *Varning: Bensin är mycket brandfarligt, var mycket försiktig vid arbete med någon del av bränslesystemet. Rök inte, använd inte öppen eld eller oskyddade glödlampor i närheten av arbetsplatsen. Arbeta inte heller i utrymmen som har gasoluppvärmning eller annan gasolutrustning (torkskåp, varmvattenberedare etc.). Bensin är mycket brandfarligt men bensinångor är explosiva. Eftersom bensin kan innehålla cancerogena ämnen bör man använda gummihandskar då risk finns att man kommer i kontakt med bensin. Spiller man bensin på huden, skölj omedelbart med rikliga mängder tvål och vatten. Torka omedelbart upp eventuellt spill och förvara inte bensinfuktade trasor så att de kan antändas. Bränslesystemet står under konstant tryck, så om bränslesystemet måste öppnas, ska först trycket avlastas (sänkas) (se avsnitt 2 för ytterligare information). Bär skyddsglasögon vid alla typer av arbeten på bränslesystemet, se också till att ha en brandsläckare avsedd för bensinbränder tillgänglig.*

**1** Lossa bränsleledningen från förgasaren och montera ett T-stycke. Anslut bränslepumpen till T-röret med en bit bränsleslang som inte är längre än 15 cm **(se illustration)**.

**2** Lossa mätaren från änden på slangen och för ner den i ett metallkärl. Kör runt startmotorn tills bränsle sprutar från slangen, detta avluftar slangen så att inte luft i systemet påverkar avläsningen. Sätt tillbaka slangen på mätaren.

**3.3 Bränslepumpen är monterad på motorblocket**

**3** Starta motorn och låt den gå på tomgång. Trycket ska nu vara enligt specifikationen, hållas konstant och sakta gå tillbaka till 0 då motorn stängs av.

**4** Om trycket snabbt sjunker är det fel på backventilen vid utloppet. Man måste då byta pump.

**5** Är trycket för högt, kontrollera om ventilationen är igensatt innan pumpen byts.

**6** Är trycket för lågt, se till att inte inloppsledningen är igensatt innan pumpen byts.

## 3  Bränslepump - demontering och montering

⚠️ *Varning: Bensin är mycket brandfarligt, var mycket försiktig vid arbete med någon del av bränslesystemet. Rök inte, använd inte öppen eld eller oskyddade glödlampor i närheten av arbetsplatsen. Arbeta inte heller i utrymmen som har gasoluppvärmning eller annan gasolutrustning (torkskåp, varmvattenberedare etc.). Bensin är mycket brandfarligt men bensinångor är explosiva. Eftersom bensin kan innehålla cancerogena ämnen bör man använda gummihandskar då risk finns att man kommer i kontakt med bensin. Spiller man bensin på huden, skölj omedelbart med rikliga mängder tvål och vatten. Torka omedelbart upp eventuellt spill och förvara inte bensinfuktade trasor så att de kan antändas. Bränslesystemet står under konstant tryck, så om bränslesystemet måste öppnas, ska först trycket avlastas (sänkas) (se avsnitt 2 för ytterligare information). Bär skyddsglasögon vid alla typer av arbeten på bränslesystemet, se också till att ha en brandsläckare avsedd för bensinbränder tillgänglig.*

**1** Bränslepumpen är monterad mot framkanten på motorn nära kamremkåpan på vänster sida om motorblocket.

**2** Lägg trasor under bränslepumpen för att fånga upp spill under demonteringen.

**3** Lossa klammorna för bränsleledningarna och ta bort ledningarna från pumpen **(se illustration)**.

4.2a Demontera skruvarna för luftfiltret

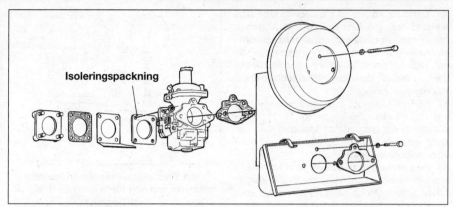

Isoleringspackning

4.2b Monteringsdetaljer för Solex (Zenith) 175 CD förgasare samt luftrenare på B20A motor

**4** Lossa och ta bort bränslepumpen. Demontera alla rester av gammal packning.

**5** Innan montering, stryk tätningsmassa på bägge sidor om packningen, placera packningen på bränslepumpen och sedan bränslepumpen mot blocket. Sätt i skruvarna och dra dem ordentligt.

**6** Sätt tillbaka ledningarna och dra åt klammorna ordentligt.

**7** Kör igång motorn och kontrollera att inget läckage förekommer.

## 4 Luftrenare - demontering och montering

**1** Lossa slangarna från luftrenarhuset och märk dem med färg eller tejp så att de kan sättas tillbaka på samma plats.

**2** Demontera skruvarna som håller luftrenarhuset vid förgasaren (-na) **(se illustrationer)**. På rektangulära luftrenarhus måste man först ta bort luftfiltren för att komma åt skruvarna.

**3** Lägg enheten på en bänk, se till att inte tappa eller skada packningarna som sitter mellan förgasare och luftrenarhus.

**4** Montera i omvänd ordning.

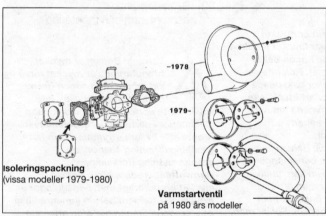

Isoleringspackning
(vissa modeller 1979-1980)

Varmstartventil
på 1980 års modeller

4.2c Monteringsdetaljer för Solex (Zenith) 175 CD förgasare samt luftrenare, B21A motor

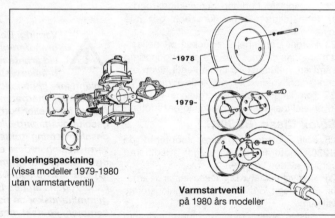

Isoleringspackning
(vissa modeller 1979-1980 utan varmstartventil)

Varmstartventil
på 1980 års modeller

4.2d Monteringsdetaljer för Pierburg (DVG) 175 CDUS förgasare och luftrenare

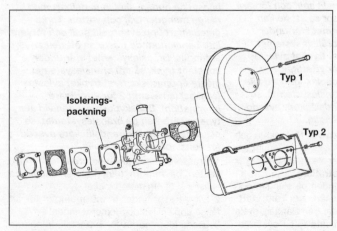

Isolerings-packning

Typ 1

Typ 2

4.2e Monteringsdetaljer för SU-HIF6 förgasare och luftrenare på B20A motor

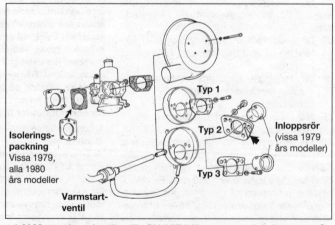

Isolerings-packning
Vissa 1979, alla 1980 års modeller

Varmstart-ventil

Typ 1

Typ 2

Typ 3

Inloppsrör
(vissa 1979 års modeller)

4.2f Monteringsdetaljer för SU-HIF6 förgasare och luftrenare på B21A motor

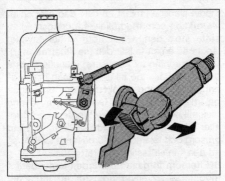

**5.1  Lossa kulleden från spjällarmen genom att lossa låsblecket och bryta loss (SU-HIF6 visad)**

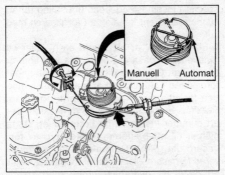

**5.4  Då gaspedalen inte är nedtryckt, ska linskivan gå mot stoppet och vajern vara spänd, men inte så spänd att linskivan inte går helt tillbaka**

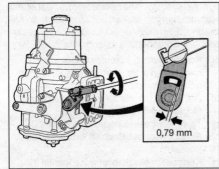

**5.7a  Spjällarmen ska ha ett spel på varje sida om flänsen vid tomgång (Pierburg [DVG] 175 CDUS förgasare visad)**

## 5  Gaslänkage - kontroll och byte

### Kontroll

**1** Lossa låsblecket för kulleden **(se illustration)** och lossa försiktigt länkaget från gasspjällarmens kula.
**2** Kontrollera att gasspjället rör sig obehindrat och även spjällaxel och gaslänkage.
**3** Är länkaget böjt, korroderat eller skadat, byt ut den defekta detaljen.
**4** Om motorn har gasvajer **(se illustration)**, se till att kontrollera spänningen samt linskivans läge.

### Byte

**5** Lossa låsblecket för kulleden **(se illustration 5.1)** och lossa länkarmen från kulan med en skruvmejsel.
**6** Innan delar av länkaget byts, se till att justera länkaget genom att vrida kulleden i änden på stången rätt antal varv (se avsnitt 9 för ytterligare information).
**7** Dra åt låsmuttern för kulleden och kontrollera att länkaget rör sig som det ska **(se illustrationer)** (se avsnitt 9).

## 6  Chokevajer - kontroll och byte

### Kontroll

**1** Dra ut choken helt, se till att chokearmen rör sig fullt ut **(se illustration)**. Se avsnitt 9 för justering och ytterligare information.
**2** Tryck mot choken med ett finger så att den säkert har bottnat mot den undre stoppklacken och så att justerskruven för snabbtomgång inte vidrör armen.

### Byte

**3** Lossa chokevajerns ände från spjällarmen och lossa ytterhöljet från fästet.

**4** Demontera choken från instrumentbrädan och dra ut chokevajern.
**5** Montera i omvänd ordning.

## 7  Förgasare - felsökning och renovering

⚠ *Varning: Bensin är mycket brandfarligt, var mycket försiktig vid arbete med någon del av bränslesystemet. Rök inte, använd inte öppen eld eller oskyddade glödlampor i närheten av arbetsplatsen. Arbeta inte heller i utrymmen som har gasoluppvärmning eller annan gasolutrustning (torkskåp, varmvattenberedare etc.). Bensin är mycket brandfarligt men bensinångor är explosiva. Eftersom bensin kan innehålla cancerogena ämnen bör man använda gummihandskar då risk finns att man kommer i kontakt med bensin. Spiller man bensin på huden, skölj omedelbart med rikliga mängder tvål och vatten. Torka omedelbart upp eventuellt spill och förvara inte bensinfuktade trasor så att de kan antändas. Bränslesystemet står under konstant tryck så, om bränslesystemet måste öppnas, ska först trycket avlastas (sänkas)(se avsnitt 2 för ytterligare information). Bär skyddsglasögon vid alla typer av arbeten på bränslesystemet, se också till att ha en brandsläckare avsedd för bensinbränder tillgänglig.*

### Felsökning

**1** En grundlig provkörning för att kontrollera förgasaren bör företas innan något större arbete utförs. Specifikationer för en del justeringar finns på skylten i motorrummet.
**2** Vanliga förgasarproblem är flödning, startsvårigheter, motorstopp, kraftig baktändning och dålig acceleration. En förgasare som läcker bränsle och/eller är täckt av blöta avlagringar måste definitivt ses över.
**3** En del körsvårigheter som hänförs till förgasaren är i verkligheten resultatet av lösa, feljusterade eller defekta detaljer på motor

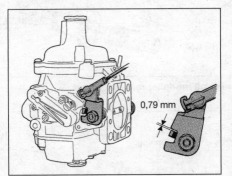

**5.7b  Spjällarmens spel på Solex Zenith 175 CD förgasare**

**6.1  Se till att chokevajern tillåter snabbtomgångskammen att vrida sig helt från läge vid kall motor (snabbtomgång) till läge vid varm motor (vid pilen) (SU-HIF6 visad)**

**5.7c  Spel i spjällarmen för SU-HIF6 förgasare**

och i elsystem. Andra problem uppstår när vakuumslangar läcker, lossnar eller är feldragna. Rätt väg för att analysera förgasarproblem bör innehålla följande åtgärder:

a) *Kontrollera alla vakuumslangar och manöverenheter så att de inte läcker och är rätt justerade.*

b) *Dra åt alla skruvar för insugningsrör och förgasare jämnt och ordentligt.*

c) *Ta ett kompressionsprov (se kapitel 2).*

d) *Rengör eller byt tändstift vid behov (se kapitel 1).*

e) *Kontrollera tändkablarna (se kapitel 1).*

f) *Kontrollera tändsystemets primär ledningar.*

g) *Kontrollera tändläget (följ instruktionerna på skylten i motorrummet) (se kapitel 1).*

h) *Kontrollera bränslepumpens tryck - mängd (se avsnitt 2).*

i) *Kontrollera värmeventilen i luftrenaren så att den fungerar på rätt sätt (se kapitel 1).*

j) *Kontrollera/byt luftfilter (se kapitel 1).*

k) *Kontrollera PCV-systemet (se kapitel 6).*

l) *Kontrollera/byt bränslefilter (se kapitel 1). Silen i tanken kan också vara igensatt.*

m) *Kontrollera att inte avgassystemet är igensatt.*

n) *Kontrollera EGR ventilens funktion (i förekommande fall) (se kapitel 6).*

o) *Kontrollera choken - den ska vara helt öppen då motorn har normal arbetstemperatur (se kapitel 1).*

p) *Kontrollera att inget bränsleläckage förekommer samt att bränsleledningen inte har veck eller andra skador (se kapitel 1 och 4A)*

q) *Kontrollera att inte fel typ av bränsle används och att bensinen inte är av undermålig kvalitet.*

r) *Kontrollera ventilspelen (i förekommande fall) samt kamaxelns lyfthöjd (se kapitlen 1 och 2).*

s) *Låt någon fackman kontrollera elektroniska styrsystem för motor och förgasare.*

**4** Vid felsökning på förgasaren kan det krävas att motorn startas och körs utan luftrenare. Om motorn baktänder kan i sådana fall brand uppstå. Detta händer troligast om det är något fel på förgasaren, men bara genom att ta bort luftrenaren kan man magra av bränsleblandningen så mycket att baktändning uppstår.

 *Varning: Placera inte någon del av kroppen, speciellt ansiktet, i linje med förgasaröppningen vid kontroll och arbete. Använd skydd för ögonen !*

## Renovering

**5** När det är klart att förgasaren behöver renoveras, finns många möjliga alternativ. Om man själv tänker renovera förgasaren, se till att skaffa en reparationssats av god kvalitet, den innehåller då alla nödvändiga packningar, komponenter, instruktioner och detaljlista. Man kommer också att behöva en del

speciella lösningsmedel och utrustning för att kunna blåsa rent kanalerna i förgasaren med luft.

**6** Ett alternativ är att skaffa en ny eller en renoverad förgasare. Kontrollera vad som är tillgängligt. Övertyga dig om att ersättningsförgasaren i sådana fall är helt identisk med den förgasare som tidigare varit monterad. Det finns en bricka upptill på förgasaren eller ett nummer instansat på flottörhuset. Detta hjälper till att bestämma vilken typ av förgasare det gäller. Då man skaffar en renoverad förgasare eller en reparationssats, se till att de exakt överensstämmer med specifikationerna. Till synes obetydliga skillnader kan ha stor inverkan på prestanda.

**7** Om man väljer att renovera förgasaren, ta till så mycket tid att man kan ta isär den omsorgsfullt och låta delarna ligga i lösnings-

medel (vanligen minst en halv dag eller enligt instruktion som medföljer rengöringsmedlet) sätta ihop den, vilket normalt tar mycket längre tid än att ta isär den **(se illustrationer)**. Vid isärtagning av förgasare, identifiera varje detalj i förhållande till illustrationen i reparationssatsen, lägg detaljerna i den ordningen på ett rent underlag. Renovering av ovana mekaniker kan resultera i att motorn går dåligt eller inte alls. För att undvika detta, använd omsorg och tålamod då förgasaren tas isär så att den kan sättas ihop på rätt sätt.

**8** Eftersom förgasarutföranden kontinuerligt modifieras av tillverkaren för att möta allt strängare emmisionskrav, är det inte möjligt att ge instruktioner exakt steg för steg för varje typ. Förmodligen medföljer en detaljerad och rikt illustrerad instruktion med reparationssatsen.

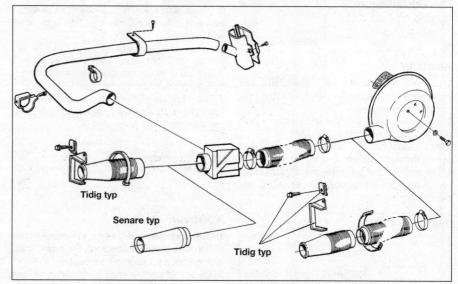

**7.7a  Schematisk bild av luftkanaler på modeller med förgasare**

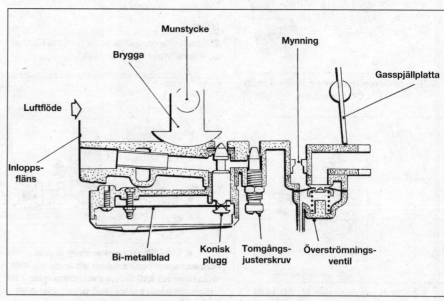

**7.7b Sprängskiss över Solex (Zenith) 175 CD förgasare**

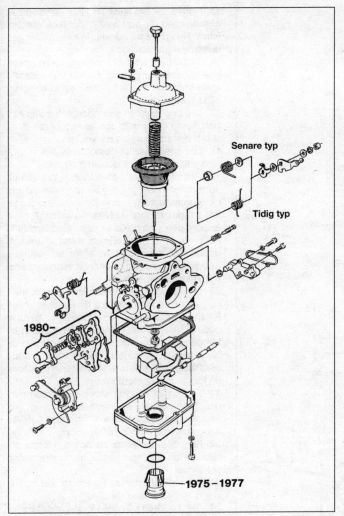

**7.7c**  Genomskärning av huset på Solex (Zenith) 175 CD förgasare

**7.7d**  Sprängskiss över  Pierburg (DVG) 175 CDUS förgasare

## Solex Cisac

*En reparationssats för förgasare, med nöd-vändiga packningar och O-ringar, bör inför-skaffas innan isärtagning påbörjas.*

**Notera:** *Både den primära och den sekundära gasspjällventilen förinställs vid tillverkningen och ska inte justeras vid servicearbete. Demontera inte ventiler eller spindlar. Om man misstänker slitage i detta område (vilket endast bör vara aktuellt om bilen gått väldigt många mil), kontakta din Volvoåterförsäljare.*

**9**  Demontera förgasaren, tvätta utsidan med lösningsmedel.

**10**  Ta bort skruvarna som håller  locket, ta bort locket komplett med flottör.

**11**  Dra ut ledpinnen och ta bort flottören.

**12**  Skaka flottören för att se om den inne-håller bränsle, vilket tyder på läckage, byt vid behov.

**13**  Ta bort det elektriska tomgångsmun-stycket från sidan på förgasaren, det ska bara dras fast med fingrarna.

**14**  Kontrollera att flottörhusventilen rör sig fritt och inte kärvar. Byt ventil, eller ta bort den och rengör den i bensin vid behov. Använd ny bricka vid återmontering.

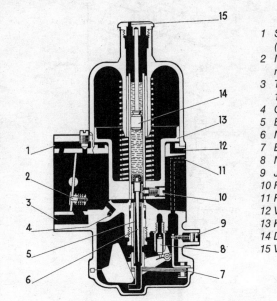

1  Solenoidventil
   (överströmningskanal)
2  Motorbromsventil (endast vissa
   modeller)
3  Tomgångskanal (från och med
   1978)
4  Chokekanal
5  Bränslemunstycke
6  Nål
7  Bimetallfjäder
8  Nålventil (flottörhus)
9  Justerskruv, CO-halt
10  Fästskruv
11  Flottörhusventilation
12  Ventilation, kolvkammare
13  Kolv
14  Dämpkolv
15  Ventilationshål

**7.7e**  Genomskärning av  SU-HIF6  förgasare

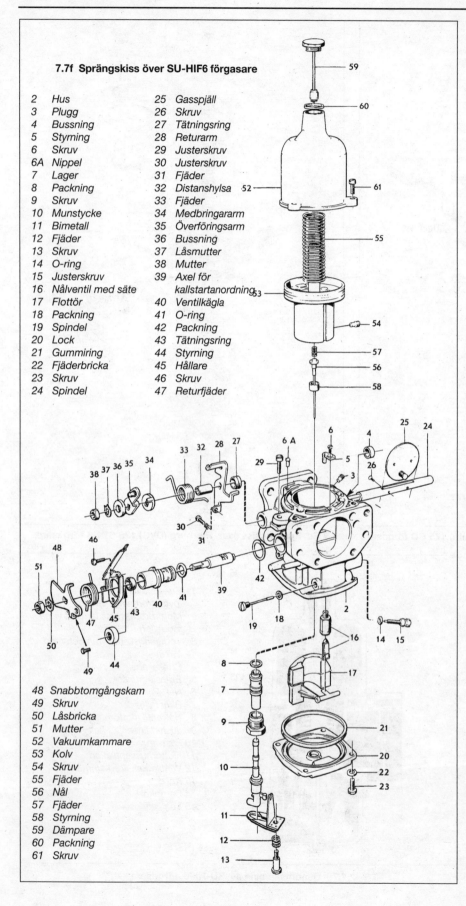

**7.7f Sprängskiss över SU-HIF6 förgasare**

| | | | |
|---|---|---|---|
| 2 | Hus | 25 | Gasspjäll |
| 3 | Plugg | 26 | Skruv |
| 4 | Bussning | 27 | Tätningsring |
| 5 | Styrning | 28 | Returarm |
| 6 | Skruv | 29 | Justerskruv |
| 6A | Nippel | 30 | Justerskruv |
| 7 | Lager | 31 | Fjäder |
| 8 | Packning | 32 | Distanshylsa |
| 9 | Skruv | 33 | Fjäder |
| 10 | Munstycke | 34 | Medbringararm |
| 11 | Bimetall | 35 | Överföringsarm |
| 12 | Fjäder | 36 | Bussning |
| 13 | Skruv | 37 | Låsmutter |
| 14 | O-ring | 38 | Mutter |
| 15 | Justerskruv | 39 | Axel för |
| 16 | Nålventil med säte | | kallstartanordning |
| 17 | Flottör | 40 | Ventilkägla |
| 18 | Packning | 41 | O-ring |
| 19 | Spindel | 42 | Packning |
| 20 | Lock | 43 | Tätningsring |
| 21 | Gummiring | 44 | Styrning |
| 22 | Fjäderbricka | 45 | Hållare |
| 23 | Skruv | 46 | Skruv |
| 24 | Spindel | 47 | Returfjäder |

| | |
|---|---|
| 48 | Snabbtomgångskam |
| 49 | Skruv |
| 50 | Låsbricka |
| 51 | Mutter |
| 52 | Vakuumkammare |
| 53 | Kolv |
| 54 | Skruv |
| 55 | Fjäder |
| 56 | Nål |
| 57 | Fjäder |
| 58 | Styrning |
| 59 | Dämpare |
| 60 | Packning |
| 61 | Skruv |

**15** Notera att det finns ett filter vid bränsle-anslutningen. Ta bort anslutningen och sedan filtret. Rengör det i bensin. Igensatt filter ger driftstörningar vid hög belastning.

**16** Ta bort locket för chokeavlastaren (lossa inte fjädern), kontrollera membranet beträffande sprickor. Byt vid behov innan enheten sätts tillbaka.

**17** Om chokearmen av någon anledning tas bort, lossa inte kulan och fjädern under den, sätt tillbaka dem innan chokearmen.

**18** Om chokespjället demonteras ska skruvarna låsas med låsvätska vid montering.

**19** Häll ut eventuellt återstående bränsle ur flottörhuset och gör dig av med det på ett betryggande sätt. Demontera munstyckena (ett i taget för att undvika förväxling), blås igenom dem och deras kanaler med tryckluft. Peta inte i munstycket med ståltråd, använd trådar från en nylonborste för att rengöra besvärlig igensättning, eller låt munstyckena ligga i lösningsmedel.

**20** Om tomgångsjusterskruven och blandningsskruven tas bort, ska de justeras enligt följande beskrivning vid montering. Skruva båda skruvarna helt i botten, skruva sedan ut tomgångsskruven fem hela varv samt blandningsskruven åtta hela varv. Detta är grundinställning, båda skruvarna ska sedan justeras då förgasaren är monterad.

**21** Ta bort locken för accelerationspumpen och delgasanrikningsventilen, ta hand om fjädrarna samt inspektera membranen beträffande sprickor, byt vid behov.

**22** Rengör tätningsytor på lock och förgasarhus, se till att inga gamla packningsrester finns kvar.

**23** Kontrollera att alla länkage rör sig mjukt, smörj alla leder med lite olja.

**24** Sätt flottören på plats i locket, montera ny packning och kontrollera flottörhusnivån genom att vända locket upp och ner och mäta avståndet mellan packning och högsta punkt på flottören, vilket bör överensstämma med uppgifterna i specifikationerna.

**25** Justera genom att böja tungan, som går mot flottörhusventilen.

**26** Montera locket på förgasarhuset och dra åt skruvarna.

**27** Montera det elektriska tomgångsmunstycket, dra endast åt det med fingrarna.

**28** Montera förgasaren, kontrollera och justera sedan choke- och gasvajer, tomgångsvarv, CO-halt samt snabbtomgång.

## 8 Förgasare -
### demontering och montering

**1** Lossa jordkabeln från batteriet.
**2** Demontera luftrenaren (se avsnitt 4).
**3** Lossa bränsleinloppsledningen och plugga änden.
**4** Lossa vakuumslangen till tändfördelaren vid förgasaren.
**5** Lossa gasvajern från förgasaren.

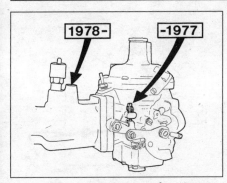

9.9  Justerskruvar för tomgång, Solex (Zenith) 175 CD

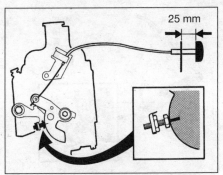

9.16  Snabbtomgångsjustering för Solex (Zenith) 175 CD förgasare

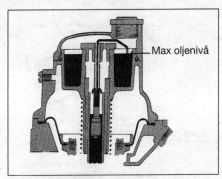

9.21  Rätt nivå på dämpolja

**6** Demontera förgasarens fästmuttrar och ta sedan bort förgasaren. Täck öppningen i insugningsröret med trasor så att inte smuts och fukt kommer in.

**7** Montera i omvänd ordning. Använd ny packning mellan förgasare och insugningsrör, ta bort alla rester av gammal packning.

**8** Efter montering, justera tomgångsvarv, snabbtomgångsvarv etc. enligt beskrivning i avsnitt 9.

**9** Justera gaslänkaget (se avsnitt 5).

## 9  Förgasare - justering

### Solex (Zenith) 175 CD

**Notera:** *Justering av CO-halt kräver special-verktyg. Om dessa inte är tillgängliga bör man överlåta justeringen åt en fackman eller annan kvalificerad person.*

**Notera:** *All förgasarjustering måste utföras med eventuellt pulsairsystem eller luftinblås-ningssystem (i förekommande fall) bortkopplat och pluggat. Se kapitel 6 för ytterligare information.*

### Tomgång - justering

**1** Lossa kulan på gasspjälllänkaget och kontrollera att spjället rör sig jämnt utan att kärva. Kontrollera att spjällaxeln inte är alltför glapp. Förgasaren måste då renoveras.

**2** Ta bort luftrenare och luftkanal, kontrollera att gasspjället öppnar helt (90°). Justera annars genom att böja klacken på spjällaxeln.

**3** Om gasspjällets justering ändrats, ställ in enligt följande sätt. Lossa låsmuttern på spjällets justerskruv, skruva tills spjället är helt stängt. Skruva på nytt in skruven tills rätt spjällöppning erhålls. Dra sedan fast lås-muttern och försegla den med färg. Denna justering ska inte behöva upprepas.

**4** Sätt tillbaka luftrenare eller luftkanal och anslut spjällänken.

**5** Kontrollera att choken är helt intryckt samt att snabbtomgångskammen går fri från juster-skruven.

**6** Kontrollera oljenivån i dämparen, fyll på vid behov.

**7** Anslut en varvräknare enligt tillverkarens anvisningar.

**8** Starta motorn och låt den gå tills den har normal arbetstemperatur.

**9** Justera tomgångsvarvtalet enligt följande. På modeller utan överströmningssystem för tomgång (se avsnitt 10), vrid gasspjällskruven tills rätt varvtal erhålls **(se illustration)**. På modeller med överströmningssystem, justera varvtalet med hjälp av skruven i kanalen.

**Notera:** *Tomgångsvarvet justeras med juster-skruven för gasspjäll på modeller före 1977, på senare modeller med skruven i över-strömningskanalen.*

**10** Om rätt varvtal inte kan erhållas med hjälp av justerskruven i kanalen, kontrollera gas-spjällets grundinställning enligt följande.

**Observera:** *Denna metod kan också an-vändas då motorn har tenderar att glödtända.*

**11** Skruva in justerskruven i överströmnings-kanalen så långt det går, skruva sedan ut den 4 hela varv.

**12** Justera varvtalet till 1100 - 1200 rpm med hjälp av justerskruven för gasspjället.

**13** Justera sedan till rätt tomgångvarvtal med hjälp av skruven i överströmningskanalen.

**14** Dra fast alla låsmuttrar och avlägsna varv-räknaren. Försegla låsmuttern till gasspjällets justerskruv med färg om den har lossats.

### CO-halt - justering

**15** Detta moment kräver en avgasanalysator. Denna analyserar CO-, HC-, $CO_2$-, och $NO_x$-halten i avgaserna. Ta med bilen till en fackman eller annan kompetent person med tillgång till rätt utrustning.

**Notera:** *På modeller till och med 1966 justerar man med hjälp av huvud munstycket. Detta kräver ett pressverktyg och bör överlåtas åt Volvo verkstad eller annan specialist. Från och med 1977 justerar man med hjälp av ventil-nålen i luftventilen. Det special verktyg som krävs är tillgängligt från de flesta verktygs-affärer och tillbehörsbutiker.*

### Snabbtomgång - justering

**Notera:** *Justera tomgångsvarvtalet innan snabbtomgången justeras.*

**16** Dra ut choken cirka 25 mm så att märket på chokekammen står mitt emot juster-

skruven för snabbtomgång **(se illustration)**.

**17** Anslut en varvräknare. Starta motorn och kontrollera om snabbtomgången är rätt. Lossa i annat fall låsmuttern på justerskruven och vrid skruven tills rätt varvtal erhålls. Dra sedan åt låsmuttern.

**18** Tryck in choken helt och kontrollera att det finns ett spel mellan chokekammen och justerskruven.

### Pierburg (DVG) 175 CDUS

### Tomgångsvarv

**19** Lossa förgasarlänkaget från förgasaren, kontrollera att gasspjället rör sig jämnt och utan att kärva. Anslut länkstången igen.

**20** Kontrollera chokearmen, se till att den inte vidrör stoppet för gasspjället då choken är helt inskjuten samt att, då den är helt ut-dragen, choken är helt öppen. Tryck på nytt in choken helt för justering.

**21** Kontrollera att vätskenivån i dämparen är riktig **(se illustration)**.

**22** Om bilen är utrustad med pulsairsystem, lossa slangen vid luftrenaren och plugga änden (se kapitel 6).

**23** Starta motorn och låt den gå till normal arbetstemperatur.

**24** Justera till rätt tomgångsvarv enligt specifikationerna i detta kapitel med hjälp av justerskruven i överströmningskanalen **(se illustration)**.

**25** Om rätt tomgångsvarv inte kan erhållas med hjälp av justerskruven, kontrollera

9.24  Justerskruv för tomgång, Pierburg (DVG) 175 CDUS

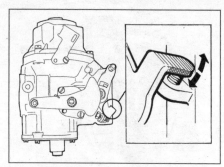

**9.25 För Pierburg förgasaren, se till att gasspjället är stängt samt att justerskruven nätt och jämnt vidrör klacken (grundinställning)**

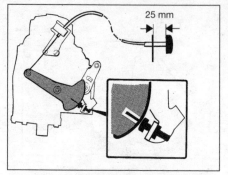

**9.27 Justering av snabbtomgång på Pierburg (DVG) 175 CDUS**

**9.29 Böj klacken ifall gasspjället inte öppnar helt (90°)**

gasspjällets grundinställning (se punkt 3) **(se illustration)**.

## CO-halt

**26** Detta moment kräver en avgasanalysator. Denna analyserar CO-, HC-, $CO_2$-, och $NO_x$-halten i avgaserna. Ta med bilen till en fackman eller annan kompetent person med tillgång till rätt utrustning.

## Snabbtomgång - justering

**27** Följ anvisningarna för Solex (Zenith) 175 CD förgasare (se punkterna 16-18) men använd rätt illustration **(se illustration)**.

## *SU-HIF6*

### Tomgångsvarvtal, justering

**28** Lossa kulan på gaslänkaget och kontrollera att gasspjället rör sig jämnt och utan att kärva. Kontrollera också att spjällaxeln inte är alltför glapp. Förgasaren måste då renoveras.

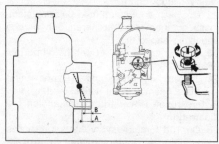

**9.30 Grundinställning av gasspjäll på SU-HIF6 förgasare**

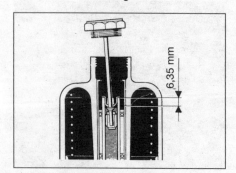

**9.33 Vätskeinvå i SU-HIF6 förgasare**

**29** Ta bort luftrenare eller luftkanal och kontrollera att gasspjället öppnar helt (90°). Justera annars genom att böja klacken på spjällaxeln **(se illustration)**.
**30** På modeller mellan 1978 och 1981 justeras spjället vid behov på följande sätt. Lossa låsmuttern på spjällets justerkskruv, skruva ut skruven tills spjället är helt stängt, skruva på nytt in skruven tills rätt spjällöppning erhålls **(se illustration)**. Dra sedan fast låsmuttern och försegla den med färg. Denna justering ska inte behöva upprepas.
**31** Sätt tillbaka luftrenare eller luftkanal och anslut spjällaxeln.
**32** Kontrollera att choken är helt intryckt och att snabbtomgångskammen går fri från
**33** Kontrollera oljenivån i dämparen, fyll på vid behov **(se illustration)**.
**34** Anslut en varvräknare.
**35** Starta motorn och låt den gå tills motorn har normal arbetstemperatur.
**36** Justera tomgångsvarvtalet enligt följande. På modeller utan överströmningssystem för tomgång (se avsnitt 10), vrid gasspjällskruven så att rätt varvtal erhålls **(se illustration)**. På modeller med överströmningssystem, justera varvtalet med hjälp av skruven i kanalen.

**37** Om rätt varvtal inte kan erhållas med hjälp av justerskruven, kontrollera gasspjällets grundinställning enligt följande.
**Notera:** *Denna metod ska också användas om motorn har tendenser till glödtändning.*
**38** Skruva in justerskruven i överströmningskanalen så långt det går, skruva sedan ut den fyra hela varv.
**39** Justera varvtalet till 1100 - 1200 rpm med hjälp av justerskruven för gasspjället.
**40** Reducera sedan tomgångsvarvtalet till det angivna med hjälp av justerskruven i överströmningskanalen.
**41** Dra sedan fast alla låsmuttrar och avlägsna varvräknaren. Försegla låsmuttern till justerskruven med färg om den har lossats.

## CO - halt

**42** Detta moment kräver en avgasanalysator. Denna analyserar CO-, HC-, $CO_2$-, och $NO_x$-halten i avgaserna. Ta med bilen till en fackman eller annan kompetent person med tillgång till rätt utrustning.

## Snabbtomgång - justering

**Notera:** *Notera och justera tomgångsvarvet innan snabbtomgången justeras.*
**43** Dra ut choken 25 mm så att märkningen

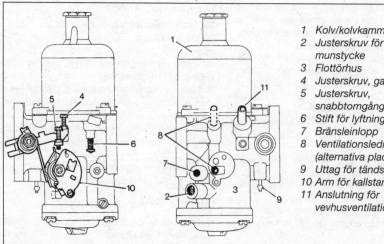

1 Kolv/kolvkammare
2 Justerskruv för munstycke
3 Flottörhus
4 Justerskruv, gasspjäll
5 Justerskruv, snabbtomgång
6 Stift för lyftning av kolv
7 Bränsleinlopp
8 Ventilationsledning (alternativa placeringar)
9 Uttag för tändsystem
10 Arm för kallstartanrikning
11 Anslutning för vevhusventilationsslang

**9.36 Justeringar på SU-HIF6**

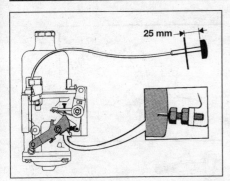

9.43 Snabbtomgångsjustering på SU-HIF6

på chokekammen står mitt för justerskruven för snabbtomgång **(se illustration)**.

**44** Anslut en varvräknare. Starta motorn och kontrollera att snabbtomgången är rätt. Lossa i annat fall låsmuttern på justerskruven och vrid tills rätt varvtal erhålls. Dra sedan åt låsmuttern.

**45** Tryck in choken helt och kontrollera att det finns ett spel mellan chokekam och justerskruv.

### Solex Cisac

#### Tomgångsvarv och CO-halt - justering

**46** Demontera luftkanalen från överdelen på förgasaren **(se illustration)**.

**47** Kontrollera att gasspjällen rör sig mjukt, samt att spjället i sekundärporten inte börjar röra sig innan primärspjället är cirka 2/3 öppet.

**48** Kontrollera och justera förgasarvajer.

**49** Kontrollera och justera chokens funktion enligt beskrivning i punkterna 18 och 25 i detta avsnitt.

**50** Kontrollera och justera snabbtomgången enligt anvisning i punkterna 26 och 27.

**51** Sätt tillbaka luftkanalen, se till att alla vevhusventilationsslangarna är ordentligt anslutna. Lossa och plugga pulsairslangarna i förekommande fall.

**52** Anslut en varvräknare och en CO-mätare till motorn, enligt tillverkarens anvisningar.

**53** Starta motorn och låt den gå tills den når normal arbetstemperatur.

**54** Justera tomgångsvarvtal till angivet värde med hjälp av justerskruven för tomgång.

**55** Kontrollera CO-halten. Om justering erfordras, bryt ut pluggen som skyddar justerskruven för bränsleblandning.

**56** Justera CO-halten till angivet värde genom att skruva in för att öka CO-halten, ut för att minska. Kontrollera och justera på nytt tomgångsvarvtal vid behov, upprepa proceduren tills rätt tomgångsvarvtal och CO-halt erhålls.

**57** Stanna sedan motorn, montera ny justersäkring och avlägsna mätutrustningen. Sätt tillbaka Pulsairslangarna i förekommande fall.

**Notera:** *Om CO-mätare inte är tillgänglig, kan en nöjaktig justering göras genom att man skruvar in justerskruven tills motorn går*

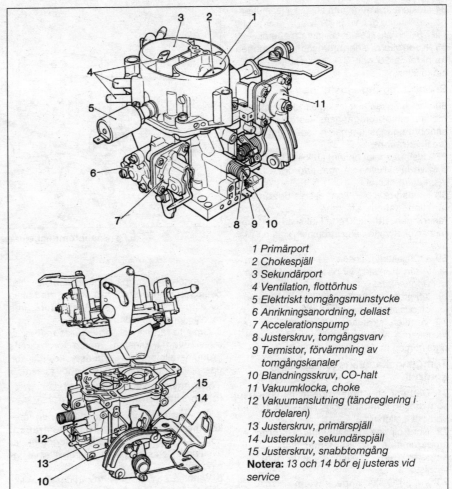

1 *Primärport*
2 *Chokespjäll*
3 *Sekundärport*
4 *Ventilation, flottörhus*
5 *Elektriskt tomgångsmunstycke*
6 *Anrikningsanordning, dellast*
7 *Accelerationspump*
8 *Justerskruv, tomgångsvarv*
9 *Termistor, förvärmning av tomgångskanaler*
10 *Blandningsskruv, CO-halt*
11 *Vakuumklocka, choke*
12 *Vakuumanslutning (tändreglering i fördelaren)*
13 *Justerskruv, primärspjäll*
14 *Justerskruv, sekundärspjäll*
15 *Justerskruv, snabbtomgång*
**Notera:** *13 och 14 bör ej justeras vid service*

9.46 Sprängskiss av Solex Cisac förgasare

*ojämnt, sedan ut igen precis till tomgången blir jämn. Man kan sedan vara tvungen att justera tomgångsvarvtalet och denna inställning får betraktas som tillfällig tills CO-halten kan justeras med instrument. Detta bör göras vid första bästa tillfälle.*

#### Choke - justering

**58** Ta bort luftkanalen upptill på förgasaren. Kontrollera med choken helt inskjuten att inte vajern är slak.

**59** Vajern kan spännas genom att man lossar klamman på chokearmen, sedan spänner man vajern och drar åt klamman. Vajern får inte vara så spänd att den för armen ur sitt stoppläge - bara så mycket att vajern inte är slak.

**60** Kontrollera att chokemekanismen rör sig jämnt; sekundärspjället är bortkopplat då choken är helt utdragen. (Botten på chokearmen utlöser en spärr, som frikopplar gasspjället.)

**61** Kontrollera vakuumavlastningens funktion genom att dra ut choken så att spjället är helt stängt.

**62** Tryck in avlastningens dragstång tills den

bottnar. Se till att stången inte är vinklad, annars blir resultatet fel.

**63** Spelet mellan förgasarens vägg och övre delen på chokesspjället ska vara enligt bilden **(se illustration)**.

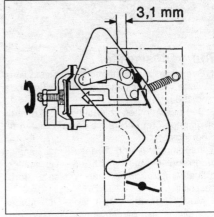

9.63 Justering av vakuumstyrd chokeöppning - Solex Cisac förgasare

**64** Justera spelet genom att lossa låsmuttern på justeringen och vrida skruven in eller ut tills rätt spel erhålls. Dra åt låsmuttern efteråt.

**65** Kontrollera snabbtomgångsjusteringen (punkterna 26 och 27), sätt sedan tillbaka luftkanalen.

### Snabbtomgång - justering

**66** Med choken helt inskjuten, ska avståndet mellan snabbtomgångens justerskruv och snabbtomgångskammaren vara enligt bilden **(se illustration)**.

**67** Justera spelet genom att lossa låsmuttern och vrida skruven så som erfordras. Dra åt låsmuttern efteråt.

**68** Munstycket kan kontrolleras beträffande funktion genom att man slår av och på tändningen. Ett klickande ljud ska höras från munstycket varje gång strömmen slås på eller av.

**69** Ett felaktigt munstycke kan visa sig som:

a) *Att motorn stannar på tomgång (ventilen öppnar inte).*

b) *Att motorn glödtänder sedan tändningen slagits ifrån (munstycket stänger inte).*

**70** Ventilen skruvas helt enkelt loss från förgasaren. Vid montering ska den endast dras åt med handkraft.

### Tomgångskanalens förvärmning - kontroll

**71** Detta är en värmekropp av termistortyp som håller tomgångskanalen varm för att undvika isbildning.

**72** Kontroll av anordningen fordrar en amperemeter. Slå på tändningen, koppla amperemetern mellan anslutningen och termistorn.

**73** Vid 20°C ska amperemetern visa 1A. Då termistorn värms upp, ska utslaget minska. Om mätaren inte ger något utslag, ta bort termistorns låsstift och lock, rengör sedan kontaktytorna grundligt. Om mätaren fortfarande inte gör utslag, kontrollera med hjälp av testlampa att matningsström finns.

---

### 10  Överströmningssystem - tomgång

### Tomgångsvarvtal

**1** Överströmningssystemet för tomgång finns på vissa modeller från och med 1976 till och med 1984.

**2** Den består av en solenoidventil, skruvad i insugningsröret och är elektriskt ansluten till tändningslåset.

**3** Insugningsrör och förgasare har kanaler inborrade genom vilken en viss mängd bränsle/luftblandning kan passera, förbi gasspjället.

**4** Med tändningslåset i läge ON öppnar solenoidventilen överströmningskanalen, den stängs sedan då tändningen ställs i läge OFF. Detta ger bättre styrning av tomgången och förhindrar glödtändning.

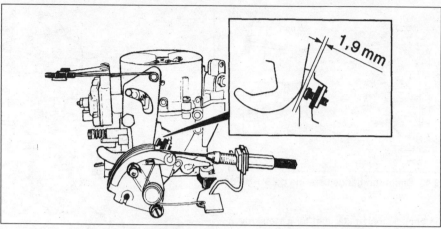

**9.66  Snabbtomgångsjustering - Solex Cisac förgasare**

**5** Tomgångsvarvet på förgasarmodeller med överströmningssystem ska ställas med hjälp av skruven i kanalen **(se illustration)**, inte med justerskruven för gasspjället.

**6** Om inte rätt varvtal kan erhållas med hjälp av skruven i kanalen, måste förgasarens grundinställning, huvudmunstycke, nål och gasspjäll kontrolleras och vid behov justeras.

### Tomgångsvarvtal - bilar med luftkonditionering

**7** På vissa bilar med luftkonditionering förekommer en solenoidventil **(se illustration)** som öppnar då luftkonditioneringen är avstängd. Den sitter på förgasaren eller insugningsröret.

**8** Ventilen styr en överströmningskanal liknade den för tomgångssystemet, men det finns ingen justerskruv.

**9** Ventilen låter mer bränsle/luftblandning nå motorn när luftkonditioneringen används, vilket förhindrar att varvtalet sjunker.

### Överströmningssystem vid tomgång - kontroll

**10** Lossa solenoidventilens anslutning och anslut istället en 12 volt testlampa mellan ledningen och en bra jordpunkt.

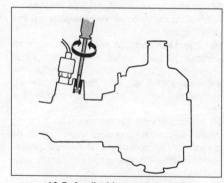

**10.5  Använd justerskruven i överströmningskanalen för att justera tomgångsvarvet på modeller med överströmningssystem för tomgång**

**11** Slå på tändningen (och luftkonditionering om sådan finns), lampan ska då tändas. Kontrollera i annat fall strömförsörjningen, börja med säkring nr 13 (se *kopplingscheman* i kapitel 12).

**12** Anslut en ohmmeter mellan solenoidventilens anslutning och ventilhuset. Resistansen ska varv 30 ohm.

**13** På samma sätt ska man erhålla en resistans på 30 ohm mellananslutning och insugningsrör.

**14** Demontera ventilen från insugningsröret och rengör ventilsätet med hjälp av den styv borste.

**Notera:** *Koksavlagringar orsakas av:*

(a) *Igensatt eller defekt vevhusventilationssystem*

(b) *Smutsigt eller felmonterat luftfilter, eller insugningsystem*

(c) *Dåligt bränsle*

**15** Sådana defekter ska åtgärdas innan ventilerna sätts tillbaka.

**16** Stryk fett eller medel mot kärvning på ventilens gängor innan montering.

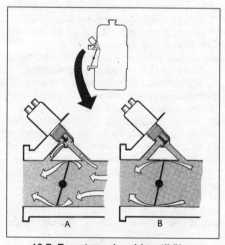

**10.7  En extra solenoidventil ökar ytterligare luftflödet på bilar med luftkonditionering**

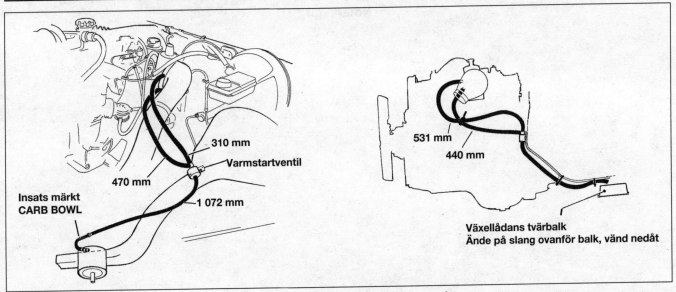

11.2a Varmstartsystem (SU-HIF6 förgasare)

## 11 Varmstartventil

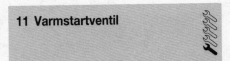

### Allmänt

**1** Varmstartventilen är monterad på vissa modeller från mitten av 1980.

**2** På tidiga Solex och Pierburg förgasare är den monterad på torpedväggen, på SU förgasare och senare versioner av ovanstående förgasare är den monterad på innerflygeln **(se illustrationer)**. Från och med 1984 sitter den direkt på förgasaren.

**3** Ventilen är ansluten till förgasarens flottörhus via en slang, (via anslutning på insugningsluftkanalen); den styrs elektriskt av tändningslåset.

**4** Ventilen förbättrar varmstartegenskaperna genom att ventilera bränsleångor som bildas i flottörhuset då tändningen är av. Ventilen stänger så fort tändningen slås på.

**5** En sats för eftermontering av varmstartventil finns för 1979 års modell.

**6** Fel i systemet kan orsaka startsvårigheter då motorn är varm, hög bränsleförbrukning, hög CO-halt vid tomgång samt ojämn gång.

### Varmstartventil - kontroll

**7** Med tändningen avslagen ska man kunna blåsa genom ventilen från förgasarsidan **(se illustration)**.

**8** Då tändningen är tillslagen ska ventilen vara stängd och ledningen blockerad.

**9** Om ventilen inte arbetar, kontrollera ström- och jordkrets innan ventilen byts.

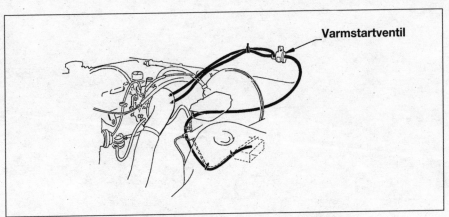

11.2b Varmstartsystem (Solex and Pierburg förgasare)

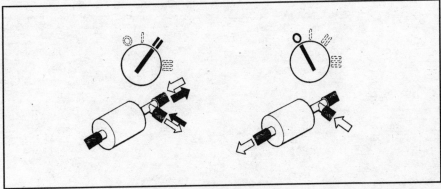

11.7 Blås genom ventilen på förgasaren. Då tändningslåset står i läge OFF, kontrollera att luft passerar genom ventilen. Ställ tändningen i läge ON, luft ska då inte kunna passera ventilen

**Noteringar**

# Kapitel 5
# Motorns elsystem

## Innehåll

## Svårighetsgrad

| | | | | | | | | | |
|---|---|---|---|---|---|---|---|---|---|
| **Enkelt,** passar novisen med lite erfarenhet |  | **Ganska enkelt,** passar nybörjaren med viss erfarenhet | | **Ganska svårt,** passar kompetent hemma-mekaniker | 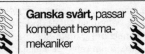 | **Svårt,** passar hemmamekaniker med erfarenhet | | **Mycket svårt,** för professionell mekaniker | |

## Specifikationer

### Allmänt

Primärresistans, tändspole

Brytarsystem

| | |
|---|---|
| 1976 t.o.m. 1978 ..................................... | 2,7 to 3,0 ohm |
| 1979 t.o.m. 1984 ..................................... | 1,8 to 2,0 ohm |
| Brytarlöst system ..................................... | 1,8 to 2,0 ohm |
| Datorstyrt system ..................................... | 1,1 to 1,3 ohm |
| EZ-116K system ...................................... | 0,6 to 1,0 ohm |

Sekundärresistans, tändspole

Brytarsystem

| | |
|---|---|
| 1976 t.o.m. 1978 ..................................... | 7,0 to 12,0 K ohm |
| 1979 t.o.m. 1984 ..................................... | 8,0 to 11,0 K ohm |
| Brytarlöst system ..................................... | 8 to 10 K ohm |
| Datorstyrt system ..................................... | 9,6 to 11,6 K ohm |
| EZ-116K system ...................................... | 6,5 to 8,5 K ohm |

Förkopplingsmotstånd, resistans

Brytarsystem

| | |
|---|---|
| 1976 t.o.m. 1978 ..................................... | 0,9 ohm |
| 1979 och framåt ...................................... | 1,3 ohm |
| Brytarlöst system ..................................... | 0,9 ohm |
| Datorstyrt system ..................................... | Gäller ej |

### Tändfördelare

| | |
|---|---|
| Luftspalt ............................................. | 0,25 mm |

## Tändläge

**USA modeller**

| | |
|---|---|
| 1976 ............................................ | 15 ° ÖDP vid 800 rpm |
| 1977 ** och 1978 *** ................................ | 12 ° ÖDP vid 800 rpm |
| 1979 *** och 1980 *** **** ........................... | 8 ° ÖDP vid 800 rpm |
| 1981 och senare * | |
| Turbomotorer ..................................... | 12 ° ÖDP vid 900 rpm |
| Övriga **** ....................................... | 10 to 14 ° ÖDP vid 750 rpm |

**Modeller för Canada**

| | |
|---|---|
| 1976 och 1977 ..................................... | 15 ° ÖDP vid 800 rpm |
| 1978 * ........................................... | 12 ° ÖDP vid 800 rpm |
| 1979 och 1980 .................................... | 10 ° ÖDP vid 800 rpm |
| 1981 t.o.m. 1984 * ................................. | 8 ° ÖDP vid 800 rpm |
| 1985 och senare .................................. | Se skylt i motorrum |

\* *Tändfördelarens vakuumslang lossad och pluggad vid fördelaren (i förekommande fall)*
\*\* *På 1977 års modeller med avgasåtercirkulation (EGR ), lossa och plugga EGR-ventilens vakuumslang*
\*\*\* *På 1978 t.o.m. 1980 års modeller luftinblåsning (AIR), lossa inblåsningsslangen*
\*\*\*\* *På 1980 och 1981 års modeller med AIR , lossa inblåsningsslangen och stäng av luftkonditioneringen*

---

### 1 Allmänt

Motorns elsystem består av tändsystem, laddnings- och startsystem. På grund av deras samhörighet med motorn, behandlas dessa detaljer separat istället för tillsammans med det övriga elsystemet så som belysning, instrument, etc (vilka återfinns i kapitel 12).

Iaktta alltid följande punkter vid arbete på elsystemet:

a) *Var ytterst varsam vid arbete med elsystemets detaljer. Det kan lätt skadas vid felaktig kontroll, anslutning eller hantering.*
b) *Låt aldrig tändningen vara påslagen långa perioder då motorn inte går.*
c) *Lossa inte batterikablarna då motorn är igång.*
d) *Följ instruktionerna vid start med startkablar. Se avsnittet i början av boken.*
e) *Lossa alltid batteriets jordkabel först, anslut den sist, batteriet kan annars kortslutas av de verktyg som användes för att ta bort polskorna.*
f) *Ladda inte batteriet med kablarna anslutna.*

Man bör också titta på information rörande säkerhet och motorns elektriska system i avsnittet *Säkerheten främst* framtill i boken innan något arbete beskrivet i detta kapitel företas.

> *Varning: Man måste se till att radion är avstängd innan någon batterikabel lossas, eventuell mikroporcessor kan annars skadas.*

### 2 Batteri - användning av startkablar

Se avsnittet *Starthjälp* i början av boken.

---

### 3 Batteri - demontering och montering

1 Lossa jordkabeln från batteriet.
2 Lossa kabeln från pluspolen.

> 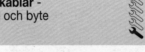 *Varning: Radion måste vara avstängd då någon batterikabel lossas för att undvika skador på eventuell mikroprocessor.*

3 Lossa batteriets fäste, lyft sedan bort batteriet. Var försiktig - det är tungt.
4 Då batteriet är borta, kontrollera batteribrickan beträffande korrosion (se kapitel 1).
5 Vid byte av batteri, se till att du får ett som är identiskt med det gamla, samma dimensioner, samma amperetimtal, kallstartström, etc.
6 Montera i omvänd ordning.

### 4 Batterikablar - kontroll och byte

1 Kontrollera regelbundet batterikablarna i hela sin längd, titta efter sprickor eller bränd isolering samt korrosion. Dåliga batterikablar kan orsaka startproblem och sämre motorprestanda.

> *Varning: Radion måste vara avstängd då någon batterikabel lossas för att undvika skador på eventuell mikroprocessor.*

2 Kontrollera kabelns anslutning till polskorna i änden på kablarna, titta efter sprickor, lösa kardeller eller korrosion. Finns där en vit, fluffig avlagring under isoleringen på kabeln, tyder detta på korrosion och kabeln behöver då bytas. Kontrollera att inte anslutningarna har missformats, saknar skruvar eller är korroderade.
3 Vid demontering av kablarna, lossa alltid

jordkabeln först, anslut den alltid sist, batteriet kan annars kortslutas med de verktyg som används. Även om man byter den positiva kabeln, se till att jordkabeln lossas från batteriet först (se kapitel 1 för ytterligare information rörande demontering av batterikablar).
4 Lossa de gamla kablarna från batteriet, följ sedan var och en av dem till infästningen i andra änden. Lossa dem från startsolenoid respektive jordanslutning. Notera hur kablarna är dragna så att de kan sättas tillbaka på samma sätt.
5 Om en eller bägge kablarna bytes, ta med dem vid inköp av nya. Det är mycket viktigt att de byts mot en identisk kabel. Kablarna är lätt att skilja åt: den positiva kabeln är vanligtvis röd, har grövre tvärsektion och större polsko; jordkablar är vanligtvis svarta, har mindre tvärsektion och något mindre polsko.
6 Rengör gängorna vid solenoid eller jordanslutning med stålborste för att ta bort rost och korrosion. Stryk vaselin eller specialmedel mot korrosion på gängorna.
7 Anslut kabeln till solenoid respektive jordanslutning, dra skruvarn/muttrarna ordentligt.
8 Innan de nya kablarna ansluts till batteriet, se till att de når fram till polen utan att behövas sträckas.
9 Anslut först den positiva kabeln sedan den negativa (jordkabeln).

### 5 Tändsystem - allmän information och föreskrifter

#### Allmänt

Tändsystemet består av tändningslås, batteri, tändfördelare, primärkrets (lågspänning) och sekundärkrets (högspänning), tändstift och tändkablar. Tidiga modeller har tändsystem med brytarspetsar. Därefter användes ett brytarlöst elektodiskt tändsystem, nyare modeller har dock ett helt elektroniskt tändsystem av typ EZ116K.

Vid arbete på tändsystemet, beakta följande:

a) *Om motorn inte startar, ha inte tändningen påslagen mer än 10 sekunder.*

b) *Låt aldrig någon anslutning vid tändspolen vidröra jord, jordas tändspolen kan antingen tändmodul eller spolen skadas.*

c) *Koppla inte bort batteriet då motorn är igång.*

d) *Se till att tändmodulen har ordentlig jord.*

## Brytarsystem

Systemet kontrollerar tändningen med vanliga brytarspetsar och kondensator, tändläget regleras mekaniskt. Förkopplingsmotståndet begränsar spänningen till spolen då motorn är igång. Dess huvudsakliga uppgift är att förhindra att spolen överlastas vid låga varvtal. Då startmotorn drar runt motorn, kopplas motståndet förbi och spolen får full spänning får för att underlätta start.

## Brytarlöst tändsystem

Det brytarlösa tändsystemet använder antingen Bosch elektronisk tändfördelare (tidigt brytarlöst system) eller Volvo/Chrysler elektronisk tändfördelare (datorstyrd). De tidigare systemen (1976-1981 för USA; 1981 och senare på turbomodeller) kommer helt enkelt att kallas brytarlöst tändsystem, senare utförande (1983-1988 utan turbo) kommer att kallas datortändning. De flesta systemen består av fyra huvudsakliga delar; pick-up spole, tändmodul, tändspole och tändstift. Pick-up spolen (impulsgenerator) ger tändningssignal till tändsystemet. På samma sätt som brytarspetsarna i ett tändsystem av standardtyp, ger pick-up spolen en växelspänningssignal varje gång pulshjulets tänder passerar impulsgeneratorn. Då tändmodulen får tändsignal, utlöser den en gnista från tändspolen genom att avbryta primärmatnlngen. Kamvinkel (den tid spolen laddas) justeras av tändmodulen för att få bästa gnista. **Notera:** *Luftspalten (mellan impulsgenerator och pulshjul) kan justeras (se avsnitt 12).*

Senare modeller har ett mer sofistikerat brytarlöst tändsystem eller datortändsystem. Detta system, som tillverkas gemensamt av Volvo och Chrysler, har även en detonationssensor som känner av knackningar eller detonation. Styrenheten får signal från en Hall Effekt generator, gasspjällkontakt och detonationssensor. Styrenheten känner av motorns belastning (undertryck i grenröret) från en slang ansluten till grenröret. Alla givare hjälper till att styra tändläget för bästa funktion hos motorn. Datortändsystemet styr endast tändläget. Det senare systemet (EZ-116K) styr både bränsle- och tändsystem.

Även dessa system har ett förkopplingsmotstånd. Motståndet begränsar spänningen till spolen då motorn är igång. Dess huvudsakliga uppgift är att förhindra överhettning av spolen vid låga varvtal. Då startmotorn är

igång, kopplas motståndet förbi och spolen får full spänning för att underlätta start.

## EZ-116K tändsystem

Detta Bosch system (**se illustration nedan**) arbetar tillsammans med LH2.4 och LH3.1 bränsleinsprutningssystem för att styra tändläge och bränslemängd. EZ-116K systemet analyserar bästa tändläge beroende på informationen till styrenheten beroende på motorns belastning, varvtal, tändsystemets kvalité, kylvätsketemperatur och insugningsluftens temperatur. Fördelaren ger sedan tändspänning till varje tändstift.

EZ-116K använder knackkontroll för att justera tändläge individuellt för varje cylinder.

Om knackning eller detonation upptäcks, försenas tändläget för just den cylindern. Om detonationen inte upphör, ökas bränslemängden till cylindern för att sänka förbränningstemperaturen. Då väl detonationen upphör, återgår systemet steg för steg till tidigare värden.

EZ-116K systemet levererar endast högspänning till tändstiften. Systemet ingår också i en diagnoskrets som övervakar hela systemet. Detta självdiagnossystem upptäcker och lagrar felkoder (se kapitel 6).

Tändläget styrs elektroniskt och behöver normalt inte åtgärdas. Då motorn är igång, ändras tändläget kontinuerligt beroende på gällande förhållande. Motorns varvtal avkänns med en induktiv givare.

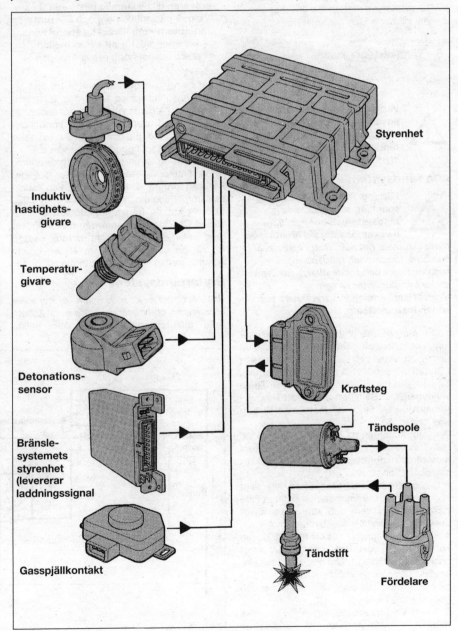

Styrenhet

Induktiv hastighetsgivare

Temperaturgivare

Detonationssensor

Bränslesystemets styrenhet (levererar laddningssignal

Gasspjällkontakt

Kraftsteg

Tändspole

Tändstift

Fördelare

5.7 EZ-116K tändsystem

## Föreskrifter

Vissa föreskrifter måste iakttas vid arbete på transistoriserade tändsystem.

a) Lossa inte batterikablar när motorn är igång.

b) Se till att styrenheten alltid är ordentligt jordad (se avsnitt 10 och 11).

c) Håll vatten borta från tändfördelaren.

d) Om en varvräknare ska anslutas till motorn, anslut alltid varvräknarens positiva (plus) ledning till tändspolens negativa anslutning (minus), aldrig till tändfördelaren.

e) Jorda aldrig spolens anslutningar, eftersom impulsgenerator eller spole kan skadas.

f) Låt inte tändningen vara påslagen mer än 10 minuter om motorn inte är igång eller inte vill starta.

## 6 Tändsystem - kontroll

**Varning: Lossa alltid batteriets anslutningar innan några elanslutningar lossas från tändmodul eller elektronisk styrenhet.**

### Alla tändsystem

**Varning: På grund av den höga spänning som alstras av tändsystemet, bör man vara mycket försiktig vid arbete med tändsystemets detaljer. Detta inkluderar inte bara tändmodul, tändspole, tändfördelare och tändkablar, men även andra komponenter så som tändstiftsanslutningar, varvräknare och annan testutrustning.**

1 Om motorn inte startar trots att den går runt, kontrollera att gnista finns vid tändstiftet genom att ansluta ett kalibrerat testinstrument i änden på tändkablarna **(se illustration)**. Sådant verktyg är tillgängligt från de flesta verktygaffärer. Se till att du får rätt verktyg i förhållande till tändsystemet (brytarsystem eller brytarlöst).

2 Anslut klamman på mätaren till jord, t.ex. metallfäste eller skruv för ventilkåpa. Kör runt motorn och kontrollera att det finns en klart blå, distinkt gnista.

3 Om gnista finns får tändstiften tillräckligt hög spänning. Däremot kan tändstiften vara dåliga, ta bort dem och kontrollera enligt beskrivning i kapitel 1 eller byt dem mot nya.

4 Finns ingen gnista, ta bort fördelarlocket, kontrollera sedan lock och rotor enligt beskrivning i kapitel 1. Om man påträffar fukt, använd DW40 eller liknande för att torka ut lock och rotor, sätt sedan tillbaka locket och gör om provet.

5 Får man fortfarande ingen gnista, ska mätinstrumentet anslutas till kabeln från tändspolen och testet upprepas.

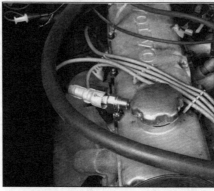

**6.1 Använd en kalibrerad provare, lossa sedan helt enkelt tändkabeln, anslut provaren till till lämplig jordpunkt (t ex skruv på ventilkåpan) och kör runt startmotorn - om tillräcklig energi finns, kommer gnistor att synas mellan elektrodspets och provarkroppen**

6 Får man ingen gnista, kontrollera primär-anslutningen vid spolen så att den är ren och sitter säkert. Åtgärda vid behov, gör sedan om provet. Kontrollera också förkopplings-motståndet **(se illustration)**. Se avsnittet specifikationer för uppgift om rätt värde.

7 Om man nu får en gnista, kan fördelarlock, rotor, tändkablar eller tändstift vara defekta. Får man fortfarande ingen gnista, kan kabeln mellan tändspole och fördelarlock vara dålig. Ta bort kabeln från fördelarlocket och låt någon hålla den ca 6 mm från motorblocket med isolerad tång. Kör runt motorn, se upp för rörliga delar, kontrollera att en gnista kommer mellan kabel och motorblock.

### Brytartändsystem

**Notera:** Några av följande kontroller kan kräva en volmeter, ohmmeter och/eller en bit kabel.

8 Om man fortfarande inte får någon gnista

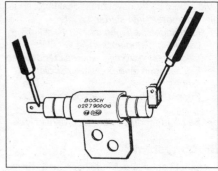

**6.6 Mät förkopplingsmotståndet med ohmmeter**

(se punkt 1), kontrollera brytarkontakterna (se kapitel 1). Om kontakterna förefaller vara i gott skick, inga gropar eller brända fläckar på kontaktytorna samt om primärledningen sitter fast ordentligt, justera kontakterna enligt beskrivning i kapitel 1.

9 Mät spänningen i kontakterna med en voltmeter **(se illustrationer)**. Med tändningen i läge ON (motorn inge igång), ska det finnas en spänning på ungefär 10,5 volt. I annat fall måste batteriet laddas eller bytas. Om spänningen är 10,5 volt eller mer, skriv upp värdet för senare behov.

10 Om man fortfarande inte får någon gnista vid stiften, kontrollera jordanslutning eller avbrott i kretsen mellan fördelare/brytare. Förkopplingsmotståndet kan vara skadat eller anslutningen dålig för brytarna vilket orsakar spänningsfall.

### Brytarlöst- och datortändsystem

**Notera:** För ytterligare kontroller på turbo-motorer, se avsnitt 10.

11 Får man ingen gnista (se punkt 1), lossa det trepoliga kontaktstycket från fördelaren. Montera en provare på en av tändkablarna.

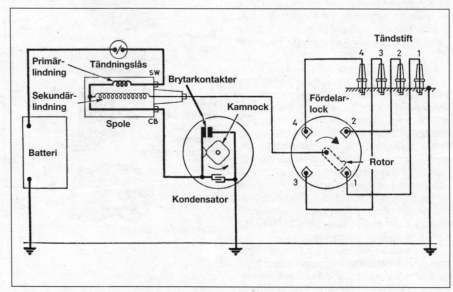

**6.9a Schematisk bild över fördelare med brytarkontakter**

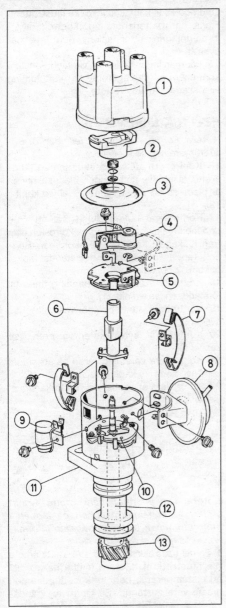

6.9b Sprängskiss över fördelare med
brytarkontakter

1  Fördelarlock        8  Vakuumklocka
2  Rotorarm           9  Kondensator
3  Plastlock         10  Cenrufigalvikter
4  Brytarkontakter   11  Fördelarhus
5  Basplatta         12  Fördelaraxel
6  Kamnock           13  Drev
7  Klamma för
   fördelarlock

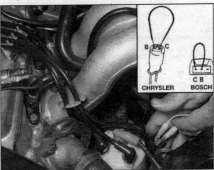

6.11 Kortslut mellan stiften b och c och
kontrollera om gnista uppstår vid
tändstiftet. Se till att stiftet är jordat eller
använd en kallibrerad provare (Chrysler
tändsystem visat)

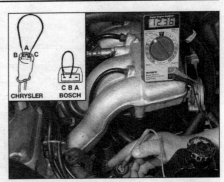

6.12a  Kontrollera att batterispänning (B+)
finns vid stift a i kontaktstycket

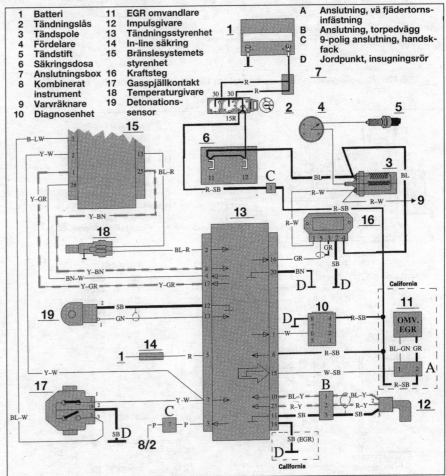

1   Batteri            11  EGR omvandlare
2   Tändningslås       12  Impulsgivare
3   Tändspole          13  Tändningsstyrenhet
4   Fördelare          14  In-line säkring
5   Tändstift          15  Bränslesystemets
6   Säkringsdosa           styrenhet
7   Anslutningsbox     16  Kraftsteg
8   Kombinerat         17  Gasspjällkontakt
    instrument         18  Temperaturgivare
9   Varvräknare        19  Detonations-
10  Diagnosenhet           sensor

A   Anslutning, vä fjädertorns-
    infästning
B   Anslutning, torpedvägg
C   9-polig anslutning, handsk-
    fack
D   Jordpunkt, insugningsrör

6.12b  Kopplingsschema för EZ-116K tändsystem på B230F motor

Ställ tändningen i läge ON (motorn ska inte var
igång). Kortslut mellan stiften B och C och
kontrollera om gnista kommer vid stiften (se
illustration).

12 Får man ingen gnista, använd en volt-
meter och kontrollera att batterispänning finns
vid anslutning A i det trepoliga kontaktstycket
(se illustration). Finns här spänning (till
fördelaren) och man får gnista vid kontroll-

punkten vid tändstiftet (punkt 11) byt då pick-
up spolen. Finns här ingen spänning (till
fördelaren) men gnista vid kontrollpunkten
(punkt 11), kontrollera anslutningarna vid
fördelaren (se illustrationer). Byt vid behov
tändmodul eller styrenhet.

13 Får man man ingen gnista (punkt 11) vid
kontrollpunkten, kontrollera att batteri-
spänning finns vid anslutningen 15 (+) vid

tändspolen. Finns här ingen spänning,
kontrollera kablaget från tändspole till
tändningslås så att det inte är kortslutet eller
skadat (se kapitel 12).

14 Får man ingen gnista vid kontrollpunkten
(punkt 11) men det finns batterispänning vid
spolen, kontrollera att det finns batteri-
spänning vid den blåa kabeln direkt i

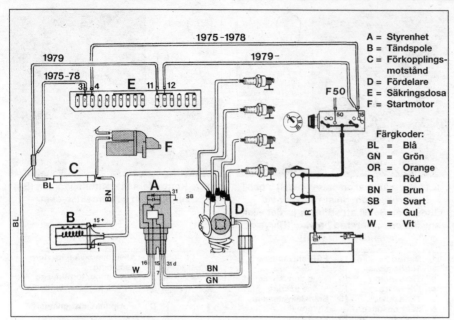

A = Styrenhet
B = Tändspole
C = Förkopplings-
      motstånd
D = Fördelare
E = Säkringsdosa
F = Startmotor

**Färgkoder:**

BL = Blå
GN = Grön
OR = Orange
R = Röd
BN = Brun
SB = Svart
Y = Gul
W = Vit

**6.12c Kopplingsschema över brytarlöst tändsystem på modeller före 1982**

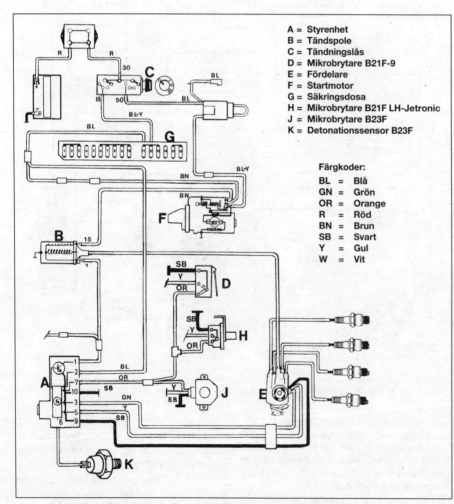

A = Styrenhet
B = Tändspole
C = Tändningslås
D = Mikrobrytare B21F-9
E = Fördelare
F = Startmotor
G = Säkringsdosa
H = Mikrobrytare B21F LH-Jetronic
J = Mikrobrytare B23F
K = Detonationssensor B23F

**Färgkoder:**

BL = Blå
GN = Grön
OR = Orange
R = Röd
BN = Brun
SB = Svart
Y = Gul
W = Vit

**6.12d Kopplingsschema över brytarlöst tändsystem på 1983 års och senare modeller**

tändmodulens kontaktstycke (se illustration). Finns här batterispänning, kontrollera att jordledningen sitter säkert och inte har avbrott.

15 Får man ingen spänning vid tändmodulen, kontrollera att kablaget inte har kortslutning eller skador (se illustration).

## EZ-116K tändsystem

**Notera:** *För information om felkoder för EZ-116K systemet, se kapitel 6.*

16 Kontrollera att sladdsäkringen till tändsystemet inte har gått sönder. Sladdsäkringen är placerad på vänster innerflygel (se kapitel 12).

17 Kontrollera tändmodulen så att inte uppenbara skador på grund av korrosion eller från läckage i karossen förekommer. Styrenheten är placerad under handskfacket bakom sidopanelen.

18 Kontrollera att batterispänning finns till förstärkaren (se avsnitt 11).

19 Kontrollera tändspolens resistans (se avsnitt 9).

20 Kontrollera kylvätsketempgivaren (se kapitel 6).

21 Kontrollera varvtalsgivaren så att signal verkligen finns (se kapitel 6).

22 Kontrollera styrenhetens förstärkarsignal (se avsnitt 11).

**7 Tändläge** - justering

**Notera:** *Om informationen i detta avsnitt skiljer sig från informationen på lappen i motorutrymmet, bör man betrakta informationen på motorskylten som riktig.*

1 En del specialverktyg krävs för detta arbete (se illustration). Motorn måste ha normal arbetstemperatur och luftkonditioneringen måste vara avstängd. Se till att tomgångsvarvet är riktigt (se kapitel 1 och kapitel 4a).

2 Dra åt parkeringsbromsen, lägg stoppklossar vid hjulen så att bilen inte flyttar sig. Växellådan måste vara i läge "Park" (automatlåda) eller neutral (manuell låda).

3 Tändinställningsmärket återfinns på dessa modeller på den främre remskivan, som ska avläsas mot märkena på främre delen av kamremkåpan.

4 Lossa berörda slangar enligt specifikationerna för detta kapitel, plugga sedan slangarna.

**Notera:** *På förgasarmotorer, kontrollera fördröjningsventilens funktion. Denna ventil är placerad i vakuumslangen mellan insugningsrör och fördelare. Märkningen **DIST** ska vara vänd mot tändfördelaren. Se till att det endast går att blåsa genom slangen i en riktning - från förgasaren mot vakuumklockan.*

5 Anslut en tändinställningslampa enligt tillverkarens instruktioner (en lampa med induk-

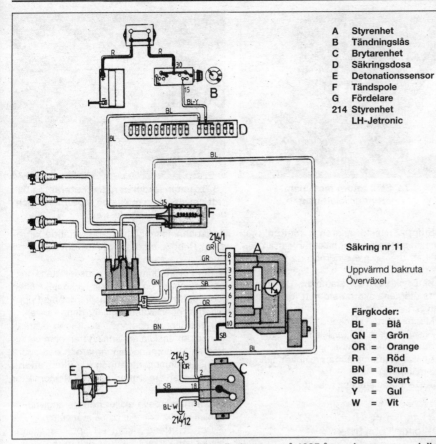

A    Styrenhet
B    Tändningslås
C    Brytarenhet
D    Säkringsdosa
E    Detonationssensor
F    Tändspole
G    Fördelare
214 Styrenhet
     LH-Jetronic

Säkring nr 11

Uppvärmd bakruta
Övervöxel

Färgkoder:
BL = Blå
GN = Grön
OR = Orange
R = Röd
BN = Brun
SB = Svart
Y = Gul
W = Vit

**6.12e Kopplingsschema över brytarlöst tändsystem på 1985 års och senare modeller med B230 motor**

**6.14 Kontrollera batterispänningen vid den blåa kabeln vid tändmodulens kontaktstycke**

**6.15 Kontrollera jordkretsen vid anslutning 10 (upp till höger). Den skall ha mindre än 0,5 ohms resistans**

tiv givare är att föredra). Normalt ansluter man matarledningarna till batteriet och den tredje ledningen till tändkabel nr 1. Tändkabel nr 1 sitter på dessa modeller närmast kamdrivningen.

⚠️ *Varning: Om inte en tändinställningslampa med induktiv givare är tillgänglig, gör aldrig hål i tändkabelns isolering för att ansluta tändlampan. Använd istället ett mellanstycke mellan tändstift och*

*tändkabel. Skadas isoleringen på tändkabeln, får man överslag mellan kabeln och gods vilket medför misständning. Ställ tändningen i läge OFF, lossa sedan fördelarens klammutter precis så mycket att fördelaren kan vridas runt.*

**6** Med tändningen i läge OFF, lossa tändfördelarens klamma precis så mycket att den kan ändras.

**7** Se till att ledningarna till tändinställnings-

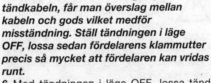

**7.1 Verktyg som behövs vid justering av tändläge**

**1** *Vakuumpluggar - Vakuumslangar måste i de flesta fall lossas och pluggas. Gjutna pluggar i olika form och storlek finns för detta ändamål*

**2** *Tändinställningslampa med induktiv givare - ger en stark koncentrerad kraftig blinkande ljusstråle samtidigt som tändstift nummer 1 tänder. Anslut lampan enligt tillverkarens anvisningar*

**3** *Fördelarnyckel -På vissa modeller är skruven som håller fast generatorn svår att nå med vanliga verktyg och hylsor. Speciella nycklar som denna måste användas*

lampan inte kommer i vägen för rörliga delar såsom fläkt, och drivremmar, starta sedan motorn.

**8** Höj varvtalet till det angivna, rikta sedan tändlampan mot inställningsmärkena **(se illustration)** - se till att inte komma i vägen för rörliga delar.

**9** Märkningen för tändläget kommer nu att förefalla stå stilla. Om rätt märke står mitt för märket i remskivan, är tändläget riktigt.

**10** Om märkena inte står mitt för varandra krävs justering. Vrid då fördelaren mycket sakta så att märkena stämmer.

**11** Dra åt muttern i klamman, kontrollera sedan på nytt tändläget.

**12** Stäng av motorn och ta bort lampan (samt mellanstycke om sådant används). Anslut och montera detaljer som lossats.

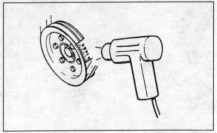

**7.8 Rikta inställningslampan mot märkena på främre remkåpan och kontrollera hur spåret i remskivan stämmer mot graderingen**

**8.5 Demontera vakuumslang (-ar) från stömfördelaren ställ rotorn mot spåret i fördelarhuset**

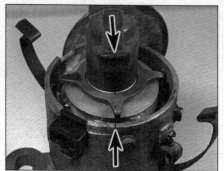

**8.7a Ställ rotorn mot spåret i strömfördelarhuset**

**8.7b Innan fördelaren demonteras, se till att passmärken målas på motorblock och fördelare**

## 8 Tändfördelare - demontering och montering

### Demontering

1 Märk upp noggrant, ta sedan bort tänd-kablar från tändspole och tändstift vid för-delarlocket (se kapitel 1).
2 Ta bort tändstift nr 1 (längst fram på motorn).
3 Vrid runt motorn så att kolven i cylinder nr 1 står vid ÖDP (övre dödpunkt) på kom-pressionsslaget (se kapitel 2A)
4 Märk noga eventuella vakuumslangar om det finns fler på tändfördelaren.
5 Lossa vakuumslang (-ar) **(se illustration)**.
6 Lossa primärkablarna från tändfördelaren.
7 Märk rotorspetsens läge i förhållande till fördelarhuset **(se illustration)**. Märk även fördelarhusets läge i förhållande till motorn **(se illustration)**.
8 Demontera skruven för klamman som håller fast fördelaren.
9 Demontera fördelaren. **Notera:** *Vrid inte runt motorn då fördelaren är borttagen.*

### Montering

10 Innan fördelaren monteras, se till att kolv nr 1 fortfarande står i läge ÖDP på kom-pressionsslaget.

11 Stoppa ner fördelaren i motorn med klamman centrerad över hålet för fästskruven. Se till att dreven går i ingrepp då fördelaren sätts på plats.
12 Sätt i skruven för klamman. De tidigare gjorda märkena ska nu stå mitt för varandra innan skruven dras åt.
13 Montera fördelarlocket.
14 Anslut kablarna till fördelarna.
15 Anslut tändkablarna.
16 Anslut vakuumslangarna enligt tidigare gjord märkning.
17 Justera tändläget (se avsnitt 7).

## 9 Tändspole - kontroll och byte

> ⚠ **Varning: Om spolens anslutningar vidrör jord, kan spole och/eller impulsgenerator skadas.**

1 Märk ledningarna och respektive anslutning med numrerade tejpremsor, ta sedan bort primärledningarna och högspänningsled-ningen från spolen.
2 Lossa spolen ur infästningarna, rengör ytterhöljet och kontrollera att det inte finns sprickor eller andra skador.
3 Kontrollera primäranslutningarna samt

högspänningsanslutning beträffande korro-sion. Rengör med stålborste om korrosion finns.
4 Kontrollera primärledningens resistans gen-om att ansluta en ohmmeter till kontaktstiften **(se illustration)**. Jämför mätvärdet med upp-gifterna i specifikationerna för detta kapitel.
5 Kontrollera spolens sekundärresistans genom att ansluta en ledning från ohmmetern från en av primärledningarna och den andra till högspänningsutgången **(se illustration)**. Jämför mätvärdet med specifikationerna för detta kapitel.
6 Om mätvärdena skiljer från de angivna, är spolen defekt och ska bytas mot en ny.
7 Det är ytterst viktigt att spolens anslut-ningar och kablar hålls rena och torra.
8 Montera spolen i fästet och anslut kablarna. Montera sedan i omvänd ordning.

## 10 Förkopplingsmotstånd - kontroll och byte

### Kontroll

1 Förkopplingsmotståndet begränsar spänn-ingen till spolen vid lågt motorvarv men låter den sedan öka då varvtalet tilltar. Då motorn

**9.4 Kontroll av tändspolens primärresisstans**

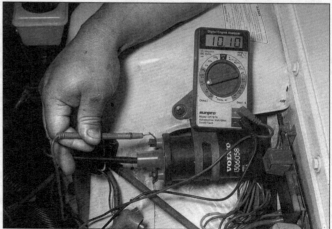

**9.5 Kontroll av tändspolens sekundärresisstans**

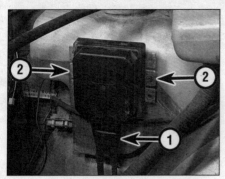

**11.2 Tändmodul på tidigt brytarlöst system**

*1 Kontaktstycke*
*2 Fästskruvar*

dras runt med startmotorn, kopplas motståndet förbi så att full batterispänning finns vid spolen.

**2** Lossa elanslutningarna från motståndet, använd sedan en ohmmeter och mät resistansen. Resistansen ska vara 0,8-1,0 ohm **(se illustration 6.6).**

### Byte

**3** Lossa elanslutningarna från motståndet.
**4** Demontera skruvarna från motståndet och ta bort det från motorrummet.
**5** Montera i omvänd ordning.

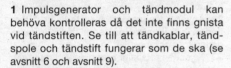

### 11 Impulsgenerator och tändmodul - kontroll och byte

**1** Impulsgenerator och tändmodul kan behöva kontrolleras då det inte finns gnista vid tändstiften. Se till att tändkablar, tändspole och tändstift fungerar som de ska (se avsnitt 6 och avsnitt 9).

### Brytarlöst tändsystem - kontroller

#### Matningsspänning och jordanslutning till tändmodul

**2** Ställ tändningen i läge ON, kontrollera förbindelsen på jordsidan för tändmodulen. Se kopplingsschema 6.12b-6.12d. Mät den svarta kabeln vid tändmodulen **(se illustration)** mellan tändmodul och chassi samt resistansen i jordkretsen. Den ska inte överstiga 0,5 ohm.
**3** Ställ tändningen i läge ON. Det ska finnas batterispänning vid tändmodulen. Finns där ingen spänning, kontrollera att det inte finns avbrott i kablarna. Mät den gröna kabeln i kontaktstycket till tändmodulen **(se illustration 6.12b).** Här ska finnas ca 12 volt.
**Notera:** *Om mätningarna inte visar något fel men man ändå misstänker att ett problem finns, eventuellt ett intermittent fel, låt en fackman undersöka systemet.*

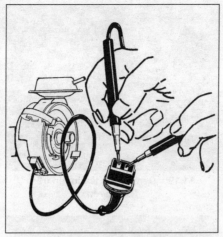

**11.4 Kolla impulsgeneratorns resistans med en ohmmeter i kontaktstycket. Det skall vara 950 till 1250 ohm**

### Impulsgenerator - kontroll

**4** Använd en ohmmeter, mät resistansen för impulsgeneratorn (pick-upspole) på det brytarlösa tändsystemet. Anslut mätspetsarna för ohmmeter vid stiften i kontaktstycket **(se illustration)**, mät sedan resistansen. Den ska vara 950-1250 ohm.

### Datortändsystem - kontroller

#### Spänningsmatning och jordanslutning för styrenheten

**5** Ställ tändningen i läge ON, kontrollera sedan förbindelse i jordledningen för styrenheten (tändmodul). Se kopplingsschema 6.12b-6.12d. Om den svarta ledningens anslutning 10 (överst till höger) **(se illustration 6.15)** och mät mellan den svarta ledningen och chassijord. Den ska inte överstiga 0,5 ohm.
**6** Ställ tändningen i läge ON. Det ska finnas batterispänning vid tändmodulen. Finns här ingen spänning, kontrollera att inte avbrott finns i kablaget. Mät den blåa kabeln i kontaktstycket (anslutning nr 2) (andra från övre vänstra hörnet) **(se illustration 6.14).** Här ska finnas 12 volt.

### Impulsgenerator - kontroll

**7** Kontrollera Hall-Effekt generatorns funktion i fördelaren. Lossa den trepoliga anslutningen från fördelaren. Montera ett kalibrerat testinstrument på en av tändkablarna. Ställ tändningen i läge ON (motorn ska inte vara igång) och kortslut sedan mellan stiften B och C, kontrollera att gnista finns vid tändstiften **(se illustration 6.11).**
**8** Kontrollera därefter att det finns batterispänning vid fördelaren. Använd en voltmeter, kontrollera att batterispänning finns vid stift A i den trepoliga kontaktstycket **(se illustration 6.12a).** Finns här ingen spänning (till fördelaren) men gnista vid tändstiftet (punkt 5), byt då pick-upspole. Finns här ingen spänning

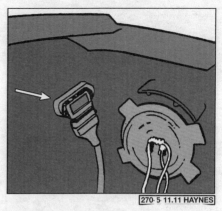

**11.11 EZ-116 tändförstärkare är placerad i hörnet på motorrummet (vid pilen)**

(till fördelaren) men gnista vid tändstiftet (punkt 5), kontrollera fördelarens elkrets. Byt vid behov tändmodul (styrenhet).
**9** Kontrollera gasspjällkontakten. Ställ tändningen i läge OFF (öppna sakta gasspjället och lyssna för klickande ljud just innan gasspjället öppnar. Sker inte detta, justera gasspjällkontakten genom att lossa skruvarna och vrida den medurs och sedan moturs tills den går mot motorns stopp. Dra åt skruvarna och kontrollera på nytt justeringen.
**10** Kontrollera signalen från detonationssensorn. Se beskrivning i kapitel 6.

### EZ-116K tändsystem

#### Matarspänning och förstärkarsignal

**Notera:** *Förstärkaren är placerad på vänster innerflygel, bakom strålkastaren.*
**11** Ställ tändningen i läge ON, dra tillbaka skyddet för kontaktstycket, mät sedan spänningen **(se illustration)** mellan stiften nr 4 och nr 2 **(se illustration 6.12e).** Här ska finnas batterispänning. Kontrollera i annat fall kablaget så att det inte har avbrott eller kortslutning.
**12** Ställ tändningen i läge OFF, anslut kontaktstycket från förstärkaren och sedan en voltmeter mellan kontaktstift 5 och jord **(se illustration 6.12e).** Kör runt startmotorn och kontrollera att voltmetern varierar mellan 0 och 2 volt. Om resultatet är riktigt, byt förstärkaren. Är resultatet fel, låt en fackman kontrollera styrenheten.

### Byte

**Notera:** *Koppla inte bort kontaktstycket på Volvo/Chrysler tändsystem från styrenheten vid kontroll. Anslutningen har speciella kontakthylsor som skadas vid demontering. Lossar man kontaktstycket måste hela kabelstammen bytas.*

#### Styrenhet eller förstärkare

**13** Ställ tändningslåset i läge OFF.
**14** Lossa kontaktstycket från styrenheten.

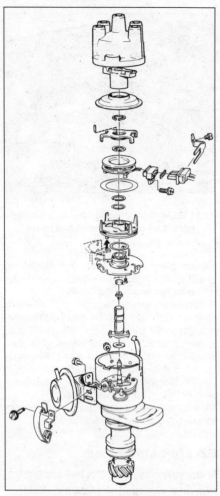

**11.19a Sprängskiss över fördelare för brytarlöst tändsystem**

**11.19b Demontera låsringen från fördelaren**

**11.19c Tag också bort brickan från impulshjulet**

**11.21a Demontera skruvarna (vid pilen) som håller vakuumklockan**

**11.21b Demontera plastgenomföringen från fördelarhuset**

**15** Ta bort fästskruvarna för styrenheten lyft sedan bort den från motorrummet.

**16** Montera i omvänd ordning. **Notera:** *På Bosch förstärkare används ett speciellt dielektriskt fett mellan kylkroppen och baksidan på styrenheten. Om de två lossas (vid byte eller kontroll) måste man ta bort det gamla fettet på kylkroppen med slippapper (180 korn). Stryk sedan på Curil K2 (Bosch*

detaljnummer 81229243). Man kan också använda ett silikonfett som ersättning. Behandlingen är ytterst viktig för rätt livslängd på dessa dyra tänddetaljer.

### Impulsgenerator (brytarlöst system)

**17** Lossa jordkabeln från batteriet.
**18** Demontera fördelaren från motorn (se avsnitt 8).
**19** Använd låsringtång, ta sedan bort låsringen som håller impulshjulet **(se illustrationer).**
**20** Använd två spårskruvmejslar placerade på ömse sidor om hjulet, bryt det sedan försiktigt uppåt. **Notera:** *Tryck in skruvmejslarna så långt det går utan att skada pulshjulet. Bryt endast mot den starkare mittdelen på impulsdelen. Om pulshjulet böjs,*

måste det bytas mot nytt. **Notera:** *Se till att inte fjäderstiftet lossas då impulshjulet tas bort.*

**21** Demontera de två skruvarna från vakuumklockan **(se illustrationer)**, ta sedan bort den från huset genom att föra den nedåt och samtidigt haka loss den från stiftet i basplattan.
**22** Använd låsringtång för att ta bort låsringen **(se illustration)** som håller impulsgeneratorn och basplattan.
**23** Ta sedan försiktigt bort pulsgenerator och basplatta tillsammans **(se illustration)**.
**24** Ta bort de tre skruvarna och sedan impulsgeneratorn från basplattan **(se illustration)**.

**11.22 Demontera låsringen som håller impulsgeneratorn**

**11.23 Lyft upp impulsgeneratorn från fördelaren**

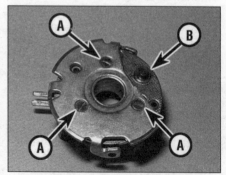

**11.24 Demontera skruvarna (A) som håller impulsgeneratorn till basplattan. Armen från vakumklockan ansluts vid (B)**

**11.25a** Se till att centufigalvikter och fjädrar sitter på plats

**11.25b** Knacka ner stiftet i impulshjulet så att det går jämns med överkanten

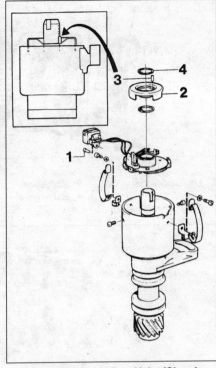

**11.28 Sprängskiss över Volvo/Chrysler tändsystem i en Bosch fördelare**

*1 Skruv*
*2 Impulsgenerator*
*3 Stift*
*4 Låsring*

**25** Montera i omvänd ordning. **Notera:** *Kontrollera centifugalvikter och fjädrar innan impulsgeneratorn sätts tillbaka* (se illustration). **Notera:** *Driv in stiftet i enheten så att det går jäms med ytan på impulshjulet* (se illustration). **Notera:** *Se till att lägga isoleringsringen mellan spole och basplatta. Den måste varar centrerad innan skruvarna dras åt. Man måste också justera luftspalten då impulshjulet demonterats eller på annat sätt påverkats* (se avsnitt 12).

**Hall Effect generator (Volvo/Chrysler system med Bosch tändfördelare)**

**26** Lossa jordkabeln från batteriet.
**27** Demontera strömfördelaren från motorn (se avsnitt 8).
**28** Använd en låsringtång, ta sedan bort låsringen som håller impulshjulet (se illustration).
**29** Använd två spårskruvmejslar på ömse sidor på impulshjulet, bryt sedan försiktigt uppåt. **Notera:** *Tryck in skruvmejslarna så långt som möjligt utan att impulshjulet skadas. Bryt endast mot en starkare mittdel på impulshjulet. Om impulshjulet böjs måste det bytas.* **Notera:** *Se till att inte lossa fjäderstiftet då impulshjulet tas bort.*

**30** Lossa låsring och distans ovanför Hall Effekt givaren.
**31** Lossa försiktigt plasthylsan för kontaktstycket på sidan av fördelarhuset, ta sedan bort givaren från fördelaren. **Notera:** *Se till att distansen under Hall Effekt givaren sitter kvar.*
**32** Montera i omvänd ordning.

**Hall Effect generator (Volvo/Chrysler med Chrysler tändfördelare)**

**33** Lossa jordkabeln från batteriet.
**34** Demontera tändfördelaren från motorn (se avsnitt 8).
**35** Lossa fjäderklammorna som håller givaren vid fördelarhuset (se illustration).
**36** Montera ny givare i fördelarhuset och sätt tillbaka fjädrarna. Se till att kablarna sitter rätt så att de inte hindrar rotation för rotor och axel.
**37** Montera i omvänd ordning.

**12 Luftspalt -**
kontroll och justering

**1** Lossa jordledningen.
> **Varning: Radion måste vara avstängd då någon batterikabel lossas för att undvika skador på eventuell mikroprocessor.**
**2** För in ett bladmått av mässing mellan

impulshjul och impulsgenerator (se illustrationer). För bladmåttet upp och ned - ett lätt motstånd ska kännas om avståndet är riktigt. Spelet måste vara 0,25 mm.
**3** Vid justering av gapet måste man ta bort impulsgenerator och basplatta från fördelaren (se illustration 11.24).
**4** Följ anvisningarna i avsnitt 11, lossa sedan skruvarna som håller impulsgeneratorn till basplattan.
**5** För försiktigt in bladmåttet och dra åt skruvarna.
**6** Montera sedan enheten i fördelaren och kontrollera på nytt.

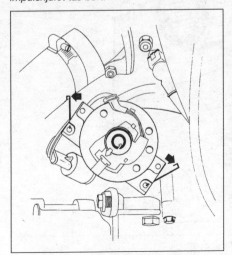

**11.35** Tryck in låsfjädern vid montering av Hall Effekt generator i fördelaren

**12.2a** Använd ett bladmått för att kontrollera luftspalten (se till att måttet lätt vidrör impulshjul och låsstift vid justering

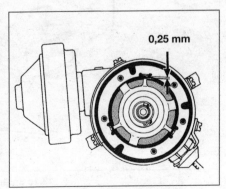

**12.2b** Luftspalt sedd uppifrån

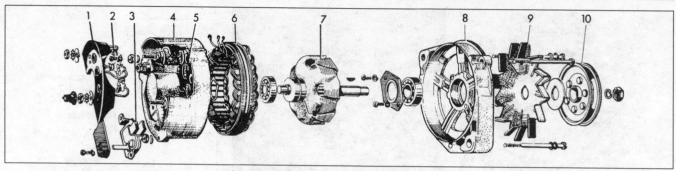

**13.1a Sprängskiss över tidig Bosch generator**

1 Likriktarbrygga  3 Kolhållare  5 Likriktare (minusdioder)  7 Rotor  9 Fläkt
  (plusdioder)  4 Bakre gavel  6 Stator  8 Främre gavel  10 Remskiva
2 Magnetiseringsdioder

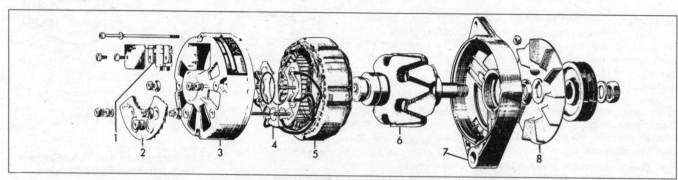

**13.1b Sprängskiss över Marchal SEV generator**

1 Kolhållare  hållare  4 Likriktare (kiseldioder)  6 Rotor  8 Fläkt
2 Isolationsdioder med  3 Bakre gavel  5 Stator  7 Främre gavel

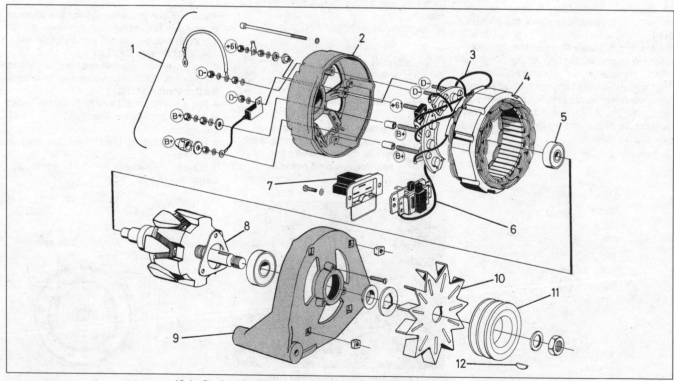

**13.1c Sprängskiss över senare utförande av Marchal SEV generator**

1 Anslutningar  3 Likriktare  5 Lager  7 Spänningsregulator  9 Främre gavel  11 Remskiva
2 Bakre gavel  4 Stator  6 Kolhållare  8 Rotor  10 Fläkt  12 Kil

## 13 Laddningssystem - allmän information och föreskrifter

Generatorn kan lämna ström på mellan 12 och 90A beroende på belastning och motorvarv. Det finns två typer av generatorer **(se illustrationer)** på berörda modeller; Bosch och Marchal. Generatorer med olika kapacitet förekommer också:

| | |
|---|---|
| 1976 och 1977 | Bosch 55 A |
| 1978 till och med 1981 | Bosch 55 A (olika utföranden på kontaktstycken) |
| 1978 till och med 1981 | Marchal SEV 55 A |
| 1981 (B21) | Bosch 70 A |
| 1981 (B23 och B230) | Bosch 70 A (olika effekt förekommer) |
| 1981 med turbo | Bosch 55 A (uttaget begränsat vid högre varvtal) |
| 1982 och framåt | Bosch 55 A |
| 1982 och framåt | Bosch 70 A |
| 1982 och framåt | Bosch 80 A |

**Notera:** *Det är möjligt att med en speciell monteringssats anpassa kablage och fästen så att en Bosch generator kan monteras istället för Marchal SEV. Kontakta reservdelsbutiken för information.*

Det är viktigt att komma ihåg vid mätning av strömstyrkan till batteriet med motorn igång, att man här får 10-15A lägre värde än det specificerade, på grund av den ström som åtgår till olika förbrukare (luftkonditionering, ABS, centrallås, etc). Ett instansat serienummer baktill på generatorn visar typ och strömkapacitet. Kontrollera laddningsystemet (se avsnitt 14) för att fastställa eventuella problem med generatorn.

Spänningsregulatorn har till uppgift att hålla spänningen vid ett förutbestämt värde. Detta förhindrar effektvariation, överbelastning, etc, då maximal spänning är tillgänglig.

Spänningsregulatorn är antingen monterad utvändigt, på torpedvägg eller innerflygel, eller sammanbyggd med och monterad inuti generatorhuset.

Generatorkolen sitter tillsammans i en enhet. På Bosch generatorer kan den demonteras från generatorn (se avsnitt 17) och detaljerna åtgärdas separat.

Generatorn sitter på alla modeller monterad på höger sida av motorn, mot framkanten och drivs av kilrem och remskiva. Drivremmens spänning och underhåll av batteriet av två primära åtgärder i systemet. Se kapitel 1 för kontroll av drivrem och batteri. Förutom detta, kräver systemet normalt inte regelbunden tillsyn.

Varningslampan på instrumentbrädan ska tändas då tändningslåset vrids till läge START, sen ska den slockna. Fortsätter den att lysa finns ett fel i laddningsystemet (se avsnitt 14).

Var försiktig vid anslutning av kretsar i en bil med växelströmsgenerator, notera också följande:

a) *När kablarna ansluts till generator från batteri, se till att polariteten är rätt.*

b) *Innan elsvetsning företas på bilen, lossa kablarna från generator och batteri.*

c) *Starta aldrig motorn med en batteriladdare ansluten.*

d) *Lossa alltid bägge batterikablarna innan batteriladdare används.*

**Varning: Radion måste vara avstängd då någon batterikabel lossas för att undvika skador på eventuell mikroprocessor.**

e) *Generatorn drivs av en drivrem som kan vålla allvarliga skador om händer, hår eller kläder trasslar in sig då motorn är igång.*

f) *Eftersom generatorn är ansluten direkt i batteriet, kan gnistor bildas eller brand uppstå på grund av överbelastning under kortslutning.*

g) *Linda en plastpåse runt generatorn och fäst den med gummiband innan motorn tvättas.*

## 14 Laddningssystem - kontroll

**1** Om något fel uppstår på laddningssystemet, anta inte automatiskt att generatorn är orsaken. Kontrollera till att börja med följande:

a) *Kontrollera drivremmens spänning och kondition (se kapitel 1). Byt om den är sliten eller skadad.*

b) *Se till att generatorns infästning och justerskruvar är åtdragna.*

c) *Kontrollera generatorns kablage och anslutningar vid generator och spänningsregulator. De måste vara i god kondition och sitta ordentligt fast.*

d) *Kontrollera säkringarna.*

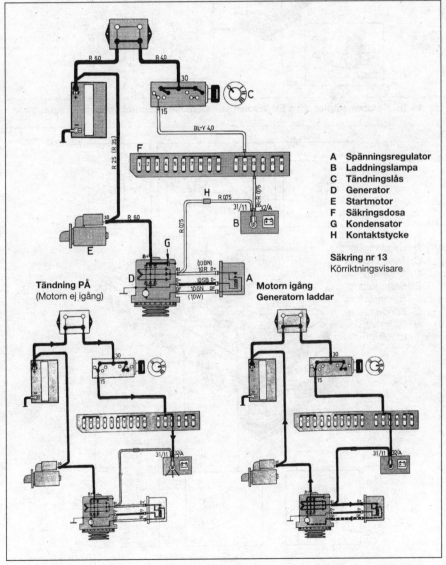

A  Spänningsregulator
B  Laddningslampa
C  Tändningslås
D  Generator
E  Startmotor
F  Säkringsdosa
G  Kondensator
H  Kontaktstycke

Säkring nr 13
Körriktningsvisare

**14.1a Laddningssystem med separat spänningsregulator (1981 års modell visas)**

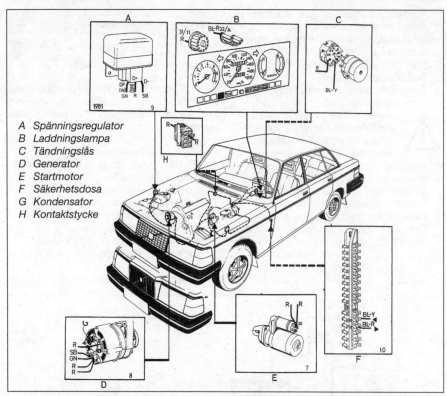

A Spänningsregulator
B Laddningslampa
C Tändningslås
D Generator
E Startmotor
F Säkerhetsdosa
G Kondensator
H Kontaktstycke

**14.1b Komponentplacering för laddningssystem med separat spänningsregulator**

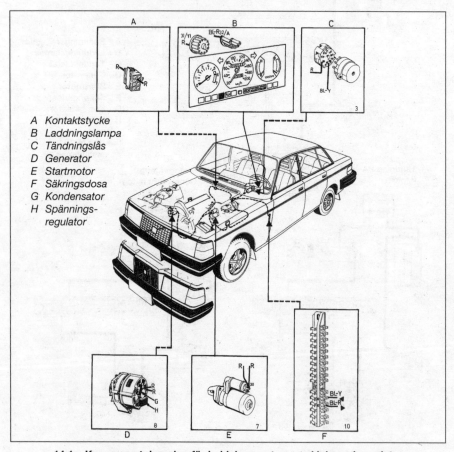

A Kontaktstycke
B Laddningslampa
C Tändningslås
D Generator
E Startmotor
F Säkringsdosa
G Kondensator
H Spännings-
   regulator

**14.1c Komponentplacering för laddningssystem med inbyggd regulator**

e) Starta motorn och kontrollera att generatorn inte har några onormala ljud (ett gällt skärande ljud tyder på slitna lager).

f) Kontrollera syravikten i batteriet. Är den låg, ladda batteriet (gäller inte underhållsfria batterier).

g) Se till att batteriet är fulladdat (en dålig cell i batteriet kan göra att det överladdas).

h) Lossa batterikablarna (den negativa först, sedan den positiva). Kontrollera batteripolerna och polskor så de inte är korroderade. Rengör dem noggrant vid behov (se kapitel 1).

> ⚠ **Varning: Radion måste vara avstängd då någon batterikabel lossas för att undvika skador på eventuell mikroprocessor. Anslut sedan pluskabeln till batteriet.**

i) Tändningen skall vara avslagen, anslut sedan en testlampa mellan batteriets negativa pol och den tidigare lossade negativa polskon.

1) Om lampan inte tänds, sätt tillbaka polskon på polen och gå till punkt 3.

2) Om testlampan tänds finns en kortslutning (urladdning) av elsystemet. Kortslutningen måste åtgärdas innan laddningssystemet kan kontrolleras. **Notera:** Tillbehör som alltid är anslutna (till exempel klocka) måste göras strömfria innan denna kontroll görs.

3) Lossa kablarna från generatorn **(se illustrationer)**.
   i   Om lampan slocknar är generatorn felaktig.
   ii  Om lampan fortfarande lyser, lossa en säkring i taget tills lampan slocknar (detta visar då vilken krets som är kortsluten).

**2** Använda en voltmeter, kontrollera batterispänning med motorn avstängd. Den skall vara ca 12 volt.

**3** Starta motorn och kontrollera på nytt batterispänningen. Den skall nu vara ungefär 14 till 15 volt.

**4** Slå på strålkastarna. Spänningen skall sjunka och sedan stiga igen om laddningssystemet arbetar korrekt.

**5** Om spänningen är högre än angivet, byt spänningsregulator (se avsnitt 16). Om spänningen är lägre kan problemet ligga hos generatorns dioder, stator eller rotor eller även här hos spänningsregulatorn.

**6** Om batteriet ofta laddas ur, kan drivremmen vara för löst spänd (se kapitel 1), generatorkolen slitna, smutsiga eller dåligt anslutna (se avsnitt 17), spänningsregulatorn kan vara defekt (se avsnitt 16) eller också kan dioder, stator- eller rotorlindingar vara defekta. Reparation och byte av dioder, stator- eller rotorlindning ligger utanför hemmamekanikerns möjligheter. Byt då generator.

## 15 Generator - demontering och montering

**1** Lossa jordkabeln från batteriet.

⚠ **Varning: Radion måste vara avstängd då någon batterikabel lossas för att undvika skador på eventuell mikroprocessor.**

**2** Lossa elanslutningarna från generatorn (se illustration).
**3** Lossa generatorns justering och ledskruv, ta sedan bort remmen (se kapitel 1).
**4** Demontera juster- och ledskruvar, ta sedan bort generatorn från motorn.
**5** Om man byter generator, ta med den gamla vid inköp av ny. Se till att den nya/renoverade enheten är identisk med den gamla. Titta på anslutningarna. De skall ha samma numrering, storlek och placering som anslutningarna på den gamla generatorn. Titta slutligen på modellnumret. Detta finns instansat i huset eller tryckt på en lapp på generatorn. Se till att numren överensstämmer på generatorerna.
**6** På många nya/renoverade generatorer följer inte remskivan med, man kan då vara tvungen att flytta över remskivan från den gamla till den nya.
**7** Montera i omvänd ordning.
**8** Då generatorn är monterad, justera drivremmen (se kapitel 1).
**9** Kontrollera laddningen för att verifiera att generatorn fungerar riktigt (se avsnitt 14).

## 16 Spänningsregulator - byte

**1** Spänningsregulator reglerar laddspänningen genom att begränsa generatorns strömflöde. Regulatorn sitter på tidiga modeller på torpedväggen (eller innerflygeln) alltså utvändigt, skiljd från generatorn (se illustration), regulatorn är på senare modeller sammanbyggd med generatorn (se illustration).
**2** Om amperemätaren inte ger något utslag eller den röda varningslampan på instrumentbrädan lyser, då generatorn, batteri, remspänning och elektriska anslutningar är tillfredsställande, låt en fackman kontrollera regulatorn.
**3** Lossa jordkabeln från batteriet.

⚠ **Varning: Radion måste vara avstängd då någon batterikabel lossas för att undvika skador på eventuell mikroprocessor.**

### Inbyggd spänningsregulator

**4** Regulatorn sitter utvändigt på generatorhuset. Vid byte av en regulator, ta bort

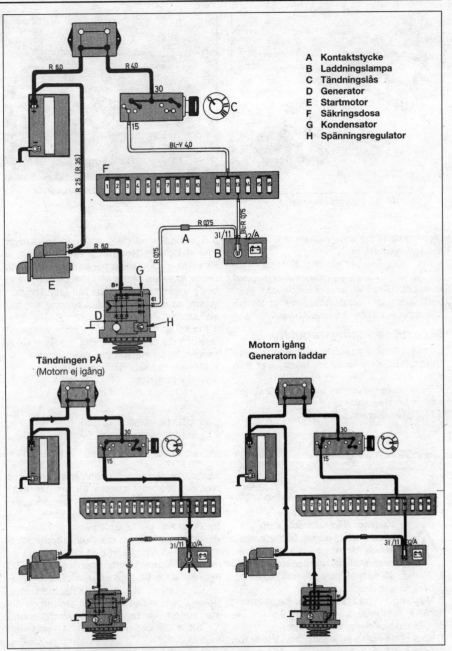

A  Kontaktstycke
B  Laddningslampa
C  Tändningslås
D  Generator
E  Startmotor
F  Säkringsdosa
G  Kondensator
H  Spänningsregulator

Tändningen PÅ (Motorn ej igång)

Motorn igång Generatorn laddar

**14.1d Schema över laddningssystem med inbyggd regulator (1983 års modell visad)**

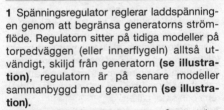

**15.2 Lossa kablarna baktill på startmotorn**

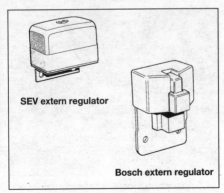

SEV extern regulator

Bosch extern regulator

**16.1a Separat spänningsregulator**

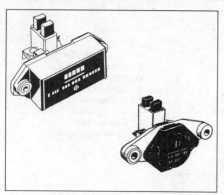

16.1b  Inbyggd regulator

16.4a Demontera fästskruvarna

16.4b Demontera regulator/kolhållare

fästskruvarna **(se illustration)** och lyft bort den **(se illustration)**.

5 Montera i omvänd ordning. **Notera:** *Innan regulatorn monteras, kontrollera släpringarnas kondition. Använd en ficklampa och kontrollera att inte repor eller kraftigt slitage förekommer. Byt generator vid behov.*

### Separat spänningsregulator

6 Leta upp spänningsregulatorn **(se illustration)** och lossa kontaktstycket från den.

7 Demontera skruvarna som håller fast den och lyft bort regulatorn.

8 Montera i omvänd ordning.

---

## 17 Generatorkol - kontroll och byte

1 Lossa jordkabeln från batteriet.

 **Varning:** *Radion måste vara avstängd då någon batterikabel lossas för att undvika skador på eventuell mikroprocessor.*

2 Demontera spänningsregulatorn baktill på generatorn (se avsnitt 16).

3 Mät längden på kolborstarna **(se illustration)**. De skall inte vara mindre än 0,5 mm. Är de slitna utöver detta, byt mot nya.

4 Kontrollera också att släpringarna inte är för mycket slitna.

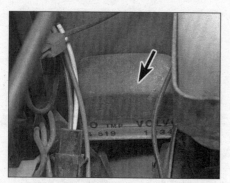

16.6  Placering av spänningsregulator (vid pilen)

---

5 Kolen hålls på plats antingen av skruvar eller av lödtenn. **Notera:** *Se till att inte tillföra värme till en lödd skarv mer än 5 sekunder. Vid behov kan man skaffa en kylkropp som leder bort överskottsvärme. Detta kan åstadkommas genom att man fäster en självlåsande tång tätt intill skarven.*

6 För kol som är skruvade på plats, håll dem i läge och dra åt skruvarna. Dra dem jämt lite åt gången, så att inte hållaren missformas.

7 Montera regulatorn på generatorn.

8 Anslut batteriet.

---

## 18 Startsystem - allmän information och föreskrifter

Startsystemets enda funktion är att vrida runt motorn tillräckligt snabbt för att den skall starta. Startsystemet består av batteri, startmotor, startsolenoid och de kablar som förbinder enheterna. Solenoiden är monterad direkt på startmotorn **(se illustration)**. Startmotor/solenoid sitter i den nedre delen av motorn, alldeles framför kopplingskåpan. Då nyckeln vrids till läge start, aktiveras solenoiden genom tändningslåsets startkrets. Solenoiden ansluter sedan strömmen till startmotorn. Batteriet ger nödvändig energi för att startmotorn skall kunna vrida runt motorn.

Startmotorn på bilar med manuell växellåda

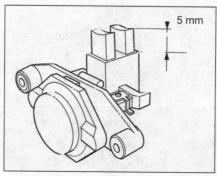

17.3  Kolen ska sticka ut minst 5 mm

---

kan för vissa marknader endast manövreras då kopplingspedalen är nedtryckt. För alla bilar med automatlåda gäller dock att startmotorn endast fungerar då växelväljaren står i läge park eller neutral. Observera alltid nedanstående punkter vid arbete på startsystemet:

a) *Är startmotorn inkopplad för länge kan den skadas. Använd aldrig startmotorn mer än 10 sekunder åt gången, låt den sedan vila i 2 minuter, så att den inte överhettas.*

b) *Startmotorn är ansluten till batteriet och kan orsaka gnistor eller brand vid felaktig behandling, överbelastning eller om den kortsluts.*

c) *Lossa alltid jordkabeln från batteriet innan arbetet på startsystemet.*

---

## 19 Startmotor - kontroll i bilen

**Notera:** *Innan man bestämmer att startmotorn är defekt, kontrollera att batteriet är fulladdat.*

1 Om startmotorn inte alls vill gå runt då startkontakten sluts, se till att växelväljaren är i läge neutral eller park (automatväxellåda) eller att kopplingspedalen är helt ned tryckt (gäller manuell växellåda för vissa marknader).

2 Se till att batteriet är laddat samt att alla kablar, både vid batteri och startsolenoid är rena och sitter säkert.

3 Om startmotorn snurrar runt men inte drar runt motorn, är frihjulskopplingen i startmotorn trasig och startmotorn måste därför bytas.

4 Om startmotorn inte vill gå runt då startkretsen sluts, men man hör ett klickande ljud från solenoiden, får problemet sökas antingen hos batteriet, solenoidens huvudkontakter eller startmotorn själv (motorn kan också sitta fast).

5 Om man inte kan höra solenoidankaret röra sig då kretsen sluts, är batteriet dåligt, huvudsäkringen har brunnit av (avbrott i kretsen) eller också är solenoiden defekt.

6 Vid kontroll av solenoid, anslut en kabel direkt från batteriets pluspol och till solenoidens anslutning från tändningslåset (det

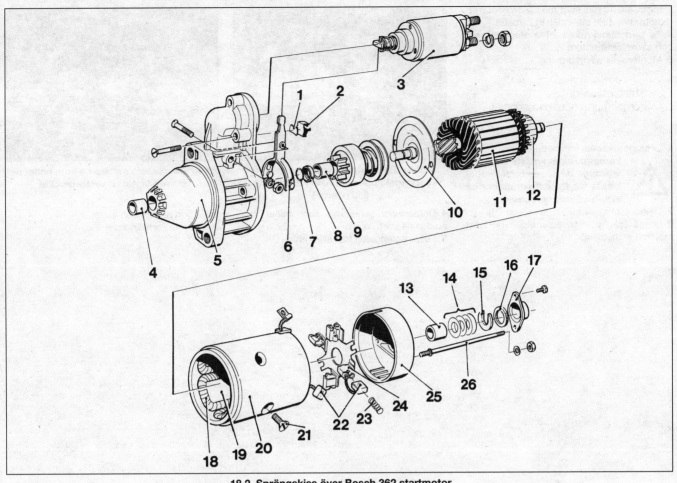

**18.2 Sprängskiss över Bosch 362 startmotor**

| | | | |
|---|---|---|---|
| 1 Stålbricka | 8 Stoppring | 15 Låsbricka | 21 Skruv |
| 2 Gummibricka | 9 Bussning | 16 Tätningsring | 22 Kol |
| 3 Solenoid | 10 Mittre lager | 17 Skyddskåpa | 23 Kolfjäder |
| 4 Lager i drivänden | 11 Ankare | 18 Fältspole | 24 Kolhållare |
| 5 Bussning | 12 Kollektor | 19 Fältlindningsplatta | 25 Täcklock |
| 6 Manöverarm | 13 Bussning | 20 Startmotorhus | 26 Skruv |
| 7 Låsring | 14 Justerbrickor | | |

lilla kontaktstiftet). Om startmotorn nu fungerar, är solenoiden felfri och problemet ligger i tändningslås, startspärrkontakt eller kablage.

**7** Om startmotorn fortfarande inte fungerar, ta bort startmotor/solenoid för isärtagning, kontroll och reparation.

**8** Om startmotorn vrider runt motorn med lågt varvtal, kontrollera först att batteriet är laddat samt att alla anslutningar sittet ordentligt. Om motorn delvis har skurit, eller olja av fel viskositet använts, går startmotorn också sakta.

**9** Kör motorn tills den håller sin normala arbetstemperatur, lossa sedan tändkabeln från tändspolen vid fördelarlocket och jorda den på motorn.

**10** Anslut plusledningen från en voltmeter till batteriets pluspol, anslut sedan den negativa ledningen till batteriets minuspol.

**11** Kör runt motorn med startmotorn och

avläs voltmetern så snart värdet stabiliserats. Låt inte startmotorn gå runt mer än 10 sekunder åt gången. Om spänningen är 9 volt eller mer och motorn går runt med normalt startvarv, är allting normalt. Om spänningen är 9 volt eller mer när startvarvet är lågt, är

**20.3 Demontera elanslutningarna från startmotorn**

startmotorn felaktig. Om värdet är mindre än 9 volt och startvarvet lågt, kan solenoid-kontakterna vara brända, startmotorn defekt, batteriet urladdat eller också finns en dålig anslutning.

**20 Startmotor -** demontering och montering

**1** Lossa jordkabeln från batteriet.

⚠ *Varning: Radion måste vara avstängd då någon batterikabel lossas för att undvika skador på eventuell mikroprocessor.*

**2** Hissa upp bilen och stöd den säkert på pallbockar.

**3** Märk kablarna tydligt, lossa dem sedan från anslutningarna på startmotorn solenoid **(se illustration)**. Märk på liknande sätt alla slangar eller delar som måste demonteras i motorrummet för att underlätta arbetet.

**4** Ta bort fästskruvarna **(se illustrationer)** och sedan startmotorn.

**5** Montera i omvänd ordning.

## 21 Startsolenoid - demontering och montering

**1** Lossa jordkabeln från batteriet.

 *Varning: Radion måste vara avstängd då någon batterikabel lossas för att undvika skador på eventuell mikroprocessor.*

**2** Demontera startmotorn (se avsnitt 20).

**3** Lossa bläcket från solenoiden till startmotorns anslutning.

**20.4a** Demontera skruvarna genom kopplingskåpan som håller startmotorn (vid pilarna)

**4** Demontera skruvarna som håller solenoiden till startmotorn.

**5** Lossa solenoiden från startmotorn.

**20.4b** Demontera skruvarna som håller det främre fästet till motorblocket

**6** Ta bort ankare och fjäder.

**7** Montera i omvänd ordning.

# Kapitel 6
# Avgasrening och motorstyrsystem

## Innehåll

## Svårighetsgrad

| | | | | |
|---|---|---|---|---|
| **Enkelt,** passar novisen med lite erfarenhet  | **Ganska enkelt,** passar nybörjaren med viss erfarenhet  | **Ganska svårt,** passar kompetent hemma-mekaniker | **Svårt,** passar hemmamekaniker med erfarenhet | **Mycket svårt,** för professionell mekaniker  |

## 1 Allmänt

För att minska miljöföroreningar från ofullständigt förbrända och andra gaser samt för att bibehålla god körbarhet och bränslekonomi, används ett antal olika system på dessa bilar. Bland dessa finns:

*Katalysator (CAT) system*
*Ventilation av bränsleångor (EVAP) system*
*Vevhusventilation (PCV)*
*Pulsair system*
*Syresensor och bränslereglering*
*Luftinblåsning (AI)*
*Elektronisk motorstyrning*

**Notera:** *Det är viktigt att komma ihåg att många av systemen har olika montering av infästningar och slangar beroende på om de arbetar tillsammans med förgasare eller insprutning. En del system förekommer på förgasarmotorer medan andra bara i samband med insprutning. Kontrollera vid behov vilket system som gäller för den individuella bilen så att avgasreningssystemet kan identifieras.*

Avsnitten i detta kapitel innehåller allmänna beskrivningar och kontroller som är möjliga att utföra för hemmamekanikern samt tillhörande komponentbyte (där så är möjligt) med beskrivning för varje system

Innan man förutsätter att det är fel på avgasreningssystemet, kontrollera bränsle- och tändsystem noggrant (se kapitel 4 och 5). Riktig felsökning av vissa funktioner på avgasreningen kräver specialverktyg, utrustning och kunskaper. Om kontroll och service visar sig vara svåra eller om något arbete ligger utanför dina möjligheter, anlita en fackman. Kom ihåg

att den vanligaste orsaken till problem med avgasreningssystemet är oftast en trasig eller läckande vakuumslang eller dåligt ansluten elledning, kontrollera därför alltid slangar och kablage först.

Detta betyder dock inte att avgasreningssystemet är särskilt svårt att underhålla och reparera. Man kan snabbt och enkelt utföra många kontroller och dessutom utföra normalt underhåll hemma utan speciella instrument och verktyg.

**Notera:** *Avgasreningssystemet regleras av lagar och bestämmelser. Systemet får givetvis inte sättas ur funktion och heller inte behandlas så att risk finns att det slutar fungera. På modeller från och med 1988 finns också ett utsträckt åtagande för bilfabrikanten (tillverkarens särskilda åtaganden för fel i bilens avgasreningssystem), detta gäller under en tid av fem år och en körsträcka på 80 000 km, vilket som först inträffar. Åtagandet gäller för detaljer som tillkommit enbart med syfte att säkerhetsställa funktionen hos avgasreningssystemet. När åtagandet upphört att gälla kan man naturligtvis själv utföra nödvändiga åtgärder, men tänk alltid på att avgasrenings-systemet ska fungera även om garantier och eventuella åtaganden upphör.*

Notera alla speciella föreskrifter i detta kapitel. Det bör också påpekas att illustrationerna kanske inte exakt matchar de detaljer som finns på den enskilda bilen på grund av ändringar i produktionen.

En skylt med information om motorns avgasreningssystem finns i motorrummet **(se illustration)**. Denna skylt innehåller viktiga specifikationer och information om justering. Vid arbete på avgasreningssystemet bör man alltid kontrollera denna skylt för korrekt information om motorinställningar.

## 2 Självdiagnos, EFI system

EFI systemets styrenhet (dator) på alla LH2.4 och 3.1 Jetronic (1989 till och med 1983) har inbyggd självdiagnos som upptäcker felaktig funktion av vissa givare och manöverenheter samt varnar föraren genom att tända en lampa, CHECK ENGINE, på instrumentpanelen. Om något fel upptäcks lagrar datorn

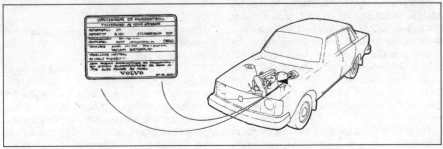

**1.6 Placering av skylt i motorrum**

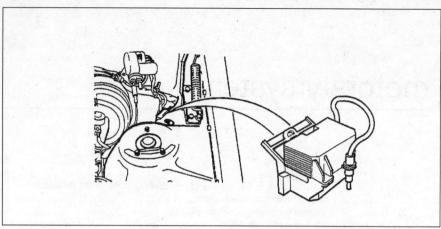

2.3a Diagnosuttag placerad till vänster i motorrummet bakom fjädertornet

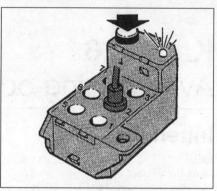

2.3b För att komma åt lagrade koder, montera testkabeln i uttag nr 2, tryck sedan in knappen (vid pilen) i en sekund men inte längre än 3 sekunder. Detta aktiverar lysdioden

information om detta i minnet. Varningslampan slocknar automatiskt sedan felet åtgärdats, däremot finns felkoden lagrad tills systemet återställs (se nedan).

Normalt tänds lampan CHECK ENGINE, då tändningen är ställd i läge ON. När motorn sedan startar, ska varningslampan slockna. Lampan kommer dock att fortsätta lysa (även då motorn är igång) om systemet upptäckt ett fel.

Kommunikation med felsökningsystemet sker via diagnosuttaget, placerat i motorrummet bakom vänster fjädertorn (se illustration). För att få tag på de lagrade felkoderna, öppna locket till diagnosuttaget och för in en mätspets i anslutning nr 2 (se illustration). Tryck sedan på knappen för analysuttaget i minst en sekund men inte mer än tre sekunder, vänta sedan på att lagrade koder ska visas som en serie blinkningar från den inbyggda lysdioden. Notera: Styrenheten tänder lampan CHECK ENGINE och håller den tänd endast för detaljer som påverkar avgasreningssystemet. Diagrammet visar vilka koder som tänder lampan. Tryck inte in knappen längre än angivet, datorn kommer då att ge felaktig information på grund av felaktiga data. Om batterikabeln lossas eller strömmen avbryts till datorn, raderas alla lagrade koder.

Felkoden är det antal gånger lysdioden blinkar. Om något fel upptäcks kommer lampan att blinka så att respektive siffror i koden anges, t.ex. kod 2-3-3 (fel på luftkontrollventil) betyder atttt dioden blinkar två gånger, sedan uppstår en paus, sedan blinkar lysdioden tre gånger, på nytt en paus och sedan följer tre blinkningar. Finns det andra koder lagrade blinkar sedan koderna för dessa. Systemet gör dock en längre paus mellan individuella koder. Kontrollera på nytt genom att trycka in knappen en gång till. Om samma koder visas, finns inga övriga koder lagrade.

För att nollställa felsökningsenheten, för in mätkabeln i uttag nr 2 och ställ tändningen i läge A (motorn ska inte vara igång). Tryck

sedan in diagnoskontakten minst 5 sekunder, släpp den sedan. Lysdioden ska tändas. Så snart lysdioden har tänts, tryck ner knappen igen i minst tre sekunder och vänta tills dioden slocknar. Tryck nu på knappen en tredje gång mindre än tre sekunder och vänta tills dioden blinkar koden 111. Detta visar att minnet

Kontrollera berörda system eller ta bilen till en fackman för åtgärd. Se till att radera felkoderna då reparation utförts.

EZ-116K tändsystem har också inbyggd självdiagnos som upptäcker och lagrar koder för fel på liknande sätt som beskrivits för bränsleinsprutningen. Dessa koder visas också genom blinkningar av lysdioden. Mätkabeln förs in i uttag nr 6 då koderna ska visas. Systemet kan lagra tre av de sju möjliga koderna.

raderats. Ställ tändningen i läge OFF, ta bort mätkabeln från uttag nr 2, sätt tillbaka locket på diagnosuttaget.

Följande tabell visar koderna för varje felfunktion. Medföljande tabell visar diagnoskod, som blinkningar, vilket system som berörs, felanalys och var felet bör återfinnas.

## LH 2.4 och 3.1 Jetronic felkoder

| Kod | Troliga orsaker | Tänder CHECK ENGINE lampa |
|---|---|---|
| 1-1-1 | Inga koder lagrade | Nej |
| 1-1-2 | Fel i styrenhet (ECU) | Ja |
| 1-1-3 | Fel i bränsleinsprutare | Ja |
| 1-2-1 | Fel i signal från luftmängdmätaren | Ja |
| 1-2-3 | Fel i signal från kylvätsketempgivaren | Ja |
| 1-3-1 | Varvtalssignal saknas | Nej |
| 1-3-2 | Batterispänning för hög eller för låg | Nej |
| 1-3-3 | Endast LH 2.4 - gasspjällkontakt för tomgång kortsluten eller feljusterad | Nej |
| 2-1-2 | Felaktig signal från syresensor | Ja |
| 2-1-3 | Endast LH 2.4 - gasspjällkontakt för fullgas feljusterad eller kortsluten | Nej |
| 2-2-1 | Bränslesystemet kompenserar för extremt fet eller extremt mager bränsleblandning vid färd | Ja |
| 2-2-3 | Fel i signal från luftkontrollventil | Nej |
| 2-3-1 | Systemet kompenserar för rik eller mager blandning vid färd | Nej |
| 2-3-2 | Bränslesystemet kompenserar för rik eller mager blandning vid tomgång | Nej |
| 2-3-3 | Luftkontrollventilen stängd som kompensationen för misstänkt luftlänkage | Nej |
| 3-1-1 | Hastighetssignal fattas | Nej |
| 3-1-2 | Ingen signal från detonationssensor | Nej |
| 3-2-2 | LH 2.4 luftmängdmätarens rensfunktion (avbränning) fungerar inte | Nej |
| 4-1-1 | LH 3.1 gasspjällägesgivaren ger ingen eller felaktig signal | Nej |

Ta bort locket till analyskontakten och för in mätkabeln i uttag nr 6. Ställ tändningen i läge 6, motorn ska inte vara igång, och tryck in knappen under minst en men inte mer än tre sekunder. Följ tidigare beskrivning för att tolka att lysdiodernas blinkningar, skriv ner felkoderna.

Följande tabeller förklarar felkoderna. Diagrammen visar också kod - antal blinkningar - tillsammans med respektive system, felanalys och trolig orsak.

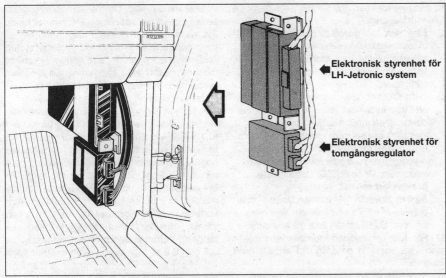

3.6a Elektronisk styrenhet (ECU) är den större detaljen placerad ovanför tomgångsregulatorn (1979 års 240 med insprutning)

Elektronisk styrenhet för LH-Jetronic system

Elektronisk styrenhet för tomgångsregulator

3.6b Icke original styrenhet på LH-Jetronic utrustad bil (1983 års 240 DL visad)

## EZ116K tändsystem felkoder

| Kod | Troliga orsaker |
|---|---|
| 1-1-1 | Inga koder lagrade |
| 1-4-2 | Fel i styrenheten (ECU) |
| 1-4-3 | Signal från detonationssensor fattas. Tändningen har fördröjts 10° |
| 1-4-4 | Belastningssignal från styrenhet fattas. Datorn förutsätter att motorn har full belastning |
| 2-1-4 | Hastighetssignal fattas eller är felaktig |
| 2-2-4 | Signal från kylvätsketempgivare felaktig |
| 2-3-4 | Ingen signal från gasspjäll. Motorn går på ojämn tomgång. Tändningen har fördröjts 10° |
| 2-4-1 | EGR system defekt (för Kalifornienmodeller från och med 1991) |
| 4-3-1 | Tempsignal för EGR fattas eller är felaktig (Kaliforniemodeller från och med 1991) |

För att radera felkoderna, för in mätkabeln i uttag nr 6, och ställ tändningen i läge ON (motorn ska inte vara igång). Tryck in knappen i minst 5 sekunder, släpp den sedan. Lysdioden ska nu tändas. Då lysdioden tänds, tryck på nytt in knappen minst 5 sekunder så att lysdioden slocknar. Tryck nu in knappen en tredje gång mindre än 3 sekunder och vänta på att lysdioden blinkar koden 111. Detta visar att minnet raderats. Ställ tändningslåset i läge OFF, ta bort testkabeln från uttag nr 6 och sätt tillbaka locket.

3 Ta bort den nedre panelen som går längs tröskeln.
4 Ta bort panelen på höger sida i passagerarutrymmet, och leta upp styrenheten.
5 Lossa elanslutningarna från styrenheten
6 Demontera muttrarna från enhetens infästning (se illustrationer).
7 Ta försiktigt bort styrenheten. Notera: Undvik att styrenheten skadas på grund av statisk elektricitet genom att använda handskar och en speciell antistatisk matta att förvara styrenheten på

## 3 Elektronisk styrenhet (ECU) - byte

1 Styrenheten (ECU) är placerad i kupén på höger sida under instrumentbrädan, bakom panelen.
2 Lossa jordkabeln från batteriet.

⚠ Varning: Det är viktigt att radion är avstängd innan någon batterianslutning lossas för att undvika skador på eventuell mikroprocessor i radion.

## 4 Givare

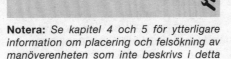

Notera: Se kapitel 4 och 5 för ytterligare information om placering och felsökning av manöverenheten som inte beskrivs i detta avsnitt.

### Kylvätsketempgivare

#### Allmän beskrivning

1 Kylvätsketempgivaren (se illustration) är en termistor (sänder ett motstånd som

varierar resistansen i förhållande till temperaturen). Ändringen i resistans styr strömflödet som kan passera genom givaren. Då temperaturen SJUNKER, kommer resistansen att ÖKA. Då TEMPERATUREN ökar SJUNKER resistansen. Ett fel i denna krets bör utlösa kod 1-2-3 (2.4 och 3.1 LH koder) eller kod 2-2-4 (EZ116K). Koden indikerar fel i kylvätsketempgivarens krets, så i de flesta fall blir åtgärden att antingen reparera kablaget eller byta givaren.

#### Kontroll

2 Vid kontroll av givaren, mät resistansen då givaren är kall (10-25°C = 2100 - 2900 ohm). Starta därefter motorn och låt den gå tills den har normal arbetstemperatur. Kylvätsketempgivaren ska nu ha lägre resistans (80 - 95°C = 250 - 300 ohm). Notera: Om givarens placering gör att det är svårt att fästa mätspetsarna vid kontaktstiften, ta bort givaren och utför provet i en kastrull vatten som värms till motsvarande värden. Vid extremt låga temperaturer (ca -10°C) ska givaren visa 8000 - 11000 ohm.

#### Byte

⚠ Varning: Vänta tills motorn är helt kall innan arbetet påbörjas.

3 Innan montering av ny givare, linda gängorna med teflontejp för att undvika läckage och korrosion i gängan.

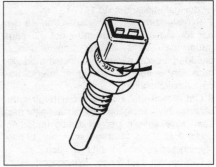

4.1 Kylvätsketempgivaren är monterad på vänster sida i topplocket bakom insugningskanalen för cylinder nr 3

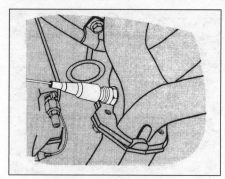

**4.6 Syresensorn är placerad i undre delen på grenröret för modeller med CI system och tidiga LH-Jetronic modeller**

**4** Vid demontering av givare, tryck in låsfjädern, lossa sedan kontaktstycket. Skruva sedan försiktigt bort givaren. Var beredd på visst kylvätskespill, montera därför den nya givaren så snabbt som möjligt.

 **Varning: Hantera givaren försiktigt. Om den skadas påverkas hela bränsleinsprutningens funktion. Notera: Det kan vara nödvändigt att tappa av liten mängd kylvätska innan givaren demonteras.**

**5** Montera i omvänd ordning.

## Syresensor (Lambdasond)

### Allmän beskrivning

**Notera:** *De flesta sysresensorer är placerade i avgasröret, nedanför grenröret.*

**6** Syresensorn, som är placerad i avgassystemet **(se illustration)**, övervakar syrehalten i avgaserna. Syrehalten i avgaserna får sensorn att ge en utspänning som varierar mellan 0,1 V (hög syrehalt, mager blandning) till 0,9 V (låg spänning, fet blandning). Styrenheten övervakar hela tiden utspänningen från sensorn. Styrenheten ändrar sedan bränsl/eluftblandningen genom att variera den tid då bränsle sprutas in. En bränsleblandning bestående av 14,7 delar luft till en del bränsle eftersträvas för att hålla avgasföroreningarna på lägsta nivå, detta tillåter då katalysatorn att arbeta som bäst. Därför försöker styrenheten med hjälp av syresensorn hela tiden hålla laddningsförhållandet vid 14,7-1.

**7** Syresensorn ger igen utspänning då den har för låg arbetstemperatur det vill säga under ca 300°C. Under uppvärmningsperioden arbetar därför styrenheten med lagrade värden som ersättning för information om bränsleblandning.

**8** Om motorn når normal arbetstemperatur och/eller har varit igång i två minuter eller mer, samt syresensorn ger en stadig ljudsignal under 0,45 V vid 1500 rpm eller mer, utlöser styrenheten koden 2-1-2 (LH 2.4 och 3.1).

**9** Om det finns ett fel hos syresensorn eller i kretsen, arbetar styrenheten med lagrade värden som ersättning för information från syresensorn.

**10** Korrekt funktion hos syresensorn beror på fyra förhållanden.

a) **Elektrisk** - På grund av den låga utspänningen från sensorn, krävs rena, säkert anslutna kontakter, detta bör därför kontrolleras om man misstänker någon felfunktion.

b) **Lufttillförsel** - Sensorn är konstruerad för att tillåta luften cirkulera inuti sensorn. Se därför till att inteluftkanalerna inte är igensatta om sensorn monteras eller byts.

c) **Rätt arbetstemperatur** - Styrenheten reagerar inte på signal från syresensorn innan den når ca 300°C. Detta måste beaktas vid kontroll.

d) **Blyfritt bränsle** - Användandet av blyfritt bränsle är ett absolut krav om sensorn ska fungera. Se till att rätt bränsle används.

**11** Förutom ovanstående förhållanden måste man visa särskild omsorg vid arbete med sensorn.

a) Syresensorn har en permanent fastsatt elanslutning som aldrig ska tas bort. Skador här kan menligt påverka sensorns funktion.

b) Fett, smuts, och andra föroreningar ska hållas borta från elanslutning och mätspetsen.

c) Använd inga rengöringsmedel på sensorn.

d) Tappa den inte, behandla den inte ovarsamt.

e) Skyddsdamasken måste installeras i rätt läge så att den inte smälter, samt för att sensorn ska arbeta riktigt.

### Kontroll

**12** Låt motorn gå tills den är varm, låt den sedan gå på tomgång. Lossa elanslutningen till syresensorn och anslut den positiva mätspetsen på en voltmeter till sensorns anslutning (utsignal), den negativa mätspetsen till jord.

**Notera 1:** *Motorer med LH 2.0 och LH 2.2 insprutningssystem använder en sensor med endast en kabel monterad i avgasgrenröret. Motorer utrustade med LH 2.4 och LH 3.1 system använder en syresensor med tre kablar, placerad längre ner i avgasröret närmare katalysatorn.*

**Notera 2:** *De flesta anslutningarna för syresensorn är placerade på torpedväggen i motorrummet. Titta efter en stor gummidamask ansluten till en tjock grön kabelhärva (tidiga modeller) eller en enkel kabel tillsammans med en förvärmningskabel.*

**13** Öka och minska motorns varvtal, läs av instrumentet.

**14** Då varvtalet ökar ska spänningen öka till mellan 0,5 och 1,0 V. Då varvtalet minskar ska spänningen sjunka till mellan 0 och 0,4 V.

**15** Låt motorn bli så varm att styrenheten tar emot signalen. Detta tar vanligtvis 2 - 3 minuter. **Notera:** *Då kretsen är i funktion, kommer mätaren regelbundet att växla mellan gränsvärdena (0,1 - 0,9 V) om den är riktigt ansluten. Om syresensorn reagerar långsamt fungerar den inte tillfredsställande. Notera*

*voltmätarens utslag. Om sensorn inte reagerar sedan rätt värme uppnåtts, (3-4 minuter totalt) byt syresensor. Se dock till att motorn är helt varm och redo att arbeta med systemet slutet, kontrollera också att det inte är något problem med termostat eller kylsystem. En långsam syresensor orsakar ofta att bilen inte klarar avgasreningsprov, byt därför mot en ny.*

**16** Notera noggrant hur spänningen varierar. Utslaget ska variera mellan 100 mV till 900 mV (0,1 - 0,9 V). Siffrorna kommer snabbt att blinka, så det gäller att hänga med. Notera högsta och lägsta värde under en period på 1 minut. Det är mycket viktigt att rätt fastställa syresensorns funktion. Påbörja testet då motorn är kall (kretsen inte i funktion) och kontrollera att sensor ger 0,5 - 0,9 V. Då den värms upp (tillräckligt för att kretsen ska fungera) kommer den plötsligt ge utslag på 0,1 och 0,9 V. Signalerna ska konstant ligga vid något av ändlägena, annars är sensorn defekt. Skulle motorn också värmas upp men sensorns inkoppling vara fördröjd, innan den börjar växla mellan 0,1 och 0,9 V, är sensorn defekt. Kan sensorn inte ge en spänning högre än 0,5 V, byt ut den.

**17** Om motorn har en syresensor med 3 anslutningar, kontrollera uppvärmningen. Ställ tändningen i läge OFF, lossa de två elanslutningarna från sensorn **(se illustration)**. Använd en ohmmeter, mät med den resistansen då sensorn är varm (13 ohm), låt sedan kallna och kontrollera på nytt (3 ohm). Är resistansen felaktig, byt syresensor.

### Byte

**Notera:** *Eftersom den är monterad i avgasgrenrör, katalysator eller främre avgasrör som dras samman då de kallnar, kan det vara svårt att lossa sensorn då motorn är kall. Hellre än att riskera att sensorn skadas (under förutsättning att man planerar att använda den i ett annat avgasrör), starta motorn och låt den gå i ett par minuter, stäng sedan av den. Var dock mycket försiktig för att undvika brännskador.*

**18** Lossa jordkabeln från batteriet.

 **Varning: Det är viktigt att radion är avstängd innan någon batterianslutning lossas för att undvika skador på eventuell mikroprocessor i radion.**

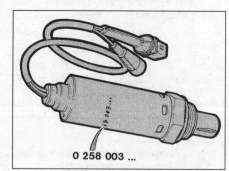

0 258 003 ...

**4.17 Syresensorns resistans ska vara 13 ohm då den är varm och 3 ohm då den är kall**

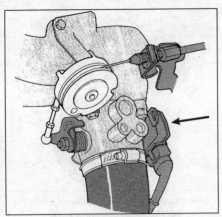

4.26 Gasspjällägesgivaren (vid pilen) är ansluten till gasspjällhuset

19 Hissa upp bilen och stöd den säkert på pallbockar.
20 Lossa elanslutningen från sensorn.
21 Skruva försiktigt bort sensorn.

 **Varning: Våld kan skada gängorna.**

22 Man måste använda medel mot kärvning på gängorna så att framtida demontering underlättas. Nya givare har redan sådant medel på gängorna, men gamla givare som demonteras och monteras, måste behandlas på liknande sätt.
23 Montera sensorn och dra åt den ordentligt.
24 Anslut elledningen.
25 Sänk ner bilen och anslut batteriets jordkabel.

## Gasspjällägesgivare (TPS) (endast LH 3.1)

### Allmän beskrivning

26 Gasspjällägesgivaren (TPS) är placerad i änden på spjällaxeln på gasspjällhuset (se illustration). Genom att notera utspänningen från gasspjällägesgivaren (TPS), kan styrenheten bestämma bränslemängden på grund av spjällöppningen (gaspådrag från föraren). En spjällgivare som är trasig eller sitter löst kan orsaka oregelbundna bränslemängder från insprutarna och instabil tomgång på grund av att styrenheten tror att styrenheten tror att gasspjället ändrar läge.

### Kontroll

27 Vid kontroll av gasspjällägesgivare, ställ tändningen i läge ON (motorn ska inte vara igång), anslut sedan mätspetsarna på en V-ohmmeter till jordkabeln (uttag 1) och signalkabeln (uttag 3) på baksidan i kontaktstycket. Detta prov kontrollerar att rätt utsignal finns från gasspjällägesgivaren. **Notera:** *Jordkabeln är svart på alla modeller.*
28 Givaren ska ge 0.25 till 0.98 V vid tomgång. Låt någon trycka ner gaspedalen för att simulera full gas, spänningen ska nu öka till

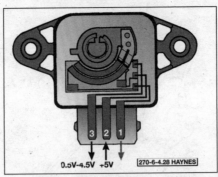

4.28 Kontrollera spänningen mellan stiften 1 och 3. Den ska variera från 0,25 till 4,8 V från tomgång till öppet gasspjäll

mellan 4,0 och 4,8 V (se illustration). Är utspänningen felaktig, byt mot ny enhet.
29 Kontrollera också enhetens referensspänning. Ställ tändningen i läge ON (motorn ska inte vara igång), anslut pluskabeln på voltmetern (se illustration 4.28) till uttag 2. Det ska finnas ca 5 V från styrenheten till spjällägesgivaren.

### Byte

30 Lossa jordkabeln från batteriet.
31 Lossa elanslutningen, ta bort fästskruvarna och sedan givaren från gasspjällhuset.
32 Montera i omvänd ordning. Ingen justering krävs för enheten.

## Gasspjällkontakt (alla modeller utom LH 3.1)

### Allmän beskrivning

33 Gasspjällkontakten är placerad i änden på spjällaxeln vid spjälhuset. Ett kontaktpar sluter vid tomgång. Ett andra kontaktpar sluter då spjället är fullt öppet. Bägge kontakterna är fullt öppna (ingen förbindelse) i alla mellanlägen. Är spjällkontakten trasig eller sitter lös, kan det orsaka ojämn bränsleinsprutning och instabil tomgång eftersom styrenheten tror att gasspjället är i rörelse. Det inbyggda felsökningssystemet kommer att visa kod 2-1-3

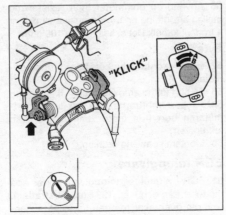

4.34 Spjällkontakten ska ge ifrån sig ett "klick" så snart spjället öppnar

eller 4-1-1 (LH 2,4 och 3,1 LH - insprutning) eller 2-3-4 (EZ116K) vid fel på gasspjällkontakten.

### Kontroll

34 Ställ tändningen i läge OFF, öppna gasspjället och kontrollera att man hör ett klick från kontakten (se illustration) så snart spjället börjar öppna. Justera vid behov kontakten (se punkterna 37-42).
35 Lossa kontaktstycket från kontakten och kontrollera att förbindelse finns mellan stift 2 (orange kabel - LH 2.0, 2.2) eller gul/vit kabel (LH 2.4) och jord. Mätaren ska visa att kontakterna är slutna då gasspjället stängs och öppna då gasspjället är i annat läge.
36 Anslut en ohmmeter mellan stift 3 (vit/svart kabel) och jord. Mätaren ska visa förbindelse med fullt öppet gasspjäll, avbrott i andra lägen. Justera vid behov kontakten.

### Justering

37 Ställ tändningslåset i läge OFF, lossa sedan länkstången från linskivan (se illustration 4.34). Lossa skruvarna som håller kontakten till gasspjällhuset, vrid sedan kontakten medurs.
38 Lossa låsmuttern och skruva sedan ut stoppskruven (se illustration) så att det blir ett spel mellan änden på skruven och gasspjällarmen.
39 Vrid sedan stoppskruven medurs (innuti) ytterligare 1/4 till ett 1/2 varv, dra sedan åt låsmuttern.
40 Vrid sedan gasspjällkontakten moturs så långt det går (öppna dock inte gasspjället). Dra åt fästskruvarna och kontrollera kontakten. Man ska höra ett klick just då gasspjället öppnar.
41 Justera gaslänkaget (se kapitel 4).
42 Justera tomgångsvarvet (se kapitel 1).

## Luftmängdmätare

### Allmän beskrivning

**Notera:** *Ett tecken på att luftmängdmätaren inte fungerar är att bilen inte vill starta. Följ anvisningarna för kontroll mycket noga innan enheten byts ut. Luftmängdmätare är dyra elektroniska detaljer som ofta inte kan lämnas tillbaka.*

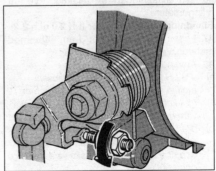

4.38 Vrid justerskruven för grundtomgång (vid pilen) så långt det går tills motorn når lägsta tomgångsvarv

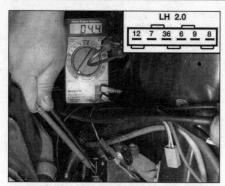

**4.45 På LH 2.0 system, mät resistansen mellan anslutningarna 6 och 7 för att kontrollera uppvärmningskretsen**

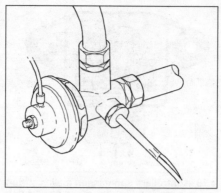

**4.61 EGR tempgivaren är placerad alldeles bakom EGR ventilen**

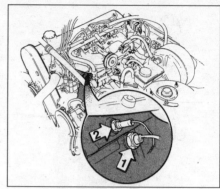

**4.64 Placering av detonationssensor (1) och kylvätsketempgivare (2)**

**43** Luftmängdmätaren mäter insugnings-luftens massa genom den avkylningseffekt luften har på en elektrisk uppvärmd platina-tråd. Då insugningsluften kyler tråden, ger skillnaden elektrisk ström hos tråden informa-tion om luftmängden till styrenheten. Luft-mängdmätaren har också en rensfunktion som bränner ren tråden för att undvika beläggningar på ytan. Varje gång motorn stängs av, värms tråden upp momentalt till en temperatur på över 1000°C. **Notera :** *LH 3.1 system använder en folie istället för platina-tråd. Folien består av fyra motstånd som på-verkas av luftströmmen. Systemet kräver ingen rensfunktion. Se kapitel 4 för ytterligare information om olika insprutningssystem så att du är säker på vilken som sitter på bilen.*

### Kontroller

**Varmtrådsgivare (LH 2.0, 2.2 och 2.4)**
**44** Lossa kontaktstycket från luftmängd-mätaren.
**45** Använd en ohmmeter:
a) *På LH 2.0 system, mät resistansen mellan anslutning 6 (grön/gul kabel) och nr 7 (vit/röd kabel)* **(se illustration)**. *Det ska vara mellan 3,5 och 4,0 ohm.*
b) *På LH 2.2 och 2.4 , mät resistansen mellan anslutning 2 (grön/gul kabel) och nr 3 (vit/röd kabel). Det ska vara mellan 3,5 och 4,0 ohm på LH 2.2 och mellan 2,5 och 4,0 ohm på LH 2.4.*
**46** Om avläsningen är felaktig, byt luft-mängdmätare.

**Blandningspotensiometer (LH 2.0 och 2.2)**
**47** Lossa kontaktstycket från luftmängd-mätaren.
**48** Använd en ohmmeter:
a) *På LH 2.0 system, mät resistansen mellan stift nr 6 (grön/gul kabel) och nr 12 (gul kabel)* **(se illustration 4.45)**. *Det ska vara mellan 0 och 1000 ohm.*
b) *På LH 2.2 system, mät resistansen mellan anslutning nr 2 (grön/gul kabel) och nr 6 (gul kabel). Det ska vara mellan 0 och 1000 ohm.*
**49** Om värdena är felaktiga, byt luftmängd-mätare.
**50** Ändra justerskruvens läge och läs av

ohmmetern. Värdet ska minska då skruven vrids medurs och öka då den vrids moturs. Ändrar sig inte resistansen, byt luftmängd-mätare. Om resistansen ändras korrekt, ställ inställningsskruven i exakt samma läge som den ursprungligen hade.

**Rensfunktion (LH 2.0, 2.2 och 2.4)**
**51** Låt motorn gå tills den har normal arbets-temperatur.
**52** Dra undan gummidamasker på luft-mängdmätarens elanslutning, stoppa sedan försiktigt i mätspetsarna i kontaktstycket bakifrån:
a) *På LH 2.0, mät spänningen mellan anslutning 8 (vit kabel) och jord* **(se illustration 4.45).**
b) *På LH 2.2 och 2.4, mät spänningen mellan anslutning 4 (vit kabel) och jord.*
**53** Öka motorns varvtal till 2500 rpm, låt den sedan återgå till tomgång, slå ifrån tänd-ningen. Efter fyra sekunder ska voltmetern ge utslag under 1 sekund. Se upp, det går fort. Detta är renssignalen.
**54** Får man inget utslag, kontrollera system-ets relä (LH 2.0) eller huvudrelä (LH 2.2 och 2.4)

**Mängdmätare med folie (LH 3.1)**
**55** Lossa kontaktstycket från luftmängd-mätaren.
**56** Använd en ohmmeter, mät resistansen mellan anslutning nr 1 (grön/gul kabel) och nr 4 (röd/vit kabel). Det ska finnas ca 108 ohm.

### Byte
**57** Lossa kontaktstycket från luftmängd-mätaren.
**58** Ta bort luftrenaren (se kapitel 4).
**59** Ta bort muttrarna och lyft luftmängd-mätaren bort från motorrummet eller från luftrenaren.
**60** Montera i omvänd ordning.

### EGR tempgivare

**61** EGR-systemets tempgivare finns på modeller från och med 1991 **(se illustration)**. Givaren övervakar temperaturen på avgas-erna och för informationen vidare till datorn som i sin tur avgör hur stor mängd avgaser som ska ledas tillbaka. Störningar i systemet

tänder lampan CHECK ENGINE, en felkod kommer också att lagras (se avsnitt 2).
**62** Vid kontroll av givaren, lossa kontakt-stycket och mätgivarens resistans. Resi-stansen ska vara mellan 500 och 1000 ohm. **Notera:** *Sensorn har positiv temperatur-koeffisient (PTC). Resistansen ökar med stigande temperatur.*
**63** Montera i omvänd ordning. Se till att stryka lite medel mot kärvning på gängorna innan monteringen.

### Detonationssensor

#### Allmän beskrivning

**64** Detonationssensorn **(se illustration)** är placerad i motorblocket bredvid kylvätske-tempgivaren (LH 2.4 och 3.1). Detonations-sensorn upptäcker onormala vibrationer i motorblocket. Givaren ger en växelström-signal som ökar om detonationen är kraftig. Signalen förs till styrenheten och tändläget fördröjs upp till 10° för att kompensera för kraftiga knackningar eller detonation.

#### Kontroll

**65** Ställ tändningslåset i läge ON (motorn ska inte vara igång). Mät spänningen bakifrån i sensorns kontaktstycke, den ska vara mellan 0,5 och 5,0 V. Är spänningen högre eller lägre, är kretsen kortsluten eller har avbrott.
**66** Anslut en tändinställningslampa enligt tillverkarens anvisningar; använd sedan en nyckel och knacka på insugningsröret (inte så hårt att röret skadas!) eller motorblocket nära sensorn då motorn går på tomgång. Slå aldrig direkt på sensor. Kontrollera tändläget som lampan visar. Vibrationen från slaget ska vara tillräckligt för att givaren ska ge signal om fördröjd tändning. Tändningen ska då tillfälligt fördröjas. Om ingenting händer, kontrollera kablage, elanslutningar eller dator så att inga uppenbara kortslutningar eller problem finns. Om kontaktstyckena är ok, ligger felet troligen hos sensorn.
**67** Kontrollera också att sensorn inte sitter löst. Dra fast den med en öppen nyckel vid behov.

## Byte

**68** Lossa kontaktstycket från givaren.
**69** Skruva loss sensorn från locket (Volvo/Chrysler tändsystem) eller ta bort skruven och sedan sensorn från blocket (EZ-116K system). På modeller med EZ-116K tändsystem, dra fästskruven till 20 Nm.

## 5 Luftinblåsning (AI)

### Allmän beskrivning

**1** Luftinblåsningssystemet används för att reducera halten av kolmonoxid och kolväten. Systemet består av ett luftrör, fördelningsventil, baktändningsventil, insprutarrör och slangar **(se illustration)**.
**2** Luftinblåsningssystemet tillåter förbränning av oförbrända gaser sedan de lämnat förbränningsrummet genom att tillföra frisk luft i den heta avgasströmmen som strömmar ut genom avgaskanalerna. Här blandas den friska luften med de heta gaserna och ökar oxidationen av både kolväten och kolmonoxid, därmed minskas koncentrationen och vissa omvandlas till ofarlig koldioxid och vatten. Under vissa driftförhållanden, så som högre motorvarv, får luften gå fritt ut i atmosfären med hjälp av reglerventilen för att förhindra överhettning av avgassystemet.
**3** Det finns två typer av styrventil på de system som används av Volvo:

*a) Styrventilen har två funktioner. Den reglerar luftpumpens tryck och stänger också av lufttillförseln då motorns vakuum är högt.*

*b) Baktändningsventilen leder luft in i avgasrören men förhindrar gaserna att gå motsatt väg till luftpumpen, så att om motorn baktänder eller det finns något problem med luftpumpen, skador undviks på pump och drivrem.*

### Kontroller

#### Luftpump

**4** Kontrollera och justera drivremmen vid behov (se kapitel 1).
**5** Lossa slangen vid fördelningsventilens inlopp.
**6** Pumpen fungerar tillfredsställande om man kan känna en luftström vid pumpens utlopp då motorn går på tomgång, som ökar i takt med motorns varvtal.
**7** Om pumpen inte uppfyller ovanstående krav, byt ut den mot en ny eller renoverad enhet.

#### Fördelningsventil

**8** En defekt avlastnings- eller fördelningsventil orsakar hög ljudnivå samt luftutblåsning vid ventilen.
**9** Mycket lite luft ska slippa ut från ventilens

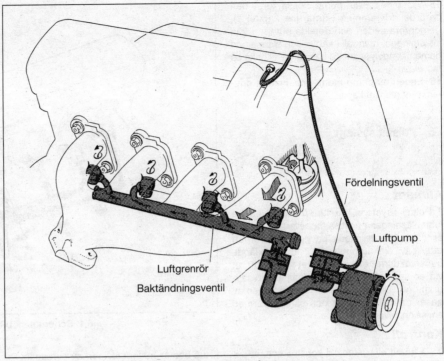

**5.1 Schematisk bild av luftinblåsningssystemet**

Fördelningsventil
Luftpump
Luftgrenrör
Baktändningsventil

ljuddämpare då motorn är igång **(se illustration)**. Om själva ventilen är defekt, kommer frisk luft blandad med oförbrända avgasrester att läcka in i avgassystemet och orsaka baktändning.
**10** Om sådana symptom påträffas, bör ventilen bytas.

#### Baktändningsventil

**11** Baktändningsventilen, placerad i inblåsningsröret, kan provas genom att man tar loss luftslangen från röret **(se illustration)**.

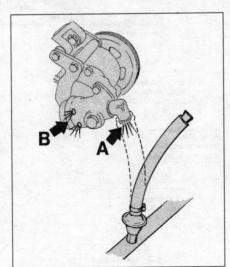

**5.9 Luft pumpas från utloppet (A). Det ska inte komma mycket luft ur överströmningshålen (B). Detta tyder på en läckande fördelningsventil**

**12** Starta motorn och kontrollera om avgaser slipper ut från ventilen i inloppet.
**13** Finns här en avgasläcka är ventilen defekt och ska bytas.

### Komponentbyte

**14** Ventilerna kan bytas om man lossar slangarna (se till att märka slangarna så de kan sättas tillbaka på rätt ställe). Byt ut den defekta enheten och ansluta slangarna på rätt plats. Se till att använda nya packningar och ta bort alla rester av gammal packning, där sådana rester finns. Se till att alla slangar är i god kondition. Byt annars ut dem.

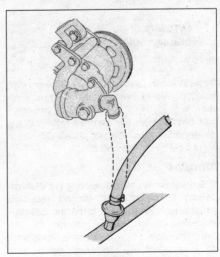

**5.11 Ta bort slangen från baktändningsventilen och se till att inte avgaser kommer ut förbi ventilen**

**15** Vid byte av luftpump, lossa först den berörda drivremmen (-arna) (se kapitel 1), demontera sedan den defekta pumpen från infästningen, märk alla kablar och slangar vid demonteringen så att de kan sättas tillbaka på rätt plats.

**16** Sedan ny pump monterats, justera drivrem (-mar) enligt kapitel 1.

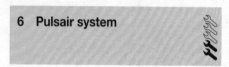

## 6 Pulsair system

### Allmänt

**1** Pulsair system **(se illustration)** ersatte luftinblåsningen på vissa modeller. Då motorn är igång, följs tryckpuls i avgasgrenröret tätt efter av vakuumpulser. Detta växlande tryck/vakuum i avgassystemet tillåter luft att via en speciell backventil sugas in i avgasgrenröret. Detta förbättrar förbränningen av gaser i avgassystemet och sänker därmed emissionsnivåerna.

### Kontroll

**2** På grund av systemets konstruktion, är det svårt att felsöka hemma. Här är en enkel kontroll som kan ge hemmamekanikern en uppfattning om var problemet ligger.
**3** Kontrollera alla slangar, vakuumledningar och kablar. Se till att de är i god kondition och att alla anslutningar är rena och sitter säkert.
**4** Om problemet fortfarande ger problem, ta bilen till en specialist för kontroll.

### Byte

**5** Se illustration 6.1 vilken ger en uppfattning om delarna och deras placering. Man bör spruta rostlösande olja på anslutningarna innan man försöker lossa dem. Dessa delar sitter vanligen hårt på grund av värme och korrosion.

## 7 Syresensorns bränslereglering

**Notera:** *Innan felsökning på syresensor och bränslereglering företas, kontrollera att syresensorn fungerar (se avsnitt 4). Om syresensor och bränslereglering kontrollerats och alla detaljer arbetar som de ska, justera CO-halten enligt beskrivning i avsnitt 8.*

### Allmänt

**1** Syresensorns bränslereglering **(se illustrationer)** är konstruerad för att reducera emissionsnivåerna och förbättra bränsleekonomin på insprutade motorer. På LH-Jetronicsystem är syresensorn en integrerad del i systemet. På modeller med tidigare insprutning och katalytisk avgasrening (ej Sverige) fungerar syresensorn oberoende av bränsleinsprutningen. Syresensorn och dess

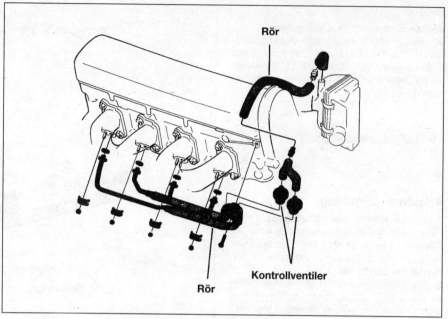

**6.1 Schematisk bild av Pulsair system**

krets består huvudsakligen av syresensorn, styrenhet (ECU), frekvensventiler, reläer och kablage. Systemet reglerar kontinuerligt bränsle/luftblandningen för att ge optimala förhållanden för förbränning och där med renare avgaser. **Notera:** *Bilderna visar inte alla varianter som förekommer. Se kopplingsschema för insprutning i kapitel 4 för ytterligare detaljer.* Styrenheten får en signal från syresensorn som visar hur effektiv förbränningen är. Styrenheten reglerar i sin tur en frekvensventil (pulskvot) för att bibehålla rätt bränsle/luftblandning. På tidigare insprut-

ningssystem påverkar frekvensventilen bränsle/luftblandningen genom att justera bränsletrycket i undre kammaren på bränslefördelaren. På LH-Jetornicsystem varierar styrenheten bränslemängden genom insprutarna. **Notera:** *På 1984 och 1985 års turbomodeller* **(se illustration 7.1c)**, *finns en tryckskillnadskontakt som ger bränsleanrikning vid acceleration med kall motor. En tryckkontakt för syresensorn medger fetare bränsleblandning under acceleration.*

**2** De vanligaste felorsakerna på syresensor och bränslereglering är startsvårigheter då

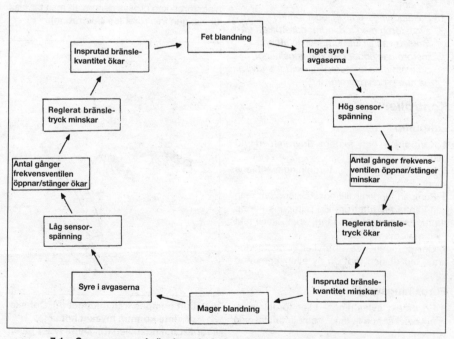

**7.1a Syresensorns bränsleregleringssystem arbetande i en sluten krets**

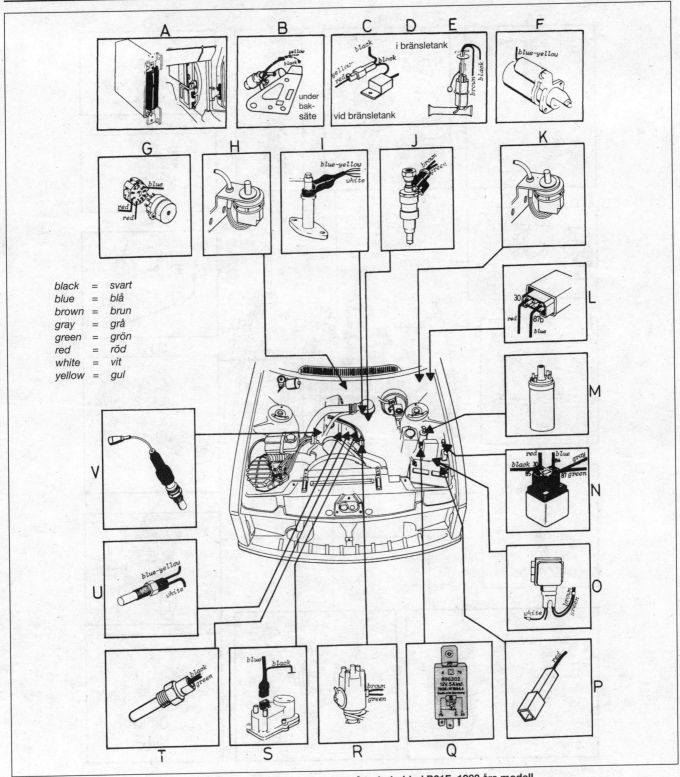

black = svart
blue = blå
brown = brun
gray = grå
green = grön
red = röd
white = vit
yellow = gul

**7.1b Syresensor och bränslereglering på turboladdad B21F, 1983 års modell**

A Elektronisk styrenhet (ECU)
B Bränslepump
C Kondensator
E Bränslepump
F Startmotor
G Tändningslås

H Tryckkontakt, överbelastningsskydd
I Kallstartinjektor
J Frekvensventil
K Tryckkontakt, anrikning vid acceleration

L Bränslepumprelä
M Spole
N Relä, syresensor
O Tändningsmodul
P Analysuttag
Q Relä

R Tändfördelare
S Tryckregulator
T Temperaturkontakt
U Termotidkontakt
V Syresensor

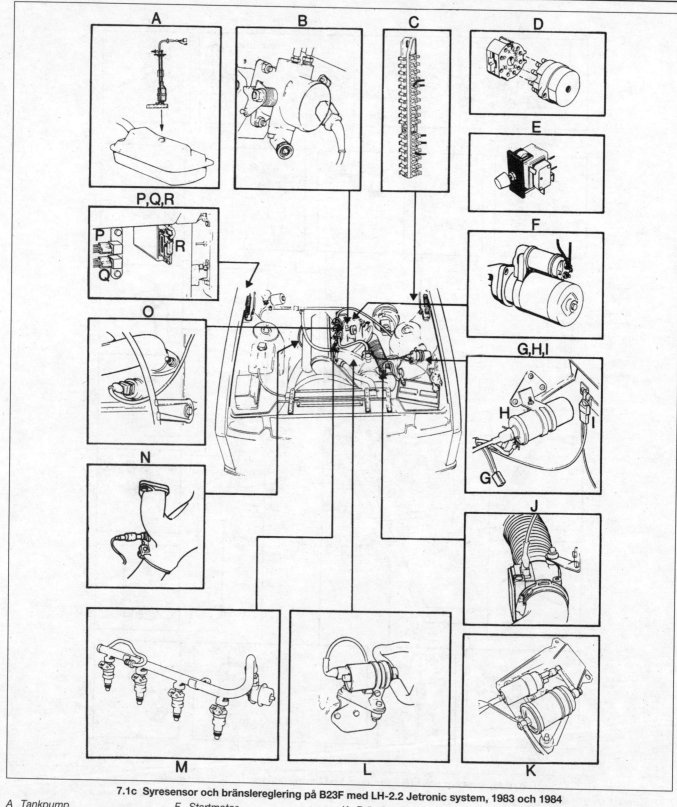

**7.1c  Syresensor och bränslereglering på B23F med LH-2.2 Jetronic system, 1983 och 1984**

A  Tankpump
B  Gasspjällhus
C  Säkringar
D  Tändningslås
E  Luftkonditioneringskontakt

F  Startmotor
G  Analysuttag
H  Tändspole
I  Säkring (25 A)
J  Luftmängdmätare

K  Bränslepump
L  Luftkontrollventil
M  Bränsleinsprutning
N  Syresensor

O  Tempgivare
P  Systemrelä
Q  Bränslepumprelä
R  ECU

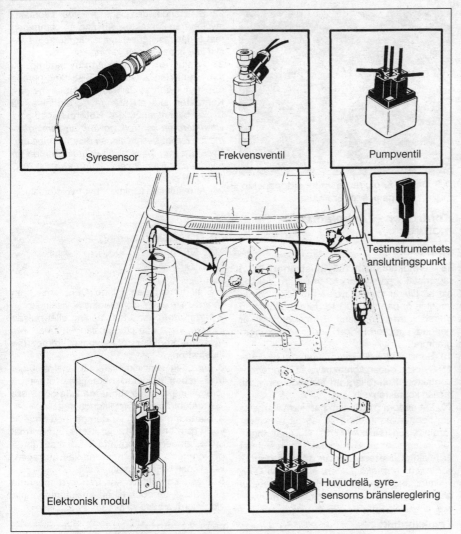

7.1d Typiska detaljer för syresensor med bränslereglering på tidiga modeller

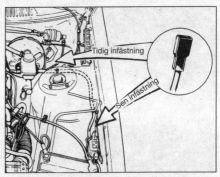

7.3a Placering av analysuttag för syresensor och bränslereglering

7.3b Kamvinkelmätare ansluten till uttaget

motorn är varm, ojämn tomgång, dåliga motorprestanda och hög bränsleförbrukning. För att man omedelbart ska kunna konstatera att systemet fungerar, lyssna om det finns surrande ljud från frekvensventilen placerad i bränslefördelaren. Om man inte hör något ljud då motorn är igång, finns ett fel i systemet.

## Kontroller - CI modeller (gäller ej Sverige)

**3** Anslut en kamvinkelmätare via analysanslutningen (röd kabel nära batteriet) **(se illustrationer)** och ställ mätaren på skalan för fyrcylindriga motorer.
**4** Lossa kontaktstycket för syresensorn på torpedväggen, starta motorn och avläs kamvinkeln. Låt inte kabelsensorns kabel vidröra jord, sensorn skadas då. Avläsningen ska var 42-48 grader (47-53 %). **Notera:** *Kamvinkeln visar ventilens pulskvot. Är värdet högre eller lägre, tyder detta på ett problem med*

*ventilens öppningstid, betyder detta att ventilen har fel öppningstid, för lång eller för kort. En kamvinkel på 45° motsvarar en pulskvot på 50%.*
**5** Kontrollera tomgångsvarv och tändläge (se kapitel 1). Anslut syresensorn och låt motorn

gå tills den har normal arbetstemperatur. Kontrollera att kamvinkeln stadigt visar mellan 41 och 44 grader (46-49 %).

### Inget surrande från frekvensventilen

**6** Lossa kontaktstycket vid frekvensventilen **(se illustration)**, kontrollera att batterispänning finns **(se illustration)**.
**7** Kontrollera ventilens resistans **(se illustration)**. Den ska vara 2-3 ohm.
**8** Leta upp styrenheten för syresensorn bakom panelen under instrumentbrädan på passagerarsidan **(se illustration)**. Lossa kontaktstycket och kontrollera att batterispänning finns på stift 15 (3 pinnar från botten).
**9** Om frekvensventilen får batterispänning,

7.6a Lossa frekvensventilens kontaktstycke . . .

7.6b . . . kontrollera att batterispänning finns med tändningen i läge ON (motorn ej igång)

7.7 Frekvensventilens resistans ska varv 2 till 3 ohm

7.8 Datorn är placerad under sidopanelen på passagerarsidan

byt ut den. Finns där ingen spänning, kontrollera kablaget så att det inte finns kortslutning eller avbrott.

10 Om styrenheten får batterispänning, låt en fackman kontrollera den. Får den ingen spänning, undersök att kablaget inte har kortslutning eller avbrott.

### Relä - kontroll

11 Syresensorn får ström från ett relä placerat på vänster innerflygel. Detta relä (systemrelä) aktiveras från bränslepumpreläet då startmotorn går runt eller motorn har startat. Använd en voltmeter, kontrollera att batterispänning finns vid reläets anslutning (se illustration).

12 Finns batterispänning, ta bort reläet och koppla samman kontaktstiften så att frekvensventilen aktiveras (se illustration). Lyssna efter ett surrande ljud.

13 Surrar frekvensventilen är reläet felaktigt. Finns ingen batterispänning i kontaktstycket, kontrollera att kablaget inte har kortslutning eller avbrott.

### Byte

#### Frekvensventil

14 Avlasta bränsletrycket (se kapitel 4).
15 Demontera bränsleledningarna från frekvensventilen.
16 Lossa kontaktstycket.
17 Demontera klamma och frekvensventil tillsammans

## Kontroller - Turboladdade motorer

### Termokontakt

18 Termokontakten (se illustration 7.1c) förser stift 7 på styrenheten med jord, vilken i sin tur tillåter styrenheten att hålla frekvensventilen öppen (64-70°) för fetare blandning under varmkörningen. Termoventilen är gängad i motorblocket under insugningsgrenröret.

19 Se till att kylvätsketemperaturen är under 15°C, lossa sedan kontaktstycket från termokontakten. Kontrollera att förbindelsen finns mellan kontakten och jord.

20 Låt motorn gå tills den har normal arbetstemperatur, kontrollera sedan på nytt jordförbindelsen (se punkt 19). Nu skall ingen förbindelse finnas. Byt kontakt om resultatet är felaktigt. Notera: *För att göra en dubbel kontroll av termokontakten, använd en kamvinkelmätare (enligt ovan), jorda sedan anslutningen mot motorblocket. Kamvinkeln ska nu visa 64-70° (71-77% pulskvot).*

### Tryckkontakt

21 Vid acceleration med en turboladdad motor, jorda tryckkontakten stift 7 på styrenheten, vilket tillåter att frekvensventilen arbetar med 64-70 graders kamvinkel, så att bränsleblandningen blir fetare vid acceleration. Tryckkontakten är monterad på torpedväggen mitt i motorrummet (se illustration 7.1c).

22 Ställ tändningen i läge OFF, lossa kontaktstycket från kontakten. Använd en ohmmeter, mät sedan resistansen mellan kontakterna. De ska inte finnas någon förbindelse.

23 Anslut en handvakuum/tryckpump till tryckkontakten (använd ett T-stycke), pumpa upp tryck och avläs samtidigt ohmmetern. Kontakten ska nu stänga (förbindelse) då trycket överstiger 20 kPa. Notera: *För att göra ytterligare en kontroll, använd en kamvinkelmätare (enligt beskrivningen ovan) pumpa upp tryck (mer än 14 kPa) till kontakten med en handpump. Kamvinkeln ska nu visa 64-70°C (71-77 % pulskvot).*

24 Är resultaten felaktiga, byt tryckkontakt.

## 8 CO-halt - justering (endast CI motorer)

1 Ställ tändningen i läge OFF, anslut en varvräknare enligt tillverkarens anvisningar.
2 Om motorn har luftinblåsning eller pulsair system, lossa och plugga slangen så att inte frisk luft kommer in i avgassystemet (se illustration).
3 Anslut en kamvinkelmätare till analysuttaget (röd kabel) placerad nära fjädertornet på förarsidan (se illustrationerna 7.3a och 7.3b) välj mätområde för fyrcylindriga motorer.
4 Starta motorn och låt den gå med ungefär 1500 rpm i minst 5 minuter efter att normal arbetstemperatur uppnåtts, låt den sedan gå på tomgång (parkeringsbromsen åtdragen, växellådan i läge neutral).
5 Lossa kontaktstycket från syresensorns anslutning, se dock till att anslutningen inte vidrör jord, annars så skadas syresensorn.

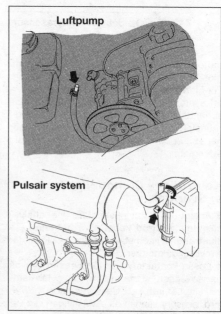

Luftpump

Pulsair system

8.2 Om motorn har luftinblåsning eller Pulsair, lossa och plugga slangen så att frisk luft inte når avgassystemet

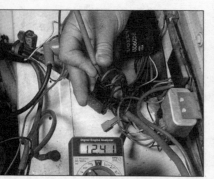

7.11 Använd en voltmeter, kontrollera att batterispänning finns i kontaktstycket vid reläet

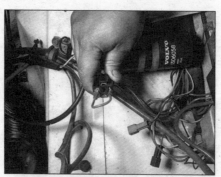

7.12 Om batterispänning finns, kortslut reläsockelns kontakter för att aktivera frekvensventilen

**6** Kontrollera kamvinkelutslaget vid tomgång. Det ska vara mellan 42-48° med syresensorn bortkopplad.

**7** Är kamvinkeln fel, demontera justersäkringen från blandningsenheten och för in en extra lång, 3 mm nyckel i hålet **(se illustrationer)** i bränslefördelaren, vrid sedan justerskruven så att rätt kamvinkel erhålls.

a) *Vridning moturs reducerar CO-halten (låg kamvinkel)*

b) *Medurs vridning höger CO-halten (hög kamvinkel)*

**8** Jorda kabeln som lossats från syresensorn på kablagsidan (grön kabel), avläs kamvinkelmätaren. Den ska vara större än 68° (fet blandning). Om inte systemet uppför sig riktigt, kontrollera syresensorns krets (se avsnitt 7).

**9** Ställ tändningen i läge OFF, anslut sedan syresensorns kabel till sensor och starta motorn. Kamvinkelmätaren ska nu visa 41-44°. Avläsningen ska pendla mellan dessa värden då syresensorn ger information om bränsleblandningen. För ytterligare information om syresensorns funktion, se avsnitt 4. Får man inget utslag från syresensorn, kontrollera dess funktion (se avsnitt 4).

**10** Om kamvinkelmätaren ger rätt utslag, fungerar syresensorn som den ska och CO-halten är riktig.

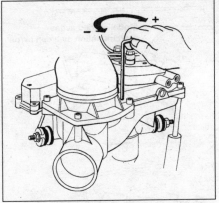

**8.7a  Vrid den 3 mm nyckeln medurs för fetare blandning eller moturs för magrare**

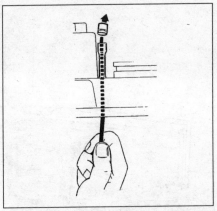

**8.7b På vissa modeller måste man ta bort en justersäkring från bränslefördelaren. Bränslefördelaren måste då demonteras från bilen och pluggen tryckas ut underifrån**

## 9  Ventilation av bränsleångor (EVAP)

### Allmän beskrivning

**1** Systemet för bränsleångor **(se illustrationer)** lagrar de bränsleångorna från tanken i ett kolfilter placerat i motorrummet då motorn inte är igång. Då motorn startas dras bränsleångorna in i insugningsröret och förbränns.

Systemet fungerar på följande sätt: då motorn är i normal drift, låter överströmmningsventilen en liten mängd gaser passera till insugningröret och förbränns. Då motorn startas kall eller går på tomgång, hindrar ventilen att ångor når insugningröret och därmed orsakar för fet blandning.

**2** EVAP systemet består av två grupper olika detaljer; en grupp i bränsletanken och en i

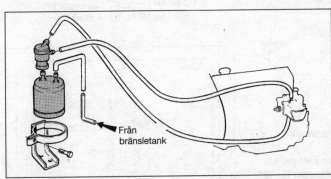

**9.1a  EVAP system - 1976 och 1977 års modeller med förgasare**

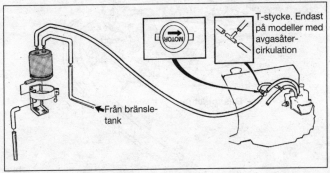

**9.1b  EVAP system - 1978 och 1979 års modeller med förgasare**

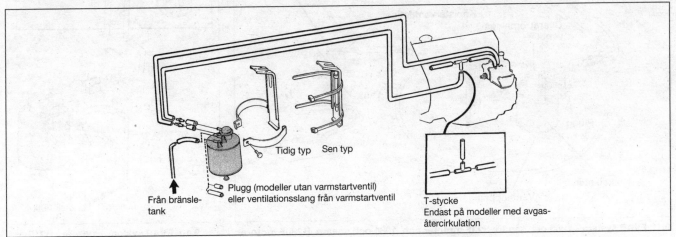

**9.1c  EVAP system - 1980 och 1981 års motorer med förgasare**

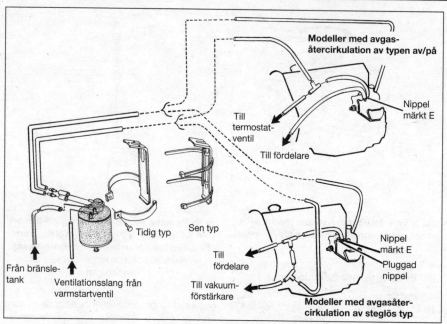

Modeller med avgas-
återcirkulation av typen av/på

Nippel märkt E

Till termostat-
ventil

Till fördelare

Tidig typ    Sen typ

Nippel märkt E
Pluggad nippel

Från bränsle-
tank

Till fördelare

Ventilationsslang från
varmstartventil

Till vakuum-
förstärkare

Modeller med avgasåter-
cirkulation av steglös typ

**9.1d  EVAP system - 1982 till och med 1984 års modeller med förgasare**

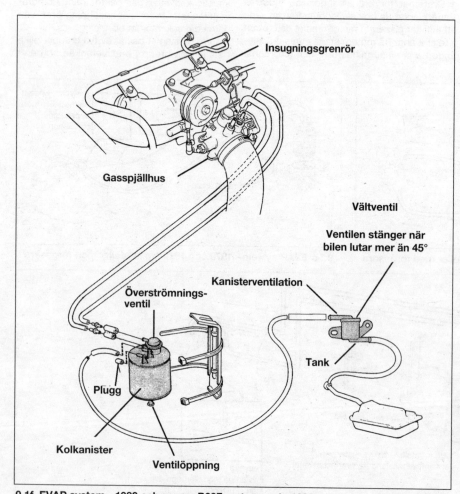

Insugningsgrenrör

Gasspjällhus

Vältventil

Ventilen stänger när
bilen lutar mer än 45°

Kanisterventilation

Överströmnings-
ventil

Tank

Plugg

Kolkanister

Ventilöppning

**9.1f  EVAP system - 1983 och senare B23F motorer och  1985 och senare  B230F motorer
med LH Jetronic (EFI)**

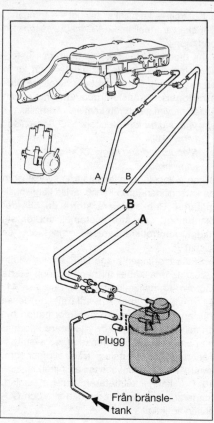

A    B

B
A

Plugg

Från bränsle-
tank

**9.1e  EVAP system - 1981 och 1982 års
B21F motorer med CI**

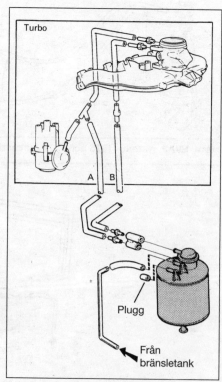

Turbo

A    B

Plugg

Från
bränsletank

**9.1g  EVAP system - 1982 års B21F
turbomotorer**

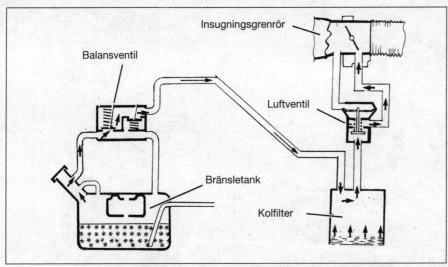

9.1h EVAP system - 1976 till och med 1980 års B21F motorer med CI system

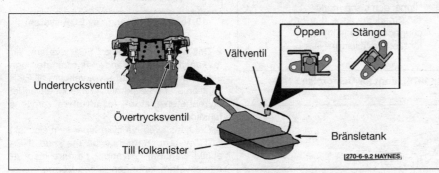

9.2 EVAP system, detaljer i eller runt bränsletanken

motorrummet. Detaljerna vid bränsletanken avluftar tanken och för bränsleångor till kolfiltret. Tanken har expansionsmöjlighet, övertrycks- och undertrycksventiler i påfyllningslocket, samt en ventil i påfyllningsröret **(se illustration)** som hindrar bränslespill om bilen välter. Detaljerna i motorrummet består av kolfilterbehållare (i ena hörnet av motorrummet), överströmmningsventil **(se illustration 9.1b)** samt slangar och anslutningar.

3 Några vanliga symptom på defekt EVAP system är startsvårigheter, ojämn tomgång, dålig acceleration. Ett defekt EVAP system påverkar motorns körbarhet endast då den är varm. EVAP systemet orsakar vanligtvis inte startsvårigheter då motorn är kall eller under andra driftförhållanden.

## Kontroller

### Vakuumreglerad överströmmningsventil

4 Demontera ventilationsslagen från tanken vid kolfilterbehållaren, lossa sedan bägge slangarna från överströmmningsventilen.

5 Lossa den lilla vakuumslangen undertill på kolfilterbehållaren och täck öppningen med en plugg eller en konisk pinne. Anslut en liten slang på anslutningen för tankens ventilationsledning (se föregående punkt) och blås

genom slangen (överströmmning-sventilen stängd/inget vakuum). Om luft kommer ut ur ventilens övre anslutning, byt då kolfilter/överströmmningsventil.

6 Pumpa upp vakuum vid den nedre anslutningen på ventilen med en handpump (ventilen öppnar), blås på nytt genom slangen vid ventilationsanslutningen. Luft ska nu kunna passera ventilen. Byt i annat fall kolfilter/överströmmningventil.

## Vältningsventil

7 Demontera vältningsventilen från bilen och placera den på plant underlag.

8 Blås genom ventilen och luta den åt något håll. Luften ska passera fritt genom ventilen tills den lutar 45° eller mer, då ska ventilen stänga.

9 Om ventilen inte släpper fram luft och den är plan eller om luft passerar då den lutar, byt ventil.

## Bränslepåfyllningslock

10 Lossa slangen från kolfilterbehållaren vid bränslepåfyllningsröret, anslut en handpump för vakuum till påfyllningslocket.

11 Se till att påfyllningslocket är ordentligt anslutet.

12 Pumpa upp tryck och avläs samtidigt mätaren. Övertrycksventilen ska öppna vid mellan 21 och 25 kPa. Byt i annat fall påfyllningslock.

13 Pumpa nu upp vakuum. Undertrycksventilen ska öppna så att mycket lite eller inget vakuum bildas i tanken. Om vakuum kan bildas, byt påfyllningslock.

## Byte

### Kolfilterbehållare

14 Märk och lossa alla slangarna till behållaren.

15 Dra loss behållaren ur fästet.

16 Kontrollera visuellt att inte behållaren läcker eller är skadad.

17 Byt behållare vid tecken på läckage eller skada.

## 10 Avgasåtercirkulation (EGR)

### Allmän beskrivning

1 Systemet tillåter en liten mängd avgaser att gå tillbaka till insugningsröret för att på så sätt minska förbränningstemperaturerna och därmed halterna av nitrösa gaser ($NO_x$) **(se illustrationer)**. Systemets huvuddetalj är EGR ventilen.

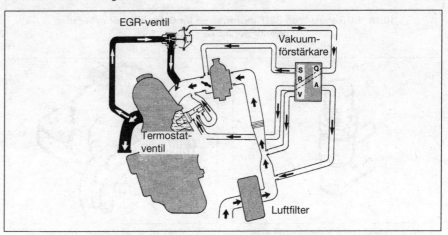

10.1a Schematisk bild av EGR systemet

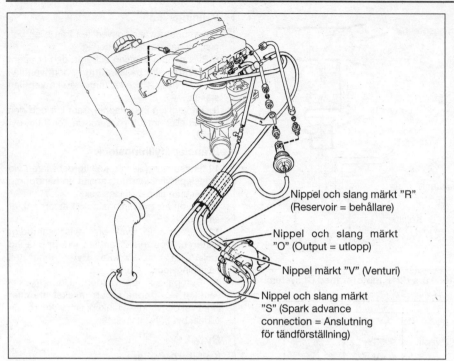

Nippel och slang märkt "R"
(Reservoir = behållare)

Nippel och slang märkt
"O" (Output = utlopp)

Nippel märkt "V" (Venturi)

Nippel och slang märkt
"S" (Spark advance
connection = Anslutning
för tändförställning)

**10.1b   EGR systemet på B21F motor 1976, utom för Californien**

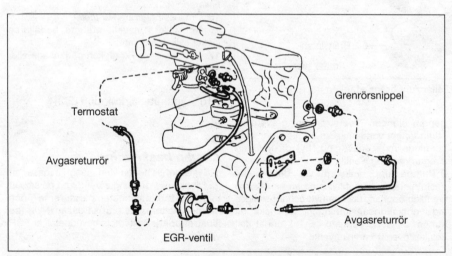

Grenrörsnippel

Termostat

Avgasreturrör

Avgasreturrör

EGR-ventil

**10.1c   EGR system på B21F motor, utom för Californienmodeller utan vakuumförstärkarsystem**

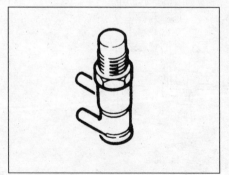

**10.3a   Termostat för mekaniskt EGR system**

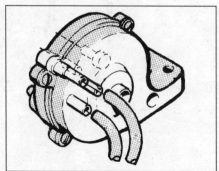

**10.3b   Vakuumförstärkare**

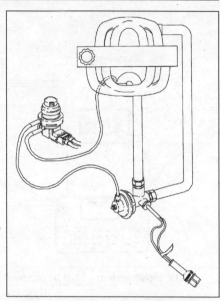

**10.1e   Sent utförande av EGR system**

**2** Det finns två typer av EGR system; ett mekaniskt som använder termostater och solenoidventiler för att styra vakuum till EGR ventilen eller en elektronisk typ som använder styrenheten (datorn) för att styra ventilens funktion.

**3** Det finns även två olika typer av mekaniskt EGR system. Beroende på marknad (USA eller i Canada), använder tidigare insprutningssystem antingen stängd/öppen eller proportionellt EGR system. Bägge typerna varierar EGR ventilen med vakuum. Typerna skiljer dig dock åt på det sätt EGR ventilen regleras. Den enklaste versionen använder en termostat **(se illustration)** placerad i kylsystemet nära termostaten för att släppa fram vakuum så snart kylvätsketemperaturen överstiger 60°C. Den proportionella typen använder en vakuumförstärkare **(se illustration)** för att öka eller minska vakuumsignalen till EGR ventilen. Denna typ använder också en termostat som vakuumreglering.

**4** 1989 och senare modeller utrustade med EZ-116K tändsystem har elektroniskt styrda EGR ventiler (se kapitel 5). Efter 1991, har

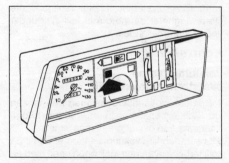

**10.5   Varningslampan för EGR tänds var 25 000 km oavsett EGR systemets kondition**

EGR systemet försetts med en temperatur-givare i röret. Denna givare känner av avgastemperaturen och för informationen vidare till styrenheten. Se avsnitt 4 för kontroll. Felsökningsinformation är begränsad för denna typ på grund av att den hänger samman med datortändsystemet. Låt en fack-man undersöka detta system.

**5** En EGR lampa på instrumentpanelen tänds för att påminna om föraren om behov av service **(se illustration)** (ej Sverige). Lampan tänds var 25 000 km oavsett EGR systemets funktion. Se kapitel 1 för återställning av lampan.

## Kontroller

### EGR ventil och system - kontroll

**6** Kontrollera alla slangar så att de inte är spruckna, har veck, skadade delar eller dåliga anslutningar. Kontrollera att anslutningarna inte är skadade, spruckna eller läcker.

**7** För att kontrollera systemets funktion, låt motorn gå tills den har normal arbetstempera-tur (växellådan i neutralläge, parkerings-bromsen åtdragen och hjulen blockerade för att hindra att bilen rör sig). Låt motorn gå på tomgång 70 sekunder. Öppna sedan tvärt gasen så att motorvarvet når 2000-3000 rpm, stäng sedan gasspjället. EGR ventilens spindel **(se illustration)** ska röra sig om systemet fungerar. Testet ska upprepas flera gånger.

**8** Om EGR ventilen inte öppnar, kontrollera alla slanganslutningar och se till att de inte läcker eller är igensatta. Lossa vakuum-slangen och pumpa upp 0,7 bar vakuum. Om ventilen inte rör sig, byt EGR ventil. Om ventilen öppnar, kontrollera att rörelsen är ca 3 mm. Motorn ska gå ojämnt då ventilen öppnar. I annat fall är kanalerna igensatta.

**9** Pumpa upp vakuum och kläm sedan åt slangen. Ventilen ska hålla sig öppen 30 sekunder eller längre. Gör den inte detta läcker membranet och ventilen ska bytas.

**10** Om motorn går ojämnt på tomgång och man misstänker att EGR ventilen inte stänger, ta bort EGR ventilen och kontrollera att inte kägla och säte har beläggningar.

**11** Om beläggningarna är mer än en tunn film av kol, bör ventilen rengöras. Vid rengörning, stryk på lösningsmedel och låt den verka för att mjuka upp beläggningen. Se till att ingenting når membranet eftersom det då kan skadas.

**12** Använd en vakuumpump för att hålla ventilen öppen, skrapa sedan försiktigt bort avlagringarna från säte och kägla med ett lämpligt verktyg. Kontrollera kägla och spindel så att de inte är slitna, byt i sådana fall ventilen.

### Termostat - kontroll

**Notera:** *Termostaten i EGR systemen med eller utan vakuumförstärkare är av samma konstruktion.*

**13** Lossa slangen vid vakuumförstärkaren (i förekommande fall) som leder till termostaten.

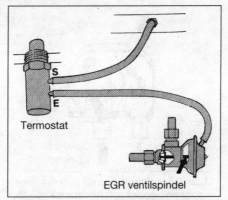

Termostat

EGR ventilspindel

**10.7 Observera hur ventispindeln på EGR ventilen rör sig då motorn värms upp till arbetstemperatur**

Sug i slangen. Då motorn är kall, ska ingen luft kunna passera genom termostaten.

**14** Starta motorn och låt den gå tills den har normal arbetstemperatur (över 60°C), sug sedan i slangen. Luft ska då passera termo-staten (vilket ger vakuum till EGR ventilen).

**15** Om termostaten inte öppnar, byt ut den.

### Vakuumförstärkare - kontroll

**16** Leta upp vakuumförstärkaren (i före-kommande fall), låt motorn gå på tomgång. Ta sedan bort den nedre slangen och kontrollera att vakuum finns. Slå av tändningen.

**17** Lossa kontaktstycket från vakuum-förstärkaren och mät resistansen över kon-taktstiften i vakuumförstärkaren. Resistansen ska vara 75-95 ohm.

**18** Ytterligare en kontroll för vakuum-förstärkaren är att kontrollera att batteri-spänning finns vid den blåa kabeln så att man försäkrar sig om att förstärkaren får spänning.

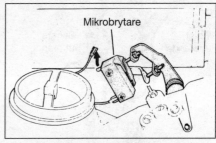

**10.19 Mikrobrytaren är placerad på gasspjällhuset**

**19** Finns ingen spänning (ca 12 V), kontrollera då att inte ledningen har avbrott eller är kortsluten. Kontrollera också mikrobrytarens funktion **(se illustration)**, justera vid behov kontakten till rätt specifikation (se kapitel 4, avsnitt 14).

## Komponentbyte

### EGR ventil

**20** Lossa anslutningen för insugningsröret (i förekommande fall). Ta bort de två muttrarna som håller ventilen, ta sedan bort den.

**21** Kontrollera att röret inte läcker eller är sprucket.

**22** Montera i omvänd ordning.

## 11 Vevhusventilation (PCV)

**1** Vevhusventilationen (PCV) **(se illustra-tioner)** reducerar mängden kolväten genom att dra ångor från vevhuset. Den gör detta

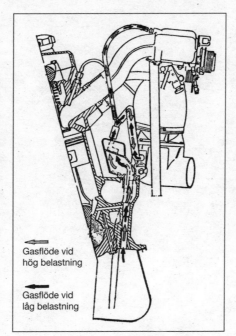

Gasflöde vid hög belastning

Gasflöde vid låg belastning

**11.1a PCV system - CI insprutningssystem**

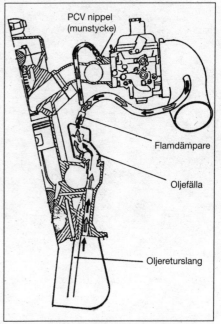

PCV nippel (munstycke)

Flamdämpare

Oljefälla

Oljereturslang

**11.1b PCV system - förgasarmotor**

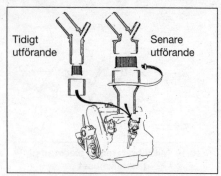

Tidigt utförande    Senare utförande

**11.2a Flamdämpare kan med tiden bli igensatta av olja och beläggningar så att övertryck uppstår i vevhuset. Trycket får då tätningar, ventilkåpa och PCV systemet att läcka**

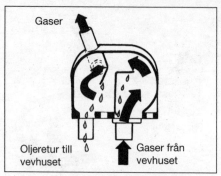

Gaser

Oljeretur till vevhuset    Gaser från vevhuset

**11.2b Oljan fångas upp då gaserna dras genom en labyrint och hindras på så sätt att komma in i insugningsluften**

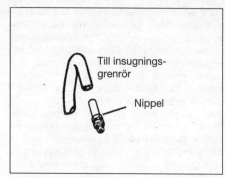

Till insugnings-grenrör

Nippel

**11.2c Munstycket i nippeln reglerar mängden gaser som släpps in i grenröret**

genom att cirkulera läckgaser och sedan föra dom till insugningsröret igenom luftrenaren.

**2** PCV systemet är en sluten enhet. Läckgaser i vevhuset går till luftrenaren med trycket i vevhuset som drivkraft. Ångorna tas om hand på ett av tre sätt; filtrerade genom en flamdämpare, avskilda vid en oljefälla eller genom ett kalibrerat munstycke **(se illustrationer)**. Olika modeller har olika kombinationer av detaljer beroende på marknad.

**3** De huvudsakliga delarna i PCV systemet är slangarna som förbinder insugningsrör och ventilkåpa med gasspjällhus eller luftrenare. Vid onormala driftförhållanden (såsom läckande kolvringar), är systemet konstruerat så att större mängder läckgaser kan föras genom vevhusets ventilationsrör till insugningssystemet och förbrännas. **Notera:** *Eftersom*

*de kalibrerade nipplarna inte använder något filter, är det en god ide att kontrollera att passagen inte är igensatt av slam eller förbränningsrester.*

## 12 Katalysator

**Notera:** *Katalysatorn omfattas av tillverkarens särskilda åtaganden för bilens avgasreningssystem. Innan en katalysator byts ut, kontrollera åtagandets omfattning.*

### Allmän beskrivning

**1** För att reducera mängden kolväten (HC), kolmonoxid (CO) och nitrösa gaser ($NO_x$), har senare årsmodeller av bilarna som behandlas i boken försetts med katalysator.

### Kontroll

**2** Kontrollera att katalysatorn inte har sprickor eller är skadad. Se till att alla fastsättningar är riktiga.

**3** Kontrollera värmesköldarna (i förekommande fall) svetsade utanpå katalysatorn - de måste vara hela.

 *Varning: Om värmeskölden vidrör katalysatorhuset, kan det medföra överhettning av bilens golv.*

**4** Starta motorn och låt den gå på tomgång.

**5** Kontrollera att inget gasläckage finns vid anslutningarna. Kontrollera att det inte finns något hål i katalysatorns mantel.

### Komponentbyte

**6** Se kapitel 4 för anvisning om demontering och montering.

# Kapitel 7 Del A
## Manuell växellåda och överväxel

## Innehåll

## Svårighetsgrad

| Enkelt, passar novisen med lite erfarenhet |  | Ganska enkelt, passar nybörjaren med viss erfarenhet |  | Ganska svårt, passar kompetent hemma-mekaniker |  | Svårt, passar hemmamekaniker med erfarenhet |  | Mycket svårt, för professionell mekaniker | |

## Specifikationer

### Allmänt

Typ ...................................................... Fyr eller femväxlad; överväxel på vissa modeller
Beteckningar:
  M40 ................................................... 4-växlad, tidiga modeller (t.o.m. 1976)
  M41 ................................................... 4-växlad med överväxel, tidiga modeller
  M45 ................................................... 4-växlad, senare modeller (t.o.m. 1984)
  M46 ................................................... 4-växlad med överväxel, senare modeller
  M47 ................................................... 5-växlad (1984 och framåt)

### Utväxling (typvärden)

| | M40/41 | M45/46 | M47 |
|---|---|---|---|
| 1:an | 3.41 : 1 | 3.71 : 1 | 4.03 : 1 |
| 2:an | 1.99 : 1 | 2.16 : 1 | 2.16 : 1 |
| 3:an | 1.36 : 1 | 1.37 : 1 | 1.37 : 1 |
| 4:an | 1.0 : 1 | 1.0 : 1 | 1.0 : 1 |
| 5:an | - | - | 0.83 : 1 |
| Back | 3.25 : 1 | 3.68 : 1 | 3.68 : 1 |

### Överväxel

Utväxling ................................................ 0.8 : 1
Smörjmedel typ/volym .................................... Se Kapitel 1

### Åtdragningsmoment

| | Nm |
|---|---|
| **Växellåda** | |
| Lagerhållare (M47) | 15 - 24 |
| Kopplingskåpa (M45/6/7) | 35 - 50 |
| Mellanaxel, skruv (M47) | 35 - 45 |
| Avtappningsplugg | 27 - 41 |
| 5:ans synkronisering, mutter (senare utförande M47) | 120 |
| Utgående axel, flänsmutter (M40) | 95 - 104 |
| Utgående axel, flänsmutter (M45/47): | |
|   M16 | 70,5 - 90 |
|   M20 | 90 - 110 |
| Bakgavel | 35 - 50 |
| Övre lock (M45/6/7) | 15 - 24,4 |
| **Överväxel** | |
| Oljetråg | 9,5 |
| Utgående axel, flänsmutter | 176 |
| Överväxel, hus till gavel | 12,2 |
| Överväxelsolenoid | 40,7 - 54,2 |
| Överväxel till mellanfläns, muttrar | 12,2 |
| Plugg, tryckfilter | 21,7 |
| Solenoidventil | 50 |

## 1 Allmänt

### Växellåda

Det finns fem olika växellådor på 240-serien. Alla är utvecklade ur samma enhet; de olika typerna är som följer:

M40 - 4-växlad
M41 - 4-växlad med överväxel
M45 - modifierad 4-växlad
M46 - modifierad 4-växlad med överväxel
M47 - 5-växlad

M40/41 växellådor monterades på tidiga modeller, och de byttes mot de utvecklade M45/46 1976. M45/46 utvecklades ytterligare 1979, en förenklad version infördes då. Den femväxlade M47 lådan introducerades 1984; det är i princip en M45 med en 5:e växel i ett separat hus baktill på växellådan. Vissa modifieringar för 5:e växeln infördes 1986.

Alla lådorna har synkroniseringar på alla växlar framåt, växelspaken är golvmonterad via ett länkage.

Överväxeln är en elektrohydraulisk konstruktion, styrd av en kontakt på växelspaken; den fungerar endast på högsta växel. På senare modeller kopplas överväxeln automatiskt ur då 3:ans läge väljs. Överväxeln behandlas utförligare i del B i detta kapitel.

### Överväxel

Överväxeln är i grunden en extra växellåda, driven av utgående axeln och som via sin egen utgående axel kan ge en reduktion av 0.797:1. Växlingen sker hydrauliskt, där väljarventilen manövreras av en solenoid. Den elektriska anslutningen för solenoiden går via en kontakt i växellådslocket som gör att överväxel endast kan användas då högsta växeln är ilagd. Överväxelns kontakt är placerad upptill på växelspaksknoppen.

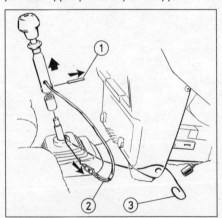

**2.2 Knacka ut fjäderstiftet för att demontera växelspaken (använd ett snöre för att få kabelstammen till överväxeln på plats)**

1 Fjäderstift  2 Kabel till överväxel
3 Snöre

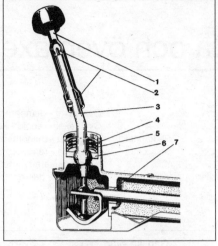

**2.1a Genomskärning av typisk växelspak av tidigt utförande**

1 Växelspak (övre del)
2 Gummibussningar
3 Växelspak (nedre del)
4 Låsring
5 Fjäder
6 Bricka
7 Väljarstång

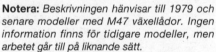

## 2 Växelspak - demontering, renovering och montering

**Notera:** *Beskrivningen hänvisar till 1979 och senare modeller med M47 växellådor. Ingen information finns för tidigare modeller, men arbetet går till på liknande sätt.*

**1** Lossa växelspaksdamasken från konsolen och skjut upp den över spaken. **(se illustration)**.

**2** Knacka ur fjäderstiftet **(se illustration)** i undre delen på växelspaken, håll emot med lämpligt verktyg så inte länkaget belastas.

**3** På modeller med överväxel, demontera sidostycket vid panelen (se kapitel 11) och lossa kabelstammen. Använd ett snöre knutet runt kabeln som hjälp att få den på plats vid montering **(se illustration)**.

**4** På modeller med överväxel, lossa locket på växelspaksknoppen och ta bort kontakten för överväxeln.

**2.6 Ta bort knoppen genom att spänna upp spaken i ett skruvstycke och försiktigt knacka bort knoppen med en klubba av mässing eller plast**

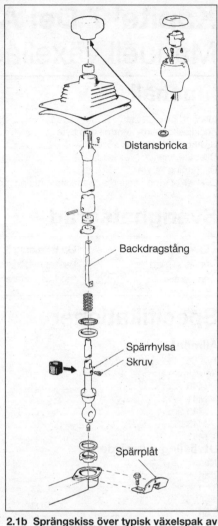

Distansbricka

Backdragstång

Spärrhylsa
Skruv

Spärrplåt

**2.1b Sprängskiss över typisk växelspak av senare utförande**

**5** Demontera växelspaken.

**6** Spänn fast spaken i ett skruvstycke med mjuka backar, använd sedan en mjuk klubba för att knacka loss knoppen **(se illustration)**.

**7** Demontera skruven (endast i samband med dragstång av stål) och dra bort backspärrknappen **(se illustration)**.

**2.7 Dra undan backspärrknappen; den behöver inte tas bort helt när dragstången lossat (dragstång av plast)**

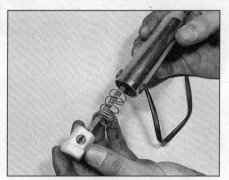

**2.8  Dragstång av plast , fjäder och spärrhylsa demonteras**

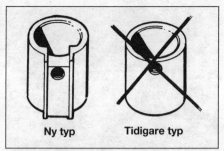

Ny typ          Tidigare typ

**2.9  Notera att det finns två olika typer av spärrhylsa - använd alltid det senare utförandet vid byte**

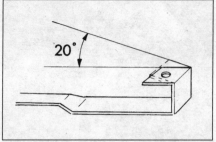

**2.10  Böj dragstången så här**

**8** Ta bort dragstång, fjäder och spärrhylsa **(se illustration).**

**9** Ta bort skruven och dela låshylsa och dragstång - notera att hylsan har modifierats **(se illustration),** senare typ bör alltid monteras tillsammans med en 2,0 mm (0,08 in) tjock, 16 mm (0,63 in) i diameter bricka under växelspaksknoppen, så att hylsan går fri från spärrplåten.

**10** Böj änden på dragstången av stål **(se illustration)** för att förhindra missljud.

**11** Låt dragstång av plast ligga i vatten 1 timma före montering. Montera fjäder och spärrhylsa till dragstången, lägg låsvätska på skruvens gängor före dragning.

**12** Smörj dragstången av stål och montera backspärrknappen till stången, fäst med skruven.

**13** Montera dragstången i spaken, spänn fast spaken i ett skruvstycke med mjuka backar och knacka knoppen på plats.

**14** Montera övre delen av spaken till den undre, lås genom att knacka in pinnen.

**15** Lägg i första växeln och använd ett bladmått för att kontrollera att spelet mellan spärrplåt och skruv är mellan 0,5 och 1,5 mm (0,02 till 0,06 in) **(se illustration).** Lägg i 2:ans växel och kontrollera att avståndet är detsamma. Vid behov lossa skruven och justera plåten så som erfordras.

**16** Anslut kabeln till överväxeln, anslut kabeln till kontakten och tryck kontakten på plats i knoppen.

**17** Sätt tillbaka damasken.

## Växelspak - bortkoppling för demontering av växellåda

**18** På modeller med överväxel, lossa kabelstammen enligt beskrivning i avsnitt 8.

### M40/41

**19** Demontera växelspaksdamasken.

**20** Demontera låsringen från ledkulan med hjälp av låsringstång.

**21** Ta bort fjäder och bricka.

**22** Lyft bort växelspaken.

### M45, 46 och 47

**23** Avlägsna låsskruven (4 mm insexnyckel) från växelstagsgaffeln under bilen, tryck ut pinnen och lossa gaffeln **(se illustration).**

**24** Demontera damasken.

**25** Ta bort skruvarna som håller spärrplåten för backväxeln och ta bort den **(se illustration).**

**26** Ta bort låsringen och sedan spaken.

**Notera:** *På vissa modeller är backljuskontakten monterad på växelstagshuset, den måste demonteras innan växellådan tas ned.*

### Alla modeller

**27** Montera i omvänd ordning.

**28** Justera sedan, spärrplåten för backväxeln vid behov enligt beskrivning i avsnitt 15.

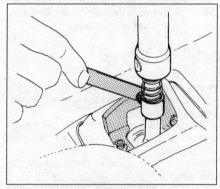

**2.15  Använd ett bladmått för att kontrollera backspärrens spel**

## 3  Oljetätning byte

### Tätning i bakre gavel

**1** Hissa upp bilen och stöd den säkert på pallbockar.

**2** Märk utgående axel och drivfläns i förhållande till varandra, lossa sedan skruvar och muttrar mellan fläns och knut **(se illustrationer).** Lossa kardanaxeln från flänsen och för den åt sidan.

**3** Håll fast flänsen och ta bort muttern **(se illustrationer).** Beroende på modell är muttern dragen mellan 68 och 108 Nm. Har man inte tillgång till Volvos specialverktyg,

**2.23  Växelspakens låsskruv på M45/46/47 växellåda**

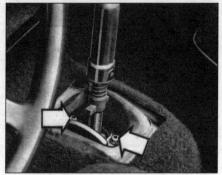

**2.25  Skruvar (vid pilarna) för backspärrplåt**

**3.2a  Se till att märka drivflänsens och knutens läge i förhållande till varandra, så att inte balansen går förlorad**

**3.2b Håll emot skruvarna med en nyckel, lossa muttrarna som håller främre knuten vid drivflänsen**

**3.3a Innan drivflänsen kan tas bort, måste man avlägsna muttern (vid pilen); muttern sitter mycket hårt så man måste finna ett sätt att hålla fast flänsen då muttern lossas**

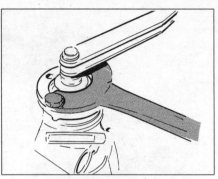

**3.3b Bäst är att använda Volvos specialverktyg (i bilden) men en motsvarande tappnyckel går bra**

eller motsvarande tappnyckel, får man lägga i växel, bromsa och hålla i flänsen med en stor polygrip- eller rörtång.

**4** Ställ en behållare under flänsen. Dra flänsen utåt. Använd vid behov avdragare. Försök inte slå bort den.

**5** Bryt ut den gamla oljetätningen **(se illustration)**. Rengör läget i huset. Kontrollera tätningsytan på flänsnavet. Det går att ta bort

smärre ojämnheter med fin slipduk. Har ytan bestående repor, byt fläns.

**6** Smörj in den nya packningen och montera den med hjälp av en rörbit eller stor hylsa **(se illustration)**. På M47 växellådor ska tätningen sitta ca. 2,5 mm in i huset.

**7** På växellådor med överväxel, stryk låsvätska på utgående axelns splines. Se till att vätskan inte kommer på tätningen.

**8** Montera flänsen och dra muttern till det moment som anges i specifikationerna i början av kapitlet.

**9** Montera kardanaxeln (se kapitel 8).

**10** Fyll på växellådsolja (se kapitel 1).

**11** Ta bort pallbockarna och sänk ned bilen.

**12** Provkör och kontrollera att det inte läcker.

### Oljetätning för hastighetsmätardrivning

**13** Hissa upp bilen och stöd den säkert på pallbockar.

**14** Lossa hastighetsmätarvajern genom att ta bort låsblecket **(se illustration)**. Skruva sedan loss den lättrade ringen och ta bort vajern från huset.

**15** Sätt en nyckel på lagerhusets nyckelgrepp, skruva loss huset och ta bort lagret, huset och drevet.

**16** Drev och lager kan nu tas bort från huset.

**17** Bryt ut O-ringen från huset **(se illustration)** och rengör huset med avfettning.

**18** Smörj in alla nya delar med ren växellådsolja, montera sedan den nya 0-ringen.

**19** Tryck in tätningen i huset, sedan lager och drev.

**20** Montera huset.

**21** Montera hastighetsmätarvajern i omvänd ordning.

**22** Kontrollera oljenivån i växellådan, fyll på vid behov.

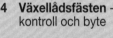

### 4 Växellådsfästen - kontroll och byte

**1** För in en stor skruvmejsel eller brytspak i utrymmet mellan växellådshalsen och tvärbalken **(se illustration)**. Försök bryta växellådan uppåt något.

**2** Växellådan ska inte lätta från fästet särskilt mycket.

**3** Vid byte av fäste, ta bort muttrarna som håller fästet till tvärbalken och skruvarna som håller det till växellådan.

**3.5 Bryt ut oljetätningen från växellådshalsen med ett verktyg för ändamålet eller en skruvmejsel - se till att inte skada läget för tätningen**

**3.6 Montera ny tätning med ett verktyg för ändamålet, eller en stor hylsa eller en rörbit; se till att ytterdiameter är mindre än tätningens**

**3.14 Vid demontering av hastighetsmätarvajerns låsbleck, ta bort insexskruven (vid pilen)**

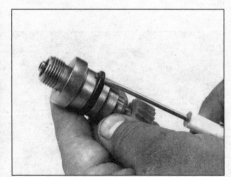

**3.17 Ta bort hastighetsmätardrevets O-ring med en liten skruvmejsel**

**4.1 För in en stor skruvmejsel mellan växellådshalsen och balken; försök bryta växellådan uppåt något**

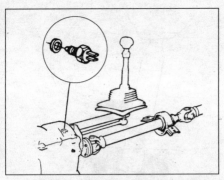

**5.1a Backljuskontakten sitter i den övre, bakre delen av växellådshuset både flesta modeller**

**5.1b Tillfälligt, i slutet av 70-talet, flyttades backljuskontakten till växelspaksfästet**

**4** Höj växellådan något med en garage-domkraft, ta sedan bort växellådsfästet.
**5** Montera i omvänd ordning. Dra skruvar och muttrar ordentligt.

## 5 Backljuskontakt - kontroll och byte

### Kontroll

**1** Backljuskontakten är monterad på vänster sida baktill på växellådshuset (se illustration). På vissa modeller i slutet av 70-talet flyttades för en tid kontakten till växelspaksfästet (se illustration) för att göra den mer åtkomlig. Kontakten blev dock sårbar i denna position, vid demontering och montering av växellåda, så den flyttades tillbaka till ursprunglig placering. Ska kontakt monterad på spak-fästet bytas, montera då en ny kontakt som sitter på växellådshuset. Kontakten på spak-fästet kommer man åt genom att lossa växelspaksdamasken och dra den uppför spaken. På övriga modeller måste kontakten demonteras underifrån. Hissa upp framänden och stöd den säkert på pallbockar.
**2** Kontrollera kontakten genom att slå på tändningen och lägga i backen. Back-lamporna ska nu tändas.
**3** Tänds bara en lampa är den andra för-modligen utbränd, sitter löst eller har dålig kontakt. Demontera lampan (se kapitel 12),

kontrollera glödtråden samt att lamphållaren inte är korroderad. Byt vid behov och kon-trollera på nytt.
**4** Om ingen av lamporna tänds, kontrollera båda och byt vid behov (se kapitel 12).
**5** Om båda lamporna är hela, kontrollera säkringen (se kapitel 12).
**6** Är även säkringen hel, lossa kontaktstycket från backljuskontakten och kontrollera att spänning finns i kabeln från säkringen (se kopplingsscheman i slutet på kapitel 12). Är ledningen hel så långt, kontrollera att ström kommer fram till vänster backlampa. Kontrol-lera sedan att strömmen även går vidare till höger backlampa. Är ledningarna felfria är kontakten defekt. Byt ut den.

### Byte

#### M40/41

**7** Backljuskontakten är monterad på vänster sida baktill på växellådshuset.
**8** Hissa upp och stöd bilen. Lossa batteriet och kontaktens elektriska anslutning.
**9** Lossa kontakten från växellådshuset.
**10** Montering sker i omvänd ordning, använd ny tätningsbricka för kontakten.

#### M45/46 (till 1980)

**11** Se till att bakre änden på mittkonsolen är åtkomlig. Demontera backljuskontaktens el-anslutning.
**12** Demontera växelspaksdamasken.
**13** Böj en bit styv tråd till en krok (se

illustration), och för ner den mellan vänster sida på ljudisoleringen och kardantunneln (se illustration) (detta görs för att man ska kunna dra kabeln på plats vid montering.).
**14** Hissa upp och stöd bilen. Demontera skruvarna från vänster sida på växellåds-balken (se avsnitt 10 vid behov).
**15** Mata ned kabeln till kontakten genom sidan på tunneln bredvid ljudisoleringen så den kommer ut på undersidan av bilen. Lossa kabeln från reglagehuset.
**16** Lossa och ta bort kontakten från växel-lådshuset, använd en vinklad, öppen 22 mm nyckel.
**17** Montera ny kontakt, använd ny tätbricka.
**18** Lägg kabeln i kroken på tråden (se illustration), och dra sedan kabeln in i bilen. Fäst kabeln baktill på reglagehuset.
**19** Sätt tillbaka skruvarna för växellåds-balken. Sänk ned bilen.
**20** Anslut kabeln, kontrollera att backljuset fungerar, sätt sedan tillbaka sidostyckena på panelen och växelspaksdamasken.

#### M45/46 (fr.o.m. 1980) och M47

**21** Hissa upp och stöd bilen. Ställ en dom-kraft under växellådan och avlasta tyngden.

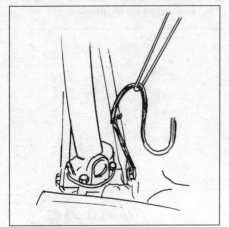

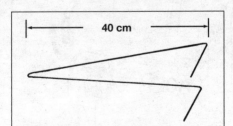

**5.13a För att få kabelstammen på den nya backljuskontakten förbi växellådan vid kardantunneln, måste man tillverka en krok som denna**

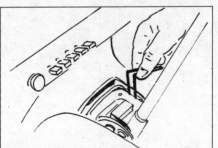

**5.13b För ned kroken genom öppningen mellan spaklagring och golvplåten**

**5.18 Förankra undre delen av kabelstammen till en väljarstång med ett buntband; dra upp andra änden mellan växellåda och golvplåt med hjälp av tråden**

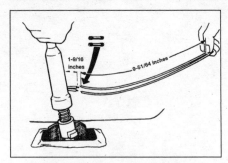

**6.2  Vid modifiering av kabelstam för överväxeln, skär av kablarna ca. 40 mm från växelspaken; skarva i två 250 mm långa 1,5 mm² kablar enligt bilden**

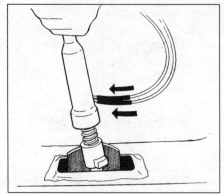

**6.4  Träd på två 50 mm långa isolerhylsor**

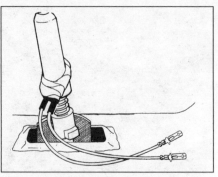

**6.5  Fäst kablarna vid spaken enligt bilden med kraftig tejp och krymp på ett par oisolerade flatstift**

22  Ta bort skruvarna för växellådsbalken.
23  Lossa gummiupphängningarna för avgasröret.
24  Sänk ned växellådan så mycket som behövs för att kunna skruva loss backljuskontakten; arbeta underifrån bilen eller från motorrummet.
25  Lossa den elektriska anslutningen, skruva bort kontakten från växellådshuset.
26  Montering av ny kontakt sker i omvänd ordning, använd ny tätning.

## 6  Överväxel - modifiering av kabelstam

**Notera:** *Följande beskrivning gäller 1976, 1977 och vissa 1978 års modeller, som hade en för hård och kort kabelstam. Det blev lätt avbrott i kablarna. (Senare modeller har längre kabelstam ock kablar med mjukare isolering.) Har man en bil med det tidigare utförandet på kabelstammen - och den inte redan modifierats - gör på följande sätt:*
1  Dra upp växelspaksdamasken så den inte är i vägen.
2  Kapa kablarna till överväxeln ca. 40 mm från växelspaken **(se illustration)**.

3  Skarva i ett par 250 mm långa, 1,5 mm² kablar på kablarna från spaken.
4  För på två 50 mm långa isolerhylsor **(se illustration)**.
5  Fäst kablarna vid spaken med kraftig tejp **(se illustration)**.
6  Krymp två oisolerade flatstift på kabeländarna.
7  Lägg kablarna i en slinga så att de kan röra sig **(se illustration)**. För in flatstiften i kontaktstycket för överväxeln.
8  Montera växelspaksdamasken.

## 7  Överväxelsolenoid - kontroll och byte

### Kontroll
**Elektrisk**
1  Hissa upp och stöd bilen på pallbockar. Lossa batteriets negativa anslutning.
2  Lossa de elektriska anslutningarna till solenoidventilen på höger sida av enheten, ta bort kabelns fäste.
3  Kontrollera att det finns spänning i den gula kabeln vid solenoiden.

### Mekanisk
4  Demontera solenoiden.
5  Lys i oljekanalerna med en ficklampa och kontrollera att de inte är igensatta.
6  Plugga hålen mellan O-ringarna och blås genom den korta änden. Ventilen ska vara tät; ingen luft får passera.
7  Koppla en kabel mellan batteri och solenoid, blås sedan på nytt genom den korta änden. Hålen ska nu inte vara pluggade. Ventilen ska fortfarande vara tät; ingen luft får passera.

### Provkörning
8  Om överväxeln fungerar riktigt då växellådan är kall, men inte då den är varm, anslut batterispänning till solenoiden så att den värms upp. Kontrollera sedan på nytt enligt punkterna 1 t.o.m. 7.

### Byte
9  Lossa kontaktstycket.
10  Lossa solenoiden med hjälp av en 25 mm eller 1" s.k. "kråkfot" **(se illustration)** samt en förlängare och ett spärrskaft.
11  Doppa de nya O-ringarna i ren ATF-olja.
12  Montera i omvänd ordning. Se till att dra solenoiden till det moment som anges i specifikationerna i början av kapitlet.

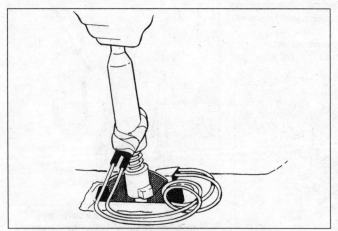

**6.7  Lägg kablarna i en slinga enligt bbilden så att de kan röra sig ordentligt, för in flatstiften i kontaktstycket**

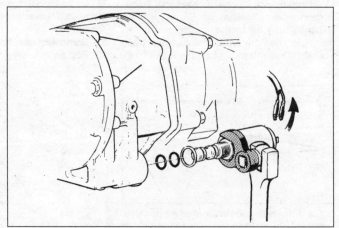

**7.10  Sprängskiss över solenoid och  Volvos speciella "kråkfot" (vilken sådan 25 mm eller 1" nyckel som helst duger)**

**9.11a  Skruvar för växellådsbalken (två i varje ände)**

**9.11b  Skruv för växellådsfästet (senare utförande)**

## 8  Överväxel - demontering och montering

1  Hissa upp och stöd bilen på pallbockar.
2  Lossa kardanaxeln (se kapitel 8).
3  Lossa jordkabeln från batteriet, lossa batteriets negativa anslutning, ta sedan bort de elektriska anslutningarna från solenoiden.
4  Lossa hastighetsmätarvajern om sådan finns.
5  Stöd växellådan med en domkraft, ta sedan bort skruvarna från växellådsbalken.
6  Sänk ned växellåda och överväxel med domkraften tillräckligt för att överväxelns övre fästskruvar skall bli åtkomliga.
7  Ta bort alla skruvar för överväxelns infästning i mellanflänsen.
8  Dra överväxeln bakåt så att den lossnar från mellanflänsen och går fri från utgående axeln på växellådan. **Notera:** *Om överväxeln inte lossnar från mellanflänsen, knacka på den lätt med en plastklubba; en slagavdragare kan också monteras på drivflänsen. Om ingen av dessa metoder fungerar, lossa den inte med större våld från mellanflänsen, utan ta ned den i bitar, börja bakifrån, tills alla detaljer är borta.*
9  Montering sker i omvänd ordning, använd ny packning mellan överväxel och mellanfläns, dra åt muttrar och skruvar till angivet moment.
10  Fyll på växellådsolja, provkör bilen, kontrollera sedan på nytt oljenivån.

## 9  Växellåda - demontering och montering

**Notera:** *M40/41 växellåda kan demonteras från kopplingskåpan, så att kopplingskåpan sitter kvar på motorn. På alla andra modeller demonteras växellådan och kopplingskåpan tillsammans. Beskrivningen för demontering av M40/41 växellåda, gäller då kopplingskåpan*

*får sitta kvar på motorn. Demonterar man växellåda och kopplingskåpa tillsammans följer man beskrivningen för M45/46 växellåda.*

### Växellådsbalk - demontering och montering

1  Växellådsbalken är skruvad till underredet på båda sidor om kardantunneln under växellådan.
2  Hissa upp bilen och stöd den säkert på pallbockar. Ställ en garagedomkraft under lådan och höj så mycket att växellådans tyngd avlastas växellådsbalken. Ta bort skruvarna i bägge ändar av balken.
3  Demontera skruv(-ar) från mittfästet (detta har ändrats flera gånger och skiljer mellan modellerna).
4  Lyft växellådsbalken över avgasröret och ta bort den.
5  Montera i omvänd ordning.

### Växellåda - demontering

#### M40/41
6  Lossa jordkabeln från batteriet.
7  Demontera växelspaken (se avsnitt 2).
8  Hissa upp bilen och stöd den säkert på pallbockar.
9  Tappa av växellådsoljan (se kapitel 1).
10  Ställ en garagedomkraft under växellådan och lyft precis så mycket att växellådans tyngd avlastas fästena.
11  Demontera växellådsbalken **(se illustrationer)**.
12  Demontera bakre motorfästet (se kapitel 2).
13  Lossa fästet för avgasröret (se kapitel 4).
14  Lossa kardanaxeln från flänsen på utgående axeln. (se kapitel 8).
15  Lossa hastighetsmätarvajern.
16  Lägg en träbit mellan bakänden på motorn och torpedväggen. Sänk ned lådan med domkraften så att växellådsskruvarna kan nås.
17  Lossa alla elanslutningar från växellådan.

**9.11c Skruvar för fästet i växellådan (senare utförande)**

18  Demontera höger övre och vänster nedre skruv till växellådan. Dessa måste ersättas av styrpinnar. Styrpinnar kan man göra av gamla skruvar på vilka man kapar skallarna och sågar ett spår för en skruvmejsel.
19  Demontera återstående skruvar, dra växellådan bakåt bort från styrpinnarna, sänk sedan ned växellådan helt. Låt aldrig växellådans tyngd vila på ingående axeln.

#### M45/46 och 47
**Notera:** *På dessa växellådor, demonteras växellådan tillsammans med kopplingskåpan. Arbetet tillgår på samma sätt som för M40/41 växellåda, med följande tillägg.*
20  Lossa kopplingsvajer eller slavcylinder (se Kapitel 8).
21  Lossa gummiupphängningarna i framkant på ljuddämparen (se kapitel 4).
22  Demontera startmotorn (se kapitel 5).
23  Demontera skruvarna mellan kopplingskåpa och motor, ta sedan ned växellådan.
24  Montera i omvänd ordning och notera följande:
a)  Stryk molybdendisulfidfett på ingående axelns splines.
b)  Se till att lamellcentrumet är riktigt centrerat och att urtrampningsdetaljerna är på plats i kopplingskåpan.

c) Justera kopplingsvajern (i förekommande fall).

d) Fyll på växellådsolja (se kapitel 1).

## 10 Växellåda - renovering

Renovering av manuell växellåda är svårt att göra själv. Det innebär isärtagning och hopsättning av många smådelar. Många spel ska mätas och vid behov justeras, mycket noggrant med hjälp av brickor och låsringar. Därför kan växellådan, om problem uppstår, demonteras och monteras av den händige, men själva renoveringen bör överlåtas åt en fackman. Renoverade växellådor kan gå att få tag på - kontrollera med reservdelsavdelning och specialistföretag. Hur som helst kommer tid och pengar som åtgår att renovera växellådan att överstiga kostnaden för en renoverad enhet.

Det är dock inte omöjligt för även den oerfarna att renovera en växellåda om specialverktyg finns tillgängliga och arbetet medvetet utförs steg för steg så att ingenting förbises.

De verktyg som behövs är invändiga och utvändiga låsringtänger, en lageravdragare, en slagavdragare, en sats dornar, en indikatorklocka och möjligen en hydraulpress. Dessutom behövs en stabil arbetsbänk och ett skruvstycke eller en arbetsbock. Då växellådan tas isär anteckna hur delarna sitter och hur de samverkar med andra detaljer och vad som håller fast dem.

Innan växellådan tas isär, kan det vara bra att få en uppfattning om vilken del av växellådan som inte fungerar. Vissa defekter kan lokaliseras till begränsade delar av lådan, vilket kan underlätta vid kontroll och byta av delar. Se avsnittet Felsökning i slutet av boken för ytterligare information om möjliga felorsaker.

# Kapitel 7 Del B
## Automatväxellåda

## Innehåll

## Svårighetsgrad

| Enkelt, passar novisen med lite erfarenhet  | Ganska enkelt, passar nybörjaren med viss erfarenhet  | Ganska svårt, passar kompetent hemma-mekaniker  | Svårt, passar hemmamekaniker med erfarenhet | Mycket svårt, för professionell mekaniker  |

## Specifikationer

### Allmänt

Olja/specifikation ................................. Se Kapitel 1
Volym ........................................... Se Kapitel 1

| Åtdragningsmoment* | Nm |
| --- | --- |
| Bromsbandjustering, låsmutter | 41 - 54 |
| Momentomvandlarhus till växellåda | 10,8 - 17,6 |
| Momentomvandlare till drivplatta | 34 - 41 |
| Oljekylare, anslutningsnippel | 16,3 - 20,3 |
| Oljekylare, mutter vid anslutning | 13,6 - 16,3 |
| Avtappningsplugg | 12,2 - 16,3 |
| Hastighetmätardrev, låsmutter | 5,4 - 9,5 |
| Startspärrkontakt | 8,1 - 10,8 |
| Kickdownvajer, anslutning vid växellåda | 10,8 - 12,2 |

**Notera:** *Åtdragningsmoment gäller för alla typer om ej annat anges*

| BW55 | |
| --- | --- |
| Momentomvandlarhus: | |
| M6 skruvar | 5,4 - 8,1 |
| M8 skruvar | 17,6 - 25,8 |
| Momentomvandlarhus-till-motor | 12,2- 5,7 |
| Avtappningsplugg | 12,2 - 17,6 |
| Drivplatta till momentomvandlare, skruvar: | |
| M10 skruvar | 41 - 50 |
| M12 skruvar | 51 - 90 |
| Oljekylaranslutning | 20 - 30 |
| Påfyllningsrör, mutter | 65 - 71 |
| Drivläns, skruvar | 41 - 50 |

| AW70/AW71* | |
| --- | --- |
| Avtappningsplugg | 17,6 - 23 |
| Drivplatta-till-momentomvandlare, skruvar | 41 - 49 |

**Notera:** *Övriga åtdragningsmoment samma som BW55*

## 1 Allmänt

Två typer av automatväxellåda kan förekomma, beroende på modell.

1) *Borg Warner 55: treväxlad, monterad på modeller med B21A, B21E, B23A eller B23E motor.*
2) *Aisan Warner 70 och 71: fyrväxlad (tre plus överväxel) och lock-up funktion på momentomvandlaren, utvecklad från BW55. Monterad på senare modeller med B23A eller B23E motor samt på modeller med B200E, B200K, B230A, B230E eller B230K motor.*

**Notera:** *Den treväxlade BW35 lådan användes bara på tidiga modeller med B21A och B21E motorer. Med undantag för nedanstående arbeten utförs arbetet på samma sätt som för BW55.*

Kraften från motorn överförs via momentomvandlaren som fungerar som vätskekoppling med variabel utväxling. Planetväxellådan styrs hydrauliskt genom ett ventilhus, som automatiskt väljer växel i förhållande till varvtal och belastning.

En oljekylare, inbyggd i kylaren (i höger tank) kyler oljan i växellådan. Oljekylaren och växellådan förbinds med ett par ledningar, som leder het olja till kylaren och en som leder den avkylda oljan tillbaka till växellådan. På vissa modeller finns en extra kylare monterad framför kylaren för att ge extra kylkapacitet. Slangarna till den extra kylaren ansluter till en specialkoppling vid utloppet från kylaren för den ordinarie kylledningen. Den redan avkylda oljan förs till den extra kylaren och sedan tillbaka till växellådan.

## 2 Felsökning, allmänt

**Notera:** *Fel i automatväxellådor kan orsakas av i huvudsak fem olika förhållanden: Dåliga motorprestanda, felaktig justering, fel i hydraulsystemet, mekaniska defekter eller fel i styrenhet eller signalkretsar. Felsökning bör alltid börja med en kontroll av de detaljer som lätt kan korrigeras: vätskenivå och kondition (se kapitel 1), justering av växellänkage och Gaslänkage. Provkör sedan bilen för att se om problemen rättats till eller om mer felsökning behövs. Om problemet kvarstår efter de preliminära kontrollerna, bör man överlåta felsökningen åt en fackman. Se även avsnittet Felsökning i slutet av boken för ytterligare information.*

### Förberedande kontroller

**1** Kör bilen så att växellådan når arbetstemperatur.

**2** Kontrollera vätskenivån enligt beskrivning i kapitel 1:
a) *Om nivån är ovanligt låg, fyll på så mycket att nivån kommer inom det område som är utmärkt på mätstickan, kontrollera sedan att inga läckage förekommer (se nedan).*
b) *Om vätskenivån är onormalt hög, tappa av överskottet, kontrollera också att vätskan inte är uppblandad med kylvätska. Kylvätska i automatväxeloljan tyder på ett fel i växellådans kylslingor vid kylaren (se kapitel 3).*
c) *Om växellådsoljan är skummig, tappa av den och fyll på ny, kontrollera sedan att inte kylvätska blandas med oljan eller att nivån blir för hög.*

**3** Kontrollera tomgångsvarvtalet. **Notera:** *Om motorn fungerar dåligt, fortsätt inte med de preliminära kontrollerna innan detta rättats till.*
**4** Kontrollera att gasspjällänkaget rör sig fritt. Justera vid behov (se avsnitt 5). **Notera:** *Länkstången kan fungera tillfredsställande då motorn är avstängd och kall, man uppvisa felaktigheter då motorn är kall. Kontrollera den kall och vid normal arbetstemperatur.*
**5** Kontrollera växellänkaget (se avsnitt 3). Se till att det är rätt justerat och arbetar mjukt.

### Läckage

**6** De flesta läckage är lätta att finna. Åtgärder består vanligen av byte av tätning eller packning. Om läckan är svår att finna, kan följande underlätta.
**7** Identifiera vilken typ av vätska det rör sig om. Se till att det verkligen är växellådsolja och inte motorolja eller bromsvätska (automatväxelolja har en djupröd färg).
**8** Försök att exakt lokalisera läckan. Kör bilen ett antal kilometer, parkera sedan på ett stort tygstycke eller papper. Efter en minut eller två bör man kunna hitta läckan genom den olja som droppar på underlaget.
**9** Undersök den misstänkta detaljen noggrant samt området omkring den. Var extra noga med packningar och tätningsytor. En spegel är ofta till stor hjälp då man ska hitta läckor där det är svårt att se ordentligt.
**10** Om läckan fortfarande inte kan återfinnas, rengör det misstänkta området noggrant med avfettningsmedel, torka det sedan.
**11** Kör bilen några kilometer då den har normal arbetstemperatur och med varierande hastigheter. Kontrollera sedan misstänkta detaljer på nytt.
**12** Då läckaget har påträffats, måste orsaken först bestämmas innan reparation kan utföras. Om man byter packning men tätningsytorna är skadade, kan inte den nya packningen förhindra läckage. Tätningsytorna måste då åtgärdas.
**13** Innan man försöker reparera en läcka, se till att följande är riktigt, annars kan detta orsaka ytterligare läckage. **Notera:** *En del av följande kan inte åtgärdas utan mycket speciella verktyg och kunskap. Sådana problem måste överlåtas åt en fackman.*

### Läckage vid packning

**14** Kontrollera oljetråget med jämna mellanrum. Se till att skruvarna är åtdragna, att inte skruvar fattas, att packningen är i god kondition samt att tråget är plant (bulor i tråget kan tyda på skadat ventilhus inuti).
**15** Om packningen läcker, kan oljenivå eller tryck vara för högt, ventilationen kan vara igensatt, skruvarna kan vara för hårt dragna, tätningsytan kan vara skev, trågets tätningsyta kan vara skevt, växellådans tätningsyta kan vara skadad, packningen kan vara skadad eller kan växellådshuset vara spräckt eller ha porer. Om tätningsmedel används istället för packning, kan fel tätningsmedel ha använts.

### Läckage vid tätning

**16** Om någon av växellådans tätningar läcker, kan oljetrycket vara för högt, ventilationen kan vara igensatt, läget för tätningen kan vara skadat, tätningen kan vara skadad eller felaktigt monterad, tätningsytan på den axel som går genom tätningen kan vara skadad, eller också kan ett löst lager orsaka för stor rörelse på axeln.
**17** Se till att tätningen för mätstickan är oskadad och att röret sitter ordentligt fast. Kontrollera regelbundet området kring hastighetsdrivningen så att inget läckage förekommer. Finns läckage här, kontrollera O-ringen.

### Läckage i växellådshus

**18** Skulle själva huset se ut att läcka, kan det finnas porer i gjutningen, huset måste då bytas eller repareras.
**19** Se till att anslutningarna för kylledningarna är täta och i god kondition.

### Olja kommer ut ur ventilationsrör eller påfyllningsrör

**20** Om detta inträffar, finns säkert för mycket olja i växellådan, eller också finns kylvätska i växellådsoljan, huset kan ha porer, felaktig mätsticka kan ha använts, ventilationen är igensatt eller också är returkanalerna igensatta.

## 3 Växellänkage - justering

**1** Kontrollera först att bussningarna i länkaget är i gott skick. Byt de som är slitna.
**2** Ställ växelväljaren i läge 'D' och för spaken mot stoppet i segmentet. Mät spelet mellan spak och stopp. Spelet ska vara lika med eller större än motsvarande spel i läge 2 **(se illustration)**.
**3** Spelet kan justeras under bilen om man tar bort ledbulten **(se illustration)**, som kan sitta i endera änden beroende på modell. Justera provisoriskt genom att skruva gaffeln åt något håll. Finjustering gör man med hjälp av den lättrade hylsan. Efter justering får den synliga delen av gängan på länkstången inte vara

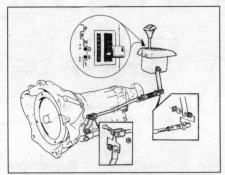

**3.2 Vid justering av växellänkage, lägg i läge D och för spaken mot segmentet. Spelet ska vara lika som eller större än motsvarande i läge 2**

1 Växelväljarknop, övre del
2 Växelväljarknopp, nedre del
3 Bricka
4 Fjäder
5 Tryckstång
6 Spak
7 Lock
8 Belysning
9 Spärrplatta
10 Hus
11 Axel
12 Länk
13 Justering
14 Låsmutter
15 Växelstag
16 Hävarm
17 Fäste
18 Vajer, lägesbelysning
19 Spärr
20 Knapp
21 Synlig gänga på staget (35 mm max)

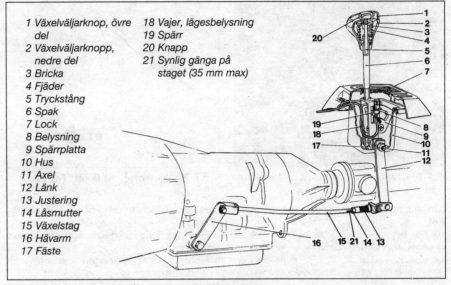

**3.3 Växelväljare**

längre än 35 mm. **Notera:** *Ökar man stångens längd, reducerar man spelet vid D, spelet vid 2 minskar.*
4 Lägg i läge 1 efter justering, sedan läge P. Kontrollera därefter på nytt enligt punkt 2.

## 4 Oljetätningar - byte

1 Oljeläckage kan orsakas av sliten tätning för utgående axeln, hastighetsmätardrivningen eller O-ring, etc. Byte av dessa tätningar är ganska enkelt, eftersom detta ofta kan utföras med växellådan på plats.

### Tätning för utgående axel

2 Se avsnitt 3 i kapitel 7, del A.

### Tätning för hastighetsmätardrivning

3 Se avsnitt 3 in kapitel 7, del A. **Notera:** *Varje gång hastighetsmätardrivningen demonteras, MÅSTE ny O-ring monteras.*

### O-ringar - kylledningsanslutning

4 Dessa anslutningar sitter på höger sida av växellådan.
5 Tappa av växellådsoljan (se kapitel 1).
6 Demontera anslutningarna **(se illustration)**, kasta de gamla O-ringarna, montera nya.
7 Montera i omvänd ordning.

### O-ringar - kickdownvajer

8 Se avsnitt 5.

### Tätning, växelväljaraxel

9 Växelväljarmekanismen finns i lådans främre, nedre del, men växelväljaraxeln sticker ut igenom transmissionshuset. Det finns

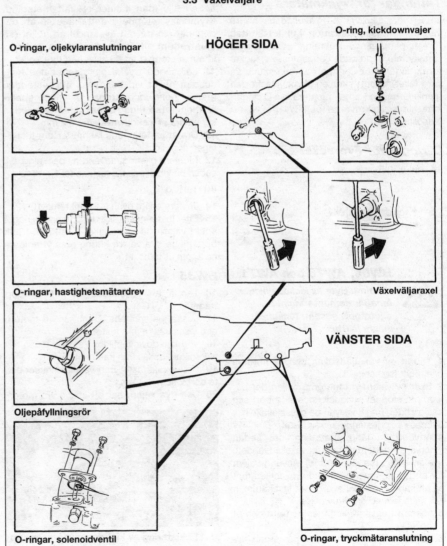

**4.6 Placeringar av tätningar och O-ringar på automatväxellåda**

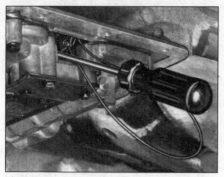

**5.4 Blockering av kickdownventilens kam**

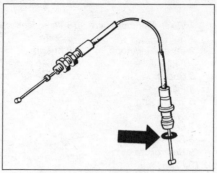

**5.7 Kickdownvajerns O-ring (vid pilen)**

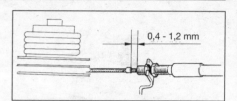

0,4 - 1,2 mm

**5.10 Justering av kickdownsvajerns stopp (gaspedalen ej nedtryckt)**

tätningar i axelns bägge ändar **(se illustration 4.6)**.

**10** För byte av tätning, ta helt enkelt bort länkaget, bryt ut den gamla tätningen med en syl, knacka sedan den nya på plats med en liten djup hylsa, sätt sedan tillbaka länkaget.

## Tätningar för tryckmätare

**11** Ett par skruvar på växellådans nedre vänstra sida **(se illustration 4.6)** är testuttag för tryckmätningsutrustning. Om dessa skruvar inte upprepade gånger lossats, läcker förmodligen inte O-ringarna, men skulle så vara fallet, ta bort skruven (-arna), kasta den gamla O-ringen (-arna), montera nya O-ringar, sätt tillbaka skruvarna och fyll på växellådsolja.

## O-ringar för överväxel

**12** Se avsnitt 7.

## 5 Kickdownvajer - byte och justering

### ⚠ BW55, AW70 och AW71

*Varning: Byte av kickdownvajer innebär demontering av oljetråget. Absolut renlighet måste iakttas.*

### Byte

**1** Tappa av växellådsoljan och demontera oljetråget (se kapitel 1).
**2** Skär av vajern vid motorn, mellan det påkrympta stoppet och justeringen. Ta bort och kasta änden från linskivan på gasspjällaxeln.
**3** Lossa vajerjusteringen från fästet.
**4** Använd en lång spetstång, dra sedan innervajern genom höljet från växellådsänden, gör en slinga **(se illustration)**. Använd vajern för att dra kammen för kickdownventilen runt så att kabeländen blir synlig. Kila fast kammen i detta läge med en skruvmejsel.
**5** Lossa vajern från kammen och dra den ut ur höljet.
**6** Lossa höljet från huset på sidan av växellådan.
**7** Montera sedan en ny O-ring på vajern **(se**

illustration) och tryck in höljet i växellådshuset.
**8** Fäst vajern vid kickdownvajern och ta bort skruvmejseln.
**9** Montera kabeljusteringen löst i fästet i motorn, fäst sedan vajern vid linskivan.
**10** Dra i vajern (inte i höljet) bort från motoränden tills man känner ett lätt motstånd. Krymp fast stoppet i detta läge så att det befinner sig på rätt avstånd från höljet **(se illustration)**. Notera då vajern släpps, kommer stoppet att pressas hårt mot höljet.
**11** Låt någon trycka ner gaspedalen helt. Justera höljet vid behov så att avstånden mellan hölje och stopp är enligt specifikationen **(se illustration)**. Man ska sedan kunna dra ut kickdownvajern ca 2 mm.
**12** Dra åt justeringens låsmutter om justeringen är riktig.
**13** Montera oljetråg, använd ny packning, fyll sedan på växellådsolja (se kapitel 1).

### Justering

**14** Justera enligt ovan (se punkterna 10-12).
**15** Efter justeringen, ska det inte finnas något spel i vajern då gasspjället är stängt. I fullt öppet läge ska vajern kunna dras ytterligare ca 2 mm ut ur höljet.

### BW35

**16** Tappa av växellådsoljan och ta bort tråget.
**17** Lossa justeringens låsmutter vid motorn och lossa vajern från fästet.
**18** Vrid kickdownventilens kam vid lådan tills vajern kan lossas från kammen.
**19** Lossa vajerfästet från växellådshuset och ta bort vajern.
**20** Den nya vajern har ett stopp vid motor-

**5.11 Justering av kickdownvajerns stopp (gaspedalen nedtryckt)**

*A 43-47 mm (BW35)*

änden; detta krymps fast på vajern då justeringen har utförts. Smörj inte vajern då den redan vid tillverkningen är smord med silikon
**21** Montera vajerfästet på växellådshuset, haka på vajeränden vid kick-downventilens kam.
**22** Montera andra änden på vajern vid gasreglagets skiva och justerfäste, dra inte åt låsmuttrarna ännu.
**23** Kontrollera att gasvajern är helt avlastad, justera sedan kickdownvajern med justeringen, så att ventilens kam och tryckstång har det läge (A) som visas i bilden **(se illustration)**.
**24** I detta läge ska stoppet på vajern vid motorn försiktigt krympas fast enligt illustration 5.10. Sätt inte fast den för hårt, den kan behöva flyttas.
**25** Låt någon trycka ned gaspedalen helt och kontrollera att kam och tryckstång ställer in sig enligt (B) i illustration 5.23.
**26** Måttet (A) i illustration 5.11, ska nu vara mellan 43 och 47 mm.
**27** Justera vid behov, dra sedan åt låsmuttrarna och krymp till slut fast stoppet på vajern.

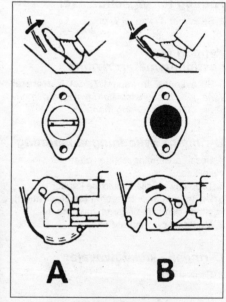

**5.23 Kickdownkam i förhållande till tryckstång**

A  Gaspedalen ej nedtryckt
B  Gaspedalen helt nedtryckt

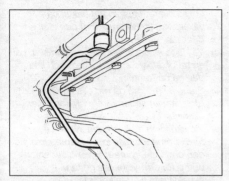

**6.4 Startspärrkontakten lossas (BW35)**

28 Sätt tillbaka tråget med ny packning och fyll på växellådsolja av rätt specifikation.
29 Vid normalt bruk bör det endast vara nödvändigt att kontrollera och justera det påkrympta stoppet med justeringen enligt tidigare beskrivning. Ytterligare justering kan utföras av Volvoverkstad eller växellådsspecialist, med hjälp av ett instrument för att mäta oljetrycket.

## 6 Startspärrkontakt - kontroll och byte

### BW35

1 Kontakten sitter på vänster sida av växellådshuset
2 Vid demontering, ställ växelväljaren i läge 'P'. Hissa upp bilen och stöd den säkert på pallbockar.
3 Lossa elledningarna till kontakten.
4 Demontera kontakten. Den är skruvad in i växellådan **(se illustration)**.
5 Kontrollera att tryckstiftet sticker fram 14 mm **(se illustration)**. **Notera:** *Kontrollera detta även på en ny kontakt.*
6 Sticker den ut mindre, tryck in stiftet och släpp ut det igen, mät på nytt. Varje gång stiftet trycks in ska det sticka fram lite längre då det gått tillbaka. Se till att det inte kommer ut för långt.
7 Sticker stiftet fram längre, byt kontakt.
8 Montera i omvänd ordning. Använd ny tätningsbricka för kontakten.

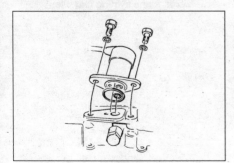

**7.5 Typisk solenoidventil för överväxel och dess montering**

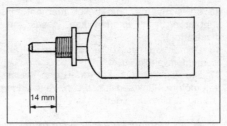

**6.5 Utstick för kontaktens tryckstift**

9 Kontrollera sedan att motorn endast kan startas med växelväljaren i läge 'P' eller 'N' samt att backljuset tänds i läge 'R'.

### BW55, AW70 och AW71

10 Demontera växelväljarlocket **(se illustration)** och kontrollera att startspärrkontakten överensstämmer med märkena 'N' och 'P'. Lossa i annat fall skruvarna och flytta kontakten. Dra åt skruvarna igen.
11 För växelväljaren genom alla lägen och kontrollera att inte kontaktstiftet glider ur spaken. Kontrollera att motorn endast kan startas i läge 'P' och 'N', samt att backlampan tänds i läge 'R'. Om backlampan blinkar då man backar, flytta kontakten 1 mm framåt, men kontrollera att bilen fortfarande bara kan startas i läge 'P' och 'N'.

## 7 Solenoidventil, överväxel (AW70/AW71) - kontroll och byte

### Demontering

1 Överväxelns solenoidventil är placerad på vänster sida av växellådshuset.
2 Hissa upp bilen och stöd den säkert på pallbockar.
3 Lossa kontaktstycket på vänster sida av växellådan **(se illustration)**, ta bort kabelklamman som håller kabeln till huset.
4 Rengör området kring ventilen.
5 Demontera de två skruvarna som håller ventilen till växellådan **(se illustration)**, ta bort solenoiden och ta vara på de två O-ringarna.

### Kontroll

6 Man kan kontrollera solenoidens resistans

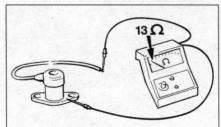

**7.6 Vid kontroll av överväxelns solenoidventil, ta bort den och kontrollera resistansen enligt bilden; resistansen bör vara 13 ohm**

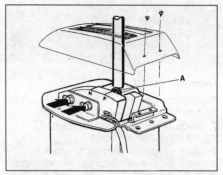

**6.10 Spärrkontaktens justerskruvar (vid pilarna)**

*A Hävarm*

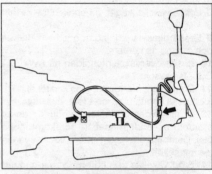

**7.3 Typisk solenoidventil för överväxel samt montering**

med en ohmmeter ansluten mellan ventilhuset och den elektriska ledningen **(se illustration)**. Resistansen ska vara 13 ohm.
7 Ventilen provar man genom att ansluta 12 volt likström till ventilen (positiv mätspets till ledningen, negativ till huset). Då solenoiden har spänning ska luft kunna passera ventilen **(se illustration)**. Ingen luft får passera då solenoiden är spänningsfri.
8 Byt solenoid om den inte klarar provet.

### Montering

9 Montera i omvänd ordning. Använd nya O-ringar, lätt insmorda med vaselin.

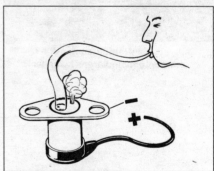

**7.7 Använd en plastslang enligt bilden, koppla batterispänning till solenoiden och kontrollera att luft passerar genom ventilen om man blåser i slangen; ta sedan bort spänningen och kontrollera att ingen luft passerar då man blåser i slangen**

## 8 Växellåda - demontering och montering

### Demontering

1 Lossa jordkabeln från batteriet. Hissa upp bilen och stöd den säkert på pallbockar.
2 Tappa av växellådsoljan (se kapitel 1).
3 Ställ växelväljaren i läge 2.
4 Lossa kickdownvajern (se avsnitt 5).
5 Demontera växellådsbalken och växellådsfästena (se avsnitt 10 i kapitel 7, Del A).
6 Lossa kardanaxeln från drivflänsen på växellådan (se kapitel 8).
7 Lossa hastighetsmätarvajern (i förekommande fall) .
8 Lossa växellänkaget vid spaken (se avsnitt 3).
9 Lossa oljekylarledningarna vid växellådan och plugga demontera.
10 Lossa överväxelsolenoiden på AW70/71 lådor (se avsnitt 7).
11 Demontera startmotorn (se kapitel 5).
12 Lossa och ta bort röret för mätstickan.
13 Lossa avgasrörsfästet på höger sida av momentomvandlarhuset (i förekommande fall). Demontera avgasröret om det är i vägen (se kapitel 4).
14 Stöd växellådan med en garagedomkraft ta sedan bort alla skruvar mellan motor och växellåda utom de översta.
15 Demontera täckplåten för momentomvandlaren och (i förekommande fall) kylgallren **(se illustration)**. Vrid runt motorn med hjälp av en stor skruvmejsel mot startkransen,

så att skruvarna som håller momentomvandlaren till drivplattan kan lossas **(se illustration)**.
16 Demontera de övre skruvarna från momentomvandlarhuset.
17 Dra växellådan bakåt så att den lossar från motorn. Sänk sedan ned den. Växellådan är tung, ta hjälp med detta.

⚠️ **Varning: Luta inte lådan framåt, momentomvandlaren faller då bort.**

### Montering

18 Montering sker huvudsakligen i omvänd ordning med följande tillägg:
(a) Se till att momentomvandlaren trycks in ordentligt så att drivklackarna för oljepumpen hakar i helt.
(b) Se till att de två styrstiften är i läge på motorblocket.
(c) Smörj sparsamt styrningen för momentomvandlaren.
(d) Det finns två längder på momentomvandlarens skruvar, 14 och 16 mm. Byt de långa skruvarna mot de kortare, de långa kan gå av i momentomvandlaren. Dra skruvarna till det moment som anges i specifikationerna i början av kapitlet.
(e) Anslut allt, justera sedan gasvajern (se Kapitel 4), växellänkaget (se avsnitt 3) och kickdownvajern (se avsnitt 5).
(f) Fyll på olja med rätt specifikation (se kapitel 1).
19 Skölj till sist oljekylsystemet:
(a) Fyll ca. 3 dl för mycket olja i lådan.

(b) Lossa oljereturledningen baktill på växellådan **(se illustration)** och ställ en behållare under.
(c) Välj läge P, dra åt parkeringsbromsen. Låt en medhjälpare starta motorn och låta den gå på tomgång.
(d) Stäng av motorn då ren olja kommer ur röret, anslut sedan röret och kontrollera oljenivån i växellådan (se kapitel 1).
(e) Vid sköljning av den extra kylaren (i förekommande fall), lossa ledningarna vid den ordinarie kylaren, använd sedan en pump för att trycka olja genom extrakylaren till den kommer ut ur returledningen.
(f) Anslut ledningarna, kontrollera sedan oljenivån (se kapitel 1).

## 9 Bromsband - justering

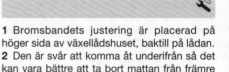

1 Bromsbandets justering är placerad på höger sida av växellådshuset, baktill på lådan.
2 Den är svår att komma åt underifrån så det kan vara bättre att ta bort mattan från främre fotbrunnen och ta bort panelen vid kardantunneln.
3 Lossa justeringens låsmutter, sedan justerskruven.
4 Dra åt justerskruven till 14 Nm, backa sedan tillbaka ett varv.
5 Dra åt låsmuttern, se till att inte justerskruven ändrar läge.
6 Sätt tillbaka panelen och lägg tillbaka mattan

**8.15a Demontering av momentomvandlarens kylgaller**

**8.15b Demontering av skruv som håller momentomvandlaren vid drivplattan**

**8.19 Anslutning för returledning till växellådans kylning (vid pilen)**

# Kapitel 8
# Koppling och kraftöverföring

## Innehåll

## Svårighetsgrad

| **Enkelt,** passar novisen med lite erfarenhet  | **Ganska enkelt,** passar nybörjaren med viss erfarenhet | **Ganska svårt,** passar kompetent hemma-mekaniker | **Svårt,** passar hemmamekaniker med erfarenhet | **Mycket svårt,** för professionell mekaniker 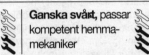 |
|---|---|---|---|---|

## Specifikationer

### Koppling

**Allmänt**

| | |
|---|---|
| Koppling, typ ................................................. | Enkel torrlamell, solfjäder |
| Manövrering .................................................. | Vajer eller hydraulisk |
| Vätska /specifikation ...................................... | Se Kapitel 1 |

**Justering**

| | |
|---|---|
| Hydraulisk ................................................... | Automatisk justering |
| Vajermanövrerad (spel vid urtrampningsarm) ............ | 1 - 3 mm |
| Koppling, pedalväg ......................................... | 160 mm |

**Koppling (tryckplatta)**

| | |
|---|---|
| Skevhet (maximum) ........................................ | 0,2 mm |

### Kardanaxel

**Allmänt**

| | |
|---|---|
| Typ ............................................................ | Rörformad, tvådelad med stödlager, förskjutbar koppling; Hardy-Spicer universalknutar vid stödlager samt främre och bakre flänsar; gummiknut på vissa modeller |

**Bakaxel**

| | |
|---|---|
| Oljevolym .................................................... | Se Kapitel 1 |
| Typ ............................................................ | Se Kapitel 1 |

**Pinjonglager, förspänning (modeller med stukhylsa)**

| | |
|---|---|
| Nya lager .................................................... | 2,5 - 3,5 Nm |
| Använda lager ............................................... | 1,5 - 2,4 Nm |

**Åtdragningsmoment** — Nm

| | |
|---|---|
| Pinjongmutter | |
|   Utan stukhylsa ........................................... | 200 - 250 |
|   Med stukhylsa ............................................ | 180 - 280 |
| Koppling ..................................................... | 9,5 |

## 1 Allmänt

Informationen i detta kapitel berör detaljerna från motorns baksida till bakhjulen, utom växellådan som behandlas i föregående kapitel. Detaljerna har i kapitlet indelats i tre kategorier: koppling, kardanaxel och bakaxel. Separata avsnitt i kapitlet ger allmänna beskrivningar och anvisningar för kontroll av detaljerna i respektive grupp.

Eftersom nästan alla arbeten som beskrivs i kapitlet, medför arbete under bilen, se till att bilen står stadigt uppallad på bockar eller använd en lyft så att bilen lätt kan hissas upp eller sänkas ned.

## 2 Koppling - beskrivning och kontroll

**Varning: Kopplingsbeläggen kan innehålla asbest. Damm från kopplingen som finns i kopplingskåpan bör betraktas som om det innehöll asbest. Tvätta bort allt damm med rengöringsmedel för bromsar.**

1 Kopplingen är en enskivig solfjäderkoppling, manövrerad med vajer eller hydraulik **(se illustration)** via urtrampningsarm och -lager.
2 Huvuddelarna av systemet består av tryckplatta (själva kopplingen), lamellcentrum (den drivna skivan där friktionsbeläggen sitter) samt urtrampningsarm och -lager.
3 Tryckplattan är skruvad till svänghjulet,

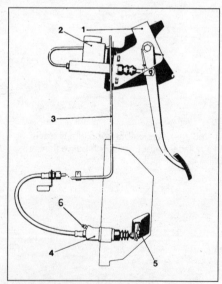

**2.1 Kopplingens hydraulsystem**

1 Pedalfäste
2 Huvudcylinder
3 Hydraulledning
4 Slavcylinder
5 Urtrampningsarm
6 Luftningsnippel

lamellcentrumet sitter på ett splinesförband mellan tryckplatta och svänghjul. Den kan röra sig i längdled på växellådans ingående axel då kopplingen inte är ansatt.
4 Då motorn är igång och kopplingspedalen uppsläppt, trycker solfjädern tryckplattan mot svänghjulet. Den klämmer därmed fast lamellcentrumet och överför på så sätt kraften till växellådan.
5 Då kopplingspedalen trycks ned, pressar kopplingsarmen via urtrampningslagret mot solfjädern. Tryckplattan trycker då inte längre mot svänghjulet och kraftöverföringen upphör.
6 Hydrauliskt manövrerad koppling kräver ingen justering, men vajerstyrd koppling måste regelbundet justeras för att kompensera slitage på kopplingsbeläggen.
7 På tidiga modeller har kopplingen sin egen vätskebehållare. Från och med 1984/1985 års modeller använder systemet samma behållare som bromsen. Senare modeller har återigen separata behållare.
8 Terminologi kan vara knepigt då man talar om koppling. Kopplingen kallas ofta för tryckplatta även om det i kopplingshuset finns just en "tryckplatta" som pressar mot lamellcentrumet. Lamellcentrumet kan också ha andra benämningar, likaså urtrampningslager och urtrampningsarm. Vet man bara vilka detaljer som hör till systemet och vad de har för funktion bör man kunna skaffa reservdelar utan större problem.
9 Innan någon detalj byts, bör man utföra vissa förberedande kontroller för att analysera problemet.
a) Först bör man kontrollera den tid det tar för kopplingen att stanna. Låt motorn gå på tomgång; växellådan ska stå i neutralläge, kopplingspedalen ska inte vara nedtryckt (kopplingen i ingrepp). Trampa sedan ned kopplingspedalen, vänta några sekunder och lägg sedan i backen. Skrapar det i växellådan betyder det förmodligen problem med koppling eller lamell.
b) Då man kontrollerar att kopplingen frikopplar helt, låt motorn vara igång (parkeringsbromsen åtdragen). Håll kopplingspedalen ca. 15 mm från golvet.

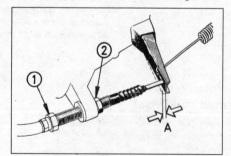

**3.2 Justering av urtrampningsarmens frigång**

1 Justering
2 Låsmutter

A = 1,0 - 3,0 mm

Växla mellan ettan och backen några gånger. Går det trögt eller skrapar, tyder det på fel hos någon detalj. Kontrollera att pedalvägen är rätt justerad (se kapitel 1).
c) Kontrollera att leden högst upp på kopplingspedalen inte kärvar eller är glapp.
d) Kryp under bilen och se efter att kopplingsarmen sitter på kulan som den ska.

## 3 Kopplingsvajer - demontering, montering och justering

1 Hissa upp bilen och stöd den säkert på pallbockar
2 Lossa justeringens låsmutter **(se illustration)** och vrid justeringen så att vajern avlastas.
3 Haka loss returfjädern från urtrampningsarmen, lossa sedan vajern från armen.
4 Ta bort detaljer som skymmer kopplingspedalen, ta sedan bort saxpinnen från ledbulten, demontera ledbult lossa vajeränden.
5 Dra vajern genom torpedväggen in i motorrummet.
6 Montera i omvänd ordning, se till att vajern går på samma sida om rattstången som tidigare.
7 Se till att gummibufferten i urtrampningsarmen är rätt monterad **(se illustration)**.
8 Vrid justeringen så att urtrampningsarmen får rätt spel (se specifikationerna), dra sedan åt justeringens låsmutter.

## 4 Huvudcylinder - demontering, renovering och montering

### Demontering

1 Trä en bit slang över luftningsnippeln på slavcylindern och placera andra änden i en burk. Lossa luftningsnippeln ett varv och pumpa med kopplingspedalen tills vätskebehållaren är tömd. Ta bort slangen och dra åt luftningsnippeln.
2 Lossa utloppsledningen från huvudcylindern. På 1984 och 1985 års modeller, som använder samma behållare för broms och koppling, lossa slangen mellan huvudcylinder och vätskebehållare och plugga den.

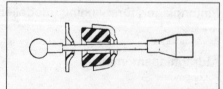

**3.7 Korrekt montering av gummibuffert i urtrampningsarmen**

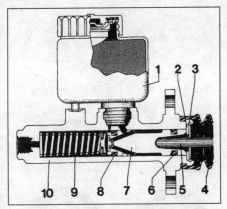

**4.6 Genomskärning av kopplingens huvudcylinder**

| | |
|---|---|
| 1 Vätskebehållare | 6 Kolvtätning |
| 2 Bricka | 7 Kolv |
| 3 Låsring | 8 Kolvtätning |
| 4 Dammkåpa | 9 Fjäder |
| 5 Tryckstång | 10 Cylinder |

 **Varning: Skydda lacken mot vätskan; tvätta omedelbart bort spill.**

**3** Demontera panelen under instrumentbrädan (se kapitel 11), lossa sedan tryckstången från kopplingspedalen genom att ta bort ledbulten.
**4** Lossa och ta bort huvudcylinderns fästskruvar, sedan huvudcylindern.
**5** Tvätta bort all utvändig smuts innan cylindern placeras på en helt ren arbetsyta.

## Renovering

**6** Dra bort dammskyddet **(se illustration)** och demontera tryckstången.
**7** Ta bort låsringen, demontera sedan bricka, kolv, tätningar och returfjäder.
**8** Kontrollera att det inte finns rost, repor, blankslitna partier eller andra skador på kolv och cylinder. Byt huvudcylinder om sådana skador finns.
**9** Är detaljerna i gott skick, ta bort gummitätningarna och rengör sedan alla delar i ren bromsvätska eller rengöringsvätska för bromssystem.
**10** Skaffa en reparationssats med nödvändiga tätningar och andra utbytbara detaljer.

**5.10c Montering av dammskyddet och tryckstången**

---

**11** Doppa de nya tätningarna i ren bromsvätska och trä dem på kolven endast med hjälp av fingrarna.
**12** För in fjäder, kolv, tätningar och bricka försiktigt i cylindern och säkra med låsringen.
**13** För in tryckstången och sätt tillbaka dammskyddet.

## Montering

**14** Montera i omvänd ordning.
**15** Kontrollera att det finns ett spel på 1,2 mm mellan tryckstången och kolven. Justera i annat fall genom att vrida justermuttrarna på var sida om trycktångens gaffel som ansluter till kopplingspedalen.
**16** Sätt tillbaka panelen under instrumentbrädan.
**17** Fyll huvudcylinderns behållare med bromsvätska (se kapitel 1) och lufta systemet (se avsnitt 6).

---

**5  Slavcylinder** - demontering, renovering och montering

## Demontering

**1** Lossa slangen från röret genom att lossa muttern på den senare.
**2** Lossa slangen från infästningen och plugga den öppna änden för att undvika spill.

---

**5.10a För in fjädern . . .**

**5.10b . . . och sedan kolven - se till att kolven är vänd rätt, änden med O-ring först**

**3** På tidiga modeller, demontera låsringen och sedan slavcylindern från kopplingskåpan. Lossa skruvarna och ta bort cylindern på senare modeller.

## Renovering

**4** Tvätta bort all smuts från slavcylindern och demontera dammskydd och tryckstång.
**5** Demontera låsringen och dra ut kolv och fjäder.
**6** Kontrollera att det inte finns rost, repor, blankslitna partier eller andra skador på kolv och cylinder. Byt slavcylinder om sådana skador finns.
**7** Är detaljerna i gott skick, rengör alla delar i ren bromsvätska eller rengöringsvätska för bromssystem.

 **Varning: Använd inte andra vätskor.**

**8** Skaffa en reparationssats med nödvändiga tätningar och andra utbytbara detaljer.
**9** Doppa de nya tätningarna i ren bromsvätska och trä dem på kolven endast med hjälp av fingrarna.
**10** För in fjäder, kolv, tätningar och bricka försiktigt i cylindern och säkra med låsringen. Montera tryckstång och dammskydd **(se illustrationer)**.
**11** På tidiga modeller, se till att kupolmuttern sitter på tryckstången som visas **(se illustration)**. Lossa låsmuttern vid behov, ändra

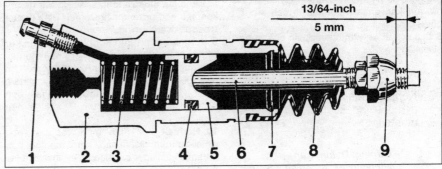

**5.11 Genomskärning av typisk slavcylinder**

| | | | |
|---|---|---|---|
| 1 Luftningsnippel | 4 Tätning | 7 Stoppring | 9 Kupolmutter |
| 2 Cylinder | 5 Kolv | 8 Dammskydd | (endast tidiga |
| 3 Fjäder | 6 Tryckstång | | modeller) |

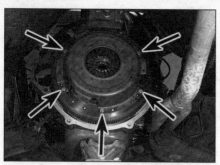

**7.3 Fem av skruvarna mellan koppling och svänghjul (vid pilarna) - den sjätte, upptill, syns inte på bilden**

läget på kupolmuttern, dra sedan åt låsmuttern.

## Montering

**12** Montera i omvänd ordning. Fyll på bromsvätska (se kapitel 1), lufta sedan systemet (se avsnitt 6).

### 6 Hydraulsystem, koppling - luftning

**Notera:** *Hur man använder "en mans" utrustning, beskrivs i kapitel 9.*
**1** Fyll behållaren med föreskriven bromsvätska (se kapitel 1).
**2** Hissa upp bilen och stöd den säkert på pallbockar Lossa luftningsnippeln på slavcylindern, träd sedan en plastslang över nippeln.

> ⚠ **Varning: Slangen måste sitta så hårt att inte luft kommer in i systemet.**

**3** Placera den andra änden i en behållare med ren bromsvätska. Se till att slangänden hela tiden befinner sig under ytan.
**4** Låt någon trycka ned kopplingspedalen. Dra åt luftningsnippeln då pedalen är i botten. Släpp pedalen, lossa luftningsnippeln och tryck på nytt ned pedalen. Fortsätt tills inga bubblor syns i vätskan som kommer ur slangen. Se till att behållaren hela tiden fylls på, luft kan annars komma in och arbetet göras om.
**5** Dra sedan åt luftningsnippeln och ta bort plastslangen.

### 7 Kopplingsdetaljer - demontering, kontroll och montering
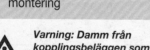

> ⚠ **Varning: Damm från kopplingsbeläggen som fastnar på detaljerna kan innehålla asbest, som är hälsovådligt.**
**BLÅS ALDRIG bort sådant damm med tryckluft. Undvik inandning av dammet.**

**7.6 Svänghjulets friktionsyta, med små repor och en liten spricka**

*ANVÄND ALDRIG bensin eller petroleumbaserade lösningsmedel för att tvätta bort dammet. Skölj bort dammet med bromsrengöringsvätska, ned i en behållare. Efter rengöring, torka alla detaljer med en trasa. Kasta förorenade trasor i en märkt behållare.*

## Demontering

**1** Demontera växellådan (se kapitel 7, Del A).
**2** Märk ut hur kopplingen är monterad mot svänghjulet.
**3** Demontera kopplingens fästskruvar **(se illustration)**, lite i taget och diagonalt så att kopplingen inte blir skev.
**4** Då fjädertrycket avlastats, ta bort skruvarna helt, lyft bort koppling och lamellcentrum. Notera hur lamellcentrumet är vänt (vilken sida som är vänd framåt respektive bakåt).

## Kontroll

**5** Rengör lamellcentrum, koppling och svänghjul för att ta bort all fett och all olja. Andas inte in dammet, det kan innehålla asbest.
**6** Kontrollera friktionsytorna på svänghjul och tryckplatta beträffande repor eller sprickor **(se illustration)**. Repor som är grundare än 1 mm kan accepteras; djupare märken medför att svänghjulet måste bytas.
**7** Kontrollera att inte tryckplattan är skev. Lägg en linjal över den för att bestämma om den ändrat form. Max skevhet anges i specifikationerna i början av kapitlet.
**8** Kontrollera att inte "fingrarna" på solfjädern är slitna **(se illustration)**, speciellt där de är i kontakt med urtrampningslagret. Blåa partier tyder på överhettning.
**9** Kontrollera att inte kopplingsbeläggen är slitna. Är de slitna ned till eller i närheten av nitarna, måste lamellcentrumet bytas. Om beläggen är förorenade eller har en glasartad, svart yta bör lamellcentrumet bytas och orsaken till oljeförekomsten fastställas och åtgärdas.
**10** Normalt bör man byta koppling och lamellcentrum tillsammans samt montera nytt urtrampningslager om slitaget är ansenligt (se Avsnitt 8).

## Montering

**Notera:** *På senare modeller har svänghjulets styrstift fått annan placering. Eftersom*

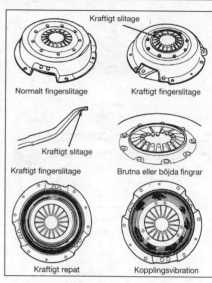

Kraftigt slitage

Normalt fingerslitage    Kraftigt fingerslitage

Kraftigt slitage

Kraftigt fingerslitage    Brutna eller böjda fingrar

Kraftigt repat    Kopplingsvibration

**7.8 Byt koppling om den är sliten**

*kopplingen styr upp på stiften, kan inte tidigare kopplingar användas på senare motorer (ca. 1984 och senare). Senare kopplingar är borrade för båda placeringarna av styrstift.*
**11** Innan kopplingens detaljer monteras, ta bort all olja och allt fett från friktionsytorna på svänghjul och tryckplatta, så att inte beläggen förorenas.
**12** Kontrollera styrlagret i vevaxeln, byt vid behov (se avsnitt 9).
**13** Vid montering av koppling, se till att lamellcentrumet är centrerat i förhållande till svänghjul och koppling så att växellådans axel kan gå in i styrlagret.

> **Tips HAYNES** *Använd ett universalverktyg eller gör ett av ett kvastskaft. Det ska passa noga i lamellcentrum och styrlager.*

**14** Sätt upp lamellcentrumet mot svänghjulet. Se till att det är vänt rätt. Vanligtvis finns en märkning "Schwungrad," eller "flywheel side" **(se illustration)**.

**7.14 "Flywheel side", märkning på lamellcentrumet (det kan också stå "Schwungrad")**

**7.15 Verktyg för centrering av lamellcentrum på plats**

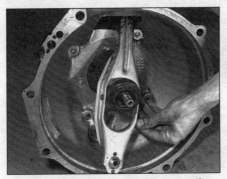

**8.5a Urtrampningsarm och lager på vajermanövrerad koppling . . .**

**8.5b . . . och på hydraulmanövrerad**

15 Placera kopplingen i rätt läge, notera tidigare gjorda passmärken. Sätt i skruvarna och dra åt med fingrarna. Sätt sedan i centreringsdornen **(se illustration)**.
16 Kontrollera att lamellcentrumet är centrerat, dra sedan åt skruvarna, lite i taget och diagonalt till det moment som anges i specifikationerna i början av kapitlet.
17 Demontera styrdornen och se efter att det stämmer mellan styrlager, koppling och lamellcentrum. Sitter de inte koncentriskt blir det svårt att montera växellådan.
18 Montera växellådan (se kapitel 7, del A).

### 8 Urtrampningslager - demontering, kontroll och montering

1 Då motor eller växellåda demonteras, passa på att kontrollera urtrampningslager och urtrampningsarm. Kontrollera att lagret snurrar fritt, inte har sprickor eller blåanlöpta partier orsakade av överhettning. Byt vid behov.
2 Demontera växellådan om detta inte redan gjorts (se kapitel 7, del A).
3 Demontera gummidamasken för urtrampningsarmen på kopplingskåpan.
4 Lösgör urtrampningsarmen från kultappen. På vissa modeller kan den hållas av en låsfjäder.
5 Dra bort urtrampningslagret från styrningen

och lossa det från armen **(se illustrationer)**.
6 Rengör styrning och splinesdelen på växellådans ingående axel. Smörj dem med ett värmebeständigt fett eller medel mot kärvning **(se illustration)**.
7 Fyll spåret i urtrampningslagret med samma fett, haka sedan lagret i urtrampningsarmen; smörj också kontaktytan mellan lager och arm **(se illustration 8.6)**.
8 Montering sker i omvänd ordning. Se till att fjädern på kultappen (i förekommande fall) sitter rätt. Se till att det inte kommer fett på beläggen.
9 Montera växellådan (se kapitel 7, del A).

### 9 Styrlager - kontroll och byte

1 Demontera Kopplingen (se avsnitt 7).
2 Bryt ut lagerhållaren **(se illustration)**.
3 Demontera styrlagret med en slagavdragare eller liknande verktyg **(se illustration)**.
4 Rengör och smörj styrlagret lätt, kontrollera sedan att det rör sig obehindrat. Byt i annat fall lager.
5 Montera det nya lagret med en stor hylsa eller rörbit som har något mindre ytterdiameter än lagret.
6 Montera ny lagerhållare.
7 Montera kopplingen (se avsnitt 7).

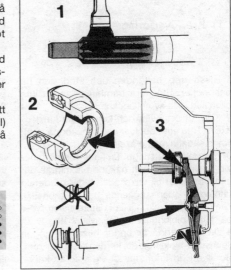

**8.6 Smörjning av urtrampningsmekanismen (infällt visas korrekt montering av låsfjäder på kulleden)**

1 Splines på ingående axel
2 Spår i urtrampningslager
3 Urtrampningsarmens ledpunkter

### 10 Kardanaxel och drivknutar - allmänt

1 Kardanaxeln **(se illustration)** är rörformad och utförd i två delar. Mitt på finns en förskjutbar splineskoppling, vilken tillåter lägesskillnader mellan motor och bakaxel.
2 Främre delen är fäst vid växellådans drivfläns med en universalknut och baktill stödd av det mittre stödlagret.
3 Den bakre delen är via en splineskoppling ansluten till främre delen och via en universalknut till bakaxeln.
4 En tredje universalknut är placerad alldeles bakom stödlagret.
5 1985 infördes en drivaxel med större diameter, och 1987 byttes främre universalknuten på bilar med manuell växellåda mot en motsvarande typ av gummi.

**9.2 Bänd loss styrlagrets hållare med en liten skruvmejsel**

**9.3 Demontera styrlagret med en slagavdragare eller liknande**

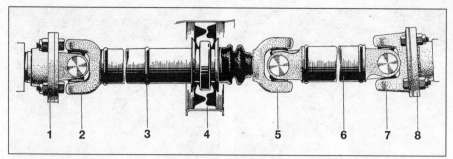

**10.1 Typisk kardanaxel**

1 Drivfläns, kardan till växellåda
2 Främre universalknut
3 Främre del av kardanaxel

4 Stödlager och rörligt splinesförband
5 Splines på universalknut

6 Bakre del av kardanfläns
7 Bakre universalknut
8 Drivfläns, kardan till bakaxel

**12.2 Se till att märka alla flänsars inbördes läge innan kardanaxeln demonteras - märken gör att axeln kan sättas tillbaka så att vibrationer inte uppstår**

## 11 Kraftöverföring - kontroll

**1** Hissa upp bakänden och stöd den på pallbockar. Blockera framhjulen så att inte bilen kan rulla av pallbockarna.
**2** Kryp under bilen och kontrollera kardanaxeln. Titta efter bucklor och sprickor på röret. Finns sådana måste axeln bytas.
**3** Kontrollera att inget läckage förekommer vid axelns fram- och bakände. Läckage där axeln ansluter till växellådan tyder på defekt tätning för lådans utgående axel (se kapitel 7). Läckage där axeln går in i differentialen tyder på defekt pinjongtätning (se avsnitt 19).
**4** Då man ändå är under bilen, låt någon snurra på hjulen så att kardanaxeln går runt. Se till att drivknutarna rör sig utan att kärva, att de inte har mossljud eller är glappa.
**5** Knutarna kan också kontrolleras då axeln står stilla. Ta tag i axeln på bägge sidor om knuten, vrid sedan åt olika håll. Märks ett glapp är knuten mycket sliten. Kan man lyfta upp axeln tyder det också på slitage.
**6** Kontrollera axelns fästskruvar, se till att de är dragna.
**7** Kontrollera att det inte finns något märkbart spel i splineskopplingen vid stödlagret genom att försöka vrida axlarna mot varandra. Större spel bör undersökas (se avsnitt 13).

## 12 Kardanaxel - demontering och montering

**1** Hissa upp bilen och stöd den på pallbockar.
**2** Innan främre eller bakre delen av axeln tas ner, märk upp hur de sitter i förhållande till varandra genom att göra märke med en fil eller med färg i kanten på flänsarna **(se illustration)**. Märk också de två axelhalvornas läge i förhållande till varandra. Axeln balanseras som en enhet; felaktig hopsättning kan därför orsaka vibrationer.
**3** Demontera de fyra skruvarna från bakre flänsen **(se illustration)**, sänk ner änden på axeln, dra sedan axeln bakåt för att lossa den från splinesförbandet vid mittre knuten **(se illustration)**.
**4** Demontera skruvarna för främre knut eller gummikoppling **(se illustration)**, sedan från stödlagrets infästning och sänk ned främre delen av axeln. Stöd axeln då lagerfästet lossas.
**5** Montering sker i omvänd ordning; se till att märkena som gjorts tidigare kommer på samma ställe. Stryk molybdendisulfidfett på axelns splines.
**6** Då axeln är riktigt monterad, skall oket i de båda sektionerna vara i samma plan **(se illustration)**. Dra inte åt stödlagrets fäst-

skruvar helt innan alla muttrar och bultar i flänsarna är dragna. Lagerfästet har avlånga hål så de kan inta rätt position.

## 13 Stödlager - demontering, kontroll och montering

**1** Demontera bakre delen av kardanaxeln (se avsnitt 12).
**2** Kontrollera den förskjutbara skarvens splines beträffande slitage eller sprickor.
**3** Om endast splinestappen är sliten eller skadad, demontera ok och splinestapp från knuten (se avsnitt 14).
**4** Montera ett nytt ok med splines, smörj

**12.3a Använd två nycklar - en på skruvskallen, en på muttern - vid demontering av universalknutens flänsbultar**

**12.3b Bakre kardanaxeln lossas vid splinesförbandet**

**12.4 Främre gummikoppling på senare modeller**

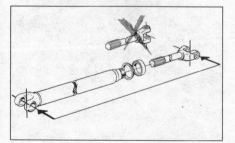

**12.6 Vid hopsättning av kardanaxeln, se till att oken är i samma plan**

13.4a Invändiga splines på främre kardanaxel

13.4b Montera gummidamask

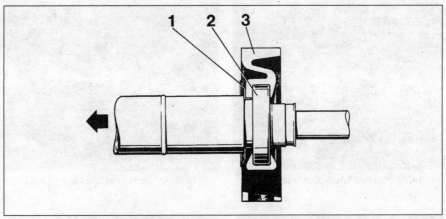

13.9 Stödlager och gummiupphängning (vid pilen) pilen pekar framåt

1 Dammskydd          2 Stödlager          3 Gummiupphängning

splinesen och montera ny damask **(se illustrationer)**; sätt sedan tillbaka bakre delen av axeln.
**5** Om splineshylsan också är skadad, kan hela axeln behöva bytas; rådgör med en Volvoverkstad.
**6** Kontrollera stödlagret beträffande slitage samt gummiupphängningen beträffande kondition eller skador av olja e dyl.
**7** Lagret skall rotera fritt utan skrapande ljud eller kärvning.
**8** Om lager eller gummiupphängning inte är i gott skick, byt dem enligt följande.
**9** Dra loss gummiupphängningen från axeln **(se illustration)**.
**10** Sätt upp axeln i ett skruvstycke med skyddsbackar, knacka sedan försiktigt loss lagret, se till att inte skada dammskyddet. Notera hur dammskyddet är monterat.

**11** Rengör dammskydd och lagerläge på drivaxeln.
**12** Montera dammskydd, den fasade kanten mot lagret **(se illustration)**.
**13** Knacka det nya lagret på plats med en rörformad dorn på innerbanan.
**14** Montera gummiupphängningen över lagret; fjäder och bricka bör vara i det undre segmentet.
**15** Kontrollera gummidamasken som är monterad över axelns splines, byt vid behov.
**16** Montera kardanaxeln (se avsnitt 12).

### 14 Drivknutar och gummiknut - byte

#### *Knutar*

**1** Demontera kardanaxeln (se avsnitt 12).
**2** Lossa låsringarna från lagerskålarna. Använd en dorn för att frigöra dem om de sitter fast.
**3** Sätt upp axeln i skruvstycket så att oket (inte flänsen) vilar på de öppna backarna. (Kom ihåg att axeln är ihålig och lätt kan skadas av för stort tryck.)
**4** Med en hylsa som precis passar över lagerskålarna och en hammare, knacka försiktigt oket nedåt så att den översta lager-

skålen sticker ut 3-4 mm (0,12-0,16 in) **(se illustration)**. Ta bort lagerskålen **(se illustration)**.
**5** Vrid axeln 180 grader och gör om operationen på andra sidan.
**6** Flänsen kan nu demonteras från drivaxeln (se illustration) och proceduren kan upprepas för det andra oket.
**7** Rengör lagersätena flänsen och axelns ok.
**8** Ta bort lagerskålarna från det nya knutkorset **(se illustration)** och se till att nållagren är väl smorda.

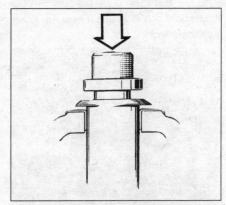

13.12 Se till att dammskyddets fasade kant vänds mot stödlagret

14.4a Knacka ned oket . . .

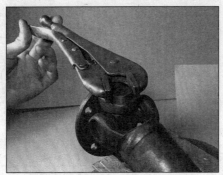

14.4b . . . och demontera lagerskålen

14.8 Knutkors, lager och låsringar

14.9a Placera knutkorset i oket . . .

14.9b . . . och montera lagerskålen

14.10a Pressa in lagerskålen i oket

14.10b Montering av låsring

14.11a Knacka in första skålen i oket . . .

14.11b . . . montera den andra skålen. . .

**9** Placera knutkorset i oket med drivfläns **(se illustration)** och montera en lagerskål i oket **(se illustration)**.

14.11c . . . och pressa den på plats med ett skruvstycke

14.18 Gummiknutens stödplatta

**10** Använd skruvstycket och en hylsa av lämplig diameter, pressa i lagerskålen ca 3-4 mm **(se illustration)**. Montera låsringen **(se illustration)**.
**11** Gör om arbetet på motsatta sidan, för sedan in knutkorset i oket på axeln (kom ihåg passmärkena), sätt i de återstående lagerskålarna. **(Se illustrationer)**.
**12** Montera de återstående lagerskålarnas låsringar.
**13** Kontrollera att knuten rör sig helt och obehindrat, stöd den mot skruvstycket och knacka försiktigt på den med en plastklubba, vilket centrerar lagren och förbättrar gången.
**14** Montera kardanaxeln (se avsnitt 12).

## Gummiknut

**15** Hissa upp bilen och stöd den på pallbockar.
**16** Gör passmärken mellan axel och drivfläns på växellådan.
**17** Demontera de sex muttrarna och skruvarna som håller flänsen till knuten (det kanske inte är möjligt att ta bort de skruvar som är vända framåt; de får då lämnas på plats i flänsen).
**18** Dra axeln bakåt och släpp ned den främre änden. Ta bort gummiknuten, styrtappen och stödplattan **(se illustration)**.
**19** Montering sker i omvänd ordning **(se illustration)**, kom ihåg passmärkena. Smörj styrtappen.

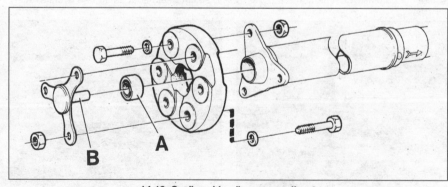

14.19 Sprängskiss över gummiknut

A Centrumhylsa     B Stödplatta

## 15 Bakaxel -
### beskrivning och kontroll

### Beskrivning

**1** Bakaxeln **(se illustration)** är halvt avlastad, d. v. s. bilens tyngd bärs upp av drivaxlarna. Vardera drivaxeln löper i ett koniskt rullager pressat på axeln i ytteränden. Bromsskivor och hjul är fästade i drivaxelns fläns.

**2** De flesta modeller har en bakaxel av typ 1030, men vissa modeller med högre prestanda har en axel som betecknas 1031, med annan utväxling. Diffbroms är tillgänglig som tillval.

### Kontroll

**3** Många gånger misstänks bakaxeln då problemet i verkligheten ligger någon annan stans. Undersök därför noggrant situationen innan bakaxeln beskylls som vållande.

**4** Följande missljud är de som vanligen sammanhänger med bakaxelproblem:

a) *Vägljud misstänks ofta vara tecken på mekaniska missförhållanden. Körning på olika vägbeläggningar ger besked om orsaken är vägljud. Vägljud ändrar sig mycket litet om bilen drivs framåt eller rullar fritt.*

b) *Däckljud misstänks ibland på liknande sätt vara tecken på mekaniska problem. Slitna däck eller däck med lågt däcktryck ger ofta ifrån sig vibrationer och missljud. Däckljudet är ganska konstant under olika körförhållanden medan ljud från bakaxeln ändrar sig vid acceleration, rullning utan belastning etc.*

c) *Missljud från motor och växellåda kan vara förrädiska eftersom de fortplantar sig längs drivlinan. För att isolera eventuella motor- och växellådsljud kan man notera det motorvarv då ljudet är mest uttalat. Stanna sedan bilen, lägg växellådan i friläge och kör motorn på det noterade varvtalet. Finns ljudet kvar, beror det inte på bakaxeln.*

**5** Renovering och allmänna reparationer på bakaxel och slutväxel/differential ligger utanför målet med denna bok på grund av de många specialverktyg och kritiska mätningar som krävs. Här begränsar sig därför beskrivningarna till demontering och montering av drivaxlar, byte av drivaxeltätningar och demontering av hela bakaxeln för åtgärd eller byte.

## 16 Drivaxel -
### demontering och montering

**1** Lossa hjulmuttrarna. Hissa upp bilen och stöd den säkert på pallbockar. Ta av hjulen.

**2** Demontera detaljer för parkeringsbromsen (se Kapitel 9).

**3** Demontera de fyra skruvarna som håller plattan till bakaxelhuset **(se illustration)**, observera bromsbackarnas hållfjäder som sitter under skruvskallarna **(se illustration)**.

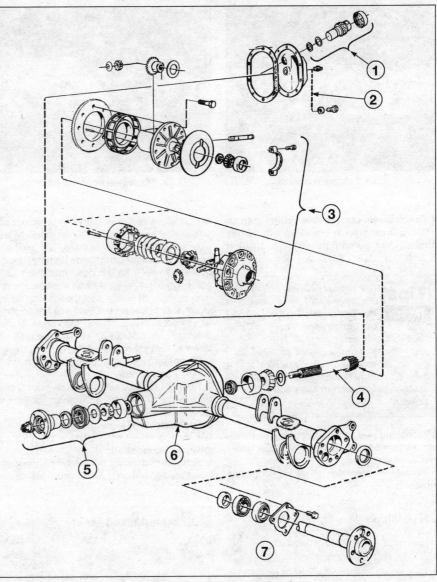

**15.1 Sprängskiss över bakaxel**

1 Elektronisk hastighetsgivare
2 Bakaxelkåpans lock och packning
3 Slutväxel/differential (standard överst, diffbroms under)
4 Pinjong
5 Drivfläns och främre lager
6 Diffhus och bakaxelkåpa
7 Drivaxel och lager

**16.3a Demontering av drivaxelns hållplatta**

**16.3b Bromsbackens hållfjäder under skruvarna (vid pilen)**

16.4 Drivaxeln dras ut

17.7a Tätningen knackas på plats

17.7b Tätningen på plats (vid pilen)

**4** Dra drivaxeln utåt **(se illustration)** med en tillfälligt monterad bromsskiva om så erfordras. Var beredd på oljespill. **Notera:** *Ingenting behöver lossas i den intre änden.*

**Tips HAYNES** *Om drivaxeln är av, och en del sitter kvar i huset, kan den andra delen tas ut genom att man tar bort bakaxelkåpan och rycker ut den avbrutna axelstumpen med en styv tråd genom differentialen. Se dock till att även de minsta flisor som bildats vid brottet avlägsnas från kåpa och axelrör.*

**5** Montering sker i omvänd ordning; kom ihåg att montera bromsbackarnas hållfjäder under skruvskallarna.
**6** Kontrollera oljenivån, fyll på vid behov. (se kapitel 1).

## 17 Bakhjulslager och tätning - kontroll och byte

**1** Demontera drivaxeln (se avsnitt 16).
**2** Rengör drivaxeln och lagret grundligt i avfettningsmedel.
**3** Kontrollera att inte drivaxelns splines är slitna eller har sprickor. Kontrollera även för böjning eller vridning. Förekommer sådana defekter måste drivaxeln bytas.

17.7c Montering av yttre lagerbana

**4** Kontrollera bärlagret beträffande tecken på slitage eller anlöpning. Om lagret måste bytas eller oljetätningen är skadad, se texten i början av avsnittet beträffande demontering.
**5** Man kan spräcka låsringen med hammare och huggmejsel eller med en kaptrissa, men man riskerar att skada axeln; demontering av lagret är också svårt om man inte har tillgång till en hydraulpress. Saknar man press är det enklaste sättet därför att ta med axeln till en fackman för byte av låsring, lager och tätning.
**6** Demontera lagrets ytterbana och inre tätning från axelhuset.
**7** Rengör lagerhuset, fetta in den nya tätningen före montering (läpparna inåt) samt yttre lagerbanan **(se illustrationer)**.
**8** Packa det nya lagret och tätningen med fett, och se till att hållplattan är på plats på drivaxeln **(se illustration)**.
**9** Kontrollera och, vid behov, fyll på bakaxelhuset med specificerat smörjmedel (se kapitel 1).

## 18 Pinjongtätning - byte

**1** Hissa upp bakänden och stöd den säkert på pallbockar.
**2** Tappa av oljan från bakaxeln, eller var beredd på oljespill (se kapitel 1).

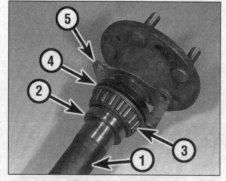

17.8 Drivaxellager
1 Axel  4 Tätning
2 Låsring  5 Hållplatta
3 Lager

**3** Demontera bakre delen av kardanaxeln (se avsnitt 12).
**4** Ta bort flänsmuttern genom att montera två långa skruvar genom ett par av hålen i flänsen och placera en kofot mellan dem medan muttern lossas - den sitter hårt.
**5** Använd en avdragare för att ta bort flänsen **(se illustration)**.
**6** Bänd ut tätningen med hjälp av en skruvmejsel, se till att insidan på huset inte skadas. Repor här kommer att resultera i fortsatt läckage.
**7** Rengör insidan på huset, kontrollera att inga märken eller repor finns. Mindre defekter kan jämnas ut med slipduk. Kontrollera på motsvarande sätt tätningsytan på drivflänsen.
**8** Smörj in läpparna och urtaget för fjädern på den nya tätningen.
**9** Montera tätningen med märkningen "outside" utåt **(se illustrationer)**.
**10** Knacka in tätningen så den går jäms med huset med hjälp av en träbit och en hammare **(se illustration)**.
**11** Sätt tillbaka drivfläns och mutter **(se illustrationer)**.

### Pinjonglager - inställning av förspänning

**Notera:** *Följande beskrivning gäller endast åtdragning av mutter efter byte av pinjongtätning. Den är inte tänkt som - och inte heller lämplig för - åtdragning av muttern sedan pinjonglagret har demonterats eller bytts.*
**12** Om drivaxelflänsen demonteras måste

18.5 Demontering av fläns med avdragare

**18.9a Märkning 'Outside' (utsida) på pinjongtätningen**

**18.9b Montera tätningen . . .**

**18.10 . . . och knacka den på plats**

lagrets förspänning kontrolleras enligt beskrivning i följande punkter.

**13** På modeller utan stukhylsa (bakaxlar utan "S" i serienumret), behöver helt enkelt muttern dras åt till angivet moment (se specifikationer). Ytterligare åtgärder krävs ej.

**14** På modeller med stukhylsa (axlar där serienumret börjar med "S"), kräver arbetet ett specialverktyg som mäter de moment som krävs för att vrida bakaxeln i pinjongaxeln (pinjonglagrets förspänning).

**15** Dra åt muttern till det *första* värdet angivet i specifikationerna.

**16** Kontrollera vilken kraft som erfordras för att vrida axeln (kontrollera att bromsarna inte ligger på); detta värde bör vara mellan de två angivna specifikationerna.

**17** Är det lägre, dra åt pinjongmuttern lite till

och kontrollera på nytt. Fortsätt på detta sätt tills rätt värde erhålls; se dock till att inte maxvärdet överskrids.

**18** Om förspänningen (här mätt som kraften som åtgår att vrida axeln) överskrids, måste ny stukhylsa monteras, vilket bäst utförs av Volvoverkstad.

**19** Montera kardanaxeln (se avsnitt 12) och fyll på olja i bakaxeln (se kapitel 1).

## 19 Bakvagn - demontering och montering

**1** Hissa upp bakänden på bilen och stöd den på pallbockar placerade just framför domkraftsfästena. Ta bort bakhjulen.

**2** Tappa av oljan från axeln (se kapitel 1).

**3** Ska bakaxelhuset bytas, demontera bromsok, skivor och parkeringsbromsens detaljer (se kapitel 9).

**4** Ska bakaxelhuset bytas, demontera axlarna (se avsnitt 16).

**5** Placera en garagedomkraft mitt under bakaxelhuset.

**6** Om avgasröret går under bakaxeln (gäller endast vissa modeller), demontera slutdelen av avgassystemet (se kapitel 4).

**7** Lossa drivaxeln från bakaxeln (se avsnitt 12).

**8** Demontera/lossa krängningshämmare, reaktionsstag, tvärlänk, stötdämparnas undre infästning och fjäderinfästningar (se kapitel 10).

**9** Demontera handbromsvajerns fäste från överdelen på bakaxeln (se kapitel 10).

**10** Lossa övriga bromsledningsinfästningar som kan förekomma på axeln.

**11** Lossa fästet för avluftningen.

**12** På modeller med elektronisk hastighetsmätare, lossa den elektriska anslutningen från givaren (se kapitel 12).

**13** Bakaxeln kan nu sänkas ned något, kontrollera samtidigt att alla anslutningar har lossats och att ingenting hänger upp sig.

**14** Ta fram bakaxeln på golvet.

**15** Montering sker i omvänd ordning; se vidare resp avsnitt i detta kapitel, samt kapitel 9 och 10 beträffande bromsar och fjädring. Dra inte åt alla skruvar helt i upphängningen tills bilen vilar på bakaxeln.

**16** Fyll på olja i bakaxeln (se kapitel 1).

**18.11a Montera flänsen . . .**

**18.11b . . . och dra åt muttern**

**Noteringar**

# Kapitel 9
# Bromssystem

## Innehåll

## Svårighetsgrad

| | | | | |
|---|---|---|---|---|
| **Enkelt,** passar novisen med lite erfarenhet  | **Ganska enkelt,** passar nybörjaren med viss erfarenhet  | **Ganska svårt,** passar kompetent hemma-mekaniker 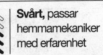 | **Svårt,** passar hemmamekaniker med erfarenhet | **Mycket svårt,** för professionell mekaniker  |

## Specifikationer

### Allmänt
Bromsvätska, typ ....................................... Se Kapitel 1

### Bromsskivor, fram
Tjocklek:
  Massiva, nya ........................................ 14,2
  Massiva, slitagegräns:* ............................. 12,7
  Ventilerade, nya:
    ATE ............................................. 23,9
    Girling .......................................... 22
  Ventilerade, slitagegräns:*
    ATE ............................................. 22,9
    Girling .......................................... 20
Skevhet (alla typer) ...................................... 0,8
Variation i tjocklek ....................................... 0,02
Beläggtjocklek ............................................ 3 mm
*Se märkning på skivan. Den ersätter informationen här.*

### Bromsskivor, bak
Tjocklek:
  Nya ............................................... 9,6
  Slitagegräns ...................................... 8,3
Skevhet .................................................. 0,8
Variation i tjocklek ...................................... 0,02
Beläggtjocklek - minimum ................................. 3 mm
*Se märkning på skivan. Den ersätter informationen här.*

### Parkeringsbroms
Trumdiameter ............................................. 160,5
Kast ..................................................... 0,15
Orundhet ................................................. 0,2

### Åtdragningsmoment           Nm
Främre bromsok, fästskruvar .............................. 100
Huvudcylinder, muttrar ................................... 30
Bromssköldar bak ......................................... 38
Bakre bromsok, fästskruvar ............................... 58

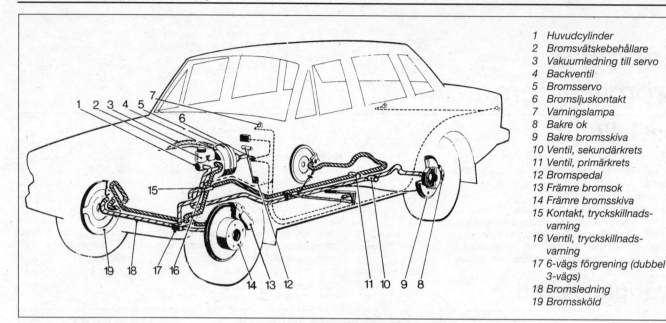

1 Huvudcylinder
2 Bromsvätskebehållare
3 Vakuumledning till servo
4 Backventil
5 Bromsservo
6 Bromsljuskontakt
7 Varningslampa
8 Bakre ok
9 Bakre bromsskiva
10 Ventil, sekundärkrets
11 Ventil, primärkrets
12 Bromspedal
13 Främre bromsok
14 Främre bromsskiva
15 Kontakt, tryckskillnads-
   varning
16 Ventil, tryckskillnads-
   varning
17 6-vägs förgrening (dubbel
   3-vägs)
18 Bromsledning
19 Bromssköld

**1.1 Bromssystem (modeller utan ABS)**

## 1 Allmänt

Bromssystemet **(se illustration)** manövreras hydrauliskt med skivbromsar på alla fyra hjulen. Ventilerade skivor används på frambromsarna fr.o.m. 1980.

De främre bromsoken är antingen av fabrikat ATE eller Girling, beroende på årsmodell (se notering i början på avsnitt 3). Bägge typerna är av liknande konstruktion men skiljer sig något i uppbyggnad. Oket är gjutet i två delar, som bultas samman och är skruvade till hjulspindeln. Övre och nedre cylinder och kolv är helt skilda från varandra, men bägge cylinderparen är förenade med invändiga kanaler. Bromsskivan, som är skruvad till navet, roterar mellan okets båda halvor. Vid bromsning trycker kolvarna genom bromsvätskans inverkan beläggen mot bromsskivan.

Kolven har en gummitätning som tätar mot bromsvätskans tryck, tätningen tjänstgör också som returfjäder då bromsningen upphör. Konstruktionen innebär också att bromsarna justeras automatiskt. En annan tätning mellan kolv och cylinder tjänstgör som damm-skydd.

De bakre bromsoken är också av fabrikat ATE eller Girling, beroende på modell (se notering i början av avsnitt 3). Båda fabrikaten påminner om de främre oken men har enkla cylindrar och kolvar.

På modeller utan ABS är bromssystemet uppdelat i dubbla kretsar så att varje krets manövrerar två cylindrar (det finns fyra cylindrar i varje ok fram) i vardera främre oket samt en cylinder vid ett av bakhjulen. Detta

garanterar att halva bromssystemet fungerar om en krets sätts ur funktion. Om detta inträffar varnas föraren genom att en varningslampa tänds på instrumentbrädan. Lampan styrs av en ventil som känner av tryckskillnad mellan kretsarna.

Modeller med ABS har en mer konventionell uppdelning av kretsarna i en främre och en bakre krets. Primärkolven (den bakre) i huvudcylindern manövrerar frambromsarna, sekundärkolven (den främre) bakbromsarna.

Bromsservoförstärkaren manövreras med bromspedalen. Kraften erhålls med hjälp av vakuum, från insugningröret på förgasar-modeller - från en separat vakuumpump på modeller med bränsleinsprutning. Pedal-kraften kan därmed reduceras.

Regulatorventiler finns i kretsen till varje bakhjul och förhindrar att bakhjulen låser sig vid kraftig inbromsning.

Parkeringsbromsen består av vajer-manövrerade backar i en liten bromstrumma, inbyggda i bakre bromsskivan.

Vid arbete på bromssystemet måste man vara noggrann, metodisk och iaktta absolut renlighet. Vid byte av detaljer måste ersätt-ningsprodukterna ha samma specifikation och hålla samma kvalitet som originalet.

⚠️ **Varning: Damm som bildas i bromssystemet kan innehålla asbest, vilket är hälsovådligt. Blås aldrig bort sådant damm med tryckluft, undvik också att andas in det. Använd en godkänd andningsmask vid arbete med bromsarna. Använd under inga omständigheter petroleumbaserade lösningsmedel vid rengöring av bromsdetaljer. Använd endast rengörings medel avsett för bromsar. Bromsvätska är giftig och angriper bilens lackering. Sug**

**aldrig upp bromsvätska med hjälp av munnen, tvätta omedelbart bort vätska som kommer på huden.**

## 2 Låsningsfria bromsar (ABS) - allmänt

### Beskrivning

Låsningsfria bromsar (ABS) **(se illustration)** är konstruerade för att göra bilen styrbar och stabil under maximal bromsning på de flesta underlag. Detta åstadkoms genom att bevaka varje hjuls rotation och, vid behov, reglera hydraultrycket till varje hjul vid inbromsning. Detta förhindrar hjullåsning.

ABS systemet har tre huvudsakliga kompo-nenter - hastighetsgivarna och pulshjulen, den elektroniska styrenheten och tryckmodu-latorn. Givarna - en vid varje framhjul och en på differentialen - sänder en växelspännings-signal till styrenheten som jämför dem med programmet och avgör om hjulet är på väg att låsas. Om ett hjul är på väg att låsas sänder styrenheten en signal till modulatorn som reducerar trycket (eller behåller det vid aktuell nivå) till hjulets bromscylinder. Tryck-regleringen sker med hjälp av elektriskt styrda solenoidventiler.

Om ett problem uppstår på systemet, tänds varningslampan "ABS" på instrumentpanelen. Ibland kan en visuell kontroll av systemet vara nog för att ett problem ska kunna rättas till. Kontrollera kablaget noggrant. Var extra observant på kablar till och anslutningar vid hjulen. Se till att kablarna inte är skavda eller på annat sätt skadade genom felaktig drag-ning. Om kabelstammen till en givare är skadad, ska berörd givare bytas (kabel och givare kan inte delas).

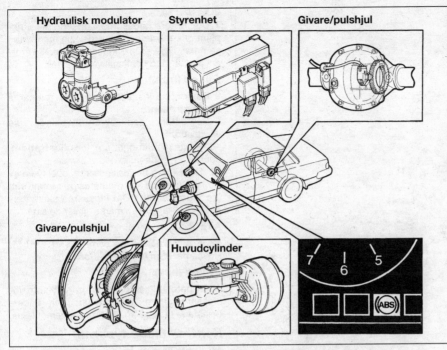

**2.1 Låsningsfria bromsar (ABS)**

Hydraulisk modulator    Styrenhet    Givare/pulshjul

Givare/pulshjul    Huvudcylinder

⚠️ **Varning: Försök ALDRIG reparera en kabelstam till ABS systemet. Systemet är känsligt för minsta resistansskillnad. Reparation kan ändra resistansvärdena och orsaka fel. Om någon kabel på något sätt är skadad måste den bytas.**

⚠️ **Varning: Se till att tändningen är avstängd innan någon elektrisk anslutning lossas eller sätts tillbaka.**

### Felsökning och reparation

Om varningslampan tänds och förblir tänd under körning, behöver ABS systemet kontrolleras. Specialutrustning krävs för riktig kontroll men man kan utföra några preliminära undersökningar innan man tar bilen till en fackman.

a) Kontrollera bromsvätskenivån i behållaren.

b) Kontrollera elanslutningar vid styrenheten.

c) Kontrollera elanslutningar vid hydraulmodulatorn.

d) Kontrollera säkringarna.

e) Följ kabelhärvan till framhjulen och till differentialen, se till att alla anslutningar sitter säkert och att alla kablar är oskadade.

Om ovanstående kontroller inte löser problemet, måste systemet undersökas av en fackman. På grund av systemets uppbyggnad måste reparation utföras av kvalificerad personal.

## 3  Bromsklossar - byte

⚠️ **Varning: Alla bromsklossar måste bytas vid bägge framhjulen samtidigt - byt aldrig klossar på bara en sida. Damm som bildas i bromssystemet kan innehålla asbest, vilket är hälsovådligt. Blås aldrig bort sådant damm med tryckluft, undvik**

också att andas in det. Använd en godkänd andningsmask vid arbete med bromsarna. Använd under inga omständigheter petroleumbaserade lösningsmedel vid rengöring av bromsdetaljer. Använd endast rengöringsmedel avsett för bromsar!

**Notera:** Antingen Girling eller ATE bromsok kan förekomma. Bromsfabrikatet har en kodbeteckning, "1" för Girling och "2" för ATE. Dessa koder återfinns på en plåt. Plåten sitter, på tidiga modeller, på B-stolpen bakom höger framdörr. Från mars 1978 till juli 1979 sitter den på höger framdörr. På 1980 års modeller sitter den framför kylaren och på 1981 års modeller i motorrummet på sedanmodellerna och i bagageutrymmet på herrgårdsvagnsmodellerna. 1976 och 1977 gäller koden bara bakbromsarna - alla främre ok är av fabrikat Girling. På 1983 års modeller anger kod nummer 2 att frambromsarna är av fabrikat Girling och bakbromsarna av fabrikat ATE.

**1** Bromsklossarna skall bytas när de har nått sin nedre slitagegräns enligt specifikationerna. Främre och bakre klossar på båda sidor bör bytas samtidigt. Byter man på bara en sida kan ojämn bromsverkan uppstå

**2** Observera att högfriktionsbelägg bak inte skall användas tillsammans med tidig typ av främre bromsklossar (Volvos reservdelsnummer DB818 eller DB828), eftersom detta kan leda till dålig samverkan mellan fram- och bakbroms.

**3** Lossa hjulmuttrarna, hissa upp framänden, stöd den säkert på pallbockar. Ta av hjulen.

### Demontering

**ATE (fram)**

**5** Knacka ut styrpinnen med en smal dorn **(se illustration)**.

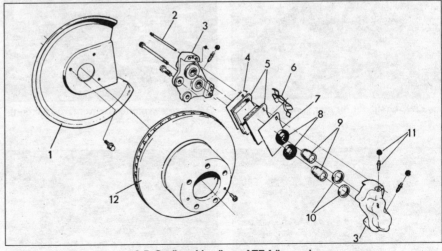

**3.5 Sprängskiss över ATE främre ok**

| | | |
|---|---|---|
| 1 Bromssköld | 6 Dämpfjäder | 10 Tätningar |
| 2 Styrpinne | 7 Skrikplåt | 11 Luftningsnippel och |
| 3 Ok | 8 Dammskydd | dammskydd |
| 4 Skrikplåt | 9 Kolvar | 12 Ventilerad skiva |
| 5 Bromsklossar | | |

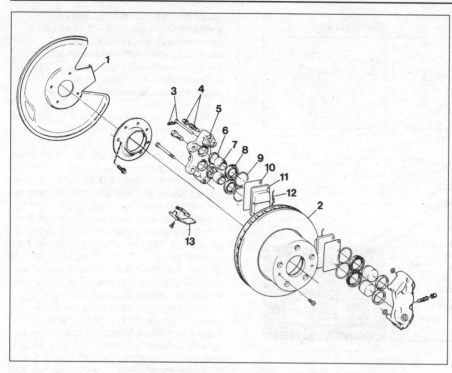

**3.8a Sprängskiss över Girling främre ok**

1 Bromssköld
2 Skiva (ventilerad)
3 Styrpinne och låsfjäder
4 Luftningsnippel och dammskydd
5 Ok
6 Kolvtätning
7 Kolv
8 Dammskydd
9 Låsring för dammskydd
10 Skrikplåt
11 Bromskloss
12 Dämpfjäder
13 Täckplåt (endast vissa modeller)

6 Ta bort fjädern.
7 Demontera klossarna, observera skrikplåtarnas placering så att de kan monteras i samma läge. Om klossarna skall återanvändas, lägg märke till var de sitter

### Girling (fram)

8 Demontera låsfjädrarna från styrpinnarna **(se illustration)**.
9 Demontera den övre styrpinnen **(se illustration)**.
10 Bänd ut dämpfjädern **(se illustration)**, demontera sedan den nedre pinnen.
11 Demontera bromsklossarna, observera ev skrikplåtar så de kan monteras på samma sätt **(se illustration)**. Om klossarna skall återanvändas, lägg även märke till var de sitter.

### ATE (bak)

12 Arbetet går till på samma sätt som för klossarna fram **(se illustrationer)**.

### Girling (bak)

13 Arbetet tillgår på samma sätt som för klossarna fram, förutom att den fjäderbelastade täckskivan först måste demonteras.

## Kontroll (båda typerna)

14 Kontrollera att kolvtätningarna inte läcker samt att dammskyddet inte är oskadat. Om detta är fallet, se avsnitt 4.
15 Använd en träbit för att pressa in kolvarna i oket (de nya bromsklossarna kommer annars att vara för tjocka). Under detta moment kan bromsvätska flöda över behållaren; var beredd på spill. Om kolvarna inte kan tryckas in med denna metod, lossa respektive luftningsnippel då kolvarna trycks in, men

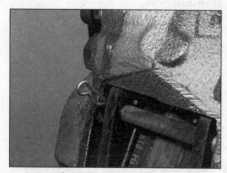

**3.8b Låsfjäder för styrpinne (Girling)**

**3.9 Övre styrpinnen demonteras (Girling)**

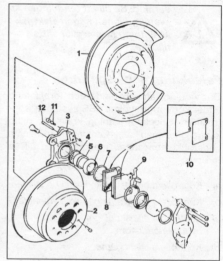

**3.12a Detaljer för bakre ATE ok**

1 Bromssköld
2 Skiva
3 Ok
4 Kolvtätning
5 Kolv
6 Dammkåpa
7 Låsring för dammkåpa
8 Kloss
9 Dämpfjäder
10 Skrikplåt (i förekommande fall)
11 Luftningsnippel och dammskydd
12 Styrpinne

**3.10 Dämpfjäder och undre styrpinne (Girling)**

**3.11 Demontering av klossar (Girling)**

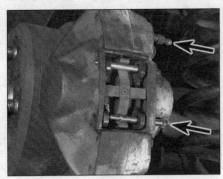

3.12b Styrpinnar (vid pilarna) för ATE
bakre ok

3.12c Klossarna demonteras på ATE
bakre ok

bromsdetaljer. Använd endast speciellt rengöringsmedel för bromsar. Bromsvätska är giftig och angriper dessutom lackeringen. "Slanga" aldrig ut bromsväska genom att suga i slangen med munnen. Tvätta omedelbart bort bromsvätska som kommer på huden noggrant.

**Notera:** *Beskrivningen gäller för både ATE och Girling. Skaffa nya tätningar och nya fästskruvar innan arbetet påbörjas.*

**1** Lossa hjulmuttrarna, hissa upp framänden stöd den säkert på pallbockar. Ta bort hjulet.

**2** Placera ett kärl under oket, rengör noga oket och klossarna med bromsrengöring.

**3** Ta av locket på bromsvätskebehållaren, lägg en bit hushållsfolie av plast över öppningen och sätt tillbaka locket. Detta reducerar förlusten av bromsvätska då en ledning är öppen.

**4** Lossa bromsrörets anslutning vid oket **(se illustration)**. Täck för öppningen i röret, eller sätt en klamma på slangen för att bromsvätskan inte skall rinna ut.

**Notera:** *Använd om möjligt en bromsledningsnyckel, så att anslutningarna inte dras undan. Plugga den öppna anslutningen, eller kläm ihop bromsslangen så att inte bromsvätska rinner ut.*

**5** Demontera bromsklossarna (se avsnitt 3)

**6** Demontera okets fästskruvar och lyft bort oket. Kasta skruvarna.

**7** Tappa av vätskan från oket. Ta bort all smuts från oket innan det placeras på en ren arbetsbänk.

> ⚠ **Varning: Försök aldrig dela oket. Specialverktyg erfordras och halvorna kan aldrig sättas samman utan tillgång till fabriksutrustning.**

**8** Demontera dammskydden från kolvarna **(se illustration)**.

**9** Lägg en träbit mellan kolvarna som buffert, blås sedan in luft i cylindrarna genom bromsrörsanslutningen **(se illustration)**.

> ⚠ **Varning: Kolvarna kan slungas ut med kraft. Håll undan fingrarna.**

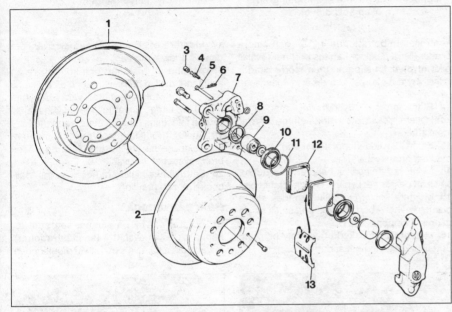

3.13 Sprängskiss över Girling bakre ok

| | | | |
|---|---|---|---|
| 1 Bromssköld | 5 Styrpinne | 8 Kolvtätning | 11 Låsring för |
| 2 Skiva/trumma | 6 Låsfjäder | 9 Kolv | dammkåpa |
| 3 Dammskydd | 7 Ok | 10 Dammkåpa | 12 Kloss |
| 4 Luftningsnippel | | | 13 Dämpfjäder |

bromsarna kan behöva luftas efter arbetets avslutning (se avsnitt 10).

**16** På bakbromsar av fabrikat ATE, kontrollera läget på kolvens steg (se avsnitt 4).

## Montering (båda typerna)

**17** Smörj kontaktytorna mellan kolv och bromskloss samt ev plåtar med speciellt bromsfett; se till att inget fett kommer på friktionsbelägg eller -skiva.

**18** Montering av backarna sker i omvänd ordning mot demontering. Byt detaljer såsom fjädrar och låsfjädrar vid behov, de kan medfölja de nya bromsbeläggen.

**19** Tryck ned bromsen flera gånger då arbetet är färdigt för att beläggen skall komma i kontakt med skivan.

**20** Om någon luftnippel öppnats, lufta bromssystemet (se avsnitt 10).

**21** Sätt tillbaka hjulen och ta ned fordonet från pallbockarna.

**22** Kontrollera bromsvätskenivån, fyll på vid behov.

**23** Undvik hårda inbromsningar så långt det är möjligt de första 50 milen så att beläggen hinner slita in sig.

### 4 Bromsok - demontering, renovering och montering

## Främre ok

> ⚠ **Varning: Damm som bildas i bromssystemet kan innehålla asbest, vilket är hälsovådligt. Blås aldrig bort sådant damm med tryckluft, undvik också att andas in det. Använd en godkänd andningsmask vid arbete med bromsarna. Använd under inga omständigheter petroleumbaserade lösningsmedel vid rengöring av**

4.4 Lossa båda bromsledningarnas anslutningar (vänstra pilarna), demontera sedan skruvarna för oket (högra pilarna)

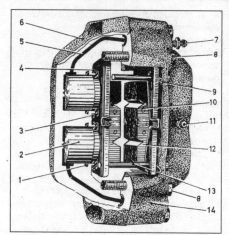

**4.8 Genomskärning av främre ok (Girling visat)**

| | |
|---|---|
| 1 Tätning | 8 Skruvar som håller |
| 2 Kolv | ihop okets halvor |
| 3 Dammskydd | (får ej demonteras) |
| 4 Låsring | 9 Låsfjäder |
| 5 Bromsvätskekanal | 10 Bromskloss |
| som förbinder | 11 Undre luftnings- |
| höger och vänster | nippel |
| okhalva | 12 Dämpfjäder |
| 6 Yttre okhalva | 13 Låspinne |
| 7 Övre luftnings- | 14 Inre okhalva |
| nippel | |

**10** Demontera tätningarna i cylindern, se till att loppet inte repas **(se illustration)**.
**11** Rengör kolvarna i sprit eller ren broms-vätska, tvätta loppen på samma sätt, innan de

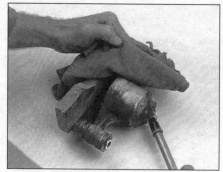

**4.9 Hindra att kolvarna far ut, använd sedan tryckluft för att tvinga kolven ur loppet - se till att inte klämma fingrarna mellan kolv och ok**

kontrolleras beträffande repor och andra skador. Små defekter kan tas bort med stålull eller mycket fin slipduk, men större skador kräver byte av kolvar (om de är tillgängliga), eller av oket.
**12** Blås igenom cylindrarna med luft, kontrollera också att tvärkanalerna inte är igensatta.
**13** Smörj in cylinderlopp, kolvar och tätningar med ren bromsvätska.
**14** Montera tätningarna i spåren i cylindern, se till att de går ner i spåret ordentligt runt om.
**15** Montera kolvarna i cylindern (den större diametern inåt - bort från mitten), se till att de går rakt i loppen.
**16** Montera dammskydd över kolv och ok. Sätt tillbaka låsring om sådan finns.

**4.10 använd ett verktyg av plast eller trä, t.ex. en penna, för att demontera kolvtätningen**

**17** Montera oket, använd nya skruvar, dra dem till angivet moment.
**18** Använd ett bladmått och kontrollera att avståndet mellan bromsskiva och ok är lika på båda sidor, toleransen får vara 0,25 mm (0,010 in). Lägg i annat fall mellanlägg mellan ok och infästning för att justera avståndet.
**19** Anslut bromsledningarna och montera bromsklossarna (se avsnitt 3), lufta sedan bromssystemet (se avsnitt 10).
**20** Sätt tillbaka hjulen, ta ner bilen från pall-bockarna och provkör.

## Bakre bromsok

**21** Arbetet går till på samma sätt som för främre ok enligt avsnitt 4 **(se illustrationer)**. Använd även här nya skruvar vid monteringen.

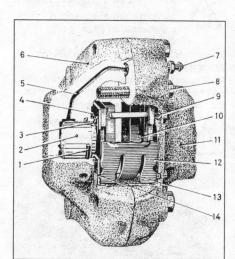

**4.21a Genomskärning av bakre ok (Girling visat)**

| | |
|---|---|
| 1 Tätning | 7 Luftningsnippel |
| 2 Kolv | 8 Skruv |
| 3 Dammskydd | 9 Låsfjäder |
| 4 Låsring för | 10 Bromskloss |
| dammskydd | 11 Inre okhalva |
| 5 Bromsvätskekanal | 12 Dämpfjäder |
| som förbinder | 13 Styrpinne |
| okhalvorna | 14 Bricka |
| 6 Yttre okhalva | |

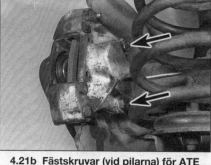

**4.21b Fästskruvar (vid pilarna) för ATE bakre ok**

**4.21d Ny kolv trycks på plats**

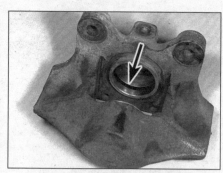

**4.21c Cylinder med kolvtätning (vid pilen)**

**4.21e Så här måste dammskyddet monteras**

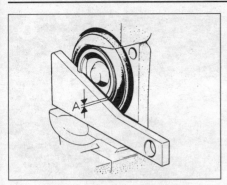

**4.22** Volvo specialverktyg för inställning av kolv i ATE ok

*A (spel mellan verktyg och ansats) = 1,0 mm*

**22 Notera:** *ATE kolvar fordrar ett special-verktyg* **(se illustration)** *för inställning av ansatsen i förhållande till oket.* Vinkeln skall vara 20° ± 2°.
Saknas detta verktyg, gör ett av kartong eller plåt.

---

## 5 Bromsskiva - kontroll, demontering och montering

**Notera:** *Beskrivningen gäller för både främre och bakre bromsskivor.*

### Kontroll

**1** Lossa hjulbultarna, hissa upp bilen och stöd den säkert på pallbockar. Demontera hjulet. Om de bakre bromsskivorna berörs, lossa parkeringsbromsen.
**2** Om skivorna ska demonteras, ta bort bromsoken enligt beskrivning i avsnitt 4. Bromsslangen behöver inte lossas. Häng sedan upp oket i ett snöre så att det är ur vägen.
**3** Kontrollera att inte skivans yta är repad eller skadad. Mindre repor och grunda spår normalt och behöver inte påverka funktionen menligt, men djupare spår - mer än 0,4 mm - kräver att skivan demonteras, för att sedan bearbetas av en specialist. Kontrollera skivans båda sidor **(se illustration)**. Om broms-

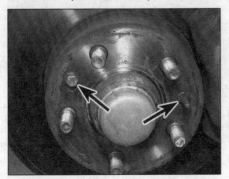

**5.6a** Främre skivans skruvar (vid pilarna); notera placeringen av styrstiftet för hjulet (i förekommande fall)

**5.3** Bakre bromsklossarna på denna bil hade tydligen fått dålig tillsyn, de har slitits så hårt att djupa spår bildats i skivan - skivan måste i detta fall bytas

pedalen pulserar vid inbromsning kan man misstänka en skev skiva.
**4** Vid kontroll av skevhet, sätt en mätklocka mot skivan, ca. 13 mm från ytterkanten **(se illustration)**. Nollställ mätklockan, vrid sedan runt skivan. Utslaget ska inte överstiga max-måttet i specifikationerna. I annat fal måste skivan demonteras för att sedan bearbetas av en specialist. **Notera:** *Det är bäst att bearbeta skivan oavsett vad mätklockan visar. Detta ger en helt plan och slät yta för beläggen att arbeta mot.* Man bör åtminstone ta bort den glas-aktiga ytan med slippapper i roterande rörelser **(se illustration)**.
**5** Skivan får dock inte bearbetas till mindre tjocklek än vad som står i specifikationen

**5.4b** Ta bort den blanka ytan med slipduk och cirkulära rörelser

**5.6b** Demontera skivans fästskruvar . . .

**5.4a** Vid kontroll av skevhet, sätt upp en mätklocka som bilden visar och snurra på skivan

Tjockleken kan mätas med mikrometer **(se illustration)**.

### Demontering

**6** Demontera skivans fästskruvar **(se illu-strationer)** ta sedan bort skivan från navet **(se illustration)**. Kärvar skivan på navet, spruta på rostolja i ytan mellan skiva och nav **(se illustration)**. Låt oljan verka några minuter så att passningsrosten löses upp något. Knacka sedan bort skivan med en mjuk klubba. Sitter skivan fortfarande fast, stoppa in en spår-skruvmejsel genom navet, vrid tandhjulet på justeringen för parkeringsbromsen och justera ihop backarna **(se illustration)**.

**5.5** Skivtjockleken kan mätas med mikrometer

**5.6c** . . . och sedan skivan

**5.6d Om skivan sitter hårt, spruta rostolja i skarven mellan skiva och nav**

**5.6e Om detta inte får skivan att lossna, för in en spårskruvmejsel genom navet och vrid tandhjulet på justeringen så att backarna går ihop**

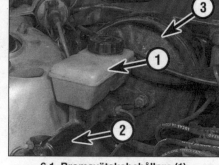

**6.1 Bromsvätskebehållare (1), huvudcylinder (2) och bromsservo (3)**

## Montering

**7** Placera skivan på navet och dra i skruvarna. Dra demontera ordentligt.

**8** Sätt tillbaka bromsklossar och ok (se avsnitten 3 och 4). Dra oken till rätt moment enligt specifikationerna i början på kapitlet.

**9** Montera hjulet, sänk ned bilen och dra hjulbultarna till rätt moment enligt specifikationerna i kapitel 1. Tryck ned bromspedalen några gånger så att klossarna sätter sig mot skivan.

**6.7 Demontering av behållaren från huvudcylindern**

**10** Justera backarna för parkeringsbromsen vid behov.

**11** Kontrollera bromsarna noggrant innan bilen tas i bruk.

## 6 Huvudcylinder - demontering, renovering och montering

**1** Huvudcylinder och bromsvätskebehållare är monterade på servoenheten i motorrummet **(se illustration)**. Det kan hända, efter lång tids användning, att tätningarna i cylindern kan börja läcka. Tecken på detta är att pedalen sjunker under tryck, då inget externt läckage kan upptäckas.

**2** Lägg några trasor under cylindern för att samla upp ev spill. Sug så mycket bromsvätska som möjligt ur bromsvätskebehållaren.

**3** Lossa ledningen till varningskontakten för låg bromsvätskenivå (då sådan finns).

**4** Demontera muttrarna som håller cylindern vid servon.

**5** På vissa modeller (1984 och 1985) lossa matningsledningen till kopplingens hydraulsystem.

**6** Lossa alla ledningar, ta därefter bort

cylindern och lägg den på en ren arbetsbänk. Torka av ev spill på lacken.

⚠ **Varning: Då huvudcylindern demonterats får man inte trampa ned bromspedalen, servon kan då skadas.**

**7** Lossa behållaren från huvudcylindern - den kan dras ur tätningarna **(se illustration)**.

**8** Demontera låsringen i änden på huvudcylindern och dra ut kolv och fjäder **(se illustrationer)**.

**9** Rengör alla detaljer i bromsvätska och blås genom utjämnings- och överströmningshål i cylindern med tryckluft från en fotpump.

**10** Undersök cylinderloppet beträffande kraftigare repor och andra skador. Byt cylinder om sådana skador finns eftersom läckaget inte kan elimineras med nya tätningar.

**11** Kolvar, kolvlänk och tätningar kommer som en enhet i reparationssatsen; den bör smörjas med bromsvätska före montering.

**12** Häll ren bromsvätska i cylindern för att smörja loppet, sätt sedan in kolv och tätningar. Kontrollera att fjäder och fjädersäte är i rätt läge **(se illustrationer)**.

**13** Sätt tillbaka låsringen i änden på cylindern.

**14** Sätt tillbaka bromsvätskebehållaren med nya tätningar.

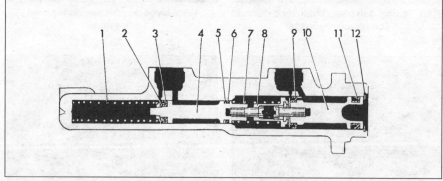

**6.8a Genomskärning av huvudcylinder**

| | | |
|---|---|---|
| 1 Fjäder | 5 Tätning | 9 Tätning |
| 2 Fjädersäte | 6 Tätning | 10 Primärkolv |
| 3 Tätning | 7 Fjäder | 11 Tätning |
| 4 Sekundärkolv | 8 Länkhylsa | 12 Låsring |

**6.8b Demontera låsringen så att kolvarna frigörs - kolvarna måste tryckas in något för att ringen ska släppa**

6.12a Montera fjädersätet . . .

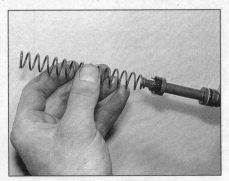

6.12b . . . och fjädern

6.12c Montera kolvarna i huvudcylindern

15 Montera cylindern på servoenheten - detta sker i omvänd ordning mot demontering.
16 Anslut alla bromsledningar.
17 Lufta systemet (se avsnitt 10).

## 7 Bakbromsventiler - demontering och montering

1 Fel i de två bromsventilernas bak kan endast åtgärdas genom byte av enheten eftersom de är inbyggda i bromsledningen.
2 Hissa upp bakänden på bilen och stöd den på pallbockar.
3 Lossa bromsröret från bromsventilen (se

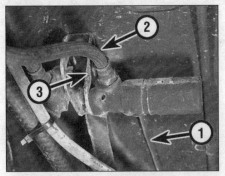

7.3 Bakre bromsventil: rör (1 ), slang (2) och fästskruv (3)

illustration). Plugga igen röret så att inte bromsvätskan rinner ut.
4 Lossa men ta inte bort bromsslangen från ventilen. Skruva inte loss den mer än 1/4 varv.
5 Demontera bort ventilen och sedan ventilhuset från slangen. Vrid inte slangen under detta arbete.
6 Montera i omvänd ordning. **Notera:** *Arbetstrycket varierar med modell. Kontrollera att rätt bromsventil monteras.*
7 Lufta bromsarna efteråt (se avsnitt 10).

## 8 Ventil, tryckskillnadsvarning - demontering och montering

1 Varningsventilen för tryckskillnad är placerad i motorrummet, skruvad till vänster balk **(se illustration)**. På tidiga modeller kan den finnas på höger sida.
2 En renoveringssats finns för vissa modeller, men vi rekommenderar inte att ventilen tas isär. Är den defekt, byt den.
3 Täck för lufthålen i locket till bromsvätskebehållaren för att förhindra onödig vätskeförlust.
4 Rengör ventilen och området runt omkring.
5 Lossa den elektriska anslutningen till ventilen.
6 Demontera fästskruvarna och sedan ventilen.
7 Montera i omvänd ordning.

8 Lufta systemet (se avsnitt 10) efter avslutat arbete.
9 Kontrollera arbetet genom att trycka ned bromspedalen hårt i 60 sekunder och se efter att inte ventilen läcker.

## 9 Bromsslangar och ledningar - kontroll och byte

1 Närhelst man misstänker läckage, skall slangar, ledningar, anslutningar och infästningar kontrolleras.
2 Kontrollera slangarna beträffande skavning, veck, sprickor eller ansvällning; byt vid behov.
3 Lossa alltid anslutningarna från den flexibla detaljen först, använd två nycklar så att slangarna inte vrids. Lossa sedan slangen från fäste och klamma **(se illustration)**.
4 Vid montering, kontrollera att slangen inte skaver mot intilliggande detaljer samt att den inte är vriden eller spänd.
5 Bromsrör bör rengöras och kontrolleras beträffande korrosion skavning och andra skador.
6 Kontrollera att fästen och klammor sitter ordentligt. **Notera:** *På modeller efter 1977 har bromsledningarnas dragning på bakaxeln ändrats. En klamma och hylsa används nu för att fästa ledningen; klamman skall ligga ca 60,0 mm (2,4 in) från reaktionsstagets fäste* **(se illustration)**. *Om en ny ledning monteras*

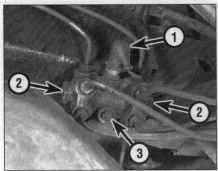

8.1 Varningsventil för tryckskillnad
1 Elanslutning     3 Fästskruv
2 Ändpluggar

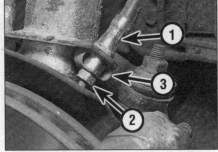

9.3 Typisk anslutning av bromsrör till slang
1 Bromsslang      3 Låsfjäder
2 Bromsrör

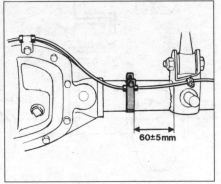

9.6 Placering av bromsledningens fästklamma på modeller efter 1977

*på en äldre bakaxel, måste ledningen fästas vid axeln.*

**7** Alla ledningar som visar tecken på korrosion bör bytas. Bromsrör finns tillgängliga i olika längder och kan också tillverkas av leverantören.

**8** Använd det gamla röret som mall och bocka det nya till rätt form; böj inte mer än nödvändigt, eftersom röret kan kollapsa. Detta görs bäst av en specialist.

**9** Speciella nycklar för bromsledningar **(se illustration)** finns tillgängliga; de bör användas istället för vanliga nycklar för att undvika att nyckelfattningen vid anslutningarna dras rund

**10** Lufta bromssystemet efter fullbordat arbete (se avsnitt 10).

### 10 Hydraulsystem - luftning

## Modeller utan ABS (låsningsfria bromsar)

**1** När bromssystemet har renoverats, någon detalj bytts, eller vätskenivån blivit för låg i behållaren, finns risk för luft i systemet. Detta gör att del av eller hela pedalrörelsen går åt till att trycka ihop luften som finns i ledningen. Om endast små mängder luft förekommer, kommer pedalen att kännas "svampig", men om större mängder luft kommit in, får man aldrig riktigt tryck i bromsledningarna och bromsarna kanske inte fungerar alls.

**2** Detta kan rättas till genom att bromsvätska pumpas genom systemet tills all luft har passerat ut i form av bubblor i vätskan.

**3** Om endast en bromskrets har öppnats,

**9.9 En bromsledningsnyckel hindrar att anslutningen dras rund**

behöver bara denna luftas. Om bägge kretsarna öppnats, eller när vätskan byts, måste hela systemet luftas. Kretsarna är dragna på följande sätt:

**Primärkrets\*:** Övre bromscylindrarna i de främre oken samt vänster bakre ok.

**Sekundärkrets\*:** De nedre främre cylindrarna samt höger bakre ok.

\*Notera: På modeller före 1977 är kretsarna dragna tvärt om.

**4** Lufta systemet **(se illustration)**.

**5** Det finns tre luftningsnipplar på varje främre bromsok och en på det bakre. Då de nedre cylindrarna på framoken luftas, skall bägge luftningsnipplarna öppnas och stängas samtidigt.

**6** Ta fram två genomskinliga plaströr, som passar precis över luftningsnipplarna, en glasburk och ren bromsvätska.

**7** Fyll på bromsvätskebehållaren vid behov. Se till att den hålls full under hela arbetet.

**8** Anslut slangen eller slangarna till luftningsnippeln (nipplarna) till det första oket, som skall luftas (4). Häll lite bromsvätska i burken och stick ned den fria änden på slangen

(slangarna) i burken, så att den mynnar under vätskenivån.

**9** Lossa luftningsnippeln (nipplarna). Låt någon med lugna bestämda tag trycka ned bromspedalen fem gånger, stanna 5:e gången då pedalen är helt nedtryckt. Dra åt nippeln (nipplarna). Bromspedalen kan sedan släppas upp.

**10** Fyll åter på bromsvätskebehållaren.

**11** Upprepa moment 9 och 10 tills ren bromsvätska, fri från luftbubblor, kommer från luftningsnippeln (nipplarna).

**12** Fortsätt på samma sätt med övriga ok i angiven ordningsföljd.

**13** Efter fullbordat arbete, kontrollera att bromspedalen känns hård. Fyll på vätska i bromsvätskebehållaren och sätt tillbaka locket.

**14** Bromsvätskan som luftats från systemet skall inte återanvändas; se till att den tas om hand på betryggande sätt.

### Luftning med backventil

**15** En luftningsanordning med backventil **(se illustration)**. förenklar arbetet och reducerar risken för att luft bakvägen kommer in i systemet igen.

**16** Vid användning av sådan anordning, anslut slangen till luftningsnippeln och öppna nippeln 1/2 varv. Placera, om möjligt, slangen så att den kan ses inifrån bilen. Tryck ned bromspedalen så långt det går och släpp den sakta. Backventilen i anordningen hindrar luft som tryckts ut att gå tillbaka in i systemet när pedalen släppts **(se illustration)**. Upprepa detta tills ren bromsvätska, fri från luftbubblor, syns i slangen. Dra åt luftningsskruven och ta bort slangen.

**17** Gör på samma sätt med återstående luftningsnipplar i angiven ordningsföljd. Kontrollera under hela arbetet att tillräcklig bromsvätskemängd finns i behållaren på huvudcylindern, annars är allt arbete fram till denna punkt till ingen nytta.

### Luftning med tryckluftsanordning

**18** Dessa uftningsanordningar kan inhandlas från tillbehörsaffärer och drivs ofta med tryckluft från reservhjulet.

**19** Genom att sätta bromsvätskebehållaren under tryck, kan luftning utföras helt enkelt genom att man öppnar luftningsnipplarna i tur

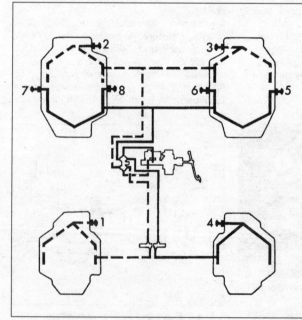

1  Luftningsnippel för vänster bakre ok
2  Övre, inre luftningsnippel för vänster, främre ok
3  Övre, inre luftningsnippel för höger, främre ok
4  Luftningsnippel för höger bakre ok
5  Yttre luftningsnippel för höger, främre ok\*
6  Nedre, inre luftningsnippeln för höger, främre ok\*
7  Yttre luftningsnippel för vänster, främre ok\*
8  Nedre, inre luftningsnippel för vänster, främre ok\*
\*Lufta dessa parvis (bägge högra, sedan bägge vänstra)

**10.4  Luftning av bromsar, ordningsföljd**

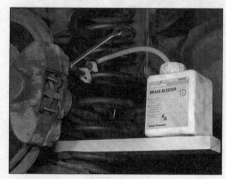

**10.15  Typisk luftningsanordning med backventil**

och ordning och låter vätskan rinna ut, ungefär som att vrida på en kran, tills inga luftbubblor längre syns i vätskan som strömmar ut.

**20** Den stora bromsvätskereserven hindrar luften att gå tillbaka in i systemet under luftningen.

### Modeller med ABS (låsningsfria bromsar)

**21** Luftning av hydraulsystemet på modeller med låsningsfria bromsar (ABS) går till på samma sätt som för modeller utan ABS, förutom att oken luftas i annan ordning. Börja med vänster bakre ok, lufta sedan höger bakre ok, vänster fram och slutligen oket vid höger framhjul.

## 11 Parkeringsbroms - justering

**Notera:** *Parkeringsbroms justeras normalt bara för att kompensera vajerns sträckning. Vissa modeller har justering för backarna. Justermekanismens främsta uppgift är att ställa backarna i rätt läge från början. På modeller som saknar backjustering sker all justering på vajern vid spaken.*

**1** Lossa hjulbultarna bak. Hissa upp bakänden och stöd den säkert på pallbockar. Ta av bakhjulen. Släpp parkeringsbromsen.

### Modeller med justering för backarna

**2** Demontera askkoppen från mittkonsolen (se kapitel 11).

**3** Lossa justerskruven **(se illustration)** så att vajrarna helt avlastas.

**4** Backa av justermekanismen i baktrumman genom att föra in en spårskruvmejsel genom hålet i trumman och vrida tandhjulet **(se illustration)**.

**5** Justera sedan ut backarna så att de bromsar trumman, backa sedan fyra eller fem hack.

**6** Dra åt justerskruven vid spaken så att bromsarna låser, då spaken dragits åt två till åtta hack. Se till att bromsarna släpper helt då parkeringsbromsen släppts.

**7** Justera balansen mellan vajrarna vid behov, med hjälp av muttrarna i kablarnas ändar, så

**11.7 Muttrar i vajerändarna (vid pilen)**

**11.3 Parkeringsbromsens skruv för vajerjustering (vid pilen)**

att oket står vinkelrätt mot spaken då bromsen är åtdragen **(se illustration)**. **Notera:** *Man måste demontera mittkonsolen för att kunna göra detta.*

**8** Montera askkoppen.

**9** Montera hjulen, ta bort pallbockarna, sänk ned bilen och dra hjulbultarna till rätt moment enligt specifikation i kapitel 1.

### Modeller utan justering för backarna

**10** Demontera askkoppen från mittkonsolen.

**11** Släpp parkeringsbromsen.

**12** Justera enligt punkt 6 ovan.

## 12 Bromsbackar, parkeringsbroms - byte

⚠️ *Varning: Damm som bildas i bromssystemet kan innehålla asbest, vilket är hälsovådligt.*

**11.4 Justeringen för parkeringsbromsens backar vrids genom hålet i trumman (alla modeller har inte sådan justering)**

*Blås aldrig bort sådant damm med tryckluft, undvik också att andas in det. Använd en godkänd andningsmask vid arbete med bromsarna.*

**1** Parkeringsbromsens backar måste bytas när beläggen nötts ned till nitskallarna, eller då beläggen är limmade, då endast 1,6 mm (0,06 in) av materialet återstår. (I praktiken kommer beläggen endast att slitas mycket lite, såvida man inte har för vana att använda parkeringsbromsen då bilen är i rörelse.) Backarna måste också bytas om olja kommit på beläggen efter läckage från axeltätningen.

**2** Släpp på parkeringsbromsjusteringen baktill på spaken (se avsnitt 11).

**3** Demontera skivan (se avsnitt 5).

**4** Observera i vilka hål returfjädrarna är hakade **(se illustrationer)**, lossa sedan fjädrarna och ta bort bromsbackar och justering (om sådan finns) eller tryckstång **(se illustration)**.

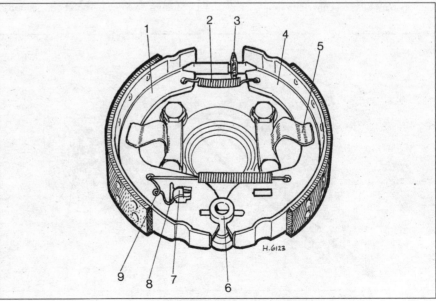

**12.4a Bromsbackar för parkeringsbroms**

| | | |
|---|---|---|
| 1 *Bromsback* | 4 *Bromsback* | 7 *Arm* |
| 2 *Returfjäder* | 5 *Hållfjäder* | 8 *Bricka* |
| 3 *Justering (vissa modeller)* | 6 *Ankarbult* | 9 *Fjäder* |

**12.4b Returfjäder för back (vid pilen)**

**12.4c Backar och tryckstång demonteras**

**12.9 Hävarmen i läge**

**5** Rengör bromsskölden med rengörings-
vätska för bromsar.

 *Varning: Blås INTE bort
bromsdamm med tryckluft.*

**6** Kontrollera justermekanismen (då sådan
finns), vajerns ände samt hävarmen beträff-
ande slitage.
**7** Smörj in justering eller tryckstång, vajer-
anslutning samt kontaktpunkter på skölden
med bromsfett.
**8** Montera den nedre returfjädern mellan
backarna, sätt tillbaka backarna över navet,
montera sedan den övre fjädern. Samtidigt
måste justering eller tryckstång monteras.
**9** Kontrollera att hävarmen är hakad i hålet i
överkant på backen **(se illustration)**, och
kontrollera också att hållfjädrarna är på rätt
plats.
**10** Backa av justeringen och montera skivan/
trumman. (se avsnitt 5).
**11** Sätt tillbaka oket och fästet för broms-
ledningen för bakaxeln om detta varit lossat.

**12** Kontrollera att skivan rör sig fritt, den kan
hugga något tills backarna centrerats. (Dra åt
handbromsen några gånger för att centrera
backarna.)
**13** Justera handbromsen (se avsnitt 11).
**14** Montera hjulen, ta bort pallbockarna, sänk
ned bilen och dra hjulbultarna till rätt moment
enligt specifikation i kapitel 1.

## 13 Vajer, parkeringsbroms - byte

**Notera:** *Avsnittet beskriver byte av den ena
vajern, men gäller även den andra.*
**1** Demontera mittkonsolen (se kapitel 11).
**2** Lossa justerskruven baktill på parkerings-
bromsspaken (se avsnitt 11).
**3** Lossa muttern i änden på den vajer som
skall bytas. **Notera:** *Vajrarna korsar varandra
under bilen, så att vajerns vänster sida går till
höger bakhjul och tvärt om* **(se illustration)**.
**4** Lyft främre delen av baksätet och vik undan

mattan. Några fästen för vajern blir då åt-
komliga.
**5** Frigör genomföringen där kabeln går
genom durkplåten.
**6** Demontera bromsskivan (se avsnitt 5).
**7** Demontera parkeringsbromsens broms-
backar (se avsnitt 12).
**8** Tryck ut stiftet som håller vajern i hävarmen
**(se illustration)**.
**9** Demontera skruven för kabelfästet och
styrningen på bärarmen **(se illustration)**, och
dra ut vajer, plasthylsa och gummitätning.
**10** Dra andra änden av vajern från mittstödet
och insidan på bilen.
**11** Montera gummitätning och plasthylsa till
styrningen på bakarmen.
**12** För in vajern genom mittstöd och tätning
samt hålet i durkplåten. Sätt tätningen på
plats sedan bägge vajerändarna är fastsatta.

**13.8 Stiftet som håller vajern till armen
trycks ut**

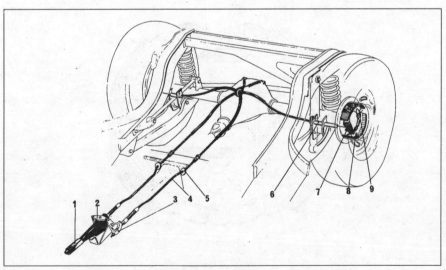

**13.3 Parkeringsbroms**

| | | |
|---|---|---|
| 1 *Spak* | 5 *Gummibussning* | 8 *Backar* |
| 2 *Ok* | 6 *Plasthylsa* | 9 *Justermekanism (vissa* |
| 3 *arm* | 7 *Armar* | *modeller)* |
| 4 *Vajer* | | |

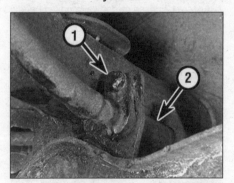

**13.9 Styrningen för vajern på bärarmen**
1 *Fästskruv*　2 *Styrning*

**Notera:** *Vajern till vänster hjul skall gå genom hålet till höger om kardanaxeln och tvärt om. Kabeln på vänster hjul skall passera under kabeln till höger hjul där de möts under bilen* **(se illustration).**

**13** Tryck vajern genom plaststyrningen på bärarmen och haka fram den på hävarmen vid bromsen.

**14** Sätt tillbaka hävarmen baktill på skölden, sätt sedan tillbaka backar, skiva och ok.

**15** Dra den andra änden av vajern in i bilen genom plasthylsan, haka fast den på parkeringsbromsspaken **(se illustration).**

**16** Sätt tillbaka fästena i durken, lägg tillbaka matta och säte.

**17** Justera bromsvajern (se avsnitt 11).

**18** Montera konsolen.

**19** Montera hjulen, ta bort pallbockarna, sänk ned bilen och dra hjulbultarna till rätt moment enligt specifikation i kapitel 1.

**13.12 Dra vajrarna på rätt sätt**

**13.15 Plasthylsor (vid pilarna) som vajrarna går genom**

## 14 Bromsservo - beskrivning, kontroll och byte

### Beskrivning

**1** Bromsservon är infäst i torpedväggen, huvudbromscylindern är skruvad till den.

**2** Huvudcylindern står i förbindelse med servon via en tryckstång som i sin tur är ansluten till bromspedalen, även här med en tryckstång **(se illustration).**

**3** Då motorn är igång hålls konstant vakuum i servoenheten, vilket tas från insugningsröret på modeller med förgasare, från en separat vakuumpump på bränsleinsprutade modeller.

**4** Vakuumet används för att manövrera ett stort membran, som är förbundet med tryckstängerna. Systemet fungerar då bromspedalen trycks ned och ger en reduktion av erforderlig pedalkraft. (På vissa varianter används ett dubbelmembran.)

**5** Om bromsservoenheten slutar fungera kommer bromsarna fortfarande att kunna användas, men pedalkraften blir större.

### Kontroll

**6** Trampa ned bromspedalen flera gånger för att utjämna vakuum i servon.

**7** Tryck ned pedalen och håll den nedtryckt då motorn startas.

**8** Pedalen skall röra sig något nedåt om servoenheten fungerar. Håll pedalen ytterligare 15 sek, den skall då inte röra sig längre.

**9** Om kontrollen inte ger tillfredsställande resultat, kontrollera servo och vakuumslangar beträffande läckage, byt också backventil(er) (se nedan). Reparera vakuumpumpen om sådan finns. Om felet fortfarande inte är korrigerat, överväg ett byte av servon. Reparation av enheten är inte ett gör-det-själv arbete.

### Byte

**10** Demontera huvudcylindern (se avsnitt 6). (Om man tar det försiktigt kan broms-

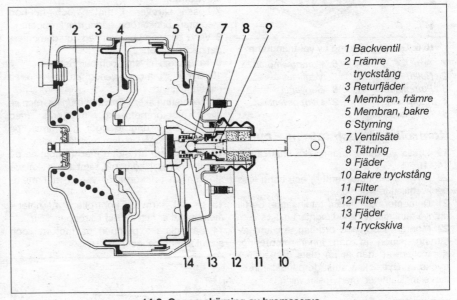

**1** Backventil
**2** Främre tryckstång
**3** Returfjäder
**4** Membran, främre
**5** Membran, bakre
**6** Styrning
**7** Ventilsäte
**8** Tätning
**9** Fjäder
**10** Bakre tryckstång
**11** Filter
**12** Filter
**13** Fjäder
**14** Tryckskiva

**14.2 Genomskärning av bromsservo**

ledningarna sitta kvar, men se till att de inte skadas.)

**11** Lossa vakuumslangen från backventilen på servoenheten **(se illustration).**

**12** Demontera klädseln under intrumentbrädan samt mattan under bromspedalen.

**13** Lossa bromspedalen från tryckstången **(se illustration).**

**14** Demontera de fyra muttrarna som håller servoenheten till torpedväggen.

**15** Demontera servon från motorrummet.

**16** Montering sker i omvänd ordning, men se till att membranets skruv monteras med bricka och O-ring. Rengör gängorna på skruven och smörj in dem med låsvätska.

**17** Lufta bromsarna efter avslutat arbete (om ledningarna till huvudcylindern lossats, se avsnitt 25).

**18** Kontrollera att bromsarna fungerar som de ska.

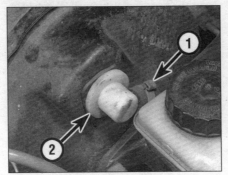

**14.11 Vakuumslangens anslutning (1) och backventil (2)**

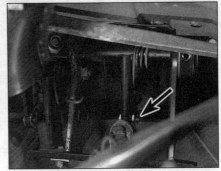

**14.13 Låsfjäder för tryckstång (vid pilen)**

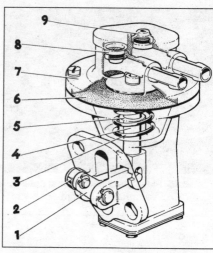

**15.6 Genomskärning av vakuumpump**

| | | | |
|---|---|---|---|
| 1 | Arm | 6 | Pumpmembran |
| 2 | Rulle | 7 | Ventilhus |
| 3 | Pumpfjäder | 8 | Sugventil |
| 4 | Pumpstång | 9 | Utloppsventil |
| 5 | Nylonbussning | | |

## Kontrollventil och tätning - byte

**19** Lossa vakuumslangen **(se illustration 14.11)**.

**20** Använd två flata verktyg och bänd loss backventilen från servon.

**21** Demontera och kasta tätningarna. Se till att nya tätningar finns vid montering.

**22** Montera i omvänd ordning. Använd ny tätning, smörj in den innan montering. Kontrollera att den är på plats då ventilen trycks in. Byt också stukade bandklammor mot slangklammer med föskruvning.

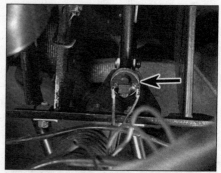

**16.1a Bromsljuskontakt (vid pilen)**

---

## 15 Vakuumpump - demontering, renovering och montering

**Notera:** *Gäller endast vissa bränsleinsprutade modeller.*

**1** Lossa båda slangarna vid vakuumpumpen.

**2** Ta bort fästskruvarna och sedan pumpen.

**3** Rengör pumpen utvändigt och sätt upp den i ett skruvstycke.

**4** Demontera locket till ventilhuset.

**5** Gör passmärken på kanten mellan ventilhus och kropp.

**6** Lossa flänsskruvarna och dela huset **(se illustration)**.

**7** Lossa skruven i mitten och ta bort membran, brickor och fjäder från kroppen.

**8** Vänd pumpen upp och ned och demontera det nedre locket.

**9** Ta ut axel, hävarm, och pumpstång.

**10** Byt ut slitna delar genom att anskaffa en reparationssats.

**11** Montering sker i omvänd ordning, men se till att membranets skruv monteras med bricka och O-ring. Rengör gängorna på skruven och smörj in dem med låsvätska.

**12** Kontrollera att sidan med förhöjning på membranet är vänd uppåt samt att de skålade sidorna på brickorna är vända mot membranet.

**13** Dra åt skruven, kontrollera att hålet i membranet är mitt för det i kroppen.

**14** Sätt tillbaka pumpen på motorn och anslut slangarna igen.

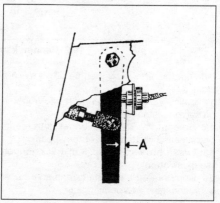

**16.1b Justering av bromsljuskontakt**
*A = 4,0 mm*

---

## 16 Bromsljuskontakt - kontroll och justering

**1** Demontera klädseln under instrumentbrädan. Kontrollera att bromspedalen är helt uppsläppt, mät avståndet mellan kontakt och pedalarm **(se illustrationer)**.

**2** Vid korrekt justering, skall bromsljusen tändas när pedalen rör sig mellan 8 och 14 mm.

**3** Sätt tillbaka klädseln under instrumentbrädan.

## 17 Varningslampa för parkeringsbroms, kontakt - byte och justering

**1** Varningslampan för åtdragen parkeringsbroms är monterad på ett fäste under spaken.

**2** För att demontera kontakten, ta först bort konsolen (se kapitel 11).

**3** Lossa anslutningen **(se illustration)**.

**4** Demontera skruven och ta bort kontakten från fästet.

**5** Montera i omvänd ordning.

**6** Vid justering av kontakten se till att lampan slocknar då handbromsen är helt släppt, samt att den tänds då handbromsen dras åt.

**7** Böj fästet vid behov.

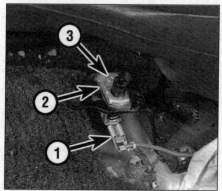

**17.3 Kontakt för parkeringsbromsens varningslampa**

| | | | |
|---|---|---|---|
| 1 | Elanslutning | 3 | Fästskruv |
| 2 | Kontakthus | | |

# Kapitel 10
# Styrning och fjädring

## Innehåll

## Svårighetsgrad

| Enkelt, passar novisen med lite erfarenhet |  | Ganska enkelt, passar nybörjaren med viss erfarenhet |  | Ganska svårt, passar kompetent hemmamekaniker |  | Svårt, passar hemmamekaniker med erfarenhet | | Mycket svårt, för professionell mekaniker |  |

## Specifikationer

### Allmänt

Styrservovätska ........................................ Se kapitel 1

### Åtdragningsmoment

| | Nm |
|---|---|
| Kulled till fjäderben ............................... | 18 - 29 |
| Kulled, mutter ...................................... | 50 - 71 |
| Bärarm fram, mutter/skruv för bussning .............. | 75 |
| Bärarm bak, skruvar för fäste ....................... | 41 |
| Bärarm bak, mutter för bussning ..................... | 56 |
| Bärarm till kulled, muttrar ......................... | 100 - 130 |
| Knut, klämskruvar ................................... | 20 |
| Slutväxelkåpa ....................................... | 19 |
| Pinjongmutter (ZF) .................................. | 23 |
| Förspänningshus ..................................... | 19 |
| Reaktionsstag, muttrar/skruvar vid infästning ....... | 85 |
| Stötdämpare muttrar/skruvar ......................... | 85 |
| Fjäder, nedre mutter ................................ | 19 |
| Fjäder, infästning i kaross ......................... | 45 |
| Krängningshämmare fram, muttrar ..................... | 45 |
| Krängningshämmare bak, muttrar ...................... | 85 |
| Rattaxel, skruvar för nedre fäste ................... | 20 |
| Styrväxel U-krampor, muttrar ........................ | 20 |
| Rattnav, mutter ..................................... | 60 |
| Rattaxelknut, flänsskruvar .......................... | 23 |
| Styrstag, låsmuttrar ................................ | 71 |
| Fjäderben, muttrar vid övre hus ..................... | 20 |
| Tvärlänk till axel .................................. | 60 |
| Tvärlänk till kaross ................................ | 85 |
| Reaktionsstag till bärarm ........................... | 60 |
| Bakre bärarmsinfästning mutter/skruv ................ | 113 |

## 1  Allmänt

### Framfjädring

Framfjädringen **(se illustrationer)** bestå av MacPherson fjäderben och undre bärarmar. Varje fjäderben innehåller en stötdämpare, har en utvändig fjäder och ett rör med infästningar. Den över infästningen (den stora gummibussningen i övre änden på fjäderbenet) är infäst i fjädertornet (karossen); nedtill är fjäderbenet infäst i bärarmen via en kulled. Fjädertallrik och spindel (framhjulsaxel) är svetsade till fjäderbenet. Hela fjäderbenet rör sig tillsammans med spindeln. En krängningshämmare, infäst i gummibussningar, förbinder de två bärarmarna. Krängningshämmaren är fäst i bärarmarna via ett par länkar.

### Bakfjädring

Bakfjädringen **(se illustration)** avfjädrar en stel bakaxel upphängd i två övre länkar, även kallade reaktionsstag, två längsgående undre bärarmar och ett tvärstag (eller Panhard stag). Reaktionsstagen ger stabilitet i längdled, tvärstaget i sidled. Alla länkarna är infästa i karossen med gummibussningar. På vissa

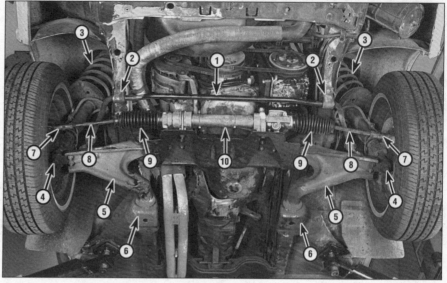

**1.1a  Framvagn**

| | | |
|---|---|---|
| 1  Krängningshämmare | 5  Bärarm | 8  Styrstag |
| 2  Krängningshämmarbussning | 6  Bakre bärarmsfäste | 9  Damask |
| 3  Spiralfjäder/fjäderben | 7  Styrleder | 10  Styrväxel |
| 4  Kulled | | |

modeller finns en krängningshämmare, infäst mellan bärarmarna.

Spiralfjädrar och separat monterade konventionella eller gastryck stötdämpare sköter fjädringen. Nivåreglerade stötdämpare förekommer på vissa modeller.

### Styrning

Styrväxeln **(se illustration)** är en kuggstång. Både manuell och servostyrning förekommer.

Det finns två typer av styrväxel, Cam Gear och ZF. Cam Gear enheten gick ur produktion 1989. Det finns också många utföranden av Cam Gear och ZF styrservoväxlar. Vissa Cam Gear styrservoväxlar har därför gjutjärnshus medan andra har aluminiumhus. Kuggstången i vissa med aluminiumhus har raka kuggar, andra snedkugg. ZF styrservoväxlar har antingen fast eller demonterbart ventilhus. Växlarna är i grunden ganska lika. De har även

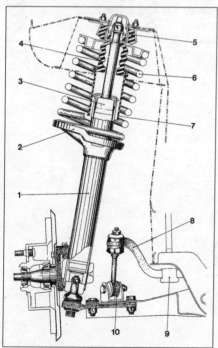

**1.1b  Detaljer för framfjädring**

| | |
|---|---|
| 1  Fjäderbensrör | 7  Stötdämparens |
| 2  Undre fjädersäte | dammskydd |
| 3  Stötdämpare | 8  Krängnings- |
| 4  Genomslags- | hämmare |
| gummi | 9  Krängnings- |
| 5  Övre infästning | hämmarbussning |
| 6  Spiralfjäder | 10  Krängnings- |
| | hämmarlänk |

**1.2  Bakvagn**

| | | |
|---|---|---|
| 1  Krängningshämmare | 4  Bärarm | 6  Bakaxel |
| 2  Tvärlänk (Panhard stag) | 5  Spiralfjäder | 7  Differential |
| 3  Reaktionsstag | | |

**2.2  Mutter för krängningshämmarlänk (vid pilen)**

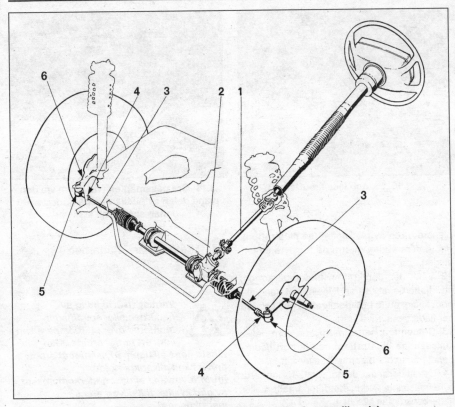

**1.3  Typisk framvagn (manuell styrning visad, servo liknade)**

| | | | | | |
|---|---|---|---|---|---|
| 1 | Rattaxel | 3 | Styrstag | 5 | Styrled |
| 2 | Styrväxel | 4 | Styrled | 6 | Styrarm |

vissa grundmått gemensamma. Den största skillnaden ligger i typen av smörjmedel, ZF växlar smörjs med fett och Cam Gear växlar med olja. Detta behöver dock inte diskuteras här, det räcker att påpeka hur lätt det är att få fel styrväxel vid byte om man inte är försiktig.

Styrstagen är anslutna till styrväxeln med kulleder. Styrservopumpen drivs av en rem från remskivan på vevaxeln. Övre delen av rattaxeln har en förskjutbar splineskoppling som medger sammantryckning vid en olycka, så att inte rattstången pressas in i bilen. Ratten har också ett deformerbart nav som extra skydd.

### 2  Krängningshämmare (fram) - demontering och montering

#### Krängningshämmare

1 Lossa hjulbultarna till framhjulen. Hissa upp framänden och stöd den ordentligt på pallbockar. Demontera framhjulen och demontera stänkplåten (det stora plastskyddet skruvat undertill mot kaross och främre tvärbalk).
2 Demontera muttrarna för länkens infästning i krängningshämmaren **(se illustration)**.

3 Demontera skruvarna från infästningarna **(se illustration)**.
4 Byt ut gummibussningar som är slitna.
5 Montera i omvänd ordning. Se till att dra alla infästningar till rätt moment enligt specifikationerna i detta kapitel.

#### Krängningshämmarlänk

6 Lossa länkens mutter **(se illustration 2.2)**.
7 Demontera muttern och skruven från den nedre infästningen **(se illustration)**.
8 Byt ut slitna bussningar
9 Montera i omvänd ordning.

### 3  Fjäderben - demontering och montering

1 Lossa hjulbultarna till framhjulen. Hissa upp framänden och stöd den ordentligt på pallbockar. Demontera framhjulen.
2 Demontera bromsok och skiva (kapitel 9).
3 Demontera framnav och hjullager (se kapitel 1).
4 Demontera skruvarna för bromsskölden **(se illustration)**.
5 Ställ en domkraft under bärarmen och höj just så mycket att fjäderbenet avlastas.
6 Lossa styrlederna från styrarmarna (se avsnitt 13).
7 Lossa muttern vid krängningshämmarens övre länk (se avsnitt 2).
8 Ta bort fästet för bromsledningen.

**2.3  Krängningshämmarbussning, skruvar (vid pilarna)**

**2.7  Skruv och mutter för undre länk**

**3.4  Vid demontering av bromssköld, ta bort de tre skruvarna (vid pilarna)**

**3.9  Bryt loss skyddet . . .**

**3.10  . . . och lossa muttern**

**3.11  Gör passmärken (vid pilen) vid den plana delen av plåtkanten på fjädertornet innan skruvarna lossas**

**9** Bryt ut gummiskyddet från övre änden av fjäderbenets infästning **(se illustration)**.
**10** Om stötdämpare, spiralfjäder eller fjäderben ska bytas, lossa (men ta inte bort) muttern på kolvstången, håll samtidigt kolvstången stilla **(se illustration)**.
**11** Gör passmärken i plåten mittemot den

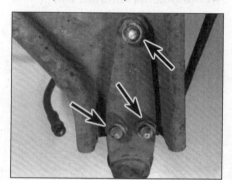

**3.13  Dessa muttrar (vid pilen) måste lossas vid demontering av bärarm, fjäderben och kulled**

planare delen av plåtkanten **(se illustration)**, demontera sedan muttrarna för övre infästningen.
**12** Sänk ner domkraften under bärarmen, styr fjäderbenet ut från flygeln. Det kan vara nödvändigt att ta bort domkraften helt och dra ner fjäderbenet med kraft.
**13** Demontera de tre muttrarna som håller kulleden **(se illustration)** och ta bort fjäderbenet från undre bärarmen (se avsnitt 5).
**14** Om fjäderbenet demonterats för att byta övre infästning, fjäder, stötdämparpatron eller fjäderbensrör, se avsnitt 4.
**15** Montera i omvänd ordning. Se till att dra alla infästningar till rätt moment enligt specifikationerna i detta kapitel. **Notera:** På modeller fram till och med 1979, ta bort tätningsblecken som är skruvade i skölden **(se illustration)**. Dessa bleck kan fortfarande vara tillgängliga, men nya sköldar, utan tätningsbleck, kan monteras på äldre bilar. Vissa bilar använder en separat kragbricka skruvad mot bromsskölden **(se illustration)**. Om ingen kragbricka finns, kan det vara en god ide att montera en.

## 4  Stötdämpare, fjäderben - byte

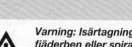

> ⚠ **Varning: Isärtagning av fjäderben eller spiralfjäder monterad över stötdämpare kan vara ett farligt arbete. Man måste ägna all uppmärksamhet åt arbetet, annars kan allvarliga skador inträffa. Använd endast fjäderkompressor av god kvalité, följ tillverkarens instruktioner.**

**Notera:** Senare modeller kan ha gasfyllda stötdämpare. De byts dock på samma sätt som vanliga.
**1** Demontera fjäderbenet (se avsnitt 3) och sätt upp det i ett skruvstycke. Lägg träklossar eller annat mjukt material emellan så att inte enheten skadas. Dra inte heller åt skruvstycket för hårt.
**2** Montera en fjäderkompressor på spiralfjädern **(se illustration)** och tryck ihop fjädern så att trycket mot övre fästet avlastas.
**3** Demontera muttern, hindra kolvstången

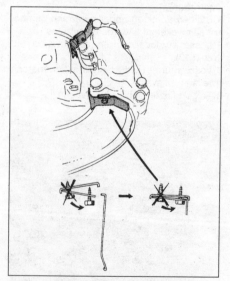

**3.15a  Modeller före 1979 har skyddsbleck mellan sköldar och ok**

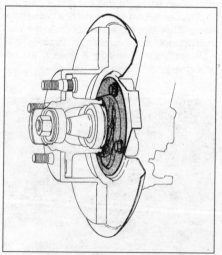

**3.15b  En del har också en kragbricka mellan sköld och spindel**

**4.2  Följ verktygstillverkarens anvisningar, montera fjäderkompressorn på fjädern och tryck ihop den så att all spänning avlastas den övre infästningen**

4.3 Demontera mutter. . .

4.4a . . . brickan. . .

4.4b . . . övre infästningen . . .

från att röra sig genom att hålla i med en nyckel **(se illustration)**.

**4** Demontera bricka, övre infästning, fjädersäte samt genomslagsgummit **(se illustrationer)**.

**5** Lyft försiktigt bort fjädern som fortfarande är inspänd. Tappa den inte, slå inte i någonting och lägg ned den försiktigt. Placera den på ett säkert ställe, så den är ur vägen.

**6** Lossa stötdämparens mutter **(se illustration)**.

**7** Lyft ut stötdämparen och ta vara på gummibussningen inuti röret **(se illustration)**.

**8** Om man vill byta rör på ett tidigare fordon, måste man demontera muttern i botten på röret som håller kulleden (se avsnitt 6).

**9** Montera ny stötdämpare, sätt fast gummibussningen med lite fett innan stötdämparen förs in i röret **(se illustrationer)**.

**10** Montera i omvänd ordning. Notera dock följande:

(a) Dra alla muttrar och skruvar till rätt moment enligt specifikationerna i detta kapitel.

(b) Se till att fjädern ligger rätt mot fjädersätet.

(c) Lossa inte fjäderkompressorn innan muttern på kolvstången dragits åt.

(d) Vid montering av övre infästning, se till att passmärkena kommer mitt för varandra innan muttrarna dras åt **(se illustration)**.

4.4c . . . fjädersätet. . .

4.4d . . . och genomslagsgummit

4.6 Demontera stötdämparens mutter

4.7 Demontera gummibussningen

4.9a Lägg lite fett i änden på stötdämparen så att gummibussningen hålls på plats . . .

4.9b . . . för sedan in stötdämparen i röret

4.10 Ställ passmärkena mitt för varandra

5.4 Mutter för bärarmsinfästning (vid pilen)

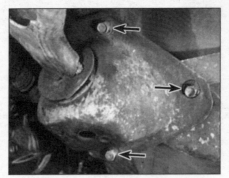

5.5a Skruvar för bakre bärarmsinfästningen (vid pilarna)

5.5b Mutter för bärarm (vid pilen)

## 5 Bärarm - demontering och montering

**Notera:** *Man kan demontera fästena för bakre bärarmar för att byta bussningar utan att ta bort själva bärarmen, notera dock följande: krängningshämmaren måste lossas på bägge sidor så att bärarmarna kan röra sig fritt; slutlig åtdragning av skruvar mellan bärarmar och kaross ska göras då bilen vilar på hjulen (se punkt 15).*

**1** Lossa hjulbultarna till framhjulen. Hissa upp bilen och ställ den säkert på pallbockar. Demontera hjulen.

**2** Lossa krängningshämmaren från länkarna. (se avsnitt 2).

**3** Demontera de tre muttrarna och därefter kulbulten från bärarmen (se illustration 3.13).

**4** Demontera främre bärarmsinfästningens mutter och skruvar (se illustration).

**5** Demontera skruvarna som håller det bakre fästet (se illustration) och ta sedan bort bärarmen. Demontera fästet från bärarmen (se illustration).

**6** Pressa ut bussningarna från bärarm och fäste.

**7** Vid montering av nya bussningar skall flänsen på bussningen vändas framåt. (se illustration).

**8** Montera nya bussningar till bärarmen.

**9** Sätt tillbaka fästet på bärarmen men dra inte åt muttern.

**10** Sätt bakre delen av bärarmen på plats, sätt i de tre skruvarna men dra inte åt dem.

**11** Montera främre skruv och mutter men dra inte åt.

**12** Montera kulbulten på bärarmen och dra åt muttern enligt specifikationerna i början av kapitlet.

**13** Placera domkraften under yttre änden på bärarmen, hissa upp den och tryck ihop fjädern.

**14** Anslut krängningshämmarlänken (se avsnitt 2), ta bort domkraften.

**15** Dra åt skruvarna för bakre fästet enligt specifikationerna i detta kapitel.

**16** Montera hjulen, sänk ned bilen och rulla den några meter fram och tillbaka, gunga samtidigt framfjädringen.

**17** Dra åt bakre muttern till rätt moment enligt specifikationerna i detta kapitel. Bilens tyngd måste vila på hjulen eller på domkraft under bärarmen (se punkt 13). På modeller med B21-motor måste främre avgasröret demonteras för att höger sida skall bli åtkomligt.

**18** Dra åt främre mutter och skruv till rätt moment enligt specifikationerna i början av detta kapitel.

**19** Sätt tillbaka avgasröret, i förekommande fall, och sänk ned bilen.

## 6 Kulled - byte

### Tidiga modeller

**1** På tidiga modeller är kulleden skruvad i bärarmen och till undre delen av fjäderbenet Muttern som håller kulleden till fjäderbenet är endast åtkomlig inifrån fjäderbensröret sedan stötdämparen tagits bort (se avsnitt 4).

**2** Demontera fjäderbenet (se avsnitt 3).

**3** Muttern kan sedan lossas något varv med en 19 mm hylsa och en lång förlängning genom fjäderbensröret. Röret måste hållas fast då muttern lossas. Verktyget måste anbringas nära svetsen. (se illustration).

**4** Då muttern lossats, använd en lång dorn för att knacka på änden av kulleden för att lossa den från infästningen.

**5** Lägg fett i hylsan och demontera muttern. (Fettet kommer att hålla muttern på plats då den släpper gängorna.)

**6** Demontera kulledens fästskruvar i bärarmen, ta bort kulleden.

**7** Montera i omvänd ordning. Notera föjande:

(a) Innan kulleden monteras, torka bort allt fett från kulledens infästning, då den annars kan bli felaktig.

(b) Dra alla muttrar och skruvar till rätt moment enligt specifikationerna i detta kapitel.

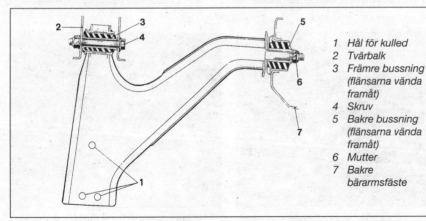

1 Hål för kulled
2 Tvärbalk
3 Främre bussning (flänsarna vända framåt)
4 Skruv
5 Bakre bussning (flänsarna vända framåt)
6 Mutter
7 Bakre bärarmsfäste

5.6 Bärarmsbussning och detaljer

6.3 Använd ett spännremverktyg för att hindra att röret vrids då muttern lossas

6.11 Skruvar, kulled till fjäderben (vid pilarna)

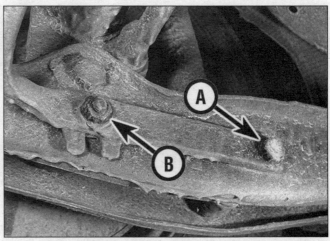

7.3 Krängningshämmare och infästning - (A) nedre skruv för stötdämpare och (B) krängningshämmarmutter

## Senare modeller

**Notera:** *Från och med 1979 års modeller med servostyrning är kullederna på höger sida olika och kan ej ersätta varandra.*

**8** På senare modeller, är kulleden infäst i fjäderbenet med skruvar nedtill, som är åtkomliga utifrån. Stötdämparen behöver inte demonteras.

**9** Lossa hjulbultarna till framhjulen. Demontera framhjulen.

**10** Lossa stötdämparinfästningens muttrar några varv (gäller endast modeller före 1978).

**11** Lossa de fyra skruvarna som håller kulleden till fjäderbenet **(se illustration)**. På vissa modeller säkras de med låsbleck, vilka måste böjas undan.

**12** Lossa muttrarna för kulledens infästning i bärarmen **(se illustration 3.13)**.

**13** Lossa försiktigt kulleden från fjäderbenet.

**14** Placera kulleden i ett skruvstycke och demontera dess mutter, använd sedan en dorn för att lossa leden från infästningen.

**15** Rengör allt fett från huset och den nya kulleden, montera sedan leden till huset och dra åt muttern till rätt moment enligt specifikationerna i detta kapitel.

**16** Resten av monteringen sker i omvänd ordning. Använd nya skruvar för infästningen i fjäderbenet (och låsbrickor i förekommande fall). Dra åt alla muttrar och skruvar till rätt moment enligt specifikationerna i detta kapitel.

## 7 Krängningshämmare (bak) - demontering och montering

**1** En krängningshämmare är monterad mellan bärarmarna på vissa modeller.

**2** Vid demontering av krängningshämmare, hissa upp bakänden och stöd den säkert på pallbockar. Stöd bakaxeln med en garagedomkraft för att avlasta stötdämparinfästningarna.

**3** Demontera stötdämparens undre infästningar samt de andra infästningarna för krängningshämmaren, på båda sidor av bilen **(se illustration)**.

**4** Demontera krängningshämmaren.

**5** Montera i omvänd ordning. Sänk ned bilen och gunga bakänden upp och ned några

gånger. Dra alla infästningar till rätt moment enligt specifikationerna i detta kapitel.

## 8 Tvärlänk - demontering och montering

**1** Hissa upp bakänden och stöd den säkert på pallbockar.

**2** Demontera muttrarna från tvärlänkens infästningar **(se illustrationer)**,knacka sedan ur skruvarna med en mjuk dorn.

**3** Tryck ut gummibussningarna med ett lämpligt verktyg, som är något mindre än bussningen.

**4** Tryck in nya bussningar med hjälp av lite flytande tvål som smörjmedel. Observera att det finns olika typer av bussningar, **(se illustration)**, men arbetet går till på samma sätt och deras funktion är likvärdig.

**5** Montera tvärlänken igen, men dra inte åt skruvarna helt. Dra sedan åt muttrarna till angivet moment ( se specifikationerna).

**6** Sänk ned bilen, dra sedan båda infästningarna till rätt moment enligt specifikationerna i detta kapitel

8.2a Höger tvärlänkinfästning

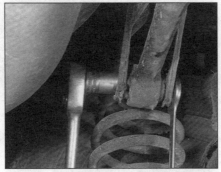

8.2b Ta bort skruven från muttern på vänster infästning

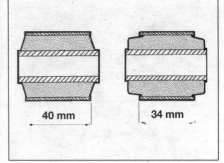

40 mm          34 mm

8.4 Tvärlänkens bussningar finns med två olika diametrar, men de fungerar på samma sätt

**9.3a  Undre stötdämparinfästning**

1  Bärarm        3  Skruv
2  Stötdämpare   4  Distans

**10.3  Spiralfjäder undre infästning, mutter vid pilen**

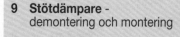

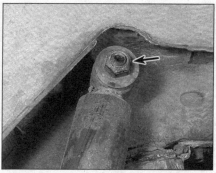

**9.3b  Stötdämpare övre infästning, mutter vid pilen**

läget. Om den fortsätter att gunga bör stötdämparen bytas. På samma sätt som för fjädrarna bör stötdämpare alltid bytas parvis och inte en och en, även om tillverkaren inte längre föreskriver detta.

2  Vid demontering av stötdämpare, hissa upp bakänden på bilen och stöd den på pallbockar. Avlasta sedan bakaxelns tyngd med en garagedomkraft placerad under differentialen. Ta bort bakhjulet på den sida där arbetet sker.

3  Demontera stötdämparens infästning upptill och nedtill **(se illustrationer)**. Ta sedan bort dämparen.

4  Montera i omvänd ordning, men notera att distansen sitter invändigt på stötdämparens infästning. Dra åt muttrar och skruvar till angivet moment.

## 9  Stötdämpare - demontering och montering

**Notera:** *Gasdämpare byts på samma sätt som beskrivs nedan.*

1  Stötdämparna kan kontrolleras genom att man gungar på bilen. Tryck ned ena hörnet på bilen hårt och släpp den omedelbart. Stötdämparen närmast det hörn som trycks ned kan då testas. Generellt kan man säga att bilen skall fjädra upp och återgå till utgångs-

## 10  Spiralfjäder - demontering och montering

1  Bästa sättet att kontrollera fjädrarna är att demontera dom och låta en fackman prova dom. Generellt gäller, att om bakänden sitter lågt, är förmodligen fjädrarna veka och bör bytas. Fjädrar ska alltid bytas parvis. Byte av endast en fjäder kan påverka väghållningen.

2  Lossa hjulmuttrarna bak, hissa upp den och stöd den säkert på pallbockar, placera de under ramen. Demontera bakhjulen. Ställ en

domkraft under bakaxeln och hissa så mycket att axeln avlastas.

3  Demontera muttern från den undre fjäderinfästningen **(se illustration)**. Lossa även stötdämparens nedre infästning se avsnitt 9 och lossa krängningshämmaren, (i förekommande fall) (se avsnitt 7).

4  Sänk ner domkraften så att all fjäderspänning upphör, ta sedan bort fjädrarna från undre infästningen och ta bort dom från bilen.

5  Styr in fjädrarna i övre infästningen **(se illustration)** hissa samtidigt upp domkraften. Montera för övrigt i omvänd ordning.

## 11  Länkarmar - demontering och montering

1  Lossa hjulmuttrarna, hissa upp bakänden och stöd den säkert på pallbockar. Demontera bakhjulen.

### Reaktionsstag

**Notera:** *Reaktionsstagen finns i tre olika längder. Om reaktionsstag byts, se till att få stag av samma längd.*

2  Lossa muttrarna från stagets infästningar. Använd sedan en mjuk dorn för att knacka ut skruvarna. Ta bort stagen.

3  Gummibussningarna kan demonteras från stagen med hjälp av ett lämpligt verktyg med en diameter något mindre än bussningen samt monters på samma sätt.

4  Använd lite flytande tvål som smörjmedel. Se till att den flata sidan på bussningen är parallell med staget innan det pressas in.

5  Montera i omvänd ordning. Sänk ned bilen så att tyngden vilar på hjulen, dra sedan infästningarna till rätt moment enligt specifikationerna i detta kapitel.

### Bärarmar

6  Lossa bakhjulens muttrar, hissa upp bilen och stöd den på pallbockar. Ta bort hjulen. Placera en garagedomkraft under bakaxeln och avlasta dess tyngd.

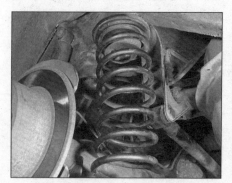

**10.5  Se till att spiralfjädern sitter ordentligt i övre infästningen**

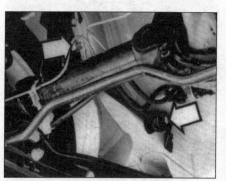

**11.2  Muttrar för reaktionsstag (vid pilarna)**

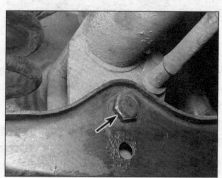

**11.11  Bult för bärarmens infästning till bakaxeln (vid pilen)**

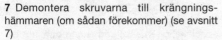

**11.12 Bult och mutter för främre bärarmsinfästning (vid pilen)**

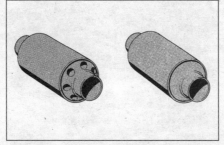

**11.13 Äldre typ av bussning för bärarm (till vänster) finns inte längre; måste någon äldre bussning bytas, byt bägge mot nya**

**12.2 Bryt loss kåpan på ratten**

7 Demontera skruvarna till krängnings-hämmaren (om sådan förekommer) (se avsnitt 7)

8 Demontera stötdämparens undre fästning (se avsnitt 9).

9 Demontera muttern från undre fjäder-infästningen (se avsnitt 10).

10 Sänk ned bakaxeln med hjälp av dom-kraften och ta bort fjädern (se avsnitt 10).

11 Demontera muttern och skruven från bärarmens infästning i bakaxeln **(se illustration)** och sänk ned bakänden på bär-armen.

12 Demontera muttern och skruven från bär-armens främre infästning **(se illustration)** Armen kan sedan avlägsnas.

13 Om de främre bussningarna är spruckna eller slitna, byt ut dem genom att driva ut dem ur bärarmen med hjälp av ett lämpligt verktyg med en diameter något mindre än buss-ningen.

**Notera:** *En förbättrad bussning* **(se illustra-tion)** *är monterad på senare modeller; om en bussning av äldre typ måste bytas, bör buss-ningarna på bägge sidor bytas mot den senare typen (den tidigare typen är inte heller till-gänglig längre). Använd lite flytande tvål som smörjmedel, då nya bussningar monteras.*

14 De bakre bussningarna sitter fortfarande kvar i infästningen på bakaxeln. De kan vara svåra att byta utan specialverktyg och det kan rekommenderas att en Volvoverkstad anlitas om de behöver bytas.

15 Montera i omvänd ordning, men dra inte åt skruvarna till angivet moment (se speci-

fikationerna) innan bilens tyngd vilar på bak-axeln. Dra sedan alla infästningar till rätt moment enligt specifikationerna i början av detta kapitel.

## 12 Ratt - demontering och montering

 **Varning: Beskrivningen gäller bilar utan SRS (airbag). Om bilen har airbag bör ratten demonteras av en märkesverkstad.**

1 Lossa batteriets negativa anslutning.

 **Varning: Se till att radion är avstängd innan kablen lossas för att undvika skador på eventuell mikroprocessor.**

2 Demontera skyddskåpan (tidiga modeller) **(se illustration)** eller centrumplattan (senare modeller).

3 Lossa signalhornskontaktens elektriska led-ningar **(se illustration)**.

4 Demontera fästmuttern **(se illustration)**. Märk rattens läge i förhållande till axeln **(se illustration)**. På modeller efter 1979 fordras en djup 27 mm hylsa.

5 På modeller före 1979, använd avdragare för att lossa ratten från dess säte. **(se illu-stration)**. Försök inte lossa ratten med en hammare; deformationssektionen kan för-störas. På modeller efter 1979, slå loss ratten

**12.3 Lossa kabeln till signalhornet**

med bägge händerna underifrån; se till att inte ratten far upp i ansiktet.

6 På vissa modeller kan det finnas en fjäder och ett fjädersäte under rattaxelmuttern - ta vara på dem.

7 Montera i omvänd ordning. Ställ märkena mitt för varandra och dra åt rattaxelmuttern till rätt moment enligt specifikationerna.

## 13 Styrleder - demontering och montering

1 Styrlederna behöver inte smörjas. Vid slitage byts styrlederna ut.

2 Lossa hjulbultarna till framhjulen, hissa upp bilen och ställ den säkert på pallbockar. Ta av hjulen.

3 Ta bort muttern och lossa konan från styr-

**12.4a Demontera muttern för ratten**

**12.4b Märk rattens läge i förhållande till axeln**

**12.5 Använd avdragare på modeller före 1979 (behövs inte på senare modeller)**

**13.3 Lossa styrstagets låsmutter - håll fast styrstaget med en nyckel på de plana ytorna**

**13.4 Märk hur långt styrleden går på stagets gängor**

**13.5 Använd en kulledavdragare för att lossa styrleden från styrarmen**

armen med hjälp av ett lämpligt verktyg **(se illustration)**.
4 Märk styrledernas placering på styrstaget **(se illustration)**.
5 Lossa muttern på styrledens kontapp, lossa sedan tappen från styrarmen med ett speciellt verktyg eller en tvåbent avdragare **(se illustration)**.
6 Skruva bort styrleden från styrstaget.
7 Skruva de nya styrlederna på styrstagen till märkena som tidigare gjordes, sätt sedan kontappen på plats i styrarmen. Dra muttern till rätt moment enligt specifikationerna i detta kapitel. Dra sedan låsmuttern ordentligt.

**14.3a Lossa och ta bort klamman som håller damasken på styrväxeln . . .**

8 Sätt tillbaka hjulen, ta bort pallbockarna, sänk ner bilen och dra hjulmuttrarna till det moment som anges i specifikationerna för kapitel 1.
9 Kontrollera framvagnsinställningen.

## 14 Styrväxeldamasker - byte

1 Är styrväxelns damasker skadade, bör de bytas så fort som möjligt.
2 Demontera styrlederna (se avsnitt 13).
3 Lossa klämmorna som håller damasken till styrväxel och styrstag **(se illustrationer)**. På tidiga modeller kan olja läcka ut. På senare modeller är klämmorna av plast och måste skäras av.
4 Torka bort allt smörjmedel från kuggstången. Kontrollera kuggstång och inre led beträffande skador och slitage från eventuellt smuts.
5 Om styrväxeln smöjs med fett (ZF), smörj in kuggstång och inre kulled med fett enligt rekommendationer i specifikationerna för kapitel 1.

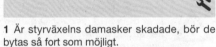

⚠️ *Varning: Fettmängden angiven i specifikationerna gäller ny, "torr" kuggväxel. Anpassa därför mängden så att växeln inte överfylls vilket kan skada damasken under full styrutslag.*

6 På tidiga modeller som använder olja (se specifikationer) skall kuggstång och inre led smörjas med olja; spruta också lite olja i damasken efter montering och innan den yttre klamman monteras. Tänk på vad som påpekats i punkt 5.
7 Smörj ändarna på damasken innan de förs över styrstag och styrväxel **(se illustration)**.
8 Montera och fäst inre klamman på styrväxelhuset. Låt sedan damasken, med styrningen i läge rakt fram, inta sitt naturliga läge.
9 Se punkterna 5 och 6, montera sedan den yttre klamman.
10 Montera styrled enligt anvisning i avsnitt 6.
11 Kontrollera framvagnsinställningen.

## 15 Styrväxel - demontering och montering

1 På senare modeller är knuten skyddad av en plasthylsa. Dra upp hylsan så att flänsen blir åtkomlig. Märk hur knutens fläns ansluter mot axeln, demontera sedan klämskruven **(se illustration)**. Bryt isär flänsen något med en skruvmejsel.

⚠️ *Varning: På modeller med SRS (airbag), lossa jordkabeln från batteriet, lås ratten i läge rakt fram, vrid sedan INTE ratten då styrväxeln inte är ansluten.*

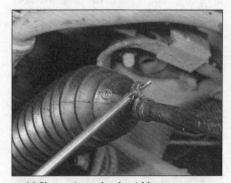

**14.3b . . . ta sedan bort klamman som håller damasken på styrstaget**

**14.7 Innan damasken lossas från styrväxeln smörj in de yttre och inre läpparna så att de skyddas**

**15.1 Märk knutens läge i förhållande till pinjongaxeln, lossa sedan klämskruven (vid pilen)**

**15.6a  Vänster U-krampa vid styrväxeln . . .**

**15.6b  . . . och höger U-krampa**

**16.9 Saginaw styrservopump före 1985**

**2**  Lossa hjulbultarna till framhjulen, Hissa upp framänden på bilen och placera pallbockar under domkraftsinfästningarna , ta av hjulen.
**3**  Demontera styrlederna enligt beskrivning i avsnitt 6.
**4**  Demontera stänkplåten under bilen.
**5**  På modeller med styrservo, lossa och plugga hydraulslangarna.
**6**  Demontera de två kramporna som håller styrväxeln **(se illustrationer)**.
**7**  Lossa växeln från rattaxelflänsen, ta sedan bort styrväxeln komplett med styrstag.
**8**  Montera i omvänd ordning. **Notera:** *Infästningarna på vissa styrväxlar har styrstift. Försök inte installera styrväxel med styrstift på infästningar som saknar hål - stiftet bryts av.*
Se till att dra alla infästningar till rätt moment enligt specifikationerna i början av detta kapitel. Kontrollera vätskenivån och fyll på vid behov (se kapitel 1).
**9**  Kontrollera framvagnsinställningen.

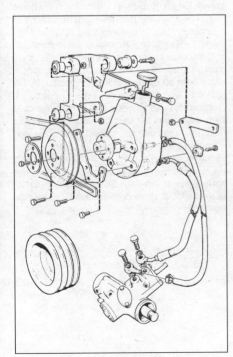

**16.12  Sprängskiss över Saginaw styrservopump före 1985**

**16 Styrservopump -**
demontering och montering

### ZF (vissa tidiga modeller)

**1**  Denna pump har separat vätskebehållare.
**2**  Kläm antingen åt slangarna med tänger för att förhindra att vätskan rinner ut, eller ställ en behållare under pumpen, lossa slangarna och tappa av vätskan.
**3**  Demontera muttrarna från de långa skruvarna genom pumpfästet.
**4**  Demontera spännskruvarna på bägge sidor av pumpen, tryck pumpen inåt och ta bort drivremmen.
**5**  Sväng pumpen uppåt och demontera de tre skruvarna som håller fästet till motorblocket, ta sedan bort pump och fäste.
**6**  Om en ny pump monteras, flytta över fästet till den nya pumpen.
**7**  Montera i omvänd ordning.
**8**  Spänn drivremmen (se kapitel 1), fyll på och lufta systemet (se avsnitt 17).

### Saginaw (modeller före1985)

**9**  Pumpen känns igen på behållaren, som är i ett stycke med pumpen **(se illustration).**
**10**  Ställ en behållare under pumpen och

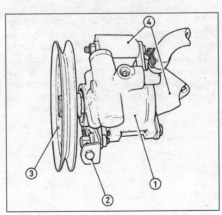

**16.16  Saginaw styrservopump (1985 och senare modeller)**

| | |
|---|---|
| *1  Pump* | *3  Remskiva* |
| *2  Remjustering* | *4  Fäste* |

lossa sedan slangarna och låt vätskan rinna av.
**11**  Lossa justerskruven (den sitter under remskivan) och även ledskruven vid behov. Tryck sedan pumpen bakåt och ta bort drivremmen.
**12**  Ta bort fästskruven **(se illustration)** och sedan pump och fäste tillsammans.
**13**  Ta med pump/fäste till arbetsbänken och demontera remskivan. Det kan behövas en avdragare för att få bort remskivan.
**14**  Lossa pumpen från fästet.
**15**  Montera i omvänd ordning.

### Saginaw (1985 och senare)

**16**  Detta är en lättviktspump med separat behållare monterad på vänster innerflygel, framför fjädertornet **(se illustration)**.
**17**  Demontering och montering sker på samma sätt som för de andra pumparna, men remspänningen sköts av en spännskruv.
**18**  Om utbytespump monteras, måste remskiva och fäste flyttas över från den gamla pumpen enligt följande.
**19**  Demontera remskivans fästskruv.
**20**  Skruva i en 3/8" x 2 3/4" UNC skruv i det tomma hålet och använd en avdragare mot skruvskallen, armarna förs in bakom navet på skivan.
**21**  Flytta över fästet till den nya pumpen.
**22**  Lägg några droppar olja på pumpaxeln och montera remskivan.
**23**  Denna måste pressas på plats, vilket kan göras med samma skruv som vid demonteringen och en lämplig hylsa eller rörbit **(se illustration)**.

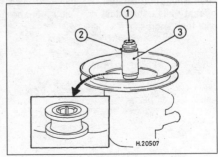

**16.23  Pressa en ny skiva på axeln**

| | |
|---|---|
| *1  Skruv* | *3  Hylsa eller rör* |
| *2  Brickor* | |

**24** Pressa på remskivan tills yttre delen går jäms med axeländen.
**25** Kontrollera att skruven inte bottnar i hålet under arbetet, lägg dit fler brickor vid behov.
**26** Demontera detaljerna som använts för pressning och montera fästskruven.
**27** Montera i omvänd ordning. Fyll på och lufta systemet (se avsnitt 17).

## 17 Servostyrning - luftning

**1** Efter arbete med servostyrningen, då ledningarna lossats, måste servosystemet luftas så att all luft försvinner för att styrningen ska fungera tillfredsställande.
**2** Ställ hjulen i läge rakt fram, kontrollera vätskenivån, fyll på om den är låg till märket Cold på mätstickan.
**3** Starta motorn och låt den gå på förhöjd tomgång. Kontrollera nivån på nytt, fyll vid behov på ytterligare vätska till Cold märket.
**4** Lufta systemet genom att vrida hjulen från sida till sida utan att gå mot stopplägena. Detta får luften att försvinna ut ur systemet. Håll behållaren fylld under arbetet.
**5** Då luften försvunnit, ställ hjulen i läge rakt fram och låt motorn gå några minuter innan den stängs av.
**6** Provkör för att se att systemet fungerar normalt och inte låter illa.
**7** Kontrollera att vätskenivån står vid märket Hot då motorn har normal arbetstemperatur. Fyll på vid behov (se kapitel 1).

## 18 Hjul och däck - allmänt

Alla bilarna som boken behandlar har radialdäck **(se illustration)**. Använder man andra däckdimensioner och typer kan detta påverka komfort och manövrering. Blanda inte däck av olika typer eftersom det menligt kan påverka väghållningen. Däcken bör bytas parvis på samma axel, men om man byter endast ett däck, se till att det har samma dimension, uppbyggnad och mönster.

Eftersom däcktrycket har stor inverkan på väghållning och slitage, bör man kontrollera trycket i alla däck minst en gång i månaden eller före långresa (se kapitel 1).

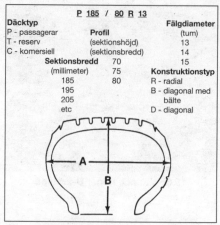

| P 185 / 80 R 13 | | |
|---|---|---|
| **Däcktyp** | | **Fälgdiameter** |
| P - passagerar | **Profil** | (tum) |
| T - reserv | (sektionshöjd) | 13 |
| C - komersiell | (sektionsbredd) | 14 |
| **Sektionsbredd** 70 | | 15 |
| (millimeter) 75 | | **Konstruktionstyp** |
| 185 80 | | R - radial |
| 195 | | B - diagonal med |
| 205 | | bälte |
| etc | | D - diagonal |

**18.1 Metrisk däckbeteckning**
A = Sektionsbredd       B = Sektionshöjd

Fälgarna måste bytas om de är krokiga, skadade, läcker, har förstorade skruvhål, har rostat, kastar eller om hjulmuttrarna inte vill sitta kvar. Reparationer av fälgar genom svetsning och riktning kan inte rekommenderas.

Balansen hos däck och hjul är viktig för väghållning, bromsning och bilens prestanda. Obalanserade hjul kan menligt påverka väghållning och komfort så väl som livslängd. Då ett däck monteras på fälg, bör hjulet balanserar av en fackman.

## 19 Framvagnsinställning - allmänt

Framvagnsinställning innebär att hjulens vinklar ställs in i förhållande till fjädring och markplan. Rätt framvagnsinställning påverkar inte bara styrförmågan, utan kan också orsaka stort slitage på däcken. De framvagnsvinklar som justeras är normalt camber och toe in/ut **(se illustration)**. Caster bör också kontrolleras om framvagnen varit skadad.

Att justera hjulvinklar är en mycket noggrann process. Den innebär användning av dyra maskiner för att arbetet ska kunna utföras rätt. Därför bör man låta en fackman utföra arbetet. Vi ger här bara en grundläggande förklaring till framvagnsinställning för ökad förståelse. Man kan då också bättre

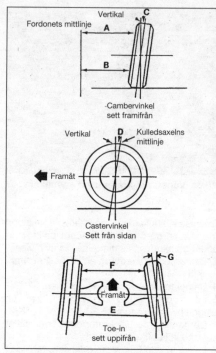

**19.1 Framvagnsinställning**

1  A minus B = C (cambervinkel)
2  E minus F = toe-in (mätt i milimeter)
3  G = toe-in (mätt i grader)

kommunicera med verkstaden som utför arbetet.

Toe-in betyder att bägge hjulen är svängda inåt. Avsikten är att framhjulen ska rulla parallellt. På en bil som har 0 toe-in, är avståndet mellan däcken i fram- och bakkant lika. Toe-in måttet är normalt bara ett par millimeter. Vinkeln justeras med hjälp av styrstagen. Felaktig toe-in orsakar däckslitage.

Camber är hjulens lutning i vertikalplanet då man tittar framifrån. Då hjulen lutar utåt upptill, säger man att cambervinkeln är positiv (+). Då hjulen lutar inåt upptill är vinkeln negativ (-). Det gradtal hjulen avviker från vertikalplanet är cambervinkeln. Vinkeln påverkar hur däcket rullar på vägen och kompenserar för ändringar i framvagnen vid kurvtagning eller ojämn vägbana.

Caster är den vinkeln styraxeln avviker från vertikalplanet om man tittar från sidan. Lutar axeln bakåt är castervinkeln positiv, lutar den framåt är vinkeln negativ.

# Kapitel 11
# Kaross

## Innehåll

Allmänt ................................................. 1
Backspegel, dörrmonterad - demontering och montering ........ 24
Backspegel, invändig - demontering och montering ............ 23
Baklucka (herrgårdsvagn) - demontering, montering och justering . 21
Baklucka (herrgårdsvagn) lock, spärr och handtag - demontering,
   montering och justering ................................. 22
Baklucka (herrgårdsvagn) klädsel - demontering och montering ... 20
Baklucka (sedan) - demontering, montering och justering ........ 18
Baklucka (sedan), lås och spärr - demontering och montering .... 19
Dörrar - demontering, montering och justering ................. 14
Dörrklädsel - demontering och montering ..................... 13
Dörrlås, handtag och spärrar - demontering och montering ...... 15
Dörrutor - demontering och montering ....................... 17
Fönsterhiss - demontering, montering och justering ............ 16
Framflygel - demontering och montering ...................... 12
Gångjärn och lås - underhåll ............................... 7
Handskfack - demontering och montering ..................... 29
Innertak - demontering och montering ....................... 38
Instrumentbräda - demontering och montering ................. 31
Kaross - underhåll ....................................... 2

Karossreparationer - mindre skador ......................... 5
Karossreparationer - större skador ......................... 6
Klädsel och mattor - underhåll ............................. 4
Konsol för parkeringsbroms - demontering och montering ....... 32
Kylargrill - demontering och montering ...................... 11
Luftutsläpp, bak (herrgårdsvagn) - demontering och montering ... 33
Mittkonsol - demontering och montering ...................... 30
Motorhuv - demontering, montering och justering .............. 9
Motorhuvens lås och vajer - demontering och montering ........ 10
Nackskydd - demontering och montering ..................... 34
Paneler under instrumentbräda - demontering och montering ..... 28
Rattstångskåpa - demontering och montering ................. 39
Säkerhetsbälten - kontroll ................................. 36
Säkerhetsbältens - demontering och montering ................ 37
Sollucka - demontering och montering ....................... 26
Solluckans vajrar - demontering och montering ............... 27
Stolar - demontering och montering ......................... 35
Stötfångare - demontering och montering .................... 25
Vindruta och övriga fasta rutor - byte ....................... 8
Vinyldetaljer - underhåll .................................. 3

## Svårighetsgrad

| Enkelt, passar novisen med lite erfarenhet |  | Ganska enkelt, passar nybörjaren med viss erfarenhet |  | Ganska svårt, passar kompetent hemma-mekaniker |  | Svårt, passar hemmamekaniker med erfarenhet |  | Mycket svårt, för professionell mekaniker |  |

---

### 1 Allmänt

Alla modeller som boken behandlar har fribärande kaross. Karossen har konstruerats för att ge tillräcklig stabilitet utan separat ram. Inbyggda sidobalkar fram och bak bär upp främre delen av karossen, fram- och bakvagn samt övriga mekaniska detaljer. På grund av detta måste undersidan av bilen undersökas noggrant efter kollision, av en anläggning med lämplig utrustning för detta.

Vissa detaljer är mer utsatta för skador vid kollision och dessa är skruvade till karossen och därför lättare att byta. Bland dessa finns formpaneler, stötfångare, motorhuv, dörrar och alla rutor (ej skruvade).

Endast allmänt underhåll och reparationer som går att utföra med begränsade resurser har tagits med i detta kapitel.

### 2 Kaross - underhåll

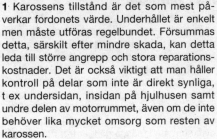

**1** Karossens tillstånd är det som mest påverkar fordonets värde. Underhållet är enkelt men måste utföras regelbundet. Försummas detta, särskilt efter mindre skada, kan detta leda till större angrepp och stora reparationskostnader. Det är också viktigt att man håller kontroll på delar som inte är direkt synliga, t ex undersidan, insidan på hjulhusen samt undre delen av motorrummet, även om de inte behöver lika mycket omsorg som resten av karossen.

**2** Det är också lämpligt att en gång om året, eller var 20 000 km, utom på fordon med vaxbaserat rostskydd, rengöra underredet med ånga. All smuts och olja fösvinner och området kan inspekteras beträffande rostskador, skadade bromsledningar, kablar,

vajrar och andra problem. Framvagnen bör sedan smörjas.

**3** Rengör samtidigt motorutrymmet med ångtvätt eller vattenlösligt avfettningsmedel.

**4** Hjulhusen bör också ägnas omtanke eftersom underredsmassan kan lossna, stensprut från däcken kan också skada lacken så att rostskador uppstår. Hittar man rost, ska området rengöras ned till den rena metallen och sedan behandlas med rostskyddande färg.

**5** Karossen bör tvättas en gång i veckan. Blöt upp smutsen ordentligt, tvätta sedan med mjuk svamp och rikliga mängder tvålvatten. Om inte det mesta av smutsen först sköljts av kan lacken repas.

**6** Fläckar av tjära och asfalt tas bort med entrasa indränkt i avfettningsmedel.

**7** Vaxa kaross och kromdetaljer en gång var sjätte månad. Om kromglans används för att rengöra kromdetaljer kom ihåg att den förutom att ta bort rost och smuts även avverkar en del krom. Använd med förstånd.

## 3 Vinyldetaljer - underhåll

1 Rengör inte vinyldetaljer med lösningsmedel, kaustik soda eller petroleumbaserade rengöringsmedel. Tvål och vatten duger utmärkt, använd tillsammans med en mjuk borste för att ta bort hårt sittande smuts. Tvätta vinyldetaljer lika ofta som den övriga bilen.

2 Efter rengöring hjälper ett lager vinylskydd att hålla detaljen fri från oxidation och sprickor. Sådant skydd kan också användas på lister, vakuumledningar och gummislangar som ofta påverkas kemiskt, samt på däcken.

## 4 Klädsel och mattor - underhåll

1 Mattorna bör borstas eller dammsugas var tredje månad för att hållas fria från smuts. Dammsug klädsel och mattor för att ta bort lös smuts.

2 Läderklädsel kräver speciell vård. Fläckar bör tas bort med varmt vatten och en mycket mild tvållösning. Ta bort tvålen med en torr, ren trasa. Torka sedan efter med en annan ren trasa. Använd aldrig alkohol, tvättbensin, aceton eller thinner för att rengöra läderklädsel.

3 Behandla läderkläddseln efter rengöring med lädervax. Använd aldrig bilvax på en läderklädsel.

4 Om interiören blir utsatt för starkt solljus, bör läderklädseln täckas över om bilen blir stående någon tid.

## 5 Karossreparationer - mindre skador

### Reparation av mindre repor i lacken

Om repan är ytlig och inte tränger ner till metallen, är reparationen enkel. Gnugga området med vax som innehåller färg, eller en mycket fin polerpasta, för att ta bort lös färg från repan. Rengör kringliggande partier från vax och skölj sedan området med rent vatten.

Lägg på bättringsfärg eller lackfilm med en fin borste; fortsätt att lägga på tunna lager färg tills repan är utfylld. Låt färgen torka minst två veckor, jämna sedan ut den mot kringliggande partier med hjälp av vax innehållande färg och mycket fint polermedel, s k rubbing. Vaxa till sist ytan.

Om repan gått igenom färgskiktet i plåten och orsakat rost, krävs annan teknik. Ta bort lös rost från botten av repan med en pennkniv, lägg sedan på rostförebyggande färg för

att förhindra att rost bildas igen. Använd en gummi- eller nylonspackel för att fylla ut repan med lämplig produkt. Vid behov kan denna förtunnas enligt tillverkarens anvisningar. Innan spacklet härdar, linda en bit mjuk bomullstrasa runt fingertoppen. Doppa fingret i celullosathinner, och stryk snabbt över repan; detta gör att toppen på spacklet blir något urholkat. Repan kan sedan målas över enligt beskrivning tidigare i detta avsnitt.

### Reparation av bucklor i karossen

Då en djup buckla uppstår i karossen, är den första uppgiften att trycka ut den, så att karossformen blir nästan den ursprungliga. Metallen är skadad och området har sträckt sig, det är därför omöjligt att återställa karossen helt till sin ursprungliga form. Räta ut plåten tills den är ca 3 mm lägre än omgivande partier. Om bucklan är mycket grund från början, lönar det sig inte alls att försöka få ut den.

Om baksidan på bucklan är åtkomlig, kan den hamras ut försiktigt från baksidan med hjälp av en plast- eller träklubba. Håll samtidigt ett lämpligt trästycke på utsidan som mothåll så att inte större del av karossen trycks utåt.

Är bucklan på ett ställe där plåten är dubbel, eller den av annan anledning inte är åtkomlig bakifrån, måste man förfara på annat sätt. Borra flera små hål genom plåten inom det skadade området, speciellt i den djupare delen. Skruva sedan i långa självgängande skruvar så att de får gott grepp i plåten. Nu kan bucklar rätas ut genom att man drar i skruvarna med en tång.

Nästa steg är att ta bort färgen från det skadade området och några cm runt omkring. Detta åstadkommes bäst med hjälp av en stålborste eller slipskiva i en borrmaskin, även om det kan göras för hand med hjälp av slippapper. Förbered ytan för spackling genom att repa den med en skruvmejsel eller liknande. Man kan också borra små hål i området; detta ger gott fäste för spacklet. För avslutning av arbetet, se avsnittet om spackling och sprutning.

### Reparationer av rost- och andra hål i karossen

Ta bort all färg från det berörda området och några cm runt omkring med hjälp av slippapper eller en stålborste i en borrmaskin. Några slippapper och en slipkloss gör annars jobbet lika effektivt.

När färgen är borttagen kan men bedöma skadans omfattning; avgör om en ny detalj behövs (om det är möjligt) eller om den gamla kan repareras. Nya karossdetaljer är inte så dyra som man många gånger tror och det går oftast snabbare och bättre att sätta på en ny detalj än att försöka laga stora områden med rostskador.

Ta bort alla lister och andra detaljer från området, utom sådana som kan tjänstgöra som mall för det ursprungliga partiet, så som

strålkastarpottor etc. Ta bort svårt angripna partier med tång, plåtsax eller bitar av bågfilsblad. Knacka in kanten på hålet så att en liten nedsänkning bildas för spacklet.

Stålborsta området och ta bort lös rost från ytan. Om baksidan på det rostade området är åtkomligt, behandla det med rostskyddsfärg.

Innan utfyllnad kan göras, måste stöd läggas i hålet på något sätt. Detta kan göras med hjälp av plåtbit som nitas eller skruvas, eller med nät som läggs i hålet.

Då hålet satts igen kan man spackla och måla. Se följande beskrivning.

### Karossreparationer - spackling och sprutning

Många typer av spackel förekommer, men generellt fungerar de reparationssatser som består av grundmassa och en tub härdare bäst. En bred, flexibel spackel av plast eller nylon är ovärderlig för att forma spacklet efter karossens konturer. Blanda lite spackel på en skiva - mät härdaren noggrant (följ tillverkarens anvisningar), annars kommer spacklet att härda för snabbt.

Stryk på spacklet, dra spackelspaden över ytan så att spacklet antar samma kontur som den ursprungliga. Så snart formen någorlunda överensstämmer med den tänkta, avbryt bearbetningen - arbetar man för länge blir massan kletig och fastnar på spackelspaden. Stryk på tunna lager med 20 min mellanrum tills området har byggts upp så att det är något för högt.

Så snart spacklet har härdat, kan överskottet tas bort med en fil eller annan lämpligt verktyg. Sedan skall allt finare slippapper användas. Starta med nr 180 och sluta med nr 600 våtslippapper. Använd alltid någon form av slipkloss, annars blir ytan inte plan. Under det avslutande skedet skall våtslippapperet då och då sköljas i vatten. Detta garanterar en mycket jämn yta.

Området kring bucklan bör nu bestå av ren metall, som i sin tur skall omgivas av den uttunnade lackeringen. Skölj ytan med rent vatten tills allt damm från slipningen har försvunnit.

Spruta hela området med ett tunt lager grundfärg - då framträder ev ojämnheter i ytan. Åtgärda dessa ojämnheter med filler eller finspackel och jämna på nytt ut ytan med slippapper. Om finspackel används, kan det blandas med förtunning, så att man får en riktigt tunn massa, perfekt för att fylla små hål. Upprepa sprutnings- och spacklingsproceduren tills du är nöjd med ytan och utjämningen runt om skadan. Rengör området med rent vatten och låt det torka helt.

Området är nu klart för slutbehandling. Sprutning av färgskikt måste ske i en varm, torr, drag- och dammfri omgivning. Dessa villkor kan uppfyllas om man har en stor arbetslokal, men om man tvingas arbeta utomhus, måste man välja tidpunkt omsorgsfullt. Arbetar man inomhus, kan man binda dammet genom att hälla vatten på golvet. Om den reparerade ytan begränsar sig till en panel, maskera omkringliggande partier, detta hjälper till att begränsa effekten av nyansskillnad. Detaljer som kromlister, dörrhandtag etc måste också maskeras. Använd riktig maskeringstejp och flera lager tidningspapper.

Innan sprutningen påbörjas, skaka flaskan omsorgsfullt, gör sedan ett sprutprov (t ex på en gammal konservburk) tills du behärskar tekniken. Täck området med grundfärg; lagret skall byggas upp av flera tunna lager, inte av ett tjockt. Slipa ytan med nr 400 våtslippapper tills den är helt slät. Under slipningen skall området sköljas över med vatten och papperet emellanåt sköljas i vatten. Låt ytan torka helt innan den sprutas igen.

Spruta på färglagret, bygg på nytt upp tjockleken med flera tunna lager. Börja spruta mitt i området, arbeta sedan utåt genom att röra burken från sida till sida. Fortsätt arbeta utåt tills hela området och ca 50 mm utanför har täckts. Ta bort maskeringen 10 till 15 min efter sprutning. Låt det nya färgskiktet torka minst två veckor, bearbeta sedan ytan med vax innehållande färg eller mycket fin polerpasta, s k rubbing. Jämna till ytorna mot den gamla lackeringen. Vaxa slutligen bilen.

## Plastdetaljer

Fler och fler detaljer av plast används vid tillverkningen (t ex stötfångare, spoilers och i vissa fall hela karossdetaljer). Reparation av mer omfattande skada på sådana detaljer har inneburit att man antingen överlåter arbetet till en specialist, eller byter detaljerna. Sådan reparation är i regel inte lönsam att göra själv, p g a att utrustning och material är dyra. Tekniken går dock ut på att man gör ett spår längs sprickan i plastdetaljen med hjälp av en roterade fil i borrmaskinen. Den skadade detaljen svetsas sedan samman med hjälp av en varmluftspistol som värmer och smälter ihop plasttillsatsmaterial i sprickan. Överskottsplast kan sedan tas bort och området poleras till en jämn yta. Det är mycket viktigt att man använder tillsatsmaterial av rätt plast eftersom dessa detaljer kan göras av en rad

olika material (t ex polykarbonat, ABS, polypropylen).

Mindre omfattande skador (skavning, mindre sprickor etc) kan repareras genom att man använder en två-komponents epoxyprodukt. Dessa produkter används efter blandning på samma sätt som spackel. Produkten härdar på 20–30 minuter och är då färdig för slipning och målning.

Om man byter en hel detalj, eller har reparerat med epoxy, återstår problemet att hitta en lämplig färg som kan användas på den plast det är fråga om. Tidigare var det omöjligt att använda en och samma färg till alla detaljer p g a skillnaden i materialets egenskaper. Standardfärg binder inte tillfredsställande till plast eller gummi. Nu är det dock möjligt att köpa en speciell färgsats, som består av förbehandling, grundfärg och färg, och normalt medföljer kompletta instruktioner. Metoden går i korthet ut på att man först lägger på förbehandlingen, låter den torka i 30 minuter, sedan läggs grundfärgen på och får torka i drygt en timme innan till sist färglagret läggs på. Resultatet blir en korrekt finish där färgen överensstämmer och skikten kan böja sig med plast- och gummidetaljer. Detta klarar normalt inte en standardfärg.

### 6 Karossreparationer - större skador

Där större skador har inträffat, eller stora partier måste bytas p g a dåligt underhåll, behöver hela paneler svetsas fast; detta överlåts bäst åt fackmannen. Om skadan beror på en kollision måste man också kontrollera att kaross och chassi inte har blivit skeva. Beroende på konstruktionens principer kan hela bilens styrka och form påverkas av en skada på endast en del. Sådant arbete kan endast göras av en Volvoverkstad med speciella jiggar. Om karosseriet inte riktas upp kan det vara farligt att köra bilen eftersom den inte uppför sig riktigt. Dessutom kan belastningar orsakas på komponenter som

styrning, upphängning och transmission. Onormalt slitage, speciellt på däck, eller haveri, blir följden.

### 7 Gångjärn och lås - underhåll

Var 5000 km eller var tredje månad bör gångjärn och lås på motorhuv, dörrar och baklucka smörjas med några droppar tunn olja. Spärrtapparna bör fettas in med ett tunt lager fett för att minska slitage och förbättra funktionen. Smörj dörrlåsen med olja innehållande grafit.

### 8 Vindruta och övriga fasta rutor - byte

Byte av vindruta och andra fasta rutor kräver speciella lim och diktningsmassor, vissa specialverktyg och kunskaper. Arbetet bör därför överlåtas till en fackman.

### 9 Motorhuv - demontering, montering och justering

**Notera:** *Motorhuven är tung och otymplig att demontera och montera - man bör vara minst två för detta arbete.*

### Demontering och montering

**1** Lägg filtar eller liknande över torpeden och framflyglarna. Detta skyddar lackeringen då huven demonteras.
**2** Rita runt huvgångjärnens skruvar så man vet hur den satt tidigare.
**3** Lossa vajrar och kablar som hindrar demontering **(se illustration)**.
**4** Ta hjälp av någon som kan stödja huven. Ta sedan bort gångjärnens skruvar **(se illustration)**.
**5** Lyft bort motorhuven.
**6** Montera i omvänd ordning.

**9.3 Knyt en bit snöre i huvens belysningskabel så den kan dras tillbaka då huven monteras**

**9.4 Märk hur skruvarna sitter innan de tas bort**

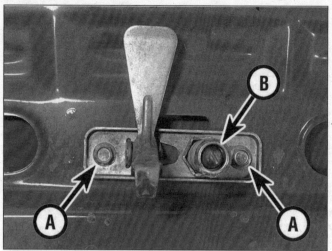

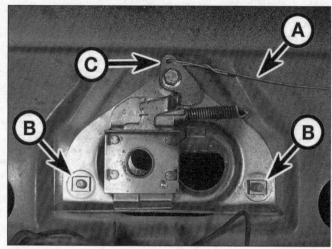

**9.10 Lossa skruvarna (A) för att justera huven i sidled och spärrtappen (B) i höjdled för att justera stängningen**

**10.2 Huvlåset sett underifrån**

A Vajer    B Muttrar    C Arm

## Justering

**7** Huven kan justeras i längs- och sidled om man lossar skruvar och muttrar för gångjärnen och sedan ändrar gångjärnens infästning mot huven.

**8** Rita en linje runt infästningen så att det går att bedöma hur mycket huven flyttas.

**9** Lossa skruvarna eller muttrarna och flytta motorhuven till korrekt läge. Flytta bara lite åt gången. Dra åt skruvar och muttrar, sänk försiktigt ned huven och kontrollera passformen.

**10** Man kan vid behov, efter justering, flytta huvlåset i sidled, samt ändra höjdläge på spärrtappen (skruvas) så att huven går jäms med flygelkanterna. För att göra detta ritar man runt låsets fästskruvar så att man får en utgångspunkt. Lossa sedan skruvarna och ändra läge på låset **(se illustration)**. Dra sedan åt skruvarna. Huvens höjd i stängt läge kan man justera genom att skruva låstappen uppåt eller nedåt med en skruvmejsel.

**11** Justera slutligen huvens anslag (gummikuddar) på kylarbalken så att den går jäms med flygelkanterna.

**12** Motorhuvens lås och spärr samt gångjärn, bör smörjas regelbundet med litiumbaserat fett så att de inte kärvar eller slits.

## 10 Motorhuvens lås och vajer - demontering och montering

### Lås

**1** Demontera kylargrillen (se avsnitt 11)

**2** Arbeta genom grillöppningen, haka loss vajern från låsarmen **(se illustration)**.

**3** Demontera fästskruvarna, sänk ned huvlåset och ta bort det **(se illustration)**.

### Vajer

**4** Lossa vajern från låset, fäst ett snöre i vajeränden.

**5** Lossa vajerklammorna, ta sedan bort handtaget och dra vajern genom torpedväggen in i bilen (ena änden på snöret kvar i motorrummet).

**6** Fäst snöret i den nya vajern, dra den in i motorrummet genom torpedväggen. Fäst klammorna och anslut till lås och låsarm.

## 11 Kylargrill - demontering och montering

**1** Öppna motorhuven och vrid snabbfästena 90° så att övre delen av grillen frigörs **(se illustration)**.

**2** Luta grillen utåt, lyft bort den från de undre fästena och ta bort den.

**3** Montera i omvänd ordning.

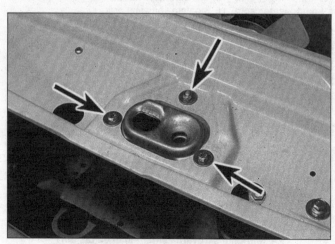

**10.3 Placering av huvlåsets skruvar (vid pilarna)**

**11.1 Vrid fästena 90° så att grillen frigörs**

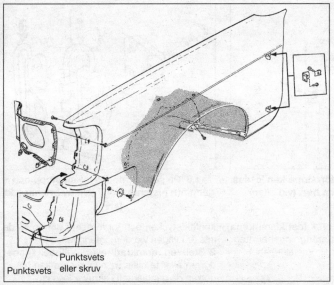

12.4a Typiska flygeldetaljer på modeller t.o.m. 1980

Punktsvets
Punktsvets eller skruv

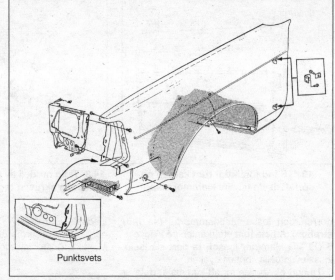

12.4b Typiska flygeldetaljer på modeller fr.o.m. 1981

Punktsvets

## 12 Framflygel - demontering och montering

1 Hissa upp bilen, stöd den ordentligt på pallbockar och demontera framhjulet.
2 Lossa antenn och kontaktstycken för kabelstammar som hindrar demonteringen.
3 Demontera främre stötfångaren (se avsnitt 9).
4 Demontera innerskärmen och flygelns fästskruvar **(se illustrationer)**.
5 Lossa flygeln. Man kan behöva hammare och huggmejsel för att lossa punktsvetsen i underkant framtill **(se illustrationer 12.4a och 12.4b)**. Det är bra att ha lite hjälp då flygeln tas bort så att omgivande detaljer inte skadas.
6 Montera i omvänd ordning. Dra alla muttrar och skruvar ordentligt.

## 13 Dörrklädsel - demontering och montering

### Demontering

1 Lossa jordkabeln från batteriet.
2 Demontera alla fästskruvar för dörrklädsel och armstöd/stängningshandtag på dörren. **(se illustrationer)**.
3 På modeller med manuella fönsterhissar, demontera fönsterveven **(se illustrationer)**. På modeller med elfönsterhissar, bänd loss strömställarenheten och lossa den från kablarna.
4 För in en paljettkniv (smal spackelspade) eller en spårskruvmejsel mellan klädseln och

13.2a Bänd ut plastpluggen . . .

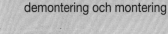

13.2b . . . så blir skruven för armstödet åtkomlig

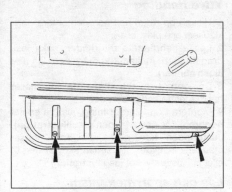

13.2c Typisk placering av skruvar för dörrficka (vid pilarna)

13.3a Lossa listen på fönsterveven . . .

13.3b . . . lossa sedan fästskruven

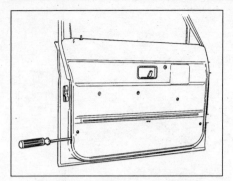

**13.4 Bänd försiktigt runt kanten på dörrklädseln till alla klammor släppt**

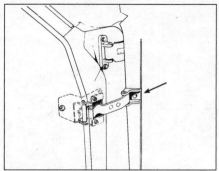

**14.3 Tidig modell av dörrstopp kan lossas sedan skruven tagits bort (vid pilen)**

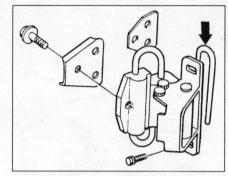

**14.6 På senare modeller kan stopp och gångjärn justeras med hjälp av brickor (vid pilen)**

dörren och lossa fästklammorna **(se illustration)**. Arbeta runt ytterkanten på klädseln.
5 Då alla klammor lossat, ta bort klädseln, lossa eventuella kontaktstycken.
6 Ta bort plastfolien för att komma åt detaljer inuti dörren.

## Montering

7 Innan dörrklädseln monteras, kom ihåg att sätta tillbaka fästklammor som lossnat från klädseln vid demonteringen och sitter kvar i dörren.
8 Anslut alla kontaktstycken och sätt upp

klädseln mot dörren. Tryck fast klammorna och montera armstöd/stängningshandtag. Montera fönstervev eller strömställarenhet.

## 14 Dörrar - demontering, montering och justering

## Demontering och montering

1 Demontera dörrklädseln. Lossa eventuella

kontaktstycken och för in dem i dörren så de inte är i vägen vid demonteringen.
2 Ställ en domkraft eller pallbock under dörren eller ta hjälp av någon som kan hålla i dörren då gångjärnens skruvar lossas.
**Notera:** *Använder man domkraft eller pallbock bör man lägga trasor mellan dem och dörren för att skydda lacken.*
3 Gör passmärken vid gångjärnen. Demontera även skruv och dörrstopp på tidiga modeller **(se illustration)**.
4 Demontera gångjärnens skruvar och ta försiktigt bort dörren.
5 Montera i omvänd ordning.

## Justering

6 Efter montering, kontrollera och justera dörren vid behov enligt följande:
a) *Justering i höjd- och längsled görs vid gångjärnens infästning sedan skruvarna lossats. På senare modeller kan justerbrickor förekomma vid gångjärnsinfästningen* **(se illustration)**.
b) *Spärrtappen kan också justeras uppåt och nedåt så att låset stänger säkert. Man lossar då spärrtappen och justerar. Dra fast tappen i rätt läge.*

## 15 Dörrlås, handtag och spärrar - demontering och montering

## Yttre handtag

1 Hissa upp rutan helt och demontera dörrklädseln och plastfolien.
2 Lossa handtagets returfjäder, haka loss dragstången mellan handtag och lås **(se illustrationer)**.
3 Demontera de två skruvarna som håller handtaget, ta sedan bort det.
4 Montera i omvänd ordning, justera spelet noggrant för dragstången **(se illustration)**. Justeringen kan göras om man lossar stångens låsfjäder och sedan skruvar den ut eller in i justerstycket **(se illustration)**.

## Lås och spärrmekanism

5 Demontera de två skruvarna som håller låscylinderns fästplåt i dörrkanten samt

1 Arm
2 Arm
3 Arm
4 Dragstång för låsknapp
5 Yttre handtag
6 Handtagspanel
7 Skruvar
8 Returfjäder
9 Dragstång för handtag
10 Låscylinder
11 Låscylinderarm
12 Inre handtagsarm
13 Returfjäder

**15.2a Typiska detaljer för främre dörrlås**

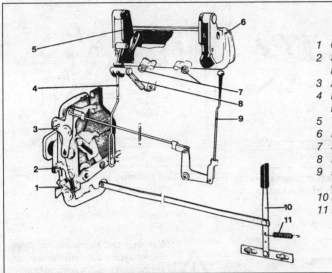

1 Överföringsarm
2 Spärrarm för barnsäkert lås
3 Arm
4 Dragstång för yttre handtag
5 Yttre handtag
6 Handtagspanel
7 Skruvar
8 Returfjäder
9 Dragstång för låsknapp
10 Inre handtag
11 Returfjäder

**15.2b Typiska detaljer för bakre dörrlås**

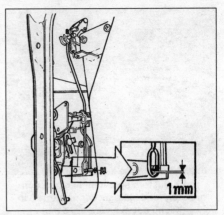

**15.4a Justera spelet mellan dragstångens ögla och spärrarmens tapp enligt bilden**

**15.4b Justera ytterhandtagets dragstång genom att vrida justeringen (vid pilen) in eller ut**

insexskruvarna som håller spärrmekanismen (se illustrationer). Notera: *På vissa tidiga modeller skruvades inte fästplåten i dörren. Använd det senare utförandet på fästplåt vid byte av cylinder.*

6 Lossa dragstången från ytterhandtaget vid spärrarmen, och, om bilen har centrallås, låsmotorns dragstång (se kapitel 12) (se illustration).

7 På bakdörrarna, lossa stången från låsknappen.

8 Ta bort spärrmekanismen.

9 Bänd loss låscylinderns låsbleck och ta bort cylindern. Lossa kontakten för centrallås (i förekommande fal).

10 Montering sker i omvänd ordning, notera följande: fr.o.m. 1978 års modeller används en annan typ av spärrmekanism (se illustrationer). Om spärrmekanism av det senare utförandet monteras på tidigare modeller måste hål borras i dörrkanten enligt illustrationen.

**15.5a Låscylinderns skruvar är åtkomliga från kanten på dörren**

**15.5b Spärrmekanismen hålls av två insexskruvar**

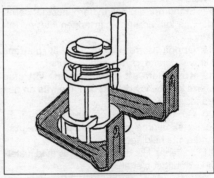

**15.5c Använd denna typ av fäste vid byte av tidigare låscylinder**

**15.6 Lossa låsblecket (vid pilen) och haka loss stången**

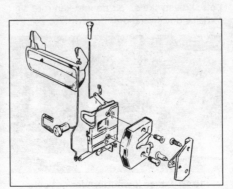

**15.10a Senare utförande av spärr**

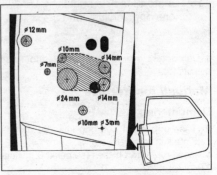

**15.10b Vid montering av spärr med senare utförande på tidigare modeller, måste dörren ändras som bilden visar**

**15.13 Justera spelet mellan arm och handtag med hjälp av denna skruv (vid pilen); det ska vara ca. 6 mm**

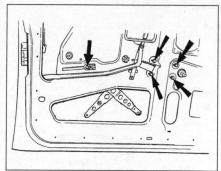

**16.4 Ta bort skruvarna (vid pilarna) och ta bort hissen genom hålet i dörren**

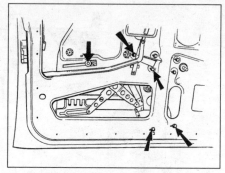

**16.12 Placering av fästskruvar för elfönsterhiss (vid pilarna)**

## Inre handtag

**11** Haka loss returfjädern och manöverarmen från spärrmekanismen.
**12** Demontera skruven och ta bort handtag och manöverarm.
**13** Vid montering, justera spelet mellan manöverarm och handtag med hjälp av det avlånga hålet för fästskruven **(se illustration)**.

## Spärrtapp

**14** Demontera skruvarna för spärrtappens fästplatta, ta sedan bort plattan.
**15** Montera i omvänd ordning. Justera enligt följande.
**16** Lossa fästskruvarna så att plattan kan flyttas för hand.
**17** Stäng dörren, håll i ytterhandtaget så att det inte kan arbeta: spärrtappen intar nu rätt läge.
**18** Öppna dörren igen. Dra åt plattans skruvar, först den yttre sedan de inre.
**19** Kontrollera att dörren stänger lätt utan större kraftbehov och att den inte lyfts då den träffar spärrtappen.
**20** Om spärrtappen kommer för långt inåt, lossa skruvarna något och bryt den utåt. Ändra inte höjdläget.
**21** Justering i längsled kan göras med justerbrickor under plattan.

## 16 Fönsterhiss - demontering, montering och justering

**1** Demontera dörrklädsel och plastfolie (se avsnitt 13).

## Manuell fönsterhiss

### Demontering

**2** Hissa upp rutan helt och kila fast den så den inte kan falla ned.
**3** Lossa rutan från hissen (se punkt 3, avsnitt 17).
**4** Ta bort fästskruvarna, sänk sedan ned hissen och ta bort den genom öppningen i dörren **(se illustration)**.

### Montering

**5** Montera i omvänd ordning.

### Justering

**6** Hissen ska justeras så det åtgår minsta möjliga kraft att hissa rutan upp och ned. Lossa hissens fästskruvar något **(se illustration 16.4)**, så att hissens infästning med svårighet kan ändras. Justera läget då rutan hissas upp och ned tills det går lätt och mjukt. Dra fast skruvarna i detta läge.

## Elfönsterhissar

### Demontering

**7** Sänk ned rutan till stopp.
**8** Lossa hissarmarna från rutfästet. Tryck då in spärrarna så att de lossar, ta vara på brickorna och bryt armarna mot dig.
**9** För upp rutan i toppläge för hand, kila fast den så den inte kan falla ned.
**10** Lossa jordkabeln från batteriet.
**11** Lossa kablarna från hissmotorn. På modeller före 1979 måste man lossa säkringsdosan för att komma åt kablarna. På senare modeller lossar man kabeln vid kontakten i armstödet.
**12** Lossa lyftarmen från sidostyrningen i dörren, ta bort hissens fästskruvar och ta ut mekanismen genom hålet i dörren **(se illustration)**.
**13** Om man måste lossa motorn från hissen, spänn fast hissens kuggsegment och fästplåt i ett skruvstycke så att de inte kan röra sig i förhållande till varandra.

**Varning: Det ligger ett avsevärt fjädertryck på hissmekanismen. Detta kan orsaka personskada om fjädern plötsligt lossar vid isärtagning.**

### Montering

**14** Montera i omvänd ordning.

### Justering

**15** Hissen ska justeras så att minsta kraft åtgår vid stängning och öppning. Det ska inte ta mer än fem sekunder att öppna fönstret. Lossa fästskruvarna något så att hissens infästning med svårighet kan ändras **(se illustration 16.12)**. Justera hissens infästning samtidigt som rutan hissas upp och ned så att det går lätt och jämnt. Dra åt skruvarna i detta läge.
**16** Hissa upp rutan helt, lossa sedan låsmuttern för det övre stoppet **(se illustration)**. Försök att föra rutan ytterligare uppåt, justera sedan stoppet mot kuggsegmentet och dra åt låsmuttern.
**17** Sänk ned rutan helt, se till att lyftarmen inte bottnar i gaffeln. Justera annars stoppklacken så att spelet i gaffeln är 1 mm **(se illustration)**.

## 17 Dörrutor - demontering och montering

**1** Demontera dörrklädseln och plastfolien (se avsnitt 13).

**16.16 Lossa låsmuttern för det övre stoppet (vid pilen), för upp rutan så långt det går och dra fast låsmuttern**

**16.17 Då elfönsterhissen är i understa läget ska spelet i gaffeln vara enligt bilden**

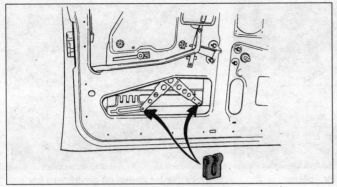

**17.3 Lossa låsblecken för rutan**

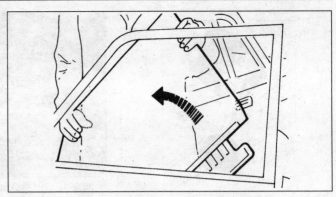

**17.4 Lyft ut glaset uppåt mot insidan**

**2** Sänk ned rutan.
**3** Demontera låsblecken från lyftarmarna, lossa sedan armarna från rutfästet **(se illustration)**.
**4** Lyft ruta och rutfäste uppåt och ut ur dörren, mot insidan **(se illustration)**.
**5** Montera i omvänd ordning, justera rutans läge i fästet så att den stängs mjukt utan att kärva.

## 18 Baklucka (sedan) - demontering, montering och justering

**1** Bakluckan är upphängd i två gångjärn. Gångjärnen sitter med två skruvar i luckan och tre skruvar i bakre stolparna. Luckans tyngd balanseras av två gasfjädrar **(se illustrationer)**.
**2** Vid demontering av bakluckan, gör passmärken vid gångjärnens infästning innan luckan lossas tas bort.
**3** Montera i omvänd ordning.
**4** Luckans läge kan justeras med hjälp av de avlånga hålen i infästningen.
**5** Demontering av gångjärn och balansfjädrar kräver ett specialverktyg (tillgängligt från återförsäljaren) som håller fjädern sammantryckt då skruvarna lossas **(se illustration)**.

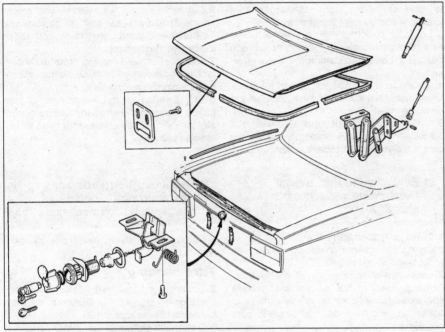

**18.1a Typiska detaljer för baklucka på modeller t.o.m. 1978**

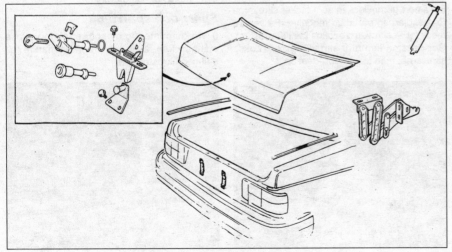

**18.1b Detaljer för baklucka på modeller fr.o.m. 1979**

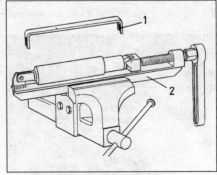

**18.5 Detta verktyg krävs för att hålla gasfjädern sammantryckt**

1 Hållare
2 Fjäderkompressor

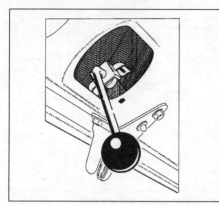

**19.4 Detta verktyg förenklar demontering av låscylinder på senare modeller**

**20.2 Ta bort locket för spärren, sedan skruvarna för klädseln**

**21.4a Nedre änden på gasfjädern har en låsring**

## 19 Baklucka (sedan), lås och spärr - demontering och montering

1 På tidigare modeller sitter lås och spärr-mekanism i bakstycket och spärrtappen på bakluckan. På senare modeller är det tvärt om **(se illustrationer 18.1a och 18.1b)**.
2 Demontera skruvarna för spärr eller spärr-tapp vid bakstycke eller baklucka.
3 Montera i omvänd ordning. Justera sedan spärr eller spärrtapp med hjälp av de avlånga hålen så att luckan stänger ordentligt.
4 Demontera låscylindern, lossa låsblecket som håller den till bakstycke eller lucka. På senare modeller sitter låscylindern inuti bak-luckan, då krävs ett specialverktyg för att lossa låsblecket **(se illustration)**. Vissa modeller har också en fästskruv mellan lås-cylinder och spärrmekanism.
5 Ta bort låscylindern.
6 Montera i omvänd ordning.

## 20 Baklucka (herrgårdsvagn) klädsel - demontering och montering

1 Öppna bakluckan.
2 Dra loss locket för den invändiga spärren,

ta bort skruvarna och plastsargen runt klädselns ytterkant **(se illustration)**.
3 För in en paljettkniv (smal spackelspade) eller spårskruvmejsel mellan klädsel och baklucka. Lossa fästklammorna längs ytter-kanten.
4 Då alla klammor lossats, ta bort klädseln, lossa eventuella kontaktstycken som hindrar demonteringen.
5 Vid montering, sätt upp klädseln mot bakluckan. Tryck fast klammorna, sätt tillbaka sarg ock skruvar. Sätt tillbaka locket.

## 21 Baklucka (herrgårdsvagn) - demontering, montering och justering

1 Lossa jordkabeln från batteriet.
2 Öppna bakluckan, och demontera klädseln enligt beskrivning i avsnitt 20.
3 Lossa anslutningarna för all elektrisk ut-rustning, märk ut hur de ska sitta. Lossa spolarslangen. Alla kablar måste dras ut ur bakluckan genom den öppning de går in, nära gångjärnen.
4 Demontera låsblecken i var ände på gas-fjädrarna **(se illustrationer)**, men ta inte bort fjädrarna ännu.
5 Ta bort gummilocken som täcker skruvarna för gångjärnen på tidiga modeller. På senare modeller är skruvarna synliga **(se illustration)**. Gör passmärken runt skruvkragarna. Lossa skruvarna, men ta inte bort dem än.

6 Det behövs minst två personer som stöder luckan då fjädrarna tas bort **(se illustration)**. Ta bort gasfjädrarna, skruvarna och sedan luckan **(se illustration)**.
7 Montera i omvänd ordning. **Notera:** *Då bak-luckan monteras, rikta in skruvarna mot de tidigare gjorda passmärkena.*
8 Stäng sedan luckan, kontrollera att den passar riktigt mot, karossen. Justera genom att lossa skruvarna och försiktigt flytta luckan tills den passar.

## 22 Baklucka (herrgårdsvagn), lås, spärr och handtag - demontering och montering

1 Demontera klädseln enligt beskrivning i Avsnitt 20.

### Yttre handtag

2 Lossa dragstången mellan lås och handtag. Lossa också stången från låsmotorn om bilen har centrallås (se kapitel 12).
3 Demontera skruvarna som håller handtaget till luckan, ta sedan bort handtaget **(se illustration 21.6b)**
4 Montera i omvänd ordning.

### Spärr och spärrtapp

5 Vid demontering av spärren, koppla loss stången från låset och i förekommande fall stången till låsmotorn.

**21.4b Detta låsbleck håller gasfjäderns övre ände**

**21.5 Gångjärnets skruv är dold av listen**

**21.6a Ryck loss fjäderns undre infästning**

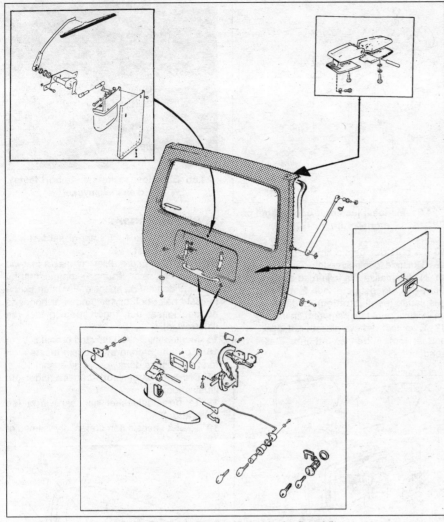

22.6 Placering av spärrenhetens skruvar

sedan dragstången till spärrmekanismen och i förekommande fall låsmotorn tagits bort.
10 Montera i omvänd ordning.

## 23 Backspegel, invändig - demontering och montering

1 Spegeln är infäst i basplattan med en kulled. Vrid spegeln 90° för att lossa den från basplattan, ta sedan bort den **(se illustration)**.
2 Montera i omvänd ordning.

## 24 Backspegel, dörrmonterad - demontering och montering

1 Det har, beroende på modell och tillverkningsår, förekommit ett flertal olika utföranden på yttre backspeglar på de modeller boken behandlar.
2 Senare typer kan justeras inifrån bilen, antingen mekaniskt eller elektriskt.
3 Följande allmänna anvisningar gör att man med stöd av respektive bilder kan demontera och montera de flesta modellerna.

### *1980 och tidigare*

4 Fram t.o.m. 1977 är spegeln infäst med en skruv **(se illustration)**.

21.6b  Typiska detaljer för baklucka (kombi)

6 Demontera skruvarna som håller spärrmekanismen till bakluckan och lyft bort spärrmekanismen **(se illustration)**.
7 Spärrtappen är skruvad i golvet **(se illustration)**.
8 Montera i omvänd ordning. Justera spärrtappen med hjälp av de avlånga hålen i fäst-plattan, så att luckan stänger ordentligt. Dra sedan fast skruvarna.

### *Låscylinder*

9 Låscylindern är fäst med skruvar, åtkomliga inifrån eller med ett låsbleck på samma sätt som dörrcylindrarna. Cylindern kan tas bort

22.7  Spärrtappen hålls av två skruvar

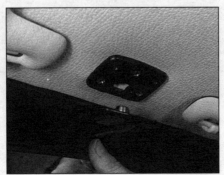

23.1  Vrid spegeln 90° och lossa den från basplattan

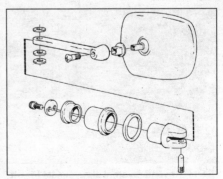

24.4  Typisk backspegel för tidiga modeller

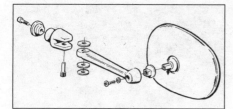

**24.5 Typisk backspegel på 1978 och 1979 års modeller**

5  1978 och 1979 års modeller är armen infäst i dörren med en insexskruv **(se illustration)**.
6  Vid demontering av manuellt justerade speglar, lossa panelen i hörnet på insidan av dörren och ta bort insexskruven som håller spegeln **(se illustrationer)**. Montera i omvänd ordning.

## 1980 t.o.m. 1985

7  Två typer av fjärrmanövrerade speglar användes mellan 1980 och 1985 **(se illustrationer)**.
8  Spegelglaset är fäst mot basplattan med en häftremsa.
9  Glaset kan bytas utan att ta bort spegeln från dörren. Använd ett verktyg med brett blad för att lossa glaset. Använd kraftiga skydds-handskar så att du inte skär dig.

**Tips HAYNES** *Arbetet underlättas om man använder en värmepistol eller en hårtork att mjuka upp limmet med.*

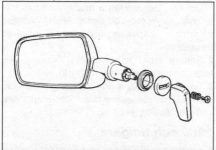

**24.7a Typisk manuellt justerbar backspegel på modeller fr.o.m. 1980**

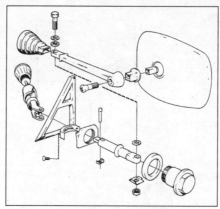

**24.6a Manuellt justerbar backspegel på modeller t.o.m. 1979**

10  Ta bort det gamla limmet med alkohol eller liknande lösningsmedel.
11  Ny fästmassa ska följa med spegelglaset. Dra av skyddspapperet och fäst massan på basplattan **(se illustration)**. Bildas luftblåsor på insidan, punktera dem med en nål.
12  Tryck fast det nya glaset i rätt läge. Tryck endast mot mitten så att inte glaset går sönder.

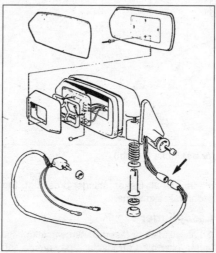

**24.7b Typisk elbackspegel**

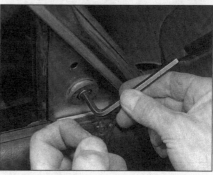

**24.6b Bänd loss locket och ta bort fästet med en insexnyckel**

## 1985 och senare

13  Från och med 1985 sitter glaset fast med en låsring av plast.
14  Tryck den undre delen av glaset inåt vid demontering, så att låsringen kommer mitt för hålet i underkant på spegeln. För in en skruv-mejsel i hålet och bryt låsringen åt höger så att den lossar och frigör spegelglaset **(se illustration)**.
15  Montera nytt glas i omvänd ordning.
16  Vid demontering av spegeln måste man först demontera dörrklädseln (se avsnitt 13).
17  Dra loss sargen för spegelreglaget **(se illustration)**.
18  Ta bort låsblecket och skruvarna **(se illustration)**.
19  Ta bort spegeln från dörren, styr samtidigt

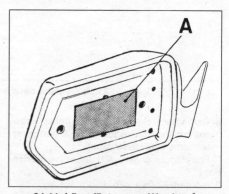

**24.11 Lägg fästmassa (A) mitt på basplattan**

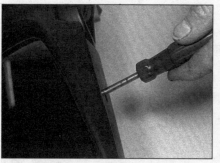

**24.14 Använd en smal skruvmejsel för att lossa låsringen och spegelglaset**

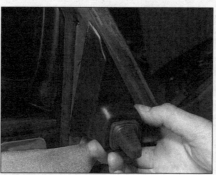

**24.17 Ta bort sargen**

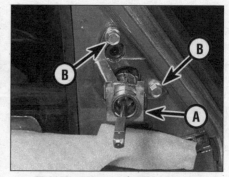

**24.18 Demontera låsbleck (A) och skruvarna (B)**

24.19 Dra bort spegeln från dörren

24.20 Se till att genomföringen (vid pilen) är på plats före spegeln

25.5 Muttrarna för stötupptagarna är åtkomliga underifrån bilen

reglaget genom öppningen i dörren **(se illustration)**.

**20** Montera i omvänd ordning, se till att gummigenomföringen sitter rätt **(se illustration)**.

### Alla modeller med elmanövrerade speglar

**21** Motorn är placerad i själva spegeln, bakom glaset.

**22** På 1979 års och tidigare modeller sitter kontaktstycket inuti dörren, på senare modeller bakom säkringsdosan.

**23** Demontering och montering går till på samma sätt som för speglar med mekanisk fjärrkontroll förutom att kablarna måste lossas och föras ut tillsammans med spegeln. Glaset

kan vara limmat eller, på senare modeller, vara fäst med en låsring.

**24** Motorn kan demonteras utan att spegeln tas bort från dörren. Ta bort glaset och lossa motorns fästskruvar mot basplattan. Motorns gummiskydd måste först tas bort.

**25** Montera i omvänd ordning.

## 25 Stötfångare - demontering och montering

**1** Stötfångaren kan på vissa modeller vara infäst i karossen visa stötupptagande gummibuffertar (tidiga modeller) eller gasdämpare (senare modeller) **(se illustrationer)**.

**2** Vid demontering, ta först bort gummilisten. Se till att gummitapparna, den hålls på plats av, inte skadas. Vissa modeller använder klammer och en låsremsa eller tappar. Den kan också vara fäst med skruvar där muttrarna då är åtkomliga inifrån bagageutrymmet sedan golvskivan tagits bort.

**3** Demontera muttrarna/skruvar för sidostyckena.

**4** Demontera muttrarna som håller stötfångaren till stötupptagarna eller fästena. Ta bort stötfångaren.

**5** Stötupptagare eller fästen kan tas bort sedan fästskruvarna lossats **(se illustration)**.

**6** Gummiskenan kan tas bort sedan man lossat klammorna inuti stötfångaren.

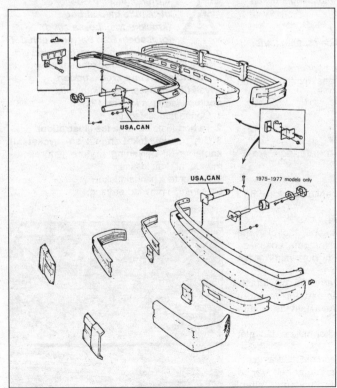

25.1a Typisk framstötfångare på modeller t.o.m. 1980

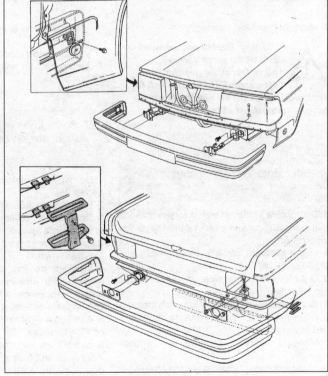

25.1b Typisk framstötfångare på modeller fr.o.m. 1981

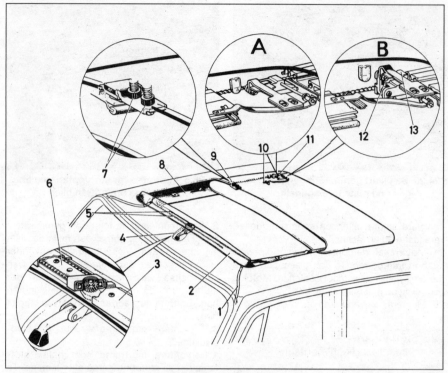

**26.1 Solluckans detaljer**

| | | |
|---|---|---|
| 1 Dräneringsslang | 7 Främre justering | 12 Bakre justering |
| 2 Vindavvisare | 8 Mellanstycke | 13 Förstärkning |
| 3 Täckplåt | 9 Främre infästning | A Bakre infästning - luckan |
| 4 Vev och hus | 10 Bladfjäder | öppen |
| 5 Vajrar | 11 Bakre infästning | B Bakre infästning - luckan |
| 6 Främre styrning | | stängd |

**7** Montera i omvänd ordning.

 *Varning: Svetsa inte, använd inte heller stark värme i närheten av en gasdämpare, eftersom detta medför risk för explosion. Se till att en använd dämpare tas om hand på ett säkert sätt.*

## 26 Sollucka - demontering och montering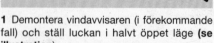

**1** Demontera vindavvisaren (i förekommande fall) och ställ luckan i halvt öppet läge **(se illustration)**.
**2** Lossa klädseln från luckans framkant och skjut den bakåt.
**3** Skjut fram solluckan så att de bakre fästena blir åtkomliga.
**4** Gör passmärken mellan fästen och lucka.
**5** Demontera skruvarna från fästena och sedan solluckan.
**6** Montera i omvänd ordning, notera dock följande:
a) Montera solluckan med fästena i bakre läget.
b) Förstärkningsplåtarna i de bakre

infästningarna är införda i spåren under solluckan.
c) Glöm inte att montera fjädrarna.
**7** Justera luckan enligt beskrivning i avsnitt 27.

## 27 Solluckans vajrar - demontering och montering

**1** Demontera solluckan enligt beskrivning i avsnitt 26.
**2** Demontera vindavvisare.
**3** Demontera mellanstyckena, täckplåtarna och hållarna ovanför drivningen. Lossa de främre styrningarna och ta bort vajrarna **(se illustration 26.1)**.
**4** Montera de nya vajrarna så att infästningarna för luckan står mitt för varandra baktill i öppningen. Skruva fast de främre styrningarna ordentligt
**5** Sätt tillbaka mellanstycke, hållare, täckplåt och vindavvisare.
**6** Sätt tillbaka solluckan och bladfjädrarna.
**7** Veva luckan framåt tills den är helt stängd och kontrollera att den är i nivå med yttertaket. Justera vid behov främre och bakre infästning **(se illustration 26.1)**. Kontrollera att

lyftarna i bakkant trycks upp då luckan stängs.
**8** Då luckan är stängd ska veven peka rakt fram. Lossa i annat fall vev och växelhus, vrid veven till stoppläge och återställ.

## 28 Paneler under instrumentbräda - demontering och montering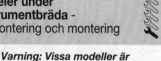

 *Varning: Vissa modeller är utrustade med airbag (krockkudde). Lossa alltid jordkabeln från batteriet och det gula kontaktstycket under rattstången vid arbete i närheten av krocksensor eller rattstång så att inte krockkudden oavsiktligt utlöses, vilket kan vålla personskada (se kapitel 12).*

**1** De ljudisolerande panelerna på varje sida av mittkonsol/värmeaggregat hålls på plats antingen av stora plastskruvar, plåtskruvar eller klammer. I några fall används alla tre.
**2** Demontera fastsättningen hur den än ser ut och ta bort panelerna.
**3** Montera i omvänd ordning.

## 29 Handskfack - demontering och montering

 *Varning: Vissa modeller är utrustade med airbag (krockkudde). Lossa alltid jordkabeln från batteriet och det gula kontaktstycket under rattstången vid arbete i närheten av krocksensor eller rattstång så att inte krockkudden oavsiktligt utlöses, vilket kan vålla personskada (se kapitel 12).*

**1** Öppna handskfacket.
**2** Ta bort fästskruvarna **(se illustration)**.
**3** Dra handskfacket framåt så mycket att kablarna till belysning brytare (i förekommande fall) kan lossas.
**4** Demontera handskfacket.
**5** Montera i omvänd ordning.

**29.2 Typisk placering av fästskruvar för handskfack**

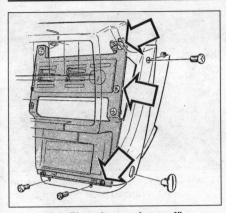

30.4 Placering av skruvar för mittkonsolens panel (vid pilarna)

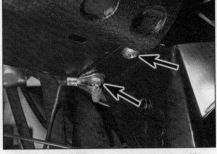

30.8a Typisk placering av skruvar för mittkonsolens fästram (vid pilarna)

30.8b Undre fästskruvar för konsol (vid pilarna)

## 30 Mittkonsol - demontering och montering

⚠ *Varning: Vissa modeller är utrustade med airbag (krockkudde). Lossa alltid jordkabeln från batteriet och det gula kontaktstycket under rattstången vid arbete i närheten av krocksensor eller rattstång så att inte krockkudden oavsiktligt utlöses, vilket kan vålla personskada (se kapitel 12).*

1 Lossa jordkabeln från batteriet.
2 Demontera askkoppen.
3 Demontera radion.
4 Demontera skruvarna som håller den yttre plastpanelen mot fästramen av metall **(se illustration)**.
5 Ta bort panelen från fästet och lossa alla kontakter, notera hur de är anslutna (ett bra sätt är att ta bort en kontakt i taget och sedan sätta tillbaka dem på kontaktstycket).
6 Demontera den yttre plastpanelen.
7 Om ytterligare isärtagning av fästramen krävs, bör reglagepanelen för värme demonteras enligt beskrivning i kapitel 3.
8 Lossa skruvarna för fästramen, lägg märke till att några av dem kan ha jordledningar anslutna **(se illustrationer)** och ta bort ramen.
9 Montera i omvänd ordning.

## 31 Instrumenbräda - demontering och montering

⚠ *Varning: Vissa modeller är utrustade med airbag (krockkudde). Lossa alltid jordkabeln från batteriet och det gula kontaktstycket under rattstången vid arbete i närheten av krocksensor eller rattstång så att inte krockkudden oavsiktligt utlöses, vilket kan vålla personskada (se kapitel 12).*

1 Lossa jordkabeln från batteriet.
2 Demontera rattstångkåpan och vid behov ratten för ökad åtkomlighet (se kapitel 10).
3 Demontera mittkonsolen (se avsnitt 30).
4 Demontera instrumentpanelen **(se illustrationer)**.
5 Demontera den mindre instrumentpanelen om sådan finns.

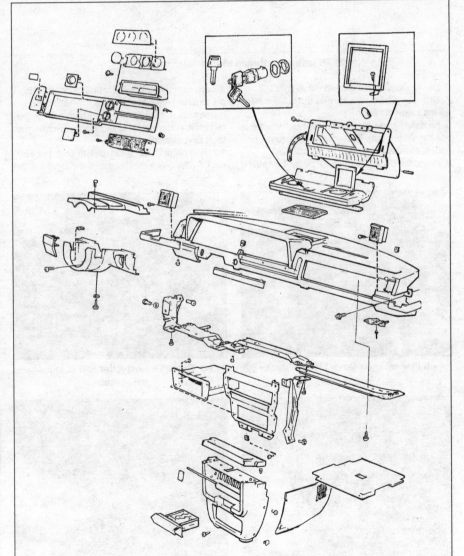

31.4a Instrumentbräda för modeller fr.o.m 1981

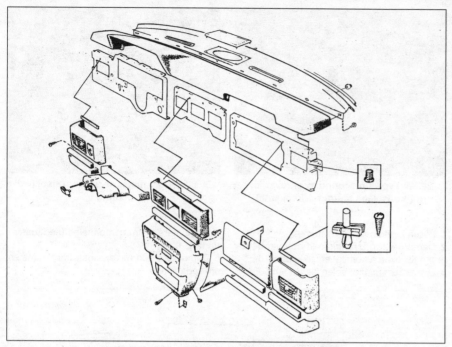

**31.8a Placering av skruv för munstycke på vänster sida**

sitter, några kan samtidigt vara anslutning för jordkablar eller klammer.

**11** Montera i omvänd ordning.

## 32 Konsol för parkeringsbroms
### - demontering och montering

**31.4b Instrumentbräda för modeller t.o.m 1980**

⚠️ *Varning: Vissa modeller är utrustade med airbag (krockkudde). Lossa alltid jordkabeln från batteriet och det gula kontaktstycket under rattstången vid arbete i närheten av krocksensor eller rattstång så att inte krockkudden oavsiktligt utlöses, vilket kan vålla personskada (se kapitel 12).*

**6** Demontera handskfacket (se avsnitt 29).
**7** Dra loss den mjuka kanten längs framdelen på instrumentbrädan.
**8** Fästskruvarna för ventilationsmunstyckena blir då åtkomliga. Ta bort dessa skruvar och sedan munstyckena. **(se illustrationer).**
**9** Återstående arbete består av att metodiskt

arbeta sig runt instrumentbrädan och ta bort de skruvar eller klammer som håller stoppningen mot ramen **(se illustration)**. Stödramen kan demonteras vid behov sedan man tagit bort fästskruvarna.
**10** Håll noga reda på skruvarna som tas bort, de kan ha olika storlek beroende på var de

**1** Demontera bakre askkoppen och lossa insatsen **(se illustrationer)**.

**31.8b Placering av skruv för munstycke på höger sida**

**31.8c Ta bort munstycket sedan skruvarna avlägsnats**

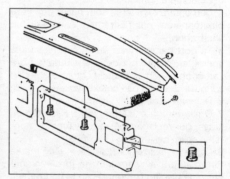

**31.9 Stoppning för krockskydd**

**32.1a Demontera askkoppen . . .**

**32.1b . . . lossa insatsen**

**32.2 Lossa kontaktstyckena**

**32.5 Lossa konsolen från haken i framkant**

**2** Tryck ut varningslampan för säkerhetsbältet och bakre belysningen. Lossa anslutningarna (se illustration).
**3** Tryck ut och lossa anslutningarna för stol-värmekontakterna (i förekommande fall).
**4** Skjut fram bägge stolarna så långt det går och ta bort skruvarna baktill från konsolen.
**5** Lyft upp konsolen i bakkant, skjut den framåt så att den hakar loss, ta sedan bort den över spaken (se illustration).
**6** På vissa modeller måste konsolen lossas från infästningarna för säkerhetsbältet (se illustration).
**7** Montera i omvänd ordning.

## 33 Luftutsläpp, bak (herrgårdsvagn) - demontering och montering

**1** Yttre delen på luftutsläppet är fäst med fyra skruvar. Demontera skruvarna och sedan ytterdelen.
 **2** Den inre delen blir åtkomlig sedan klädseln i bagageutrymmet tagits bort. Den är fäst med skruvar (se illustration). Ta bort skruvarna och sedan innerdelen.
**3** Montera i omvänd ordning.

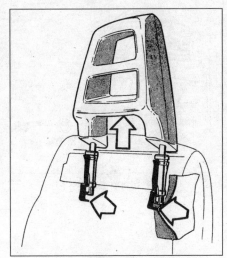

**34.1 Tryck mot klädseln där bilden visar för att lossa spärrarna på senare modeller**

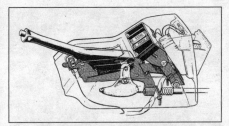

**32.6 Konsol för parkeringsbroms**

## 34 Nackskydd - demontering och montering

**1** På senare modeller kan nackskydden tas bort genom att man trycker mot fjäderhållarna och samtidigt drar nackskyddet uppåt (se illustration).
**2** Montera i omvänd ordning.

## 35 Stolar - demontering och montering

⚠ **Varning: Vissa modeller är utrustade med airbag (krockkudde). Lossa alltid jordkabeln från batteriet och det gula kontaktstycket under rattstången vid arbete i närheten av krocksensor eller rattstång så att inte krockkudden oavsiktligt utlöses, vilket kan vålla personskada (se kapitel 12).**

### Fram

**1** Lossa kontaktstycket för värmeslingor om sådana finns.
**2** Lossa kontaktstycket för säkerhetsbältets varningslampa.
**3** Demontera skruvarna för skenorna, det finna fyra stycken, ta bort stolen.

### Bak

#### Sedan

**4** Lossa klammorna i främre, nedre kanten på sätet, dra sätet framåt och ta bort det ur bilen.
**5** Ryggstödet ska tryckas uppåt så att hakarna släpper. Det kan sedan tas bort.

#### Herrgårdsvagn

**6** Tryck ned spärrarmen under framkant på sätet, vik sedan upp sätet till vertikalt läge.
**7** Tryck sittdynan bakåt så att gångjärnen släpper, ta sedan bort sittdynan.
**8** Vid demontering av ryggstöd, lossa spärren och fäll sätet framåt. Lossa från infästningen.
**9** För försiktigt de fjäderbelastade lederna bakåt så att ryggstödet kan tas loss.

### Montering

**10** Montering av alla säten sker i omvänd ordning.

**33.2 Den inre ventilationskanalen (vid pilen) är åtkomlig sedan panelen tagits bort**

## 36 Säkerhetsbälten - kontroll

**1** Kontrollera säkerhetsbälten, spännen, lås-bleck och styrningar så de inte har uppenbara skador eller är slitna.
**2** Kontrollera att varningslampan på instrumentbrädan, som påminner om säkerhets-bälten, tänds då tändningen slås på.
**3** Säkerhetsbältena är konstruerade att spärra vid snabb inbromsning eller kollision och ändå medge rörelse vid normal körning. Återspolningsmekanismen ska hålla bältet mot bröstkorgen under körning och dra tillbaka bältet då det inte används.
**4** Förekommer problem med säkerhets-bältena, byt ut vad som erfordras.

## 37 Säkerhetsbälten - demontering och montering

⚠ **Varning: Vissa modeller är utrustade med airbag (krockkudde). Lossa alltid jordkabeln från batteriet och det gula kontaktstycket under rattstången vid arbete i närheten av krocksensor eller rattstång så att inte krockkudden oavsiktligt utlöses, vilket kan vålla personskada (se kapitel 12).**

### Fram

**1** De undre infästningarna är skruvade i golvet vid B-stolpens nedre del. Demontera skruven för att lossa bältet.
**2** Den övre infästningen är skruvad i B-stolpen i huvudhöjd. Lossa locket och ta bort skruven (se illustration).
**3** Bältesrullen är dold av panelen på B-stolpen. Ta bort panelen och lossa rullens fästskruv.
**4** Fästena för spärrarna är monterade på kardantunneln på var sin sida om konsolen för parkeringsbromsen.
**Notera:** *På vissa modeller sitter fästet inuti konsolen, den måste då först demonteras så att fästena blir åtkomliga (se avsnitt 32).*

**37.2 Lossa locket och ta bort skruven för säkerhetsbältet**

**37.9 Lossa skruvarna fästet för rullen**

**37.10 Placering av skruv för övre säkerhetsbältesinfästning (kombi)**

## Bak

### Sedan

**5** De undre infästningarna är skruvade i golvet på samma sätt som frambältena. Skruvarna är åtkomliga sedan man tagit bort sittdynan.
**6** De övre infästningarna för de yttre bältena är skruvade i C-stolpen på samma sätt som för frambältena.
**7** Rullarna sitter under plastlock på var sin sida av hyllan vid bakrutan, de liknar de som finns i herrgårdsvagnsmodellerna.

### Herrgårdsvagn

**8** Demontera klädseln på sidorna i bagageutrymmet så rullarna blir åtkomliga.
**9** Rullen sitter på ett fäste som hålls av tre skruvar **(se illustration)**.
**10** Den övre infästningen är fastsatt på en stång **(se illustration)**.
**11** Den undre infästningen är skruvad till golv och hjulhus. De blir åtkomliga sedan sätet fällts undan **(se illustrationer)**.

### Alla bälten

**12** Montering sker i omvänd ordning. Notera

**37.11 Infästningen för spännet är dolt av ryggstödet**

hur alla brickor, distanser etc. är monterade. Dra åt skruvarna ordentligt.

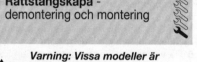

### 38 Innertak - demontering och montering

### Sedan

**1** Taket är utformat som en panel i ett stycke.
**2** Demontera detaljer som är infästade i taket, som handtag, backspeglar, solskydd och belysning.
**3** På 1979 års och tidigare modeller måste backspegeln demonteras. Se avsnitt 8.
**4** Från och med 1980 års modeller måste man demontera hela baksätet för att kunna ta bort klädseln på C-stolparna.
**5** Lossa anslutningen för elbakrutan (i förekommande fall).
**6** Demontera listen ovanför vindrutan och ovanför B-stolparna.
**7** Ta bort fästskruvarna, lossa taket och ta sedan ut taket genom passagerardörren. Ställ växelväljaren i "P" eller "R" (automatlåda), för att få bättre plats. Hantera taket varsamt, det kan lätt skadas.

### Herrgårdsvagn

**8** Innertaket på herrgårdsvagnen är av tyg, spänt över metallbågar mellan takets sidor.
**9** Utför de förberedande arbetena som för sedanmodellen, baksätet behöver dock inte demonteras.
**10** Dra bort takkanten från läppen på balken, arbeta runt hela kanten tills taket är fritt.
**11** Börja bakifrån, lossa bågarna genom att böja dem på mitten, arbeta så framåt. Ta ut innertak och bågar.
**12** Då nytt tak monteras eller bågar byts, kontrollera att bågarna har plastskydd i ändarna så att inte tyget skadas.

## Alla modeller

**13** Montera taket i omvänd ordning. Börja framifrån, fäst bågarna i taket, arbeta bakåt.

### 39 Rattstångskåpa - demontering och montering

⚠️ **Varning: Vissa modeller är utrustade med airbag (krockkudde). Lossa alltid jordkabeln från batteriet och det gula kontaktstycket under rattstången vid arbete i närheten av krocksensor eller rattstång så att inte krockkudden oavsiktligt utlöses, vilket kan vålla personskada (se kapitel 12).**

**1** På modeller med airbag, demontera den stoppade skyddspanelen **(se illustration)**.
**2** Demontera fästskruvarna, dela halvorna från rattstången **(se illustrationer)**.
**3** Montera i omvänd ordning, se till att halvorna hakar samman på rätt sätt innan skruvarna dras.

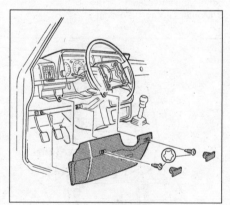

**39.1 Stoppad panel**

# Kapitel 12
# Elsystem, kaross

## Innehåll

## Svårighetsgrad

| Enkelt, passar novisen med lite erfarenhet  | Ganska enkelt, passar nybörjaren med viss erfarenhet  | Ganska svårt, passar kompetent hemma-mekaniker  | Svårt, passar hemmamekaniker med erfarenhet  | Mycket svårt, för professionell mekaniker  |
|---|---|---|---|---|

## Specifikationer

Elektronisk hastighetsgivare spel, givarspets till pickup ............ 0,75 mm

### Åtdragningsmoment

| | Nm |
|---|---|
| Ratt mutter ......................................................... | 60 |
| Rattstång skruvar för nedre fäste ................................. | 20 |
| Rattaxel flänsskruvar ............................................. | 23 |
| Knut klämskruvar .................................................. | 20 |

### 1 Allmänt

Elsystemet arbetar med 12V och ha r negativ jord. Ström till belysning och all elektrisk utrustning fås från en blyackumulator (batteri) som laddas av generatorn.

Detta kapitel behandlar reparation och underhåll av diverse detaljer som inte har med motorn att göra. Information om batteri, generator, tändfördelare och startmotor återfinns i kapitel 5.

Märkas bör att vid arbete med delar av elsystemet, ska jordkabeln lossas från batteriet så att kortslutning och eventuell brand förhindras.

### 2 Elektrisk felsökning - allmänt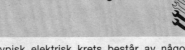

En typisk elektrisk krets består av någon elektrisk komponent, eventuella strömställare, reläer, motorer, huvudsäkringar eller krets-brytare som betjänar kretsen samt kablar och anslutningar som förbinder kretsen med både batteri och kaross (jord). Som hjälp vid fel-sökning finns elscheman i slutet av boken.

Innan man tar sig an någon problematisk krets ska man studera kretsens elschema så att man förstår kretsens uppbyggnad. Problemet kan ofta begränsas om man kontrollerar om andra detaljer i kretsen fungerar. Om flera funktioner eller kretsar samtidigt upphör att fungera är förmodligen orsaken på matnings- eller jordsidan. Flera olika kretsar matas vanligen från gemensam säkring och kan också ha samma jordpunkt.

Elektriska problem har oftast enkla orsaker så som lösa eller korroderade anslutningar, trasiga säkringar eller huvudsäkringar eller defekt relä. Kontrollera därför alla säkringar, kablar och anslutningar i kretsen innan felsökning utförs.

Använder man mätutrustning ska man titta i kopplingsschemat och planera var man ska mäta för att kunna ringa in felet.

Grundläggande verktygsutrustning består av en kretsprovare eller voltmeter (en 12V lampa med ett par sladdar kan användas), förbindelseprovare med lampa, kablar och batteri, en kabel att koppla mellan kretsar och detaljer (helst med inbyggd kretsbrytare). Innan man försöker hitta ett fel med hjälp av testinstrument, kontrollera i schemat var mätningen ska utföras.

## Spänningskontroll

Spänningskontroll utförs om kretsen inte fungerar normalt. Anslut ena kabeln på mätaren till antingen minuspol på batteriet eller till en god jordpunkt. Anslut den andra kabeln till kretsen, helst så nära batterianslutningen eller säkringen som möjligt. Om lampan tänds finns spänning i mätpunkten vilket betyder att kretsen från batteriet fram till mätpunkten är felfri. Kontrollera resten av kretsen på samma sätt. När man hittar en punkt där det inte finns spänning ligger problemet mellan denna punkt och föregående mätpunkt. I de flesta fall kan problemen härledas till dåliga anslutningar. **Notera:** *Kom ihåg att vissa kretsar får spänning endast då tändningslåset står i läge "Acc" eller "On".*

## Kortslutning

Ett sätt att hitta kortslutning i en krets är att ta bort säkringen och ansluta en testlampa eller voltmeter mellan säkringens kontakter. Här ska det inte finnas något spänningsfall. Rör kabelstammen i sidled och titta på lampan. Tänds lampan förekommer kortslutning någonstans i närheten, förmodligen på grund av skadad isolering. Samma prov kan även utföras för varje komponent, även strömställare.

## Jordkontroll

Jordkontrollen fastställer om komponenten har tillfredsställande jordförbindelse. Koppla bort bilens batteri, anslut sedan ena kabeln på en förbindelseprovare till en god jordpunkt. Anslut provarens andra kabel till den kabel eller jordförbindelse som ska provas. Om lampan tänds finns jordförbindelse. Förblir den släckt är jordförbindelsen dålig.

## Förbindelseprov

Förbindelseprov gör man för att se om det finns något avbrott i en krets - om den leder ström helt enkelt. Kretsen ska vara strömfri, använd sedan en förbindelseprovare för att testa kretsen. Anslut kablarna till bägge ändar på kretsen (eller en kabel till kretsens matarledning och den andra till jord). Om lampan tänds kan kretsen leda ström, tänds inte lampan har kretsen avbrott. Man kan på samma sätt testa en strömställare genom att koppla provaren till strömställarens anslutningar. Med strömställaren i läge "TILL" ska lampan tändas.

## Avbrott

Då man felsöker för att hitta ett eventuellt avbrott, kan det vara svårt att hitta orsaken bara genom att titta på komponenter och ledningar. Oxidation och felaktiga kontaktstift döljs ofta av kontaktstycket. Felet kan ibland rättas till genom att man bara bryter lite på anslutning, givare eller kabelstam. Kom ihåg detta vid felsökning av eventuellt avbrott i en krets. Intermittenta fel kan också orsakas av oxiderade eller löst sittande anslutningar.

Elektrisk felsökning är enkel om man kommer ihåg att alla kretsar egentligen är strömvägar från batteriet, genom kablar, reläer, säkringar och huvudsäkringar till varje förbrukare (lampor, motorer etc.) , tillbaka till jord och därifrån till batteriet.

## 3  Säkringar - allmänt

De elektriska kretsarna i bilen skyddas genom en kombination av säkringar, kretsbrytare och huvudsäkringar. Säkringsdosan är placerad i bakre hörnet på förarsidans panel framför dörrstolpen, skyddad av ett lock **(se illustration)**.

Varje säkring skyddar en specifik krets och kretsarna är utmärkta på säkringsdosan.

Om någon detalj fungerar onormalt, kontrollera alltid först säkringen. Att säkringen brunnit av kan man se genom glas- eller plasthöljet. Se till att tråden är hel. Om säkringen ser hel ut, men man har anledningen att tro att den ändå är defekt, kontrollera att ström flyter genom säkringen då man kopplar en förbindelseprovare till anslutningarna.

Byt alltid trasiga säkringar mot rätt typ. Säkringar som tål olika belastningar är utbytbara. Byt dock inte en säkring mot en som tål mer eller mindre ström. Säkringarna är avpassade för den krets de skyddar. Strömtåligheten står på höljet.

Om en utbytt säkring omedelbart går sönder, ska man inte byta den på nytt innan orsaken har rättats till. Vanligt vis är orsaken kortslutning i kablaget eller en skadad ledning.

**3.1 Huvudsäkringsdosan är placerad under vänster sidopanel**

## 4  Huvudsäkringar - allmänt

Vissa kretsar skyddas av huvudsäkringar. Huvudsäkringar används i kretsar som annars normalt inte är avsäkrade, så som tändsystemet.

Även om huvudsäkringarna förefaller att vara grövre än ledningarna i den de skyddar så beror det på den tjocka isoleringen. Tråden i huvudsäkringen är annars betydligt klenare än den ledning de skyddar. Huvudsäkringarna är färgkodade i förhållande till strömtåligheten och ska alltid bytas mot en med samma färg. Säkringarna finns som reservdel hos återförsäljaren.

Huvudsäkringar kan inte repareras utan måste bytas mot en med samma specifikation. Gör på följande sätt:
a) Lossa jordkabeln från batteriet.
b) Lossa huvudsäkringen från kabelstammen.
c) Skär loss huvudsäkringen från kablaget strax bakom kontaktstycket.
d) Skala av isoleringen ca. 25 mm.
e) Anslut kontaktstycket till den nya säkringen och krymp det på plats.
f) Använd lödtenn med harts som flussmedel för att få en god lödförbindelse.
g) Använd ordentligt med eltape runt lödningen. Inga trådar får sticka fram.
h) Anslut jordkabeln till batteriet. Kontrollera att kretsen fungerar riktigt.

## 5  Reläer - allmänt

En hel del utrustning i bilen använder ett relä för att koppla ström till detaljen. Är reläet trasigt fungerar inte detaljen som den ska.

Förekommande reläer är grupperade under instrumentbrädan och på andra ställen. **(se illustration)**.

Misstänker man att ett relä är defekt, kan det demonteras för kontroll av en fackman. Ett trasigt relä måste bytas ur.

## 6  Blinkers/varningsblinkers - kontroll och byte

⚠️ *Varning: Vissa modeller är utrustade med airbag (krockkudde). Lossa alltid jordkabeln från batteriet och ta isär det gula kontaktstycket under rattstången vid arbete i närheten av kollisionssensor eller rattstång för att undvika att kudden oavsiktligt utlöses, vilket kan orsaka personskada (se avsnitt 28).*

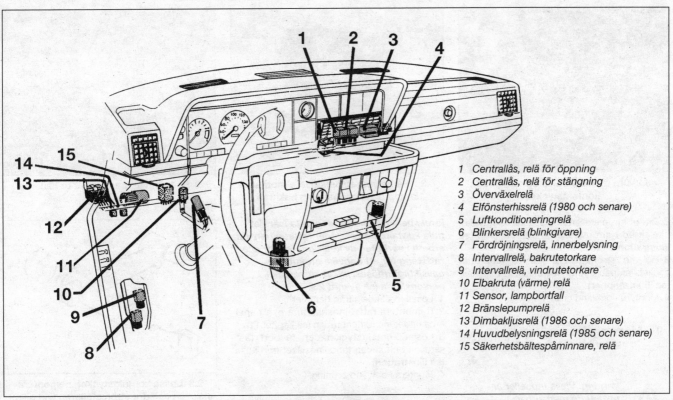

1 Centrallås, relä för öppning
2 Centrallås, relä för stängning
3 Övervåxelrelä
4 Elfönsterhissrelä (1980 och senare)
5 Luftkonditioneringrelä
6 Blinkersrelä (blinkgivare)
7 Fördröjningsrelä, innerbelysning
8 Intervallrelä, bakrutetorkare
9 Intervallrelä, vindrutetorkare
10 Elbakruta (värme) relä
11 Sensor, lampbortfall
12 Bränslepumprelä
13 Dimbakljusrelä (1986 och senare)
14 Huvudbelysningsrelä (1985 och senare)
15 Säkerhetsbältespåminnare, relä

5.2 Typisk reläplacering

## Blinkgivare

1 Blinkgivaren, är en liten "burk" placerad till vänster under instrumentbrädan. Den får lamporna till körriktningsvisaren att blinka.

2 Fungerar den som den ska kan man höra ett ljudligt klick då den arbetar. Upphör blinkersen att fungera på den ena eller andra sidan och inget klickande hörs från blinkgivaren, tyder detta på en defekt blinkerslampa.

3 Om felet finns på båda sidorna, ligger förmodligen felet vid en trasig säkring, blinkgivare, strömställare, dålig anslutning eller avbrott i ledningen. Om en snabb kontroll vid säkringsdosan visar att säkringen är trasig, kontrollera då kablaget innan säkringen byts.

4 Blinkgivaren kan bytas helt enkelt genom att man lossar den från anslutningen.

5 Se till att den nya är likadan som den gamla. Jämför innan montering.
6 Montera i omvänd ordning.

## Varningsblinkers

7 Varningsblinkersen får alla blinkerslamporna att blinka samtidigt.
8 Varningsblinkersen kontrolleras på samma sätt som blinkgivaren (se punkt 2 och 3).
9 Varningsblinkersen styrs av blinkgivaren (se punkt 4 och 5).
10 Montera i omvänd ordning.

### 7 Strömställare, rattstång - demontering och montering

**Varning: Vissa modeller är utrustade med airbag (krockkudde). Lossa alltid jordkabeln från batteriet och ta isär det gula kontaktstycket under rattstången vid arbete i närheten av kollisionssensor eller rattstång för att undvika att kudden oavsiktligt utlöses, vilket kan orsaka personskada (se avsnitt 28).**

1 Strömställarna för körriktning/farthållare och torkare sitter på rattstången och manövreras av spakar.
2 Lossa jordkabeln från batteriet.
3 Ta bort skruvarna och lossa rattstångskåpan (se kapitel 11).
4 Ta bort fästskruvarna, lossa strömställarens anslutning och sedan strömställaren (se illustration).

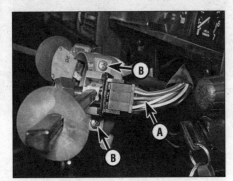

7.4 Kontaktstycke (A) och fästskruvar (B) för strömställare på rattstång

5 Montera i omvänd ordning.

### 8 Strömställare, instrumentpanel - demontering och montering

**Varning: Vissa modeller är utrustade med airbag (krockkudde). Lossa alltid jordkabeln från batteriet och ta isär det gula kontaktstycket under rattstången vid arbete i närheten av kollisionssensor eller rattstång för att undvika att kudden oavsiktligt utlöses, vilket kan orsaka personskada (se avsnitt 28).**

1 Vaggströmställarna på panelen kan lätt lossas om man bänder loss låsblecket med en liten skruvmejsel (se illustration).

8.1 Använd en liten skruvmejsel för strömställaren låsbleck

**8.2 Dra ut strömställaren och lossa kontaktstycket**

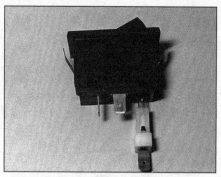

**8.3a På belysta strömställare monteras lampa och lamphållaren bakifrån**

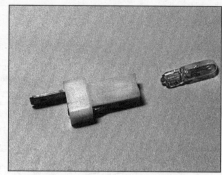

**8.3b Lampan dras rakt ut ur hållaren**

**2** Dra ut strömställaren, lossa kontaktstycket och ta bort strömställaren från panelen **(se illustration)**.
**3** Belysta strömställare har en löstagbar sockel, lampan trycks helt enkelt in i sockeln **(se illustrationer)**.
**4** Montera i omvänd ordning.

## 9 Tändningslås -
demontering och montering

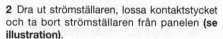

> ⚠ **Varning: Vissa modeller är utrustade med airbag (krockkudde). Lossa alltid**

*jordkabeln från batteriet och ta isär det gula kontaktstycket under rattstången vid arbete i närheten av kollisionssensor eller rattstång för att undvika att kudden oavsiktligt utlöses, vilket kan orsaka personskada (se avsnitt 28).*
**1** Lossa jordkabeln från batteriet.
**2** Demontera rattstångskåporna och panelerna under instrumenbrädan (se kapitel 11).
**3** Lossa kontaktstycket och ta bort fästskruven och sedan tändningslåset från huset **(se illustration)**.
**4** Montera i omvänd ordning.

## 10 Rattstång och rattlås -
demontering och montering

> ⚠ **Varning: Beskrivningen gäller för fordon utan SRS (Supplementary Restraint Systems - extra**
säkerhetsutrustning som t.ex. airbag). Vi rekommenderar att allt arbete som berör SRS system överlåts åt auktoriserad verkstad.
**1** Lossa jordkabeln från batteriet.
**2** Sätt nyckeln i tändningslåset och vrid så att rattlåset är urkopplat (nyckeln får sitta kvar i cylindern under hela arbetet). Demontera ratten (se kapitel 10). Sätt sedan tillbaka rattmuttern på rattaxeln så att inte axeln glider

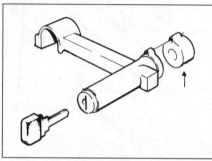

**9.3 Lossa kontaktstycket, demontera skruven och dra strömställaren (vid pilen) ut ur huset**

ned ur övre fästet på stången.
**3** Demontera rattstångskåpan och kåpans strömställare. Lossa tändningslåsets kontaktstycke.
**4** Ta bort panelerna under instrumentbrädan.
**5** Arbeta sedan genom hålet i rattstångfästet, borra bort skallarna på specialskruvarna **(se illustration)**.
**6** Lossa värmekanalen för bättre åtkomlighet, demontera rattstångens nedre fäste **(se illustration)**.
**7** Dra ut stiftet och ta bort klämskruven från övre knuten **(se illustration)**.
**8** Ta bort skruvarna från flänsen, bryt isär flänsen och demontera övre flänsen **(se illustration)**. Finns ingen fläns här, dela den nedre knuten.

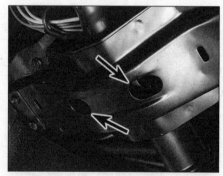

**10.5 Arbeta genom hålen (vid pilarna) i fästet, demontera specialskruvarna**

**10.6 Rattstångens undre fäste hålls av skruvar på båda sidor**

**10.7 Demontera låsstiftet (vid pilen) och skruva bort klämskruven**

**10.8 Demontera muttrarna och dela rattstångsflänsen**

**10.10 Demontera de två skruvarna (vid pilarna) som håller rattlåset till rattstången**

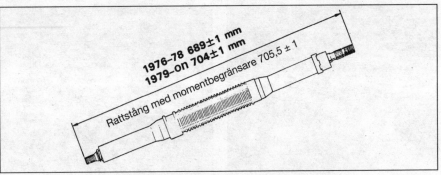

1976–78 689±1 mm
1979–on 704±1 mm
Rattstång med momentbegränsare 705,5 ± 1

**10.11 Mät rattstången så den inte är sammantryckt**

**9** Tryck rattstången framåt genom torpeden så att gummitätningen släpper, styr den sedan nedåt och ut under fästet. Ta med rattstången till en arbetsbänk.

**10** Ta bort de två fästskruvarna och sedan låset från rattstången **(se illustration)**. Om rattstången har momentbegränsare, knäck plastbrickorna för brytskruvarna och ta bort skruvarna med en filklove el. dyl. Pressa bort rattlåset med en hydraulpress och lämpliga fixturer.

**11** Kontrollera rattaxeln så att den sammantryckbara delen inte skadats eller ändrat form, det ska inte finnas någon axiell rörelse mellan övre och undre del på axeln **(se illustration)**. Finns skador måste stången bytas. Senare modeller använder en momentbegränsare av något annat utförande. Den kontrolleras på samma sätt.

**12** Montera låset, rikta in låstrumman mitt i öppningen på rattstången. Sedan låset monterats i angivet läge **(se illustration)**, ta bort nyckeln och kontrollera att låset fungerar.

**13** Se till att plaststyrningarna är på plats i fästet.

**14** Montera rattstången, tryck undre änden genom torpeden och övre änden in i fästet. Montera specialskruvarna och dra åt med fingrarna.

**15** Montera nedre fästet löst.

**16** Justera läget upp/ned så att rattlåset sticker ut från instrumenbrädan enligt anvisning **(se illustration)**.

**17** Se till att rattstången vilar mot plaststyrningarna. Lossa i annat fal skruvarna och ändra läge på fästet, dra åt skruvarna igen.

**18** Dra skruvarna i övre infästningen, men inte så hårt att de går av ännu.

**19** Dra de nedre skruvarna till rätt moment enligt specifikationen i början av kapitlet.

**20** Montera värmekanalen.

**21** Se till att gummitätningen är på plats i torpeden, montera sedan övre knuten löst.

**22** Finns en övre fläns, dra skruvarna till rätt moment enligt specifikationen i början av kapitlet.

**23** Från och med 1979 års modeller (fr.o.m. 1978 med ZF servostyrning), mät avståndet mellan övre knuten och stoppet på den undre axeln **(se illustration)**.

**24** Justera vid behov genom att lossa klämskruven för knuten och flytta den undre axeln.

**25** Dra klämskruvarna tillrätt moment enligt specifikationen i början av kapitlet.

**26** Sätt tillbaka ratten provisoriskt, kontrollera avståndet mellan ratt och hus. Justera genom att lossa den nedre klämskruven och flytta den övre axeln **(se illustration)**. Dra åt klämskruven ordentligt när det stämmer.

**27** Resten monteras i omvänd ordning. Kontrollera att rattlåset fungerar som det ska, dra sedan specialskruvarna tills skallarna går av. Sätt sedan tillbaka låsstiften för knutarnas klämskruvar.

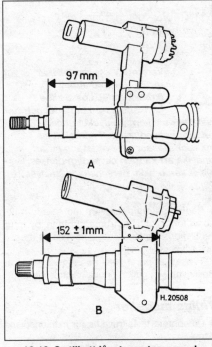

97 mm

A

152 ±1mm

H. 20508

B

**10.12 Se till att låset monteras med föreskrivet spel**

A Standard rattstång (tidigare modeller)
B Rattstång med momentbegränsare (senare modeller)

**10.16 Mät från läge 'III' på låset och till instrumentbrädan för att se hur långt låset sticker ut - A = 16 mm**

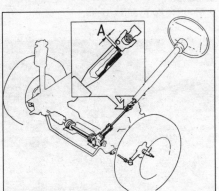

**10.23 På de modeller som nämns i texten, mät spelet mellan övre axelknut och nedre axel (A) - det bör vara ca. 13 mm**

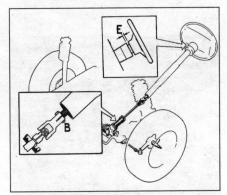

**10.26 Spelet mellan ratt och rattstång (E) bör vara ca. 3 mm - justera genom att lossa klämskruven och flytta rattaxeln**

**11.8 Dra loss rattarna på radion**

**11.9a För in trådkroken i öppningen . . .**

**11.9b . . . och dra tillbaka spärrarna (radion demonterad för ökad tydlighet)**

## 11 Radio - demontering och montering

**Varning: Vissa modeller är utrustade med airbag (krockkudde). Lossa alltid jordkabeln från batteriet och ta isär det gula kontaktstycket under rattstången vid arbete i närheten av kollisionssensor eller rattstång för att undvika att kudden oavsiktligt utlöses, vilket kan orsaka personskada (se avsnitt 28).**

1 Radio kan antingen vara monterad i mittkonsolen eller i instrumentbrädan ovanför ventilationsmunstyckena, beroende på modell och tillverkningsår.
2 Typ av apparat kan naturligtvis variera. Beskrivningen gäller för originalutrustning.

### Tidiga modeller

3 Demontera fästskruvarna för mittkonsolens panel.
4 Dra loss rattarna på axlarna.
5 Lossa låsmuttrarna som sitter under knapparna.
6 Dra mittkonsolen något framåt. Dra ut radions monteringsram och lyft bort radion. Lossa samtidigt kontaktstycken och antennkabel.

7 Montera i omvänd ordning.

### Senare modeller

8 Dra loss rattarna på radion **(se illustration)**.
9 Böj en styv tråd så att det bildas en krok, böj undan låsblecken på sidorna som bilderna visar, arbeta genom hålen som syns då knapparna är borta **(se illustrationer)**. Lossa spärrarna och dra ut radion **(se illustration)**.
10 Börja monteringen genom att ansluta kontaktstycken och antenn, tryck sedan in radion så att låsblecken snäpper fast.
11 Montera rattarna.

## 12 Strålkastartorkarmotor - kontroll och byte

1 På tidiga modeller är motorn monterad på sidan av strålkastaren. På senare modeller sitter de under strålkastaren. Bägge modellerna demonteras på liknande sätt.
2 Demontera torkararmen **(se illustration)**.
3 Demontera kylargrillen och på tidiga modeller sargen. Demontera strålkastaren på senare modeller (avsnitt 13).
4 Lossa kontaktstycket till motorn.
5 Lossa spindelns mutter och lyft bort motorn från fästet, dra spindeln genom plåten **(se illustration)**.
6 Montera i omvänd ordning.

## 13 Strålkastare - demontering och montering

1 Två typer av strålkastare är vanligt förekommande. På vissa marknader är den s.k. "sealed beam" typen vanlig och kanske den enda godkända. Lampan är då i ett stycke med insatsen. I Sverige används nästan uteslutande strålkastarinsatser med separat utbytbara halogenlampor s.k. H-4 lampor för hel och halvljus. Eftersom det är tveksamt om "sealed beam" insatser förekommer i utförande som är godkänd för Sverige gäller följande beskrivning strålkastare med separata glödlampor.

**Varning: Vidrör inte glaset på strålkastarlampan med fingrarna. Skulle glaset vidröras, tvätta med sprit. Lampans livslängd kommer annars att förkortas.**

### Runda strålkastare

2 Lossa de bägge snabblåsen för strålkastarsargen, sedan sargen **(se illustration)**.
3 Vrid den kromade ringen moturs så att den lossnar, ta sedan bort den och strålkastaren **(se illustration)**.
4 Lossa kontaktstycket och ta bort gummiskyddet **(se illustration)**.
5 Lossa låsfjädern som håller lampan, ta bort lampan **(se illustrationer)**.
6 Montera ny lampa i omvänd ordning.

**11.9c Dra ut radion och lossa kontaktstyckena och antennledningen**

**12.2 Fäll upp locket på strålkastartorkararmen och lossa muttern**

**12.5 Lossa muttern (vid pilen) och sedan torkarmotorn**

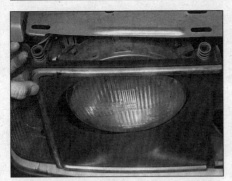

**13.2 Lossa strålkastarsargen och lyft bort den**

**13.3 Vrid lamphållaren moturs tills den lossnar**

**13.4 Lossa kontaktstycket från strålkastarlampan**

## Rektangulära strålkastare

**7** Lamporna är åtkomliga inifrån motorrummet. Leta upp baksidan på strålkastaren och lossa kontaktstycket för lampan **(se illustration)**.

**8** Vrid låsringen moturs och ta sedan bort lampan.

**9** Montera i omvänd ordning (se punkt 1, Varning).

## 14 Strålkastarinställning

**13.5a Lossa låsfjädern . . .**

**13.5b . . . och lyft ut lampan**

**Notera:** *Strålkastaren måste vara rätt inställd. Feljusterade strålkastare kan blända mötande trafik och orsaka allvarliga olyckor eller avsevärt minska möjligheten att se vägen ordentligt. Strålkastarinställningen bör kontrolleras varje år (sker normalt vid kontrollbesiktning) och dessutom då man bytt strålkastare eller utfört arbete på fronten. Följande beskrivning är endast en provisorisk åtgärd innan bilen kan tas till en fackman för kontroll.*

**1** Strålkastarna på dessa modeller har två fjäderbelastade justerskruvar, en upptill som reglerar höjdläget och en på sidan som reglerar sidläget **(se illustrationer)**.

**2** Strålkastaren kan justeras på flera sätt. Den enklaste metoden är att ställa bilen 10 m framför en slät vägg med plant underlag framför.

**3** Fäst maskeringstape vertikalt på väggen så att remsorna representerar bilens och strålkastarnas mittlinjer.

**4** Sätt sedan en remsa horisontalt, i höjd med centrum på strålkastarna. Sätt sedan ytterligare en remsa horisontalt, parallellt med, men 10 cm under den första remsan. **Notera:** *Det kan vara enklare att placera remsorna om man först ställer bilen så nära väggen man kan.*

**5** Justering måste göras när bilen står plant, med halv full bensintank och utan ovanligt tung last.

**6** Rikta först in strålkastaren med hjälp av helljuset. Den starkast lysande punkten ska träffa den vertikala remsan.

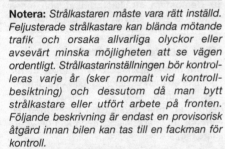

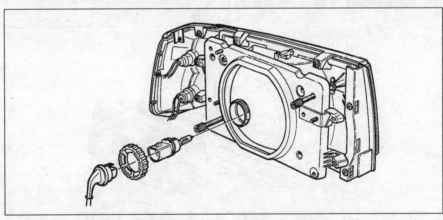

**13.7 Strålkastare på senare modeller**

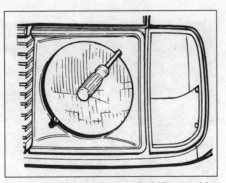

**14.1a Använd en skruvmejsel för att vrida justerskruven på runda strålkastare**

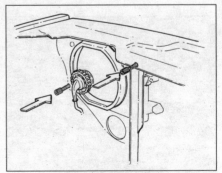

**14.1b På senare modeller är justeringarna (vid pilarna) åtkomliga bakom strålkastaren**

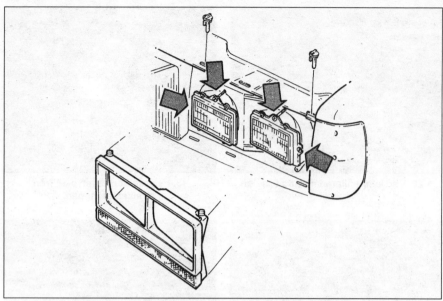

14.1c Demontera sargen på modeller med fyra strålkastare för att komma åt justerskruvarna (vid pilarna)

7 Slå över till halvljus. Ljusbildens överkant ska inte gå över den undre remsan. Vid den vertikala mittremsan ska sedan ljusbilden på höger sida vika av uppåt med 15°.
**Notera:** *Justera så exakt som möjligt. Låt över- eller underkant på taperemsorna repre-* *sentera den sökta linjen. Justera sedan inte mot fel kant. Taperemsans bredd kan göra stor skillnad på inställningen.*
8 Låt en fackman justera ljuset så snart som möjligt.

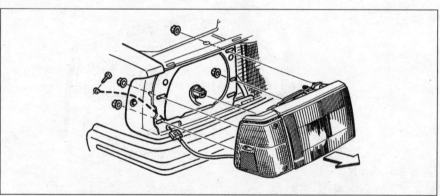

15.6a Senare utförande av infästning för strålkastarhus

## 15 Lamphus - demontering och montering

### Strålkastarhus, senare modeller

1 Lossa jordkabeln från batteriet.
2 Demontera vid behov batteriet för att få bättre plats.
3 Ta bort skruven för jordkabeln och kabelskon från lamphuset.
4 Lossa kontaktstyckena för strålkastarlampa, blinkers och parkljus.
5 Fäll upp eller ta bort strålkastartorkararmarna (i förekommande fall).
6 Lossa, inifrån motorrummet, muttrarna som håller lamphuset till plåten. Dra bort strålkastare och parkljus **(se illustration)**. Parkljuset ha r styrstift in i flygeln så lossa den inre kanten först **(se illustration)**.

### Parkering

7 Ta bort sargen runt strålkastaren på tidiga modeller.
8 Demontera skruven som håller lamphuset för parklampan till plåten. Skruven sitter mellan strålkastare och parkljus **(se illustration)**.
9 För enheten framåt, inre kanten först, så att den lossnar **(se illustration)**.
10 Demontera strålkastarhuset och lossa sedan de två skruvarna för parkljuset, på senare modeller.

### Högt monterat bromsljus

11 Om glaset spricker och behöver bytas, kontakta en märkesverkstad. Glaset är limmat mot bakrutan. Den kan möjligen lossas genom att man försiktigt värmer med en värmepistol. Märkesverkstaden kan ge ytterligare råd.

### Baklyktenhet

12 Baklyktenheten kan demonteras sedan ledningarna samt fästmuttrarna lossats **(se illustration)**.
13 Dessa är åtkomliga inifrån bilen enligt beskrivningen för lampbyte på senare modeller.

15.6b Parklampans styrstift passar i hål i karossen

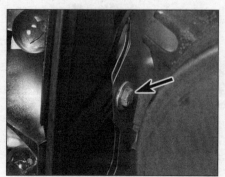

15.8 På tidiga modeller, demontera skruven för parkljuset (vid pilen)

15.9 Lossa huset och ta bort det

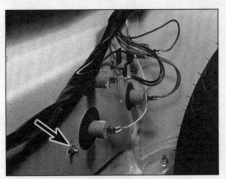

**15.12 Sedanmodellens mutter för bakljuset (vid pilen)**

**16.1 På tidiga modeller kan lampan bytas sedan de två skruvarna (vid pilarna) tagits bort och glaset lossats**

**16.2 Senare modeller har tre fästskruvar (vid pilarna)**

## 16 Glödlampor - byte

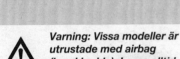

⚠️ *Varning: Vissa modeller är utrustade med airbag (krockkudde). Lossa alltid jordkabeln från batteriet och ta isär det gula kontaktstycket under rattstången vid arbete i närheten av kollisionssensor eller rattstång för att undvika att kudden oavsiktligt utlöses, vilket kan orsaka personskada (se avsnitt 28).*
**Notera:** *Varningskretsen för lampbortfall är mycket känslig på dessa modeller. Ibland förblir varningslampan tänd om man byter lampa bara på ena sidan. Om detta inträffar, byt motsvarande lampa på andra sidan, den gamla lampan drar ofta mindre ström än den nya och får systemet att känna av obalans i kretsarna.*

### Parkerings- och blinkerslampor

1 Ta bort de två skruvarna och demontera glaset på tidiga modeller **(se illustration)**.
2 Senare modeller har tre skruvar **(se illustration)**.
3 Vrid lampan och ta ut den ur sockeln **(se illustration)**.

### Sidoblinkers

4 Tryck glaset framåt och bryt samtidigt upp bakre änden.
5 Ta bort lamphållaren från sockeln **(se illustration)**.
6 Lampan trycks in i hållaren.

### Högt monterat bromsljus

7 Dra bort yttre höljet **(se illustration)**.
8 Lossa reflektorn från glasets plasthakar **(se illustration)**.
9 Tryck in och vrid lampan moturs för att lossa den (bajonettfattning).

**16.3 Vrid parkeringslampan moturs och ta bort den från huset**

### Nummerskyltbelysning

10 Ta bort enheten från huset (herrgårdsvagn och sedan), eller dra det bakåt så att det frigörs (senare sedanmodeller).
11 I förekommande fall, ta bort det inre locket **(se illustration)**.
12 Lampan kan ha antingen bajonettfattning, eller den kan vara en spollampa som fäster mellan två fjädrande kontakter **(se illustration)**.
13 Vid demontering av enheten, lossa kablarna, notera vid vilken anslutning de hör till.

**16.5 Dra ut lamphållaren för sidoblinkersen ur huset**

**16.7 Dra loss höljet**

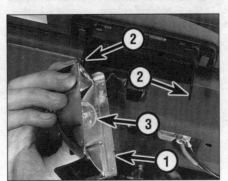

**16.8 Högt monterat bromsljus (1), klammor (2) och lampa (3)**

**16.11 Demontera nummerskyltbelysningens inre lock för att komma åt lampan**

**16.12  Byt lampa genom att dra isär kontakterna och ta bort lampan**

**16.14  Bakljusets glas hålls av skruvar (vid pilarna)**

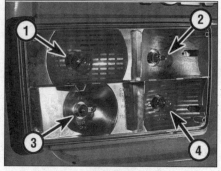

**16.15  Då glaset tagits bort, demontera lamporna**

1  Blinkers     3  Bakljus
2  Backljus     4  Bromsljus

## Bakljus

### Tidiga modeller

**Sedan**

**14** Demontera de fyra skruvarna som håller glaset **(se illustration)**.
**15** Lamporna har bajonettfattning (tryck och vrid moturs vid demontering) **(se illustration)**.

**Herrgårdsvagn**

**16** Arbetet utförs som ovan, enheten har annan form.

### Senare modeller

**Sedan**

**17** Lamporna är åtkomliga inifrån bagage-utrymmet.
**18** Skruva ut den lättrade muttern, vik panelen uppåt och ta bort den.
**19** Vrid lamphållarna moturs för att lossa dem.

**20** Lamporna sitter med bajonettfattning.

**Herrgårdsvagn**

**21** Vid arbete på vänster baklykta, lossa sidopanelen och ta bort reservhjulet.
**22** Lyft, på höger sida, upp golvpanelen, haka loss och ta bort den:
**23** Vrid lamphållarna moturs för att lossa dem **(se illustration)**.
**24** Lamporna har bajonettfattning (tryck och vrid moturs vid demontering).

## Motorrumsbelysning

**25** Demontera fästskruven **(se illustration)**.
**26** Dra ut hållaren och lossa kontaktstycket **(se illustration)**.
**27** Lampan sitter mellan två fjädrande kon-takter.
**28** Lampan manövreras av en kvicksilver-

brytare som sluter strömkretsen då huven öppnas, bryter då den stängs **(se illustration)**.
**29** Montera i omvänd ordning.

## Innerbelysning

**30** Bryt loss glaset.
**31** Lampan sitter mellan två fjädrande kon-takter **(se illustration)**.
**32** Vid demontering av enheten, ta bort de två skruvarna och sedan enheten från inner-taket. Lossa kontaktstycket.
**33** Montera i omvänd ordning.

## Instrumentlampor

**34** Lamporna kan bytas sedan instrument-panelen tagits bort **(se illustration)**.

**16.23  Typisk demontering av lamphållare på herrgårdsvagn**

**16.25  Använd en stjärnmejsel för att demontera motorrumsbelysningen**

**16.26  Vrid huset ut ur öppningen**

**16.28  Lampa för motorrumsbelysning (1) och kvicksilverbrytare (2)**

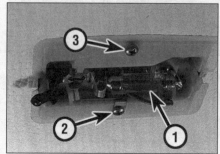

**16.31  Innerbelysning - lampa (1) och fästskruvar (2) och (3)**

**16.34  Instrumentlamporna är åtkomliga sedan man tagit bort panelen**

**17.1 Signalhornen är skruvade till staget framför kylaren**

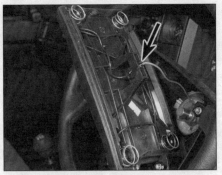

**17.3 Kontrollera signalhornets anslutning (vid pilen) och de fyra fjäderkontakterna**

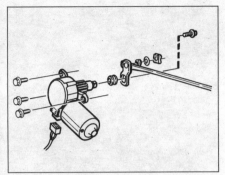

**18.2 Vindrutetorkarmotor**

## Bagagerumsbelysning, sedan

**35** Arbetet utförs enligt beskrivning för motorrumsbelysning.

## Bagagerumsbelysning, herrgårdsvagn

**36** Arbetet utförs enligt beskrivning för innerbelysning.

## 17 Signalhorn - kontroll och byte

 **Varning: Vissa modeller är utrustade med airbag (krockkudde). Lossa alltid jordkabeln från batteriet och ta isär det gula kontaktstycket under rattstången vid arbete i närheten av kollisionssensor eller rattstång för att undvika att kudden oavsiktligt utlöses, vilket kan orsaka personskada (se avsnitt 28).**

**1** Dubbla signalhorn sitter i fronten bakom kylargrillen **(se illustration)**.
**2** Fungerar inte hornen, kontrollera först säkringen för kretsen ock kablarna till signalhornen.
**3** Är säkring och kablage helt, bryt loss täckplattan på ratten (modeller utan airbag), lossa kabeln och kontrollera kontakterna **(se illustration)**.

**4** Byt signalhorn genom att lossa elanslutningen och skruvarna. Ta sedan bort signalhornen.

## 18 Vindrutetorkarmotor - demontering och montering

**1** Lossa jordkabeln från batteriet.
**2** Lossa kontaktstycket för torkarmotorn i motorrummet och lossa fästskruvarna **(se illustration)**.
**3** Demontera handskfacket (kapitel 11) och panelerna vid behov, så att motorns anslutning till vevslängen blir åtkomlig.
**4** Håll fast vevslängen med en nyckel, ta bort skruven, lossa vevslängen och lyft bort motorn **(se illustration 18.2)**. Om motorn inte är i parkeringsläge måste man bända loss vevslängens klamma och ta loss vevslängen.
**5** Montera i omvänd ordning, se till att motorn är i parkeringsläge.

## 19 Bakrutetorkarmotor - demontering och montering

**1** Lyft upp locket, demontera muttern och lossa torkararmen.

**2** Demontera spindelmuttern, brickan och tätningsringen, öppna sedan bakluckan.
**3** Demontera klädseln från luckan (se kapitel 11).
**4** Sträck in handen i luckan, lossa kulleden för vevslängen.
**5** Lossa matar- och jordledning från torkarmotorn.
**6** Demontera återstående skruvar från motorns fästplatta **(se illustration)**.
**7** Ta ut motor och fästplatta från luckan.
**8** Montera i omvänd ordning.
**9** Då torkararmen monteras, se till att armen hamnar på axeln så att den i parkeringsläge hamnar ca. 25 mm ovanför rutans underkant.

## 20 Instrumentpanel - demontering och montering

 **Varning: Vissa modeller är utrustade med airbag (krockkudde). Lossa alltid jordkabeln från batteriet och ta isär det gula kontaktstycket under rattstången vid arbete i närheten av kollisionssensor eller rattstång för att undvika att kudden oavsiktligt utlöses, vilket kan orsaka personskada (se avsnitt 28).**

**1** Lossa jordkabeln från batteriet.
**2** Demontera rattstångkåpan (se kapitel 11).
**3** Demontera de två skruvarna som håller undre kanten av panelen **(se illustration)**. På vissa modeller kan dessa skruvar sitta på panelens kanter.
**4** Dra försiktigt fram underkanten, lossa samtidigt klammorna i överkant, lossa sedan kontaktstyckena **(se illustrationer)**.
**5** Sträck upp handen bakom panelen, lossa hastighetsmätarvajern. Det kan finnas en låskrage av plast eller en plombering för att förhindra otillbörligt ingrepp. Plomberingen måste i sådana fall brytas.
**6** Ta bort instrumentpanelen.
**7** Montera i omvänd ordning.

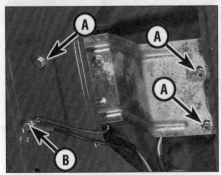

**19.6 Torkarmotorns fästskruvar (A) och jordanslutning (B)**

**20.3 Fästskruvar för instrumentpanelen (vid pilarna)**

**20.4a Övre delen av panelen hålls av klammor**

**20.4b Dra ut instrumentpanelen så att kablar och vajer kan lossas**

## 21 Klocka - demontering och montering

⚠️ **Varning: Vissa modeller är utrustade med airbag (krockkudde). Lossa alltid jordkabeln från batteriet och ta isär det gula kontaktstycket under rattstången vid arbete i närheten av kollisionssensor eller rattstång för att undvika att kudden oavsiktligt utlöses, vilket kan orsaka personskada (se avsnitt 28).**

**1** Klockan kan ha olika placeringar på instrumentbräda eller konsol, beroende på tillverkningsår och modell.
**2** Vid demontering, se kapitel 11 för informa-

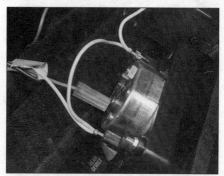

**21.3 Lossa kontaktstycket från klockans baksida**

**21.4 Klockan hålls av muttrar**

tion om demontering av den sektion klockan är monterad i.
**3** Dra fram sektionen så mycket att klockans anslutningar kan lossas. Demontera sedan klockan tillsammans med panelen **(se illustration)**.
**4** Klockan hålls vanligen av muttrar **(se illustration)** och kan demonteras sedan dessa lossats.
**5** Montera i omvänd ordning.

## 22 Växlingsindikator - allmänt

**1** Vissa senare modeller är utrustade med växlingsindikator som hjälp att uppnå bästa bränsleekonomi.
**2** En lampa visar föraren att det är dags att använda en högre växel.
**3** De huvudsakliga komponenterna utgörs av en styrenhet och en strömställare på kopplingspedalen.
**4** Styrenheten får information om motorns varvtal från tändspolen, dessutom information om körhastigheten från givaren på bakaxeln. På bilar med överväxel kommer information även från överväxelreläet.

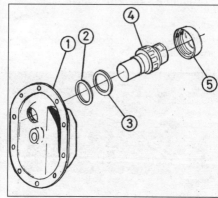

**24.3 Elektronisk hastighetsgivare**

1  Bakaxelkåpa      4  Sensor
2  Justerbrickor    5  Låsring
3  O-ring

**5** Då motorn startas tänds lampan, men släcks igen då bilen körs igång.
**6** Genom att ta hänsyn till motorvarv och körhastighet, beräknar styrenheten gynnsammaste utväxling. Innebär detta att man bör byta växel tänds lampan. Strömställaren vid kopplingspedalen ger styrenheten besked om att växling utförts.

### Minnesprogrammering

**7** Om batteriets anslutningar lossats eller om strömförsörjningen på annat sätt upphört till styrenheten, kommer dess minne att raderas.
**8** För att programmera om minnet kör på 2:ans växel i åtta sekunder och sedan på varje högre växel i ytterligare åtta sekunder. Lampan kommer att blinka svagt då varje växel har programmerats. Se till att helt lyfta foten från kopplingspedalen mellan varje växling.

## 23 Hastighetsmätarvajer - demontering och montering

⚠️ **Varning: Vissa modeller är utrustade med airbag (krockkudde). Lossa alltid jordkabeln från batteriet och ta isär det gula kontaktstycket under rattstången vid arbete i närheten av kollisionssensor eller rattstång för att undvika att kudden oavsiktligt utlöses, vilket kan orsaka personskada (se avsnitt 28).**

**1** Demontera instrumentpanelen (se avsnitt 20).
**2** Knyt ett snöre i hastighetsmätarvajern där den ansluter till hastighetsmätaren.
**3** Lossa hastighetsmätarvajern från växellåda/överväxel.
**4** Lossa vajern från infästningarna och ta bort den från bilen.
**5** Lossa snöret och knyt fast det i den nya vajern.
**6** Montera i omvänd ordning, men det underlättar om någon drar vajern med hjälp av snöret inifrån, samtidigt som man matar på underifrån.

## 24 Elektronisk hastighetsgivare - demontering, montering och justering

**1** Hissa upp bakänden av bilen och stöd den säkert på pallbockar. Man behöver i regel inte tappa av slutväxeloljan eftersom bara bakänden är lyft. Nivån kommer då under nivåpluggen.

### Demontering

**2** Lossa kontaktstycket från givaren. En del modeller har plomberad anslutning, vilken då först måste brytas.
**3** Skruva loss fästringen, lossa givaren och ta bort den från huset **(se illustration)**.

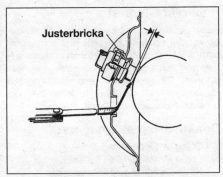

24.7 Använd bladmått för att mäta spelet mellan givarspets och pickup

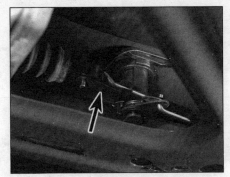

25.8 Lossa låsfjädern (vid pilen)

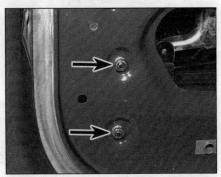

25.10a Demontera muttrarna (vid pilarna)

**4** Rengör och kontrollera givare, O-ring och eventuella justerbrickor. Byt ut O-ringen om den visar tecken på skador.

## Montering

**5** Stryk lite fett på O-ringen, sätt tillbaka eventuella brickor, sätt upp givaren mot huset. Dra åt ringen och anslut kontaktstycket.

## Justering

**6** Justering görs med hjälp av brickor (tillgängliga från reservdelsavdelningen) under givaren. Justering bör inte behövas om den ursprungliga givaren sätts tillbaka med samma brickor. Kontrollera enligt följande.
**7** Demontera påfyllningspluggen och för in ett långt bladmått mellan givarspetsen och pickup ringen på differentialen (se illustration). Kontrollera måttet mot uppgifterna i specifikationerna i början av kapitlet.

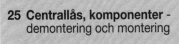

## 25 Centrallås, komponenter - demontering och montering

### Allmänt

**1** På tidiga modeller påverkas endast dörrlåsen, men på senare modeller manövreras även bakluckans lås.
**2** Systemet manövreras antingen med dörrnyckeln eller med låsknappen på insidan.
**3** Alla dörrar låses upp samtidigt som förar-

dörren. Förardörren låses egentligen på vanligt sätt, detta får strömställaren i dörren att manövrera låsmotorerna för övriga dörrar.
**4** Motorerna påverkar i sin tur låsmekanismen.
**5** Systemets reläer är placerade i instrumentbrädan, bakom övre mittkonsolen.

### Dörrlåsmotorer - fram- och bakdörrar

**6** Demontera dörrklädseln (se kapitel 11).
**7** Demontera sedan (i förekommande fall) plastlocket över låsets länkstång. Detta är ett inbrottsskydd på senare modeller.
**8** Lossa fjäderhaken från änden med ögla och sedan länkstången (se illustration).
**9** Lossa kontaktstycket från motorn.
**10** Demontera de två muttrarna och lyft bort motorn (se illustrationer).
**11** Montera i omvänd ordning.

### Låsmotor - baklucka

**12** Arbetet utförs enligt tidigare beskrivning, men motorn måste justeras efter monteringen enligt följande.
**13** Sätt fast motorn löst vid luckan.
**14** Ställ armen på låscylindern i låst läge (mot motorn).
**15** Flytta motorn mot låscylindern så att gummidamasken trycks ihop.
**16** Dra sedan åt muttern ordentligt.

### Strömställare i förardörren

**17** En strömställare är hakad på förardörrens låscylinder, den andra på länkstången.

**18** Demontera dörrklädseln och stöldskyddet.
**19** Lossa kontaktstycket.
**20** Haka loss strömställaren från låscylindern (se illustration).
**21** Demontera strömställaren från länkstången genom att lossa låsblecken från länkstången och sedan ta bort länkstång och strömställare (se illustration).
**22** Montera i omvänd ordning, se till att låscylindern sitter rätt innan strömställare och länkstång monteras (se illustration 25.20).

### Reläer

**23** Systemets reläer är placerade bakom panelen ovanför mittkonsolen.
**24** Då de ska demonteras, ta bort mittkonsol och panel, lossa respektive relä från klämman och lossa kontaktstycket.
**25** Montera i omvänd ordning.

## 26 Stolvärmeslingor - demontering och montering

⚠️ **Varning: Vissa modeller är utrustade med airbag (krockkudde). Lossa alltid jordkabeln från batteriet och ta isär det gula kontaktstycket under rattstången vid arbete i närheten av kollisionssensor eller rattstång för att undvika att kudden oavsiktligt utlöses, vilket kan orsaka personskada (se avsnitt 28).**

25.10b Ta bort låsmotorn från dörren

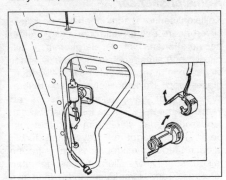

25.20 Demontering av strömställare för dörrlås

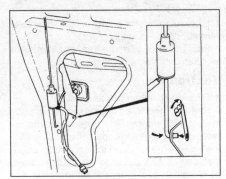

25.21 Länkstång och strömställare

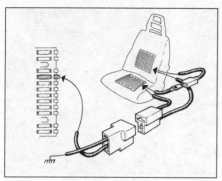

**26.2  Kontaktstycke för stolvärmeslinga**

1  På modeller för Sverige (och en del andra områden) finns värmeslingor i förar- och passagerarstol fram. Slingorna regleras av strömställare i konsolen vid parkerings-bromsspaken.
2  Lossa ledningarna för värmeslingorna vid säkringsdosan (se illustration).
3  Lossa och ta bort sätet, komplett med skenor.
4  Lossa ledningarna mellan ryggstöd och sittdyna.
5  Ta bort skruvarna för sittdynan, ta sedan bort den.
6  Placera sätet upp och ned på bänken. Klipp av klammorna och ta bort klädseln.
7  Lossa plasthakarna och dra ut värme-slingan från ryggstödet.
8  Vid montering av ny värmeslinga, se till att den häftande sidan är vänd mot stoppningen och att ledningarna löper på insidan av ryggstödet.
9  Vid byte av värmeslinga i sittdynan, lägg dynan upp och ned, och ta bort täckplåten.
10  Klipp och ta bort klammern baktill på dynan. Ta bort värmeslingan. Notera att termostaten sitter i värmeslingan.
11  Vid montering av ny värmeslinga, se till att den häftande sidan är vänd mot stoppningen och att ledningarna löper på insidan av sittdynan.
12  Återställ klädseln, använd nya klammor.

### 27  Elbakruta (värme) - Kontroll och reparation

1  Elbakrutan består av ett antal horisontella värmetrådar bakade till bakrutan.
2  Små avbrott i trådarna kan repareras utan att rutan behöver tas bort.

## Kontroll

3  Slå på tändningen och elbakrutan.
4  Sätt den positiva mätspetsen på en volt-meter mot värmetråden så nära matar-ledningens anslutning som möjligt.
5  Vira en bit aluminiumfolie runt den andra mätspetsen, sätt den sedan mot värmetråden, på plussidan av det misstänkta avbrottet. För den sedan mot minussidan. Då mätaren ger utslag har man hittat avbrottet.

## Reparation

6  Reparation av värmetråden kan göras med en speciell repsats framtagen för detta ändamål, så som Dupont pasta No. 4817 (eller motsvarande). I repsatsen ingår elektriskt ledande epoxi.
7  Innan reparation, stäng av systemet och låt det kallna några minuter.
8  Putsa försiktigt området med fin stålull. Rengör sedan grundligt med sprit.
9  Maska av området som ska repareras med maskeringstejp.
10  Blanda epoximassan grundligt, följ före-skrifterna på förpackningen.
11  Lägg på epoxi i området avgränsat av maskeringstejpen. Se till att massan över-lappar ca. 20 mm av den oskadade tråden på var sida.
12  Låt massan härda i 24 timmar innan tejpen tas bort och elbakrutan används.

### 28  Airbag - allmänt

Senare modeller är utrustade med extra säkerhetssystem som ska förstärka säker-hetsbältets skydd vid en olycka. Sådana system brukar betecknas SRS (Supple-mentary Restraint System) och utgörs här av så kallad airbag. Det består av en modul monterad i centrum på ratten, en kollisions-sensor och ett reservkraftaggregat monterat under förarstolen. En stoppad panel under rattstången som ska skydda förarens ben vid en olycka ingår också i systemet.

## Airbagmodul

Airbagmodulen innehåller "krockkudden" och en enhet som ska blåsa upp och snabbt släppa ut gasen igen, den är inbyggd i centrum på ratten. Enheten som blåser upp "kudden" är monterad baktill på huset, över ett hål genom vilket icke giftig kvävgas strömmar och på mindre än 0,2 sekunder blåser upp "kudden" då sensorn ger signal. Släpringen är monterad på rattstången och förmedlar den elektriska signalen till modulen oavsett rattens läge.

## Kollisionssensor

Kollisionssensorn, som innehåller en kvick-silverbrytare och en mikroprocessor, mäter decelerationen. Om decelerationen är till-räckligt hög sluter kontakten, signalen sänds till gasgeneratorn i modulen så att "kudden" blåses upp. Kollisionssensorn kontrollerar systemet var gång bilen startas så att varningslampan "SRS" på instrumentbrädan tänds och sedan släcks om systemet fun-gerar. Finns något fel i systemet, förblir lampan tänd och mikroprocessorn lagrar en felkod som visar vilken typ av fel som föreligger. Tänds lampan och förblir tänd, ska bilen omedelbart tas till en märkesverkstad för kontroll.

## Reservkraftenhet

Reservkraftenheten består av en spännings-omvandlare och en kondensator som lagrar tillräckligt mycket energi för att utlösa air-bagmodulen även om batteriströmmen för-svinner. På grund av reservkraftenheten måste systemet sättas ur funktion då man arbetar i närheten av airbagmodulen.

## Deaktivering av systemet

a)  Stäng av tändningen.
b)  Lossa jordkabeln från batteriet.
c)  Koppla isär det gula kontaktstycket undertill på rattstången (se illustration).

## Aktivering av systemet

a)  Stäng av tändningen.
b)  Sätt ihop det gula kontaktstycket undertill på rattstången.
c)  Anslut jordkabeln till batteriet.

### 29  Konstantfarthållare - beskrivning och kontroll

Konstantfarthållaren reglerar bilens hastighet med hjälp av en vakuummotor i motorrummet, kopplad till gaslänkaget med en vajer. Systemet består av vakuummotor, kopplings-kontakt, bromskontakt, reglage, ett relä och vakuumslangar.

Systemet är invecklat och kräver special-verktyg och goda kunskaper för felsökning. Reparation bör därför överlåtas till en märkes-verkstad eller annan kompetent verkstad. Det är dock möjligt för hemmamekanikern att göra enkla kontroller av kablaget och vakuum-anslutningarna, vilka enkelt kan repareras. Detta inkluderar bl.a. följande:

a)  Kontrollera att farthållarens reglage inte har lösa anslutningar eller skadade kablar.
b)  Kontrollera säkringarna för systemet.

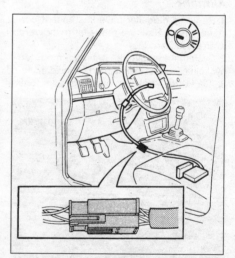

**28.6  Med tändningslåset i läge Off, lossa jordkabeln från batteriet och koppla isär det gula kontaktstycket för airbag (visas)**

c) *Konstantfarthållaren arbetar med vakuum så det är av största vikt att slangarna är hela och sitter säkert. Kontrollera att inte slangarna i systemet är spruckna, eller läcker vid anslutningarna.*

## 30 Elfönsterhissar - beskrivning och kontroll

Elfönsterhissarna öppnar och stänger dörrrutorna med hjälp av elektriska motorer, inbyggda i dörrarna. Systemet består av strömställare, motorer, hissmekanism och kablage.

Systemet är invecklat och kräver specialverktyg och goda kunskaper för felsökning. Reparation bör därför överlåtas till en märkesverkstad eller annan kompetent verkstad. Man dock själv utföra enklare kontroller av anslut-

ningar och motorer för att hitta och avhjälpa smärre fel. Bl.a. följande:

a) *Kontrollera att inte strömställarna har lösa anslutningar samt att kablarna inte är skadade.*

b) *Kontrollera elfönsterhissarnas säkring och/eller kretsbrytare.*

c) *Demontera dörrklädseln(-arna) och kontrollera att inte hissmotorernas kablar sitter löst eller är skadade. Kontrollera att hissmekanismen inte kärvar.*

## 31 Kopplingsscheman - allmänt

Det är inte möjligt att ta med kopplingsscheman för varje enskild modell och årsmodell i boken. Följande scheman är därför de vanligaste och de som oftast behövs.

Innan någon krets felsöks, kontrollera säkring och kretsbrytare (i förekommande fall) så att man vet att de är intakta. Kontrollera att batteriet är i fulladdat och kontrollera att kabelanslutningarna (se kapitel 1).

Vid kontroll av en krets, se till att alla kontaktstycken är rena och inte har skadade stift. Då ett kontaktstycke tas isär, dra inte i kablarna. Dra endast i själva kontaktstycket.

### Färgkoder

| | | | |
|---|---|---|---|
| BL | Blå | R | Röd |
| BN | Brun | SB | Svart |
| BR | Brun | VO | Lila |
| GN | Grön | W | Vit |
| GR | Grå | Y | Gul |
| OR | Orange | | |

Kopplingsschema för modeller t o m 1975

## Komponentförteckning för modeller t o m 1975

1 Batteri
2 Förgrening
3 Tändningslås
4 Tändningslås
5 Fördelare, tändföljd 1-3-4-2
6 Tändstift
7 Startmotor
8 Generator
9 Laddningsregulator
10 Säkringsdosa
11 Ljuskontakt
12 Glödtrådsvakt
13 Stegrelä för helljus, halvljus samt ljustuta
14 Helljus
15 Halvljus
16 Parkeringsljus
17 Varselljus
18 Bakljus
19 Sidomarkeringsljus
20 Skyltlykta
21 Stoppljuskontakt
22 Stoppljus
23 Kontakt på M40, M41 växellåda
24 Kontakt på BW 35 automatväxellåda
25 Backljus
26 Omställare för körriktningsvisare
27 Varningsblinkers
28 Blinkersrelä
29 Främre blinkljus
30 Bakre blinkljus
31 Anslutning till instrument
32 Anslutning till instrument
33 Anslutning till instrument
34 Anslutning till instrument
35 Oljetrycksvarningslampa
36 Chokebelysning
37 Varningslampa, parkeringsbroms
38 Varningslampa, broms
39 EGR-indikatorlampa

40 Laddningslampa
41 Varningslampa för glödtrådsbortfall
42 Indikatorlampa, helljus
43 Indikatorlampa, blinkers
44 Indikatorlampa, överväxel
45 Bältespåminnarlampa
46 Motorrum
47 Belysning, bälteslås
48 Belysning, bakre askkopp
49 Belysning, växelläge
50 Reostat för instrumentbelysning
51 Instrumentbelysning
52 Belysning, reglagepanel
53 Belysning, handskfack
54 Innerbelysning
55 Dörrkontakt, förarsida
56 Dörrkontakt, passagerarsida
57 Tankarmatur
58 Temperaturgivare
59 Oljetrycksgivare
60 Chokekontakt
61 Parkeringsbromskontakt
62 Bromsvarningskontakt
63 EGR - varningskontakt
64 Kontakt, säkerhetsbälte, passagerarsäte
65 Kontakt, säkerhetsbälte, förarsäte
66 Kontakt, passagerarsäte
67 Kontakt, förarsäte
68 Ljusvarningssummer
72 Varvräknare
73 Bränslemätare
74 Termometer
75 Spänningsstabilisator
76 Signalhorn
77 Signalhornsring
78 Cigarettändare
79 Fläkt
80 Fläktkontakt

81 Strömställare, vindrutetorkare/-spolare
82 Vindrutetorkare
83 Vindrutespolare
84 Relä för strålkastartorkare
85 Strålkastartorkare
86 Strömställare för bakrutetorkare/-spolare
87 Bakrutetorkare
88 Bakrutespolare
89 Bakdörrkontakt
90 Bagagerumsbelysning
91 Kontakt, elbakruta
92 Elbakruta
93 Kontakt, överväxel M 41
94 Kontakt, överväxel på växellåda M 41
95 Solenoid för överväxel på växellåda M 41
96 Stolvärme med termostat, förarsida
97 Stolvärme, förarsida
98 Klocka
99 Diod
100 Anslutning
101 Startspärrelä
102 Startspärr
103 Startventil
104 Termotidkontakt
105 Lufttrycksmätare
106 Huvudrelä, bränsleinsprutning
107 Bränslepumprelä
108 Bränslepump
109 Tryckregulatorventil
110 Tillsatsluftslid
111 Motstånd
112 Tändningsmodul
113 Solenoid på kompressor
114 Solenoidventil
115 Kontakt, AC-kompressor
116 Termostat
118 Relä för backljus

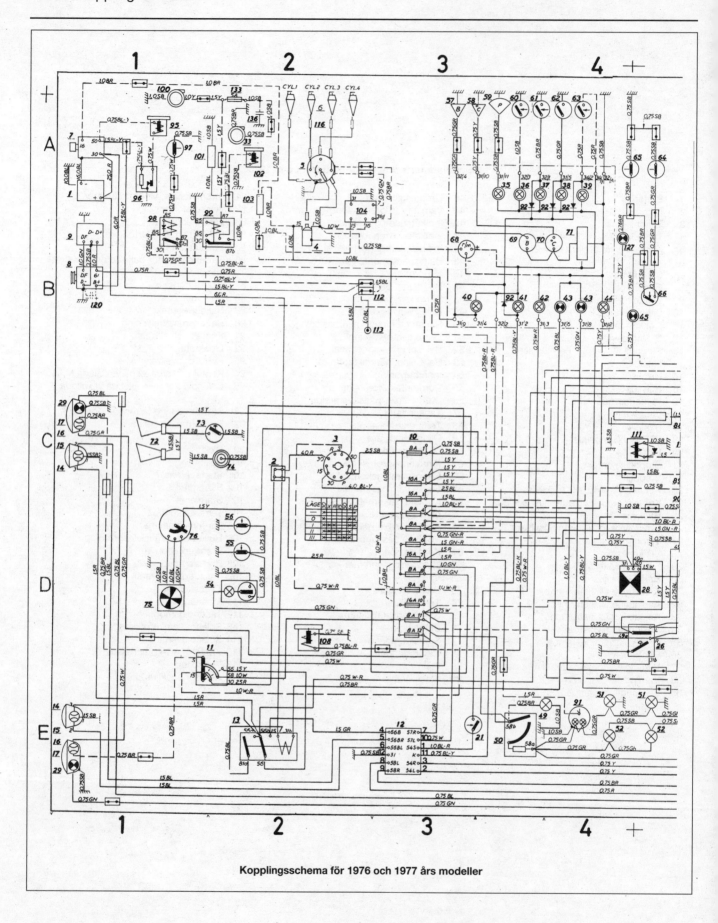

**Kopplingsschema för 1976 och 1977 års modeller**

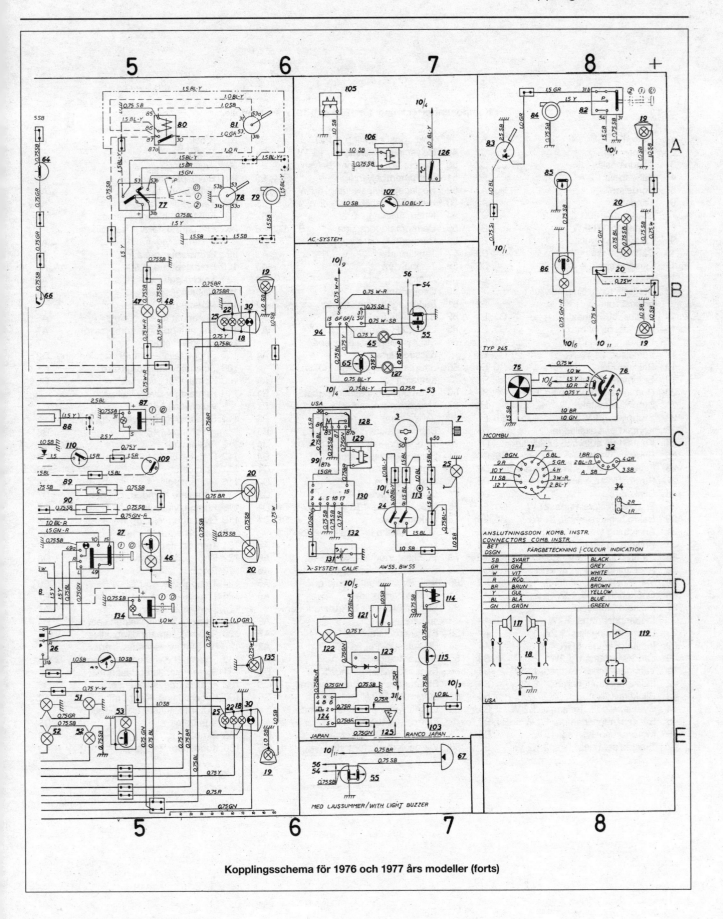

**Kopplingsschema för 1976 och 1977 års modeller (forts)**

## Komponentförteckning för 1976 och 1977 års modeller

| | | |
|---|---|---|
| 1 | Batteri | A1 |
| 2 | Förgrening | C2 |
| 3 | Tändningslås | C2, C7 |
| 4 | Tändspole 1,2 A | B2 |
| 5 | Fördelare | A2 |
| 6 | Tändstift | A2 |
| 7 | Startmotor, 800 W | A1, C7 |
| 8 | Generator, 760 W | B1 |
| 9 | Laddningsregulator | B1 |
| 10 | Säkringsdosa | C3 |
| 11 | Ljusomkopplare | D2 |
| 12 | Glödtrådsvakt | E3 |
| 13 | Stegrelä för helljus, halvljus samt helljusblink | E2 |
| 14 | Helljus, 60 W max | C1, E1 |
| 15 | Halvljus, 55 W max | C1, E1 |
| 16 | Parkeringsljus, 5 W | C1, E1 |
| 17 | Varselljus, 21 W | C1, E1 |
| 18 | Bakljus, 5W | B6, E6 |
| 19 | Sidomarkeringsljus, 3 W | A8, B6 |
| 20 | Nummerskyltsbelysning, 5 W | C6, B8 |
| 21 | Stoppljuskontakt | E3 |
| 22 | Stoppljus, 21 W | B6, E6 |
| 23 | Kontakt på växellådan | D5 |
| 24 | Kontakt på automatväxellådan | C7 |
| 25 | Backljus, 21 W | B6, C7 |
| 26 | Indikatorlampa, körriktningsvisare | D4 |
| 27 | Strömställare, varningsblinkers | D5 |
| 28 | Blinkersrelä | D4 |
| 29 | Främre blinkerslampa, 21 W | C1, E1 |
| 30 | Bakre blinkerslampa, 21 W | B6, E6 |
| 31 | Anslutning vid instrument | C8 |
| 32 | Anslutning vid instrument | C8 |
| 33 | Pump i bränsletank, 1,6 A | A2 |
| 34 | Anslutning vid instrument | C8 |
| 35 | Varningslampa, oljetryck, 1,2 W | A3 |
| 36 | Chokebelysning, 1,2W | A4 |
| 37 | Indikatorlampa, parkeringsbroms, 1,2W | A4 |
| 38 | Bromsvarningsljus, 1,2W | A4 |
| 39 | Indikatorlampa, EGR, 1,2W | A4 |
| 40 | Laddningslampa, 1,2W | B3 |
| 41 | Varningslampa, glödtråd, 1,2W | B4 |
| 42 | Indikatorlampa, helljus, 1,2 W | B4 |
| 43 | Blinkersindikator, 1,2W | B4 |
| 44 | Överväxelindikatorlampa, 1,2 W | B4 |
| 45 | Bältespåminnarlampa, 1,2 W | B4, B7 |
| 46 | Motorrumsbelysning, 15 W | D5 |
| 47 | "Fasten seat belt" lampa 1,2 W | B5 |

| | | |
|---|---|---|
| 48 | Askkoppsbelysning, 1,2W | B5 |
| 49 | Belysning, växelväljare, 1,2 W | E4 |
| 50 | Reostat för instrumentbelysning | E3 |
| 51 | Instrumentbelysning, 2 W | E4, E5 |
| 52 | Reglagepanelbelysning, 1,2W | E4, E5 |
| 53 | Handskfacksbelysning, 2 W | E5 |
| 54 | Innerbelysning, 10 W | D2 |
| 55 | Dörrkontakt förarsida | B7, D2, E6 |
| 56 | Dörrkontakt passagerarsida | D2 |
| 57 | Tankarmatur | A3 |
| 58 | Tempgivare | A3 |
| 59 | Oljetrycksgivare | A3 |
| 60 | Chokekontakt | A3 |
| 61 | Parkeringsbromskontakt | A4 |
| 62 | Bromsvarningskontakt | A4 |
| 63 | EGR/EXH varningskontakt | A4 |
| 64 | Strömställare, säkerhetsbälte, passagerarsida | A4 |
| 65 | Strömställare, säkerhetsbälte, förarsida | A4 |
| 66 | Strömställare, passagerarsäte | B4 |
| 67 | Ljusvarningssummer | E7 |
| 68 | Varvräknare | B3 |
| 69 | Bränslemätare | B3 |
| 70 | Tempmätare | B4 |
| 71 | Spänningsstabilisator | B4 |
| 72 | Signalhorn, 7,5 A | C1 |
| 73 | Signalreglage | C2 |
| 74 | Cigarettändare, 7 A | C2 |
| 75 | Fläkt, 115 eller 170 W | C8, D1 |
| 76 | Fläktkontakt | C8, D1 |
| 77 | Strömställare för strålkastartorkare/-spolare | A5 |
| 78 | Strålkastartorkare, 3,5 A | A6 |
| 79 | Strålkastarspolare, 2,6 A | A6 |
| 80 | Relä för strålkastartorkare | A5 |
| 81 | Strålkastartorkare | A6 |
| 82 | Strömställare för bakrutetorkare/-spolare | A8 |
| 83 | Bakrutetorkare, 1 A | A7 |
| 84 | Bakrutespolare, 2,6 A | A8 |
| 85 | Bakdörrkontakt | A8 |
| 86 | Bagagerumsbelysning, 10 W | B8 |
| 87 | Strömställare för bakrutevärme | C6 |
| 88 | Elbakruta, 150W | C5 |
| 89 | Värmeelement med termostat, förarsäte, sittdyna, 30 W | C5 |
| 90 | Värmeelement, förarstol, ryggstöd | C5 |

| | | |
|---|---|---|
| 91 | Klocka | E4 |
| 92 | Diod | |
| 93 | Anslutning | |
| 94 | Bältespåminnare | A1 |
| 95 | Kallstartventil | A1 |
| 96 | Termotidkontakt | A1 |
| 97 | Fläkt, kombinerat system | A1 |
| 98 | Fläktströmställare, kombinerat system | A1 |
| 99 | Bränslepumprelä | A1 |
| 100 | Bränslepump, 6,5 A | A1 |
| 101 | Tryckregulator | A2 |
| 102 | Tillsatsluftsslid | A1 |
| 103 | Motstånd, 0,4 till 0,6 ohm | A2 |
| 104 | Styrenhet tändsystem | A6 |
| 105 | Magnetkoppling, kompressor | A7 |
| 106 | Solenoidventil | A7 |
| 107 | Strömställare för luftkonditionering | D2 |
| 108 | Solenoidventil, förgasare | C5 |
| 109 | Kontakt för överväxel | C5 |
| 110 | Kontakt för överväxel på växellåda M 46 | C4 |
| 111 | Solenoid för överväxel 2,2 A på växellåda M 46 | B3 |
| 112 | Anslutning | B3, C7 |
| 113 | Slutsteg | D7 |
| 114 | Termostat | D7 |
| 116 | Avstörning | A2 |
| 117 | Högtalare framdörrar, 4 ohm | D7 |
| 118 | Antenn, vindruta | D8 |
| 119 | Övre dödpunkt, givare | D8 |
| 120 | Kondensator, 2,21µ F | B8 |
| 121 | Termostat, golv 149°C | D6 |
| 122 | Indikatorlampa, avgastemperatur | D6 |
| 123 | Diodbox | D7 |
| 124 | Tempgivare, 850°C | E6 |
| 125 | Termoelement, katalysator | E7 |
| 126 | Termostat AC | A7 |
| 127 | Varningslampa, "fasten seat belt" | B4 |
| 128 | Strömställare för dimbakljus | C6 |
| 129 | Relä för syresensorsystem | E1 |
| 130 | Styrenhet, syresensorsystem | C6 |
| 131 | Syresensor (lambdasond) | D6 |
| 132 | Analysuttag, syresensor | D6 |
| 133 | Kabelsäkring, tankpump | A2 |
| 134 | Motor för fönsterhiss, höger sida fram | D5 |
| 135 | Dimbakljus | D6 |
| 136 | Kondensor, tankpump | A2 |

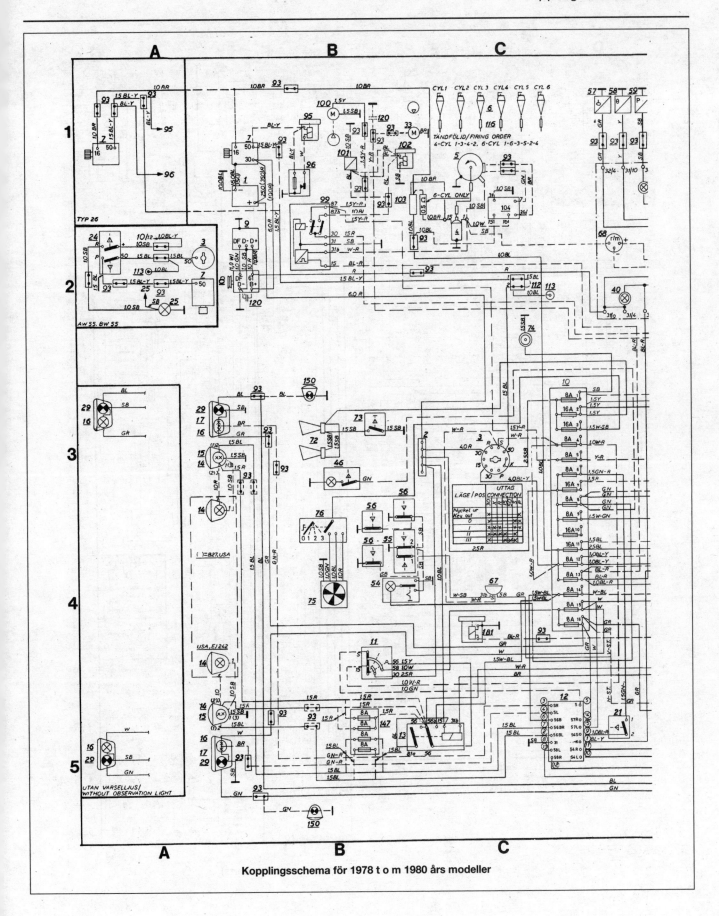

**Kopplingsschema för 1978 t o m 1980 års modeller**

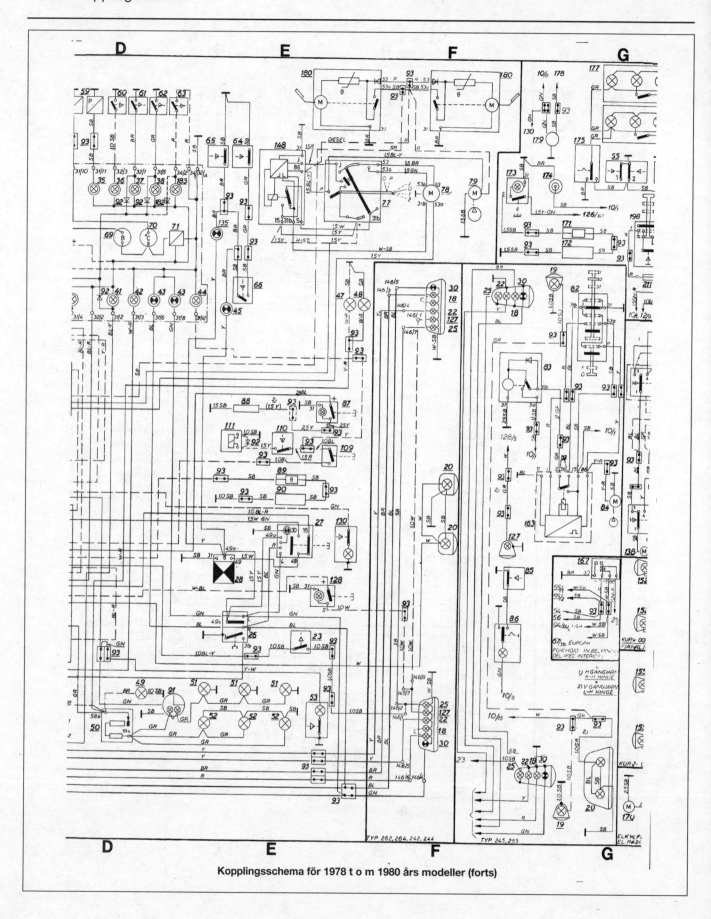

**Kopplingsschema för 1978 t o m 1980 års modeller (forts)**

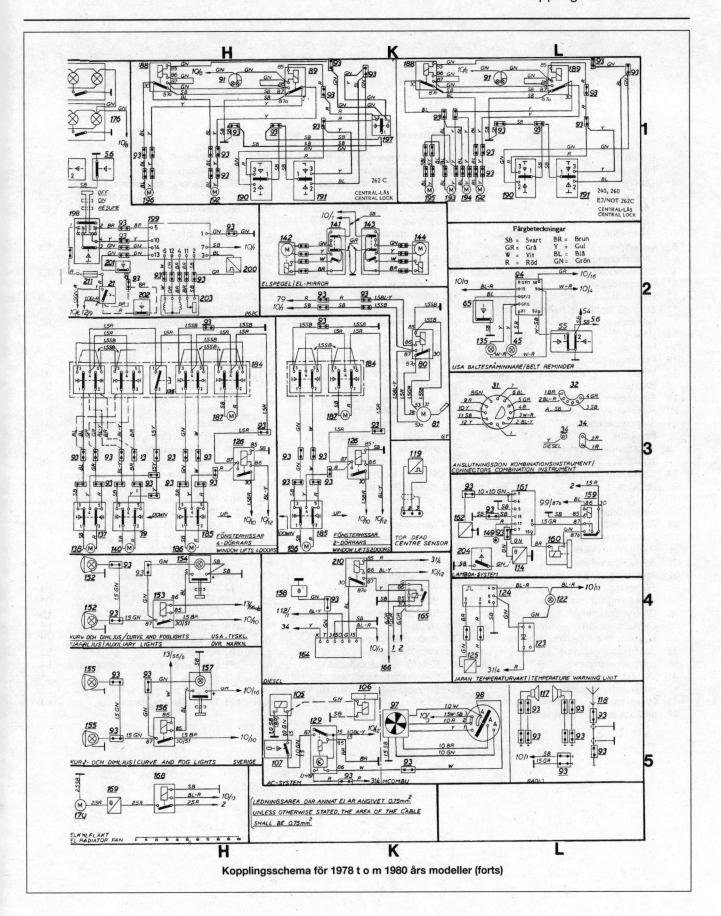

**Kopplingsschema för 1978 t o m 1980 års modeller (forts)**

## Komponentförteckning för 1978 t o m 1980 års modeller

| | | |
|---|---|---|
| 1 | Batteri | B1 |
| 2 | Förgrening | C3 |
| 3 | Tändningslås | A2, C3 |
| 4 | Tändspole | C2 |
| 5 | Fördelare | C1 |
| 6 | Tändstift | C1 |
| 7 | Startmotor | A1, A2, B1 |
| 8 | Generator | A2 |
| 9 | Laddningsregulator | B2 |
| 10 | Säkringsdosa | C3 |
| 11 | Ljusomkopplare | B4 |
| 12 | Glödtrådsvakt | C5 |
| 13 | Stegrelä för helljus, halvljus samt helljusblink | B5 |
| 14 | Helljus | A3, A4, A5 |
| 15 | Halvljus | A3, A5 |
| 16 | Parkeringsljus | A3, A5 |
| 17 | Varselljus | A3, A5 |
| 18 | Bakljus | F2, F5, G5 |
| 19 | Sidomarkeringsljus | G5 |
| 20 | Nummerskyltbelysning | F3, G5 |
| 21 | Stoppljuskontakt | D5, G2 |
| 22 | Stoppljus | F2, F5, G5 |
| 23 | Backljuskontakt, manuell växellåda | E4 |
| 24 | Backljuskontakt, automatväxellåda | A2 |
| 25 | Backljus | A2, F2, F5 |
| 26 | Indikator, körriktningsvisare | E4 |
| 27 | Strömställare för varningsblinkers | E3 |
| 28 | Blinkersrelä | E4 |
| 29 | Främre blinkersljus | A3, A5 |
| 30 | Bakre blinkersljus | F2, F5, G5 |
| 31 | Anslutning vid instrument | L3 |
| 32 | Anslutning vid instrument | L3 |
| 33 | Tankpump | B1 |
| 34 | Anslutning vid instrument | L3 |
| 35 | Oljetrycksvarningslampa | D1 |
| 36 | Chokebelysning | D1 |
| 37 | Indikatorlampa, parkeringsbroms | D1 |
| 38 | Bromsvarningslampa | D1 |
| 40 | Laddningslampa | D2 |
| 41 | Varningslampa, glödtrådsbrott | D2 |
| 42 | Helljusindikatorlampa | D2 |
| 43 | Indikatorlampa, körriktningsvisare | D2 |
| 44 | Indikatorlampa, överväxel | E2 |

| | | |
|---|---|---|
| 45 | Bältespåminnarlampa, fram | E2, L2 |
| 46 | Motorrumsbelysning | B3 |
| 47 | Säkerhetsbältesbelysning | E2 |
| 48 | Askkoppsbelysning | E2 |
| 49 | Belysning, växelväljare | D5 |
| 50 | Reostat för instrumentpanel | D5 |
| 51 | Instrumentbelysning | E5 |
| 52 | Reglagebelysning, reglagepanel | E5 |
| 53 | Belysning, handskfack | E5 |
| 54 | Innerbelysning | B4 |
| 55 | Dörrkontakt, förarsida | B4, C1, L2 |
| 56 | Dörrkontakt, passagerarsida | B3, B4, G1 |
| 57 | Tankarmatur | D1 |
| 58 | Tempgivare | D1 |
| 59 | Oljetrycksgivare | D1 |
| 60 | Chokekontakt | D1 |
| 61 | Parkeringsbromskontakt | D1 |
| 62 | Bromsvarningskontakt | D1 |
| 63 | Syresensor (lambdasond) kontakt | D1 |
| 64 | Kontakt, säkerhetsbälte, passagerarsida | E1 |
| 65 | Kontakt, säkerhetsbälte, förarsida | E1, K2 |
| 66 | Kontakt, passagerarsida | E2 |
| 67 | Summer för "strålkastare på", nyckel i tändningslås | C4 |
| 68 | Varvräknare | D2 |
| 69 | Bränslemätare | D2 |
| 70 | Temperaturmätare | D2 |
| 71 | Spänningsstabilisator | D2 |
| 72 | Signalhorn | B3 |
| 73 | Signalhornskontakt | B3 |
| 74 | Cigarettändare | C2 |
| 75 | Värmeanläggning | B4 |
| 76 | Strömställare för värmefläkt | B3 |
| 77 | Strömställare för vindrutetorkare/-spolare | F1 |
| 78 | Vindrutetorkare | F1 |
| 79 | Vindrutespolare | F1 |
| 80 | Relä för strålkastartorkare | K2 |
| 81 | Strålkastartorkare | K3 |
| 82 | Strömställare för bakrutetorkare/-spolare | G2 |
| 83 | Bakrutetorkare | G2 |

| | | |
|---|---|---|
| 84 | Bakrutespolare | G3 |
| 85 | Bakdörrkontakt | G4 |
| 86 | Bagagerumsbelysning | F4 |
| 87 | Strömställare, elbakruta | E3 |
| 88 | Elbakruta | E3 |
| 89 | Värmeelement och termostat, förarsäte, dyna | E3 |
| 90 | Värmeelement, förarsäte, ryggstöd | E3 |
| 91 | Klocka | D5, H1, L1 |
| 92 | Diod | D1, D2, E3 |
| 93 | Anslutning | |
| 94 | Bältespåminnare | L2 |
| 95 | Kallstartinjektor | B1 |
| 96 | Termotidkontakt | B1 |
| 97 | Värmefläkt, kombinerat system | K5 |
| 98 | Strömställare för kombinerat system | L5 |
| 99 | Relä för bränslepump | B1 |
| 100 | Bränslepump | B1 |
| 101 | Tryckregulator | B1 |
| 102 | Tillsatsluftsslid | B1 |
| 103 | Motstånd | B1 |
| 104 | Styrenhet tändsystem | C1 |
| 105 | Magnetkoppling, kompressor | H5 |
| 106 | Solenoidventil | K5 |
| 107 | Strömställare för luftkonditionering (med termostat) | H5 |
| 109 | Strömställare för överväxel M 46 | E3 |
| 110 | Strömställare för överväxel på växellåda M 46 | E3 |
| 111 | Solenoid för överväxel på växellåda M 46 | E3 |
| 112 | Anslutning | C2 |
| 113 | Anslutning, startmotor | A2, C2 |
| 114 | Termostat | L4 |
| 116 | Dämpmotstånd | C1 |
| 117 | Högtalare, framdörrar | L5 |
| 118 | Antenn, vindruta | L5 |
| 119 | Givare för övre dödpunkt | K3 |
| 120 | Kondensator | B2 |
| 122 | Indikatorlampa, avgastemperatur | L4 |
| 123 | Diodbox | L4 |
| 124 | Tempgivare | L4 |
| 125 | Termoelement, katalysator | K4 |

**Komponentförteckning för 1978 t o m 1980 års modeller (forts)**

| | | |
|---|---|---|
| 126 | Relä för elrutor | H3 |
| 127 | Dimbakljus | F2, F4, F5 |
| 128 | Strömställare för dimbakljus | E4 |
| 129 | Fördröjningsrelä för luftkonditionering | K5 |
| 130 | Bagagerumsbelysning | E3 |
| 135 | Bältespåminnare | E2, L2 |
| 136 | Huvudströmställare för elhissar, bak | H2 |
| 137 | Strömställare för elhiss, vänster sida bak | G4 |
| 138 | Motor för elhiss, vänster sida bak | G4 |
| 139 | Strömställare för elhiss, höger sida bak | H4 |
| 140 | Motor för elhiss, höger sida bak | G5 |
| 141 | Strömställare för elbackspegel, vänster sida | K2 |
| 142 | Elbackspegel, vänster sida | H2 |
| 143 | Strömställare för elbackspegel, höger sida | K2 |
| 144 | Elbackspegel, höger sida | K2 |
| 147 | Säkringsdosa, strålkastare, Italien | B5 |
| 148 | Relä för intervalltorkare | E1 |
| 149 | Analysuttag, syresensor | L4 |
| 150 | Sidomarkeringsljus | B3, B5 |
| 152 | Spotlight | G4 |
| 153 | Relä för spotlight | H4 |
| 154 | Strömställare, spotlight | H4 |
| 155 | Kurv- och dimljus | G4, G5 |
| 156 | Relä för kurv- och dimljus | H5 |
| 157 | Strömställare för kurv- och dimljus | H4 |
| 158 | Tempgivare | H4 |
| 159 | Relä för syresensor | L3 |
| 160 | Frekvensventil | L4 |
| 161 | Styrenhet syresensorsystem | L3 |

| | | |
|---|---|---|
| 162 | Syresensor | K3 |
| 163 | Intervallrelä, bakrutetorkare | G3 |
| 164 | Styrenhet, förbränning, diesel | H4 |
| 165 | Relä, glödstift | K4 |
| 166 | Glödstift | K4 |
| 167 | Relä, fördröjning för innerbelysning | G4 |
| 168 | Relä, elektrisk kylfläkt | H5 |
| 169 | Termostat för elektrisk kylfläkt | G5 |
| 170 | Motor för elektrisk kylfläkt | G5 |
| 171 | Värmeelement med termostat passagerarsäte, dyna | G2 |
| 172 | Värmeelement, passagerarsäte, ryggstöd | G2 |
| 173 | Strömställare, stolvärme, passagerarsäte | F1 |
| 174 | Cigarettändare, bak | G1 |
| 175 | Strömställare, bagagerumsbelysning | G1 |
| 176 | Innerbelysning, vänster | G1 |
| 177 | Innerbelysning, höger | G1 |
| 178 | Till strömställare för motordriven antenn | G1 |
| 179 | Motordriven antenn | G1 |
| 180 | Strålkastartorkare | E1, F1 |
| 181 | Solenoidventil, förgasare, eller bränsleventil för diesel | C4 |
| 182 | Diod, indikator för syresensor | D1 |
| 183 | Indikatorlampa, syresensor eller indikatorlampa för glödström, diesel | D1 |
| 184 | Strömställare för elhiss, förarsida | H2, K2 |
| 185 | Strömställare för elhiss, passagerarsida fram | H4, K4 |

| | | |
|---|---|---|
| 186 | Motor för elhiss, passagerarsida fram | H4 |
| 187 | Motor för elhiss, förarsida | H3, K3 |
| 188 | Relä för centrallås, öppnar alla dörrar | H1, K1 |
| 189 | Relä för centrallås, låser alla dörrar | K1, L1 |
| 190 | Strömställare för centrallås, länkstång | H1, L1 |
| 191 | Strömställare för centrallås, nyckel | K1, L1 |
| 192 | Motor för centrallås, passagerarsida | K1, L1 |
| 193 | Motor för centrallås, vänster sida bak | K1 |
| 194 | Motor för centrallås, höger bak | K1 |
| 195 | Motor för centrallås, baklucka (245, 265) | K1 |
| 196 | Motor för centrallås, förardörr 262 C | H1 |
| 197 | Strömställare för centrallås, armstöd 262 C | K1 |
| 198 | Strömställare för konstantfarthållare | G1 |
| 199 | Styrenhet för konstantfarthållare | H2 |
| 200 | Pick-upspole för konstantfarthållare | H2 |
| 201 | Retardationskontakt för konstantfarthållare | G2 |
| 202 | Kopplingskontakt för konstantfarthållare | H2 |
| 203 | Servo för konstantfarthållare | H2 |
| 204 | Microbrytare, syresensor | K4 |
| 210 | Relä för styrenhet diesel | K4 |
| 211 | Kabelsäkring 4A | G2 |

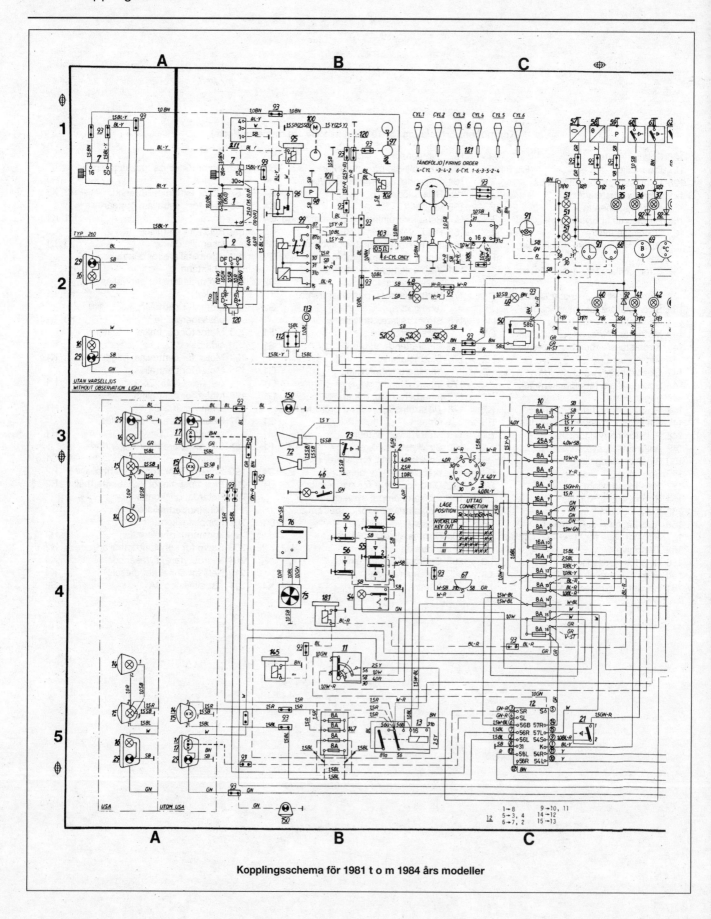

Kopplingsschema för 1981 t o m 1984 års modeller

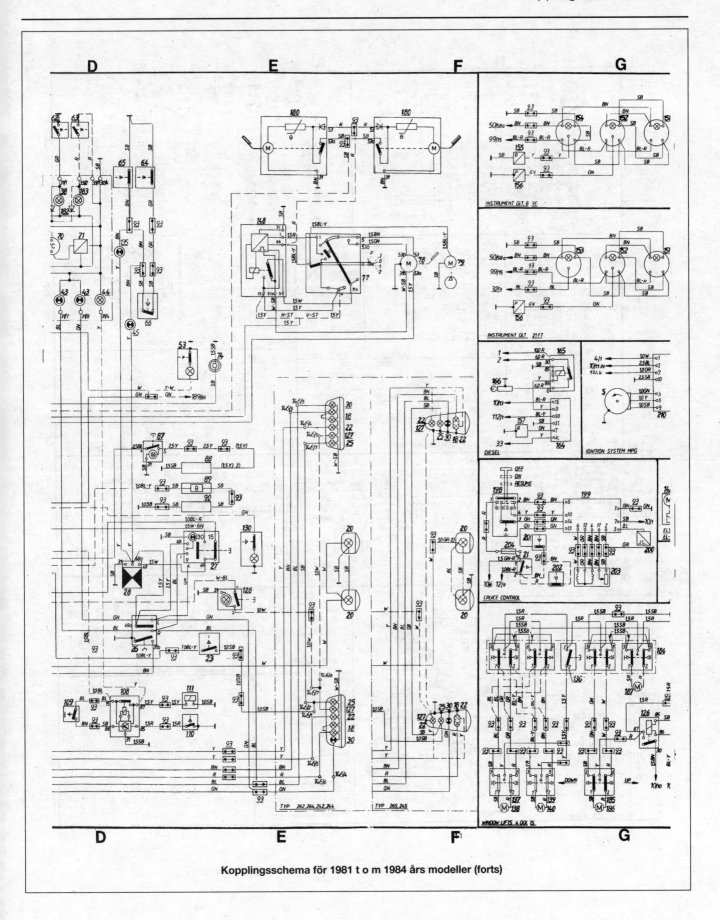

**Kopplingsschema för 1981 t o m 1984 års modeller (forts)**

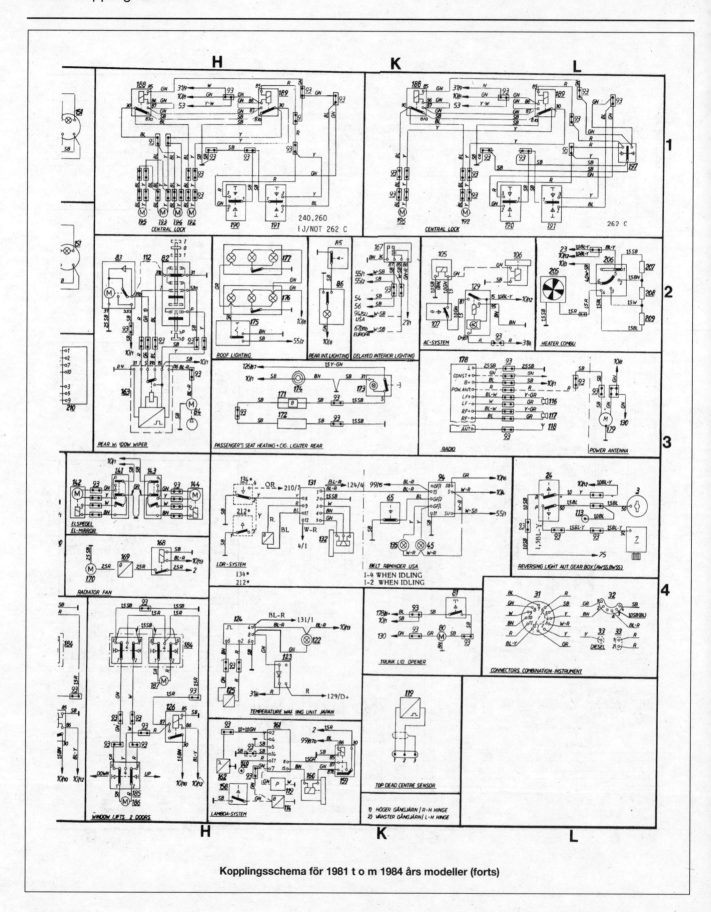

**Kopplingsschema för 1981 t o m 1984 års modeller (forts)**

## Komponentförteckning för 1981 t o m 1984 års modeller

| | | | | | | | | | |
|---|---|---|---|---|---|---|---|---|---|
| 1 | Batteri | A1 | 43 | Indikatorlampa, körriktningsvisare | D2 | 82 | Strömställare för bakrutetorkare/-spolare | H2 |
| 2 | Förgrening | B3 | 44 | Indikatorlampa, överväxel | D2 | 83 | Bakrutetorkare 1 A | G2 |
| 3 | Tändningslås | C3, L3 | 45 | Bältespåminnare | D2, K4 | 84 | Bakrutespolare 2,6 A | H3 |
| 4 | Tändspole | B2 | 46 | Motorrumsbelysning | B3 | 85 | Bakdörrskontakt | K2 |
| 5 | Fördelare | B1, G3 | 47 | Bältesbelysning | B2 | 86 | Bakre innerbelysning | K2 |
| 6 | Tändstift | C1 | 48 | Askkoppsbelysning | B2 | 87 | Strömställare, elbakruta | D3 |
| 7 | Startmotor | A1, L4 | 49 | Belysning, växelväljare | C2 | 88 | Elbakruta 150W | E3 |
| 8 | Generator | A2 | 50 | Reostat för instrumentbelysning | | 89 | Värmeelement och termostat, förarsäte, dyna 30 W | E3 |
| 9 | Laddningsregulator | A2 | 51 | Instrumentbelysning | C1, C2 | 90 | Värmeelement, förarsäte, ryggstöd 30 W | E3 |
| 10 | Säkringsdosa | C3 | 52 | Reglagebelysning | B2, C2 | 91 | Klocka | C1, C2 |
| 11 | Ljusomkopplare | B4 | 53 | Handskfacksbelysning | E2 | 92 | Diod | D1, D2 |
| 12 | Glödtrådsvakt | C5 | 54 | Innerbelysning | B4 | 93 | Anslutning | |
| 13 | Stegrelä för helljus, halvljus samt helljusblink | B5 | 55 | Dörrkontakt, förarsida | B4 | 94 | Bältespåminnare | K3 |
| 14 | Helljus | A3, A4, A5 | 56 | Dörrkontakt, passagerarsida | B3, B4 | 95 | Kallstartanordning | B1 |
| 15 | Halvljus | A3, A5 | 57 | Tankarmatur | C1 | 96 | Termotidkontakt, kallstartanordning | B1 |
| 16 | Parkeringsljus | A2, A3, A5 | 58 | Tempgivare | C1 | 97 | Tanktryck 1,6 A | B1 |
| 17 | Varselljus | A3, A5 | 59 | Oljetrycksgivare | C1 | 98 | Tryckgivare för turbo | B1 |
| 18 | Bakljus | E3, E5, F3, F5 | 60 | Kontakt: choke | D1 | 99 | Relä för bränslepump | B1 |
| 20 | Nummerskyltbelysning | E4, F4 | 61 | handbroms | D1 | 100 | Bränslepump 6,5A | B1 |
| 21 | Strömställare, bromsljus | C5, F4 | 62 | bromsvarning | D1 | 101 | Tryckregulator | B1 |
| 22 | Bromsljus | E3, E5, F3, F5 | 63 | Syresensor | D1 | 102 | Tillsatsluftsslid | B1 |
| 23 | Backljuskontakt, manuell växellåda | E4 | 64 | säkerhetsbälte, passagerarsida | D1 | 103 | Motstånd 0,9 51/4 cyl. 0,5 D/6 cyl. | B2 |
| 24 | Backljuskontakt, automatväxellåda | L3 | 65 | säkerhetsbälte, förarsida | D1, K3 | 104 | Styrenhet, tändsystem | C2 |
| 25 | Backljus | E3, E5, F3, F5 | 66 | passagerarsida | D2 | 105 | Magnetkoppling, A/C kompressor 3,9 A | K2 |
| 26 | Blinkersindikator | D4 | 67 | Summer för "strålkastare på" och nyckel i tändningslås | C4 | 106 | Solenoidventil | L2 |
| 27 | Strömställare, varningsblinkers | E4 | 68 | Varvräknare | D2 | 107 | Strömställare för luftkonditionering (med termostat) | K2 |
| 28 | Blinkersrelä | D4 | 69 | Bränslemätare | D2 | 108 | Relä för överväxel | D5 |
| 29 | Främre blinkers | A2, A3, A5 | 70 | Tempmätare | D2 | 109 | Strömställare för överväxel, M 46 | D5 |
| 30 | Bakre blinkers | E3, E5, F3, F5 | 71 | Spänningsstabilisator | D2 | 110 | Strömställare för överväxel på växellåda M 46 | E5 |
| 31 | Anslutning vid instrument | L4 | 72 | Signalhorn, 7,5 A | B3 | 111 | Solenoid för överväxel på M 46 2,2A | E5 |
| 32 | Anslutning vid instrument | L4 | 73 | Signalknapp | B3 | 112 | Anslutning | B2, H2 |
| 33 | Anslutning vid instrument | L4 | 74 | Cigarettändare 7 A | E2 | 113 | Anslutning, startmotor | B2, L3 |
| 35 | Oljetrycksvarningslampa | D1 | 75 | Värmefläkt, 115W | B4 | 114 | Termostat, syresensorsystem | H5 |
| 36 | Chokebelysning | D1 | 76 | Strömställare för värmefläkt | B3 | 115 | Tryckkontakt, syresensorsystem | H5 |
| 37 | Indikatorlampa, parkeringsbroms | D1 | 77 | Strömställare för vindrutetorkare/-spolare | E2 | | | |
| 38 | Bromsvarningsljus | D1 | 78 | Vindrutetorkare 3,5 A | F2 | | | |
| 40 | Laddningslampa | C2 | 79 | Vindrutespolare 3,4 A | F2 | | | |
| 41 | Varningslampa, glödtrådsbrott | D2 | 80 | Motor, bakluckelås 0,6 A | K4 | | | |
| 42 | Helljusvarningslampa | D2 | 81 | Bakluckekontakt | K4 | | | |

## Komponentförteckning för 1981 t o m 1984 års modeller (forts)

| | | | | | | | | |
|---|---|---|---|---|---|---|---|---|
| 116 | Högtalare, vänster framdörr 4 ohm | L3 | 152 | Oljetrycksmätare | G1, G2 | 185 | Strömställare för elhiss, | |
| 117 | Högtalare, höger framdörr 4 ohm | L3 | 153 | Laddtrycksmätare, turbo | G2 | | passagerarsida fram | G5, H5 |
| 118 | Antenn, vindruta | L3 | 154 | Yttertempmätare | G1 | 186 | Motor för elhiss, passagerarsida | |
| 119 | ÖDP-givare för monotester | K5 | 155 | Yttertempgivare | F1 | | fram 5A | G5, H5 |
| 120 | Kondensator 2,2µF | A2, B1 | 156 | Oljetryckgivare | F1, F2 | 187 | Motor för elhiss, förarsida 5A | G5, H5 |
| 121 | Dämpmotstånd, tändstift | C1 | 157 | Tempgivare, diesel | F3 | 188 | Relä för centrallås, öppning | H1, K1 |
| 122 | Indikatorlampa, avgastemperatur | | 158 | Mikrobrytare syresensor | H5 | 189 | Relä för centrallås, låsning | H1, L1 |
| | (Japan) | K4 | 159 | Relä för syresensor | K5 | 190 | Strömställare för centrallås, | |
| 123 | Diodbox (Japan) | H4 | 160 | Frekvensventil | K5 | | länkstång | H2, L1 |
| 124 | Tempgivare (Japan) 850°C | H4 | 161 | Styrenhet, syresensorsystem | H5 | 191 | Strömställare för centrallås, | |
| 125 | Termoelement, katalysator (Japan) | H5 | 162 | Syresensor | H5 | | nyckel | H2, L1 |
| 126 | Relä för elfönsterhissar | G5, H5 | 163 | Intervalltorkarrelä, baklucka | H3 | 192 | Motor för centrallås, | |
| 127 | Dimbakljus | E3, E5, F3, F5 | 164 | Styrenhet, glödsystem, diesel | G3 | | passagerarsida | H1, K1 |
| 128 | Strömställare för dimbakljus | E4 | 165 | Relä, glödsystem - diesel | G2 | 193 | Motor för centrallås, vänster | |
| 129 | Fördröjningsrelä för A/C | K2 | 166 | Glödstift - diesel | F3 | | sida bak | H1 |
| 130 | Bagagerumsbelysning | E4 | 167 | Relä, fördröjning av | | 194 | Motor för centrallås, höger | |
| 131 | Styrenhet CI (tomgångsregulator) | K3 | | innerbelysning | K2 | | sida bak | H1 |
| 132 | Tomgångsventil CI | K4 | 168 | Relä, elkylfläkt | H4 | 195 | Motor för centrallås, bakdörr | |
| 133 | Tempgivare CI | H4 | 169 | Termostat för elkylfläkt 100°C | H4 | | (245/265) | H1 |
| 134 | Microbrytare CI | H3 | 170 | Motor för elkylfläkt 13A | G4 | 196 | Motor för centrallås, | |
| 135 | Bältespåminnare bak | D2, K4 | 171 | Värmeelement med termostat | | | förardörr 262 C | K1 |
| 136 | Huvudströmställare för | | | passagerarsätes dyna 30W | H3 | 197 | Strömställare för centrallås, | |
| | elfönsterhissar bak | G4 | 172 | Värmeelement, passagerarsätets | | | armstöd 262 C | L1 |
| 137 | Strömställare för elfönsterhiss, | | | ryggstöd | H3 | 198 | Strömställare för konstantfarthållare | F3 |
| | vänster bak | F5 | 173 | Strömställare, värmeelement, | | 199 | Styrenhet för konstantfarthållare | G3 |
| 138 | Motor för elhiss, höger bak 5A | F5 | | passagerarsäte | K3 | 200 | Pick-up spole | |
| 139 | Strömställare för elhiss, höger bak | G5 | 174 | Cigarettändare bak 7A | H3 | | för konstantfarthållare | G4 |
| 140 | Motor för elhiss, höger bak 5A | G5 | 175 | Strömställare, innerbelysning | H2 | 201 | Retardationskontakt för | |
| 141 | Strömställare för elbackspegel, | | 176 | Innerbelysning, vänster | H2 | | konstantfarthållare | F4 |
| | vänster sida | G3 | 177 | Innerbelysning, höger | H2 | 202 | Kontakt, kopplingspedal, | |
| 142 | Elbackspegel, vänster sida | G3 | 178 | Radio | K2 | | konstantfarthållare | G4 |
| 143 | Strömställare för elbackspegel, | | 179 | Elantenn 3A | L3 | 203 | Servo, konstantfarthållare | G4 |
| | höger sida | H3 | 180 | Strålkastartorkare 1A | E1, F1 | 204 | Säkring, konstantfarthållare 4A | F4 |
| 144 | Elbackspegel, höger sida | H3 | 181 | Solenoidventil förgasare eller | | 205 | Värmefläkt CU | L2 |
| 145 | Varmstartventil | B4 | | bränsleventil för diesel | B4 | 206 | Strömställare, värmefläkt CU | L2 |
| 146 | 8-polig anslutning | E3, E5 | 182 | Diod, syresensor indikatorlampa | D1 | 207 | Motstånd 1,9 ohm | L2 |
| 147 | Säkringsdosa, strålkastare, Italien | B5 | 183 | Syresensor indikatorlampa eller | | 208 | Motstånd 0,7 ohm | L2 |
| 148 | Relä för intervalltorkare | E2 | | indikatorlampa för glödström - | | 209 | Motstånd 0,2 ohm | L2 |
| 149 | Analysuttag, syresensor | H5 | | diesel | D1 | 210 | Styrenhet, tändsystem MPG | G3 |
| 150 | Sidoblinkljus | B3, B5 | 184 | Strömställare för elhiss, | | 211 | Impulsrelä, kallstartanordning | A1 |
| 151 | Voltmeter | G1, G2 | | förarsida | G4, H4 | 212 | Mikrobrytare | L5 |

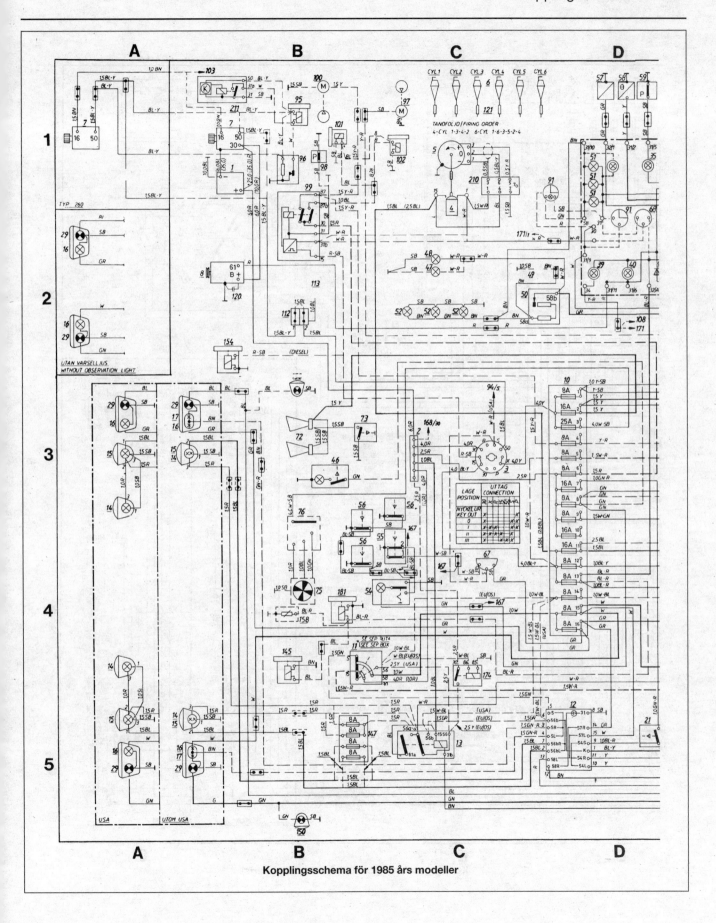

**Kopplingsschema för 1985 års modeller**

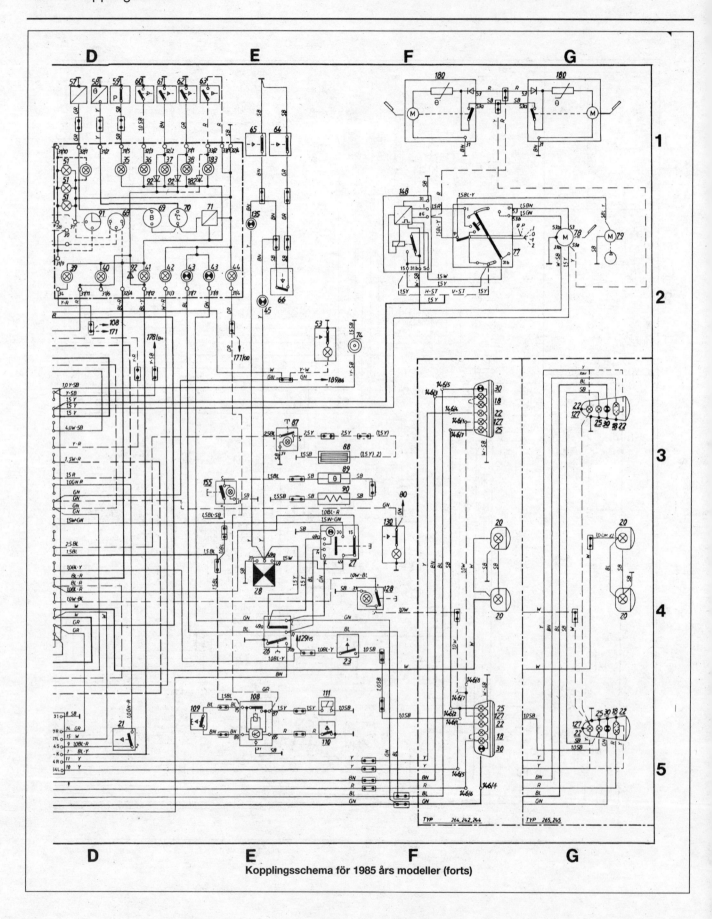

Kopplingsschema för 1985 års modeller (forts)

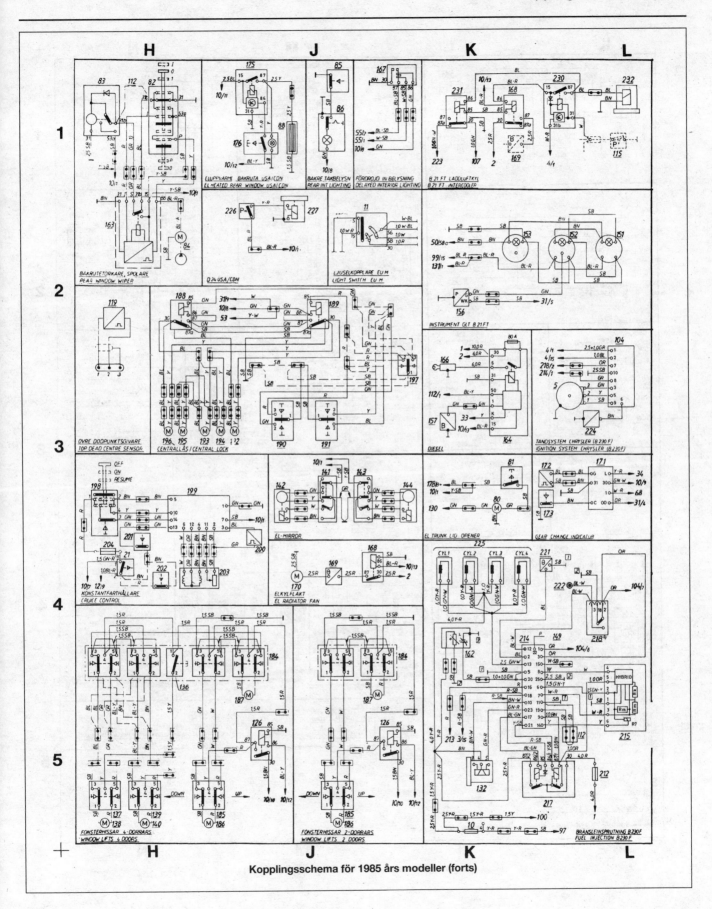

**Kopplingsschema för 1985 års modeller (forts)**

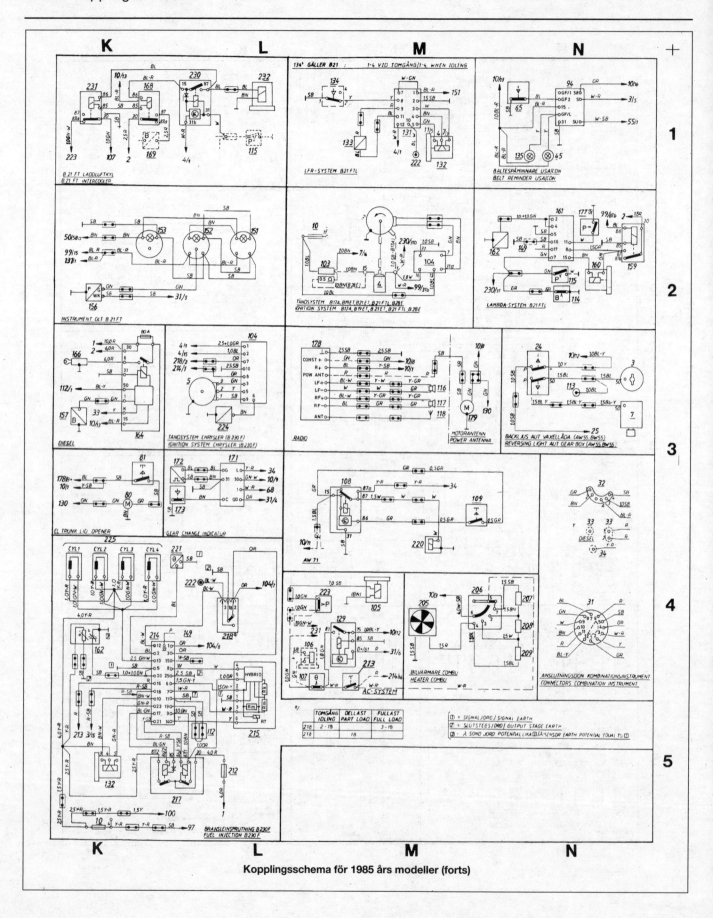

Kopplingsschema för 1985 års modeller (forts)

## Komponentförteckning för 1985 års modeller

| | | |
|---|---|---|
| 1 | Batteri | B1 |
| 2 | Säkringshållare | C3 |
| 3 | Tändningslås | C3, N2 |
| 4 | Tändspole 12A | C1 |
| 5 | Fördelare | C1, L3, M2 |
| 6 | Tändstift | C1 |
| 7 | Startmotor | A1, B1 |
| 8 | Generator | A2 |
| 10 | Säkringsdosa | D3, K5, L2 |
| 11 | Ljusomkopplare | B4, J1 |
| 12 | Glödtrådsvakt | D5 |
| 13 | Stegrelä för helljus, halvljus samt helljusblink | C5 |
| 14 | Helljuslampa 75W max | A3, A4, A5 |
| 15 | Halvljuslampa 55W max | A3, A5 |
| 16 | Parkeringsljus 4cp/5W | A2, A3, A5 |
| 17 | Varselljus 32cp/21 W | A3, A5 |
| 18 | Bakljus 4cp/5 W | G3, G5 |
| 20 | Nummerskyltbelysning 4cp/5W | G3, G4 |
| 21 | Bromsljuskontakt | D5 H4 |
| 22 | Bromsljus | G3 G5 |
| 23 | Backljuskontakt, manuell växellåda | F4 |
| 24 | Backljuskontakt, automatväxellåda | N2 |
| 25 | Backljus 32cp/21W | G3, G5 |
| 26 | Strömställare. körriktningsvisare | E4 |
| 27 | Varningsblinkers | F4 |
| 28 | Blinkersrelä | E4 |
| 29 | Främre blinkers | A2, A3, A5 |
| 30 | Bakre blinkers | G3, G5 |
| 31 | Anslutning vid instrument | N4 |
| 32 | Anslutning vid instrument | N4 |
| 33 | Anslutning vid instrument | N3 |
| 34 | Anslutning vid instrument, AW71 | N4 |
| 35 | Oljetryckslampa | D1 |
| 36 | Chokeindikatorlampa | D1 |
| 37 | Indikatorlampa, parkeringsbroms | D1 |
| 38 | Varningslampa, kretsbortfall | E1 |
| 39 | Indikatorlampa, överväxel (AW71) | D2 |
| 40 | Laddningslampa | D2 |
| 41 | Varningslampa glödtrådsbrott | D2 |
| 42 | Indikatorlampa helljus | D2 |
| 43 | Indikatorlampa, körriktningsvisare | E2 |
| 44 | Indikatorlampa, överväxel | E2 |
| 45 | Bältespåminnare | E2, N1 |

| | | |
|---|---|---|
| 46 | Motorrumsbelysning 15W | B3 |
| 47 | Bältesbelysning | C2 |
| 48 | Askkoppsbelysning 1,2W | C2 |
| 49 | Belysning, växelväljare | C2 |
| 50 | Reostat för instrumentbelysning | C2 |
| 51 | Instrumentbelysning 2W | D1 |
| 52 | Instrument- och reglagebelysning | C2 |
| 53 | Handskfacksbelysning 2W | E2 |
| 54 | Innerbelysning 10W | B4 |
| 55 | Dörrkontakt förarsida | C4 |
| 56 | Dörrkontakt passagerar-sida | B3, B4, C3 |
| 57 | Tankarmatur | D1 |
| 58 | Tempgivare | D1 |
| 59 | Oljetrycksgivare | D1 |
| 60 | Chokekontakt | D1 |
| 61 | Parkeringsbromskontakt | D1 |
| 62 | Varningskontakt, kretsbortfall | E1 |
| 63 | Syresensor kontakt | E1 |
| 64 | Säkerhetsbälteskontakt, passagerarsida | E1 |
| 65 | Säkerhetsbälteskontakt, förarsida | E1, N1 |
| 66 | Säkerhetsbälteskontakt, passagerarsida | E2 |
| 67 | Summer för nyckel och belysning | C4 |
| 68 | Varvräknare | D1 |
| 69 | Bränslemätare | D1 |
| 70 | Tempmätare | E1 |
| 71 | Spänningsstabilisator 10+0,2W | E1 |
| 72 | Signalhorn, 7,5A | B3 |
| 73 | Signalhornskontakt | B3 |
| 74 | Cigarettändare 7 A | F2 |
| 75 | Värmefläkt, 115W | B4 |
| 76 | Strömställare, värmefläkt | B3 |
| 77 | Kontakt vindrutetorkare/-spolare | G2 |
| 78 | Vindrutetorkare 3,5A | G2 |
| 79 | Vindrutespolare 2,6A | G2 |
| 80 | Motor, bakluckelås 0,6 A | F3, K3 |
| 81 | Strömställare, låsmotor | K4 |
| 82 | Kontakt, bakrutetorkare/-spolare | H1 |
| 83 | Bakrutetorkare 1A | H1 |
| 84 | Bakrutespolare 3,4A | H2 |
| 85 | Bakdörrskontakt | J 1 |
| 86 | Bakre innerbelysning 10W | J1 |

| | | |
|---|---|---|
| 87 | Kontakt, elbakruta | E3 |
| 88 | Elbakruta 150W | F3, J1 |
| 89 | Värmeelement och termostat, förarsäte, 30W | F3 |
| 90 | Element, förarsäte, ryggstöd 30W | F3 |
| 91 | Klocka | D1 |
| 92 | Diod | D1, D2, E1 |
| 94 | Bältespåminnare | C,3 N1 |
| 95 | Startinsprutare | B1 |
| 96 | Termotidkontakt, startinsprutare | B1 |
| 97 | Tankpump 1,6A | C1 |
| 98 | Kontakt för överladdning (turbo) | B1 |
| 99 | Bränslepumprelä | B1 |
| 100 | Bränslepump 6,5 A | B1 |
| 101 | Tryckregulator | B1 |
| 102 | Tillsatsluftsslid | C1 |
| 103 | Motstånd 0,9 ohm SV4 cyl., 0,5 ohm D/6 cyl. | L2 |
| 104 | Styrenhet, tändsystem | L2 |
| 105 | AC kompressorsolenoid 3,9 A | M4 |
| 106 | Solenoid | L4 |
| 107 | AC kontakt (termostattyp) | L4 |
| 108 | Överväxelrelä | E5, M3 |
| 109 | Överväxelkontakt M46 | E5, M3 |
| 110 | Överväxelkontakt på växellåda M46 | E5 |
| 111 | Överväxelsolenoid (M46) 2,2A | E5 |
| 112 | Anslutning | B2, H1 |
| 113 | Anslutning, startmotor | B2, N3 |
| 114 | Syresensor, avstängning | N2 |
| 115 | Tryckkontakt, syresensor | L1, N2 |
| 116 | Högtalare 4 ohm vänster framdörr | M3 |
| 117 | Högtalare 4 ohm höger framdörr | M3 |
| 118 | Antenn, (vindrutestolpe) | M3 |
| 119 | Givare för ÖDP, monotester | H2 |
| 120 | Kondensator 2,ZµF | B2, H2 |
| 121 | Tändstiftmotstånd | C1 |
| 126 | Elfönsterhiss relä | J5 |
| 127 | Dimbakljus 32cp/21W | G3, G5 |
| 128 | Strömställare, dimbakljus | F4 |
| 129 | AC fördröjningsrelä | E4, M4 |
| 130 | Bagagerumsbelysning | F3 |
| 131 | CI styrenhet | M1 |
| 132 | CI luftkontrollventil | K5, M1 |
| 133 | CI tempgivare | M1 |
| 134 | CI mikrobrytare | L1 |

## Komponentförteckning för 1985 års modeller (forts)

| Nr | Komponent | Position |
|---|---|---|
| 135 | Belysning, bälte bak 2W | E1, N1 |
| 136 | Strömställare elhiss (huvud), bak | H4 |
| 137 | Strömställare elhiss, bak vänster | H5 |
| 138 | Motor elhiss, vänster bak 5A | H5 |
| 139 | Strömställare, elhiss, höger bak | H5 |
| 140 | Motor, elhiss, höger bak 5A | H5 |
| 141 | Strömställare, elbackspegel, vänster | J3 |
| 142 | Elbackspegel, vänster | J3 |
| 143 | Strömställare, elbackspegel, höger | J3 |
| 144 | Dörrbackspegel, höger | K3 |
| 145 | Varmstartinjektor | B4 |
| 146 | 8-polig anslutning | F3, E5 |
| 147 | Säkringsdosa, strålkastare, Italien | B5 |
| 148 | Vindrutetorkarrelä | F1 |
| 149 | Analysuttag, syresensor | N2, L4 |
| 150 | Sidomarkeringsljus 2-4W | B3, B5 |
| 151 | Voltmeter | L2 |
| 152 | Oljetrycksmätare | L2 |
| 153 | Laddningstryckmätare, (turbo) | K2 |
| 154 | Bränsleventil (diesel) | B2 |
| 155 | Strömställare, värmesits | E3 |
| 156 | Oljetryckgivare | K2 |
| 157 | Tempgivare | K3 |
| 158 | Solex förgasare, PTC motstånd | B4 |
| 159 | Syresensor relä | N2 |
| 160 | Frekvensventil | N2 |
| 161 | Syresensor styrenhet | N1 |
| 162 | Syresensor (uppvärmd = B230F) | K4, M2 |
| 163 | Relä bakrutetorkare | H2 |
| 164 | Styrenhet (diesel) | K3 |
| 166 | Glödstift | K4 |
| 167 | Relä, fördröjd innerbelysning | C3, J1 |
| 168 | Relä, elkylfläkt | C3, C4, J4, K1 |
| 169 | Termostat, elkylfläkt 100°C | J4, K1 |
| 170 | Motor, elkylfläkt 13 A | J4 |
| 171 | Styrenhet växelindikator | C2, D2, E2, L3 |
| 172 | Impulsgivare, bakaxel | K3 |
| 173 | Kopplingskontakt | K3 |
| 174 | Strålkastarrelä | C4 |
| 175 | Fördröjningsrelä, elbakruta | J1 |
| 176 | Strömställare, fördröjningsrelä | J1 |
| 177 | Tryckdiffkontakt | N1 |
| 178 | Radio | D2, L2 |
| 179 | Elantenn 3A | M3 |
| 180 | Strålkastartorkare 1A | F1, G1 |
| 181 | Solenoidventil, förgasare (bränsleventil diesel) | B4 |
| 182 | Syresensor, diodlampa 1,2W | E1 |
| 183 | Syresensor lampa (glödström, diesel) 1,2W | E1 |
| 184 | Kontakt, elhiss förarsida | J4, K4 |
| 185 | Kontakt, elhiss passagerarsida | H5, J5 |
| 186 | Motor, elhiss 5A passagerarsida | H5, J5 |
| 187 | Motor, elhiss förarsida 5A | J5 |
| 188 | Motor centrallås, öppning | H2 |
| 189 | Motor centrallås, låsning | E2, J2 |
| 190 | Centrallåskontakt, länkstång | J3 |
| 191 | Centrallåskontakt | J3 |
| 192 | Motor, centrallås passagerarsida | H3 |
| 193 | Motor, centrallås vänster bak | H3 |
| 194 | Motor, centrallås höger bak | H3 |
| 195 | Motor, centrallås baklucka | H3 |
| 196 | Motor, centrallås förardörr | H3 |
| 197 | Motor, centrallås armstöd 242 | K3 |
| 198 | Kontakt, konstantfarthållare | H3 |
| 199 | Styrenhet, konstantfarthållare | H3 |
| 200 | Pick-up, konstantfarthållare | J4 |
| 201 | Retardationskontakt, konstantfarthållare | H4 |
| 202 | Kopplingskontakt, konstantfarthållare | H4 |
| 203 | Servoenhet, konstantfarthållare | H4 |
| 204 | Säkring | H4 |
| 205 | Värmefläkt CU | M4 |
| 206 | Värmefläktkontakt CU | M4 |
| 207 | Resistor 1,9 ohm | N4 |
| 208 | Resistor 0,7 ohm | N4 |
| 209 | Resistor 0,2 ohm | N4 |
| 210 | TZ-28H styrenhet, tändsystem | C1 |
| 211 | Impulsrelä | B1 |
| 212 | Säkring 25 A | L5 |
| 213 | A/C mikrobrytare | M4 |
| 214 | Styrenhet B 230 FLH Jetronic 2,2 | K4 |
| 215 | Luftmängdsmätare | L5 |
| 216 | Växellådskontakt | L4 |
| 217 | Huvudrelä B 230 F | K5 |
| 218 | Mikrobrytare (tomgång och full last) | L4 |
| 220 | Överväxel (AW 71) solenoid | M4 |
| 221 | Tempgivare B 230 F | K4 |
| 222 | Tomgångsjustering | L4, M1 |
| 223 | Ackumulator, A/C | L4 |
| 224 | Detonationssensor | L3 |
| 225 | Insprutare | K4 |
| 226 | Tryckkontakt, höjdkompensation | J1 |
| 227 | Solenoidventil, höjdkompensation | J1 |
| 230 | Relä, motorvarv | L1 |
| 232 | Till-från ventil | L1 |

## Komponentförteckning för 1986 års modeller och framåt

| | |
|---|---|
| 1 | Batteri |
| 2 | Säkringsdosa |
| 3 | Tändningslås |
| 4 | Tändspole 12 A |
| 5 | Fördelare |
| 6 | Tändstift |
| 7 | Startmotor |
| 8 | Generator |
| 10 | Säkringsdosa |
| 11 | Ljusomkopplare |
| 12 | Glödtrådsvakt |
| 13 | Stegrelä för hel-, halvljus samt helljusblink |
| 14 | Helljuslampa 75W max |
| 15 | Halvljus 55W max |
| 16 | Parkeringslampa 32cp/21W |
| 17 | Varselljus 32cp/21 W |
| 18 | Bakljus 4cp/5W |
| 20 | Nummerskyltbelysning 4cp/5W |
| 21 | Bromsljuskontakt |
| 22 | Bromsljus |
| 23 | Backljuskontakt, manuell växellåda |
| 24 | Backljuskontakt, automatväxellåda |
| 25 | Backljus 32cp/21 W |
| 26 | Blinkersomkopplare |
| 27 | Varningsblinkersomkopplare |
| 28 | Blinkersrelä |
| 29 | Körriktningsvisare fram |
| 30 | Körriktningsvisare bak |
| 31 | Anslutning till instrument |
| 32 | Anslutning till instrument |
| 34 | Anslutning till instrument, AW71 |
| 35 | Oljetryckslampa |
| 36 | Indikatorlampa, choke |
| 38 | Bromsvarningslampa |
| 39 | Indikatorlampa, övervväxel (AW71) |
| 40 | Laddningslampa |
| 41 | Varningslampa, lampbortfall |
| 42 | Helljuslampa |
| 43 | Blinkersindikatorlampa |
| 44 | Indikatorlampa, övervväxel |
| 45 | Bältespåminnare |
| 46 | Motorrumsbelysning 15W |
| 47 | Bältesbelysning |
| 48 | Askkoppsbelysning 1,2W |
| 49 | Växelväljarbelysning |
| 50 | Justerknapp, instrumentbelysning |
| 51 | Instrumentbelysning 2W |
| 52 | Belysning, instrument- och reglagepanel |
| 53 | Handskfacksbelysning |
| 54 | Innerbelysning 10W |
| 55 | Dörrkontakt, förarsida |
| 56 | Dörrkontakt, passagerarsida |
| 57 | Tankarmatur |
| 58 | Tempgivare |
| 59 | Oljetrycksgivare |
| 60 | Chokekontakt |
| 61 | Parkeringsbromskontakt |
| 62 | Varningskontakt, bromsbortfall |
| 63 | Kontakt, syresensor |
| 64 | Bälteskontakt passagerarsäte |
| 65 | Bälteskontakt förarsäte |
| 66 | Bälteskontakt passagerarsäte |
| 68 | Varvräknare |

| | |
|---|---|
| 69 | Bränslemätare |
| 70 | Tempmätare |
| 71 | Spänningsregulator 10+0,2V |
| 72 | Signalhorn 7,5A |
| 73 | Signalhornskontakt |
| 74 | Cigarettändare 7A |
| 75 | Värmeenhet 15W |
| 76 | Strömställare, värmefläkt |
| 77 | Strömställare, vindrutetorkare-/spolare |
| 78 | Vindrutetorkare 3,5A |
| 79 | Vindrutespolare 2,6A |
| 82 | Strömställare, bakrutetorkare-/spolare |
| 83 | Bakrutetorkare 1 A |
| 84 | Bakrutespolare 3,4 A |
| 85 | Kontakt, bakdörr |
| 86 | Innerbelysning bak, 10W |
| 87 | Strömställare, bakruteväarme |
| 88 | Bakruteväarme 150 W |
| 89 | Värmeelement + termostat, förarsida 30W |
| 90 | Värmeelement, förarstolsryggstöd 30W |
| 91 | Klocka |
| 92 | Diod |
| 94 | Bältespåminnare |
| 95 | Startventil |
| 96 | Termotidkontakt, startventil |
| 97 | Tankpump 1,6A |
| 99 | Bränslepumprelä |
| 100 | Bränslepump 6,5A |
| 101 | Tryckregulator |
| 102 | Tillsatsluftslid |
| 104 | Styrenhet, tändsystem |
| 105 | Magnetkoppling, A/C 3,9A |
| 106 | Solenoid |
| 107 | A/C kontakt (termostat) |
| 108 | Övervväxelrelä |
| 109 | Övervväxelkontakt M 46 |
| 110 | Övervväxelkontakt på växellådshus M 46 |
| 111 | Övervväxelsolenoid (M 46) 2,2 A |
| 112 | Överkoppling |
| 113 | Startmotoranslutning |
| 116 | Högtalare 4 ohm, vänster framdörr |
| 117 | Högtalare 4 ohm, höger framdörr |
| 118 | Antenn, (vindrutestolpe) |
| 120 | Kondensator 2,2 μF |
| 121 | Avstörning, tändstift |
| 122 | Stolvärme, ryggstöd, passagerarsäte |
| 123 | Stolvärme, passagerarsäte |
| 124 | Ljusrelä |
| 125 | Dimbakljusrelä |
| 126 | Elhissrelä |
| 127 | Dimbakljus 32cp/21W |
| 128 | Strömställare, dimbakljus |
| 129 | Fördröjningsrelä, A/C |
| 130 | Bagagerumsbelysning |
| 132 | CI styrluftventil |
| 135 | Bakre bältesbelysning 2W |
| 136 | Strömställare, elhiss (huvud) bak |
| 137 | Strömställare, elhiss vänster bak |
| 138 | Motor, elhiss vänster bak 5A |
| 139 | Motor, elhiss höger bak |
| 140 | Motor, fönsterhiss höger bak 5A |
| 141 | Strömställare, elbackspegel vänster |
| 142 | Elbackspegel, vänster |

| | |
|---|---|
| 143 | Strömställare, elbackspegel höger |
| 144 | Elbackspegel höger |
| 145 | Varmstartventil |
| 146 | 8-polig anslutning |
| 148 | Vindrutetorkarrelä |
| 149 | Syresensor relä |
| 149 | Analysrelä, syresensor |
| 150 | Sidomarkeringsljus 2-4W |
| 154 | Bränsleventil (diesel) |
| 155 | Strömställare, stolväarme |
| 157 | Kylvätsketempgivare |
| 158 | Resistor, Solex PTC-förgasare |
| 162 | Syresensor (förvärmd - B230F) |
| 163 | Bakrutetorkarrelä |
| 164 | Styrenhet (diesel) |
| 166 | Glödstift |
| 167 | Fördröjd innerbelysning |
| 171 | Styrenhet för växelläge |
| 173 | Kopplingskontakt |
| 175 | Fördröjningsrelä, bakruteväarme |
| 176 | Kontakt, fördröjningsrelä |
| 178 | Radio |
| 179 | Elantenn 3A |
| 180 | Strålkastartorkare 1A |
| 181 | Förgasarens solenoidventil (bränsleventil, diesel) |
| 183 | Lampa, Lambdasond (glödindikatorlampa, diesel) 1,2W |
| 184 | Strömställare, elhiss förarsida |
| 185 | Strömställare, elhiss passagerarsida |
| 186 | Motor, elhiss 5A, passagerarsida |
| 187 | Motor, elhiss 5A, förarsida |
| 188 | Motor, centrallås, upplåsning |
| 189 | Motor, centrallås, låsning |
| 190 | Kontakt, länkstång, centrallås |
| 191 | Kontakt, dörrlås, centrallås |
| 192 | Motor, centrallås, passagerarsida |
| 193 | Motor, centrallås, bakre vänster |
| 194 | Motor, centrallås, bakre höger |
| 195 | Motor, centrallås, baklucka |
| 205 | Värmefläkt CU |
| 206 | Strömställare, värmefläkt CU |
| 207 | Resistor 1,9 ohm |
| 208 | Resistor 0,7 ohm |
| 209 | Resistor 0,2 ohm |
| 210 | TZ-28H styrenhet för tändsystem |
| 212 | Säkring 25A |
| 213 | A/C mikrobrytare |
| 214 | Styrenhet B230F LH Jetronic 2,2 |
| 215 | Luftmängdmätare |
| 216 | Växellådskontakt |
| 217 | Huvudrelä B230F |
| 218 | Mikrobrytare (tomgång och fullast) |
| 220 | Övervväxelsolenoid (AW 71) |
| 221 | Tempgivare B230F |
| 222 | Tomgångsjustering |
| 223 | Ackumulator, AC |
| 224 | Detonationssensor |
| 225 | Insprutare |
| 228 | Hastighetsmätare |
| 229 | Impulshjul, bakaxel |
| 233 | Anslutning instrument |
| 235 | Anslutning instrument |
| 236 | Glödstift indikatorlampa |

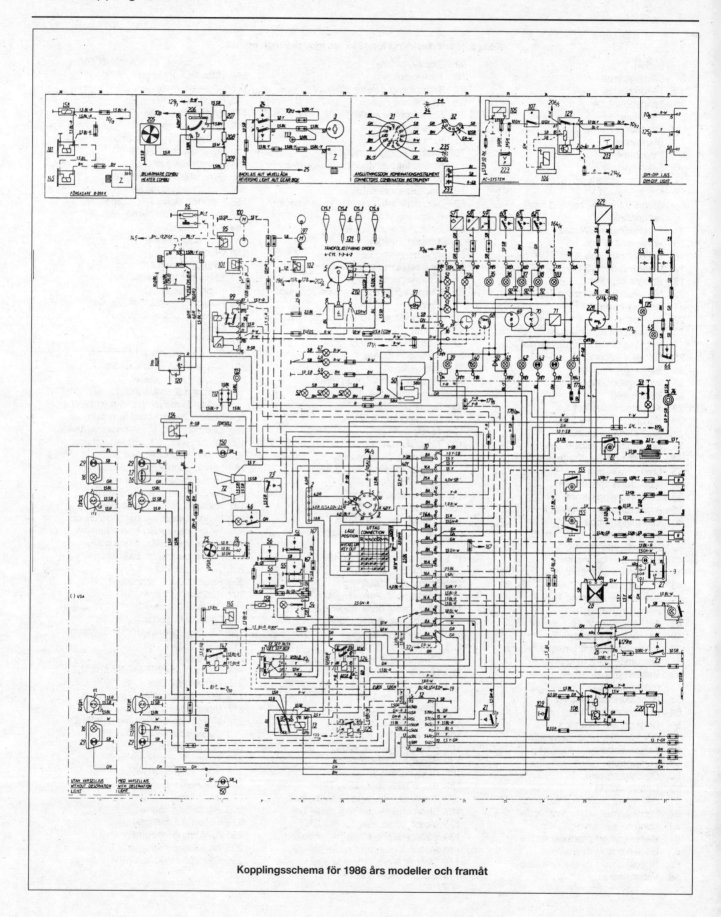

**Kopplingsschema för 1986 års modeller och framåt**

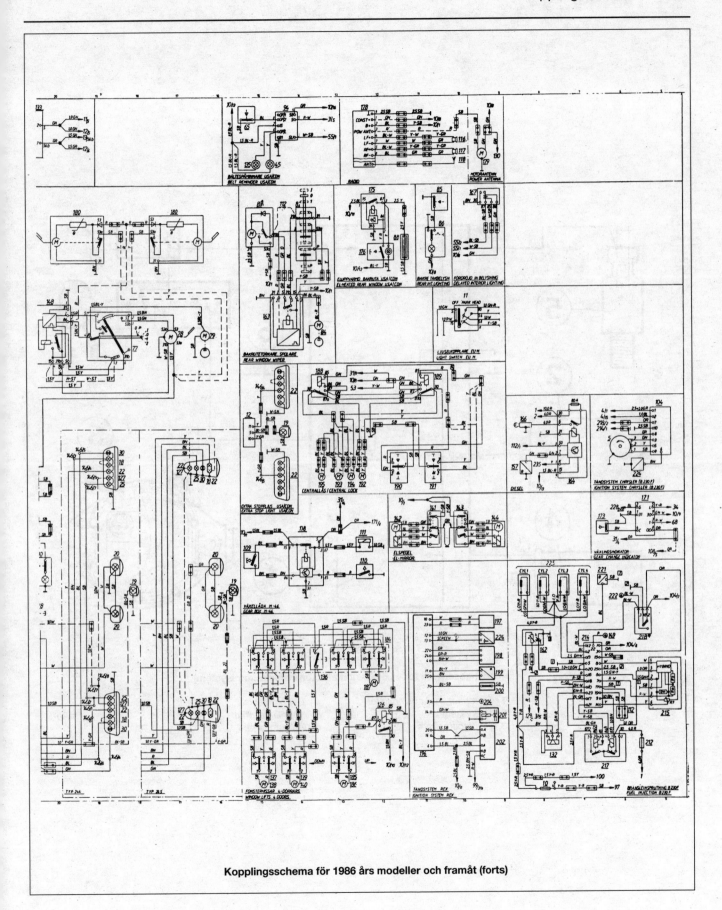

**Kopplingsschema för 1986 års modeller och framåt (forts)**

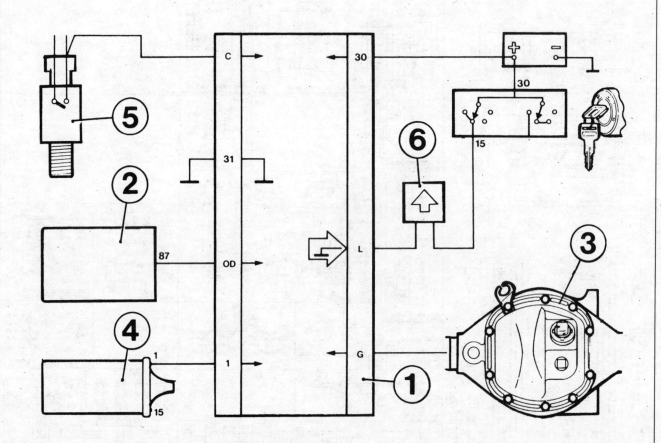

**Kopplingsschema för växlingsindikator (bränsleekonomisystem)**

1  Styrenhet, växlingsindikator
2  Överväxelrelä
3  Hastighetsgivare
4  Tändspole
5  Kopplingskontakt
6  Indikatorlampa

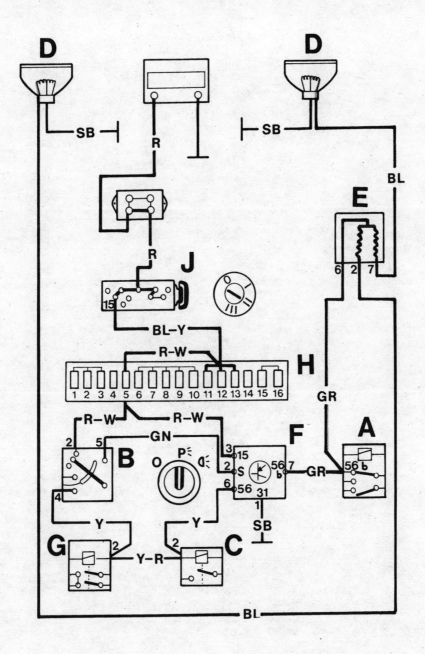

**Kopplingsschema för strålkastare kopplade via tändningslås**

A  Stegrelä
B  Huvudströmställare, belysning
C  Blinkersomkopplare

D  Strålkastare
E  Glödtrådsvakt
F  Helljusindikatorlampa

G  Strålkastarrelä
H  Säkringsdosa
J  Tändningslås

**Noteringar**

När service-, reparationsarbeten eller renovering av detaljer utförs, är det viktigt att observera följande instruktioner och procedurer. Detta medverkar till att reparationen kan utföras effektivt och fackmannamässigt.

## Tätningsytor och packningar

Då komponenter som monteras mot varandra skiljs åt får man aldrig knacka in skruvmejslar eller liknande verktyg mellan ytorna för att tvinga isär dem. Detta kan orsaka skador som medför läckage (olja, kylvätska el.dyl). Knacka i stället runt skarven med en mjuk klubba så att detaljerna lossar. Denna metod är dock inte lämplig då styrstift används.

När en packning används mellan två ytor, se till att den byts vid hopsättning. Montera den torrt om inte annat anges. Se till att ytorna är rena och torra och att gammal packning är helt borttagen. Vid rengöring av en tätningsyta, använd ett verktyg som inte skadar ytan och ta bort grader och ojämnheter med brynsten eller en fin fil.

Se till att gängade hål rengörs med borste och håll dem fria från tätningsmedel då sådant används, om inte annat anges.

Se till att alla öppningar, kanaler och rör är fria och blås igenom dem, helst med tryckluft.

## Oljetätningar

Oljetätningar kan demonteras med hjälp av en bredbladig skruvmejsel eller liknande. Man kan också borra och skruva i några plåtskruvar i tätningen som fäste för en tång.

När en oljetätning demonteras, antingen för sig eller som en del av en enhet, bör den bytas.

Den mycket fina tätningsläppen skadas lätt och kan inte täta om ytan den vidrör inte är helt ren och fri från grader, spår och gropar. Om tätningsytan inte kan återställas eller tätningen monteras så att den sliter mot en oskadad del av ytan bör komponenten bytas.

Skydda tätningsläppen från ytor och kanter som kan skada den under montering. Använd tejp eller en konisk hylsa, om möjligt. Smörj tätningsläppen med olja före montering och för dubbla tätningsläppar, fyll utrymmet mellan läpparna med fett.

Om inte annat anges, måste tätningarna monteras med tätningsläppen mot smörjmedlet.

Använd en rörformad dorn eller ett trästycke av lämplig storlek för att montera tätningen. Om hållaren är försedd med skuldra, driv tätningen mot den. Om hållaren saknar skuldra, bör tätningen monteras så att den går jäms med hållarens yta.

## Skruvgängor och infästningar

Muttrar och skruvar som fastnar på grund av korrosion är mycket vanligt. Använd rostlösande olja som får verka en stund innan man försöker lossa förbandet. En mutterdragare eller slagskruvmejsel kan också underlätta svårflirtade fästelement. Om inget annat hjälper får man använda (kan vara riskabelt) eller bågfil, mutterspräckare el. dyl.

Pinnbultar demonteras vanligen med hjälp av två muttrar som dras fast mot varandra på skruvens gänga. Använd sedan en nyckel på den undre muttern och lossa pinnbulten. Skruvar som gått av under hålkanten kan vanligen demonteras med hjälp av speciella verktyg. Se till att alla gängade bottenhål är helt fria från olja, fett, vatten eller andra vätskor innan bulten eller pinnbulten monteras. I annat fall kan huset spricka p g a den hydrauleffekt som uppstår när skruven skruvas i.

När en kronmutter monteras, dra den till angivet moment när sådant finns, dra sedan vidare tills nästa uttag för saxpinnen passar för hålet. Lossa aldrig en mutter för passning av saxpinne om inte detta anges.

Vid kontroll av åtdragningsmoment för en mutter eller bult, lossa den cirka ett kvarts varv och dra sedan åt den till angivet moment Detta gäller dock inte förband som vinkeldras.

För vissa skruvförband anges inte längre några moment för åtdragning. Detta gäller bland annat skruvar och muttrar för topplock. I stället används en metod som brukar kallas "vinkeldragning". Vanligen drar man skruvarna i rätt ordning till ett lågt moment och avslutar genom att dra skruven i ett eller flera steg till en bestämd vinkel.

## Låsmuttrar, låsbleck och brickor

Alla fästelement som roterar mot en komponent eller ett hus under åtdragningen skall alltid ha en bricka mellan sig och komponenten.

Fjäder- och låsbrickor bör alltid bytas när de används på kritiska komponenter såsom lageröverfall. Låsbleck som viks över mutter eller bult skall alltid bytas.

Självlåsande muttrar kan återanvändas vid mindre viktiga detaljer, under förutsättning att ett motstånd känns då låsdelen går över skruvgängan. Självlåsande muttrar förlorar dock sin effektivitet med tiden och bör då bytas rutinmässigt.

Saxpinnar måste alltid bytas och rätt storlek i förhållande till hålet användas.

Då låsvätska förekommer på gängorna skall den gamla borstas bort med en stålborste och ny låsvätska användas vid monteringen.

## Specialverktyg

Vissa arbeten i denna handbok förutsätter användning av specialverktyg såsom en press, 2- eller 3-bent avdragare, fjäderkompressor etc. När så är möjligt beskrivs lämpliga lättåtkomliga alternativ till tillverkarens specialverktyg och visas i bilderna. I vissa fall, där inga alternativ är möjliga, har det varit nödvändigt att använda tillverkarens verktyg, och detta har gjorts med tanke på säkerhet såväl som på resultatet av reparationen. Om du inte är mycket skicklig och har stora kunskaper om den procedur som beskrivs, försök aldrig att använda annat än specialverktyg när sådant anges i anvisningarna. Det föreligger inte bara risk för kroppsskada, utan kostbara skador kan uppstå på komponenterna.

## Hänsyn till miljön

Oljor, bromsvätska och frostskyddsmedel skall alltid omhändertas på ett betryggande sätt för miljön. Häll därför aldrig sådana vätskor i avloppet eller i naturen. Lämna dem till en miljöstation så de kan tas om hand på ett betryggande sätt.

Miljölagarna föreskriver ibland att justerskruvar ock liknande detaljer ska skyddas av säkringar som hindrar åtgärd av icke behörig individ. Säkringarna måste demonteras för att justering skall kunna göras och en ny måste monteras efter utförd åtgärd. Påträffas sådana detaljer bör man beakta att det kan vara olagligt att göra ingrepp utan att kunna säkerställa resultatet av åtgärden.

## Introduktion

Ett urval av goda verktyg är ett grundläggande behov för den som överväger underhålls- och reparationsarbeten på ett fordon. För den som saknar sådana, kommer inköp av dessa att bli en betydande utgift, som dock uppvägs till en del av vinsten med eget arbete. Om verktygen som anskaffas uppfyller grundläggande säkerhets- och kvalitetskrav, kommer dessa däremot att hålla i många år och visa sig vara en värdefull investering.

För att hjälpa bilägaren att välja de verktyg som krävs för att utföra de olika arbetena i denna handbok har vi sammanställt tre sortiment under följande rubriker: *Underhålls- och mindre reparationsarbeten, Reparation och renovering,* samt *Special.* Nybörjaren bör starta med sortimentet för underhålls- och mindre arbeten och begränsa sig till mindre arbeten på fordonet. Allt eftersom erfarenhet och självförtroende växer kan man sedan prova svårare uppgifter och köpa fler verktyg när och om det behövs. På detta sätt kan ett sortiment för underhålls- och mindre reparationsarbeten byggas upp till en reparations- och renoveringssats under en längre tidsperiod utan några större kontantutlägg. Den erfarne gör-det-självaren har redan en verktygssats lämplig för de flesta reparationer och kommer att välja verktyg från specialkategorin när han känner att utgiften är berättigad för den anv‰ndning verktyget kan ha.

## Underhålls- och mindre reparationsarbeten

Verktygen i den här listan kan anses vara ett minimum av vad som behövs för att utföra rutinmässigt underhåll, service- och mindre reparationsarbeten. Vi rekommenderar att man köper U-/ringnycklar (ena änden öppen, den andra sluten). Även om de är dyrare än enbart öppna nycklar så får man båda typernas fördelar.

- [ ] U-/ringnycklar – 8, 9, 10, 11, 12, 13, 14, 15, 16, 17, 19, 21, 22 & 26 mm
- [ ] Skiftnyckel – 35 mm
- [ ] Tändstiftshylsa (med gummiinlägg)
- [ ] Verktyg för justering av elektrodavstånd
- [ ] Nyckel för avtappningspluggar på oljetråg och växellåda
- [ ] En sats bladmått
- [ ] Nyckel för luftningsnipplar (bromssystem)
- [ ] Skruvmejslar:
  Spårskruvmejsel - ca 100 mm lång x 6 mm dia
  Stjärnskruvmejsel - ca 100 mm lång x 6 mm dia
- [ ] Kombinationstång – 6"
- [ ] Bågfil (liten)
- [ ] Däckpump
- [ ] Lufttrycksmätare
- [ ] Oljekanna
- [ ] Verktyg för demontering av oljefilter
- [ ] Fin putsduk (1 ark)
- [ ] Stålborste (liten)
- [ ] Tratt (medelstor)

## Reparation och renovering

Dessa verktyg är ovärderliga för alla som tar itu med något större reparationsarbete på motorfordon och tillkommer till de verktyg som angivits för *Underhålls- och mindre reparationsarbeten.* Denna lista inkluderar en grundläggande sats hylsor. Dessa kan vara dyra men de kan också visa sig vara ovärderliga eftersom de är så användbara – särskilt om olika drivenheter inkluderas i satsen. Vi rekommenderar hylsor för halvtums fyrkant eftersom dessa kan användas med de flesta momentnycklar. Om du inte tycker du har råd med en hylssats, även om de inköps i omgångar, så kan man använda de billigare ringnycklarna.

Verktygen i denna lista kan ibland behöva kompletteras med verktyg från listan för *Specialverktyg:*

- [ ] Hylsor (eller ringnycklar) dimensioner enligt föregående lista
- [ ] Spärrskaft (för användning med hylsor) **(se illustration)**
- [ ] Förlängning, 10" (för användning med hylsor)
- [ ] Universalknut (för användning med hylsor)
- [ ] Momentnyckel (för användning med hylsor)
- [ ] Självlåsande tång
- [ ] Kulhammare
- [ ] Klubba med mjukt anslag, (plast eller gummi)
- [ ] Skruvmejslar:
  Spårskruvmejslar - lång & kraftig, kort (stubbmejsel) och smal (typ elektrikermejsel)
  Stjärnskruvmejslar - lång & kraftig, kort (stubbmejsel)
- [ ] Tänger:
  Spetstång
  Sidavbitare
  Låsring (Seegersäkringar) (in- och utvändig)
- [ ] Huggmejsel – 25 mm
- [ ] Ritspets
- [ ] Skrapa
- [ ] Körnare
- [ ] Purr
- [ ] Bågfil
- [ ] Slangtång
- [ ] Sats för luftning av bromsar

**Hylsor och spärrskaft**

- [ ] Spiralborrar (sortiment)
- [ ] Stålskala / linjal
- [ ] Insexnycklar (splines och torxnycklar vid behov) **(se illustration)**
- [ ] Diverse filar
- [ ] Stålborste (stor)
- [ ] Pallbockar
- [ ] Domkraft (garagedomkraft)
- [ ] Arbetslampa med förlängningssladd

## Specialverktyg

Verktygen i denna lista är sådana som inte används regelbundet, är dyra i inköp, eller vilka måste användas enligt tillverkarens anvisningar. Inköp av dessa verktyg är inte ekonomiskt försvarbart om inte svårare mekaniska arbeten utförs med viss regelbundenhet. Du kan också överväga att gå samman med någon vän (eller gå med i en motorklubb) och göra ett gemensamt inköp, hyra eller låna verktyg om så är möjligt.

Listan upptar endast verktyg och mätinstrument som är allmänt tillgängliga och inte sådana som tillverkas av bilfabrikanterna speciellt för auktoriserade återförsäljare. Ibland nämns dock sådana verktyg i texten. I allmänhet anges en alternativ metod att utföra arbetet utan tillverkarens specialverktyg. Ibland finns emellertid inget alternativ annat än att använda dem. När så är fallet, då verktyget inte kan köpas eller lånas, har du inget annat val än att lämna bilen till en auktoriserad verkstad.

- [ ] Ventilfjädertång **(se illustration)**
- [ ] Ventilslipningsverktyg
- [ ] Kolvringskompressor **(se illustration)**
- [ ] Verktyg för demontering och montering av kolvringar **(se illustration)**
- [ ] Honingsverktyg för cylindrar **(se illustration)**
- [ ] Kulledsavdragare
- [ ] Universalavdragare **(se illustration)**
- [ ] Slagskruvmejsel
- [ ] Mikrometer och skjutmått **(se illustration)**
- [ ] Indikatorklocka **(se illustration)**
- [ ] Multimeter
- [ ] Kompressionsprovare **(se illustration)**
- [ ] Centreringsdorn för kopplingslamell **(se illustration)**

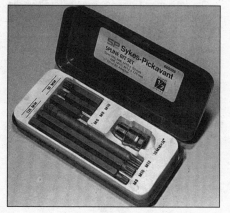

**Spline bits**

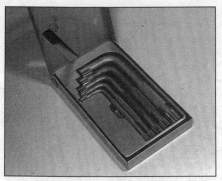

Spline-nycklar

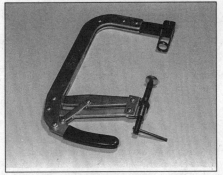

Ventilfjädertång

Kolvringskompressor

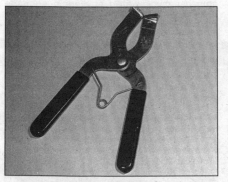

Kolvringsverktyg

Honingsverktyg

Två-/trebent avdragare

Mikrometer

Skjutmått

Indikatorklocka

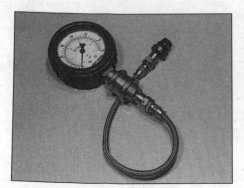

Kompressionsprovare

Centreringsverktyg för kopplingslamell

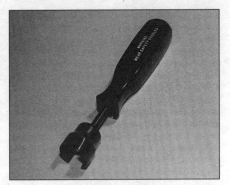

Verktyg för demontering av
backhållarfjädrar

☐ Verktyg för demontering av backhållar-
   fjäder (bromsar) (se illustration)
☐ Dornar för demontering av lager och
   bussningar (se illustration)
☐ Pinnskruvutdragare (se illustration)
☐ Gängtappar och -snitt (sats) (se
   illustration)
☐ Lyftblock
☐ Garagedomkraft

## Inköp av verktyg

När det gäller inköp av verktyg är det i regel
bättre att vända sig till en specialist som har
ett större sortiment än t ex tillbehörsbutiker
och bensinmackar. Emellertid kan tillbehörs-
butiker och andra försäljningsställen erbjuda
utmärkta verktyg till låga priser, så det kan
löna sig att söka. Dåliga verktyg är i bästa fall
påfrestande både fysiskt och psykiskt och
kan i värsta fall orsaka skador både på kropp
och komponenter.

Man behöver inte köpa det dyraste som
finns på hyllan, men se till att verktygen du
köper uppfyller elementära krav på funktion
och säkerhet. Rådfråga gärna någon kunnig
person vid behov.

## Vård och underhåll av verktyg

Då du skaffat ett antal verktyg är det nöd-
vändigt att hålla dessa rena och i fullgott
skick. Efter användning, torka alltid bort
smuts, fett och metallpartiklar med en ren, torr
trasa innan verktygen läggs undan. Låt dem
inte ligga framme sedan de använts. En enkel
upphängningsanordning på väggen för t ex
skruvmejslar och tänger är en god idé.
Förvara alla skruvnycklar och hylsor i en
metallåda. Mätinstrument av alla slag måste
förvaras väl skyddade mot skador och
rostangrepp.

Lägg ned lite omsorg på de verktyg som
används. Anslag på hammare kommer att få
märken och skruvmejslar slits i spetsen efter
någon tids användning. En bit slipduk eller en
fil kan då återställa verktygen till fullt använd-
bart skick.

## Arbetsutrymmen

När man diskuterar verktyg får man inte
glömma själva arbetsplatsen. Skall någonting
annat än rent rutinmässigt underhåll utföras,
måste man skaffa sej en lämplig arbetsplats.

Ibland händer det att man är tvungen att

lyfta ur en motor eller andra större detaljer,
utan tillgång till garage eller verkstad. När så
är fallet skall alla reparationer på enheten
utföras under tak.

När så är möjligt skall all isärtagning ske på
en ren, plan arbetsyta, t ex en arbetsbänk
med lämplig arbetshöjd.

En riktig arbetsbänk behöver ett skruv-
stycke: ett kraftigt skruvstycke med en
öppning på 100 mm är lämpligt för de flesta
arbeten. Som tidigare påpekats är torra
förvaringsutrymmen för verktyg, smörjmedel,
rengöringsmedel och bättringsfärg (som
också måste förvaras frostfritt) nödvändiga.

Ett annat verktyg som kan behövas och
som har mycket stort användningsområde
rent allmänt är en elektrisk borrmaskin med en
kapacitet på minst 8 mm. En borrmaskin och
ett bra sortiment spiralborrar är oumbärliga
vid montering av tillbehör som speglar och
backljus.

Sist men inte minst, se till att du har tillgång
till gamla tidningar och rena, luddfria trasor,
och försök hålla arbetsplatsen så ren som
möjligt.

**Verktyg för demontering/montering av
lager och bussningar**

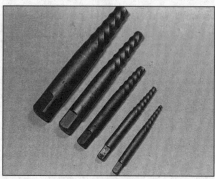

**Pinnskruvutdragare**

**Gängtappar**

Reservdelar kan man få från många olika källor, inklusive auktoriserade verkstäder, tillbehörsaffärer och specialister. För att få rätt reservdel krävs ibland att man kan uppge bilens chassinummer. Om det är möjligt kan man också ta med sig den gamla delen så att man kan jämföra. Detaljer såsom startmotorer och generatorer kan man ibland köpa som renoverade utbytesenheter - delar som lämnas i utbyte skall alltid vara rena.

Våra råd rörande inköp av reservdelar är som följer.

## Auktoriserade verkstäder

Detta är bästa inköpsstället för delar som är unika för bilen och annars inte allmänt förekommande (dvs emblem, klädseldetaljer, vissa karosseridelar etc). Det är också det enda ställe man skall köpa delar från så länge bilen har garanti.

## Tillbehörsaffärer

Här kan man hitta material och detaljer som behövs för underhåll av bilen (olje-, luft- och bränslefilter, tändstift, lampor, drivremmar, oljor och fett, bromsklossar, bättringsfärg etc). Sådana detaljer sålda av ett seriöst företag håller samma standard som de detaljer tillverkaren använder.

Förutom underhållsdetaljer säljer dessa affärer ofta verktyg och allmänna tillbehör, de

har ofta generösa öppettider, lägre priser och ligger bra till. Vissa affärer säljer också reservdelar för i stort sett vilket arbete som helst.

## Specialister

Det finns många företag som specialiserat sig på att tillhandahålla bilreservdelar till både fackhandel och privatpersoner. Det kan vara svårt att dra gränsen mellan tillbehörsaffär och specialist många gånger, sortimentet kan vara nog så lika. Specialisterna kan dock vanligtvis leverera ett mer komplett sortiment av reservdelar och utbytesdetaljer och till mindre populära modeller. De bör också ha ett bredare sortiment av detaljer som krävs för renovering (t ex bromsdetaljer, packningar, lager, kolvar, ventiler, kolsatser etc). De kan ibland även utföra eller förmedla bearbetning av motor- och bromsdetaljer (t ex borrning av motorblock, slipning och balansering av vevaxlar etc).

## Däckleverantörer och avgassystemspecialister

Däck och fälgar säljs ofta via specialister som gummiverkstäder, men kan också fås på många bilverkstäder, tillbehörsfirmor, bensinmackar etc. Avgassystem kan man också få från många olika försäljningsställen. På vissa orter kan man också hitta specialister som

kanske även levererar system till andra företag. Det kan löna sig att jämföra priser både på produkterna och de tjänster eller detaljer man betalar extra för (montering, balansering, vikter, ventiler, upphängningar etc).

## Andra källor

Se upp med varor som erbjuds på marknader, via annonsblad eller som marknadsförs på ett sätt som annars inger tvivel. Varorna är inte alltid av dålig kvalitet men det krävs stora kunskaper för att kunna bedöma detta. Dessutom tillkommer problemet med gottgörelse om detaljerna inte håller måttet. Tänk också på att vissa detaljer måste uppfylla specifika krav på trafiksäkerhet och miljöskydd. Bromsbelägg är exempel på detaljer där man aldrig får låta ett lågt pris ersätta kvalitet och det finns många andra detaljer som påverkar säkerheten.

Begagnade delar från bilskrotar kan många gånger vara ett gott ekonomiskt alternativ. Även här krävs dock kunskaper. Behöver en detalj på en bil som körts långt ersättas, talar mycket för att en motsvarande detalj från en annan "långmilare" också börjar närma sig livslängdsgränsen. Det kan på det sättet bli täta byten, mycket arbete och till slut höga kostnader.

# Identifikationsnummer

Ändringar i produktionen är en kontinuerlig process som bara uppmärksammas då större sådana påverkar utseende, prestanda, säkerhet o dyl. Reservdelskatalogen bygger på ett detaljnummersystem, där bilens identifikationsnummer utgör grunden till att kunna identifiera rätt del.

Vid beställning av reservdelar bör man kunna lämna så mycket information som möjligt. Tag med information om modell, tillverkningsår samt chassi- och motornummer.

*Motornumret* är placerat till vänster framtill på motorblocket **(se illustration)**.

*Chassinumret* är placerat på en plåt i motorrummet placerad vid höger fjädertorn

och kan också vara instansat i höger dörrstolpe **(se illustration)**.

*Färgnumret* återfinns på skylten för chassinumret eller på en separat skylt.

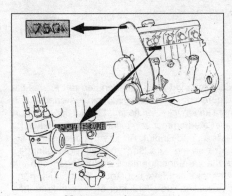

**Motorns serienummer**

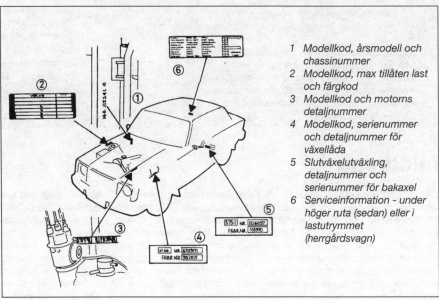

1 *Modellkod, årsmodell och chassinummer*

2 *Modellkod, max tillåten last och färgkod*

3 *Modellkod och motorns detaljnummer*

4 *Modellkod, serienummer och detaljnummer för växellåda*

5 *Slutväxelutväxling, detaljnummer och serienummer för bakaxel*

6 *Serviceinformation - under höger ruta (sedan) eller i lastutrymmet (herrgårdsvagn)*

**Typexempel på ett fordons identifikationsplåtar**

## Motor

- [ ] Motorn baktänder
- [ ] Motorn går inte runt vid startförsök
- [ ] Motorn går runt men startar inte
- [ ] Motorn glödtänder (fortsätter att tända en stund efter det tändningen slagits av)
- [ ] Motorn misständer på alla varvtal
- [ ] Motorn misständer på tomgång
- [ ] Motorn spikar vid acceleration eller i motlut
- [ ] Motorn startar men stannar omedelbart
- [ ] Motorn tappar kraft då gaspedalen hålls stilla
- [ ] Motorn tvekar vid acceleration
- [ ] Motorn är kraftlös
- [ ] Motorstopp
- [ ] Ojämn eller vandrande tomgång
- [ ] Oljefläckar under motorn
- [ ] Oljetryckslampan lyser då motorn går
- [ ] Startmotorn ger missljud eller kopplar in dåligt
- [ ] Svårstartad, kall motor
- [ ] Svårstartad, varm motor

## Motorns elsystem

- [ ] Batteriet håller inte laddning
- [ ] Laddningslampan slocknar inte
- [ ] Laddningslampan tänds inte då tändningen slås på

## Bränslesystem

- [ ] Bränsleläckage och/eller bränslelukt
- [ ] Hög bränsleförbrukning

## Kylsystem

- [ ] Dålig cirkulation
- [ ] Inre kylvätskeläckage
- [ ] Kylvätskan minskar
- [ ] Motorn blir inte varm
- [ ] Motorn överhettas
- [ ] Yttre kylvätskeläckage

## Koppling

- [ ] Det går inte att växla
- [ ] Högt pedaltryck krävs
- [ ] Kopplingen hugger eller kopplar in ryckigt
- [ ] Kopplingen slirar (motorn ökar i varv men hastigheten ändras inte)
- [ ] Kopplingspedalen blir kvar mot durken
- [ ] Missljud från området kring kopplingen
- [ ] Pedalen går i botten - inget eller litet motstånd
- [ ] Pedalen känns "svampig" då den trycks ned
- [ ] Vätska i huvudcylinderns dammskydd och på pedalen
- [ ] Vätska på slavcylindern

## Manuell växellåda

- [ ] Missljud från någon enstaka växel
- [ ] Missljud i neutralläge med motorn igång
- [ ] Missljud på alla växlar
- [ ] Oljeläckage
- [ ] Vibrationer
- [ ] Växeln hoppar ur

## Automatväxellåda

- [ ] Allmänna växlingsproblem
- [ ] Motorn startar med växelväljaren i andra lägen än Park och Neutral
- [ ] Oljeläckage
- [ ] Växellådan slirar, växlar ryckigt, har missljud eller driver inte på någon växel
- [ ] Växellådan växlar inte ned med gaspedalen helt nedtryckt
- [ ] Växellådsoljan är brunaktig och luktar bränt

## Bromsar

- [ ] Bromsarna drar snett
- [ ] Bromsarna hugger eller tar ojämnt
- [ ] Bromsarna ligger på
- [ ] Bromspedalen går i botten med litet motstånd
- [ ] Bromspedalen känns "svampig" vid inbromsning
- [ ] För stor pedalväg
- [ ] Högt pedaltryck krävs
- [ ] Missljud (gällt skrikande vid inbromsning)
- [ ] Parkeringsbromsen håller inte kvar bilen
- [ ] Vibrationer vid inbromsning (pedalen pulserar)

## Fjädring och styrsystem

- [ ] "Dunkande" från hjulen
- [ ] Bilen drar åt något håll
- [ ] Bilen kränger eller niger mycket
- [ ] Bilen vandrar på vägen, dålig riktningsstabilitet
- [ ] Däcket slitet på ett begränsat område
- [ ] Felaktigt eller stort däckslitage
- [ ] Fjädringen bottnar
- [ ] Oförutsägbar styrning vid inbromsning
- [ ] Ojämnt slitna däck
- [ ] Onormala ljud från framvagnen
- [ ] Ratten går inte tillbaka som den skall
- [ ] Skakningar och vibrationer
- [ ] Skrammel eller klickande ljud från kuggstången
- [ ] Slitage endast på insidan av däcket
- [ ] Slitage endast på utsidan av däcket
- [ ] Stort spel eller glapp i styrningen
- [ ] Tungstyrd

# Inledning

Den bilägare som sköter sitt underhåll enligt rekommendationerna bör inte behöva använda det här avsnittet i boken särskilt ofta. Modern komponentkvalitet är så god att förutsatt att detaljer utsatta för slitage eller åldring kontrolleras och byts vid angivna tidpunkter, uppstår plötsliga fel mycket sällan. Fel inträffar sällan plötsligt, utan uppstår under en tidsperiod. Större mekaniska fel i synnerhet, föregås i regel av typiska varningar i hundratals eller t o m tusentals kilometer. De komponenter som ibland går sönder utan varning är oftast små och lätta att ha med sig i bilen.

All felsökning inleds med att man bestämmer sig var man skall börja.

Ibland är det helt självklart, men vid andra tillfällen kan det krävas lite detektivarbete. Den bilägare som gör ett halvdussin justeringar och utbyten av detaljer på måfå kan mycket väl ha lagat felet (eller tagit bort symp-tomen), men om felet återkommer är han inte klokare och kan ha använt mer tid och pengar än nödvändigt. Att lugnt och logiskt ta sig an problemet kommer att visa sig vara långt mer tillfredsställande i längden. Ta alltid med alla varningssignaler i beräkningen och allt onormalt som kan ha noterats innan felet uppstod – kraftförlust, höga eller låga mätarvisningar, ovanliga ljud eller lukter etc. – och kom ihåg att trasiga säkringar eller defekta tändstift bara behöver vara symptom på något annat fel.

Sidorna som här följer är tänkta som hjälp vid de tillfällen då bilen inte startar eller går sönder på vägen. Sådana problem, och möjliga orsaker, är ordnade under rubriker som refererar till olika komponenter/system i bilen. Kapitlet och/eller avsnittet som behandlar problemet anges i parentes. Vad felet än kan vara, gäller följande grundprinciper:

*Definiera felet.* Här rör det sig helt enkelt om att vara säker på att man vet vad symptomen är innan man börjar arbeta. Detta är speciellt viktigt om man undersöker ett fel för någon annans räkning och om denne kanske inte beskrivit felet riktigt.

*Förbise inte det självklara.* T ex om fordonet inte vill starta, finns det bränsle i tanken? (lita inte på någons ord i detta speciella fall och lita inte heller på bränslemätaren!) Om felet är elektriskt, kontrollera beträffande lösa eller trasiga ledningar innan du tar fram testutrustningen.

*Eliminera felet, inte symptomet.* Att byta ett urladdat batteri mot ett fulladdat kan lösa problemen för stunden, men om någonting annat egentligen utgör problemet, kommer samma sak att hända med det nya batteriet. På samma sätt hjälper det att byta ut oljiga tändstift mot en omgång nya, men kom ihåg att orsaken (om det helt enkelt inte berodde på felaktiga tändstift) måste fastställas och åtgärdas.

*Ta ingenting för givet.* Tänk speciellt på att även en ny detalj kan vara felaktig (speciellt om den har skramlat runt i bagageutrymmet i månader) och bortse inte från att felsöka detaljer bara för att de är nya eller har bytts ut nyligen. När du till slut har hittat ett besvärligt fel, kommer du att inse att alla indikationer fanns där från början.

# Motor

### Motorn går inte runt vid startförsök

☐ Batterianslutningar lösa eller korroderade (kapitel 1).
☐ Batteriet urladdat eller defekt
☐ Automatlådan står inte helt i läge Park (kapitel 7B) eller kopplingen är ej helt nedtryckt (kapitel 8).
☐ Avbrott i, eller dåligt anslutna ledningar i startkretsen (kapitlen 5 och 12).
☐ Startmotordrevet har fastnat i startkransen (kapitel 5).
☐ Defekt startmotorsolenoid (kapitel 5).
☐ Startmotorn är defekt (kapitel 5).
☐ Defekt tändningslås (kapitel 12).
☐ Startmotordrev eller startkrans slitna eller skadade (kapitel 5).
☐ Större motorfel (kapitel 2B).

### Motorn går runt men startar inte

☐ Tom bränsletank
☐ Batteriet urladdat (motorn går runt sakta) (kapitel 5).
☐ Batterianslutningar lösa eller korroderade (kapitel 1)
☐ Läckande insprutare, defekt bränslepump, tryckregulator, etc. kapitel 4).
☐ Bränslet kommer inte fram till förgasare eller insprutningssystem (kapitel 4).
☐ Delar i tändsystemet fuktiga eller skadade (kapitel 5).
☐ Tändstiften är slitna, defekta eller har fel elektrodavstånd (kapitel 1).
☐ Avbrott i, eller dåligt anslutna ledningar i startkretsen (kapitel 5).
☐ Tändfördelaren sitter inte fast, tändläget ändras (kapitel 1).
☐ Avbrott i, eller dåligt anslutna ledningar vid tändspolen, eller spolen defekt (kapitel 5).

### Svårstartad, kall motor

☐ Batteriet urladdat (kapitel 1).
☐ Fel i bränslesystemet (kapitel 4).
☐ Läckande insprutare (kapitel 4).
☐ Överslag i rotorn (kapitel 5).

### Svårstartad, varm motor

☐ Igensatt luftfilter (kapitel 1).
☐ Bränslet kommer inte fram till förgasare eller insprutningssystem (kapitel 4).
☐ Läckande insprutare (kapitel 4).
☐ Batterianslutningar lösa eller korroderade, speciellt jordkabel (kapitel 1).

### Startmotorn ger missljud eller kopplar in dåligt

☐ Startmotordrev eller startkrans slitna eller skadade (kapitel 5).
☐ Startmotorns fästskruvar sitter löst eller saknas (kapitel 5).

### Motorn startar men stannar omedelbart

☐ Skadade eller dåligt anslutna ledningar vid fördelare, spole eller generator (kapitel 5).
☐ Förgasare eller insprutning får inte tillräckligt med bränsle (kapitlen 1 och 4).
☐ Defekt förkopplingsmotstånd (kapitel 5).
☐ Fel i bränsleinsprutningen (kapitel 4).
☐ Defekt insprutningsrelä (kapitel 4).

### Oljefläckar under motorn

☐ Läckande trågpackning eller avtappningsplugg (kapitel 2).
☐ Läckande tryckgivare (kapitel 2).
☐ Läckande ventilkåpspackning (kapitel 2).
☐ Läckande oljetätningar (kapitel 2).

### Ojämn eller vandrande tomgång

☐ Vakuumläckage (kapitel 4).
☐ Igensatt luftfilter (kapitel 1).
☐ Bränslepumpen ger inte tillräcklig bränslemängd (kapitel 4).
☐ Läckande topplockspackning (kapitel 2).
☐ Sliten kamrem eller slitna hjul för kamrem (kapitel 2).
☐ Slitna kamnockar (kapitel 2).

### Motorn misständer på tomgång

☐ Tändstiften slitna eller har fel elektrodavstånd (kapitel 1).
☐ Defekta tändkablar (kapitel 1).
☐ Vakuumläckage (kapitel 1).
☐ Fel tändläge (kapitel 5).
☐ Ojämn eller låg kompression (kapitel 2).

### Motorn misständer på alla varvtal

☐ Bränslefiltret igensatt och/eller föroreningar i bränslesystemet (kapitel 1).
☐ För små bränslemängder från insprutningen (kapitel 4).
☐ Tändstiften defekta eller har fel elektrodavstånd (kapitel 1).
☐ Fel tändläge (kapitel 5).
☐ Spräckt fördelarlock, lösa fördelarkablar eller skadade detaljer i fördelaren (kapitel 1).
☐ Överslag i tändkablar (kapitel 1).
☐ Fel i avgasreningssystemets komponenter (kapitel 6).
☐ Lågt eller ojämnt kompressionstryck (kapitel 2).
☐ Svagt eller defekt tändsystem (kapitel 5).
☐ Läckage vid vakuumslangarnas anslutningar vid förgasare, insprutning eller grenrör (kapitel 4).

# Motor (forts)

### Motorn tvekar vid acceleration

☐ Föroreningar på tändstiften (kapitel 1).
☐ Fel i förgasare eller bränsleinsprutning (kapitel 4).
☐ Igensatt bränslefilter (kapitlen 1 och 4).
☐ Fel tändläge (kapitel 5).
☐ Läckage vid insugningsrör (kapitel 4).

### Motorn tappar kraft då gaspedalen hålls stilla

☐ Läckage vid insug (kapitel 4).
☐ Bränslepump eller förgasare defekt (kapitel 4).
☐ Elanslutningar för insprutningen sitter löst (kapitlen 4 och 6).
☐ Defekt ECU (kapitel 6).

### Motorstopp

☐ Fel tomgångsvarv (kapitel 1).
☐ Igensatt bränslefilter och/eller vatten och föroreningar i bränslesystemet (kapitel 1).
☐ Skadade eller fuktiga detaljer i fördelaren (kapitel 5).
☐ Fel i avgasreningssystemets komponenter (kapitel 6).
☐ Tändstiften är defekta eller har fel elektrodavstånd (kapitel 1).
☐ Defekta tändkablar (kapitel 1).
☐ Läckage vid vakuumslangarnas anslutningar vid förgasare, insprutning eller grenrör (kapitel 4).

### Motorn är kraftlös

☐ Fel tändläge (kapitel 5).
☐ Stort spel för fördelaraxel (kapitel 5).
☐ Rotor, fördelarlock eller tändkablar slitna (kapitlen 1 och 5).
☐ Tändstiften är defekta eller har fel elektrodavstånd (kapitel 1).
☐ Fel i förgasare eller bränsleinsprutning (kapitel 4).
☐ Defekt spole (kapitel 5).
☐ Bromsarna ligger på (kapitel 1).
☐ Fel oljenivå i automatlåda (kapitel 1).
☐ Kopplingen slirar (kapitel 8).

☐ Igensatt bränslefilter och/eller föroreningar i bränslesystemet (kapitel 1).
☐ Avgasreningssystemet fungerar dåligt (kapitel 6).
☐ Lågt eller ojämnt kompressionstryck(kapitel 2).

### Motorn baktänder

☐ Avgasreningssystemet fungerar dåligt (kapitel 6).
☐ Fel tändläge (kapitel 5).
☐ Fel i högspänningskretsen (spräckt isolator på tändstift, defekta tändkablar, fördelarlock och/eller rotor (kapitlen 1 och 5).
☐ Fel i förgasare eller bränsleinsprutning (kapitel 4).
☐ Läckage vid vakuumslangarnas anslutningar vid förgasare, insprutning eller grenrör (kapitel 4).

### Motorn spikar vid acceleration eller i motlut

☐ Fel oktantal på bränslet.
☐ Fel tändläge (kapitel 5).
☐ Förgasare behöver justeras bränsleinsprutningen fungerar dåligt (kapitel 4).
☐ Felaktiga eller skadade tändkablar (kapitel 1).
☐ Slitna eller skadade detaljer i tändfördelaren (kapitel 5).
☐ Avgasreningssystemet defekt (kapitel 6).
☐ Vakuumläckage (kapitel 4).

### Oljetryckslampan lyser då motorn går

☐ Låg oljenivå (kapitel 1).
☐ För låg tomgång (lyser bara på tomgång) (kapitel 1).
☐ Kortslutning i kablaget (kapitel 12).
☐ Defekt tryckgivarkontakt (kapitel 2).
☐ Slitna lager och/eller oljepump (kapitel 2).

### Motorn glödtänder (fortsätter att tända en stund efter det tändningen slagits av)

☐ För högt tomgångsvarv (kapitel 1).
☐ Hög motortemperatur (kapitel 3).
☐ Fel oktantal på bränslet.

# Motorns elsystem

### Batteriet håller inte laddning

☐ Generatorremmen sliten eller dåligt spänd (kapitel 1).
☐ Elektrolytnivån låg (kapitel 1).
☐ Batterikablarna sitter löst eller är korroderade (kapitel 1).
☐ Generatorn laddar dåligt (kapitel 5).
☐ Kablar i laddningskretsen sitter löst eller är defekta (kapitel 5).
☐ Kortslutning i kablaget (kapitlen 5 och 12).
☐ Defekt batteri (kapitlen 1 och 5).

### Laddningslampan slocknar inte

☐ Defekt generator eller laddkrets (kapitel 5).
☐ Generatorremmen sliten eller dåligt spänd (kapitel 1).
☐ Spänningsregulatorn ur funktion (kapitel 5).

### Laddningslampan tänds inte då tändningen slås på

☐ Trasig lampa (kapitel 12).
☐ Fel i den tryckta kretsen, kablaget eller lamphållaren (kapitel 12).

# Bränslesystem

### Hög bränsleförbrukning

☐ Smutsigt eller igensatt luftfilter (kapitel 1).
☐ Fel tändläge (kapitel 5).
☐ Avgasreningssystemet fungerar dåligt (kapitel 6).
☐ Fel i förgasare eller bränsleinsprutning (kapitel 4).
☐ Lågt lufttryck i däcken eller fel däckdimension (kapitel 1).

### Bränsleläckage och/eller bränslelukt

☐ Läckage i bränsle- eller ventilationsledning (kapitel 4).
☐ Tanken överfylld.
☐ Fel i förgasare eller bränsleinsprutning (kapitel 4).

# Kylsystem

### Motorn överhettas

- [ ] För lite kylvätska i systemet (kapitel 1).
- [ ] Drivremmen för vattenpumpen sliten eller dåligt spänd (kapitel 1).
- [ ] Kylarpaketet igensatt eller luftintaget blockerat (kapitel 3).
- [ ] Defekt termostat (kapitel 3).
- [ ] Kylarlocket håller inte trycket på rätt nivå (kapitel 3).
- [ ] Fel tändläge (kapitel 5).

### Motorn blir inte varm

- [ ] Defekt termostat (kapitel 3).

### Yttre kylvätskeläckage

- [ ] Åldrade/skadade slangar, lösa slangklammor (kapitlen 1 och 3).
- [ ] Tätning för vattenpumpen defekt (kapitlen 1 och 3).
- [ ] Läckage från kylare (kapitel 3).
- [ ] Läckage från avtappningskran eller frysbrickor (kapitel 2).

### Inre kylvätskeläckage

- [ ] Topplockspackningen läcker (kapitel 2).
- [ ] Spräckt topplock eller cylinderblock (kapitel 2).

### Kylvätskan minskar

- [ ] För mycket vätska påfylld (kapitel 1).
- [ ] Vätskan kokar bort på grund av överhettning (kapitel 3).
- [ ] Inre eller yttre läckage (kapitel 3).
- [ ] Defekt kylarlock (kapitel 3).

### Dålig cirkulation

- [ ] Defekt vattenpump (kapitel 3).
- [ ] Förträngning i kylsystemet (kapitlen 1 och 3).
- [ ] Drivremmen för vattenpumpen sliten eller dåligt spänd (kapitel 1).
- [ ] Termostaten kärvar (kapitel 3).

# Koppling

### Pedalen går i botten - inget eller litet motstånd

- [ ] Defekt slavcylinder (kapitel 8).
- [ ] Slang/ledning har brustit eller läcker (kapitel 8).
- [ ] Anslutning läcker (kapitel 8).
- [ ] Ingen vätska i systemet (kapitel 1).
- [ ] Om vätska finns i huvudcylinderns dammskydd läcker bakre tätningen (för tryckstången) (kapitel 8).
- [ ] Trasig urtrampningsarm (kapitel 8).
- [ ] Trasig vajer (kapitel 8).

### Vätska i huvudcylinderns dammskydd och på pedalen

- [ ] Bakre tätningen (vid tryckstången) läcker (kapitel 8).

### Vätska på slavcylindern

- [ ] Slavcylinderns tryckstångstätning läcker (kapitel 8).

### Pedalen känns "svampig" då den trycks ned

- [ ] Luft i systemet (kapitel 8).

### Kopplingen slirar (motorn ökar i varv men hastigheten ändras inte)

- [ ] Sliten lamell (kapitel 8).
- [ ] Lamellen är belagd med olja från läckande vevaxeltätning (kapitel 8).
- [ ] Lamellen har inte slitits in. Det kan ta mellan 30 och 40 normala starter innan den slits in.
- [ ] Skev tryckplatta eller skevt svänghjul (kapitel 8).
- [ ] Vek solfjäder (kapitel 8).
- [ ] Lamellen överhettad. Låt den svalna.

### Det går inte att växla

- [ ] Defekt växellåda (kapitel 7).
- [ ] Defekt lamellcentrum (kapitel 8).
- [ ] Urtrampningsarm och -lager fel hopsatta (kapitel 8).
- [ ] Defekt koppling (kapitel 8).
- [ ] Kopplingens fästskruvar i svänghjulet lösa (kapitel 8).

### Kopplingen hugger eller kopplar in ryckigt

- [ ] Beläggen är belagda med olja, brända eller har hård glasartad yta (kapitel 8).
- [ ] Växellåds- eller motorfästen slitna eller sitter löst (kapitlen 2 och 7).
- [ ] Slitna splines i lamellcentrumnavet (kapitel 8).
- [ ] Skev tryckplatta eller skevt svänghjul (kapitel 8).

### Missljud från området kring kopplingen

- [ ] Urtrampningsarmen felmonterad (kapitel 8).
- [ ] Defekt urtrampningslager (kapitel 8).

### Kopplingspedalen blir kvar mot durken

- [ ] Urtrampningsarmen kärvar i huset (kapitel 8).
- [ ] Trasigt urtrampningslager eller -arm (kapitel 8).

### Högt pedaltryck krävs

- [ ] Urtrampningsarmen kärvar i huset (kapitel 8).
- [ ] Defekt koppling /tryckplatta) (kapitel 8).
- [ ] Fel dimension på huvud- eller slavcylinder (kapitel 8).
- [ ] Sliten kopplingsvajer (kapitel 8).

# Manuell växellåda

## Vibrationer

- [ ] Slitna hjullager (kapitlen 1 och 10).
- [ ] Skadade drivaxlar (kapitel 8).
- [ ] Orunda däck (kapitel 1).
- [ ] Obalans i däck (kapitlen 1 och 10).
- [ ] Slitna kardanknutar (kapitel 8).

## Missljud i neutralläge med motorn igång

- [ ] Skadat urtrampningslager (kapitel 8).
- [ ] Skadad lager för växellådans ingående axel (kapitel 7A).

## Missljud från någon enstaka växel

- [ ] Skadade eller slitna drev.
- [ ] Skadade eller slitna synkroniseringar.

## Missljud på alla växlar

- [ ] För lite olja (kapitel 1).
- [ ] Skadade eller slitna lager.
- [ ] Skadade eller slitna primärdrev.

## Växeln hoppar ur

- [ ] Slitet eller feljusterat länkage (kapitel 7).
- [ ] Växellådan sitter inte fast mot motorn (kapitel 7).
- [ ] Växellänkaget rör sig inte fritt utan kärvar (kapitel 7).
- [ ] Hållaren för ingående lagret trasig eller sitter löst (kapitel 7).
- [ ] Sliten växelförargaffel (kapitel 7).

## Oljeläckage

- [ ] För mycket olja i lådan (kapitlen 1 och 7).
- [ ] Hållaren för ingående lagret skadad eller sitter löst (kapitel 7).
- [ ] O-ring och/eller tätning vid ingående lager hållaren skadad (kapitel 7).

# Automatväxellåda

**Notera:** *Automatväxellådan är en komplicerad konstruktion. Det kan vara svårt för hemmamekanikern att diagnosticera fel på ett meningsfullt sätt. Andra problem än de som beskrivs här bör tas om hand av en specialist.*

## Oljeläckage

- [ ] Automaväxeloljan har en djupröd färg. Förväxla inte med motorolja som lätt kan blåsa vidare till växellådan.
- [ ] För att hitta en läcka bör man först ta bort smuts som samlats på växellådshuset med avfettningsmedel eller ångtvätt. Kör sedan med låg hastighet så att inte luftdraget flyttar omkring oljan långt från läckaget. Hissa upp bilen och titta efter tecken på läckage. Vanliga områden är:
  *Tråget (kapitlen 1 och 7)*
  *Påfyllningsröret (kapitel 7)*
  *Växellådans kylledningar (kapitel 7)*
  *Hastighetsgivaren (kapitel 7)*

## Växellådsoljan är brunaktig och luktar bränt

- [ ] Oljan har överhettats (kapitel 1).

## Allmänna växlingsproblem

- [ ] kapitel 7 Del B behandlar kontroll och justering av växellänkage på automatlådor. Vanliga problem som kan hänföras till dåligt justerade länkage är:
  *Motorn startar med växelväljaren i annat läge än Park eller Neutral.*
  *Indikatorn visar en annan växel än den som är ilagd.*
  *Bilen rör sig i läge Park.*
- [ ] Se kapitel 7 Del B för information om justering.

## Växellådan växlar inte ned med gaspedalen helt nedtryckt

- [ ] Nedväxlingsvajern dåligt justerad (kapitel 7).

## Motorn startar med växelväljaren i andra lägen än Park och Neutral

- [ ] Startspärrkontakten fungerar inte (kapitel 7).

## Växellådan slirar, växlar ryckigt, har missljud eller driver inte på någon växel

- [ ] Det finns många troliga orsaker till ovanstående problem men hemmamekanikern bör bara koncentrera sig på en enda möjlighet - oljenivå. Innan bilen tas till verkstad, kontrollera oljenivån och oljans kondition enligt beskrivning i kapitel 1. Fyll på eller byt olja vid behov. Kvarstår problemet får man uppsöka en fackman.

# Bromsar

**Notera:** *Innan man förutsätter att ett bromsproblem föreligger, kontrollera att:*
*Däcken är i god kondition och har rätt lufttryck (kapitel 1).*
*Framvagnsinställningen är riktig (kapitel 10).*
*Bilen inte är ojämnt lastad.*

## Bromsarna drar snett

☐ Fel lufttryck i däcken (kapitel 1).
☐ Framvagnsinställningen är fel (ställ in).
☐ Olika däck på samma axel.
☐ Strypningar i bromsledningar eller slangar (kapitel 9).
☐ Bromsoken kärvar eller läcker (kapitel 9).
☐ Fjädringsdetaljer sitter löst (kapitel 10).
☐ Bromsoken sitter löst (kapitel 9).

## Missljud (gällt skrikande vid inbromsning)

☐ Främre eller bakre klossar utslitna. Ljudet kan komma från slitagevarnare om sådana finns. Byt snarast till nya klossar (kapitel 9). Kontrollera också att skivorna inte är repiga. Svarva eller byt vid behov (kapitel 9).

## Vibrationer vid inbromsning (pedalen pulserar)

☐ Skivorna kastar (kapitel 9).
☐ Fel parallellitet (kapitel 9).
☐ Ojämnt slitage på klossar på grund av kärvande ok (dålig frigång eller smuts) (kapitel 9).
☐ Defekta skivor (kapitel 9).

## För stor pedalväg

☐ Kretsbortfall (kapitel 9).
☐ För låg vätskenivå i huvudcylindern (kapitlen 1 och 9).
☐ Luft i systemet (kapitlen 1 och 9).

## Högt pedaltryck krävs

☐ Defekt bromsservo (kapitel 9).
☐ Kretsbortfall (kapitel 9).
☐ Starkt slitna belägg (kapitel 9).
☐ Kolv går trögt eller sitter fast i ok (kapitel 9).
☐ Olja eller fett på bromsbeläggen (kapitel 9).
☐ Nya belägg har ännu inte slitit in sig. Det kan ta någon tid innan de passar mot skivan.

## Bromsarna ligger på

☐ Kolven i huvudcylindern går inte tillbaka som den skall (kapitel 9).
☐ Strypning i bromsledningar eller slangar (kapitlen 1 och 9).
☐ Feljusterad parkeringsbroms (kapitel 9).

## Bromsarna hugger eller tar ojämnt

☐ Defekt bromsservo (kapitel 9).
☐ Pedalen kärvar i lederna (kapitel 9).
☐ Bromsvätskeläckage på belägg eller skivor (kapitel 9).
☐ Bromsbeläggen utslitna (se kapitel 1 för kontroll, kapitel 9 för byte).

## Bromspedalen känns "svampig" vid inbromsning

☐ Luft i systemet (kapitel 9).
☐ Huvudcylinderns fästskruvar sitter löst (kapitel 9).
☐ Defekt huvudcylinder (kapitel 9).

## Bromspedalen går i botten med litet motstånd

☐ Lite eller ingen bromsvätska i huvudcylinder/behållare. Förmodligen på grund av läckande ok, lösa, skadade eller dåligt anslutna bromsledningar (kapitel 9).

## Parkeringsbromsen håller inte kvar bilen

☐ Feljusterad parkeringsbroms (kapitel 9).

# Fjädring och styrsystem

**Notera:** *Innan diagnos ställs på fjädring och styrsystem, utför följande kontroller:*
*Kontrollera att däcken har jämnt och rätt lufttryck.*
*Rattstångens knutar beträffande slitage.*
*Fram- och bakfjädring samt kuggstång beträffande fastsättning och skadade detaljer.*
*Orunda eller obalanserade hjul, skeva fälgar eller dåligt ansatta eller skadade hjullager.*

## Bilen drar åt något håll

☐ Olycklig däckkombination eller ojämnt slitna däck (kapitel 10).
☐ Fjädrar har gått av eller är utmattade (kapitel 10).
☐ Framvagnsinställning fel, bakaxeln sitter snett (kapitel 10).
☐ Frambromsarna ligger på (en sida) (kapitel 9).

## "Dunkande" från hjulen

☐ Bula på däcket (kapitel 10).
☐ Felaktig stötdämparfunktion (kapitel 10).

## Felaktigt eller stort däckslitage

☐ Framvagnsinställning fel, bakaxeln sitter snett (kapitel 10).
☐ Fjädrar har gått av eller är utmattade (kapitel 10).
☐ Obalanserade hjul (kapitel 10).
☐ Slitna stötdämpare (kapitel 10).
☐ För mycket last.
☐ Däcken har inte fått skifta plats regelbundet.

## Skakningar och vibrationer

☐ Orunda hjul/däck eller obalans (kapitel 10).
☐ Dåligt ansatta, slitna hjullager (kapitel 1).
☐ Slitna styrleder (kapitel 10).
☐ Slitna kulleder (kapitel 10).
☐ Hjulen kastar (kapitel 10).
☐ Bula eller separation på däck (kapitel 10).
☐ Böjd drivaxel (kapitel 8).

# Fjädring och styrsystem (forts)

### Tungstyrd

- [ ] Osmorda kulleder, styrleder och kuggstång (kapitel 1).
- [ ] Framvagnsinställning (kapitel 10).
- [ ] Lågt lufttryck i däck (kapitel 1).

### Ratten går inte tillbaka som den skall

- [ ] Osmorda kul- och styrleder (kapitel 1).
- [ ] Kärvande kulleder (kapitel 10).
- [ ] Kärvande rattstång (kapitel 10).
- [ ] Osmord kuggstång (kapitel 10).
- [ ] Framhjulsinställning (kapitel 10).

### Onormala ljud från framvagnen

- [ ] Osmorda kul- och styrleder (kapitel 1).
- [ ] Skadade stötdämparinfästningar (kapitel 10).
- [ ] Slitna bärarmsbussningar eller styrleder (kapitel 10).
- [ ] Krängningshämmaren inte fastdragen (kapitel 10).
- [ ] Hjulmuttrar inte åtdragna (kapitel 1).
- [ ] Hjulupphängningen inte fastdragen (kapitel 10).

### Bilen vandrar på vägen, dålig riktningsstabilitet

- [ ] Olycklig däckkombination, ojämnt slitage (kapitel 10).
- [ ] Osmorda kul- och styrleder (kapitel 1).
- [ ] Slitna stötdämpare (kapitel 10).
- [ ] Krängningshämmaren inte fastdragen (kapitel 10).
- [ ] Fjäder har gått av eller är utmattad (kapitel 10).
- [ ] Framv- eller bakvagnsinställning inkorrekt (kapitel 10).

### Oförutsägbar styrning vid inbromsning

- [ ] Slitna hjullager (kapitel 1).
- [ ] Fjäder har gått av eller är utmattad (kapitel 10).
- [ ] Läckande bromsok (kapitel 9).
- [ ] Skev bromsskiva (kapitel 9).

### Bilen kränger eller niger mycket

- [ ] Krängningshämmaren dåligt fastdragen (kapitel 10).
- [ ] Slitna stötdämpare eller -infästningar (kapitel 10).
- [ ] Fjäder har gått av eller är utmattad (kapitel 10).
- [ ] För stor last.

### Fjädringen bottnar

- [ ] För stor last.
- [ ] Slitna stötdämpare (kapitel 10).
- [ ] Fel fjäder, eller fjäder har gått av eller är utmattad (kapitel 10).

### Ojämnt slitna däck

- [ ] Fel hjulinställning (kapitel 10).
- [ ] Slitna stötdämpare (kapitel 10).
- [ ] Slitna hjullager (kapitel 10).
- [ ] Däck eller fälg kastar (kapitel 10).
- [ ] Slitna kulleder (kapitel 10).

### Slitage endast på utsidan av däcket

- [ ] Fel lufttryck i däcken (kapitel 1).
- [ ] Hög hastighet vid kurvtagning (ändra körsätt).
- [ ] Framvagnsinställning fel (för mycket toe-in). Ställ in hos specialist.
- [ ] Bärarm böjd eller vriden (kapitel 10).

### Slitage endast på insidan av däcket

- [ ] Fel lufttryck i däcken (kapitel 1).
- [ ] Framvagnsinställning fel (för mycket toe-ut). Ställ in hos specialist.
- [ ] Framvagnsdetaljer skadade eller inte riktigt åtdragna (kapitel 10).

### Däcket slitet på ett begränsat område

- [ ] Hjulobalans.
- [ ] Skadad eller skev fälg. Kontrollera och byt vid behov.
- [ ] Defekt däck (kapitel 1).

### Stort spel eller glapp i styrningen

- [ ] Slitna hjullager (kapitel 10).
- [ ] Styrleder slitna eller dåligt åtdragna (kapitel 10).
- [ ] Kuggstången dåligt fastdragen (kapitel 10).

### Skrammel eller klickande ljud från kuggstången

- [ ] Otillräckligt eller felaktigt smord kuggstång (kapitel 10).
- [ ] Kuggstången dåligt fastdragen (kapitel 10).

# A

**ABS (Anti-lock brake system)** Låsningsfria bromsar. Ett system, vanligen elektroniskt styrt, som känner av påbörjande låsning av hjul vid inbromsning och lättar på hydraultrycket på hjul som ska till att låsa.

**Air bag (krockkudde)** En uppblåsbar kudde dold i ratten (på förarsidan) eller instrumentbrädan eller handskfacket (på passagerarsidan) Vid kollision blåses kuddarna upp vilket hindrar att förare och framsätespassagerare kastas in i ratt eller vindruta.

**Ampere (A)** En måttenhet för elektrisk ström. 1 A är den ström som produceras av 1 volt gående genom ett motstånd om 1 ohm.

**Anaerobisk tätning** En massa som används som gänglås. Anaerobisk innebär att den inte kräver syre för att fungera.

**Antikärvningsmedel** En pasta som minskar risk för kärvning i infästningar som utsätts för höga temperaturer, som t.ex. skruvar och muttrar till avgasrenrör. Kallas även gängskydd

*Antikärvningsmedel*

**Asbest** Ett naturligt fibröst material med stor värmetolerans som vanligen används i bromsbelägg. Asbest är en hälsorisk och damm som alstras i bromsar ska aldrig inandas eller sväljas.

**Avgasgrenrör** En del med flera passager genom vilka avgaserna lämnar förbränningskamrarna och går in i avgasröret.

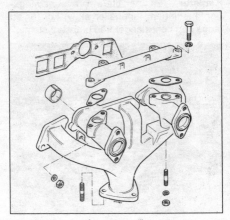

*Avgasgrenrör*

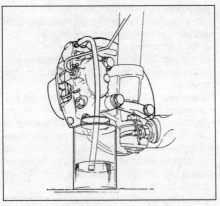

*Avluftning av bromsarna*

**Avluftning av bromsar** Avlägsnande av luft från hydrauliskt bromssystem.

**Avluftningsnippel** En ventil på ett bromsok, hydraulcylinder eller annan hydraulisk del som öppnas för att tappa ur luften i systemet.

**Axel** En stång som ett hjul roterar på, eller som roterar inuti ett hjul. Även en massiv balk som håller samman två hjul i bilens ena ände. En axel som även överför kraft till hjul kallas drivaxel.

*Axel*

**Axialspel** Rörelse i längdled mellan två delar. För vevaxeln är det den distans den kan röra sig framåt och bakåt i motorblocket.

# B

**Belastningskänslig fördelningsventil** En styrventil i bromshydrauliken som fördelar bromseffekten, med hänsyn till bakaxelbelastningen.

**Bladmått** Ett tunt blad av härdat stål, slipat till exakt tjocklek, som används till att mäta spel mellan delar.

*Bladmått*

**Bromsback** Halvmåneformad hållare med fastsatt bromsbelägg som tvingar ut beläggen i kontakt med den roterande bromstrumman under inbromsning.

**Bromsbelägg** Det friktionsmaterial som kommer i kontakt med bromsskiva eller bromstrumma för att minska bilens hastighet. Beläggen är limmade eller nitade på bromsklossar eller bromsbackar.

**Bromsklossar** Utbytbara friktionsklossar som nyper i bromsskivan när pedalen trycks ned. Bromsklossar består av bromsbelägg som limmats eller nitats på en styv bottenplatta.

**Bromsok** Den icke roterande delen av en skivbromsanordning. Det grenslar skivan och håller bromsklossarna. Oket innehåller även de hydrauliska delar som tvingar klossarna att nypa skivan när pedalen trycks ned.

**Bromsskiva** Den del i en skivbromsanordning som roterar med hjulet.

**Bromstrumma** Den del i en trumbromsanordning som roterar med hjulet.

# C

**Caster** I samband med hjulinställning, lutningen framåt eller bakåt av styrningens axialled. Caster är positiv när styrningens axialled lutar bakåt i överkanten.

**CV-knut** En typ av universalknut som upphäver vibrationer orsakade av att drivkraft förmedlas genom en vinkel.

# D

**Diagnostikkod** Kodsiffror som kan tas fram genom att gå till diagnosläget i motorstyrningens centralenhet. Koden kan användas till att bestämma i vilken del av systemet en felfunktion kan förekomma.

**Draghammare** Ett speciellt verktyg som skruvas in i eller på annat sätt fästes vid en del som ska dras ut, exempelvis en axel. Ett tungt glidande handtag dras utmed verktygsaxeln mot ett stopp i änden vilket rycker avsedd del fri.

**Drivaxel** En roterande axel på endera sidan differentialen som ger kraft från slutväxeln till drivhjulen. Även varje axel som används att överföra rörelse.

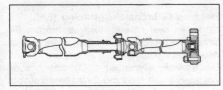

*Drivaxel*

**Drivrem(mar)** Rem(mar) som används till att driva tillbehörsutrustning som generator, vattenpump, servostyrning, luftkonditioneringskompressor mm, från vevaxelns remskiva.

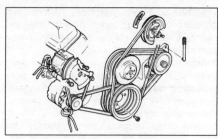

*Drivremmar till extrautrustning*

**Dubbla överliggande kamaxlar (DOHC)** En motor försedd med två överliggande kamaxlar, vanligen en för insugsventilerna och en för avgasventilerna.

# E

**EGR-ventil** Avgasåtercirkulationsventil. En ventil som för in avgaser i insugsluften.

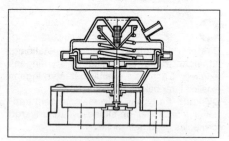

*Ventil för avgasåtercirkulation (EGR)*

**Elektrodavstånd** Den distans en gnista har att överbrygga från centrumelektroden till sidoelektroden i ett tändstift.

*Justering av elektrodavståndet*

**Elektronisk bränsleinsprutning (EFI)** Ett datorstyrt system som fördelar bränsle till förbränningskamrarna via insprutare i varje insugsport i motorn.
**Elektronisk styrenhet** En dator som exempelvis styr tändning, bränsleinsprutning eller låsningsfria bromsar.

# F

**Finjustering** En process där noggranna justeringar och byten av delar optimerar en motors prestanda.

**Fjäderben** Se MacPherson-ben.
**Fläktkoppling** En viskös drivkoppling som medger variabel kylarfläkthastighet i förhållande till motorhastigheten.
**Frostplugg** En skiv- eller koppformad metallbricka som monterats i ett hål i en gjutning där kärnan avlägsnats.
**Frostskydd** Ett ämne, vanligen etylenglykol, som blandas med vatten och fylls i bilens kylsystem för att förhindra att kylvätskan fryser vintertid. Frostskyddet innehåller även kemikalier som förhindrar korrosion och rost och andra avlagringar som skulle kunna blockera kylare och kylkanaler och därmed minska effektiviteten.
**Fördelningsventil** En hydraulisk styrventil som begränsar trycket till bakbromsarna vid panikbromsning så att hjulen inte låser sig.
**Förgasare** En enhet som blandar bränsle med luft till korrekta proportioner för önskad effekt från en gnistantänd förbränningsmotor.

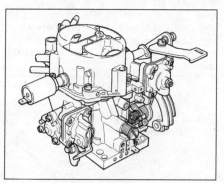

*Förgasare*

# G

**Generator** En del i det elektriska systemet som förvandlar mekanisk energi från drivremmen till elektrisk energi som laddar batteriet, som i sin tur driver startsystem, tändning och elektrisk utrustning.

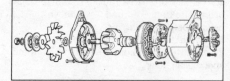

*Generator (genomskärning)*

**Glidlager** Den krökta ytan på en axel eller i ett lopp, eller den del monterad i endera, som medger rörelse mellan dem med ett minimum av slitage och friktion.
**Gängskydd** Ett täckmedel som minskar risken för gängskärning i bultförband som utsätts för stor hetta, exempelvis grenrörets bultar och muttrar. Kallas även antikärvningsmedel.

# H

**Handbroms** Ett bromssystem som är oberoende av huvudbromsarnas hydraulikkrets. Kan användas till att stoppa bilen om huvudbromsarna slås ut, eller till att hålla bilen stilla utan att bromspedalen trycks ned. Den består vanligen av en spak som aktiverar främre eller bakre bromsar mekaniskt via vajrar och länkar. Kallas även parkeringsbroms.
**Harmonibalanserare** En enhet avsedd att minska fjädring eller vridande vibrationer i vevaxeln. Kan vara integrerad i vevaxelns remskiva. Även kallad vibrationsdämpare
**Hjälpstart** Start av motorn på en bil med urladdat eller svagt batteri genom koppling av startkablar mellan det svaga batteriet och ett laddat hjälpbatteri.
**Honare** Ett slipverktyg för korrigering av smärre ojämnheter eller diameterskillnader i ett cylinderlopp.
**Hydraulisk ventiltryckare** En mekanism som använder hydrauliskt tryck från motorns smörjsystem till att upprätthålla noll ventilspel (konstant kontakt med både kamlob och ventilskaft). Justeras automatiskt för variation i ventilskaftslängder. Minskar även ventilljudet.

# I

**Insexnyckel** En sexkantig nyckel som passar i ett försänkt sexkantigt hål.
**Insugsrör** Rör eller kåpa med kanaler genom vilka bränsle/luftblandningen leds till insugsportarna.

# K

**Kamaxel** En roterande axel på vilken en serie lober trycker ned ventilerna. En kamaxel kan drivas med drev, kedja eller tandrem med kugghjul.
**Kamkedja** En kedja som driver kamaxeln.
**Kamrem** En tandrem som driver kamaxeln. Allvarliga motorskador kan uppstå om kamremmen brister vid körning.
**Kanister** En behållare i avdunstningsbegränsningen, innehåller aktivt kol för att fånga upp bensinångor från bränslesystemet.

*Kanister*

**Kardanaxel** Ett långt rör med universalknutar i bägge ändar som överför kraft från växellådan till differentialen på bilar med motorn fram och drivande bakhjul.

**Kast** Hur mycket ett hjul eller drev slår i sidled vid rotering. Det spel en axel roterar med. Orundhet i en roterande del.

**Katalysator** En ljuddämparliknande enhet i avgassystemet som omvandlar vissa föroreningar till mindre hälsovådliga substanser.

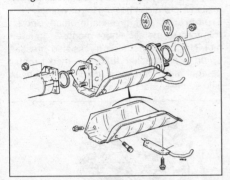
*Katalysator*

**Kompression** Minskning i volym och ökning av tryck och värme hos en gas, orsakas av att den kläms in i ett mindre utrymme.

**Kompressionsförhållande** Skillnaden i cylinderns volymer mellan kolvens ändlägen.

**Kopplingsschema** En ritning över komponenter och ledningar i ett fordons elsystem som använder standardiserade symboler.

**Krockkudde (Airbag)** En uppblåsbar kudde dold i ratten (på förarsidan) eller instrumentbrädan eller handskfacket (på passagerarsidan) Vid kollision blåses kuddarna upp vilket hindrar att förare och framsätespassagerare kastas in i ratt eller vindruta.

**Krokodilklämma** Ett långkäftat fjäderbelastat clips med ingreppande tänder som används till tillfälliga elektriska kopplingar.

**Kronmutter** En mutter som vagt liknar kreneleringen på en slottsmur. Används tillsammans med saxsprint för att låsa bultförband extra väl.

*Kronmutter*

**Krysskruv** Se Phillips-skruv
**Kugghjul** Ett hjul med tänder eller utskott på omkretsen, formade för att greppa in i en kedja eller rem.

**Kuggstångsstyrning** Ett styrsystem där en pinjong i rattstångens ände går i ingrepp med en kuggstång. När ratten vrids, vrids även pinjongen vilket flyttar kuggstången till höger eller vänster. Denna rörelse överförs via styrstagen till hjulets styrleder.

**Kullager** Ett friktionsmotverkande lager som består av härdade inner- och ytterbanor och har härdade stålkulor mellan banorna.

**Kylare** En värmeväxlare som använder flytande kylmedium, kylt av fartvinden/fläkten till att minska temperaturen på kylvätskan i en förbränningsmotors kylsystem.

**Kylmedia** Varje substans som används till värmeöverföring i en anläggning för luftkonditionering. R-12 har länge varit det huvudsakliga kylmediet men tillverkare har nyligen börjat använda R-134a, en CFC-fri substans som anses vara mindre skadlig för ozonet i den övre atmosfären.

# L

**Lager** Den böjda ytan på en axel eller i ett lopp, eller den del som monterad i någon av dessa tillåter rörelse mellan dem med minimal slitage och friktion.

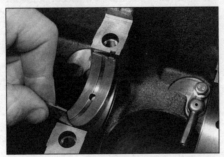
*Lager*

**Lambdasond** En enhet i motorns grenrör som känner av syrehalten i avgaserna och omvandlar denna information till elektricitet som bär information till styrelektroniken. Även kalla syresensor.

**Luftfilter** Filtret i luftrenaren, vanligen tillverkat av veckat papper. Kräver byte med regelbundna intervaller.

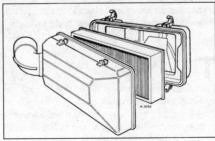
*Luftfilter*

**Luftrenare** En kåpa av plast eller metall, innehållande ett filter som tar undan damm och smuts från luft som sugs in i motorn.

**Låsbricka** En typ av bricka konstruerad för att förhindra att en ansluten mutter lossnar.

**Låsmutter** En mutter som låser en justermutter, eller annan gängad del, på plats. Exempelvis används låsmutter till att hålla justermuttern på vipparmen i läge.

**Låsring** Ett ringformat clips som förhindrar längsgående rörelser av cylindriska delar och axlar. En invändig låsring monteras i en skåra i ett hölje, en yttre låsring monteras i en utvändig skåra på en cylindrisk del som exempelvis en axel eller tapp.

# M

**MacPherson-ben** Ett system för framhjulsfjädring uppfunnet av Earle MacPherson vid Ford i England. I sin ursprungliga version skapas den nedre bärarmen av en enkel lateral länk till krängningshämmaren. Ett fjäderben - en integrerad spiralfjäder och stötdämpare - finns monterad mellan karossen och styrknogen. Många moderna MacPherson-ben använder en vanlig nedre A-arm och inte krängningshämmaren som nedre fäste.

**Markör** En remsa med en andra färg i en ledningsisolering för att skilja ledningar åt.

**Motor med överliggande kamaxel (OHC)** En motor där kamaxeln finns i topplocket.

**Motorstyrning** Ett datorstyrt system som integrerat styr bränsle och tändning.

**Multimätare** Ett elektriskt testinstrument som mäter spänning, strömstyrka och motstånd.

**Mätare** En instrumentpanelvisare som används till att ange motortillstånd. En mätare med en rörlig pekare på en tavla eller skala är analog. En mätare som visar siffror är digital.

# N

**NOx** Kväveoxider. En vanlig giftig förorening utsläppt av förbränningsmotorer vid högre temperaturer.

# O

**O-ring** En typ av tätningsring gjord av ett speciellt gummiliknande material. O-ringen fungerar så att den trycks ihop i en skåra och därmed utgör tätningen.

*O-ring*

**Ohm** Enhet för elektriskt motstånd. 1 volt genom ett motstånd av 1 ohm ger en strömstyrka om 1 ampere.

**Ohmmätare** Ett instrument för uppmätning av elektriskt motstånd.

# P

**Packning** Mjukt material - vanligen kork, papp, asbest eller mjuk metall - som monteras mellan två metallytor för att erhålla god tätning. Exempelvis tätar topplockspackningen fogen mellan motorblocket och topplocket.

*Packning*

**Phillips-skruv** En typ av skruv med ett korsspår, istället för ett rakt, för motsvarande skruvmejsel. Vanligen kallad krysskruv.

**Plastigage** En tunn plasttråd, tillgänglig i olika storlekar, som används till att mäta toleranser. Exempelvis så läggs en remsa Plastigage tvärs över en lagertapp. Delarna sätts ihop och tas isär. Bredden på den klämda remsan anger spelrummet mellan lager och tapp.

*Plastigage*

# R

**Rotor** I en fördelare, den roterande enhet inuti fördelardosan som kopplar samman centrumelektroden med de yttre kontakterna vartefter den roterar, så att högspänningen från tändspolens sekundärlindning leds till rätt tändstift. Även den del av generatorn som roterar inuti statorn. Även de roterande delarna av ett turboaggregat, inkluderande kompressorhjulet, axeln och turbinhjulet.

# S

**Sealed-beam strålkastare** En äldre typ av strålkastare som integrerar reflektor, lins och glödtrådar till en hermetiskt försluten enhet. När glödtråden går av eller linsen spricker byts hela enheten.

**Shims** Tunn distansbricka, vanligen använd till att justera inbördes lägen mellan två delar. Exempelvis sticks shims in i eller under ventiltryckarhylsor för att justera ventilspelet. Spelet justeras genom byte till shims av annan tjocklek.

**Skivbroms** En bromskonstruktion med en roterande skiva som kläms mellan bromsklossar. Den friktion som uppstår omvandlar bilens rörelseenergi till värme.

**Skjutmått** Ett precisionsmätinstrument som mäter inre och yttre dimensioner. Inte riktigt lika exakt som en mikrometer men lättare att använda.

**Smältsäkring** Ett kretsskydd som består av en ledare omgiven av värmetålig isolering. Ledaren är tunnare än den ledning den skyddar och är därmed den svagaste länken i kretsen. Till skillnad från en bränd säkring måste vanligen en smältsäkring skäras bort från ledningen vid byte.

**Spel** Den sträcka en del färdas innan något inträffar. "Luften" i ett länksystem eller ett montage mellan första ansatsen av kraft och verklig rörelse. Exempel, den sträcka bromspedalen färdas innan kolvarna i huvudcylindern rör på sig. Även utrymmet mellan två delar, exempelvis kolv och cylinderlopp.

**Spiralfjäder** En spiral av elastiskt stål som förekommer i olika storlekar på många platser i en bil, bland annat i fjädringen och ventilerna i topplocket.

**Startspärr** På bilar med automatväxellåda förhindrar denna kontakt att motorn startas annat än om växelväljaren är i N eller P.

**Storändslager** Lagret i den ände av vevstaken som är kopplad till vevaxeln.

**Svetsning** Olika processer som används för att sammanfoga metallföremål genom att hetta upp dem till smältning och sammanföra dem.

**Svänghjul** Ett tungt roterande hjul vars energi tas upp och sparas som moment. På bilar finns svänghjulet monterat på vevaxeln för att utjämna kraftpulserna från arbetstakterna.

**Syresensor** En enhet i motorns grenrör som känner av syrehalten i avgaserna och omvandlar denna information till elektricitet som bär information till styrelektroniken. Även kalla Lambdasond.

**Säkring** En elektrisk enhet som skyddar en krets mot överbelastning. En typisk säkring innehåller en mjuk metallbit kalibrerad att smälta vid en förbestämd strömstyrka, angiven i ampere, och därmed bryta kretsen.

# T

**Termostat** En värmestyrd ventil som reglerar kylvätskans flöde mellan blocket och kylaren vilket håller motorn vid optimal arbetstemperatur. En termostat används även i vissa luftrenare där temperaturen är reglerad.

**Toe-in** Den distans som framhjulens framkanter är närmare varandra än bak-kanterna. På bakhjulsdrivna bilar specificeras vanligen ett litet toe-in för att hålla framhjulen parallella på vägen, genom att motverka de krafter som annars tenderar att vilja dra isär framhjulen.

**Toe-ut** Den distans som framhjulens bakkanter är närmare varandra än framkanterna. På bilar med framhjulsdrift specificeras vanligen ett litet toe-ut.

**Toppventilsmotor (OHV)** En motortyp där ventilerna finns i topplocket medan kamaxeln finns i motorblocket.

**Torpedplåten** Den isolerade avbalkningen mellan motorn och passagerarutrymmet.

**Trumbroms** En bromsanordning där en trumformad metallcylinder monteras inuti ett hjul. När bromspedalen trycks ned pressas böjda bromsbackar försedda med bromsbelägg mot trummans insida så att bilen saktar in eller stannar.

*Trumbroms, montage*

**Turboaggregat** En roterande enhet, driven av avgastrycket, som komprimerar insugsluften. Används vanligen till att öka motoreffekten från en given cylindervolym, men kan även primäranvändas till att minska avgasutsläpp.

**Tändföljd** Turordning i vilken cylindrarnas arbetstakter sker, börjar med nr 1.

**Tändläge** Det ögonblick då tändstiftet ger gnista. Anges vanligen som antalet vevaxelgrader för kolvens övre dödpunkt.

**Tätningsmassa** Vätska eller pasta som används att täta fogar. Används ibland tillsammans med en packning.

# U

**Universalknut** En koppling med dubbla pivåer som överför kraft från en drivande till en driven axel genom en vinkel. En universalknut består av två Y-formade ok och en korsformig del kallad spindeln.

**Urtrampningslager** Det lager i kopplingen som flyttas inåt till frigöringsarmen när kopplingspedalen trycks ned för frikoppling.

# V

**Ventil** En enhet som startar, stoppar eller styr ett flöde av vätska, gas, vakuum eller löst material via en rörlig del som öppnas, stängs eller delvis maskerar en eller flera portar eller kanaler. En ventil är även den rörliga delen av en sådan anordning.

**Ventilspel** Spelet mellan ventilskaftets övre ände och ventiltryckaren. Spelet mäts med stängd ventil.

**Ventiltryckare** En cylindrisk del som överför rörelsen från kammen till ventilskaftet, antingen direkt eller via stötstång och vipparm. Även kallad kamsläpa eller kamföljare.

**Vevaxel** Den roterande axel som går längs med vevhuset och är försedd med utstickande vevtappar på vilka vevstakarna är monterade.

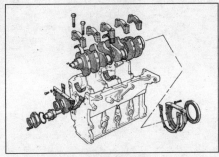

*Vevaxel, montage*

**Vevhus** Den nedre delen av ett motorblock där vevaxeln roterar.

**Vibrationsdämpare** Se Harmonibalanserare

**Vipparm** En arm som gungar på en axel eller tapp. I en toppventilsmotor överför vipparmen stötstångens uppåtgående rörelse till en nedåtgående rörelse som öppnar ventilen.

**Viskositet** Tjockleken av en vätska eller dess flödesmotstånd.

**Volt** Enhet för elektrisk spänning i en krets 1 volt genom ett motstånd av 1 ohm ger en strömstyrka om 1 ampere.

Notera: *Sidnumren är angivna enligt "Kapitelnummer" • "Sidnummer"*